Wirtschaft

Märkte, Akteure und Institutionen

Kolleg Politik und Wirtschaft

Unterrichtswerk für die Oberstufe

Bearbeitet von:
Gotthard Bauer
Max Bauer
Andreas Gerster
Andreas Hamm-Reinöhl
Stephan Podes
Hartwig Riedel
Beate Thull
Manfred Wissel

C.C. Buchners Verlag · Bamberg

Kolleg Politik und Wirtschaft

Wirtschaft
Märkte, Akteure und Institutionen

Bearbeitet von Gotthard Bauer, Max Bauer, Andreas Gerster, Andreas Hamm-Reinöhl, Stephan Podes, Hartwig Riedel, Beate Thull und Manfred Wissel.

1. Auflage 7 6 5 4 3 2 1 2012 2011 2010 2009 2008
Die letzte Zahl bedeutet das Jahr des Druckes.
Alle Drucke dieser Auflage sind, weil untereinander unverändert, nebeneinander benutzbar.
Dieses Werk folgt der reformierten Rechtschreibung und Zeichensetzung.

www.ccbuchner.de

Grafische Gestaltung und Herstellung: Wildner+Designer, Fürth · www.wildner-designer.de
Druck- und Bindearbeiten: Stürtz GmbH, Würzburg

ISBN 978 3 7661 **6841** 2

ZUR BENUTZUNG DER LEHR- UND ARBEITSBÜCHER

Die Reihe **Kolleg Politik und Wirtschaft** ist für den Unterricht in der gymnasialen Oberstufe konzipiert. Ziel der Bände ist es, den Schülerinnen und Schülern Anregungen zur selbstständigen Arbeit zu geben und den Unterrichtenden Hilfen für einen strukturierten, methoden- und handlungsorientierten Unterricht anzubieten.

Zum Aufbau der Kapitel

Einführung	Zu Beginn jedes Kapitels werden in einer kurzen didaktischen Begründung die zentralen Fragestellungen und die Anordnung der Unterkapitel vorgestellt.
Tipps & Links	In den Abschnitten *Lernen vor Ort* sowie *Referieren und Präsentieren* werden Projekte und Themen vorgeschlagen, die die Schülerinnen und Schüler eigenverantwortlich im Rahmen der Unterrichtssequenz erarbeiten können. Unter den Stichworten *Weiterlesen* und *Recherchieren* finden sich Lektürehinweise und ausgewählte Internetadressen, die zur vertiefenden Beschäftigung anregen sollen.
Materialien	Der Materialienteil bietet repräsentatives und altersgerechtes Text- und Bildmaterial, das Interesse an politischen, wirtschaftlichen und soziologischen Themen wecken soll. In herausgehobenen *Info-Kästen* werden zentrale Begriffe oder wichtige Zusatzinformationen gut verständlich erklärt, um eine exakte fachwissenschaftliche Verwendung zu erleichtern. Gezielt werden auch aktuelle *Kontroversen* dargestellt, die die Urteilsfähigkeit der Schülerinnen und Schüler herausfordern. Die Fülle der Materialien stellt ein Angebot dar, eigene Schwerpunkte zu setzen. Sie ermöglicht ein quellenorientiertes Lernen, leitet Schülerinnen und Schüler zu selbstständigem Arbeiten an und fördert damit Fach- und Methodenkompetenz.
Aufgaben	Nach jeder abgeschlossenen Themeneinheit finden sich Aufgaben, die nicht die Inhalte einzelner Texte/Materialien abfragen, sondern gezielt auf die Probleme und Zusammenhänge der vorausgegangenen Lernsequenz eingehen.
Methoden	Auf diesen Seiten werden politische, wirtschaftliche und soziologische Forschungsmethoden und Arbeitsweisen eingeführt. An geeigneten Inhalten werden die Methoden exemplarisch dargestellt. Die Erläuterungen können und sollen aber auch unabhängig davon an anderer Stelle herangezogen werden.
Zusammenfassungen	Sie schließen die einzelnen Kapitel ab und ermöglichen eine gezielte Wiederholung und Überprüfung des Grundwissens. Die *Gliederung* am Textrand ermöglicht eine schnelle inhaltliche Orientierung, auf das notwendige vorausgehende *Basismaterial* wird in der Randspalte konkret verwiesen.

Das **Register** ist ein wichtiges Hilfsmittel für die Arbeit mit dem Buch. Es dient dem Auffinden zentraler **Begriffe** und ermöglicht **Querverbindungen** innerhalb der einzelnen Themengebiete. Zentrale Fundstellen (Basisartikel, Info-Kästen) der Begriffe sind daher fett gedruckt.

INHALT

BILDNACHWEIS

alimdi.net/Thomas Frey, Deisenhofen – S. 75
Argus, Hamburg – S. 255
Artur-Architekturbilder/Werner Hutmacher, Köln – S. 240

Bertelsmann Stiftung (Hg.), Die gesellschaftliche Verantwortung von Unternehmen, Gütersloh 2005 – S. 138, 139
Bibliographisches Institut, Mannheim – S. 243 (2)
Bildagentur-online, Burgkunstadt – S. 201
BilderBox, Thening – S. 49, 134

CARO Fotoagentur, Berlin – S. 28, 56
CCC – Cartoon-Caricature-Contor, Pfaffenhofen – S. 59, 116, 154, 188, 191, 193, 202, 225, 231 (2), 264, 329, 332, 365, 366 (4), 389, 411
Coca-Cola GmbH, Berlin – S. 156

DaimlerChrysler AG/Unternehmensgeschichte/Konzernarchiv, Stuttgart – S. 242
Der Spiegel, Hamburg – S. 247 (2), 347
Wolfgang Deuter, Düsseldorf – S. 55
Deutsch-Niederländische Handelskammer, Düsseldorf – S. 318
Deutscher Sparkassen- und Giroverband, Bonn – S. 212
dpa Picture-Alliance, Frankfurt – S. 118 (3), 120, 145, 163, 164, 165, 173, 221, 231 (2), 242 (4)

Jochen Eckel, Berlin – S. 135
Edition Staeck, Heidelberg – S. 329

Financial Times Deutschland, Hamburg – S. 80
Fotoagentur Ecopix, Berlin – S. 136
Frankfurter Allgemeine Zeitung, Frankfurt – S. 67, 363

Globus Infografik, Hamburg – S. 43, 69, 97, 98, 100 (4), 103 (3), 105, 122, 174, 183, 232 (2), 239, 252, 260, 273, 279, 294, 313, 315, 324, 325, 330 (2), 333, 337, 348 (2), 352, 360, 362 (2), 364, 373, 403, 407
Graffiti/Martin Stortz, Stuttgart – S. 184
Greenpeace Umweltschutzverlag, Hamburg – S. 88

Friedrich Haun, Borken – S. 34
Barbara Henninger – S. 303

Institut der deutschen Wirtschaft, Köln – S. 105, 177, 390

Dirk Kapusta – S. 215
Keystone, Hamburg – Einband, S. 305, 307
Keystone/Jochen Zink, Hamburg – S. 56
Keystone/Stefan Oelsner, Hamburg – S. 211, 398
Olaf Kowalzik, Hamburg – S. 16

LAIF, Köln – S. 387
Lidl, Neckarsulm – S. 158

Max-Planck-Gesellschaft, München – S. 20
Musée du Louvre, Paris – S. 7
Museum Fribourg, Fribourg – S. 376

PhotoAlto/Eric Audras, Berlin – S. 27
Picture Press - Stern-Syndication, Hamburg – S. 382
Gerhard Polt, Heute wegen Tod geschlossen, Zürich 2001 – S. 381
Presse- und Informationsamt der Bundesregierung, Berlin – S. 405

Rational AG, Landsberg/Lech – S. 167

Schenker AG, Kelsterbach – S. 345
Erich Schmidt Verlag, Berlin – S. 76 (2), 77, 78, 103, 108, 175, 182, 183, 223, 247, 275, 286, 290, 298, 326, 327, 404
Statistisches Bundesamt (Hg.), Wiesbaden/ Datenreport 2006 – S. 103, 124

The Associated Press, Frankfurt – S. 145
The New Yorker Magazin/D. Reilly – S. 9
Transit-Archiv/Christoph Busse, Leipzig – S. 161

Ullstein-Bild, Berlin – S. 242, 287
Marc-Steffen Unger, Berlin – S. 225
Universität Würzburg – S. 318

Vario images GmbH, Bonn – S. 30, 42, 91
Visum, Hamburg – S. 231
Visum/A. Fossberg, Hamburg – S. 39
Visum/C.M. Fragasso, Hamburg – S. 255
Visum/Stefan Sobotta, Hamburg – S. 134

Wildner + Designer, Fürth – S. 88 (3), 118, 312 (4), 354
www.a-b-one.de/de/presse/aktuelle_meldungen/iphone.html – S. 153
www.arbeitsagentur.de – S. 205
www.bilder.cdu.de – S. 217
www.bundesbank.de/50jahre/50jahre_pressematerialien_bildarchiv.php – S. 296
www.internettime.com/images/Pareto.gif – S. 62
www.stuttgart-airport.com – S. 82
www.tuningblogger.de/labelis/GT.html – S. 46
www.uni-kassel.de/fb19/genetics/genetech/butterfinger.jpg – S. 89
www.washjeff.edu/CAPL – S. 66, 170
www.wettergefahren-fruehwarnung.de – S. 75
www.wikipedia.de – S. 383

Trotz entsprechender Bemühungen ist es uns nicht in allen Fällen gelungen, den Rechteinhaber ausfindig zu machen. Gegen Nachweis der Rechte zahlt der Verlag für die Abdruckerlaubnis die gesetzlich geschuldete Vergütung.

1 Einführung in die Ökonomie

Der Goldwäger auf der linken Seite repräsentiert die neue Zeit, die durch Handel und Geld bestimmt ist. Seine Frau steht für die durch die Heilige Schrift tradierten Vorstellungen, wonach das Streben nach Reichtum etwas moralisch Verwerfliches darstellt.
Quentin Massys, Der Goldwäger und seine Frau, 1514, Musée du Louvre, Paris.

Wie jede andere wissenschaftliche Disziplin hat auch die Wirtschaftswissenschaft eine eigene Sichtweise der Welt. Gegenstandsbereich der Ökonomie ist die Erforschung der wirtschaftlichen Wirklichkeit. Dazu muss sie sich insbesondere auch mit dem wirtschaftlichen Handeln der Menschen befassen.

Wie verhalten sich Menschen oder allgemein Wirtschaftsakteure in Entscheidungssituationen? Was sind die Motive ihres Handelns, welche Ziele verfolgen sie?
Das Knappheitsprinzip ist Kernprinzip allen Wirtschaftens. Die Bedingungen der Knappheit erfordern ein Verhalten, das die vorhandenen Güter möglichst effizient einsetzt, um die menschlichen Bedürfnisse zu erfüllen: Der Mensch wird in dieser Perspektive zum Homo Oeconomicus, der darauf bedacht ist, nach dem Kosten-Nutzen-Prinzip zu kalkulieren und seinen Nutzen zu maximieren (Kapitel 1.1).

Welche Konsequenzen ergeben sich aus diesem Verhalten für den Einzelnen und die Gesellschaft? Wirkt sich das Streben nach dem eigenen Vorteil auch automatisch vorteilhaft für alle aus? So sah es der berühmte Wirtschaftstheoretiker Adam Smith. Doch die vom Menschen verursachte Zerstörung der Umwelt und andere Phänomene zeigen: Das Streben nach dem eigenen Vorteil kann unter bestimmten Bedingungen auch negative Folgen für die gesamte Gesellschaft haben (Kapitel 1.2).

Und schließlich: Entspricht die Annahme, der Mensch handle stets als Homo Oeconomicus der Wirklichkeit? Neueste Erkenntnisse der experimentellen und psychologischen Ökonomie lassen vermuten, dass für den Menschen das Streben nach der Maximierung seines persönlichen Nutzens nicht immer handlungsbestimmend ist und auch andere Motive wie z.B. Fairness eine Rolle spielen können (Kapitel 1.3).

Tipps & Links

Lernen vor Ort

- Der „Homo Oeconomicus" in der Kunst. Untersuchen Sie, wie der wirtschaftende Mensch in der Kunst dargestellt wird und wie sich die Darstellungen in der (Kunst-)Geschichte verändert haben.
- Projekt: Ökonomische Verhaltenstheorie im Alltag. Erklären Sie Alltagssituationen mithilfe der Aussagen der ökonomischen Verhaltenstheorie.

Referieren und Präsentieren

- Stellen Sie Gegenstand und Anwendungsmöglichkeiten der Spieltheorie vor.
- Erläutern Sie in einem Referat, welche Anforderungen allgemein an sozialwissenschaftliche Theoriebildung gestellt werden und welche Probleme sich ergeben.

Weiterlesen

- *Hanno Beck, Der Alltagsökonom. Warum Warteschlangen effizient sind. Und wie man das Beste aus seinem Leben macht, Frankfurt 2006 (dtv)*
  Verständlich und unterhaltsam geschriebene Erklärungen für Phänomene des Alltags aus der Sicht eines Ökonomen.
- *Steven D. Levitt, Stephen J. Dubner, Freaconomics. Überraschende Antworten auf alltägliche Lebensfragen. Aus dem Englischen von Gisela Kretzschmar, München 2006 (Riemann)*
  Mit amerikanischem Humor suchen die Autoren ökonomische Antworten auf Fragen wie: Warum leben Drogenhändler überdurchschnittlich lange bei ihren Müttern? Was haben Lehrer und Sumo-Ringer gemeinsam?
- *Norbert Häring, Olaf Storbeck, Ökonomie 2.0 – 99 überraschende Erkenntnisse, Stuttgart 2007 (Schäffer-Poeschel)*
  Auch diese Autoren erklären Alltagsphänomene mithilfe der Ökonomie. Dabei beziehen sie auch die Erkenntnisse anderer Wissenschaften mit ein.
- *Christian Rieck, Spieltheorie. Eine Einführung, 5. Aufl., Eschborn 2006 (Christian Rieck Verlag)*
  Verständlich und interessant geschriebene Einführung in die Spieltheorie.

Recherchieren

www.insm.de
Seite der Initiative Neue Soziale Marktwirtschaft e.V., mit vielen Wirtschaftsinfos und einem sehr guten Wirtschaftslexikon.

www.diw.de/deutsch/produkte/publikationen/school/
Zeitschrift DIW@School des Deutschen Instituts für Wirtschaftsforschung Berlin mit verständlich geschriebenen Beiträgen zu Wirtschaftsthemen.

www.handelsblattmachtschule.de
Umfangreiche Materialsammlung zu Wirtschaftsthemen für Schüler: Themenhefte, Projektvorschläge, Begriffserklärungen usw.

www.iwkoeln.de
Institut der deutschen Wirtschaft Köln, mit den Publikationen iwd und Wirtschaft und Unterricht.

www.spieltheorie.de
Seite rund um Themen der Spieltheorie des Spieltheoretikers Professor Rieck.

1.1 Individuelle Entscheidungen in einer Welt der Knappheit

Großartig hier – aber ein Platz ganz ohne festes Budget macht mich unsicher!

M 1

"Oh, it's great here, all right, but I sort of feel uncomfortable in a place with no budget at all."
Drawing by D. Reilly; © 1976 The New Yorker Magazine, Inc.

Knappheit – Kernprinzip allen Wirtschaftens

M 2

Knappheit im umgangssprachlichen Sinn bedeutet, dass etwas nicht in ausreichender Menge zur Verfügung steht, um einen Bedarf zu decken. Ökonomisch formuliert herrscht Knappheit, wenn mit den vorhandenen Ressourcen nicht alle existenten Bedürfnisse befriedigt werden können. Bei Ressourcen handelt es sich um materielle und immaterielle Güter zu Produktions- und Konsumzwecken, aber auch um persönliche Fähigkeiten, Wissen und Zeit.
Nun ist Knappheit in individueller Perspektive immer mit dem Verzicht auf bestimmte Entscheidungsalternativen verbunden: Angenommen, man hat an einem Wochenende die Möglichkeit, ein Musikkonzert oder ein Theaterstück zu besuchen; die Ressourcen (Zeit, vielleicht auch das Geld) reichen aber nicht aus, beide Handlungsalternativen zu realisieren. Die Knappheitsbedingungen werden spürbar. Weitere Beispiele verdeutlichen, dass Knappheit allgegenwärtig ist: Der Autokauf von Herrn Frisch führt zugleich zu seinem finanziell bedingten (temporären) Urlaubsverzicht, die Software-Anschaffung der Firma CLIO bedeutet einen Verzicht auf Weiterentwicklung eines eigenen EDV-Systems, Frau Heines Heirat mit dem Bibliothekar zieht einen Verzicht auf die Heiratsanträge des vielversprechenden Nachwuchssängers sowie des Amateurboxers nach sich. Man kann davon sprechen, dass menschliches Leben unter der „Bedingung universaler Knappheit" (Homann 1988) steht. …
Nun verursacht ein Individuum in sozialen Handlungszusammenhängen nicht nur Kosten bei sich selbst, sondern auch bei anderen Individuen: Jeder Nutzer eines knappen Guts (seien es Nahrungsmittel, Eintrittskarten oder heiratswillige Männer) entzieht dieses Gut einem anderen potenziellen Nutzer. Jener verursacht damit Knappheitsfolgen in Form ungestillter Bedürfnisse bei diesem. Diese Knappheitsfolgen, oder anders formuliert, diese Knappheitspreise, also die nicht gestillten Bedürfnisse, die man bei der Nutzung eines Guts

unbekannten Dritten aufbürdet, sind schwierig zu erfassen, da sie subjektiv und zudem äußerst wandelbar sind. Es bedarf also eines Informationssystems, welches die Nutzer über die von ihnen verursachten Knappheitsfolgen informiert. Und es bedarf eines Koordinationssystems, welches die sich aus den Knappheitsfolgen resultierenden Interessenkonflikte koordiniert.

Viele Interessenkonflikte speisen sich aus konfligierenden[1] Ressourcenansprüchen. ... Nutzer von Ressourcen entziehen anderen Individuen Nutzungsmöglichkeiten. Aus diesem Sachverhalt heraus entwickeln sich ubiquitäre[2] Konfliktsituationen.

Wie lassen sich solche Konfliktsituationen entschärfen bzw. koordinieren? ... Eine gewisse antagonistische Beziehung zwischen individuellen Interessen bleibt unaufhebbar. Insofern kann es nur darum gehen, entgegenstehende Einzelinteressen durch kollektive Regelungen für Knappheitskonflikte zu koordinieren. Diese Regelungen sind äußerst mannigfaltig: Sie umfassen archaisch anmutende Verfahren zur interpersonellen Aufteilung knapper Ressourcen wie das Prinzip der Stärke oder das Windhundverfahren („Wer zuerst kommt, mahlt zuerst"). Weitere denkbare Koordinationsregeln sind das Losverfahren, die Bürokratie, politische Eliten und – preislich geregelte Märkte. Letztere gelten als besonders effiziente Koordinationsverfahren, da sie über tatsächlich herrschende Knappheit recht verlässliche Auskunft geben. Dies gilt aber nur unter der Voraussetzung, dass sich Markt- und Knappheitspreise entsprechen.

Gerd-Jan Krol, Jan Karpe, Andreas Zoerner, Die Stellung der Privaten Haushalte im Wirtschaftsgeschehen, Braunschweig 2005, S. 40-43

1 konfligieren = in Konflikt geraten
2 ubiquitär = überall verbreitet

M 3 Die Folgen der Knappheit: Opportunitätskosten

Greifen wir zu einem Beispiel. Ich kenne einen Professor, der auf der Tastatur wahre Wunder vollbringt und genauso schnell tippt wie sein Sekretär. Sollte er deshalb seinen Mitarbeiter entlassen und all seine Arbeiten und Briefe selbst tippen? Auf keinen Fall! Es liegt ganz in seinem Interesse, seine extrem gut bezahlten Arbeitsstunden und seine Energie auf die eigenen Studien zu verwenden und seinem Sekretär, der einen geringeren Stundenlohn hat, das Tippen zu überlassen. Warum? Weil das Tippen – und sei es auch auf einem noch so leistungsfähigen Computer – für unseren Professor höhere Kosten mit sich bringt. Man spricht von den sogenannten Opportunitätskosten, die in unserem Fall dadurch entstehen, dass der Professor seine Zeit damit verbringt, die eigenen Manuskripte abzutippen, anstatt viele wichtige, brillante Artikel und Bücher zu schreiben (eine Arbeit, die nur eine hoch qualifizierte und folglich teure Kraft leisten kann). Selbst wenn er noch schneller tippen könnte als sein Sekretär (dem gegenüber er dann einen „absoluten Kostenvorteil" besäße), sollte er sich trotzdem besser auf seine eigentlichen Aufgaben, Lehre und Forschung, spezialisieren. Denn hier ist sein absoluter Kostenvorteil ihm gegenüber natürlich noch viel größer (was man zumindest hoffen sollte ...).

André Fourcans, Die Welt der Wirtschaft, 2. Aufl., Frankfurt/New York 1998, S. 108 f.

Info: Opportunitätskosten

Gewinn oder ein anderer Zielbeitrag, auf den man infolge einer bestimmten Entscheidung verzichten muss. Hat ein Investor z.B. die Möglichkeit, einen bestimmten Geldbetrag bei der Bank anzulegen, und entscheidet sich stattdessen dafür, von diesem Betrag eine Maschine zu kaufen, auf der er gut absetzbare Produkte herstellen kann, so entgehen ihm dadurch seine Zinsgewinne. Die entgangenen Zinsgewinne sind somit die Opportunitätskosten für seine Entscheidung, die Maschine zu kaufen.

Werner Pepels, Lexikon der BWL, Berlin 2002, S. 263

Aufgaben

1. Knappheit als Differenz zwischen Erwünschtem und Vorhandenem betrifft fast alle Lebensbereiche. Die Entscheidungssituation eines Schülers der 12. Klasse an einem Montagmorgen könnte wie folgt aussehen:
   1./2. Stunde: Unterricht in Deutsch (hier wird ein Film gesehen und analysiert). Deutsch ist Lieblingsfach, vielleicht auch später Studienfach.
   3./4. Stunde: Unterricht in Mathematik. Der Lehrer hält einen sehr anspruchvollen, die volle Aufmerksamkeit verlangenden Unterricht.
   5./6. Stunde: Klausur in Biologie. Versagen in der Klausur führt zu einem Punkteabzug im Abiturzeugnis.
   Problem des Schülers: Er hat zu wenig auf die Biologie-Klausur gelernt.
   a) Diskutieren Sie, welche Ressourcen im Beispiel knapp sind (M 2).
   b) Stellen Sie in der Gruppe Handlungsmöglichkeiten des Schülers zusammen. Wie soll sich der Schüler entscheiden? Begründen Sie Ihre Entscheidung mithilfe einer Gegenüberstellung der jeweiligen Kosten und des jeweiligen Nutzens (M 2).
2. Nennen Sie mögliche Opportunitätskosten eines Kinobesuchs (M 3).

Die Folgen der Knappheit: das Kosten-Nutzen-Prinzip

M 4

In vielen Situationen werden Menschen dann die besten Entscheidungen treffen, wenn sie in Grenzbegriffen denken. Nehmen wir z.B. an, ein Freund fragt sie um Rat, wie viele Jahre er in der Schule oder Hochschule bleiben soll. Wenn Sie dabei die Lebensstile eines promovierten Industriechemikers und eines Schulabgängers mit mittlerer Reife vergleichen, würde der Ratsuchende diese Betrachtung als wenig hilfreich für seine Entscheidung empfinden. Ihr Freund hat ja bereits ein bestimmtes Ausbildungsniveau und überlegt, ob er noch ein oder zwei Jahre anhängen soll. Um diese Entscheidung treffen zu können, muss er den zusätzlichen Nutzen und die zusätzlichen Kosten vergleichen, die mit der Entscheidung für ein weiteres Jahr verbunden wären. Durch den Vergleich dieser marginalen Nutzen und marginalen Kosten – kurzum: Grenznutzen und Grenzkosten – kann er sehen, ob sich ein zusätzliches Jahr lohnen würde.

Ein anderes Beispiel dafür, wie das Denken in Grenzbegriffen zur Entscheidungsfindung beiträgt, sind Last-Minute-Flüge. Angenommen, ein Flugzeug mit 200 Plätzen kostet eine Fluggesellschaft beim Hin- und Rückflug über eine bestimmte Distanz € 170.000,-, also pro Platz € 850,-. Es wäre falsch zu sagen, die Gesellschaft sollte niemals einen Flugschein unter € 850,- verkaufen. Wenn vor dem Abflug noch 10 Plätze frei sind und einige Leute in letzter Minute € 500,- bezahlen würden, sollte man sie mitnehmen. Die Fluggesellschaft erhöht ihren Gewinn durch das Denken in Grenzbegriffen. Obwohl die Durchschnittskosten € 850,-wären, geht es hier nur um die marginalen Kosten oder Grenzkosten. Wie viel mehr würde jeder der zuletzt erhältlichen wenigen Passagiere an Kosten verursachen? Zu veranschlagen sind dabei nur Gepäcktransport, Bordverpflegung und Kleinigkeiten. Solange ein Last-Minute-Passagier mehr bezahlt als die Grenzkosten, ist der Ticket-Verkauf rentabel.

Wie diese Beispiele zeigen, können Menschen und Unternehmungen dadurch zu besseren Entscheidungen kommen, dass sie marginal kalkulieren. Ein rationaler Entscheidungsträger entscheidet sich dann und nur dann für eine bestimmte Aktion, wenn der Grenznutzen der Aktion die Grenzkosten übersteigt.

N. Gregory Mankiw, Grundzüge der Volkswirtschaftslehre, 3. Aufl., Stuttgart 2004, S. 6

Für Terroristen lohnt sich ein Selbstmordattentat schon deshalb, weil es so billig ist.

Auch Terroristen kalkulieren nach dem Kosten-Nutzen-Prinzip.

Anzeige der European Security Advocacy Group, Süddeutsche Zeitung, 27.9.2003

M 5 Zur Vertiefung: Was wir uns leisten können

Für Christiane, Heike, Jens und Xaver beträgt das monatliche Budget für Milchkaffee und Kinobesuch 120 €. Damit könnten sie pro Monat maximal 40 Tassen Milchkaffee in der Kneipe trinken oder aber 20-mal ins Kino gehen. Natürlich könnten sie auch beides kombinieren. Die für sie möglichen Kombinationen werden durch eine sogenannte *Budgetgerade* abgebildet:

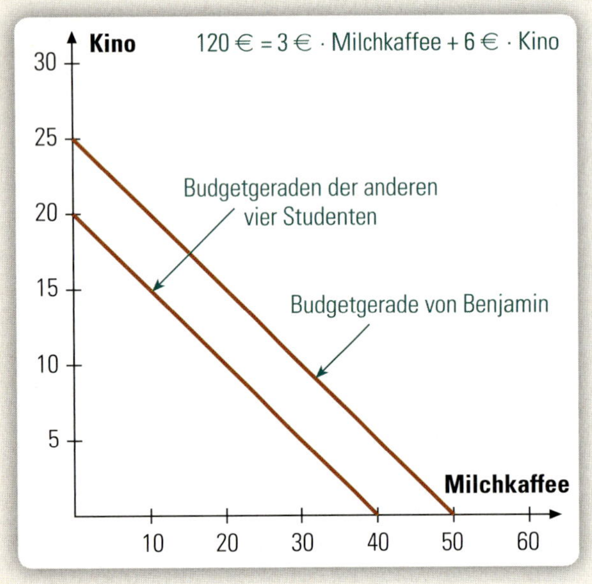

Alle Kombinationen von Kinobesuch und Milchkaffee, die auf der Geraden liegen, können realisiert werden. Kombinationen, die darüber liegen, sind nicht zu bezahlen und damit auch nicht zu verwirklichen. Die Gerade wird deshalb auch als *Budgetrestriktion* bezeichnet. Kombinationen, die unterhalb dieser Linie liegen, sind nicht effizient, da die vorhandenen Konsummöglichkeiten nicht voll ausgeschöpft werden.[1] Die Budgetgerade von Benjamin lautet:

150 €= 3 € · Milchkaffee + 6 € · Kino

Wie das Schaubild verdeutlicht, liegt sie rechts von den Budgetgeraden der vier anderen Studenten. Benjamin kann sich also mehr Tassen Milchkaffee und mehr Kinobesuche leisten.

Die Budgetgerade ist also der geometrische Ort der Kombination zweier Güter, der mit gleichen Konsumausgaben verbunden ist. Sie ist für eine Modellwelt mit zwei Gütern wie folgt beschrieben:

$$B = p_1 x_1 + p_2 x_2$$

Dabei ist B das verfügbare Einkommen, p_1 ist der Preis von Gut 1, x_1 ist die Menge von Gut 1, p_2 ist der Preis von Gut 2 und x_2 ist die Menge von Gut 2.

Nachdem sich die Studenten ihre Budgetgerade aufgestellt haben, wissen sie immerhin, was sie sich leisten können; aber wie oft sie nun konkret ins Kino gehen und wie viele Tassen Milchkaffee sie sich gönnen sollen, muss noch geklärt werden.

nach: Peter Bofinger, Grundzüge der Volkswirtschaftslehre, München 2003, S. 99 ff.

[1] *Von der Möglichkeit zu sparen oder sich zu verschulden wird hier abgesehen*

Aufgaben

1. Arbeiten Sie analog zu M 4 Kosten und Nutzen eines zusätzlichen Jahres an der Universität heraus.
2. Ein Freund aus Ihrem Tennisverein behauptet: „Einzeltrainerstunden sind definitiv besser als Gruppenstunden."
   a) Erklären Sie, was Ihr Freund damit wohl meint (M 4).
   b) Erläutern Sie mithilfe des Kosten-Nutzen-Prinzips, dass Einzelstunden nicht notwendigerweise für jeden die beste Entscheidung bedeuten (M 4).
3. Wasser ist lebenswichtig. Erläutern Sie, unter welchen Bedingungen der Grenznutzen eines Glases Wasser groß, unter welchen klein ist (M 4).
4. **Zur Vertiefung:** Betrachten Sie das Schaubild in M 5. Für das Verständnis des Marktgeschehens ist es nun interessant zu sehen, wie sich die Situation für die Studenten verändert, wenn Kaffee teurer wird. Angenommen, der Preis für einen Milchkaffee steigt von 3 € auf 4 €: Zeichnen sie die veränderten Budgetgeraden bei unverändertem Budget ein. Vergleichen Sie die Situation vor und nach der Preiserhöhung.

Zentrale Elemente der ökonomischen Verhaltenstheorie

M 6

> *Jede noch so schöne Theorie vom Menschen wird scheitern, wenn sie von der Voraussetzung abhängt, dass Menschen wider besseres Wissen ihren eigenen Vorteil nicht nutzen.*
>
> *Ulrich Kühne, Süddeutsche Zeitung, 6.10.2003*

Was genau ist unter der „ökonomischen Verhaltenstheorie" zu verstehen? Hier sind sechs wesentliche Elemente zu nennen:

1. Die ökonomische Verhaltenstheorie trifft Aussagen über Entscheidungen und Handlungen von Individuen. Dabei bildet sie nicht „jedes beobachtbare Verhalten von Individuen und nicht [das] beobachtete Verhalten jedes einzelnen Individuums" ab. Vielmehr bietet sie Mustererklärungen an, die für sich in Anspruch nehmen, für große Gesamtheiten das übliche Verhalten vieler Menschen (nicht eines Durchschnitts!) zu erklären. So mag es immer auch beobachtbare Fälle/Situationen geben, in denen einzelne Menschen sich anders entscheiden bzw. anders handeln als von der Theorie für die Mehrheit prognostiziert.

2. Die ökonomische Verhaltenstheorie erklärt Entscheidungen und Handlungen von Menschen aus einem Zusammenspiel von (individuellen) Präferenzen – das sind Wünsche, Ziele, Werte usw. – und überindividuellen Rahmenbedingungen, den Handlungsrestriktionen, die dem individuellen Handeln zunächst entzogen bleiben. Nicht jedes Ziel kann (sofort) erreicht werden. Restriktionen begrenzen den Handlungsraum von Individuen. Nicht immer reicht das Einkommen, um der Tochter den Wunsch nach einem Pferd zu erfüllen; und isst jemand gerne Fisch, auf dem Büfett findet sich jedoch nur Fleisch, Wurst und Salat, dann kann er – auch wenn er es möchte – keinen Fisch essen. Individuelle Ziele werden – nach einer Formulierung von Homann und Suchanek – „unter Nebenbedingungen" verfolgt.

3. Wie wählen Menschen nun aus vielen möglichen Optionen ihre Handlungen aus? Die ökonomische Verhaltenstheorie unterstellt, dass Menschen dies nicht immer wieder willkürlich, sondern nach einem bestimmten Muster tun: Sie entscheiden sich rational unter den Möglichkeiten, die ihnen ins Blickfeld geraten, i. d. R. systematisch für die für sie vorteilhafteste Alternative. Aber Achtung: Dies bedeutet nicht, dass die gewählte Handlungsoption objektiv die beste ist: Schon die Lebensweisheit „Hinterher ist man immer schlauer!" zeigt, dass man sich auch trotz (vermeintlich) guter Argumente falsch entscheiden kann. Es kommt also auf die wahrgenommenen (entdeckten) Möglichkeiten und deren Bewertungen durch die Individuen an. Unter diesen wird dann diejenige verfolgt, die die kostengünstigste Erreichung des Ziels verspricht. Dabei bezieht sich „Kosten" nicht nur auf monetär messbare Größen wie Ausgaben, Verlust usw. (und demzufolge Nutzen nicht nur auf Gewinn, Einkommen, Güter usw.), vielmehr unterstellt die ökonomische Verhaltenstheorie auch die Einbeziehung immaterieller Größen wie Prestige, Zeit, Macht, Status usw. in die individuelle Nutzenabwägung.

4. Nun haben in der ökonomischen Verhaltenstheorie die beiden Erklärungsvariablen – Präferenzen und Restriktionen – einen unterschiedlichen Rang: Wenn auch beide Faktoren das Handeln beeinflussen, so erklärt die ökonomische Verhaltenstheorie das Verhalten der Menschen mit den Anreizen, denen diese ausgesetzt sind, und somit auch Verhaltensveränderungen zunächst nicht mit einer Veränderung der Präferenzen, sondern mit Veränderungen der Restriktionen bzw. der (äußeren) Handlungsanreize. Warum? Theorien sollten zwar so komplex wie nötig, aber auch so einfach wie möglich sein. So ist der Ansatz, Handlungsergebnisse von den Rahmenbedingungen des Handelns her zu erklären, vor allem ein methodischer Kniff: Rahmenbedingungen (und vor allem deren Veränderungen) lassen sich viel leichter ermitteln und beobachten als individuelle Präferenzen. Werden Ökonomen um Empfehlungen gebeten, wie bestimmte Missstände zu entschärfen sind, so raten sie ebenfalls zu Veränderungen der Handlungsbedingungen, da diese i. d. R. leichter und sicherer zu bewerkstelligen sind als die Beeinflussung unzähliger individueller Einstellungen.

5. Daher untersucht die ökonomische Verhaltenstheorie eher Situationen als Personen: Deren Ziele werden als mittelfristig konstant angesehen. Was dann das Handeln beeinflusst und Handlungsveränderungen hervorruft, sind die (Veränderungen der) Rahmenbedingungen bzw. Anreize in der jeweiligen Handlungssituation.

6. Wenn sich die ökonomische Verhaltenstheorie auf individuelle Entscheidungen und Handlungen bezieht, welchen Beitrag kann sie dann zur Erklärung gesellschaftlicher Phänomene, zum Verhalten von Gruppen, von Kollektiven leisten? Der Ansatz der ökonomischen Verhaltenstheorie führt kollektives Verhalten bzw. dessen Auswirkungen (bspw. Umweltbelastungen) stets auf das Verhalten/die Handlungen von Individuen zurück. Parteien, Gewerkschaften, Verbände usw. entscheiden und handeln nicht wie eine Person, sondern Stellungnahmen und das Verhalten dieser Gruppen ergeben sich aus dem Zusammenspiel des Verhaltens ihrer einzelnen Mitglieder. Diese wiederum, so unterstellt die ökonomische Verhaltenstheorie, folgen auch innerhalb ihrer Verbände rational ihren jeweils eigenen Interessen.

Andreas Zoerner, Unterricht Wirtschaft, Heft 22, 2/2005, S. 27

M 7 Vom Nutzen der Liebe: Interview mit dem Nobelpreisträger Gary S. Becker

Gary S. Becker

Selbst in emotional geladenen Privatdingen handeln Menschen rational. Ob Entscheidungen über Unternehmenskauf, Geldanlage oder Heirat: Immer steckt das gleiche Nutzenkalkül dahinter. Mit dieser provokanten und vielfach variierten These errang Gary S. Becker Weltruhm und 1992 den Nobelpreis für Wirtschaftswissenschaften.

Glauben Sie tatsächlich, dass sich derart persönliche Entscheidungen ökonomisch bewerten lassen?
Ich glaube, dass es bei Entscheidungen immer darum geht, den eigenen Nutzen zu maximieren, egal, ob es dabei um den Nutzen einer Privatperson, eines Haushalts, einer Unternehmung, einer Gewerkschaft oder einer Behörde geht.
Der Unterschied ist nur oberflächlich. In Unternehmen betreffen Entscheidungen materielle Aspekte, etwa mehr Gewinn zu machen. Wenn Privatpersonen in ihrem Alltag ihren Nutzen maximieren, haben sie dagegen meist ihr privates Glück im Sinn. Dabei wird ihr Nutzen unter anderem durch immaterielle Dinge bestimmt. Während bei Unternehmensentscheidungen die Preise monetär messbar sind, müssen bei privaten Entscheidungen Nutzen und Kosten mitunter mithilfe von Schattenpreisen bewertet werden.
Wenn ich mich zum Beispiel entscheide, meine Zeit damit zu verbringen, ein Buch zu lesen anstatt fernzusehen, dann ist der Schattenpreis der subjektiv empfundene Wert, den ich daraus gezogen hätte fernzusehen. Am Ende wird alles bewertet.

Das klingt, als wäre der Mensch eine rational programmierte Maschine.
Nein, überhaupt nicht. Der ökonomische Ansatz unterstellt ja nicht, dass sich die Menschen bei ihren Entscheidungen ihrer Maximierungsbemühungen bewusst sind oder dass sie die Gründe für die systematischen Muster in ihrem Verhalten beschreiben können. Der ökonomische Ansatz ist vielmehr vereinbar mit der Betonung des Unbewussten in der modernen Psychologie oder mit der soziologischen Unterscheidung zwischen beabsichtigten und unbeabsichtigten Folgen von Handlungen. …

Sie kritisieren die gängige Meinung, dass Verbrechen eine Folge sozialer Unterdrückung sind und Straftäter die Opfer gesellschaftlicher Zustände.
Viele glaubten damals, dass es eine Kriminellen-Mentalität gebe, eine angeborene Anomalie, bei der sich nicht viel machen lasse. Ich bin dagegen davon ausgegangen, dass Kriminelle ihre Entschei-

dungen genauso wie alle anderen Menschen treffen. Sie haben ihre Alternativen. Und sie wollen ihren Nutzen maximieren, handeln also rational. Ein Mensch wird demnach zum Straftäter, wenn sein Nutzen, den er aus dem Verbrechen erwartet – etwa die Beute aus einem Diebstahl – höher ist als der Nutzen aus einer legalen Tätigkeit wie Taxi zu fahren oder mit Aktien zu handeln.

Mit dieser These blenden sie sämtliche soziologischen Umstände aus, die Menschen in ihrer Entwicklung beeinflussen.
Nein, gar nicht. Eine kriminelle Karriere kann sicherlich auch gesellschaftliche Gründe haben. Ihre individuellen legalen Möglichkeiten können etwa durch Ihre Herkunft schlechter sein, oder Ihre Eltern haben Ihnen nicht vermittelt, dass Verbrechen schlecht sind. Fundamental unterscheiden sich die Kriterien, nach denen Sie handeln, jedoch nicht von denen anderer Menschen. Eine Erhöhung des verfügbaren Einkommens für legale Aktivitäten zum Beispiel oder eine Verstärkung der Gesetzestreue etwa auf Grund von Erziehung würde den Reiz, sich in illegalen Aktivitäten zu versuchen, mindern und so die Anzahl der Straftaten reduzieren.

Lassen sich aus Ihren Erkenntnissen Anleitungen für staatliches Handeln gewinnen, um die Kriminalität zu reduzieren?
Natürlich. Der Staat sollte grundsätzlich versuchen, Verbrechen durch Gesetzgebung und Strafverfolgung möglichst „teuer" zu machen. Eine optimale Verbrechensbekämpfung im ökonomischen Sinn bedeutet dabei, den gesellschaftlichen Einkommensverlust, der durch Verbrechen entsteht, zu minimieren. Ob der Staat höhere Strafen androhen oder mehr Polizisten einsetzen soll, hängt am Ende von der Risikobereitschaft der potenziellen Verbrecher ab – ökonomisch formuliert: von der Elastizität ihres Verhaltens auf entsprechende Veränderungen des Rechtsrahmens. Ist ihre Risikobereitschaft gering, sind schärfere Strafen effektiv. Bei einer hohen Risikoneigung ist dagegen eine intensivere Strafverfolgung wirksamer. Man muss solche Dinge berücksichtigen, wenn man Politik macht. …

Sie haben mit Ihrer ökonomischen Analyse auch vor der Familie nicht Halt gemacht.
Das beginnt mit der Entscheidung zu heiraten. Auch da steht die Frage nach dem Nutzen im Vordergrund, den ein Mensch sich von der Ehe erwartet – sowohl immateriell als auch materiell. Auf dem Heiratsmarkt wird jemand so lange suchen, bis er den Partner gefunden hat, der ihm den höchsten Wert verspricht – in Form von Liebe oder materieller Vorteile in Form eines höheren Einkommens. Anders ausgedrückt: Die weitere Suche nach einer Alternative würde keine spürbare Verbesserung mehr bringen – Zeit und Kosten dafür würden den Vorteil aufwiegen. …

Haben Sie Ihrer Frau nach derartigen Abwägungen einen Heiratsantrag gemacht?
Natürlich nicht. Sehr wenige Menschen machen das. Und wenn ihre Partner davon wüssten, würde die Heirat sicher platzen. Aber bewusst oder unbewusst fragen sich doch alle, ob es sie glücklich machen wird, eine bestimmte Person zu heiraten. Und dabei machen sie Fehler, lassen sich wieder scheiden. Aber es ist gar nicht nötig, dass jede einzelne Person eine rationale Entscheidung trifft, damit der gesamte Heiratsmarkt relativ rational ist. Das gilt übrigens für alle Märkte: Es reicht, wenn die Mehrheit rational entscheidet.

Kerstin Friemel, Interview mit Gary S. Becker, McK Wissen 11, Hamburg 2004, S. 78 ff.

Aufgaben

1. Arbeiten Sie aus M 6 die zentralen Elemente der ökonomischen Verhaltenstheorie heraus und erstellen Sie dazu ein Lernplakat.
2. Nehmen Sie Stellung zu dem Vorwurf, die ökonomische Verhaltenstheorie würde sich ausgiebig mit den Restriktionen, aber kaum mit den Präferenzen der Akteure beschäftigen (M 6).
3. Am Ende des ersten Absatzes in M 7 spricht Becker von einem „Schattenpreis": Welchem Kostentyp entspricht dieser Schattenpreis?
4. Wie beurteilen Sie den Ansatz Beckers (M 7), auch alle anderen menschlichen Entscheidungssituationen mithilfe ökonomischer Kategorien zu erklären?

1.2 Individuelle Entscheidungen und ihre Folgen: Nutzen und Kosten für die Gesellschaft

M 8 Das Gemeinwohl als „Nebenwirkung" individueller Nutzenmaximierung

Arbeit kostet den Menschen Zeit und auch Energie. Die meisten denken wohl mit Sympathie an das Märchen vom Schlaraffenland, wo Milch und Honig fließen und den Menschen die gebratenen Tauben in den Mund fliegen, wo also eine Befriedigung der materiellen Bedürfnisse ohne jede Anstrengung vollzogen werden kann. Und sie wären sehr froh, wenn sie mehr freie Zeit und mehr Geld hätten. Daher haben wir ein Interesse daran, mit möglichst wenig Arbeit möglichst viel Geld zu verdienen. Wir sind Egoisten.
Damit sind die wichtigsten Elemente des Menschenbildes der Marktwirtschaft schon beschrieben. Denn wie jedes System baut die Marktwirtschaft auf bestimmten Annahmen und Erkenntnissen auf.

Die Ausgangspunkte der Marktwirtschaft sind:
1. Der Mensch hat Bedürfnisse und muss sie befriedigen.
2. Der Mensch ist ein soziales Wesen, er lebt und agiert in einer Gesellschaft.
3. Der Mensch ist egoistisch, sein Bestreben ist wesentlich darauf ausgerichtet, dass es ihm selbst gut geht.

Der menschliche Egoismus hat viele religiöse, politische und philosophische Führer und Denker herausgefordert, die durch alle möglichen Appelle und Überlegungen versucht haben, den Menschen von seinem Egoismus und Materialismus zu „heilen". Zu einer nachhaltigen Verhaltensänderung hat das zumindest bei der Mehrheit der Menschen jedoch nicht geführt.
Die Stärke der Marktwirtschaft (oder ihr Realismus?) liegt darin, dass sie nicht versucht, den menschlichen Egoismus auszumerzen, sondern ihn in Betracht zieht und ausnutzt.

Typische Einkaufsstraße in Deutschland. Verkäufer und Käufer verfolgen ihren eigenen Vorteil – und doch ziehen alle Marktteilnehmer einen Nutzen aus den abgeschlossenen Geschäften.

Egoismus ist eigentlich asozial, denn er bedeutet schließlich, dass jeder nur an sich denkt. Aber andererseits kann der egoistische Mensch sein Bedürfnis nur mit anderen befriedigen. Wenn der Mensch mit geringem Aufwand gut leben will, braucht er andere, die ihm das ermöglichen. …
Antrieb des ökonomischen Handels ist das Interesse, Gewinn zu erzielen. Dieser Gewinn lässt sich aber nur realisieren, wenn ein Markteilnehmer auch für andere gewinnbringend ist. Nur wenn er Produkte anbietet, die anderen ein Bedürfnis in der erwarteten Qualität und zu einem akzeptablen Preis befriedigen, kann er seinen Vorteil sichern. … Die Marktwirtschaft geht also vom menschlichen Egoismus aus, nutzt ihn jedoch zur Sicherung des Gemeinwohls.

Eckart Stratenschulte, Wirtschaft in Deutschland, Bonn 2006, S. 20 f.

Info: Die unsichtbare Hand

Und [der Mensch] wird wie von einer unsichtbaren Hand geleitet, um einen Zweck zu fördern, den zu erfüllen er in keiner Weise beabsichtigt hat. … [J]a gerade dadurch, dass er das eigene Interesse verfolgt, fördert er häufig das der Gesellschaft nachhaltiger, als wenn er wirklich beabsichtigt, es zu tun.

Adam Smith (1723-1790), Der Wohlstand der Nationen, München 1974 (engl. Original: 1776), S. 371

Die unsichtbare Hand des Marktes – eine Win-Win-Situation

M 9

Das Schöne an unserem einfachen Beispiel für den Aktienmarkt ist, dass wir daraus bereits sehr wichtige Einsichten in den Marktprozess gewinnen können. Der Markt ermöglicht Handel und sorgt dafür, dass sich Käufer und Verkäufer besser stellen können als in einer Situation ohne einen Markt.
Nehmen wir an, es werden Aktien der HyperTec AG zum Kurs von 123 € gehandelt. Schauen wir dazu einen Verkäufer an, der eine Verkaufsorder zum Kurs von 120 € abgegeben hat. Da er die Aktie bei einem Kurs von 119 € noch behalten hätte, bringt er damit zum Ausdruck, dass er einer Aktie der HyperTec AG einen Wert von maximal 119 € beimisst. Da er die Aktie zu einem Kurs von 123 verkaufen kann, erzielt er einen Handelsgewinn von 4 €. Mit umgekehrtem Vorzeichen gilt das auch für einen Käufer. Wer eine Kauforder für 126 € abgibt, bringt damit zum Ausdruck, dass er der Aktie einen Wert von mindestens 126 € beimisst. Wenn er die Aktie dann zu 123 € erhält, erzielt er einen Handelsvorteil von 3 €.

Entscheidend für Marktprozesse ist daher, dass Käufer und Verkäufer den Wert eines Gutes unterschiedlich einschätzen. … Dies ist darauf zurückzuführen, dass Anleger in der Regel ganz unterschiedliche Einschätzungen darüber haben, wie sich die Geschäftslage eines Unternehmens entwickeln wird. Ganz allgemein gibt es daher in der Volkswirtschaftslehre (wie auch in der Betriebswirtschaftlehre) keinen objektiven Wertbegriff … Der Wert eines Gutes oder einer Aktie wird immer durch die individuelle Situation eines Anbieters oder eines Nachfragers bestimmt … Im Fall einer Aktie wie der HyperTec AG ist die höhere Wertschätzung der Nachfrager, die mit ihren Orders zum Zuge gekommen sind, darauf zurückzuführen, dass sie die Entwicklung des Unternehmens deutlich optimistischer einschätzen als diejenigen Anbieter, die ihre Aktien verkaufen wollten und es auch konnten.

nach: Peter Bofinger, Grundzüge der Volkswirtschaftslehre, München 2003, S. 37

Das Gefangenen-Dilemma – keine Win-Win-Situation

M 10

Dieses Spiel verdankt seinen Namen der folgenden Anekdote: Zwei isoliert voneinander inhaftierten Gefangenen legt der Staatsanwalt jeweils ein minder schweres und ein schweres Verbrechen zur Last. Ersteres kann er beweisen, für den Nachweis des letzteren benötigt er das Geständnis mindestens eines Gefangenen. Er bietet nun jedem Gefangenen eine Kronzeugenregelung an. Gesteht Gefangener A und schweigt Gefangener B, so wird A als Kronzeuge freigelassen und B zu zehn Jahren Gefängnis verurteilt. Ein entsprechendes Angebot ergeht an B. Gestehen beide Gefangenen, so wird das Geständnis strafmildernd bewertet: Sowohl für A als auch B lautet das Urteil auf fünf Jahre. Schweigen aber beide, so können sie nur für das minder schwere Verbrechen zu einem Jahr Gefängnis verurteilt werden (siehe Abbildung). Versetzen wir uns in dem symmetrischen Entscheidungskonflikt in die Lage des Gefangenen A. Schweigt mein Mitgefangener B – so räsoniert A –, dann ist es besser zu gestehen (Freispruch anstelle von einem Jahr Gefängnis). Gesteht dagegen B, so ist „gestehen" gleichfalls günstiger („nur" 5 anstelle von 10 Jahren). Ergo werde ich (A) gestehen. Was A recht ist, ist B billig. Folgen beide dieser Logik, werden sowohl A als auch B gestehen. Das Resultat ist fünf Jahre Gefängnis, obwohl wechselseitige Kooperation („schweigen") zu einem wesentlich günstigeren Ergebnis von je einem Jahr Haft verholfen hätte. Ohne vertragliche Abmachung (oder eine gehörige Portion Vertrauen) ist die Kooperationslösung jedoch nicht realisierbar.

Zwei-Personen-Gefangenendilemma:

		Gefangener B	
		Schweigen	Gestehen
Gefangener A	Schweigen (≈ Kooperation)	1;1	10;0
	Gestehen (≈ Nichtkooperation)	0;10	5;5

Anmerkung: Die „Auszahlungen" stehen hier für die Anzahl der Haftjahre.

Die erste Zahl in jeder der vier Zellen ist die Höhe der Strafe für Gefangenen A, die zweite Zahl bezeichnet das Strafmaß für Gefangenen B. Sind beide Gefangenen kooperativ, d.h. schweigen beide, dann beträgt ihre Strafe jeweils nur ein Jahr. Jeder der beiden Gefangenen hat aber einen Anreiz zu gestehen, sei es, um als Kronzeuge zu profitieren (aggressives Motiv), oder aber, um der Höchststrafe mit Sicherheit zu entgehen (defensives Motiv). Folgen beide der individuell-rationalen Strategie „gestehen", dann ist das Resultat für A und B fünf Jahre Haft. Hätten sie dagegen beide geschwiegen, wären sie mit einem Jahr wesentlich besser davongekommen. Das Dilemma besteht darin, dass die individuell rationalen Strategien zu einem kollektiv unerwünschten (sub-optimalen) Resultat führen.
Weshalb ist das Gefangenendilemma von so großer Bedeutung in den Sozialwissenschaften und – nebenbei bemerkt – auch in einer Naturwissenschaft wie der Biologie? Das Modell, abstrahieren wir einmal von der Anekdote, illustriert den Grundkonflikt zwischen rationalen, eigeninteressierten Handlungen und den für alle Betroffenen „irrationalen" Konsequenzen. Anwendungsbeispiele sind das Problem sozialer Ordnung in Thomas Hobbes „Leviathan", der Rüstungswettlauf im Kalten Krieg (Aufrüstung ist hier „gestehen", Abrüstung „schweigen"), Situationen von Konflikt und Symbiose in der Biologie, das Problem der Erzeugung kollektiver Güter in der Ökonomie, die Nutzung knapper Ressourcen in der Ökologie u.a.m. Während die Theorie von Adam Smith die Harmonie der rationalen Verfolgung von Eigeninteressen mit der allgemeinen Wohlfahrt in den Mittelpunkt rückt, bildet das Modell des Gefangenendilemmas einen Gegenpol. Es beschreibt diejenigen Konfliktsituationen, in denen keine „invisible hand" existiert, welche individuell-rationale Entscheidungen und kollektive Vernunft zur Deckung bringt.

Andreas Diekmann, Empirische Sozialforschung, Reinbek 1995, S. 178 f.

Aufgaben

1. Erläutern Sie, warum man den Markt als Win-Win-Situation, also als Situation mit zwei Gewinnern, bezeichnen kann (M 8, M 9).
2. Beschreiben Sie die Rolle der „unsichtbaren Hand" auf dem Markt (M 8, M 9, Info).
3. 1714 schrieb der Londoner Arzt und gebürtige Hugenotte Bernard Mandeville „Die Bienenfabel" mit dem Untertitel „Private Laster, öffentliche Vorteile". Interpretieren Sie, ausgehend von M 8, diesen Untertitel.
4. Die Autohersteller A und B müssen beide über die Investition in ein neues Großprojekt entscheiden (z.B. den Einstieg in die Entwicklung des Brennstoffzellenantriebs). Die Spiele 1 und 2 zeigen, wie ihre Profite (in Millionen €) von den jeweiligen Entscheidungen des Konkurrenten abhängen. Erklären Sie, welches der beiden Spiele ein Gefangenendilemma ist und erläutern Sie die Dilemmasituation (M 10).

Spiel 1

		B: Nicht investieren	B: Investieren
A	Nicht investieren	10;10	4;12
A	Investieren	12;4	5;5

Spiel 2

		B: Nicht investieren	B: Investieren
A	Nicht investieren	4;12	5;5
A	Investieren	10;10	12;4

Methode

Experimente im Wirtschaftsunterricht – das Ultimatumspiel

Spielanleitung

Jeder Schüler nimmt zuerst die Rolle von Spieler A ein und entscheidet sich laut Aufgabenblatt für eine von elf festgelegten Verteilungen von 1.000 (fiktiven) Euro. In der zweiten Runde übernimmt er die Rolle von B und entscheidet, welchen der elf Verteilungen er zustimmen würde beziehungsweise welche er ablehnen würde. Das Ergebnis lässt sich nach dem Muster der Abbildung darstellen und analysieren.

Rollenkarte Spieler A

Spielbeschreibung:
Ein Betrag von 1000 (fiktiven) Euro soll unter zwei Personen aufgeteilt werden. Spieler A muss Spieler B ein Angebot machen, wie viel letzterer erhalten soll. Spieler B kann dem Angebot zustimmen oder es ablehnen.
Wenn Spieler B zustimmt, wird das Geld dem Vorschlag gemäß aufgeteilt. Lehnt er jedoch ab, so gehen beide leer aus.
Die Regeln sind sehr streng: Beide Personen dürfen nicht miteinander kommunizieren, sodass Feilschen unmöglich ist. Spieler A stellt B ein Ultimatum. Die Summe verschwindet, wenn sie nicht beim ersten Versuch aufgeteilt wird, und das Spiel ist nicht wiederholbar.

Aufgabe:
Sie sind in der Rolle von Spieler A: Entscheiden Sie sich für eine der folgenden elf Verteilungen (die Auszahlung an Spieler A ist zuerst genannt):
1000:0 / 900:100 / 800:200/ 700:300/ 600:400 / 500:500 / 400:600 / 300:700 / 200:800 / 100:900 / 0:1000

Rollenkarte Spieler B

Spielbeschreibung:
Ein Betrag von 1000 (fiktiven) Euro soll unter zwei Personen aufgeteilt werden. Spieler A muss Spieler B ein Angebot machen, wie viel letzterer erhalten soll. Spieler B kann dem Angebot zustimmen oder es ablehnen.
Wenn Spieler B zustimmt, wird das Geld dem Vorschlag gemäß aufgeteilt. Lehnt er jedoch ab, so gehen beide leer aus.
Die Regeln sind sehr streng: Beide Personen dürfen nicht miteinander kommunizieren, sodass Feilschen unmöglich ist. Spieler A stellt B ein Ultimatum. Die Summe verschwindet, wenn sie nicht beim ersten Versuch aufgeteilt wird, und das Spiel ist nicht wiederholbar.

Aufgabe:
Sie sind in der Rolle von Spieler B: Entscheiden Sie, welchen der von Spieler A vorgeschlagenen Verteilungen Sie zustimmen würden (die Auszahlung an Spieler A ist zuerst genannt):
1000:0 / 900:100 / 800:200/ 700:300/ 600:400 / 500:500 / 400:600 / 300:700 / 200:800 / 100:900 / 0:1000

Muster für eine Auswertung

(bei einer Gruppe von 14 Spielern)

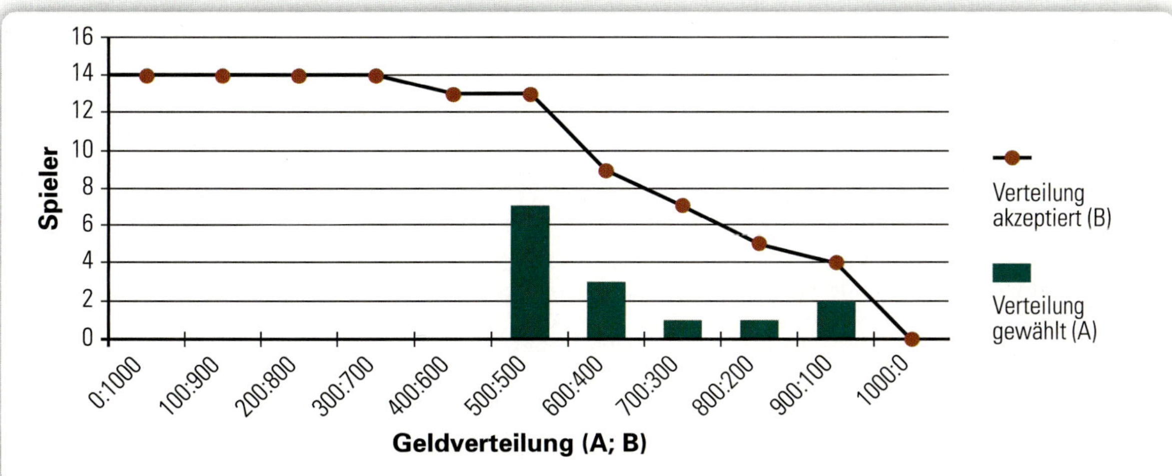

1.3 Der Homo Oeconomicus in der Kritik

M 11 Abschied vom Homo Oeconomicus?

Professor Axel Ockenfels

Professor Axel Ockenfels hat 2005 als erster Wirtschaftswissenschaftler seit 17 Jahren den Gottfried-Wilhelm-Leibniz-Preis erhalten. Ockenfels lehrt an der Universität Köln. Mit DW-WORLD redete er darüber, warum der „Homo Oeconomicus" ausgedient hat und was Fairness mit Wirtschaft zu tun hat.

DW-WORLD: Die klassischen Theorien der Wirtschaftswissenschaften gehen davon aus, dass der Mensch rational und egoistisch ist und für sich nur das Beste will. Ist das inzwischen nicht mehr so – oder warum erforschen Sie so intensiv das Verhalten von Menschen in ökonomischen Entscheidungssituationen?

Axel Ockenfels: Die Hypothese, dass der Mensch vor allem egoistisch und rational sei, ist eine Hypothese der Ökonomen, die lange Zeit nie getestet worden ist. Aber der Mensch war vermutlich nie so rational und so eigennützig, wie der Ökonom ihn gerne hätte in seinen Modellen. Insofern hat sich der Mensch nicht geändert, sondern die Wirtschaftswissenschaft hat sich geändert, indem sie diesen neuen Ideen und neuen empirischen Befunden Rechnung trägt und den „Homo Oeconomicus" langsam verabschiedet. Denn der „Homo Oeconomicus" ist eine Fiktion, die so nicht existiert.

Und was macht der moderne Mensch anders? Will er etwa nicht mehr das meiste für sich?
Die Menschen sind immer noch egoistisch, aber sie haben ihren eigenen Egoismus. Sie schauen zum Beispiel nicht nur auf das, was sie unterm Strich bekommen, sondern sie schauen auch darauf, was die anderen bekommen und welchen Status sie – relativ gesehen – in einer bestimmten Vergleichsgruppe haben.
Wir wissen eindeutig, dass Menschen durchaus bereit sind, andere zu bestrafen, die sich unfair verhalten – selbst wenn es sie selbst eine ganze Menge kostet. In Verhandlungssituationen zum Beispiel spielt Fairness eine große Rolle. In solchen Situationen sollten sich selbst Leute, die eigentlich eigennützig und egoistisch sind, fair verhalten. …

Da aber niemand über seinen Schatten springen kann: Kann man solches Verhalten lernen?
Ja, man kann lernen, wie man gut verhandelt. Die Verhandlungstheorie sagt Ihnen, wie man das geschickt und clever macht – wobei auch diese Theorie nicht perfekt funktioniert.
Nehmen wir zum Beispiel das Ultimatum-Spiel: Sie haben 100 Euro zu vergeben, und Sie müssen entscheiden, wie viel Sie mir davon abgeben; ich sage „Ja" oder „Nein". „Ja" heißt: Wir beide bekommen anteilig Geld. „Nein" heißt: Wir bekommen beide nichts. Wenn wir also erfolgreich verhandeln, stellen wir uns beide besser. Die Frage ist nur: Wie verteilen wir die Effizienzgewinne?
Die klassische Wirtschaftstheorie macht eine klare Prognose: Die sagt, Sie geben mir 1 Euro – denn das ist das, was „Homo Oeconomicus" tun würde unter der Annahme „Mehr Geld ist besser als weniger Geld". Wenn Sie mir 1 Euro geben und ich annehme, dann bekomme ich 1 Euro. Wenn ich ablehne, bekomme ich nichts. Und da 1 Euro besser ist als nichts, nehme ich an. Da Sie „Homo Oeconomicus" sind, antizipieren Sie dieses Verhalten und dürfen sich darauf freuen, dass Sie fast den gesamten Kuchen kriegen und ich fast nichts.

Wenn ich in dieser Situation Sie wäre, dann würde ich aber doch denken: „Den läppischen 1 Euro, den die mir abgeben will, kann sie sich an den Hut stecken!"
Ja, aber das ist nicht egoistisch! Damit stoßen Sie an die Grenzen einer ganz grundlegenden Hypothese der Ökonomik: „Mehr Geld ist besser als weniger Geld". Wenn Sie sagen, „ich verzichte auf den 1 Euro", dann heißt das, Sie schmeißen Geld weg. Das ist ein Verstoß gegen die Minimum-Hypothese, die eigentlich überall gilt.
Aber Ihre Intuition ist völlig richtig: Wenn wir das Ultimatum-Spiel mit echtem Geld in unserem Labor spielen, dann gibt fast nie jemand nur 1 Euro ab. Die meisten geben ungefähr die Hälfte, also 50 Euro. Wenn Sie zu wenig abgeben wollen, dann

wird typischerweise abgelehnt. Das ist ein ganz robustes Verhalten – das passiert in Deutschland genauso wie in den USA oder anderen Ländern. Sie können das Spiel auch 100 Mal wiederholen, das Ergebnis ist immer dasselbe: Die Leute haben eine Unfairness-Aversion. Sie wollen den anderen dafür bestrafen, dass er unfair war.
In so einer Verhandlungssituation sollten Sie selbst als Egoist so tun, als ob Sie fair und nett wären, damit Sie nicht Gefahr laufen, bestraft zu werden. Sie sollten dem anderen die Hälfte abgeben – denn mit der hälftigen Abgabe maximieren Sie Ihren Gewinn. Wenn Sie weniger als die Hälfte abgeben würden, wäre die Wahrscheinlichkeit der Ablehnung so hoch, dass Sie sich am Ende schlechter stellen. Die Theorie vom „Homo Oeconomicus" funktioniert hier also überhaupt nicht.

Die Theorie vom „Homo Oeconomicus" wurde aber nicht aus der Luft gegriffen. Kann es sein, dass die Leute vor 150 Jahren anders reagiert haben – oder hätten?
Ich glaube, die Menschen vor 150 Jahren waren nicht anders als heute. Nur die Methoden, mit denen wir ihr Verhalten testen, haben sich verfeinert. Ich glaube, es ist wirklich die Theorie, die jetzt sehr spät auf etwas reagiert, was schon seit Hunderten von Jahren Tatsache ist: dass Menschen nicht nur Egoisten sind, sondern sich eben auch nach dem Prinzip „Wie du mir, so ich dir" verhalten und auf Fairness und Status in einer Referenzgruppe achten. Das ist ganz wichtig.

Viele Entscheidungen in der realen Wirtschaftspraxis basieren aber auf „Homo Oeconomicus". Wenn die Theorie von etwas anderem ausgeht als dem, was die Leute tatsächlich tun, dann kann es aber zu Fehlentscheidungen und Kollisionen kommen ...
Das ist ein guter Punkt – und deshalb glaube ich, dass die experimentelle Wirtschaftsforschung eine extrem wichtige Disziplin ist, die man auch den Studenten frühzeitig nahebringen muss. Es ist wichtig, die Theorie zu verstehen, ... aber es ist auch wichtig zu verstehen, wie sich echte Menschen verhalten.

Die Fragen stellte Ingun Arnold, Deutsche Welle, 2.3.2005 (www.dw-world.de)

Der Mensch: nicht nur ein egoistischer Nutzenmaximierer?

M 12

Vor kurzem hat eine berühmte Universität einem amerikanischen Freund von mir einen Posten angeboten. Er ist ein hervorragender Ökonom, vielleicht kein Nobelpreis-Anwärter, aber er gehört zweifellos zu den 100 besten Wirtschaftsprofessoren der Welt.
Mein Freund lehnte das Angebot ab. „Andrew", sagte er zu mir, „weißt du, was die Schufte getan haben? Sie haben mir ein Gehalt geboten, bei dem ich 10 Dollar weniger im Jahr verdient hätte als ihr höchstbezahlter Mitarbeiter." Das habe ihn geärgert, sagte er. „Ich bin besser als der Beste, den sie derzeit haben, aber sie bieten mir absichtlich ein paar Dollar weniger, weil der alte Knacker so eigen ist."
Ich erinnere mich daran, weil ich derzeit den Zusammenhang zwischen Zufriedenheit am Arbeitsplatz und Rang untersuche. Mit Rang meine ich die Position einer Person innerhalb des Gehaltsgefüges, also ob jemand im Unternehmen auf dem 14. Platz bei den Gehältern liegt, auf Platz 74 oder auch auf Platz 274.
Die Ergebnisse unseres Forschungsteams zeigen, dass für die Menschen ihr Rang im Gehaltsgefüge entscheidend ist. Ich war überrascht davon, wie stark sich dies in den Daten niederschlägt.
Wie lässt sich das nachweisen? Als Erstes haben wir Experimente durchgeführt. Wir haben Studenten befragt, wie zufrieden sie nach dem Abschluss an der Universität Warwick mit verschiedenen Anstellungen wären. Wir boten den jungen Leuten verschiedene fiktive Unternehmen und Einstiegsgehälter und variierten die Gehaltsbandbreite.
Die Psychologen in unserem Team sagten voraus, dass die Ergebnisse dem sogenannten Range-Frequency-Modell entsprechen würden, aber ich hatte so meine Zweifel. Das Range-Frequency-Modell ist eine Theorie aus der Psychologie und wurde erfunden, um zu erklären, wie Menschen physikalische Dinge bewerten, etwa welcher Stein innerhalb einer Auswahl der schwerste ist oder welches Geräusch aus einer über Kopfhörer eingespielten Reihe das lauteste ist.
Die Kollegen behielten Recht. Die Theorie besagt,

dass es von mehreren Faktoren abhängt, ob sich Menschen an ihrem Arbeitsplatz zufrieden oder unzufrieden fühlen. Einer dieser Faktoren ist der Abstand vom Gehalt des höchstbezahlten Angestellten zum Gehalt des am schlechtesten bezahlten. Das ist die sogenannte Gehaltsspanne. Laut dieser Theorie schadet es allen, wenn die Person an der Spitze eine Gehaltserhöhung erhält, denn dadurch verbreitert sich die Spanne der „machbaren" Bezahlung, und jemand, der ganz unten steht, rutscht weiter ab.

Ein weiterer Faktor, der über das Wohlbefinden entscheidet, ist die Position innerhalb der Rangliste. Anders formuliert: Wie viel Geld man in der Tasche hat, ist gar nicht entscheidend. Viel wichtiger ist die „Gehaltstabelle" des Unternehmens. In unseren Experimenten zeigte sich, dass dies stimmt.

Im zweiten Schritt untersuchten wir Umfrageergebnisse, die auf 2.000 Arbeitsplätzen in Großbritannien basierten, und suchten nach Mustern. Tatsächlich passt das Range-Frequency-Modell auf beeindruckende Art und Weise zu den Fakten. Diese neue Theorie erklärt das Maß an Zufriedenheit besser als die Ansätze, die derzeit von Ökonomen verwendet werden und die den Schwerpunkt auf den in einem Unternehmen gezahlten Durchschnittslohn legen.

So weit die jüngsten Forschungsergebnisse. Ich denke, dass die Resultate eines Tages von „realen" Managern genutzt werden, um reale Entlohnungssysteme zu entwickeln. Bis dahin können Sie ja überlegen, wo Sie selbst in Ihrem Unternehmen in der Bezahlungshierarchie stehen. Ich habe bereits darüber nachgedacht und festgestellt, dass ich nicht hoch genug angesiedelt bin …

Andrew Oswald, in: Financial Times Deutschland, 12.9.2003, S. 26

Aufgaben

1. Spielen Sie das Ultimatumspiel in Variationen und überprüfen Sie die jeweiligen Ergebnisse (Methode). Zwei mögliche Variationen sind:
   a) Mehrere Spieler werben um die Gunst eines einzigen Partners (d.h. eines Monopolisten).
   b) Die Spieler befinden sich nicht nacheinander in der Rolle A und B, sondern werden auf die Rollen A und B aufgeteilt: erstens zufällig, zweitens entscheidet ein Geschicklichkeitsspiel über die Aufteilung. Der Gewinner hat die Rolle von Spieler A. Ist der Verlierer eher bereit, niedrigere Angebote zu akzeptieren oder rächt er sich?
2. Arbeiten Sie im Detail heraus, welche Einschränkungen des Modells vom Homo Oeconomicus in M 11 und M 12 formuliert sind. Entwerfen Sie anschließend ein übersichtliches Tafelbild, in dem Grundannahmen und Einschränkungen des Modells deutlich werden.
3. Zur Vertiefung: Informieren Sie sich über Thorstein Veblen und den von ihm geprägten Begriff „conspicuous consumption" (dt. „demonstrativer Konsum").

Wissen kompakt

Welt der Knappheit
M 2

Die „Welt der Ökonomen" ist von wenigen grundlegenden Prinzipien bestimmt. Das Knappheitsprinzip ist das Kernprinzip allen Wirtschaftens. Während wir grenzenlose Bedürfnisse und Wünsche haben, sind die verfügbaren Ressourcen begrenzt. Von einem Gut mehr zu haben, bedeutet in der Regel, von einem anderen Gut weniger zu haben. Dabei muss sich Knappheit nicht nur auf materielle Ressourcen beziehen. Andere Beispiele sind Zeit und Wissen.

Opportunitätskosten
M 3

Knappheit erzeugt Kosten: Die Wahl einer Alternative bedingt, dass die zweitbeste Alternative nicht genutzt werden kann. Die dadurch entstehenden Kosten bezeichnet man als Opportunitätskosten. Sie entsprechen dem Nutzen, der einem dadurch entgeht, dass man die alternative Aktivität nicht ausführen kann.

Kosten-Nutzen-Prinzip
Marginalanalyse
M 4

In wirtschaftlichen Entscheidungssituationen werden also ständig Kosten und Nutzen in Relation gesetzt (Handeln nach dem Kosten-Nutzen-Prinzip). Gewählt wird immer die Alternative, die einen zusätzlichen Nutzen verspricht, der zumindest marginal höher ist als die zusätzlichen Kosten. Man spricht deshalb auch von der Marginalanalyse.

Ökonomische Verhaltenstheorie – der Homo Oeconomicus
M 6, M 7

Aus diesen Erkenntnissen hat die Wirtschaftswissenschaft die ökonomische Verhaltenstheorie abgeleitet. Im Zentrum dieser Theorie steht der Homo Oeconomicus als idealtypisches Menschenbild. Der Homo Oeconomicus ist ein Modell für die Erklärung menschlichen Verhaltens in Entscheidungssituationen. Er wird beschrieben als individueller, rationaler und egoistischer Nutzenmaximierer.

Der Markt – eine Win-Win-Situation
M 8, M 9

Die Ökonomie versucht nicht nur zu erklären, wie Menschen mit knappen Gütern umgehen, sondern sie fragt auch danach, welche Resultate diese Entscheidungen für die Gesellschaft haben. Das Ergebnis mag überraschen: Die „unsichtbare Hand des Marktes" (Adam Smith), d.h. der Marktprozess selbst, führt nämlich dazu, dass sich die Verfolgung des individuellen Vorteils durch den Einzelnen zum gegenseitigen Vorteil aller auswirkt.
Individuelle Kosten-Nutzen-Überlegungen bewirken auf freien Märkten, dass beide Marktpartner – Käufer wie Verkäufer, Nachfrager wie Anbieter – aus arbeitsteiliger Produktion und anschließendem Tausch Vorteile für sich ziehen. Man bezeichnet eine solche Situation auch als Win-Win-Situation, weil beide Parteien nach der Interaktion besser gestellt sind als vorher. Damit stellt der Markt zugleich ein „Plädoyer für eine Wirtschaftsordnung für unvollkommene Menschen" (Weede) dar, da gerade ihre moralische Unvollkommenheit (Vorteilsstreben) zu einem Wohlfahrtsgewinn für die Gesellschaft insgesamt führt.

Die Ausnahme: das Gefangenendilemma
M 10

Doch es gibt Ausnahmen: Manchmal führen individuelle Kosten-Nutzen-Überlegungen auch zu unerwünschten Ergebnissen. Um diese Ergebnisse zu verstehen, werden Entscheidungssituationen mit den Mitteln der Spieltheorie genau beschrieben. Eine bekannte Entscheidungssituation ist das Gefangenendilemma.
Die Anreizstruktur dieser Situation beinhaltet folgendes Dilemma: Die dominante Strategie der einzelnen Spieler, nämlich ihren eigenen Nutzen zu maximieren (im Spiel: gestehen), führt in dieser Konstellation zu dem Ergebnis, dass am Ende beide Parteien schlechter gestellt sind, weil beide Parteien unabhängig voneinander dieselbe Strategie verfolgen. Das Dilemma besteht also darin, dass sich individuelle und kollektive Rationalität widersprechen.

In der Realität wird die Spielsituation des Gefangenendilemmas in der beschriebenen Form selten auftreten, doch lässt sich die spezifische Anreizstruktur auf viele reale Situationen aus der Wirtschaft und dem Alltagsleben übertragen. Beispiele sind die extrem hohen Werbeausgaben in der Wirtschaft, die Übernutzung von öffentlichen Gütern oder die Tatsache, dass manche Länder versucht sind, die Stabilitätsgrenzen des Euro nicht einzuhalten.

Homo Oeconomicus auf dem Prüfstand
M 11

Der Homo Oeconomicus als Menschenbild verkörpert die Grundannahmen der klassischen Wirtschaftstheorie: Die Menschen handeln rational, um ihren Nutzen zu maximieren.
Mithilfe psychologischer Experimente hat man in jüngster Zeit versucht, diese Grundannahmen zu überprüfen. Als besonders aufschlussreich für die Theoriebildung haben sich dabei sogenannte Verteilungsspiele erwiesen.

Das Ultimatumspiel

Im Ultimatumspiel kann eine Person einen vorher erhaltenen Betrag nach ihrem Belieben zwischen sich und einer zweiten Person aufteilen. Der Empfänger hat lediglich die Möglichkeit, die gewählte Aufteilung abzulehnen, wenn sie ihm nicht angemessen erscheint. Die Ablehnung hat zur Folge, dass beide Teilnehmer leer ausgehen. Die klassische Theorie vom Homo Oeconomicus würde prognostizieren, dass der Empfänger auch noch den geringsten Betrag akzeptieren müsste, denn auch ein geringer Betrag würde ihn besser stellen als zuvor. Das Ultimatumspiel und andere Experimente aus der Verhaltensforschung und der experimentellen Psychologie zeigen jedoch, dass die Theorie vom Homo Oeconomicus das Verhalten der Menschen in dieser Situation nicht korrekt vorhersagen kann: Bei Verteilungsfragen handeln die Menschen nicht nur eigennützig. Unter bestimmten Bedingungen akzeptieren sie Verteilungen nicht, die sie als ungerecht oder unfair empfinden. Und das, obwohl sie streng materiell betrachtet besser gestellt wären als zuvor.
Werte wie Fairness, Vertrauen, Solidarität spielen plötzlich eine Rolle. Ein Phänomen, das systematisch auftritt und nicht mehr zur Ausnahme erklärt werden kann. Hirnforschung und alltägliche Erfahrung bestätigen diesen experimentell gewonnenen Befund.

Relative Nutzenmaximierung
M 12

Genauso wird beispielsweise die Höhe des eigenen Einkommens weniger absolut bewertet. Wichtiger ist, welche Position innerhalb eines bestimmten Gehaltsgefüges eine Person einnimmt und ob diese als gerecht betrachtet wird.

Folgen für die Theoriebildung

Vermutlich wird man sich aufgrund dieser Erkenntnisse der experimentellen und psychologischen Ökonomie trotzdem nicht völlig vom Homo Oeconomicus verabschieden. Man sollte ein Modell nämlich erst dann ersetzen, wenn es durch eines abgelöst werden kann, das sich besser bewährt hat. Ein solches ist aber nicht in Sicht. Schließlich bleiben für die Beschreibung und Erklärung wirtschaftlichen Handelns nach wie vor die Grundannahmen des Homo Oeconomicus notwendig und sinnvoll: Wirtschaftliches Handeln ist knappheitsbedingt und nutzenorientiert.

2 Das Institutionen- und Regelsystem einer Wirtschaftsordnung

„Gleiche Spieler, anderes Spiel: Die Spielregeln zu ändern ist leichter, als den Charakter der Spieler zu beeinflussen." (James Buchanan, Wirtschaftsnobelpreisträger)

Eine Möglichkeit, sich in der „Welt der Ökonomie" besser zurechtzufinden, besteht darin, die Institutionen und Regeln einer Wirtschaftsordnung zu betrachten. Wie beeinflussen sie Individuen bei der Verfolgung ihrer Ziele, d.h. welche Anreize vermitteln sie für das Handeln der Akteure (Kapitel 2.1)?

Besondere Aufmerksamkeit verdient die Frage, welche Bedingungen erfüllt sein müssen, damit Zusammenarbeit zum gegenseitigen Vorteil möglich wird. Hier ist in erster Linie nach den einschlägigen rechtlichen Bestimmungen zu fragen (Kapitel 2.2).

Wirtschaftsordnungen umfassen die Gesamtheit der vorhandenen Institutionen- und Regelsysteme in einer Volkswirtschaft. Durch einen Vergleich unterschiedlicher gegenwärtiger und historischer Wirtschaftsordnungen lassen sich Erkenntnisse über das Zusammenspiel und die Auswirkungen der vorhandenen Institutionen- und Regelsysteme auf die Entwicklung einer Volkswirtschaft gewinnen. Dabei befriedigt der Vergleich zwischen Marktwirtschaft und Planwirtschaft in erster Linie ein historisches Interesse, während gegenwärtig die Unterschiede zwischen den unterschiedlichen marktwirtschaftlichen Systemen im Zentrum der Aufmerksamkeit stehen (Kapitel 2.3).

Tipps & Links

Lernen vor Ort

- Entwickeln Sie in Gruppen ein System von Anreizen (nicht Sanktionen!), um sicherzustellen, dass Hausaufgaben von Schülern gemacht werden.
- Untersuchen Sie die Hausordnung Ihrer Schule und zeigen Sie, wie die dahin enthaltenen Regeln die Verhaltensverlässlichkeit von Schülern und Lehrern zum Vorteil aller fördern.
- Untersuchen Sie, inwieweit in Unternehmen Elemente der Planwirtschaft vorzufinden sind.

Referieren und Präsentieren

- Geben Sie einen Überblick über die Wirtschaftsgeschichte der DDR bis 1990.
- Stellen Sie am Beispiel der Region Bitterfeld dar, wie in den neuen Bundesländern die Systemtransformation von der Planwirtschaft zur Marktwirtschaft gelang.
- Fächerverbindendes Projekt (mit Geschichte/Gemeinschaftskunde/Philosophie/Ethik): Vergleichen Sie das Staatsverständnis der beiden Philosophen Thomas Hobbes und Adam Smith.

Zum Weiterlesen

- *Jörg Roesler, Ostdeutsche Wirtschaft im Umbruch 1970-2000, Bonn 2003 (Bundeszentrale für politische Bildung)*
  Ostdeutsche Wirtschaftsgeschichte in Quellen. Aufschlussreicher und t.w. amüsanter Überblick über die wirtschaftliche Entwicklung der neuen Bundesländer von 1970 - 2000.
- *Werner Abelshauser, Deutsche Wirtschaftsgeschichte seit 1945, Bonn 2004 (Bundeszentrale für politische Bildung)*
  Ausführliche Darstellung der deutschen Wirtschaftsgeschichte seit 1945. Der Schwerpunkt der Darstellung liegt auf der Bundesrepublik, doch findet auch die DDR-Wirtschaftsgeschichte Berücksichtigung.
- *Erich Weede, Mensch, Markt und Staat. Plädoyer für eine Wirtschaftsordnung für unvollkommene Menschen, Stuttgart 2003 (Lucius & Lucius)*
  Ausgehend von einer Analyse des Menschenbildes in den Sozialwissenschaften werden Erfordernisse an Organisation und institutionellen Rahmen des Wirtschaftens erörtert sowie die Notwendigkeit, Wettbewerb zu gewährleisten. Globalisierung, Nord/Süd-Problematik und Sicherheitsaspekte werden einbezogen und abschließend die ordnungspolitischen Konsequenzen dargestellt.
- *Gerhard Willke, Kapitalismus, Frankfurt a.M. 2006 (Campus)*
  Gerhard Willke stellt Geschichte und Grundlagen des Kapitalismus dar und behandelt von Adam Smith über Marx, Sombart und Weber bis zu Schumpeter seine wichtigsten Verteidiger und Kritiker. Zur Sprache kommt auch die Rolle von Staat (Regulierung) und Kultur (Normen und Legitimation).

Recherchieren

www.bmj.de
Seite des Bundesministeriums der Justiz.

http://dejure.org
Gesetzesdatenbank, Gesetze online mit Suchmaschine, dazu Urteile.

www.ratgeberrecht.de
Rechtsportal der ARD, hervorragende Seite zum Thema Recht im Alltag, mit Gerichtsurteilen.

2.1 Die Bedeutung von Institutionen für die Wirtschaftsordnung

Regeln steuern das individuelle Verhalten

M 1

In Frankreich tabu, in Deutschland üblich: die Abrechnung pro Kopf. Hat die Art der Bezahlung Einfluss auf die Höhe der Rechnung?

Besucht eine Gruppe mehr oder minder zivilisierter Personen ein Restaurant und vereinbart im Vorhinein, die Rechnung durch die Zahl der Köpfe zu teilen, dann wird die Rechnung zumeist höher ausfallen als im Falle der Erwartung individueller Abrechnung. Angenommen, jemand hat nur einen kleinen Appetit auf einen Snack, sagen wir eine Currywurst mit Pommes frites für 4,50 €. Auf der Speisekarte lockt ihn nun ein Chateaubriand[1] mit Pommes Croquettes für 19,50 €. Da der Appetit nicht so groß ist, würde er normalerweise nicht 15,00 € Mehrkosten zahlen, um das präferierte Gericht zu bestellen. In einer Gruppe von z.B. zehn Personen mit gemeinsamer Abrechnung sieht die Situation freilich anders aus. 90 Prozent der Differenz oder 13,50 € wird gewissermaßen von der Gruppe subventioniert. Man kann auch sagen, dieser Teil der Mehrkosten ist ein negative Externalität, die jede andere Person der Gruppe mit 1,50 € belastet. Unser Akteur selbst trägt zu den Mehrkosten aus seinem Portemonnaie ebenfalls 1,50 € bei. Aus der individuellen Perspektive kostet das Chateaubriand gerade 1,50 € mehr als die Currywurst. Warum sich dann trotz kleinen Appetits mit einem Snack begnügen? Denken die anderen Gruppenmitglieder in gleicher Weise, wird sich die Restaurantrechnung in beträchtlichem Maß aufblähen.

nach: Andreas Diekmann, Peter Preisendörfer, Umweltsoziologie, Reinbek 2001, S. 79 f.

[1] *Chateaubriand=Rinderfilet*

Menschen reagieren auf Anreize

M 2

Weil die Menschen bei Entscheidungen Kosten und Nutzen vergleichen, wird sich ihr Verhalten oft dadurch verändern, dass sich die Kosten oder die Nutzen verändern. Das bedeutet, dass Menschen auf Anreize regieren. Wenn z.B. der Preis eines Apfels steigt, werden sich die Leute dafür entscheiden, mehr Birnen und weniger Äpfel zu essen, weil die Kosten eines Apfels höher sind. Gleichzeitig werden die Apfelplantagen mehr Arbeitskräfte einstellen und mehr Äpfel ernten wollen, weil der Stückgewinn aus dem Verkauf eines Apfels höher ist.

Die zentrale Bedeutung der … Anreize auf die Festlegung wirtschaftlichen Verhaltens ist für jene wichtig, die unsere Wirtschaftspolitik konzipieren. Politischen Maßnahmen verändern oft die Kosten und die Nutzen privater Handlungen. Wenn die Politiker nicht in der Lage sind, die von staatlichen Maßnahmen ausgelösten Verhaltensänderungen richtig abzuschätzen, können sich die Maßnahmen in nicht beabsichtigter Art und Weise auswirken.

N. Gregory Mankiw, Grundzüge der Volkswirtschaftslehre, 3. Aufl., Stuttgart 2004, S. 7 f.

Ohne intakte Institutionen gibt es keine wirtschaftliche Entwicklung

M 3

Die Erfahrungen in der Entwicklungshilfe der vergangenen Jahrzehnte legen … die Vermutung nahe, dass ein größerer Transfer finanzieller Ressourcen aus der reichen in die arme Welt nicht der Schlüssel zum Erfolg im Kampf gegen die Armut ist. Das gilt auch für einen möglichen Schuldenerlass, wie ihn die Siebenergruppe (G7) ins Auge gefasst hat und zu dessen Finanzierung die französische und die deutsche Regierung an einer Kerosin- oder Flugscheinsteuer basteln. Denn die Vorstellung, dass sich wirtschaftliche Entwicklung an den Schreibtischen der Weltbank, des Internationalen Währungsfonds oder in den zuständigen Ministerien der Geberländer planen ließe, hat sich in vielen Fällen als falsch erwiesen. Am deutlichsten wird dies in vielen Ländern Afrikas, wo Not und Elend auch heute noch unsagbar groß sind – trotz der langjährigen Bemühungen der reichen Nationen. …

[So] argumentiert auch der peruanische Ökonom Hernando de Soto. „Der Dritten Welt mangelt es nicht am notwendigen Kapital. Aber es lässt sich nicht gewinnbringend einsetzen, weil es kein modernes Eigentumsrecht und keine Rechtsstaatlichkeit gibt“, sagt de Soto. Denn wer keinen Rechtsanspruch auf das Haus habe, in dem er wohne, oder auf das Land, das er bewirtschafte, der könne dieses Kapital auch nicht nutzen, um beispielsweise einen Bankkredit zu erhalten. … Die Weltbank neigt aber immer noch dazu, den Erfolg ihrer Arbeit am Volumen der vergebenen Kredite zu messen. Und ein späterer Schuldenerlass erleichtert das Gewissen der Geberländer – ungeachtet der schädlichen Anreizwirkungen, die damit vermutlich verbunden sind. Die Vorstellung, dass die Armut in der Welt die Folge eines Versagens der Märkte ist und staatliche Intervention erfordert, bestimmt das Denken und Handeln sowohl in den Industrie- als auch in vielen der ärmsten Entwicklungsländer. Die Empirie belegt, dass es sich gerade andersherum verhält: Dort, wo man dem Markt keine Chance lässt, ist ein Entkommen aus der Armut kaum möglich. Privates, nicht staatliches Kapital ist der Schlüssel zu mehr Wachstum und einer Verbesserung der Lebensverhältnisse in allen Ländern. „Die Grundpfeiler der Marktwirtschaft müssen stehen: Wettbewerb und Rechtsstaatlichkeit“, sagt de Soto.

Instabile Institutionen und fehlende Rechtsstaatlichkeit sind mitverantwortlich für die ungenutzten Entwicklungschancen vieler Länder in Afrika.

Claus Tigges, Frankfurter Allgemeine Sonntagszeitung, 22.5.2005, S. 38

M 4 Funktionen von Institutionen

Institutionen sind Regelsysteme, in denen bestimmte Verhaltensweisen verbindlich festgelegt sind. Ihr Sinn besteht darin, die Verlässlichkeit wechselseitiger Verhaltenserwartungen herzustellen, damit Interaktionen möglichst problemlos, zügig, kostengünstig durchgeführt werden können – zum Vorteil aller. Institutionen legen standardisierte Verhaltensweisen für häufig wiederkehrende Interaktionsprobleme fest, sie sind gewissermaßen geronnene Formen für das Management von Interaktionsproblemen. Als deren Verkörperung tritt der Staat auf. Aber es gibt unzählige andere institutionelle Arrangements zur Lösung von Interaktionsproblemen, angefangen von Konventionen über Moral, Sitte bis hin zu Branchen- oder Berufskodizes …

Es sind so die Institutionen, die darüber entscheiden, welche Resultate aus Interaktionen aufgrund der Handlungen der Einzelnen herauskommen. Institutionen kanalisieren die Aktionen in Interaktionen, und solche Kanalisierungen können zweckmäßig oder unzweckmäßig bis desaströs sein, wie die Implosion des Sozialismus 1989/90 gezeigt hat.

Karl Homann, Andreas Suchanek, Ökonomik. Eine Einführung, Tübingen 2000, S. 24 f.

Institutionen einer Wirtschaftsordnung im Überblick

M 5

Die Gesamtheit der wirtschaftlich relevanten rechtlichen Vorschriften, Koordinationsmechanismen, Zielsetzungen, Verhaltensweisen und Institutionen, die den organisatorischen Ablauf und Aufbau einer Volkswirtschaft bestimmen, werden als Wirtschaftsordnung bezeichnet. Wirtschaftsordnungen setzen sich aus unterschiedlichen Bausteinen zusammen.

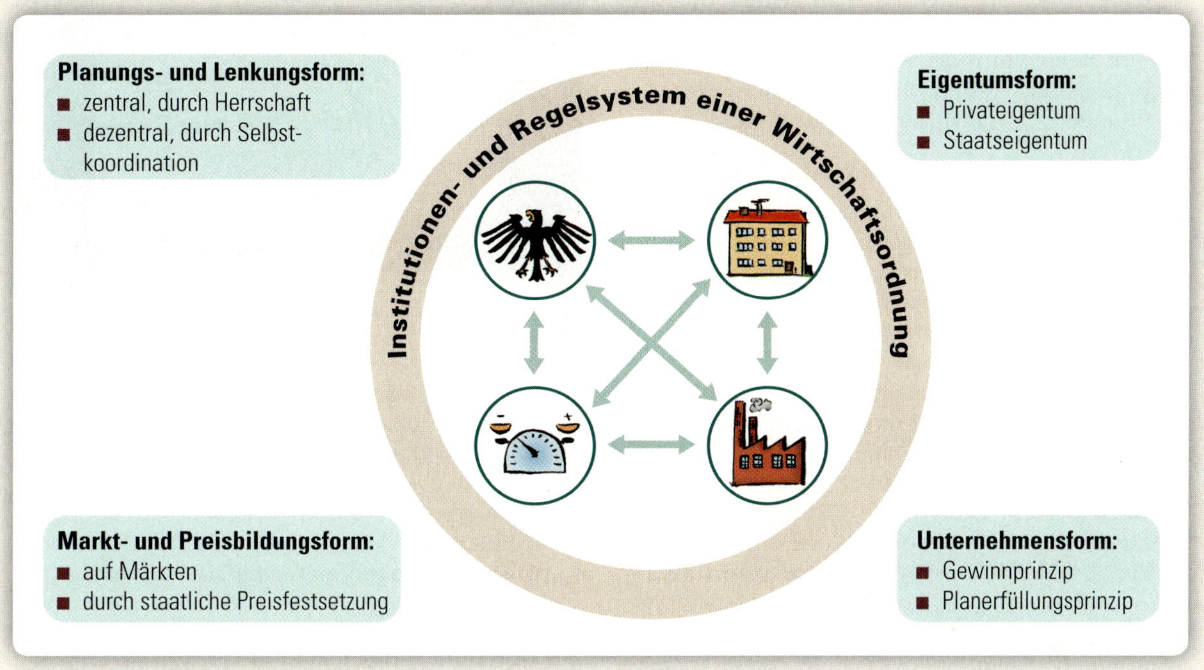

nach: Institut für Ökonomische Bildung Oldenburg

Aufgaben

1. Analysieren Sie die in M 1 – M 3 dargestellten Sachverhalte aus einer Perspektive der Wirtschaftsordnung als Institutionen- und Regelsystem.
2. Diskutieren Sie in der Klasse über die in M 3 vertretene Ansicht.
3. Erläutern Sie die Funktionen von Institutionen (M 4).
4. Zeigen Sie an selbst gewählten Beispielen auf, inwieweit die Ausgestaltung der Anreizstruktur das Verhalten der Individuen und ganzer Volkswirtschaften beeinflusst (M 1 – M 5).

2.2 Ausgewählte Institutionen der Wirtschaftsordnung in Deutschland

M 6 Die Eigentumsverfassung

Die zentrale Funktion des Privateigentums ist es, den Eigentümern von Vermögenswerten Schutz zu gewähren vor dem Zugriff anderer auf diesen Vermögenswert bzw. auf dessen Erträge; d.h. es geht um eine Beschränkung des natürlichen, ungeregelten Wettbewerbs. Wie bedeutsam die Institution des Privateigentums ist, zeigt sich unter anderem darin, dass sein Schutz Eingang ins Grundgesetz der Bundesrepublik Deutschland gefunden hat (Art. 14 GG).

Die Beispiele für Vermögenswerte, an denen Privateigentum bestehen kann, sind sehr vielgestaltig, sie reichen von der Kleidung, dem eigenen Auto oder dem eigenen Grundstück über Copyright und Rechte für Fernsehübertragungen bis hin zu Rechten an der eigenen Person. Privateigentum gibt einem das Recht, über die jeweiligen Ressourcen verfügen zu können, was zugleich bedeutet, dass alle anderen nicht – jedenfalls nicht einfach so, sondern nur unter bestimmten Regeln, denen man selbst zustimmen kann – über diese Ressourcen verfügen dürfen. Die Anreizwirkung dieses Ausschlussprinzips liegt nahe: Es bietet einen starken Anreiz, mit den Dingen, die einem selbst gehören, umsichtig umzugehen, denn wenn sie z.B. aufgrund mangelnder Pflege schnell verschleißen oder durch unachtsamen Umgang Schaden nehmen, ist man selbst es, der diese Wertminderung zu spüren bekommt. Das heißt, die Institution des Privateigentums stellt eine direkte Rückkopplung her zwischen dem Gebrauch eines Vermögenswerts und den Folgen der Art des Gebrauchs, und deshalb ermutigt es auch Investitionen in produktive Vermögenswerte.

Besonders zu beachten ist in diesem Zusammenhang die Möglichkeit, dass eine Art des Gebrauchs in der Vermietung oder dem Verkauf des Vermögenswerts bestehen kann. Die außerordentlich hohe Effizienz von Märkten … beruht eben darauf, dass das Privateigentum derartige Anreize zu vermitteln vermag.

Diese Überlegungen zeigen bereits, dass zum Privateigentum eigentlich mehrere verschiedene Rechte gehören. In der Ökonomik sind folgende Rechte von Bedeutung …

Die mit Privateigentum konstituierten Rechte:

- Das Recht, die Ressource in bestimmten Verwendungsformen zu gebrauchen. So darf man mit dem gekauften Messer Kartoffeln schälen, Holz schnitzen oder Briefe öffnen; man darf es aber nicht dazu benutzen, anderen Menschen Schaden zuzufügen.
- Das Recht der Veränderung einer Ressource. Das ist natürlich vor allem immer dann von Bedeutung, wenn die Ressourcen als Input benutzt werden, um damit neue Güter oder Dienstleistungen zu erstellen. Doch auch hier gibt es z.T. erhebliche Einschränkungen, wie etwa jeder Grundstücksbesitzer weiß.
- Das Recht der Aneignung der Erträge, die aus dem Gebrauch bzw. der Veränderung einer Ressource erwachsen. Auch hier lassen sich Einschränkungen finden, eine der spürbarsten dürfte die Lohn- und Einkommensteuer sein.
- Und schließlich das Recht der Veräußerung der Ressource. Die Bedeutung dieses Rechts ist kaum zu unterschätzen, denn sie ist die Grundlage dafür, Kooperationsgewinne durch Tausch zu generieren. Generelle Einschränkungen dieses Rechts existieren hier beispielsweise im Hinblick auf das Eigentum an der eigenen Person; so darf man sich nicht als Sklave verkaufen.

Die Tatsache, dass die Privateigentümer von Vermögenswerten die genannten Rechte besitzen, bedeutet immer zugleich auch den Ausschluss aller anderen von diesem Recht. Das bedeutet auch, dass private Eigentumsrechte nichts Selbstverständliches sind, sondern immer der Zustimmung durch die anderen bedürfen.

Klaus Homann, Andreas Suchanek, Ökonomik. Eine Einführung, Tübingen 2000, S. 140 f.

Das Eigentumsrecht beinhaltet auch das Recht, andere von der Nutzung auszuschließen.

Das Vertragsrecht: Grundlage der arbeitsteiligen Wirtschaft

M 7

Die Sumerer erfanden im 4. Jahrhundert vor Christus vermutlich die Schrift. Wegen ihrer besonderen Form heißt sie heute „Keilschrift". … Was mag die Sumerer vor über fünftausend Jahren dazu bewegt haben, ihre Gedanken in schriftlicher Form festzuhalten? … Nützlich war die Schrift … vor allem auch für die Händler. Schon auf einer der ältesten bekannten Tontafeln aus der Sumerer-Zeit findet man das Wort „Kaufmann". Zwischen Priestern ließ sich kompliziertes Wissen notfalls auch noch mündlich weitergeben. Kaufleute jedoch, die herumreisten und an fremden Orten mit fremden Menschen über fremde Waren verhandelten, mussten ihre Abmachungen in irgendeiner Form festhalten können, sobald die Geschäfte ein wenig komplizierter wurden und über den bloßen Tausch von Fellen gegen Krüge hinausgingen. Dank der Schrift konnte man nun Leistung und Gegenleistung in Verträgen festhalten. Wie wichtig dies für die Wirtschaftsgeschichte war, lässt sich kaum überschätzen.

Aus einem Vertrag ergibt sich die Pflicht zur Lieferung einer Ware, und zwar auch dann, wenn es dem Geschäftspartner unbequem erscheint. Wenn es ihn zum Beispiel viel mehr Anstrengung als erwartet gekostet hat, die Pelztiere zu jagen, die er zu liefern hat. Nur mit solchen verlässlichen Vereinbarungen kann man auf Dauer die Arbeit mit Menschen teilen, die man nicht näher oder überhaupt nicht kennt. Nur dann ist sichergestellt, dass Leistung und Gegenleistung so wie vereinbart erbracht werden.

Nikolaus Piper, Geschichte der Wirtschaft, Weinheim 2002, S. 30 ff.

Der Kaufvertrag als zentrale Institution des Wirtschaftslebens

M 8

Der wichtigste und am häufigsten abgeschlossene Vertrag des Wirtschaftslebens ist der Kaufvertrag. Beim Kaufvertrag einigen sich zwei Parteien (Käufer und Verkäufer) durch zwei wirksame übereinstimmende Willenserklärungen darauf, eine bestimmten Sache oder ein Recht (Kaufgegenstand) gegen die Zahlung einer bestimmten Geldsumme (Kaufpreis) zu übertragen.

Er ist als besondere Vertragsform in den §§ 433 bis 479 des Bürgerlichen Gesetzbuches (BGB) geregelt.

Durch den Vertrag:

- wird der Verkäufer verpflichtet, dem Käufer die Sache zu übergeben und ihm das Eigentum daran zu verschaffen.
- wird der Käufer verpflichtet, die Sache entgegenzunehmen und den Kaufpreis zu zahlen.

Die übereignete Kaufsache muss frei von Sach- und Rechtsmängeln sein. Ist die Kaufsache mangelhaft, hat der Käufer bei Vorliegen bestimmter Voraussetzungen wahlweise neben dem Anspruch auf Nacherfüllung (hier kann der Käufer wählen, ob eine mangelfreie Sache geliefert oder ob der Mangel behoben werden soll), Rücktritt vom Kaufvertrag oder Herabsetzung des Kaufpreises auch einen Anspruch auf Schadensersatz statt der Leistung (§ 280 BGB). Im Rahmen dieses Schadensersatzanspruches können auch Schäden neben der Leistung geltend gemacht werden (z.B. der Schaden im Parkett, weil das mangelhafte Regal umgefallen ist.)

anwalt.de services AG, 2007, www.anwalt.tv/rechtswissen/lexikon

M 9 Ausgewählte Verträge des Bürgerlichen Gesetzbuches

Vertragsart	Vertragspartner	Vertragsinhalt	Gesetzliche Regelung BGB §§
Kaufvertrag	Verkäufer und Käufer	Entgeltlicher Verkauf und Kauf von Sachen und Rechten	433 - 479
Werkvertrag	Unternehmer und Besteller	Herstellung eines Werkes oder einer erfolgreich ausgeführten Arbeit gegen Vergütung	633 - 651
Werkvertrag ähnliche Verträge	Unternehmer und Besteller	Lieferung herzustellender oder zu produzierender beweglicher Sachen gegen Vergütung	651
Tauschvertrag	Geber und Nehmer	Hingabe eines Tauschgegenstandes gegen den Empfang eines anderen	480
Schenkungsvertrag	Schenker und Beschenkter	Unentgeltliche Zuwendung aus dem Vermögen des Schenkers zur Bereicherung des Beschenkten	516 - 534
Leihvertrag	Verleiher und Leiher	Unentgeltliche Überlassung zum Gebrauch von Sachen	598 - 606
Mietvertrag	Vermieter und Mieter	Entgeltliche Überlassung zum Gebrauch von Sachen	535 - 580
Pachtvertrag	Verpächter und Pächter	Entgeltliche Überlassung von Sachen und Rechten zum Gebrauch und Genuss der Früchte	581 - 597
Darlehnsvertrag	Darlehnsgeber und Darlehnsnehmer	Unentgeltliche oder entgeltliche Überlassung von Geld oder vertretbaren Sachen gegen spätere Rückgabe in gleicher Art, Güte und Menge	488 - 498
Verwaltungsvertrag	Verwahrer und Hinterleger	Unentgeltliche oder entgeltliche Verwahrung einer beweglichen Sache mit der Verpflichtung, sie jederzeit zurückzugeben	688 - 700
Dienstvertrag (Arbeitsvertrag)	Arbeitgeber und Arbeitnehmer	Verpflichtung einer Person, gegen Entgelt oder andere Vorteile Dienste oder andere Arbeit zu leisten	611 - 630
Fernabsatzverträge (Fernkommunikation)	Unternehmer und Verbraucher	Verwendung von Fernkommunikationsmitteln für Verträge über die Lieferung von Waren und die Erbringung von Dienstleistungen	312b 312c 312d

Horst Seidel, Rudolf Temmen, Grundlagen der Betriebswirtschaftslehre, 15. Aufl., Troisdorf 2006, S. 133

Aufgaben

1. Nennen Sie die wesentlichen Rechte, die mit dem Privateigentum verbunden sind, und zeigen Sie, welche Anreizwirkungen von der Garantie des Eigentums ausgehen (M 6).
2. Erläutern Sie, inwiefern das Vertragsrecht eine Grundvoraussetzung der arbeitsteiligen Wirtschaft ist (M 6 – M 9).

2.3 Klassifizierung von Wirtschaftsordnungen

Bausteine von Wirtschaftsordnungen

M 10

Zur vollständigen Beschreibung eines Wirtschaftssystems[1] müssten sämtliche Bausteine herangezogen werden. Zwei der Bausteine spielen indes in der Diskussion eine besondere Rolle:

- der Koordinationsmechanismus und
- die Eigentumsordnung für Produktionsmittel.

Es ist fraglich, ob diese beiden Elemente eines Wirtschaftssystems voneinander unabhängig sind. Wahrscheinlich funktioniert die Koordination über Preise bei Privateigentum anders als bei Gemeineigentum an Produktionsmitteln. Und möglicherweise setzt eine zentrale Planung die Aufhebung des Privateigentums voraus. …
Im Rahmen des bereits beschriebenen Koordinationsmechanismus unterscheidet man

- die zentrale Planung, auch zentrale Verwaltungswirtschaft, Kommandowirtschaft, vertikale Koordination oder verkürzt nur Planwirtschaft genannt und
- die dezentrale Planung, auch Marktwirtschaft, horizontale Koordination oder freie Verkehrswirtschaft genannt.

Die Eigentumsordnung gilt als zentrales Element, bisweilen sogar als entscheidendes Element eines Wirtschaftssystems, weil sie die Art des Sanktionssystems bestimmt. Dabei geht es nur um die Frage des Eigentums an Produktionsmitteln (Maschinen, Anlagen, Fabriken: kurz um das „Kapital"), weil die Handlungsmotive von Unternehmern von zentraler Bedeutung sind. Das Eigentum an Konsumgütern wird dagegen in allen Wirtschaftssystemen immer als Privateigentum vorgesehen. Eigentum an Produktionsmitteln kann grundsätzlich zwei Formen annehmen:

- Privateigentum und
- Gemeineigentum (Gesellschafts-, Volks- oder Staatseigentum).

Eine Gesellschaft, in der die Produktionsmittel Privaten gehören, bezeichnet man als kapitalistisches Wirtschaftssystem. Eine Gesellschaft, in der die Produktionsmittel Gemeineigentum sind, nennt man ein sozialistisches Wirtschaftssystem. Hervorzuheben ist, dass die Begriffe „kapitalistisch" und „sozialistisch" hier ohne jede Wertung als Fachbegriffe nur für die bestehende Eigentumsordnung verwendet werden.

Ulrich Baßeler, Jürgen Heinrich, Burkhard Utecht, Grundlagen und Probleme der Volkswirtschaft, 17. Aufl., Stuttgart 2002, S. 29

[1] Die Begriffe Wirtschaftssystem und Wirtschaftsordnung werden hier synonym verwendet.

Ein historischer Vergleich: Marktwirtschaft und Planwirtschaft

M 11

	Marktwirtschaft	Planwirtschaft
Lenkung	Freier Wettbewerb auf Märkten (dezentral): Angebot und Nachfrage	Zentral durch staatliche Planung
Wirtschaftliche Initiative	Unternehmen/Konsumenten	Staatliche Planungszentrale
Preisbildung	Angebot und Nachfrage regeln den Preis	Staatliche Preisfestsetzung und -kontrolle
Eigentumsverfassung	Privateigentum an Produktionsmitteln (Kapitalismus)	Staatseigentum an Produktionsmitteln (Sozialismus)
Verteilung (Distribution)	Nach Leistungsprinzip	Nach Gleichheitsprinzip und Bedarfsprinzip
Lohnbildung	Lohnfestsetzung durch die Tarifpartner	Lohnfestsetzung durch den Staat

Autorentext

M 12 Märkte sind gewöhnlich gut für die Organisation des Wirtschaftslebens

Der Zusammenbruch des Kommunismus in der Sowjetunion und in Osteuropa war wohl die bedeutendste Veränderung der Welt in den letzten fünfzig Jahren. Kommunistische Länder arbeiteten unter der Prämisse, dass zentrale Planer der Regierung bestens befähigt wären, die Volkswirtschaft zu leiten. Die Planer entschieden, welche Waren und Dienstleistungen produziert wurden, wie viel davon hergestellt wurde und wer diese Güter produzierte und konsumierte. Hinter der Zentralplanung stand eine Theorie, wonach nur die Regierung volkswirtschaftliche Aktivitäten auf eine Art und Weise organisieren konnte, die der sozialen Wohlfahrt des Landes insgesamt dienlich war.
Heutzutage haben die meisten Planwirtschaften das System abgeschafft und den Versuch unternommen, Marktwirtschaften zu werden. In einer Marktwirtschaft werden die Entscheidungen der zentralen Planungsbehörden durch Millionen Einzelentscheidungen von Unternehmungen und Haushalten ersetzt.
Unternehmungen entscheiden, welche Leute sie einstellen und was sie produzieren. Haushalte oder Familien entscheiden darüber, wo sie arbeiten und was sie mit ihren Einkommen kaufen wollen. Diese Unternehmungen und Haushalte wirken auf den Märkten zusammen, wobei sie durch Preise und Eigeninteressen bei ihren Entscheidungen geleitet werden.
Auf den ersten Blick ist der Erfolg von Marktwirtschaften rätselhaft. Man hat zunächst den Eindruck, die dezentralen Entscheidungen von Millionen von Haushalten und Unternehmungen würden im Chaos enden. Dies ist jedoch nicht der Fall. Marktwirtschaften haben sich als bemerkenswert erfolgreich bei der Aufgabe erwiesen, Volkswirtschaften zu organisieren und zugleich die soziale Wohlfahrt zu fördern.
In seinem 1776 erschienenen Buch „The Wealth of Nations“ machte Adam Smith die berühmte und höchst bedeutsame Aussage: Haushalte und Unternehmungen wirken auf Märkten zusammen, als ob sie von einer „unsichtbaren Hand“ zu guten Marktergebnissen geführt würden. ... Beim Studium der Volkswirtschaftslehre werden Sie begreifen, dass Preise die Instrumente sind, mit denen die unsichtbare Hand die wirtschaftliche Aktivität dirigiert. Die Preise spiegeln beides: den gesellschaftlichen Wert eines Gutes und die sozialen Kosten der Produktion. Weil Unternehmungen und Haushalte bei ihren Kauf- und Verkaufsentscheidungen auf die Preise sehen, berücksichtigen sie bei ihren Entscheidungen unbewusst soziale Nutzen und Kosten ihrer Aktivitäten. Preise führen die individuellen Entscheidungsträger zu Ergebnissen, die in vielen Fällen auch die soziale Wohlfahrt maximieren.
Es gibt eine logische Folgerung aus der Leistungsfähigkeit der unsichtbaren Hand bei der Selbststeuerung der Volkswirtschaft: Wenn die Regierung die Preise daran hindert, sich auf natürliche Weise an Nachfrage und Angebot anzupassen, behindert sie die Koordination der Millionen Einzelentscheidungen von Haushalten und Unternehmungen, die eine Volkswirtschaft ausmachen. Dies erklärt auch die noch viel größeren Schäden, die eine direkte staatliche Preispolitik – etwa bei Pacht und Zins – verursacht. Und es erklärt das Scheitern der kommunistischen Zentralverwaltungswirtschaft. In den kommunistischen Staaten wurden die Preise von oben diktiert. Die Planer konnten gar nicht die Informationen haben, die in freien Marktpreisen stecken. Die Zentralplaner versuchten, die Volkswirtschaft zu betreiben, indem sie eine Hand auf dem Rücken festbanden – die unsichtbare Hand des Marktes.

Warteschlange vor einem Lebensmittelgeschäft in Ostberlin, 1982. Den Planungsbehörden gelang es nicht, die Konsumbedürfnisse der Bevölkerung richtig zu prognostizieren.

N. Gregory Mankiw, Grundzüge der Volkswirtschaftlehre, 3. Aufl., Stuttgart 2004, S. 10-12

Wirtschaftsordnungen – ein aktueller Vergleich

M 13

Varianten	„Angelsächsischer Kapitalismus“, „Liberale Marktwirtschaft“ (LMW)	„Rheinischer Kapitalismus“, „Koordinierte Marktwirtschaft“ (KMW)
Charakteristika	– Vorherrschaft der Kapitaleigner/ Aktionäre (→ Shareholder Value) – kurzfristige Gewinnorientierung – hohe Wettbewerbsintensität, – hohe Flexibilität, unregulierte Märkte, hohes Anpassungstempo – hohe Erwerbsbeteiligung, längere Arbeitszeiten – geringer Kündigungsschutz – starke sektorale Lohnstreuung – Nutzung neuer Basisinnovationen	– Hausbankensystem, „geduldiges“ Kapital (→ Stakeholder Value) – längerfristige Perspektive – mäßige Wettbewerbsintensität, regulierte Märkte, korporatistische Ordnung – geringe Diskrepanzen der Einkommensverteilung – hohe soziale Absicherung – relativ starke Gewerkschaften – hoher Kündigungsschutz – kürzere Arbeitszeiten – geringe sektorale Lohnstreuung – Detail-Verbesserungen an standardisierten Gütern
Schwächen	– große Einkommens- und Vermögensungleichheiten – geringe soziale Absicherung	– geringe Flexibilität, rigide Arbeitsmarktbedingungen – niedrige Erwerbsbeteiligung (Frauen, Ältere)
Performanz (Beispiel)	Großbritannien (1998-2005): Wachstum jahresdurchschnittlich 2,7 %; Arbeitslosenquote unter 5 %.	Deutschland (1998-2005): Wachstum jahresdurchschnittlich 1,3 %; Arbeitslosenquote über 10 %.

Gerhard Willke, Kapitalismus, Frankfurt/New York 2006, S. 191

Aufgaben

1. Einmal angenommen, die Bundesrepublik Deutschland würde eine zentrale volkswirtschaftliche Planung einführen und Sie wären die Chefplaner. Unter den Millionen von Entscheidungen für das nächste Jahr müssen auch die getroffen werden, wie viele Sportschuhe hergestellt werden sollen, wer die Sportschuhe produzieren und wer die Sportschuhe bekommen soll.
   Bilden Sie Gruppen und stellen Sie zusammen, welche Informationen Sie für Ihre Produktionsentscheidung aus der Sportschuh-Industrie einerseits und von jedem potentiellen Sportschuh-Konsumenten andererseits benötigen würden (M 10 – M 12). (Bedenken Sie dabei auch, wie Ihre Entscheidungen über die Produktion von Sportschuhen möglicherweise andere Entscheidungen beeinflussen würden, z.B. über die Produktion von Sportbekleidung.)
2. Erläutern Sie jetzt für das gleiche Marktsegment wie in Aufgabe 1, wie die Problemlösung auf einem Wettbewerbsmarkt funktioniert.
3. Ergänzen Sie den Vergleich in M 11 um die Kriterien Menschenbild und Schwächen.
4. Begründen Sie, warum die marktliche Lösung als überlegen gilt (M 12).
5. Diskutieren Sie in der Klasse über die Stärken und Schwächen der in M 13 genannten Kapitalismusmodelle.

Wissen kompakt

Institutionen und Regeln als Anreize
M 1 – M 3

Eine Wirtschaftsordnung besteht aus einer jeweils charakteristischen Kombination von Institutionen und Regeln. Diese wirken als Anreize, die die Akteure bei der Verfolgung ihrer Ziele beeinflussen. Wirtschaftliches Handeln ist also von der spezifischen Kombination der grundlegenden Institutionen und Regeln einer Wirtschaftsordnung abhängig.

Verfügungsrechte und ihre Sicherung durch den Staat
M 4 – M 9

Besondere Aufmerksamkeit verdient die Frage, welche Bedingungen erfüllt sein müssen, damit Zusammenarbeit zum gegenseitigen Vorteil überhaupt erst möglich wird. Hier sind die einschlägigen Institutionen in Form rechtlicher Bestimmungen von zentraler Bedeutung. Sie umfassen die grundlegenden Verfügungsrechte, zu denen zum Beispiel das Privateigentum an Grund und Boden, aber auch die Menschenrechte gehören, und reichen bis hin zu den gesetzlichen Bestimmungen des Bürgerlichen Gesetzbuches. Da die Regeln vom Staat garantiert werden, führen sie zu einer stärkeren Verhaltensverlässlichkeit der Wirtschaftssubjekte. Dies hat einen produktiveren Umgang mit Vermögenswerten zur Folge, da viele Tauschgeschäfte nur deshalb stattfinden, weil die Beteiligten wissen, dass sie notfalls vor Gericht gehen können, um ihre Ansprüche durchzusetzen.

Klassifizierung von Wirtschaftsordnungen
M 10 – M 13

Die Beschäftigung mit den grundlegenden Regeln und Institutionen einer Wirtschaftsordnung ermöglicht schließlich auch einen historischen und aktuellen Vergleich unterschiedlicher Wirtschaftsordnungen.
Idealtypisch werden immer noch die Wirtschaftsordnungen Marktwirtschaft und Zentralverwaltungswirtschaft gegenübergestellt.

Wichtige Merkmale der Marktwirtschaft sind:
- Preisbildung und Lenkung der Produktion durch Angebot und Nachfrage auf freien Wettbewerbsmärkten
- Privateigentum an Produktionsmitteln ist gewährleistet

Wichtige Merkmale der Zentralverwaltungswirtschaft sind:
- staatliche Preisfestsetzung und Lenkung der Produktion durch zentralen Plan, kein Wettbewerb
- Produktionsmittel befinden sich in Gemeineigentum

Neuere Untersuchungen widmen sich meist den unterschiedlichen Ausprägungen marktwirtschaftlicher Ordnungen. Eine neuere Klassifizierung unterscheidet eine liberale Variante der Marktwirtschaft und eine koodinierte Variante der Marktwirtschaft.

Liberale Marktwirtschaften wie z.B. die USA oder Großbritannien können folgendermaßen charakterisiert werden:
- hohe Wettbewerbsintensität, hohe Flexibilität der Produktionsfaktoren
- geringeres Niveau sozialer Sicherheit, größere Einkommens- und Vermögensunterschiede

Koordinierte Marktwirtschaften wie z.B. Deutschland sind dagegen gekennzeichnet durch:
- geringe Flexibilität der Produktionsfaktoren, insbesondere rigide Arbeitsmärkte
- hohes Niveau sozialer Sicherheit, geringe Einkommens- und Vermögensunterschiede

3 Private Haushalte im Wirtschaftsgeschehen

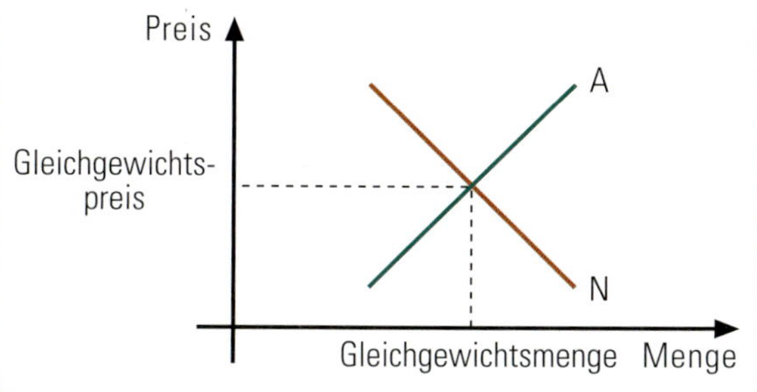

„Alles hat seinen Preis", sagt ein Sprichwort. Und auch die Wirklichkeit lehrt uns, dass wir für fast alle Dinge, die wir benötigen, einen Preis bezahlen müssen. Doch wie bilden sich Preise?
„Auf dem Markt", ist die naheliegende Antwort – aber auch hier lohnt es sich, genauer hinzusehen:
Was ist ein Markt? Was leisten Märkte und wo versagen sie? Welche Rolle spielen Angebot und Nachfrage bei der Preisbildung?

In Kapitel 3.1 soll zunächst der Frage nachgegangen werden, welche Faktoren Angebot und Nachfrage beeinflussen und wie sich Angebot und Nachfrage unter bestimmten Bedingungen verhalten. Dabei soll auch deutlich werden, dass der „vollkommene Markt" zwar das Bezugsmodell für die Analyse der Preisbildung ist, in der Realität jedoch selten vorkommt. Deshalb ist es wichtig, die verschiedenen Marktformen und ihre Merkmale zu beschreiben.

In Kapitel 3.2 steht die Preisbildung im Mittelpunkt: Was passiert, wenn Angebot und Nachfrage auf dem Markt zusammentreffen? Wie entsteht ein Gleichgewichtspreis und wieso nützt der Preismechanismus Anbietern und Nachfragern gleichermaßen? Dabei werden auch die Grenzen des Marktes deutlich: Nicht immer führt der Marktmechanismus nämlich zu optimalen Ergebnissen.

Marktversagen und unvollkommene Märkte begegnen uns in vielfältiger Form. Besonders deutlich wird das Marktversagen, wenn es um den Schutz der Umwelt und der natürlichen Lebensgrundlagen geht. Negative externe Effekte verzerren die Preise für öffentliche Güter und führen zu deren Übernutzung. Mit unterschiedlichen Instrumenten versucht staatliche Umweltpolitik, diese Form des Marktversagens zu korrigieren (Kapitel 3.3).

Auch im Bereich der Verbraucherpolitik greift der Staat mit unterschiedlichen Mitteln ein, um negative Auswirkungen des Marktes auszugleichen. Ziel der Verbraucherpolitik ist eine Stärkung der Stellung der Konsumenten gegenüber den Produzenten (Kapitel 3.4).

Als weiteren Beleg für die Unvollkommenheit des Marktes wird gesehen, dass der Markt zu einer ungleichen Einkommensverteilung führt. Menschen, die nicht in der Lage sind, eigene Erwerbseinkommen zu beziehen, kämen sehr schnell in Existenznot, wenn der Staat nicht durch Umverteilung zu starke Ungleichheiten abmildern würde. Kapitel 3.5 beschäftigt sich abschließend mit der Frage, wie die Einkommen in Deutschland verteilt sind und macht deutlich, dass Maß und Begründung der Umverteilung Gegenstand kontroverser Diskussionen sind.

Tipps & Links

Lernen vor Ort

- Führen Sie ein Expertengespräch mit einem Vertreter einer Verbraucher(schutz)organisation durch (Verbraucherzentrale, Mieterschutzbund, ...).
- Stellen Sie auf der Basis einer Befragung von Anbietern die Faktoren zusammen, die für die Preisbildung für unterschiedliche Güter auf dem Wochenmarkt (z.B. Tomaten, Eier, Spargel, Wurst, Käse ...) wichtig sind.
- Führen Sie ein Interview zum Thema „Mindestlohn" mit einem lokalen Unternehmer (z.B. aus dem Gaststättengewerbe).

Referieren und Präsentieren

- Stellen Sie mithilfe eines Wirkungsdiagramms (vgl. Methode S.64) die Auswirkungen einer Preisänderung für Rohöl auf die privaten Haushalte (auf die Unternehmen, auf den Staat) dar. Erstellen Sie dazu zuerst eine Liste mit Größen, deren Veränderung Sie betrachten wollen. Setzen Sie im zweiten Schritt die Größen zueinander in Beziehung (Ursache-Wirkung). Präsentieren Sie das komplexe System in Ihrer Lerngruppe (Folien oder Präsentationsprogramm).
- Stellen Sie die mögliche Wirkung von Kombilöhnen mithilfe von Preis-Mengen-Diagrammen dar. Unterscheiden Sie dabei zwischen einem Kombilohn, der als Arbeitnehmerzuschuss und einem Kombilohn, der als Arbeitgeberzuschuss umgesetzt wird. Präsentieren Sie Ihre Diagramme in Ihrer Lerngruppe.
- Anregung zur Vertiefung oder zu fächerverbindendem Arbeiten mit dem Fach Mathematik: Berechnung des Cournotschen Punktes (benötigtes mathematisches Vorwissen: Bestimmung von Extremstellen bei ganzrationalen Funktionen).
  Zeigen sie anhand der Berechnung der gewinnmaximalen Absatzmenge für einen Monopolisten (bei einer linearen Nachfrage-/Absatzkurve), warum auf einem durch ein Monopol geprägten Markt der Preis für ein Gut in der Regel höher ist als auf einem Wettbewerbsmarkt. Stellen Sie Ihre Argumentation in Ihrer Lerngruppe vor.
  Vergleichen Sie hierzu auch z.B. folgende im Internet veröffentlichte Literatur:
  - http://de.wikipedia.org/wiki/Cournotscher_Punkt
  - http://www.webmic.de/aufgabe.htm
  - http://www.mikrooekonomie.de/mp/wm/mpwm mocp.htm

Weiterlesen

- *Peter Bofinger, Grundzüge der Volkswirtschaftslehre, Eine Einführung in die Wissenschaft von Märkten, München 2003 (Pearson Studium)*
  Anhand lebensnaher Beispiele wird gezeigt, wie Märkte im Großen und Kleinen funktionieren. Das Buch ist verständlich geschrieben und didaktisch aufbereitet. Es bietet so eine ideale Möglichkeit, die Schulinhalte zu vertiefen.
- *N. Gregory Mankiw, Grundzüge der Volkswirtschaftslehre, 3. Aufl., Stuttgart 2004 (Schäffer-Poeschel)*
  Auch diese Einführung des amerikanischen Harvard-Professors arbeitet mit zahlreichen anschaulichen Beispielen und bietet deshalb einen idealen Einstieg in die Volkswirtschaftslehre.

Recherchieren

www.bmelv.de
Bundesministerium für Ernährung, Landwirtschaft und Verbraucherschutz. Aktuelle Informationen zur Verbraucherpolitik.

www.bundeskartellamt.de
In Deutschland ist das Bundeskartellamt, zusammen mit den Landeskartellbehörden, für den Schutz des Wettbewerbs zuständig. Auf der Seite finden sich Informationen zu Entscheidungen und zur Arbeit des Bundeskartellamtes.

www.verbraucherzentrale.de
Die Dachorganisation der Landesverbraucherzentralen, die Verbraucherzentrale Bundesverband, vertritt die Interessen der Verbraucher gegenüber Politik, Wirtschaft und Gesellschaft auf Bundesebene. Auf den Seiten finden Sie aktuelle und umfassende Informationen zur Verbraucherpolitik.

ec.europa.eu/consumers/index_de.htm
Umfassende Seite der Europäischen Kommission zur Verbraucherpolitik in Europa. Die Verbraucherpolitik ist Dreh- und Angelpunkt des strategischen Ziels der Kommission, die Lebensqualität aller EU-Bürger zu verbessern.

www.sozialpolitik-aktuell.de/index.shtml
Seite der soziologischen Fakultät der Universität Duisburg/Essen mit umfangreichem, aktuellem Datenmaterial zu den Themen Armut und Einkommensverteilung in Deutschland.

3.1 Markt und Preisbildung – Nachfrage und Angebot aus der Nähe

3.1.1 Die Nachfrage der privaten Haushalte

Märkte

M 1

Obst- und Gemüsemarkt

Börse Frankfurt

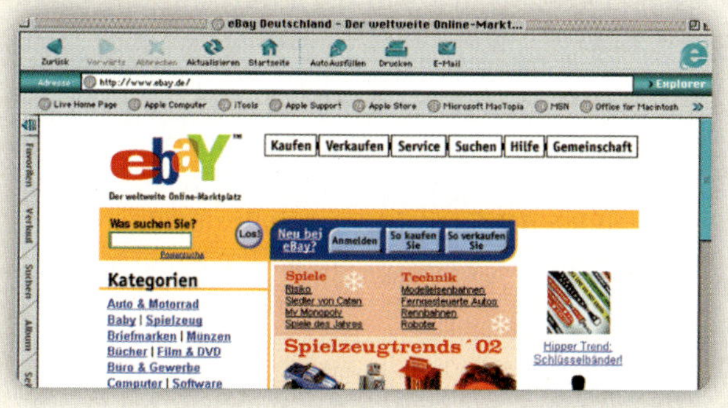

Virtueller Marktplatz im Internet

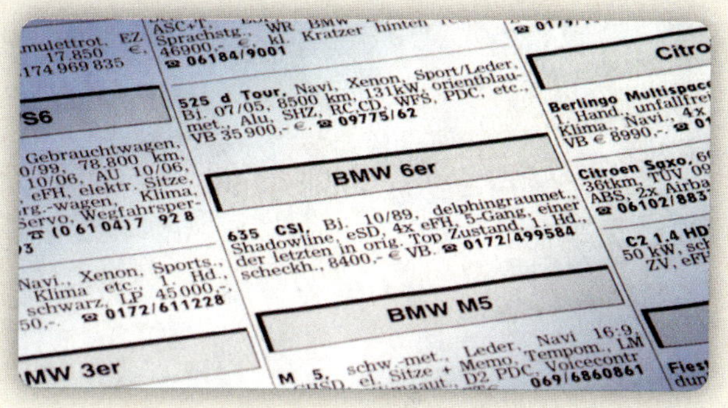

Gebrauchtwagenmarkt in der Zeitung

Der Markt ist der ökonomische Ort des Tausches. Auf ihm treffen Angebot und Nachfrage aufeinander. Eine räumliche Konzentration der Marktteilnehmer ist dabei nicht unbedingt erforderlich. Der Handel mit Büchern über das Internet … ist genauso ein Markt wie der Wochenmarkt, auf dem die Marktteilnehmer relativ konzentriert zusammentreffen. Im ersten Fall ist es ein Markt für Bücher, im anderen ein Markt für Nahrungsmittel.

Michael Bauer u.a., Wirtschaft heute, Bonn 2006, S. 80

M 2

Markt aktuell – die Preisentwicklung für Spargel

Die schwächere Preisentwicklung für Spargel nach Ostern ergibt sich aus den steigenden Angeboten und der verhaltenen Nachfrage. Größer wird vor allem das Importangebot, das unter den günstigen Witterungseinflüssen nun deutlich zulegt. Die deutsche Produktion kann bei optimalen Temperaturen in der 17. Woche stärker in Erscheinung treten. Eine nachhaltige Konsumbereitschaft wird aber nur über spürbar zurückgehende Preise eintreten, so wie es sich bei der gebündelten Importware jetzt schon abzeichnet.

www.fruchtportal.de/news/kalenderwoche/17.html (15.6.2002)

Aufgaben

1. Welche Zusammenhänge zwischen Angebot, Nachfrage und Preis werden in M 2 genannt?
2. Recherchieren Sie in Gruppen Preise für jeweils drei ausgewählte Güter auf unterschiedlichen Märkten. Vergleichen Sie Ihre Ergebnisse und geben Sie mögliche Begründungen für Preisunterschiede bzw. Preisgleichheit an.

M 3 Die individuelle Nachfrage ist abhängig vom Preis

Nachfrage eines Haushalts nach Spargel (Kl. 1) in Abhängigkeit vom Preis

Preis je kg (in €)	Nachgefragte Menge (in kg)
9,50	0
8,50	0,25
7,50	0,5
7,00	0,75
6,50	1
6,00	1,25
5,50	1,5
5,00	2
3,50	2,5
0	2,75

Preis-Konsum-Kurve*) für Spargel Kl. 1

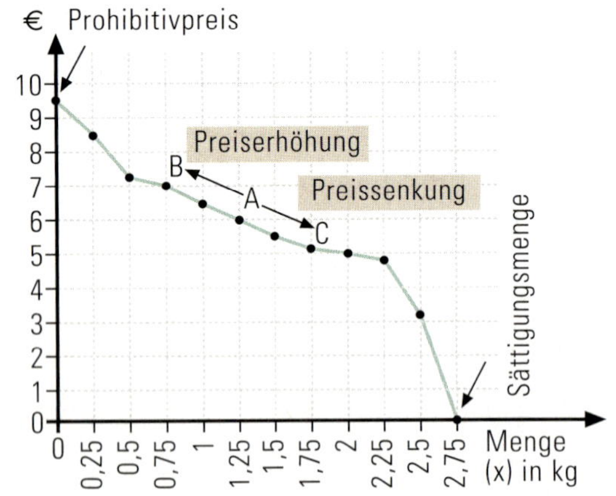

*) Preis-Konsum-Kurve = individuelle Nachfragekurve = Grenznutzenkurve des Haushalts

Die individelle Nachfragekurve in Form der Preis-Konsum-Kurve zeigt, wie viele Mengeneinheiten eines Gutes ein Haushalt jeweils bei unterschiedlichen Preisen dieses Gutes in einer bestimmten Zeiteinheit nachzufragen plant.
Bei normalem Verhalten der Konsumenten hat die Nachfragekurve in Form der Preis-Konsum-Kurve eine negative Steigung. In diesem Kurvenverlauf kommt das Gesetz vom abnehmenden Nutzenzuwachs zum Ausdruck. Da jede zusätzlich konsumierte Einheit eines Gutes einem Haushalt im Normalfall einen geringeren Nutzenzuwachs stiftet (Grenznutzen), fragt der Haushalt nur dann mehr von diesem Gut nach, wenn der Preis dieses Gutes sinkt.

Die geplanten Nachfragemengen entsprechen den Gütermengen, mit denen der Haushalt bei den jeweiligen Preisen sein Nutzenmaximum erzielt.
Ändert sich der Preis des Gutes und bleiben alle anderen Bestimmungsgründe der Nachfrage gleich, so ergibt sich eine neue Preis-Mengen-Kombination für dieses Gut. Dies löst eine Bewegung auf der Kurve aus. Die Lage der Kurve bleibt aber unverändert.

In Grenzfällen können sich auch Schnittpunkte der Kurve mit den Achsen ergeben, die sich folgendermaßen erklären lassen: Beim Schnittpunkt mit der Mengenachse liegt die Sättigungsmenge. Dieser nachgefragten Menge entspricht ein Preis von null, d.h., der Haushalt möchte keine zusätzliche Mengeneinheit dieses Gutes konsumieren, selbst wenn er das Gut kostenlos erhält. Beim Schnittpunkt mit der Preisachse, dem eine nachgefragte Menge von null entspricht, ist ein Preis erreicht, zu dem der Haushalt nicht mehr bereit oder in der Lage ist, auch nur eine einzige Mengeneinheit des Gutes nachzufragen (Prohibitivpreis).

Viktor Lüpertz, Problemorientierte Einführung in die Volkswirtschaftslehre, 5. Aufl., Darmstadt 2007, S. 85 f.

Die Marktnachfrage als Summe der individuellen Nachfragen

M 4

Um das Funktionieren von Märkten zu untersuchen, müssen wir die Marktnachfrage bestimmen, die sich als Summe aller individuellen Nachfragemengen nach Waren und Dienstleistungen ergibt. Die Marktnachfrage ist die Summe der individuellen Nachfragen. Am Beispiel aus M 3 ergibt sich die Marktnachfrage nach Spargel aus der Summe der individuellen Nachfragen der Haushalte nach Spargel der Klasse 1.

Weil die Gesamt- oder Marktnachfrage von den Einzelnachfragen abgeleitet wird, bestimmen die Einflussgrößen der Einzelnachfrage auch die Gesamtnachfrage. Auf diese Weise wird die insgesamt nachgefragte Menge eines Gutes (z.B. Spargel) nicht nur vom Preis dieses Gutes, sondern auch von den Einkommen der einzelnen Nachfrager („Besserverdiener kaufen mehr Spargel"), von ihren Vorlieben und Bedürfnissen („wenn z.B. Spargel zum Trendgericht wird"), usw. beeinflusst. Die Marktnachfrage hängt auch von der Anzahl der einzelnen Nachfrager ab („schrumpft die Bevölkerung, schrumpft normalerweise auch die Zahl der potentiellen Käufer").

nach: N. Gregory Mankiw, Grundzüge der Volkswirtschaftslehre, 3. Aufl., Stuttgart 2004, S. 70

Die Konsumentenrente

M 5

Die Nachfrager, die bereit gewesen wären, den Spargel auch zu einem höheren als dem aktuellen Spargelpreis (p_0) zu kaufen, erzielen einen Vorteil. Die Differenz aus der höheren Zahlungsbereitschaft und dem für alle Kunden gültigen Spargelpreis nennt man **Konsumentenrente**. Die grau markierte Fläche veranschaulicht die Summe der „individuellen Konsumentenrenten".

Beispiel: Für die Nachfrage nach (je einem kg) Spargel in einer Kleinstadt gelte:

Preis für 1kg Spargel	Nachfrager, die max. den Preis aus Spalte 1 zahlen würden
6,00 €	300
5,00 €	600
4,50 €	700
4,00 €	800
3,00 €	400

Autorentext und -grafik

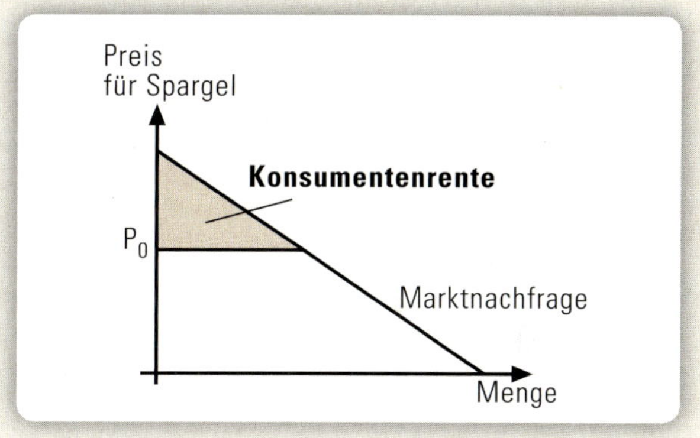

Bei einem Preis von 4,50 € beträgt die Gesamtnachfrage nach Spargel 1.600.

Die Gesamtkonsumentenrente berechnet sich wie folgt:

300 · 1,50 € + 600 · 0,50 € = 750 €

M 6 Die Ceteris-paribus-Klausel

Was beeinflusst die Marktnachfrage nach Spargel?

Die (Markt-)Nachfrage nach Spargel der Klasse 1 hängt sicher von vielen Faktoren ab. Da ist zum einen der Preis für Spargel: je niedriger der Preis, desto höher die Nachfrage. Außerdem bestimmt auch das Einkommensniveau die Nachfrage nach Spargel, denn bei steigendem Einkommensniveau können sich immer mehr Menschen das „Luxusgut“ Spargel leisten. Wenn Spargel „außer Mode kommt“ oder öffentlich als ungesund dargestellt wird (weil er z.B. mit Schadstoffen belastet ist), werden immer weniger Haushalte Spargel konsumieren wollen, und die Nachfrage wird sinken. Die Nachfrage nach Spargel wird auch von den Preisen anderer Güter abhängen. Steigen z.B. die Kartoffelpreise, so werden sich weniger Haushalte den teuren Spargel leisten können.

Die Anzahl der Einflussfaktoren auf die Nachfrage nach Spargel und allen anderen Gütern ist so groß, dass sie modellhaft nicht abgebildet werden können. Ökonomen untersuchen deshalb Wirkungszusammenhänge zwischen einzelnen Größen oft mithilfe der Ceteris-paribus-Klausel.

Ceteris paribus (wörtlich: „andere Dinge gleichbleibend") beschreibt eine hypothetische Situation, für die man einfach annimmt, dass alle anderen Einflussfaktoren auf die untersuchte Größe konstant bleiben, obwohl sich in der Realität zahlreiche Größen gleichzeitig verändern. Unter dieser Annahme (ceteris paribus) stimmt dann auch die Aussage: Die Nachfragekurve fällt, weil niedrigere Preise zu einer größeren Nachfragemenge führen.

Abhängigkeiten der individuellen Nachfrage in der Übersicht:

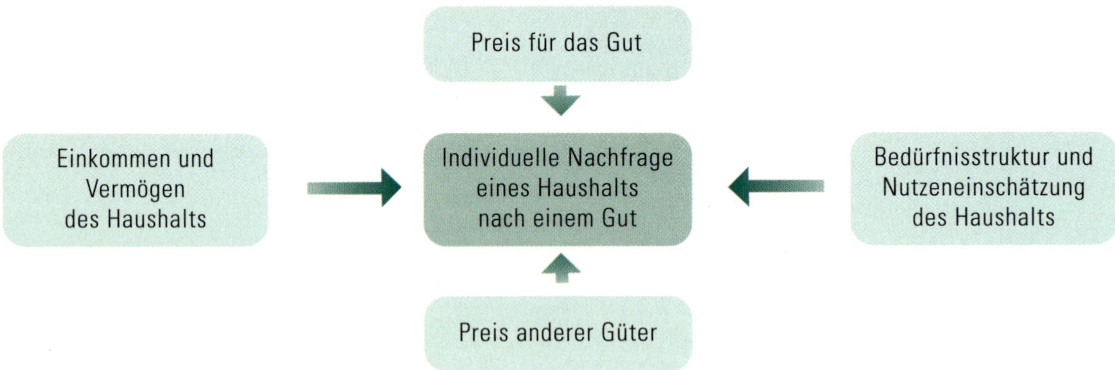

Autorentext und -grafik

Veränderung der Nachfrage bei gleichbleibendem Preis

M 7

Wenn Rauchen durch gesundheitliche Aufklärung v.a. für junge Konsumenten weniger wichtig oder durch Verbote eingeschränkt wird, so werden zum gleichen Preis (p_0) weniger Zigaretten nachgefragt als früher. Dies bedeutet eine Verringerung der Nachfrage ($m_0 \rightarrow m_1$) trotz gleichbleibendem Preis. Grafisch wird dies mit einer Verschiebung der Nachfragekurve nach links dargestellt ($N_0 \rightarrow N_1$). Eine Vergrößerung der Nachfrage bei gleichbleibendem Preis ($m_0 \rightarrow m_2$) wird grafisch durch eine Rechtsverschiebung der Nachfragekurve dargestellt ($N_0 \rightarrow N_2$). Ursachen könnten eine Zunahme der Zahl der Nachfrager oder einer Veränderung der Bedürfnisstruktur der Haushalte sein.

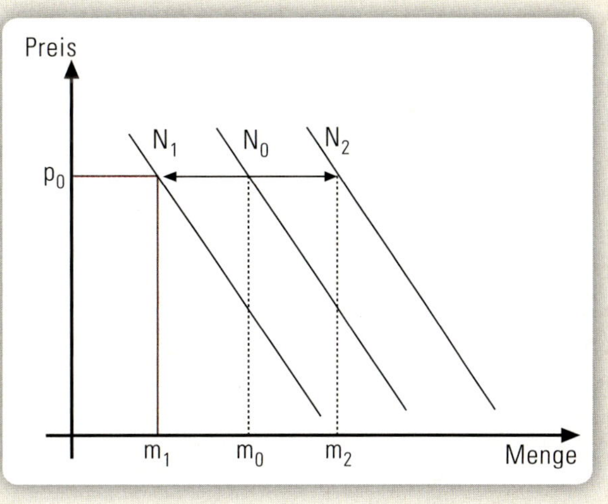

Autorentext und -grafik

Die Nachfrage nach Substitutionsgütern

M 8

Als **Substitutionsgüter** bezeichnet man Güter, die sich ganz oder teilweise gegenseitig ersetzen können, ohne dass die Bedürfnisbefriedigung eingeschränkt wird (Bsp.: Butter – Margarine; Öl – Gas; Zigaretten – Feinschnitt). Steigt z.B. der Preis für Zigaretten, so werden die Haushalte mehr Feinschnitt (für Zigaretten zum Selbstdrehen) nachfragen, da sie damit die Zigaretten ersetzen. Dies bedeutet eine Verschiebung der Nachfragekurve für Feinschnitt nach rechts. Steigt also infolge der Preissteigerung für ein Gut die Nachfrage nach einem anderen Gut (obwohl sich dessen Preis nicht verändert), so nennt man diese beiden Güter Substitutionsgüter.

Autorentext

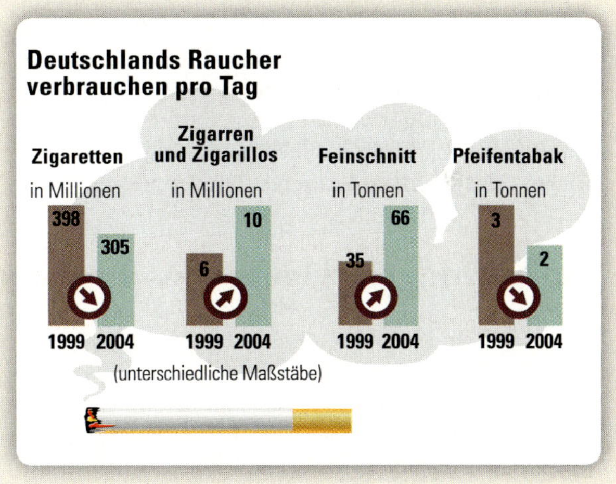

Der Konsum von Feinschnitt hängt vom Preis für Zigaretten ab.

Globus-Grafik 0015, Quelle: Stat. Bundesamt

M 9 Die Nachfrage nach Komplementärgütern

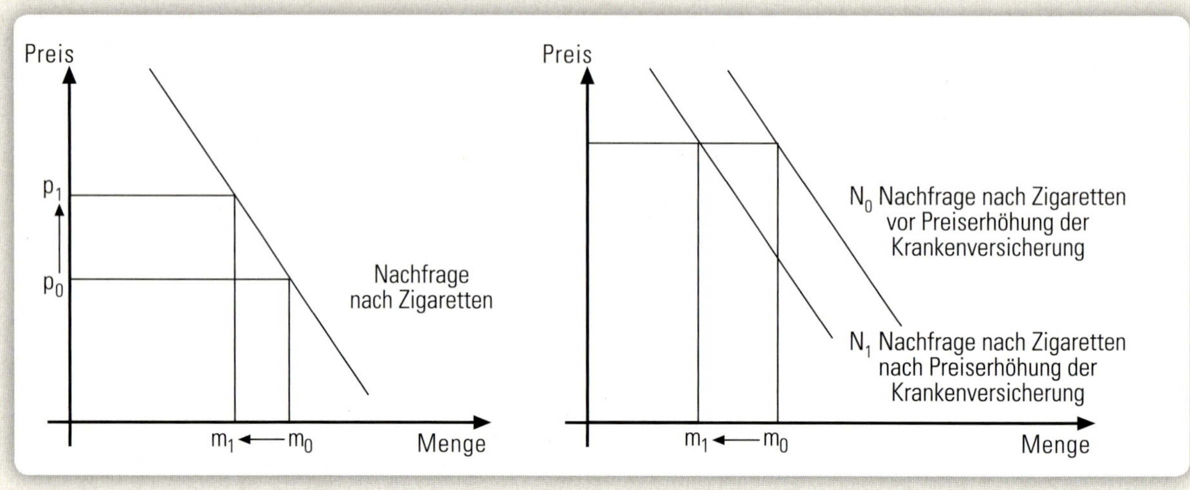

Der Konsum von Zigaretten hängt vom Preis für Krankenversicherungen für Raucher ab.

Als **Komplementätgüter** bezeichnet man Güter, deren Konsum den Konsum eines anderen Gutes bedingt oder zur Folge hat (Füller – Tinte; Schuhe – Schuhputzmittel; Zigaretten – Krankenversicherungen). Steigen z.B. die Preise für Krankenversicherungen für Raucher, so werden die Haushalte insgesamt weniger Zigaretten nachfragen (einige potenzielle Nachfrager werden das Rauchen aufhören oder nicht anfangen). Dies bedeutet eine Verschiebung der Nachfragekurve für Zigaretten nach links. Verringert (vergrößert) sich also infolge der Preissteigerung (-senkung) für ein Gut A die Nachfrage nach einem anderen Gut B (obwohl sich dessen Preis nicht verändert), so nennt man diese beiden Güter Komplementärgüter.

Autorentext und -grafik

M 10 Die Nachfrage steigt mit wachsendem Einkommen

Steigt das Einkommen eines Haushalts, erhöhen sich normalerweise auch seine Konsumausgaben ($N_1 \rightarrow N_2$). Zwar sind von dem Mehrkonsum nicht alle Güter gleichermaßen betroffen, manche Güter werden sogar weniger nachgefragt. Inferiore Güter wie z.B. billige Nahrungsmittel werden durch superiore Güter (teure Nahrungsmittel) ersetzt. Für eine Volkswirtschaft insgesamt bedeutet dies aber, dass eine Erhöhung der Einkommen tendenziell zu einer Ausweitung der Nachfrage führt.

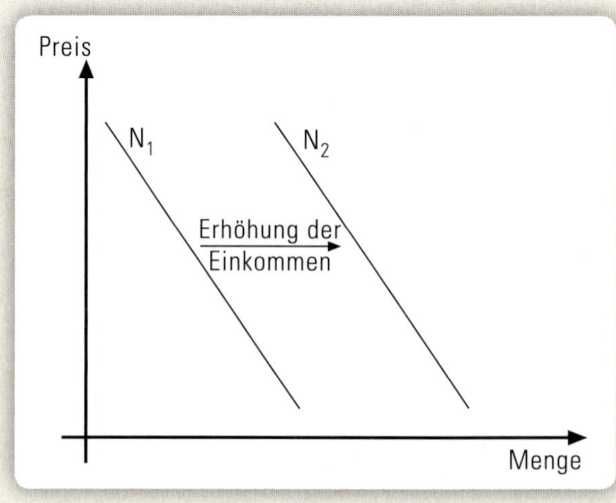

Autorentext und -grafik

Aufgaben

1. Geben Sie Einflussgrößen für die Nachfrage nach Spargel an und erklären Sie an diesem Beispiel die Begriffe Sättigungsmenge und Prohibitivpreis (M 3, M 4).
2. Erklären Sie den Begriff der Konsumentenrente am Beispiel des Marktes für iPods und verdeutlichen Sie ihn grafisch in einem Preis-Mengen-Diagramm (M 5).
3. a) Berechnen Sie die (Gesamt-)Konsumentenrente in M 5 für einen Marktpreis von 4,00 € (5,00 €).
   b) Zur Vertiefung: Die Nachfragefunktion für ein Gut wird durch den Zusammenhang $p = 200 - 5x$ (Preis p, Menge x) beschrieben. Geben Sie Prohibitivpreis und Sättigungsmenge an. Berechnen Sie die (Gesamt-)Konsumentenrente bei einem Marktpreis von $p = 80$.
4. Stellen Sie grafisch den Zusammenhang zwischen einer Preiserhöhung bei Butter und der Veränderung der Nachfrage nach Margarine in zwei Preis-Mengen-Diagrammen (Ursache und Wirkung) dar (M 9).

Die Nachfrageelastizität

M 11

Konsumenten werden stets versuchen, Preissteigerungen (z.B. als Folge einer zusätzlichen Belastung durch höhere Steuern) auszuweichen. Auf dem Markt für Zigaretten könnten Konsumenten den Konsum gänzlich einstellen, von teuren zu billigeren Tabakwaren wechseln, oder das Gut aus Quellen beziehen, die dieser Preissteigerung nicht unterliegen. Das Ausmaß der Ausweichreaktionen messen Ökonomen durch die direkte Preiselastizität der Nachfrage. Diese gibt an, um wie viel Prozent die Nachfrage z.B. nach Tabakwaren zurückgeht, wenn der Preis dieser Waren um ein Prozent ansteigt. Für die Gesamtnachfrage nach Zigaretten werden in verschiedenen Studien Elastizitäten zwischen 0,3 und 0,5 ausgewiesen (d.h. eine Preiserhöhung um 10 Prozent reduziert die Nachfrage um 3 bis 5 Prozent). Die Preiselastizität ist jedoch nicht für alle Konsumenten gleich hoch. Bei einem besonders ausgeprägten Bedürfnis nach Konsum des Gutes (Abhängigkeit, Sucht) wird der Nachfragerückgang nur gering sein. „Einsteiger“ (Jugendliche) dagegen reagieren meist stärker auf Preissteigerungen (empirische Studien weisen hier direkte Preiselastizitäten von etwa 1,3 aus).

Unter der **direkten Preiselastizität der Nachfrage** versteht man also das Verhältnis zwischen der prozentualen Änderung der nachgefragten Menge eines Gutes zur prozentualen Preisänderung dieses Gutes.

Da man üblicherweise die direkte Preiselastizität der Nachfrage als positive Zahl angibt, beschreibt die folgende Größe die direkte Preiselastizität der Nachfrage:

$$El_N = \left| \frac{\text{prozentuale Änderung der Nachfragemenge}}{\text{prozentuale Preisänderung}} \right| = \left| \frac{\frac{\Delta N \cdot 100}{N}}{\frac{\Delta P \cdot 100}{P}} \right|$$

Für Unternehmen ist die Nachfrageelastizität dann von Bedeutung, wenn sie einen monopolistischen Preisspielraum haben (vgl. Kapitel 3.1.3), d.h. wenn innerhalb einer bestimmten Preisspanne ihr Absatz nur vom Preis und nicht von der Konkurrenz abhängt. Sie können dann mit der Nachfrageelastizität beschreiben, wie stark die Nachfrage auf eine Preisänderung reagieren wird (relative Änderung der Nachfrage als Wirkung auf eine relative Preisänderung). Bei einer unelastischen Nachfrage ($El<1$) wird eine Preisminderung um 1 % eine Erhöhung der Nachfrage von weniger als 1 % bewirken. Ist die Nachfrage dagegen elastisch ($El>1$), wird die nachgefragte Menge um mehr als 1 % ansteigen.
Eine Preiserhöhung von 3 Geldeinheiten auf 5 Geldeinheiten wird also nur zu einem Anstieg des Umsatzes (Preis · abgesetzte Menge) führen,

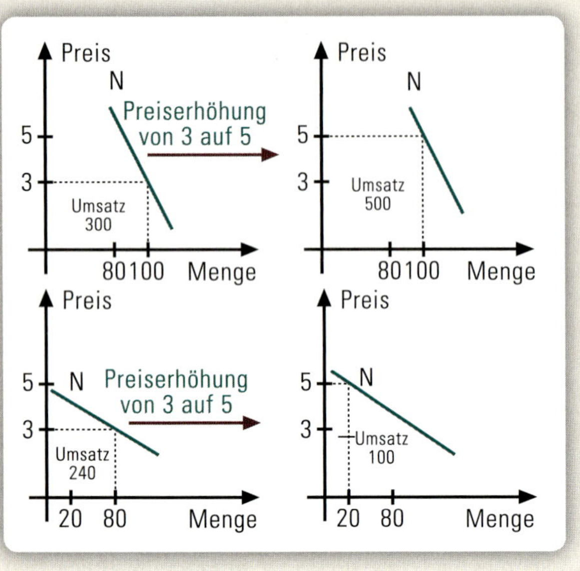

wenn die Nachfrage unelastisch ist. Die Nachfrage nach z.B. Grundnahrungsmitteln ist eher unelastisch. Ist die Nachfrage elastisch, führt die Preiserhöhung zu einem Umsatzrückgang. Dies gilt z.B. für viele Wellnessprodukte.
Die Steigung der Nachfragekurven ist nicht identisch mit der Preiselastizität. Trotzdem symbolisieren größere Steigungen geringere Elastizitäten, kleinere Steigungen größere Elastizitäten.

Christoph Weiss, Wirtschaftsuniversität Wien, Autorentext und -grafik

M 12 Einflussgrößen der direkten Preiselastizität der Nachfrage

Welche Einflussgrössen sind ausschlaggebend für eine elastische oder unelastische Nachfrage nach einem Gut? Da die Nachfrage nach jedem Gut auf Konsumentenpräferenzen beruht, hängt auch die Preiselastizität der Nachfrage von den zahlreichen ökonomischen, sozialen und psychischen Faktoren ab, die die individuellen Wünsche von Konsumenten formen. …

- **Lebensnotwendiges und Luxusgüter**
  Lebensnotwendige Güter oder Güter zur Befriedigung von Grundbedürfnissen weisen eine unelastische Nachfrage auf, während die Nachfrage nach Luxusgütern gewöhnlich elastisch ist. Wenn in einem Land mit marktwirtschaftlich organisiertem Gesundheitswesen der Preis für den Arztbesuch steigt, wird sich dabei die Häufigkeit der Arztbesuche nicht sehr verringern. Anders ist es beim Preisanstieg für ein Segelboot. Hier wird die Nachfrage deutlich zurückgehen. … Wie ein Gut klassifiziert wird, hängt jedoch nicht von den technischen Eigenschaften des Gutes ab, sondern von den Präferenzen und höchstpersönlichen Wertungen der Nachfrager. Für einen kräftigen, rauhen Seemann mag ein Segelboot ein lebensnotwendiges Gut und ein Arztbesuch Luxus sein.

- **Erhältlichkeit substitutiver Güter**
  Güter, zu denen es nahe verwandte Substitute gibt, haben eine relativ elastische Nachfrage, weil die potentiellen Käufer

Die Nachfrage nach Gütern zur Befriedigung von Grundbedürfnissen wie z.B. Brot …

… reagiert weniger elastisch als die Nachfrage nach Luxusgütern.

bei Preisänderungen leicht zwischen dem Gut und den Substituten wechseln können. Zum Beispiel stehen Butter und Margarine in einer engen substitutiven Beziehung. Ein Anstieg des Butterpreises wird deshalb – bei konstantem Margarinepreis – einen deutlichen Rückgang der Nachfrage nach Butter bewirken. Im Gegensatz dazu wird die Nachfrage nach Eiern weniger preiselastisch sein, weil es in den Augen der meisten Konsumenten keine nahen Substitute für Eier gibt.

- **Marktabgrenzung**
  Die Nachfrageelastizität hängt stets davon ab, wie klar ein Markt abgegrenzt ist. Speziell definierte Märkte und Güter werden eine elastischere Nachfrage aufweisen als breit abgegrenzte Märkte und Güter, da man zu den speziell und eng definierten Gütern leichter Substitute findet. So werden z.B. „Nahrungsmittel" eine ziemlich unelastische Nachfrage aufweisen, weil es dazu keine geeigneten Substitute gibt. Zu „Speiseeis" findet man viel leichter substitutive Güter und die noch engere Kategorie „Vanilleeis" ist wiederum spezieller mit einem breiteren Umfeld substitutiver Güter. „Vanilleeis" hat eine elastischere Nachfrage als „Speiseeis" und Speiseeis wiederum eine erheblich elastischere Nachfrage als „Nahrungsmittel".

- **Zeithorizont**
  Auf lange Sicht und in langen Untersuchungsperioden weisen alle Güter eine größere Preiselastizität der Nachfrage auf als in kurzen Perioden der Analyse. Wenn der Benzinpreis steigt, geht die Nachfrage nach Benzin zunächst langsam zurück. Erst nach vielen Monaten oder Jahren – mit dem Übergang vieler Autofahrer zu öffentlichen Verkehrsmitteln oder treibstoffsparenden Autos – stellt man einen kräftigeren Nachfragerückgang fest.

N. Gregory Mankiw, Grundzüge der Volkswirtschaftlsehre, 3. Aufl., Stuttgart 2004, S. 98 f.

M 13

Zur Vertiefung: Kreuzpreiselastizität und Einkommenselastizität der Nachfrage

Mithilfe der **Kreuzpreiselastizität** kann die Stärke der Reaktion der Nachfrage nach einem Gut A bei einer Erhöhung/Senkung des Preises eines anderen Gutes B beschrieben werden:

$$El_{N,P} = \left| \frac{\text{prozentuale Änderung der Nachfragemenge Gut A}}{\text{prozentuale Preisänderung Gut B}} \right| = \left| \frac{\frac{\triangle N \cdot 100}{N}}{\frac{\triangle P \cdot 100}{P}} \right|$$

So führt z.B. die Preiserhöhung eines Gutes B dann zu einer starken Reaktion der Nachfrage nach dem anderen Gut A, wenn die beiden Güter Substitutionsgüter sind.

Mithilfe der **Einkommenselastizität** kann die Stärke der Reaktion der Nachfrage nach einem Gut bei einer Veränderung der Einkommen beschrieben werden:

$$El_{N,E} = \left| \frac{\text{prozentuale Änderung der Nachfragemenge}}{\text{prozentuale Einkommensänderung}} \right| = \left| \frac{\frac{\triangle N \cdot 100}{N}}{\frac{\triangle E \cdot 100}{E}} \right|$$

So führt z.B. eine Erhöhung des Einkommensniveaus dann zu einer nur schwachen Reaktion der Nachfrage nach einem Gut, wenn es sich dabei um ein lebensnotwendiges Gut (z.B. Mehl) handelt.

Autorentext

M 14 Zur Vertiefung: Warum wir Nachfragekurven meist als lineare Kurven zeichnen

In der Realität sind die meisten Nachfragekurven nicht linear. Die Nachfragekurve für Spargel (vgl. M 3) wird in der Realität im oberen Bereich sicher steiler verlaufen, da es Konsumenten geben wird, die bereit sind, den Spargel auch zu einem sehr hohen Preis zu kaufen. Meistens betrachtet man nur die Teilstücke einer Nachfragekurve, die für die Erklärung eines Sachverhalts wichtig sind. Um dabei die Darstellung zu vereinfachen, werden häufig nur lineare Abschnitte von Nachfragekurven betrachtet, in denen die „typischen" Elastizitäten für bestimmte Güter veranschaulicht werden.

Da die Preiselastizität der Nachfrage in jedem Punkt der Nachfragekurve vom Preis abhängt (der Preis ist der Grundwert), ist sie in jedem Punkt einer linearen Nachfragekurve unterschiedlich. Die Preiselastizität nimmt die Werte zwischen 0 (Sättigungsmenge) und unendlich (Prohibitivpreis) an (vgl. M 3). Je steiler der gezeichnete Kurvenabschnitt in einem Schaubild ist, desto geringer ist in der Regel die Entfernung der gezeichneten Punkte von der Sättigungsmenge, die Elastizität ist also relativ klein. Je flacher der gezeichnete Kurvenabschnitt, desto größer ist diese Entfernung und die Elastizität ist eher groß (vgl. M 11).

Autorentext

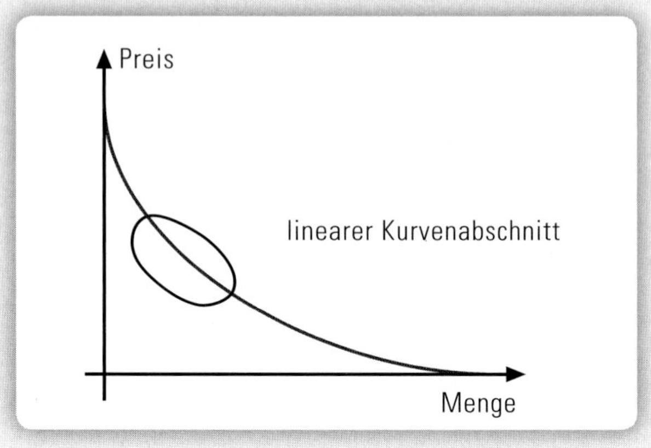

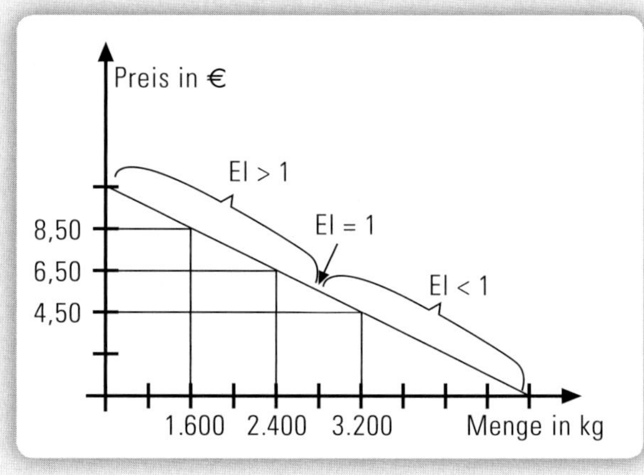

Aufgaben

1. Eine Erhöhung des Preises für Erdnüsse um 4 % führt zu einer Senkung der Nachfrage nach Erdnüssen um 8 %. Berechnen Sie die direkte Preiselastizität der Nachfrage (M 11).
2. Die Tabaksteuer ist eine Lenkungssteuer der Gesundheitspolitik (M 11 – M 13).
   a) Untersuchungen zeigen, dass die empirisch ermittelte Preiselastizität der Zigarettennachfrage ungefähr 0,4 ist. Errechnen Sie, um wie viel Prozent der Preis steigen sollte, wenn die Packung Zigaretten 4 € kostet und eine Senkung des Zigarettenkonsums um 20 % beabsichtigt ist.
   b) Erörtern Sie die unterschiedlichen Auswirkungen einer Tabaksteuererhöhung auf den Tabakkonsum jugendlicher und erwachsener Raucher und stellen Sie die unterschiedlichen Auswirkungen der Tabaksteuererhöhung auf die Nachfrage für beide Gruppen grafisch dar.
   c) Erklären Sie, warum die direkte Preiselastizität der Nachfrage nach Zigaretten in kurzen Zeiträumen gering und in langen Zeiträumen groß ist.
3. Als Kinobesitzer des einzigen Kinos in der Kleinstadt X stehen Sie vor der Frage, ob Sie zur Verbesserung der Finanzlage die Eintrittspreise verändern sollen. Werden Sie die Eintrittspreise anheben oder senken? Begründen Sie Ihre Entscheidung (M 11, M 12).

3.1.2 Das Angebot der Unternehmen

Das individuelle Angebot: Wie viel Eis soll die Firma „Studenten-Eis" herstellen?

M 15

Stellen Sie sich vor, Sie wären der Inhaber von „Studenten-Eis" in München, einer kleinen Unternehmung zur Herstellung und zum Verkauf von Speiseeis. Wovon wird die Menge an Speiseeis abhängen, die Sie herstellen und verkaufen möchten? Hier sind einige mögliche Antworten:

Auch das individuelle Angebot hängt von vielen Einflussgrößen ab.

■ **Preis**

Der Preis ist gewiss eine der Bestimmungsgrößen des Angebots. Wenn der Preis von Speiseeis hoch ist, lohnt sich der Verkauf noch mehr als bei dem zuvor gegebenen niedrigen Preis. Ohne dass man Näheres über die Produktions- und Kostenfunktion weiß, wird man denken, dass bei höherem Preis eine größere Menge angeboten wird. Als Eishersteller mit der Studenten-Firma würden Sie wohl Ihre tägliche Arbeitszeit ausdehnen, einige zusätzliche Eismaschinen kaufen und Arbeitskräfte einstellen. Im Gegensatz dazu würden Sie wohl bei einem niedrigeren Preis und einer insgesamt weniger profitablen Speiseeisherstellung eher kleinere Mengen anbieten. Fiele der Marktpreis unter Ihre Stück- oder Durchschnittskosten, so wären Verluste vorprogrammiert. Unterschreitet der vom Markt gegebene Verkaufspreis Ihre Gewinnschwelle, so bieten Sie die Menge null an; vielleicht ziehen Sie sich sogar aus dem Markt zurück. Da die angebotene Menge bei steigendem Marktpreis ansteigt und bei fallendem Marktpreis zurückgeht, sagt man, die Angebotsmenge ist positiv vom Preis abhängig. Diese funktionale Verknüpfung zwischen Preis und angebotener Menge nennt man das Gesetz des Angebots: Bei sonst unveränderten Randbedingungen (ceteris paribus) steigt die angebotene Menge eines Gutes bei steigendem Preis des Gutes.

■ **Kosten**

Die Firma „Studenten-Eis" benötigt verschiedene Inputs oder Faktoreinsätze, die von Beschaffungsmärkten stammen und die Kosten der Produktion ausmachen. Manches wird fortlaufend zur jeweiligen Produktion passend eingekauft: Sahne, Zucker, Aromastoffe, Arbeitseinsatz von Aushilfskräften. Anderes wird per Investition für mehrere Perioden beschafft: Eismaschinen, Fabrikgebäude und Arbeitseinsätze des Stammpersonals. Wenn die Einkaufspreise steigen, drückt dies ebenso auf den Gewinn wie ein Rückgang der Verkaufspreise. Sehr große und dauerhafte Erhöhungen der Einkaufspreise können die Existenz der Unternehmung auf ähnliche Weise gefährden wie die oben erörterten Einbrüche beim Verkaufspreis. Halten wir fest: Die produzierte und angebotene Menge eines Gutes ist negativ mit den Einkaufs- oder Input-Preisen verknüpft.

■ **Technologie**

Eine weitere Einflussgröße der Angebotsmenge ist die Technologie für die Umwandlung der Inputs in Speiseeis. So hat z.B. die Erfindung einer mechanisierten Eismaschine den bei der Eisherstellung notwendigen Arbeitseinsatz stark reduziert. Technologischer Fortschritt senkt die Produktionskosten und erhöht – ceteris paribus – die angebotene Gütermenge.

■ **Erwartungen**

Die von Ihnen heute produzierte und angebotene Menge an Speiseeis mag von Ihren Zukunftserwartungen abhängen. Wenn Sie z.B. einen kräftigen Anstieg des Marktpreises in der nahen Zukunft erwarten, werden Sie von der gegenwärtigen Produktion einiges einlagern und nicht sofort anbieten.

nach: N. Gregory Mankiw, Grundzüge der Volkswirtschaftslehre, 3. Aufl., Stuttgart 2004, S. 80 f.

M 16 Bei steigenden Preisen wächst das Angebot: die Angebotskurve

Entsprechend der Marktnachfrage versteht man unter dem Marktangebot die Summe der individuellen Angebote für ein Gut. Mit steigendem Preis eines Gutes wächst die Angebotsmenge dieses Gutes. Da sich die Gewinnchancen verbessern, lasten die Anbieter ihre Kapazitäten weiter aus oder vergrößern sie sogar. Weitere Anbieter treten in den Markt ein.

Bei sinkendem Preis eines Gutes wird auch die angebotene Menge sinken, da sich zunehmend mehr Anbieter aus dem Markt zurückziehen oder zumindest ihre Angebotsmenge verringern, da es sich aus Kostengründen nicht mehr lohnt, weiter die gleiche Menge zu produzieren. Dieser Zusammenhang zwischen dem Preis und der angebotenen Menge wird grafisch mit der Angebotskurve veranschaulicht.

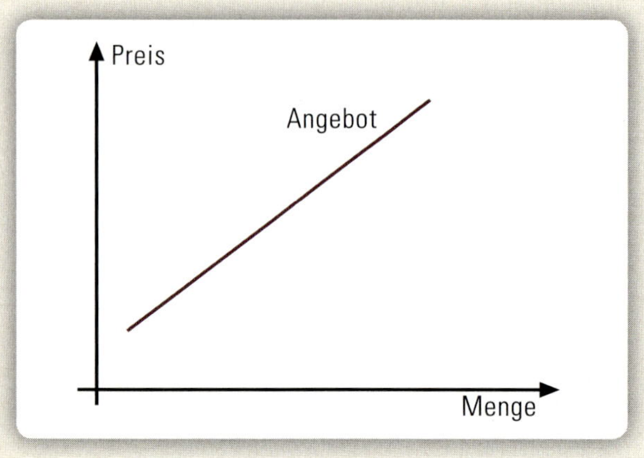

In beiden oben genannten Fällen handelt es sich um eine Verschiebung der Preis-Mengen-Kombination für dieses Gut auf der Angebotskurve. Es handelt sich nicht um eine Verschiebung der Kurve.

Entsprechend zur Preiselastizität der Nachfrage bezeichnet man das Angebot als elastisch, wenn es stark auf eine Preisänderung reagiert. Reagiert die Angebotsmenge kaum merklich auf Preisänderungen, so gilt das Angebot als unelastisch. Für die **Preiselastizität des Angebots** gilt:

$$El_A = \left| \frac{\text{prozentuale Änderung der Angebotsmenge}}{\text{prozentuale Preisänderung}} \right| = \left| \frac{\frac{\Delta A \cdot 100}{A}}{\frac{\Delta P \cdot 100}{P}} \right|$$

Beispiel Nachhilfe

Ein Schüler bietet Mathematiknachhilfe für Unterstufenschüler an. Er hat zur Zeit fünf Nachhilfeschüler und verlangt 10 € pro Stunde. Da er dadurch zeitlich stark belastet ist, bleibt ihm kaum noch Freizeit. Er wird deshalb einen weiteren Nachhilfeschüler nur annehmen, wenn er von diesem einen höheren Preis erhält (die Opportunitätskosten für die letzte angebotene Nachhilfestunde sind höher als die der vorhergehenden). Das Angebot steigt also bei steigendem Preis.

Autorentext und -grafik

M 17 Der Break-even-Point: Wann ist die Gewinnschwelle erreicht?

Der „Break-even-Point" bezeichnet den Punkt, ab dem eine Absatzmenge erreicht ist, bei der die Erlöse die Kosten übersteigen (Gewinnschwelle). Im dargestellten (hypothetischen) Fall einer linearen Entwicklung der Gesamtkosten und der Erlöse ist der Gewinn nur durch eine Kapazitätsgrenze des Unternehmens oder Absatzgrenzen beschränkt. Zur Vereinfachung wird hier von einer vollkommen elastischen Nachfrage ausgegangen, d.h. der Erlös/Umsatz ist proportional zur abgesetzten Menge.

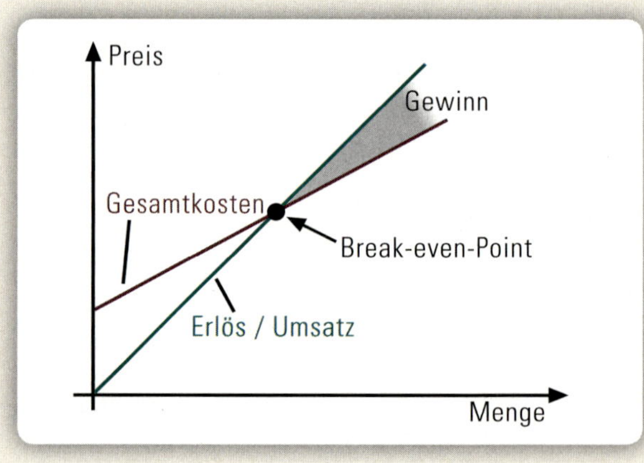

In der Regel wachsen die Gesamtkosten bei der Produktion jedoch nicht linear, sondern steigen ab der gewinnmaximalen Absatzmenge steiler an. Vorausgesetzt, die (Maschinen-)Ausstattung eines Unternehmens wird nicht verändert, so steigen die Grenzkosten bei wachsender Produktionsmenge für jede weitere Produktionseinheit kurzfristig stetig an. Dies ist z.B. darin begründet, dass jede für die Produktionsausweitung notwendige, zusätzlich beschäftigte Arbeitskraft mehr Koordinationsaufwand bedeutet. Im Extremfall behindern sich die Arbeitskräfte gegenseitig. Die Steigerung der Produktion durch die Einstellung der letzten Arbeitskraft ist also geringer als die durchschnittliche Produktion der bislang beschäftigten Arbeitskräfte.

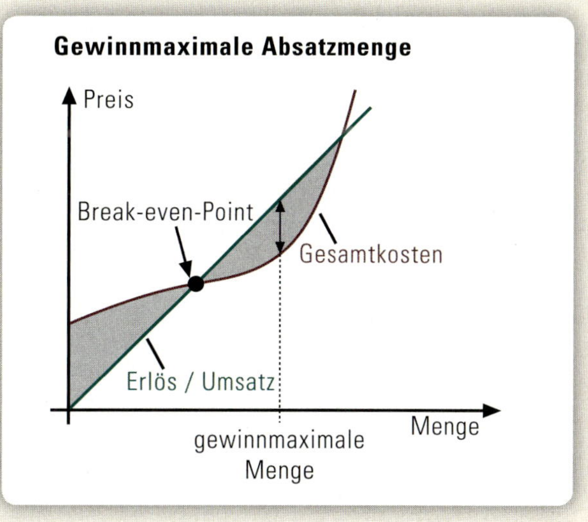

Autorentext und -grafik

Individuelles Angebot und Grenzkosten

M 18

Jeder Unternehmer wird stets versuchen, die für ihn gewinnmaximale Produktionsmenge anzubieten. Die gewinnmaximale Produktionsmenge ist genau dann erreicht, wenn die Grenzkosten gleich dem Grenzerlös sind – bis zu dieser Menge sind die Grenzkosten geringer als der Grenzerlös, ab dieser Menge werden die Grenzkosten größer als der Grenzerlös (vgl. M 17). Da der Grenzerlös der auf dem Markt zu erzielende Preis ist, entspricht die Grenzkostenkurve der Angebotskurve. Die Grenzkostenkurve eines Unternehmens bestimmt, welche Mengen dieses bei den verschiedenen Preisen anbieten wird.

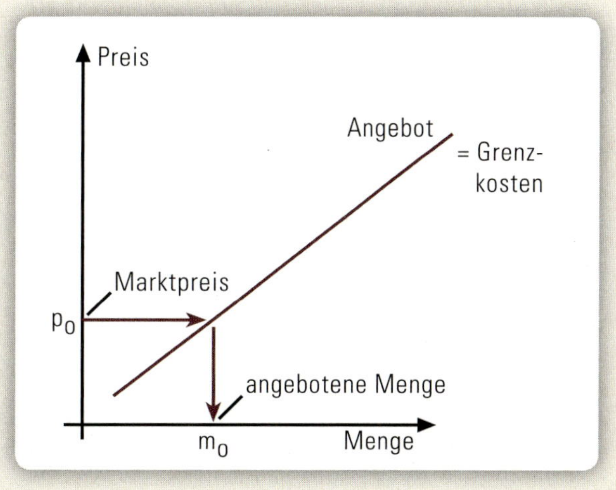

Autorentext und -grafik

Grenzkosten und Grenzerlös

Info

Grenzkosten: der Kostenzuwachs der Gesamtkosten (fixe und variable Kosten), der entsteht, wenn bei einer bestimmten Produktionsmenge eine weitere Gütereinheit hergestellt wird.

Grenzerlös: der zusätzliche Erlös, den ein Unternehmen durch die Produktion bzw. den Absatz einer zusaätzlichen Gütereinheit erzielt.

Solange die Grenzkosten für die Herstellung einer jeweils weiteren Gütereinheit geringer sind als die Grenzerlöse, bringt die Produktionserhöhung für das Unternehmen einen Gewinn.

nach: Achim Pollert u.a., Das Lexikon der Wirtschaft, Grundlegendes Wissen von A-Z, Mannheim 2004, S.68.

M 19 Die Produzentenrente: Wer bietet zu welchem Preis an?

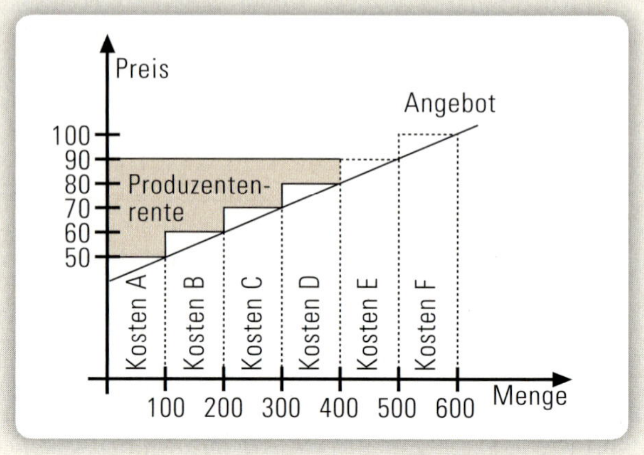

Auf einem Markt befinden sich sechs Anbieter (A, B, C, D, E, F), die das gleiche Gut herstellen. Die sechs Betriebe können jeweils maximal 100 Einheiten des Gutes produzieren und haben unterschiedliche Kosten für die Produktion. Während Betrieb A bei einem Preis von 50 Geldeinheiten kostendeckend arbeiten kann, muss der erzielte Preis für Betrieb D bei 80 Geldeinheiten liegen, damit er seine Kosten decken kann. Betrieb F wird erst auf den Markt kommen, wenn der Preis bei 100 Geldeinheiten liegt, dann wird auch er 100 Einheiten anbieten. Das Gesamtangebot auf dem Markt steigt mit steigendem Preis (vgl. M 16). Bei einem Marktpreis von 80 Geldeinheiten werden die Betriebe E und F aus dem Markt ausscheiden, da sie ihre Kosten für die Produktion nicht decken können.

Der Betrieb E würde bei einem Marktpreis von 90 Geldeinheiten gerade kostendeckend arbeiten und weder Gewinn noch Verlust erzielen. Ein solcher Anbieter wird als **Grenzanbieter** bezeichnet.

Zum Preis von 90 Geldeinheiten werden auf dem Markt von den sechs Anbietern A-F insgesamt 500 Einheiten des Gutes angeboten. Anbieter A würde in diesem Fall 4.000 Geldeinheiten Gewinn machen: Menge · (Erlös – Kosten). Der Gewinn der Anbieter wird als **Produzentenrente** bezeichnet. Die Produzentenrente aller Anbieter zusammen beträgt in diesem Fall 10.000 Geldeinheiten.

Autorentext und -grafik

M 20 Weitere Einflussfaktoren auf das Angebot

Bei gleichbleibendem Preis vergrößert sich das Angebot für ein bestimmtes Gut (ceteris paribus) z.B. in den folgenden Fällen:

- *Preissenkung bei anderen Gütern* (z.B. lässt die Preissenkung bei herkömmlichen Filmkameras die Gewinnerwartung sinken, weshalb die Kamerahersteller, wenn möglich, die Produktion auf digitale Fotokameras umstellen)
- *Preissenkung bei den Produktionsfaktoren* (werden z.B. Rohstoffe oder Zulieferteile wie Speicherchips oder Fotosensoren günstiger, kann bei gleichbleibendem Preis das Angebot ausgeweitet werden)
- *Verbesserung des angewandten technischen Wissens* (wird z.B. durch eine Innovation in der Fertigung die Kameraproduktion erleichtert, können mehr Kameras zum gleichen Preis angeboten werden)
- *Verbesserte Absatz- und Gewinnerwartungen* (steigen die Gewinnerwartungen im Segment der digitalen Spiegelreflexkameras, werden die Unternehmen mehr digitale Spiegelreflexkameras anbieten)
- *Erhöhung der Zahl der Anbieter* (wenn z.B. ein neuer Hersteller in den Markt für digitale Spiegelreflexkameras einsteigt, wird sich das Angebot insgesamt vergrößern)

Grafisch bedeutet dies eine Verschiebung der Angebotskurve nach rechts, da sich nicht der Preis dieses Gutes, sondern einer oder mehrere der anderen Bestimmungsfaktoren ändern.

Im jeweils umgekehrten Fall ergibt sich eine Linksverschiebung der Angebotskurve (Abnahme des Angebots).

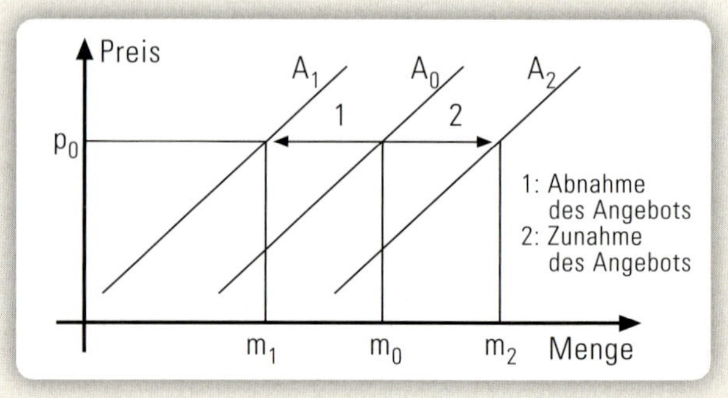

Autorentext und -grafik

Aufgaben

1. Erklären Sie, warum die Angebotskurve (M 16, M 18) eine positive Steigung hat.
2. Stellen Sie Bestimmungsfaktoren für die Preiselastizität des Angebotes eines Unternehmens zusammen und erklären Sie, warum die Preiselastizität des Angebots in der Regel in kurzen Zeiträumen gering und in langen Zeiträumen groß ist (M 16).
3. Geben Sie über M 17 hinausgehende mögliche Erklärungen dafür an, warum die Gesamtkostenkurve ab einem bestimmten Punkt bei weiter wachsender Produktionsmenge steiler wird.
4. Ein Landwirt züchtet Ferkel. Dabei entstehen Fixkosten (z.B. Pacht, Gebäudeunterhaltung, Maschinen,...) von 10 € pro Jahr und Ferkel (vgl. M 17).
   a) Es entstehen variable Kosten von konstant 35 € pro Ferkel. Auf dem Ferkelmarkt erhält der Züchter pro Ferkel 50 €. Berechnen Sie die Gewinnschwelle (Break-even-Point) und geben Sie die Grenzkosten und den Grenzerlös für die erste produzierte Einheit, für die 100. Einheit und für die 1000. Einheit an.
   b) Zur Vertiefung: Die variablen Kosten betragen für die ersten 400 Ferkel 35 €, für jedes weitere Ferkel 30 € bis zu einer Zahl von insgesamt 800 Ferkeln. Ab dem 800. Ferkel steigen die Kosten pro Ferkel um 0,10 €. Berechnen Sie die Gewinnschwelle (Break-even-Point). Berechnen Sie die Grenzkosten und den Grenzerlös für die erste produzierte Einheit, für die 500. Einheit und für die 1.000. Einheit.
   c) Zur Vertiefung: Zeichnen Sie die Erlös/Umsatz-Kurve und die Kostenkurve mit dem GTR oder mithilfe eines Tabellenkalkulationsprogramms.
5. Berechnen Sie die Summe der Produzentenrenten aller Anbieter in M 19, wenn der Marktpreis bei 80 Geldeinheiten (bei 100 Geldeinheiten, bei 85 Geldeinheiten) liegt.
6. Führt eine Veränderung der Produktionstechnologie zu einer Bewegung auf der Angebotskurve oder zu einer Verschiebung der Angebotskurve? Begründen Sie (M 20).
7. Stellen Sie die Auswirkungen einer Lohnerhöhung für die Mitarbeiter eines Unternehmens auf das Angebot des Unternehmens dar. Veranschaulichen Sie diese Entwicklung grafisch (M 20).

3.1.3 Marktformen

M 21 Der vollkommene Markt – ein Idealbild

Der vollkommene Markt dient in der ökonomischen Theorie der Preisbildung als Bezugspunkt für die in der Wirklichkeit vorherrschenden unvollkommenen Märkte (heterogene Märkte). Für die Existenz eines vollkommenen Marktes müssen folgende Voraussetzungen erfüllt sein:

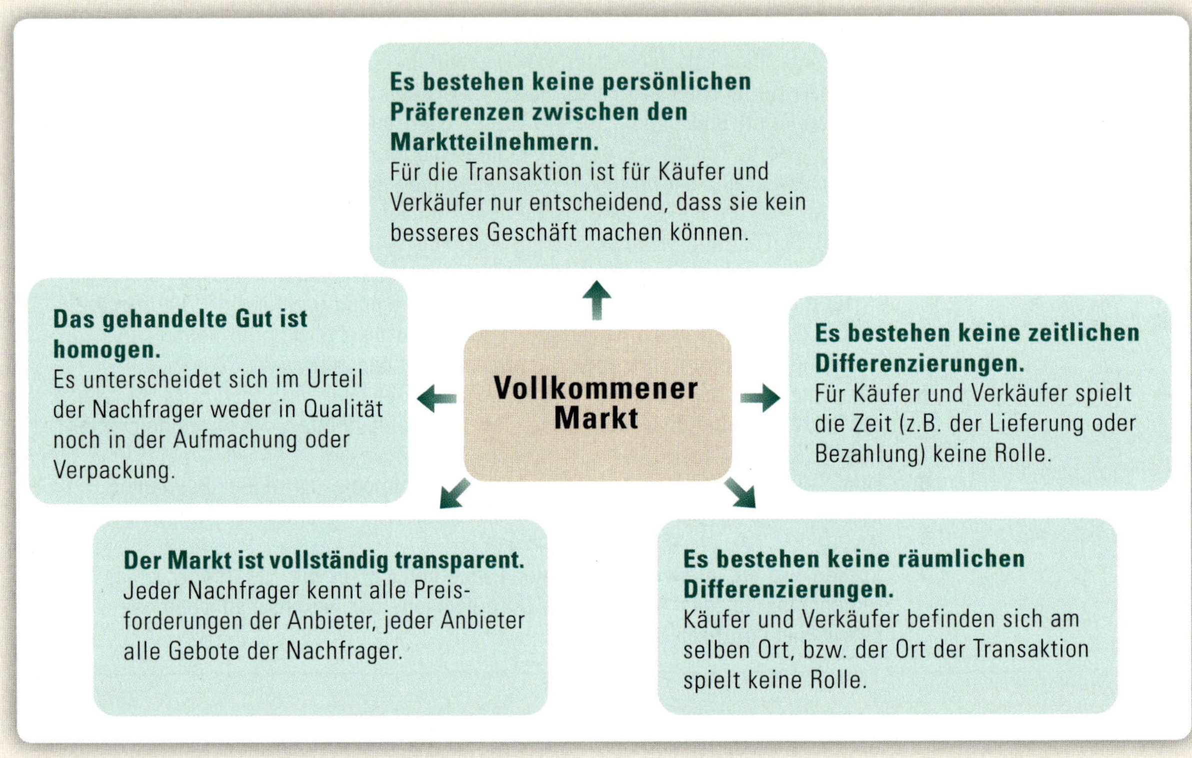

Die Börse erfüllt die Bedingungen eines vollkommenen Marktes recht gut. Darüber hinaus findet man in der Realität kaum vollkommene Märkte, verfolgt doch fast jede Unternehmung das Ziel, sein Angebot von denen anderer Anbieter unterscheidbar zu machen.

Autorentext- und grafik

M 22 Welche Marktformen lassen sich unterscheiden?

Neben dem Grad der Marktvollkommenheit wird die Art des Marktes auch nach der relativen Anzahl und Größe von Anbietern und Nachfragern unterschieden. Die Abgrenzung zwischen den Marktformen allein über die Zahl der Nachfrager und Anbieter ist aber schwierig – ab welcher Anzahl der Anbieter erfolgt z.B. der Übergang vom Polypol zum Oligopol? Deshalb wird in der Regel die Beweglichkeit der Nachfrage bei Preisänderungen (also der Effekt, den die Preissenkung eines Anbieters auf die Nachfrage der konkurrierenden Anbieter ausübt) als zusätzliches Kriterium zur Unterscheidung der verschiedenen Marktformen benutzt. Die Beweglichkeit der Nachfrage hängt natürlich auch von der Zahl der Nachfrager ab. In der folgenden Tabelle wird zur Vereinfachung von einer großen Zahl an Nachfragern ausgegangen.

Zahl der Anbieter	Marktform	Effekt auf die Nachfrage
Viele Anbieter	**Polypol** z.B. Obst- und Gemüsehändler und Verbraucher auf einem großen Wochenmarkt	Die Nachfrage ist aufgrund einer preispolitischen Maßnahme einer Firma nur für diese, nicht aber für ihre Konkurrenten spürbar beweglich. Bietet z.B. ein Händler A auf dem Wochenmarkt seine Tomaten deutlich über dem Durchschnittspreis an, werden fast alle potentiellen Kunden bei anderen Anbietern kaufen. Die Zahl der Anbieter ist aber so groß, dass die anderen Anbieter die Zunahme an Kunden nicht wahrnehmen. Auch eine deutliche Preissenkung durch den Händler A spüren die anderen Anbieter nicht.
Wenige Anbieter	**Oligopol** z.B. Flugzeughersteller und Fluggesellschaften	Die Nachfrage ist zwischen den konkurrierenden Firmen für beide Seiten spürbar beweglich. Z.B. erzielt eine Firma durch eine Preissenkung zunächst eine Umsatzerhöhung. Da die Zahl der Anbieter gering ist, spüren die Konkurrenten den Nachfragerückgang deutlich und reagieren möglicherweise mit eigenen Preissenkungen.
Ein Anbieter	**Monopol** z.B. Bundesbahn und Bahnreisende, Bundespost und Briefversender (Stand: 2007)	Der Monopolist muss um den Absatz seines Produktes nicht mit anderen konkurrieren. Selbst wenn es andere Anbieter gibt, ist deren Absatzvolumen so klein, dass es für den Monopolisten nicht fühlbar ist. Z.B. kann die Bundespost das Briefporto erhöhen, ohne dass die Nachfrager (Briefversender) bislang zu einem anderen Anbieter wechseln können. Die Nachfrage wird nur in dem Maß sinken, wie die potentiellen Nachfrager auf das Versenden von Briefen verzichten.

Autorentext

Die Realität: unvollkommene Märkte

M 23

Auf unvollkommenen Märkten werden z.B. keine homogenen (gleichartigen) Güter, sondern heterogene (ungleichartige) Güter gehandelt, da die Güter sich etwa durch Form, Aufmachung oder Verpackung unterscheiden. Auf dem vollkommenen Markt herrscht vollständige Transparenz (Marktübersicht). Im Gegensatz dazu sind die Käufer und Verkäufer auf einem unvollkommenen Markt nicht vollständig über Bedingungen wie die Qualität der Güter und deren Preise informiert. Darüber hinaus kommt es auf unvollkommenen Märkten zu Präferenzen (Vorlieben) der Käufer. Sachliche Präferenzen entstehen, weil in der Regel keine homogenen Güter verkauft werden, was Vorlieben der Verbraucher für bestimmte Güter bewirkt.

*Beim **heterogenen Polypol (monopolistische Konkurrenz)** konkurrieren nicht homogene Güter wie z.B. Kriminalromane miteinander. Die Anbieter haben einen begrenzten Spielraum, die Preise frei zu gestalten.*

Persönliche Präferenzen ergeben sich durch Vorlieben der Käufer für bestimmte Anbieter oder Geschäfte, weil ihnen der Inhaber persönlich bekannt oder das Bedienungspersonal besonders freundlich ist. Räumliche Präferenzen bestehen, weil Käufer z.B. aus Bequemlichkeit häufig den nächstgelegenen Anbieter einer Ware einem entfernteren, preisgünstigeren Anbieter vorziehen. Zeitliche Präferenzen sorgen dafür, dass z.B. Anbieter, die schneller liefern können als ihre preiswerteren Konkurrenten, von den Käufern bevorzugt werden.

Die Bedingungen des unvollkommenen Marktes schaffen für die Unternehmen als Anbieter von Waren und Leistungen damit die Möglichkeit, die Preise ihrer Güter etwa nach räumlichen Merkmalen (z.B. Preisunterschiede zwischen Großstadt und Land) oder zeitlichen Gesichtspunkten (z.B. befristete Angebotspreise) unterschiedlich zu gestalten. Darüber hinaus können die Anbieter die Präferenzen der Käufer durch verschiedene Marketingmaßnahmen, z.B. eine geeignete Werbung, die attraktive Gestaltung von Ware und Verpackung, laufende Qualitätsverbesserungen oder Kundendienstleistungen, verstärken.

Achim Pollert u.a., Das Lexikon der Wirtschaft. Grundlegendes Wissen von A bis Z, 2. Aufl., Mannheim 2004, S. 92 f.

*Beim **heterogenen Oligopol** bieten wenige Anbieter eine Variante eines spezifischen Produkts innerhalb einer spezifischen Produktkategorie (z.B. Jeans) an. Auch hier haben die Anbieter die Möglichkeit, in einem begrenzten Rahmen die Verkaufspreise frei zu bestimmen.*

*Auf dem durch **ein Monopol** geprägten Markt hat der Anbieter die Möglichkeit der monopolistischen Preisdifferenzierung. Z.B. kann ein Kinobetreiber seine Karten (für Schüler, Rentner, ...) zu unterschiedlichen Preisen anbieten.*

Aufgaben

1. Charakterisieren Sie jeweils die Marktform, die die Märkte für Limonaden und Mobilfunkanbieter ihrer Meinung nach am besten beschreibt (M 22).
2. Geben Sie jeweils Beispiele für die Marktformen Monopol, Oligopol und Polypol (M 22).
3. Beschreiben Sie Eigenschaften auf einem durch ein heterogenes Oligopol gekennzeichneten Markt und geben Sie ein Beispiel an (M 23).
4. Begründen Sie jeweils, warum folgende Märkte durch monopolistische Konkurrenz geprägt sind (M 23):
   - Markt, auf dem Handwerker (z.B. Elektroinstallateure) in einer Region ihre Dienste anbieten
   - Supermärkte in einer mittleren Großstadt
5. Erläutern Sie, inwiefern das Internet dazu beiträgt, dem Idealbild eines vollkommenen Marktes näher zu kommen (M 21 – M 23).

Wissen kompakt

Ceteris-paribus-Klausel
M 6

Auf einem Markt hängen Nachfrage und Angebot insbesondere vom Preis ab. Darüber hinaus werden Angebot und Nachfrage von einer Vielzahl weiterer Bestimmungfaktoren beeinflusst. Um Wirkungszusammenhänge aufzeigen zu können, verwendet man in der Ökonomie häufig die Ceteris-paribus-Klausel, d.h. man betrachtet einen ausgewählten Wirkungszusammenhang zwischen Größen unter der Annahme, dass alle anderen Einflussfaktoren konstant bleiben.

Die Nachfragekurve
M 3, M 4

Die Nachfrage nach einem Gut auf einem Markt ist die Summe der individuellen Nachfragen. Sie hängt in erster Linie vom Preis des Gutes ab. In der Regel gilt: je höher der Preis des Gutes, desto geringer die Nachfrage. Grafisch bedeutet dies im Preis-Mengen-Diagramm: Die Nachfragekurve ist eine fallende Kurve.

Konsumentenrente
M 5

Alle Nachfrager, die bereit gewesen wären, mehr als den aktuellen Marktpreis für ein Gut zu bezahlen, erzielen einen Vorteil, die sogenannte Konsumentenrente.

Einflussfaktoren auf die Nachfrage
M 7 – M 10

Die Nachfrage nach einem Gut hängt neben dem Preis auch vom Preis anderer Güter ab. Lässt sich das Gut einfach durch ein anderes ersetzen, so werden die Nachfrager bei einer Preiserhöhung auf das Substitutionsgut ausweichen. Komplementärgüter werden immer dann mehr nachgefragt, wenn das zu ihnen komplementäre Gut auch mehr nachgefragt wird (z.B. PKWs und Benzin). Steigt der Preis für ein Gut, so sinkt die Nachfrage und in der Folge auch die Nachfrage nach dem Komplementärgut.
Die Nachfrage ist außerdem abhängig vom Einkommen der Nachfrager. In der Regel wird die Nachfrage bei wachsendem Einkommen steigen.
Grundsätzlich ist die Nachfrage natürlich abhängig von der Nutzeneinschätzung der Haushalte, d.h. wenn einem Gut ein steigender Wert zugeschrieben wird (z.B. durch die Veränderung der Lebensumstände, Moden, Trends, ...), wird die Nachfrage nach diesem Gut steigen.

Preiselastizität der Nachfrage
M 11, M 12

Für Unternehmen und den Staat ist von großem Interesse, wie die Nachfrage auf Veränderungen des Preises reagiert. Das Maß dieser „Sensibilität" ist die Preiselastizität der Nachfrage (Quotient der prozentualen Mengenänderung und der prozentualen Preisänderung). Ist die Elastizität kleiner 1, so spricht man von einer unelastischen Nachfrage, eine Preisänderung von z.B. 5 % wirkt sich dann um weniger als 5 % auf die Nachfrage aus. Wirkt sich eine z.B. 5-prozentige Preisänderung stärker als 5 % auf die Nachfrage aus, so hat man eine Elastizität größer 1. Mithilfe des Instruments der Preiselastizität lassen sich damit die Auswirkungen einer Preisänderung auf den Umsatz (Preis · Menge) eines Unternehmens beschreiben. In der grafischen Darstellung zeigen steile Nachfragekurvenabschnitte, dass die Preiselastizität gering ist, flache Nachfragekurvenabschnitte deuten eine hohe Preiselastizität an. Die Preiselastizität der Nachfrage verändert sich im Laufe der Zeit, auf lange Sicht ist sie bei allen Gütern groß.

Die Angebotskurve
M 15, M 16

Da es sich für Anbieter bei steigenden Preisen immer mehr lohnt, das Gut anzubieten, ist die Angebotskurve im Preis-Mengen-Diagramm eine steigende Kurve.

Break-even-Point
M 17

Der einzelne Anbieter kann seine Kosten (Fixkosten und variable Kosten) erst ab einer bestimmten Absatzmenge über die erzielten Erlöse decken. Den Punkt, ab dem die Grenzkosten geringer sind als der Grenzerlös, bezeichnet man als Gewinnschwelle oder Break-even-Point. Ein Anbieter wird ein zusätzliches Gut auf Dauer nur anbieten, wenn die Grenzkosten (Kosten der letzten produzierten Einheit) kleiner sind als der Grenzerlös (Erlös der letzten produzierten Einheit = Marktpreis).

Grenzkostenkurve
M 18

Da die Grenzkosten mit zunehmender Produktionsmenge steigen, z.B. aufgrund des Einsatzes weiterer Maschinen oder weiteren Personals, wird jeder Anbieter maximal soviel von einem Gut anbieten, bis die Grenzkosten gleich dem Grenzerlös sind und damit die gewinnmaximale Menge erreicht ist. Da der Grenzerlös dem Marktpreis entspricht, ist die Angebotskurve des einzelnen Anbieters identisch mit seiner Grenzkostenkurve.

Produzentenrente
M 19

Alle Anbieter, die bereit wären, ein Gut für einen geringeren Preis als den gültigen Marktpreis anzubieten, erzielen einen Vorteil. Diesen zusätzlichen „Gewinn" nennt man Produzentenrente.

Einflussfaktoren auf das Angebot
M 20

Auch das Angebot eines Gutes ist von einer Vielzahl von Einflussfaktoren abhängig: vom Preis des Gutes, von den Herstellungskosten, der eingesetzten Technologie und den Erwartungen der Anbieter. Darüber hinaus wirken sich die Veränderungen der Preise anderer Güter – über die sich verändernden Gewinnerwartungen – auf das Angebot aus.

Vollkommener Markt
M 21, M 22

Untersucht man den Zusammenhang zwischen Nachfrage, Angebot und Preis in der Realität, so stellt man fest, dass sich Veränderungen der Größen auf verschiedenen Märkten sehr unterschiedlich auswirken.
Man unterscheidet Märkte nach dem Maß der Vollkommenheit und nach der Zahl der Anbieter und Nachfrager. Hierbei spielt die Beweglichkeit der Nachfrage auf Preisänderungen eines einzelnen Anbieters eine wesentliche Rolle.
Unter einem vollkommenen Markt versteht man einen Markt, auf dem Nachfrage und Angebot allein über den Preis voneinander abhängen. Bedingung dafür ist, dass die Güter homogen sind, Anbieter und Nachfrager keine räumlichen, zeitlichen oder persönlichen Präferenzen haben und der Markt transparent, also vollkommen überschaubar ist. Die Annahme eines vollkommenen Marktes bildet die Grundlage für das Modell der Preisbildung und des Marktmechanismus.

Marktformen
M 22, M 23

In der Realität gelten die Bedingungen des vollkommenen Marktes jedoch selten. Der vollkommene Markt dient insofern nur als Bezugsmodell, um die Unterschiede zwischen den Preismechanismen auf den unvollkommenen Märkten besser beschreiben zu können.
Nach der Zahl der Anbieter werden folgende Marktformen unterschieden: Märkte mit nur einem Anbieter bezeichnet man als Monopolmärkte, Märkte mit wenigen Anbietern als Oligopolmärkte und Märkte mit sehr vielen Anbietern als Polypolmärkte.
Je nach Marktform reagieren Angebot und Nachfrage unterschiedlich auf Preisänderungen: Bei einem Polypol wirkt sich eine Preisänderung durch einen Anbieter nur auf diesen selbst aus. Bei einem Oligopol wirkt sie sich auf alle anderen Anbieter aus. Bei einem Monopol wirkt sich eine Preisänderung nur dann aus, wenn die Konsumenten ihre Nachfrage verringern können.

3.2 Wie ein Preis entsteht – der Marktmechanismus

3.2.1 Preisbildung bei vollkommener Konkurrenz

Der Markt erholt sich ...

M 24

Bei Ebay wurde der VW-Golf von Kardinal Ratzinger nach seiner Wahl zum Papst von seinem Nachbesitzer für 188.938 Euro verkauft.

Stuttmann/CCC, www.c5.net

Die Funktion des Preises

M 25

In einer Marktwirtschaft erfüllen die Preise wichtige Funktionen bei der Steuerung und Koordinierung des Marktgeschehens:

Funktion	Beispiel
Informationsfunktion Die Preise informieren über den relativen Knappheitsgrad der einzelnen Güter und Dienstleistungen. Die Preise werden deshalb auch als Knappheitsindikatoren bezeichnet. Sie spiegeln die Wertschätzung für einzelne Güter und Dienstleistungen wider. Der Preismechanismus bewertet so die wirtschaftlichen Leistungen für eine Gesellschaft. Unternehmen, die Gewinne erwirtschaften, verbessern die Knappheitssituation. Unternehmen, die Verluste verzeichnen, verzehren mehr Werte, als sie herstellen.	Auf dem Handy-Markt zeigt der Preis für ein bestimmtes Modell an, wie die Nachfrage im Verhältnis zum Angebot steht: Ist die Nachfrage nach einem Modell besonders groß und das Angebot eher klein, so wird dies durch einen hohen Preis angezeigt.
Koordinations- und Ausgleichsfunktion Preisveränderungen sorgen tendenziell dafür, dass sich Angebot und Nachfrage ausgleichen. Die Preisbildung ist ein fortlaufender Prozess, da sich die Bedürfnisse und Knappheitsverhältnisse ständig verändern.	Die Preise auf dem Handy-Markt sind stark in Bewegung, z.B. sinkt der Preis für ein älteres und weniger gefragtes Modell mit der sinkenden Nachfrage.
Anreiz- und Lenkungsfunktion Die Preise lenken die Produktionsfaktoren Arbeit und Kapital (in Form von Rohstoffen und Maschinen) an den Ort, wo die Nachfrage und damit die erzielbaren Einkommen am höchsten sind. Somit ist ein ständiger Anreiz gegeben, sich in der Produktion knapper Güter besonders zu engagieren und knappe Produktionsfaktoren (z.B. Energie) besonders sparsam einzusetzen. Gleichzeitig stellen hohe Preise einen Anreiz dar, das Angebot ständig zu optimieren und neue Waren herzustellen.	Wenn ein bestimmtes Handy-Modell besonders gefragt – der Preis also hoch – ist, werden die Anbieter versuchen, möglichst viele davon bereitzustellen. Bei der Auswahl der Standorte für die Handyproduktion spielen die dort entstehenden Produktionskosten eine besondere Rolle.
Zuteilungs- und Auslesefunktion Auf der Nachfrageseite teilen die Preise das Angebot den Nachfragern zu, die bereit sind, den jeweiligen Angebotspreis zu akzeptieren. Auf der Angebotsseite können nur diejenigen bestehen, die zumindest kostendeckend anbieten. Somit hat der Preis sowohl auf der Nachfrage- als auch auf der Angebotsseite eine Auslesefunktion.	Nur wer bereit ist, den Preis für ein bestimmtes Handy zu zahlen, wird ein solches besitzen. Hersteller, die Handys nur unter dem Selbstkostenpreis verkaufen können, werden mittelfristig vom Markt verschwinden.

nach: Werner Heiring, Walter Lippens, Im Kreislauf der Wirtschaft, Einführung in die Volkswirtschaftslehre, Köln 2002, S. 91 f.

M 26 Wie Angebot und Nachfrage den Preis bestimmen

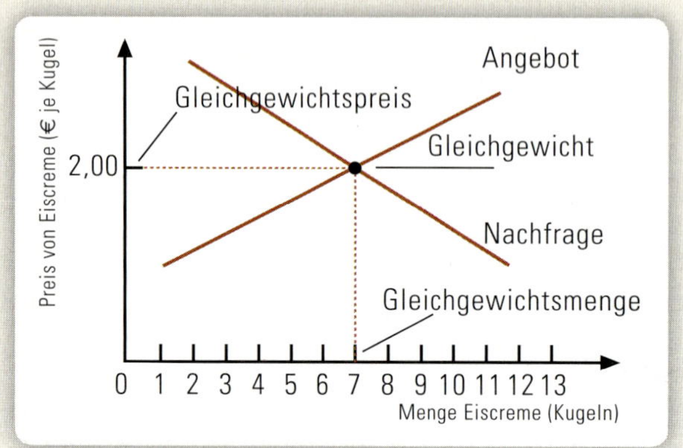

Schaubild a)
Das Gleichgewicht von Angebot und Nachfrage.
Das Gleichgewicht findet man da, wo sich Angebots- und Nachfragekurve schneiden. Beim Gleichgewichtspreis entspricht die angebotene Menge der nachgefragten Menge. Hier beträgt der Gleichgewichtspreis € 2,– (je Kugel Eiscreme): Zu diesem Preis werden 7 Kugeln Eiscreme angeboten und 7 Kugeln Speiseeis nachgefragt.

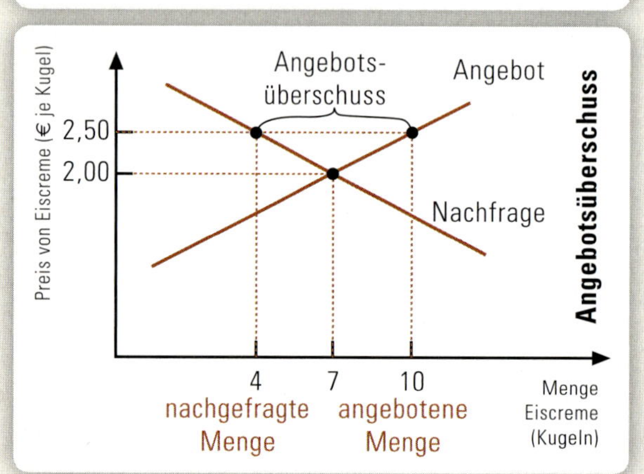

Schaubild b)
Märkte abseits des Gleichgewichts.
Im Diagramm b) herrscht ein Angebotsüberschuss. Da der Marktpreis von € 2,50 über dem Gleichgewichtspreis liegt, übersteigt die angebotene Menge (10 Kugeln) die nachgefragte Menge (4 Kugeln). Die Anbieter versuchen, den Absatz durch Preissenkungen zu steigern; und dies verändert den Preis in Richtung auf den Gleichgewichtspreis.

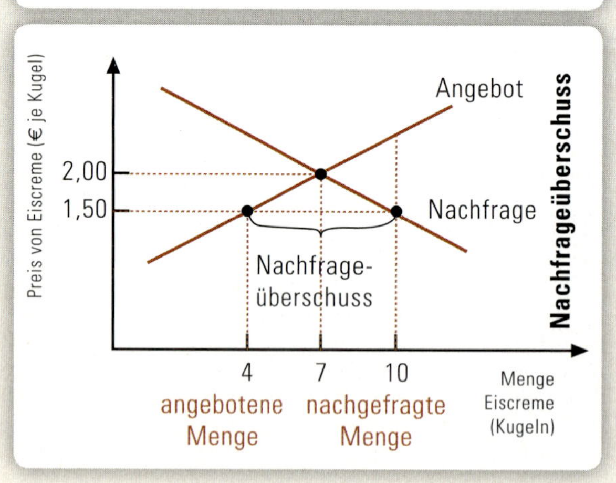

Schaubild c)
Märkte abseits des Gleichgewichts.
Im Diagramm c) herrscht ein Nachfrageüberschuss. Da der Marktpreis von € 1,50 unter dem Gleichgewichtspreis liegt, übersteigt die nachgefragte Menge (10 Kugeln) die angebotene Menge (4 Kugeln). Da allzu viele Käufer Jagd auf die zu geringe Gütermenge machen, können die Anbieter die Knappheitslage ausnützen und den Preis erhöhen. So führen Anpassungsbewegungen in beiden Fällen zum Marktgleichgewicht hin.

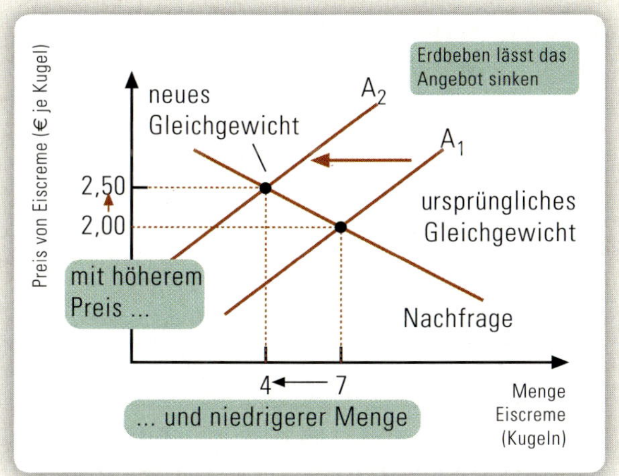

Schaubild d)
Wie ein Angebotsrückgang das Gleichgewicht verändert.

Ein Ereignis, das die Angebotsmenge zu jedem beliebigen denkbaren Preis vermindert, bewirkt eine Linksverschiebung der Angebotskurve. Der Gleichgewichtspreis steigt und die Gleichgewichtsmenge sinkt. Annahmegemäß habe ein Erdbeben die Angebotskurve von A_1 nach A_2 verschoben und dadurch den Gleichgewichtspreis von € 2,– auf € 2,50 ansteigen sowie die Gleichgewichtsmenge von 7 auf 4 Stück absinken lassen.

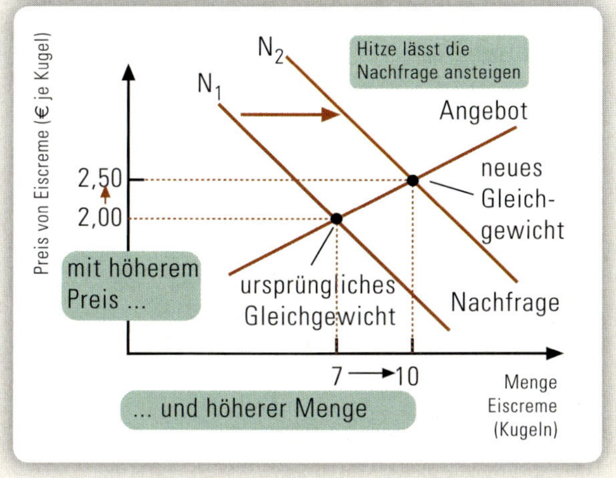

Schaubild e)
Wie eine Nachfragesteigerung das Gleichgewicht verändert.

Ein Ereignis, das die Nachfragemenge zu beliebigen denkbaren Preisen erhöht, bewirkt eine Rechtsverschiebung der Nachfragekurve. Sowohl der Gleichgewichtspreis als auch die Gleichgewichtsmenge steigen. Hier haben annahmegemäß ein ungewöhnlich heißer Sommer zur Rechtsverschiebung der Nachfragekurve von N_1 nach N_2 sowie zur Preissteigerung von € 2,– auf € 2,50 und zur Mengensteigerung von 7 auf 10 Stück geführt.

N. Gregory Mankiw, Grundzüge der Volkswirtschaft, 3. Aufl., Stuttgart 2004, S. 82 ff.

M 27 Wie wirken sich Abweichungen vom Gleichgewichtspreis aus?

Nachfrage und Angebot am Beispiel des Marktes für Spargel: Der Unterschied zwischen dem Preis, den die Käufer des Spargels höchstens bereit sind zu zahlen und dem Preis im Marktgleichgewicht, bezeichnet man als Konsumentenrente (braun). Es ist die Summe der „Gewinne" der Nachfrager. Die Produzentenrente (hellgrau) beinhaltet den Unterschied zwischen dem Preis, für den die Anbieter den Spargel anbieten würden und dem Preis im Marktgleichgewicht. Es ist die Summe der „Gewinne" der Anbieter.

Zum Preis p_0 entsprechen die Konsumenten- und die Produzentenrente den braun und grau gekennzeichneten Flächen. Herrscht ein anderer als der Gleichgewichtspreis, z.B. ein höherer Preis p_1 für Spargel, so verringert sich die Konsumentenrente auf die ▨ schraffierte Fläche, d.h. es wird weniger Spargel nachgefragt, und die Summe der „Gewinne" der Nachfrager verringert sich. Die Produzentenrente verändert sich in diesem Fall auf die ▧ schraffierte Fläche. Für die Anbieter, die Spargel verkaufen können, erhöht sich die Produzentenrente, da sich der Preis erhöht hat. Da aber der Absatz des Spargels zurückgegangen ist, kommen weniger Anbieter zum Zug. Dies bedeutet, dass sich die Produzentenrente einiger Anbieter auf Kosten der Konsumenten und der anderen Produzenten, die nicht zum Zuge kamen, vergrößert hat. Insgesamt ist die Summe der Konsumenten- und Produzentenrente geringer und die Versorgung mit Spargel schlechter geworden.

Ein Abweichen vom Gleichgewichtspreis führt somit zu einem in der Summe ungünstigeren Ergebnis, d.h. zu einem Gesamt-Wohlfahrtsverlust.

Autorentext und -grafik

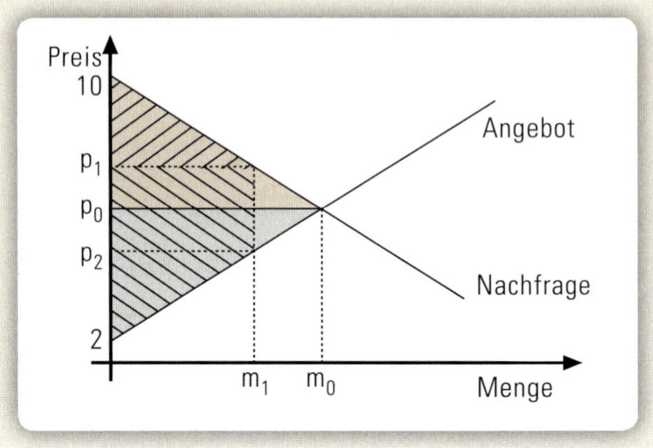

Zahlenbeispiel:

p_0 = 6 €; m_0 = 8.000 kg; p_1 = 7 €; m_1 = 6.000 kg; p_2 = 5 € (vgl. Grafik):

Bei einem Gleichgewichtspreis von p_0 = 6 € und einer Gleichgewichtsmenge von m_0 = 8.000 kg beträgt die Konsumentenrente

$\frac{1}{2} \cdot (10\,€ - 6\,€) \cdot 8.000 = 16.000\,€$

und die Produzentenrente

$\frac{1}{2} \cdot (6\,€ - 2\,€) \cdot 8.000 = 16.000\,€$.

Die Summe beider beträgt also 32.000 € (Gesamtwohlfahrt).

Bei einem Preis von p_1 = 7 € werden nur m_1 = 6.000 kg Spargel umgesetzt.

Die Konsumentenrente verringert sich dann auf ▨:

$\frac{1}{2} \cdot (10\,€ - 7\,€) \cdot 6.000 = 9.000\,€$

und die Produzentenrente erhöht sich auf ▧:

$(16.000\,€ - \frac{1}{2} \cdot (6\,€ - 5\,€) \cdot 2.000) + (7\,€ - 6\,€) \cdot 6.000 = 21.000\,€$.

Die Summe beider beträgt also nur noch 30.000 € (Gesamtwohlfahrt).

Info: Pareto-Optimum

Nach dem italienischen Wirtschaftswissenschaftler und Begründer der Wohlfahrtökonomie Vilfredo Pareto (1848-1923) benannte, bestmögliche Situation der Güterverteilung über den Markt in einer Volkswirtschaft (Gleichgewicht). Danach kann in einer Volkswirtschaft z.B. durch Umverteilung von Gütern eine Person ihr eigenes Wohlbefinden (Nutzen) nur dann noch steigern, wenn eine andere Person schlechter gestellt wird.

Achim Pollert u.a., Das Lexikon der Wirtschaft, Grundlegendes Wissen von A-Z, Mannheim 2004, S. 38 f.

Die dynamische Preisbildung – der Schweinezyklus

M 28

Qualitätsferkel: Preisentwicklung in Hessen
Preise ab Hof des Erzeugers in €/Tier ohne MwSt. inkl. aller Qualitätszuschläge, ohne Kosten für Impfungen, nach Abzug der Vermarktungsabzüge

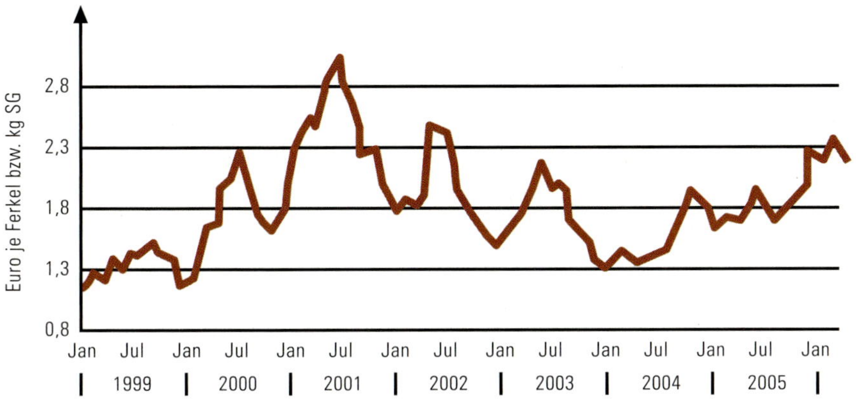

S. Linker, APH, RP-Gießen, 4.7.2005

Schweinezüchter müssen heute planen, welche Menge sie in einem Jahr auf den Markt bringen wollen. Da sie die genaue Marktnachfragekurve nicht kennen, sondern nur den heutigen Preis, planen sie ihr Angebot auf der Basis des Preises von heute und nehmen dabei an, dass dieser Preis in etwa auch in einem Jahr gilt. Wenn ein guter Preis zu erzielen ist, produzieren sie daher eine größere Menge. Wenn diese Menge dann nach einem Jahr auf den Markt gebracht wird, bewirkt dies jedoch einen Angebotsüberschuss, da alle Schweinezüchter ähnlich geplant haben. Es kann daher nur ein geringerer Preis erzielt werden, wenn die Züchter nicht auf einem Teil ihres Angebotes sitzen bleiben wollen. Aufgrund des niedrigeren Preises wird im nächsten Jahr entsprechend weniger produziert. Bei dieser Menge herrscht dann ein Jahr später allerdings ein Nachfrageüberschuss und der Preis steigt. Im Idealfall wird sich im Laufe der Zeit ein Gleichgewichtspreis einpendeln, da die Planungen der Schweinezüchter immer besser werden. Allerdings hängt die Reaktion der Nachfrage und des Angebots auf die schwankenden Preise von der Preiselastizität der Nachfrage und dem Angebot ab. Sind beide eher elastisch (fallen die Reaktionen also stark aus) ist auch denkbar, dass sich der Preis dem theoretischen Gleichgewicht nicht nähert.
Ursache der Schwankungen ist also, dass sich das Angebot von Morgen an den Preisen von Heute orientiert. Das Phänomen des Schweinezyklus findet sich bei fast allen Gütern, da sich die Produktion eines Gutes immer an dem aktuellen Preis bzw. dem zu erwartenden Preis orientiert und bis zum tatsächlichen Absatz der Güter eine Zeitspanne vergeht. Auch auf dem Arbeitsmarkt lässt sich dieses Phänomen beobachten. Studierende und Auszubildende orientieren ihre Studien- und Ausbildungsplatzwahl an den aktuellen Löhnen und Zukunftsaussichten in dem angestrebten Beruf. Aufgrund ähnlicher Überlegungen der anderen Studienanfänger können sich die Bedingungen am Ende der Ausbildung jedoch vollständig verändert haben, sodass beispielsweise ein Überangebot an Arbeitskräften einer Berufsrichtung herrscht. Diese Situation bildet dann die Entscheidungsgrundlage für die Studien- oder Ausbildungsplatzwahl der nächsten Generation, die diese Berufsrichtung aufgrund schlechter Perspektiven meiden wird. Ein zukünftiger Mangel ist dann vorprogrammiert. Das Angebot an Arbeitskräften und damit auch die Entlohnung bestimmter Berufsgruppen unterliegen somit ähnlichen zyklischen Schwankungen wie die Preise auf dem Schweinemarkt.

Autorentext

Methode

Beschreibung von Regelkreisen durch Wirkungsdiagramme

Die Beziehungen zwischen ökonomisch relevanten Ereignissen können sehr komplex sein. Um sie zu erfassen, reicht das Denken von einer Ursache zu einer Wirkung (lineares Denken) oft nicht aus. Man muss also in vielfältigeren Zusammenhängen denken.
Der Milchpreis in der Schweiz z.B. hängt von vielen Einflussgrößen ab: vom Angebot an Milch aus der Schweiz und aus dem Ausland, vom Angebot und dem Preis von Rindfleisch, von der Nachfrage nach Milch und nach Fleisch, von Fleischimporten usw.
Die einzelnen Größen sind zum Teil voneinander abhängig, d.h. wenn eine Größe wächst oder sich verringert, verändert sich die zweite Größe (ceteris-paribus). Man spricht von einer gleichsinnigen Veränderung, wenn die Zunahme der einen Größe eine Zunahme der anderen Größe bewirkt (eine Abnahme der einen Größe bewirkt entsprechend eine Abnahme der anderen Größe) und von einer gegensinnigen Veränderung, wenn die Zunahme der einen Größe eine Abnahme der anderen Größe bewirkt (eine Abnahme der einen Größe bewirkt entsprechend eine Zunahme der anderen Größe).

In einem Wirkungs- oder Regelkreisdiagramm werden gleichsinnige und gegensinnige Wirkungen durch Pfeile dargestellt, die Pfeile zeigen die Richtung der Wirkungszusammenhänge an:

gleichsinnige Veränderung:

Die Zunahme der Größe A führt zu einer Zunahme der Größe B.
Die Abnahme der Größe A führt zu einer Abnahme der Größe B.
(ceteris-paribus)

gegensinnige Veränderung:

Die Zunahme der Größe A führt zu einer Abnahme der Größe B.
Die Abnahme der Größe A führt zu einer Zunahme der Größe B.
(ceteris-paribus)

Modell des Milch- und Fleischmarkts in der Schweiz bis 2011

Das Wirkungsdiagramm umfasst einerseits Verbindungen zwischen dem Erlös-Kostenverhältnis und den Tierbeständen, andererseits zeigt es Abhängigkeiten zwischen Angebot und Nachfrage, wobei speziell für den Milchmarkt die Importe und Exporte von Milchprodukten ergänzt werden.

Vereinfacht nach: Christian Flury, Peter Rieder, Die Weiterentwicklung der schweizerischen Milch- und Fleischproduktion bis ins Jahr 2011: Milch und Fleischmarktanalysen unter verschiedenen Rahmenbedingen, ETH-Zentrum, Zürich 2004

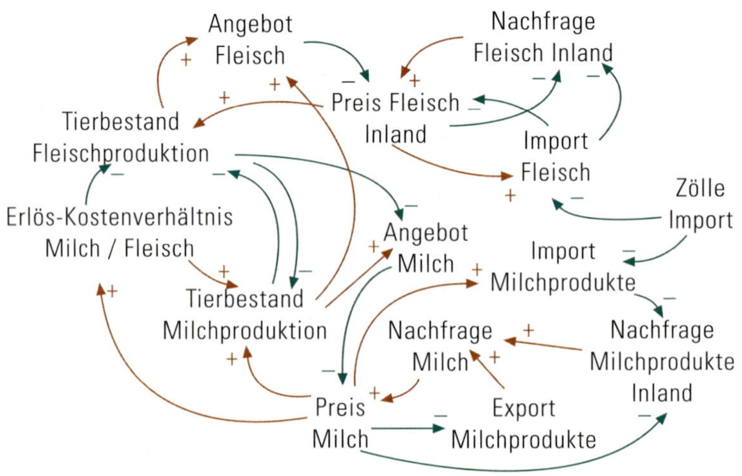

Grenzen des Marktmechanismus in der Übersicht

M 29

Nicht immer führt der Marktmechanismus zu einer optimalen Verteilung:

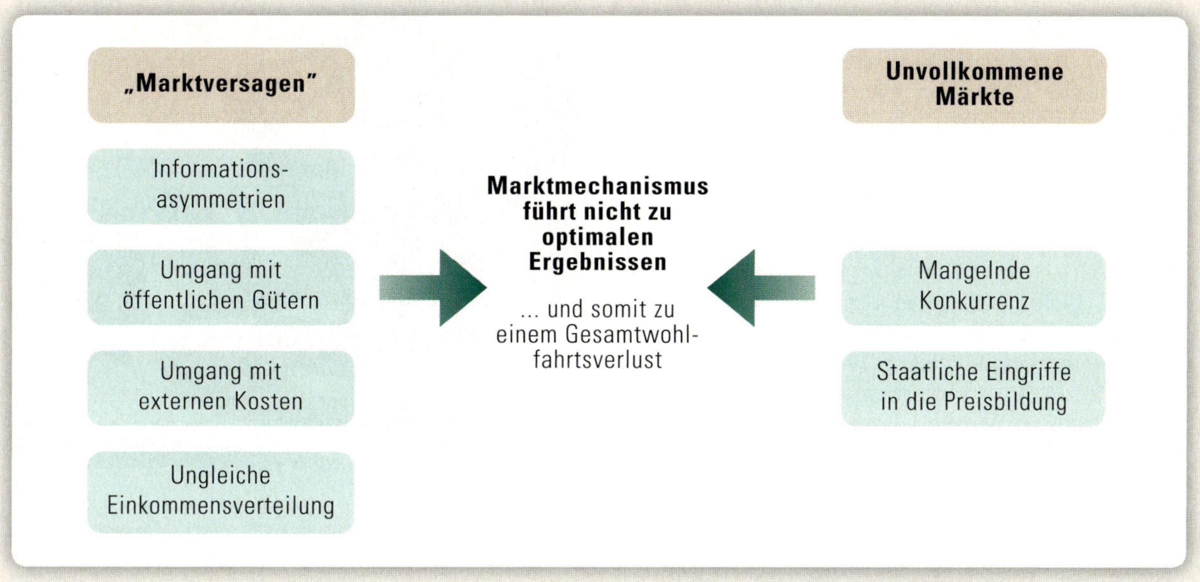

Autorengrafik

Aufgaben

1. Unter welchen Umständen verliert der Preis die in M 25 genannten Funktionen und welche gesellschaftlichen Fogen hat dies?
2. Beschreiben Sie, wie sich die folgenden Ereignisse auf die Preisbildung bei Apfelsaft in Deutschland auswirken (M 26):
   – In neuen, breit veröffentlichten Studien wird gezeigt, dass Apfelsaft gesundheitlich wertvoller ist als bisher angenommen.
   – Die Apfelernte ist durch viele Unwetter in Europa viel schlechter als in den letzten Jahren.
   – Apfelsaft wird zum Trendgetränk und die Apfelernte ist besonders gut.
3. Die durchschnittlichen Löhne von Maschinenbauingenieuren in Deutschland sind zyklischen Schwankungen unterworfen. Erklären Sie dieses Phänomen (M 28).
4. Zur Vertiefung: Erklären Sie anhand des Simulationsmodells (Methode), inwiefern eine Zunahme der Fleischimporte in die Schweiz zu einem Sinken der Milchpreise führen kann, und erläutern Sie, unter welchen Umständen diese Entwicklung eintritt.

3.2.2 Märkte ohne vollständige Konkurrenz – was läuft schief?

M 30 Der Herr der Sekunden

Fast in jeder teuren Uhr steckt etwas von Swatch, denn der Konzern beherrscht den Weltmarkt für mechanische Uhrwerke. Die Kunden bekommen seine Macht zu spüren.

Dreieinhalb Milliarden Franken Eigenkapital sichern die laufenden Geschäfte ab, das sind fast 75 Prozent der Bilanzsumme. Ein Vergleich: Bei DaimlerChrysler sind es weniger als 20 Prozent.

Swatch ist schweigsam. Wie viele Uhren verkauft werden, bleibt geheim in der Firmenzentrale im Schweizer Biel. Über das Unternehmen brauchen Konkurrenten nicht viel zu wissen – es genügt, wenn sie dessen Kunden sind. Denn die Swatch Group stellt nicht nur Uhren her, sondern auch mechanische Werke und Einzelteile für die teuren Zeitmesser der Welt. Praktisch jeder bessere Hersteller braucht Swatch als Lieferanten – und Swatch erhöht den Druck auf seine Kunden. …

Es ist die Konzerntochter Eta SA Fabriques d'Ebauches, die fast schon eine Monopolstellung besitzt. „An Eta kommt man nicht vorbei", sagt Gerd-Rüdiger Lang, Gründer der edlen Uhrenmarke Chronoswiss. Eta stellt nicht nur Einzelteile her, sondern mehr als 80 Prozent aller Schweizer Mechanik-Werke. Damit dominieren sie den Weltmarkt für die hochwertigen Produkte. ..

Chopard etwa baut seit rund fünf Jahren eigene Werke, kann nach Schätzungen aus der Branche aber erst ein Zehntel seines Bedarfs damit decken. Den Rest muss Chopard zukaufen – vor allem bei der Swatch-Tochter. … Eta-Werke haben „vielen von uns Kleineren überhaupt erst ermöglicht, eigene Uhren an den Markt zu bringen", sagt Lang – und damit habe Hayek viel Gutes getan. So haben viele Hersteller das Rohmaterial von Swatch durch eigene Teile ergänzt, ohne gleich selbst ganze Werke konstruieren zu müssen.

Doch der Konzern versucht, seine Margen mit Preiserhöhungen zu verbessern; berichtet wird von Aufschlägen bis zu 50 Prozent pro Uhrwerk. Die Frankfurter Spezialuhrenfirma Sinn etwa werde „die nächste Preissteigerung" beim weltweit wichtigsten Stoppuhrwerk Eta/Valjoux 7750 „an die Kunden teilweise weitergeben müssen", sagt Geschäftsführer Lothar Schmidt. …

Inzwischen hat Swatch den Druck verstärkt und angekündigt, von 2006 an nur noch komplette Fertigwerke zu liefern und das Geschäft mit den Einzelteilen zu beenden. Dieses „Phasing out", wie Swatch es nennt, würde auf eine Ausweitung des Quasimonopols hinauslaufen. „Du bekommst keine Zündkerze mehr, sondern einen ganzen Motor", übersetzt Lang die Strategie. Davor zittert die halbe Branche. „Das wäre das Ende für unsere Firma mitsamt den 170 Beschäftigten", sagt Miguel Garcia, Geschäftsführer der Schweizer Sellita SA, die bislang aus Eta-Teilen Werke zusammenbaut. … Auch Uhrmacher sind besorgt, weil Swatch „nur noch an Konzessionäre Ersatzteile liefern will", wie ein Betroffener sagt. Reparaturen könnten also lediglich autorisierte Markenhändler anbieten. Für die etwa 4.000 deutschen Meisterbetriebe wäre das ein Schlag. Im schlimmsten Fall, klagt er, „sind nicht nur Jobs, sondern ist auch die Vielfalt der Uhrenbranche in Gefahr." …

Motiviert durch den wachsenden Druck seitens der Eta, arbeiten im Schweizer Jura inzwischen einige kleinere Firmen daran, eigene Werke zu entwickeln und an den Markt zu bringen. Aber wohl frühestens in fünf Jahren könnten sie so weit sein, um das Monopol anzugreifen.

Auslage eines Uhrenanbieters. Der Markt für mechanische Uhrwerke ist von einem Angebotsmonopol geprägt, das weitreichende Konsequenzen für die Nachfrager hat.

Dirk Ruschmann, Herr der Sekunden, in: Die Zeit, 14.8.2003

Preisbildung im Oligopol – ruinöser Wettbewerb bei Luxusautos

M 31

Klassenfahrt
Marktanteile in der Pkw-Oberklasse in Prozent[1]

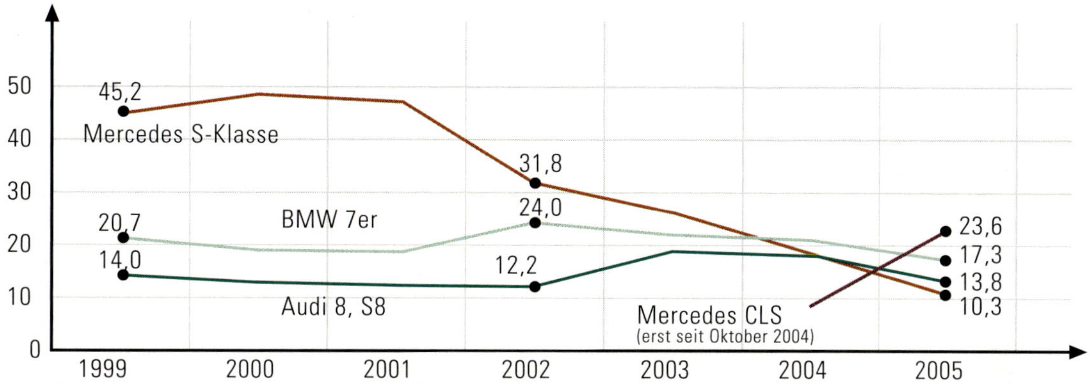

[1] Differenz zu 100 Prozent = sonstige Marken [2] 2005: Stand Mai.
Quelle: KAB/F.A.Z.-Grafik Niebel

Der neue Mercedes-Chef Eckhard Cordes muss der Weltmarke zu altem Glanz verhelfen. Und die neue S-Klasse ist dafür das wichtigste Auto. „Mit zukunftsweisenden Innovationen für mehr Sicherheit, Komfort, Fahrdynamik und Funktionalität setzt die S-Klasse erneut Trends und unterstreicht unsere weltweite Marktführerschaft im Luxussegment“, kündigt Cordes seinen „Fixstern“ an. …
Cordes wird mit der S-Klasse BMW und auch Audi den Kampf ansagen. Doch die Konkurrenz hat schon allein auf die bloße Nachricht vom Marktstart der neuen Luxuslimousine gekontert: Noch bevor Mercedes-Benz überhaupt nur die ersten Bilder und Eckdaten der S-Klasse offiziell vorstellt, haben BMW und Audi ihre Vorzeigeautos aufgehübscht. …
Damit nicht genug. Die Wettbewerber schrecken offenbar auch nicht vor einem Preiskampf zurück, wie ihn die Premiumklasse vorher nie kannte, schieben ihre Fahrzeuge in Firmenpools, verhökern sie an Mietwagengesellschaften. Klassische Tageszulassungen, erprobtes Rabattinstrument bei Klein- und Kompaktautos, sind bei Luxuslimousinen noch die Ausnahme. Doch nach einer Erhebung des CAR-Instituts der Fachhochschule Gelsenkirchen hat Audi derzeit 94 „Aktionswagen“, also Quasi-Neuwagen mit wenigen Kilometern, vom A8 im Händlerbestand. Bei BMW sind es immerhin 32 alte Siebener. Und die Münchener sollen jüngst mit einem speziellen Angebot auf niedergelassene Ärzte zugegangen sein: 30 Prozent Rabatt auf einen BMW Siebener. „Verkaufsfördernde Maßnahmen“ heißt das im Fachjargon. Aus Angst vor der Kaufverweigerung werden jetzt auch Nobellimousinen mit großzügigen Sonderausstattungen und Serviceleistungen herausgeschleudert. „Wir haben ein attraktives Paket für den Vorgänger geschnürt“, gibt ein BMW-Sprecher zu.
Von einem stillen Rabattgeschäft sprechen Fachleute. Die Luxuslimousinen sind zu mehr als 80 Prozent Firmenwagen, die geleast werden. „Subventionen können leicht in der Leasingrate versteckt werden“, sagt Ferdinand Dudenhöffer vom Prognoseinstitut B&D Forecast. Er beobachtet eine enorme Wettbewerbsverschärfung, die letztlich zu Lasten der Marge geht.

Henning Peitsmeier, Frankfurter Allgemeine Sonntagszeitung, 19.6.2005

M 32 Die Preisbildung auf einem Markt mit Oligopol

Im Oligopol stehen viele Konsumenten wenigen Anbietern gegenüber. Die Preis- und Mengenpolitik des einzelnen Unternehmens wirkt sich bemerkbar auf die bei den anderen Unternehmen nachgefragten Mengen aus. Das beeinflusst auch das Verhalten der einzelnen Anbieter. Sie können versuchen, entweder über eine geeignete Preispolitik Marktanteile hinzuzugewinnen oder über Preisabsprachen Preise durchzusetzen, die über denen bei funktionierendem Leistungswettbewerb liegen.

Preisstarrheit

Wenn kein Anbieter beabsichtigt, Konkurrenten ihre Marktanteile streitig zu machen, ist dies eine relativ stabile Situation. Die Oligopolisten verzichten, da der Spielraum ohnehin gering ist, auf aktive Preispolitik (Preisstarrheit). Der einzelne Anbieter befürchtet selbst bei geringen Preiserhöhungen, denen seine Konkurrenten nicht folgen, Kunden zu verlieren. Die Zahl der verlorenen Kunden hängt dabei davon ab, wie homogen das gehandelte Gut und wie vollkommen der Markt ist. Dass die Konkurrenten seiner Preiserhöhung nicht folgen, ist eine durchaus sinnvolle Annahme, denn sie kommen bereits in den Genuss des erhöhten Absatzes. Bei Preissenkungen würden seine Konkurrenten hingegen mitziehen, sodass er keine zusätzlichen Kunden hinzugewinnt, sondern lediglich seinen Gewinn schmälert. Vielleicht würden die Konkurrenten den Preis sogar etwas weiter senken, sodass diese Strategie für ihn selbst gefährlich werden kann. Der einzelne Anbieter hat also keinen Anreiz, schlafende Hunde zu wecken, und wird auf Preisänderungen gänzlich verzichten.

Ruinöser Wettbewerb, Kampfstrategie

Der ruinöse Wettbewerb ist dadurch gekennzeichnet, dass einer der Oligopolisten bestrebt ist, seinen Konkurrenten Marktanteile abzujagen und sie womöglich ganz aus dem Markt zu verdrängen. Der Anbieter verzichtet dabei darauf, den Konkurrenten durch eine bessere Leistung zu übertreffen (Leistungswettbewerb), sondern versucht, ihn gezielt durch Setzen von Preisen, die unterhalb der Selbstkosten liegen (Kampfpreise), aus dem Markt zu entfernen. Er hofft dabei darauf, dass er dieses Verhalten etwa aufgrund besonderer finanzieller Polster länger durchhalten kann als seine Wettbewerber. Sind diese aus dem Markt ausgeschieden, so wird er den Preis über die Höhe seiner Durchschnittskosten erhöhen, um die vorher erlittenen Verluste auszugleichen. Dies ist natürlich nur möglich, wenn keine neuen Konkurrenten auftreten.

Kartellbildung und Preisabsprachen

Über Preis- oder auch Mengenabsprachen können die Oligopolisten versuchen, den Wettbwewerb untereinander abzuschwächen oder auszuschalten. Wenn sie sich per Vetrag für eine gemeinsame Preis- oder Mengenpolitik entscheiden, also praktisch als Monopol auftreten, wird dies als Kartell bezeichnet. Liegt kein Vetrag zugrunde, spricht man von abgestimmten Verhaltensweisen (sog. Frühstückskartell). Durch Kartellbildung ist es den Anbietern möglich, einen Preis oberhalb ihrer Durchschnittskosten durchzusetzen und damit zusätzliche Gewinne zu erzielen. Die Preisbildung entspricht derjenigen im Monopol. Da Kartelle den Wettbewerb aufheben, sind sie grundsätzlich verboten.

nach: Michael Bauer u.a., Wirtschaft heute, Bonn 2006, S. 92

Aufgaben

1. a) Beschreiben Sie die Auswirkungen des Monopols auf dem Markt für mechanische Uhrwerke (M 30).
   b) Erklären Sie, welche Funktionen der Preisbildung auf einem von einem Monopol geprägten Markt nicht erfüllt werden (M 25, M 30).
2. Erläutern Sie die Preisbildung in dem durch ein Oligopol geprägten Markt für Luxuswagen (M 31, M 32).
3. Stellen Sie Beispiele von oligopolistischen Märkten zusammen, in denen die Preisbildung durch Preisstarrheit gekennzeichnet ist (M 31, M 32).
4. Auf oligopolistischen Märkten kommt es immer wieder zu illegalen Preisabsprachen (Kartellbildung). Stellen Sie die Auswirkungen von Kartellen auf Unternehmer und Verbraucher dar.

3.2.3 Grenzen des Marktmechanismus

Wenn der Staat in die Preisbildung eingreift – Mindestlöhne auf dem Bau

M 33

Einsatzbesprechung der Finanzkontrolle Schwarzarbeit. Zöllner Ronny Müller und 80 Beamte vor einer Großrazzia in der Allianz-Arena. Ein Schwerpunkt: Arbeiter, die den geltenden Mindestlohn im Baugewerbe unterlaufen ... In Westdeutschland gilt für Baufacharbeiter ein Mindestlohn von 12,47 Euro brutto pro Stunde. Ein Weg, den zu umgehen: Billigarbeiter – etwa aus Polen – werden offiziell als Selbstständige angeheuert. Ohne Mindestlohn und vor allem ohne teure Sozialversicherung. ... Im Innenbereich entdecken die Männer den Polen Henryk S. bei der Montage von Türen. Der Mann hat keinerlei Papiere bei sich. Statt eines Ausweises zückt er lediglich eine Visitenkarte. Büroservice Beata G. steht darauf. Diese Dame habe seine Papiere in Verwahrung ... 1.500 Euro will der Mann hier verdienen. Telefonische Nachfrage bei der Dame auf der Visitenkarte. Ergebnis: Henryk S. sei kein Angestellter, sondern arbeite auf eigene Rechnung ... Doch das glaubt ihm der Zoll nicht: Denn Henryk S. hat nicht mal ein Telefon ... Die Suche nach den Hintermännern beginnt. Denn nur die profitieren von einer Umgehung des Mindestlohnes.

nach: FAKT-Reportage, Mindestlöhne, zuletzt aktualisiert: 25.4.2005; www.mdr.de/fakt/aktuell/1928087.html (23.9.2005)

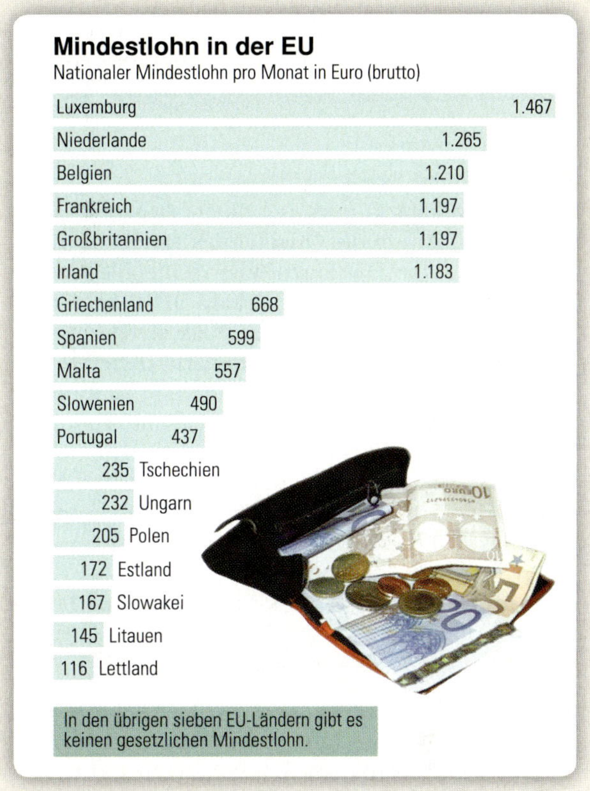

Globus-Grafik 0187, Quelle: Eurostat, Stand Anfang 2005

Die Wirkung von Mindestlöhnen in der klassischen Wirtschaftstheorie

M 34

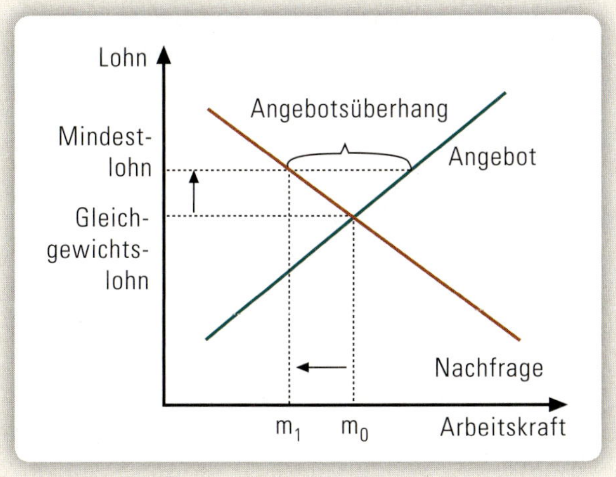

Die klassische Theorie geht bei einem staatlich festgelegten Mindestlohn davon aus, dass sich die Nachfrage der Arbeitgeber nach Arbeitskraft von m_0 auf m_1 verringert. Die Zahl der Personen, die ihre Arbeitskraft zum Mindestlohn anbieten, ist größer als beim Gleichgewichtslohn ohne staatlichen Eingriff (Angebotsüberhang). Folgt man dieser Argumentation, so führt der Preismechanismus nach Einführung des Mindestlohns nicht mehr zu einer optimalen Verteilung und es entsteht Arbeitslosigkeit.

Autorentext und -grafik

M 35 Asymmetrische Informationen – warum viele den Gebrauchtwagenmarkt scheuen

Immer wenn ein Partner mehr weiß als der andere und die weniger gut unterrichtete Person dem Risiko ausgesetzt ist, schlecht wegzukommen oder betrogen zu werden, kommt das *Prinzip der ungünstigen Auswahl* zum Tragen.

Zwei Beispiele dazu:

- Die Verkäufer von Gebrauchtwagen wissen viel besser um die Qualität des Autos als mögliche Käufer. Die Eigentümer schlechter Autos neigen viel eher zum Verkauf als Eigentümer guter Gebrauchtwagen. Deshalb scheuen viele Leute den Gebrauchtwagenmarkt generell. Da das Risiko, ein schlechtes Fahrzeug zu kaufen, relativ groß ist, wird der Käufer nur einen geringen Preis zu zahlen bereit sein. Dies führt dazu, dass er in jedem Fall kein hochwertiges Fahrzeug erhält, da diese zu dem geringen Preis nicht angeboten werden.
- Der „Käufer" einer Lebens- oder einer Krankenversicherung weiß viel besser um seine persönlichen gesundheitlichen Schwächen als die angesprochene Versicherungsgesellschaft. Da Leute mit unterdurchschnittlichem Gesundheitszustand überdurchschnittlich häufig im Versichertenkollektiv auftreten, werden die Prämien überhöht und die Gesunden davon abgeschreckt.

In allen diesen Fällen – ob bei Gebrauchtwagen oder Lebensversicherungen – funktioniert der Markt nicht so gut, wie er es ohne das Phänomen der ungünstigen Auswahl könnte.

nach: N. Gregory Mankiw, Grundzüge der Volkswirtschaftslehre, 3. Aufl., Stuttgart 2004, S. 631.

Gespräch mit Max-Planck-Forscher Jens Beckert

„Vertrauen ist gut, Kontrolle ist teuer"

FRAGE: Herr Beckert, würden Sie von uns einen Gebrauchtwagen kaufen?
ANTWORT: Schwierig. Ich weiß wenig über das Auto, das Sie mir verkaufen. Ich weiß wenig über Sie. Und ich weiß nicht, was Sie mir alles über das Auto verschweigen.
FRAGE: Sie können sich auf uns verlassen.
ANTWORT: Der äußere Eindruck spricht dafür: Sie sehen vertrauenerweckend aus, sind ordentlich gekleidet und reden vernünftig.
FRAGE: Sie würden solche Äußerlichkeiten in Betracht ziehen, die mit dem Zustand des Gebrauchtwagens gar nichts zu tun haben?
ANTWORT: Was bleibt mir anderes übrig? Mein Informationsdefizit über das Auto, das Sie mir verkaufen wollen, werde ich nicht überbrücken können. Wir können nicht aus jedem Autokäufer einen Autoexperten machen. Also suchen wir andere Indizien. Dazu gehören allerdings auch Garantien und das Gewährleistungsrecht.

Jens Beckert, Frankfurter Allgemeine Sonntagszeitung, 25.12.2005, S.33

M 36 Die Bereitstellung öffentlicher Güter kann nicht dem Markt überlassen werden

Der Begriff der öffentlichen Güter basiert auf der Vorstellung, dass die flächendeckende Bereitstellung bestimmter Güter für einzelne Marktakteure nicht profitabel ist, aber für die Gesellschaft dennoch sinnvoll sein kann. Folglich soll der Staat in der Regel deren Bereitstellung gewährleisten. Zunehmend jedoch wird die „Öffentlichkeit" zahlreicher Güter durch Privatisierungen in Frage gestellt.

Private Güter haben einen ausschließenden Charakter. Einzelpersonen oder Firmen können durch Besitzansprüche an bestimmten Gütern andere Personen von deren Nutzung ausschließen bzw. die Zahlung eines entsprechenden Preises für die

Inanspruchnahme des angebotenen Gutes verlangen. Es gibt jedoch Güter und Dienstleistungen, deren Bereitstellung aufgrund ihrer immensen gesellschaftlichen Bedeutung nicht allein den Kräften der Märkte überlassen werden sollte.

Zu diesen öffentlichen Gütern zählen so unterschiedliche Erscheinungen wie die Sicherung der natürlichen Lebensbedingungen (Luft, Wasser, Biodiversität etc.), das kulturelle Erbe (Kunst, Architektur, Bräuche etc.), die menschliche Daseinsvorsorge (Bildung, Gesundheit, Wissen etc.), die Bereitstellung einer materiellen Infrastruktur (Verkehrswege, Telekommunikation etc.) sowie ein immaterielles System von Regeln und Institutionen.

Öffentliche Güter werden durch zwei charakteristische Hauptmerkmale gekennzeichnet, die aber nicht notwendigerweise beide gleichzeitig gelten müssen: Erstens wird durch die Bereitstellung eines solchen Gutes die gesellschaftliche Gesamtnachfrage abgedeckt, sodass es „nicht-ausschließbar“, sondern möglichst für alle vorhanden ist. Das zweite Merkmal ist das Bestehen von „Nicht-Rivalität“ im Konsum. Das heißt, durch Inanspruchnahme eines Gutes hält man – bei angemessenem Verbrauch – niemand anderen davon ab, dieses genauso zu nutzen. Wenn beide der genannten Merkmale auf ein Gut zutreffen, spricht man von einem „reinen“ öffentlichen Gut.

Eine objektive Definition, welche Güter öffentlich und welche privat sein sollten, gibt es nicht. Der öffentliche Charakter eines Gutes ist in den wenigsten Fällen eine feststehende oder naturgegebene Eigenschaft (wie etwa bei Sauerstoff oder Sonnenlicht), sondern meist das Resultat gesellschaftlicher Übereinkünfte und politischer Entscheidungen. Die Öffentlichkeit eines Gutes kann somit je nach Kulturkreis, geschichtlicher Epoche oder ökonomischen Verhältnissen variieren. Derzeit befinden wir uns in einer Epoche der weitreichenden Privatisierung öffentlicher Güter und des damit einhergehenden Verlustes staatlicher Kontrolle über eine Vielzahl von Lebensbedingungen, die bis dato als gesellschaftliche Verantwortung galten.

Deich in Norddeutschland. Die private Bereitstellung des Schutzes vor Hochwasser wäre für den einzelnen Marktteilnehmer nicht rational, denn andere können in den Genuss des öffentlichen Gutes kommen, ohne selbst dafür zu bezahlen.

Tobias Lambert, Öffentliche Güter und das Dogma der Privatisierung, in: Latein-Amerika-Nachrichten Nr. 361/362, Juli/August 2004

Trittbrettfahrerverhalten

Info

Als Trittbrettfahrerverhalten (auch Trittbrettfahrer-Problem – engl. free-rider problem) bezeichnet man in den Sozialwissenschaften das Phänomen, dass Wirtschaftssubjekte den Nutzen eines Gutes erlangen, ohne dafür zu bezahlen. Trittbrettfahrerverhalten kann nur bei Gütern auftreten, bei denen kein Ausschluss möglich ist, d.h. bei reinen öffentlichen Gütern und Allmendegütern. Bei öffentlichen Gütern führt das Trittbrettfahrerverhalten zu einer tendenziellen Unterversorgung, bei Allmendegütern zu einer tendenziellen Übernutzung. Aus diesem Marktversagen wird oft die Forderung nach einem staatlichen Eingriff in den Markt abgeleitet. Das beste Beispiel für Trittbrettfahrerverhalten ist die nationale Verteidigung: Keine Person kann vom militärischen Schutz der nationalen Verteidigung ausgeschlossen werden, weswegen es für ein Individuum rational ist, die Beteiligung an den Kosten für die Sicherheit abzulehnen.

nach: Wikipedia, Stichwort „Trittbrettfahrerverhalten“ (geprüfter Beitrag, 10.10.2007)

Aufgaben

1. Stellen Sie die Ziele dar, die mit der Einführung eines Mindestlohns verbunden sind (M 33).
2. a) Erklären Sie die Problematik von Mindestlöhnen aus Sicht der klassischen Wirtschaftstheorie mit dem Konzept der Produzenten- und Konsumentenrente (M 27, M 34).
   b) Je nach Verlauf der Nachfragekurve (flach/steil) hat der Mindestlohn unterschiedliche Auswirkungen. Diskutieren Sie vor diesem Hintergrund die Einführung von Mindestlöhnen (M 34).
3. Ein Ökonom aus den USA bezeichnete Höchstpreise für Wohnungen – er hätte auch für Leipzig in der DDR-Zeit sprechen können – „als das beste Verfahren zur Zerstörung einer Stadt neben der Bombardierung". Wie werden Anbieter von Wohnraum auf Höchstpreise reagieren? Beschreiben Sie mögliche Begründungen für die hier grafisch dargestellten Auswirkungen und erklären Sie die oben genannte Aussage (vgl. auch M 34).

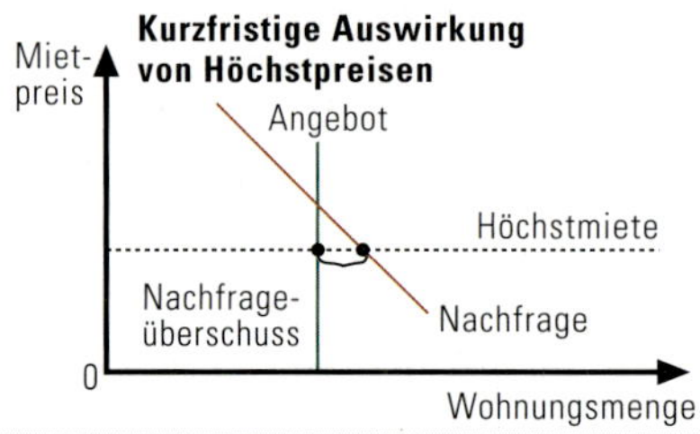

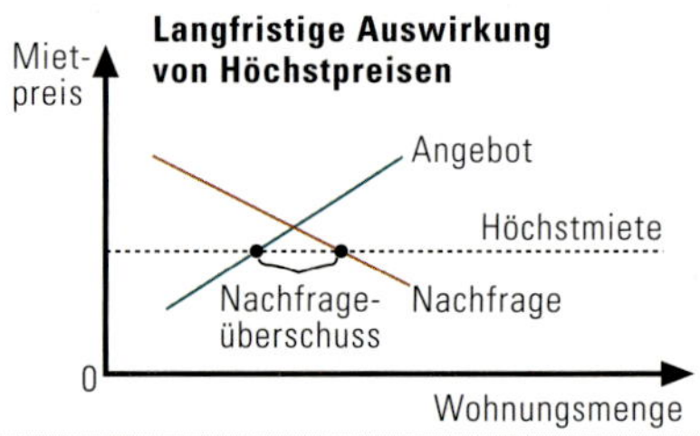

4. Staatliche Höchstpreise für Nahrungsmittel in den Entwicklungsländern und die staatlich garantierten Mindestpreise für Agrarprodukte in den Industrieländern tragen beide dazu bei, die Entwicklung der Landwirtschaft in der dritten Welt zu behindern und damit die Nahrungsmittelprobleme in dieser Region zu verfestigen. Begründen Sie diese Aussage (vgl. auch M 34).
5. Zeigen Sie, warum auf einem durch starke Informationsasymmetrien geprägten Markt der Marktmechanismus nicht zu einer optimalen Verteilung (vgl. M 27) und damit nicht zu einem Wohlfahrtsoptimum führt (M 35).
6. Erläutern Sie die Bedeutung des Bewertungssystems bei Ebay (M 35).
7. Stellen Sie dar, warum der Markt bei öffentlichen Gütern kein effizientes Ergebnis bezogen auf die Bereitstellung des Gutes und die Verteilung des Gutes erzeugen kann (M 36).
8. Unterscheiden Sie anhand von Beispielen ausschließbare öffentliche Güter von reinen öffentlichen Gütern (M 36).

Wissen kompakt

Funktionen von Preisen
M 25

Auf dem Markt wird der Preis für ein Gut durch Angebot und Nachfrage bestimmt. Umgekehrt beeinflusst der Preis wesentlich Nachfrage und Angebot. Der Preis gibt auf einem Markt mit vollkommener Konkurrenz Auskunft über die Knappheit eines Gutes, setzt Anreize zur Produktion, lenkt den Einsatz von Produktionsfaktoren und entscheidet darüber, welche Nachfrager das Gut erhalten. Über den Preismechanismus werden Angebot und Nachfrage ausgeglichen.

Preismechanismus, Gleichgewichtspreis, Gleichgewichtsmenge
M 26

Zur Erklärung des Preismechanismus bedient man sich des Marktmodells mit vollkommener Konkurrenz. Auf einem solchen Markt wird sich der Preis für ein Gut in der Regel mit der Zeit in einem Gleichgewicht einpendeln. In diesem Gleichgewicht wird die angebotene Menge des Gutes vollständig nachgefragt, der Markt also geräumt. Den entsprechenden Preis nennt man den Gleichgewichtspreis. In der grafischen Darstellung (Preis-Mengen-Diagramm) findet sich dieses Gleichgewicht am Schnittpunkt der Angebots- mit der Nachfragekurve.

Auf dem vollkommenen Markt führt der Preismechanismus zu maximaler Wohlfahrt

Pareto-Optimum
M 27

Gesamtwirtschaftlich beschreibt der Gleichgewichtspreis auf dem Markt ein Optimum, da genau in diesem Punkt die Summe der Konsumenten- und der Produzentenrente maximal wird. Entspricht der Preis für ein Gut nicht dem Gleichgewichtspreis, liegt er also über oder unter dem Gleichgewichtspreis, so wird ein Teil der möglichen Nachfrage und des möglichen Angebots nicht zum Zug kommen und insgesamt ein gesamtwirtschaftlicher Wohlfahrtsverlust entstehen. Auf einem Markt mit vollkommener Konkurrenz führt also der Preismechanismus zu einem gesamtwirtschaftlichen Optimum (Pareto-Optimum).

Verschiebungen der Angebots- und Nachfragekurven führen zu neuen Gleichgewichtspreisen
M 26

Verändern sich die Bedingungen des Angebots oder der Nachfrage, verschieben sich also die Angebots- und die Nachfragekurven, so verschiebt sich auch der Gleichgewichtspunkt, d.h. das Angebot und die Nachfrage pendeln sich auf ein neues Gleichgewicht ein. Z.B. führen höhere Kosten bei der Produktion – ceteris paribus – zu einer Linksverschiebung der Angebotskurve und damit zu einem höheren Gleichgewichtspreis. Eine Preissenkung für ein Substitutionsgut führt – ceteris paribus – zu einer Linksverschiebung der Nachfragekurve und damit zu einem niedrigeren Gleichgewichtspreis.

Schweinezyklus
M 28

Der Gleichgewichtspreis bildet sich allerdings oft mit zeitlicher Verzögerung. Die Anbieter orientieren ihre Produktionsmengen für ein Gut an den geltenden, bzw. den prognostizierten Preisen. Weil die tatsächlich angebotenen und nachgefragten Mengen aber nicht notwendig mit den prognostizierten Mengen identisch sind, werden die Preise für ein Gut über einen längeren Zeitraum hinweg Schwankungen unterworfen sein. Am Preis für Schweine lässt sich dies besonders gut zeigen, da die in Zukunft angebotene Menge hier von dem Preis abhängt, der zu Beginn der Zucht der Ferkel zu erzielen war. Da das Angebot immer mit Zeitverzögerung auf Preisänderungen reagiert (jede Produktion braucht Zeit), lässt sich das Beispiel der Schweine auf die meisten Güter übertragen. Auch auf dem Arbeitsmarkt kann man das Phänomen des „Schweinezyklus" beobachten. So ist z.B. der Arbeitsmarkt für Lehrer oder IT-Fachkräfte geprägt durch einen ständigen Wechsel zwischen einem Mangel und einem Überangebot an Arbeitskräften.

Preisbildung auf einem Monopolmarkt
M 30

Am Modell des Marktes mit vollkommener Konkurrenz lässt sich die Funktionsweise des Marktmechanismus beschreiben. Reale Märkte sind jedoch meist durch eine nicht vollkommene Konkurrenz geprägt.
Auf einem durch ein Monopol geprägten Markt entscheidet der Monopolist allein über die angebotene Menge und den Preis. Er legt beides so fest, dass bei einer gegebenen Nachfrage(kurve) sein Gewinn maximal wird. In der Regel liegt dieser Preis über dem Preis, der sich auf einem Markt mit vollständiger Konkurrenz einstellen würde. Dadurch werden potentielle Nachfrager von diesem Markt ausgeschlossen. Der Marktmechanismus führt hier nicht zur bestmöglichen Verteilung und damit nicht zum gesamtwirtschaftlichen Optimum (Pareto-Optimum).

Preisbildung auf einem Oligopolmarkt
M 31, M 32

Auch auf einem oligopolistischen Markt unterscheidet sich die Preisbildung von der eines Marktes mit vollständiger Konkurrenz: Möglich sind ein ruinöser Preiskampf oder Preisstarrheit. Preisstarrheit kann auch die Folge von Preis- oder Mengenabsprachen (Kartelle) sein. Der Marktmechanismus führt auch hier nicht zum gesamtwirtschaftlichen Optimum.

Aufgabe des Staates: Wettbewerbspolitik

Das Verfehlen des gesamtwirtschaftlichen Optimums auf Märkten mit mangelndem Wettbewerb begründet die staatlichen Anstrengungen zur Sicherung des Wettbewerbs durch die Wettbewerbspolitik.

Staatliche Eingriffe in die Preisbildung
M 33, M 34

In bestimmten Fällen sind Ergebnisse des Marktmechanismus gesellschaftlich nicht erwünscht oder zumindest umstritten. In diesen Fällen fordern gesellschaftliche Gruppen häufig ein Eingreifen des Staates in den Markt (z.B. beim Mindestlohn). Der staatliche Eingriff in die Preisbildung setzt den Marktmechanismus außer Kraft. Dies führt dazu, dass mittelfristig die Nachfrage bzw. das Angebot sinkt. Marktteilnehmer werden versuchen, die Preisbindung zu umgehen. Im Fall von Mindestlöhnen wird die Nachfrage nach Arbeit zu diesen Bedingungen zurückgehen. Höchstpreise für ein Gut führen in der Regel zu einer Verknappung des Angebots oder zu einem Rückgang der Qualität des Angebots.

Marktversagen

Neben der in der Realität häufigen Unvollkommenheit von Märkten gibt es Fälle, in denen der Marktmechanismus selbst versagt.

Informationsasymmetrien
M 35

Sind z.B. die Informationen über ein Gut zwischen Nachfragern und Anbietern stark asymmetrisch verteilt, so werden sie diesem einen unterschiedlichen Wert zumessen. Dies führt dazu, dass weniger angeboten bzw. weniger nachgefragt wird als dies bei symmetrischer Informationsverteilung der Fall wäre.

Preisbildung bei öffentlichen Gütern
M 36

Der Marktmechanismus versagt gänzlich bei öffentlichen Gütern. Öffentliche Güter sind definiert durch Nicht-Ausschließbarkeit und Nicht-Rivalität im Konsum, d.h., niemand kann von der Nutzung des Gutes ausgeschlossen werden und die Nutzung des Gutes durch ein Individuum beeinträchtigt nicht die Nutzung durch ein anderes Individuum (z.B. Luft, Wasser, Frieden, Sicherheit, ...). Bei diesen Gütern wird die Knappheit nicht durch den Preis angezeigt. Die Bereitstellung oder Erhaltung lebenswichtiger öffentlicher Güter ist für die Gesellschaft insgesamt von Nutzen, für einzelne Marktakteure aber nicht profitabel, da sie keinen Preis dafür verlangen können. Für den Einzelnen ist es somit immer günstiger, andere diese Güter bereitstellen zu lassen und sie dann selbst zu nutzen (Trittbrettfahrer-Verhalten). Damit würden auf einem Markt ohne staatliche Eingriffe diese Güter nicht angeboten werden und vorhandene öffentliche Güter der Übernutzung preisgegeben.

3.3 Markt und Umwelt

3.3.1 Herausforderung Klimawandel – Ursachen und Lösungsansätze

Der Wandel des Weltklimas

M 37

There is new and stronger evidence that most of the warming observed over the last 50 years is attributable to human activities.

IPCC, Third Assessment Report 2001

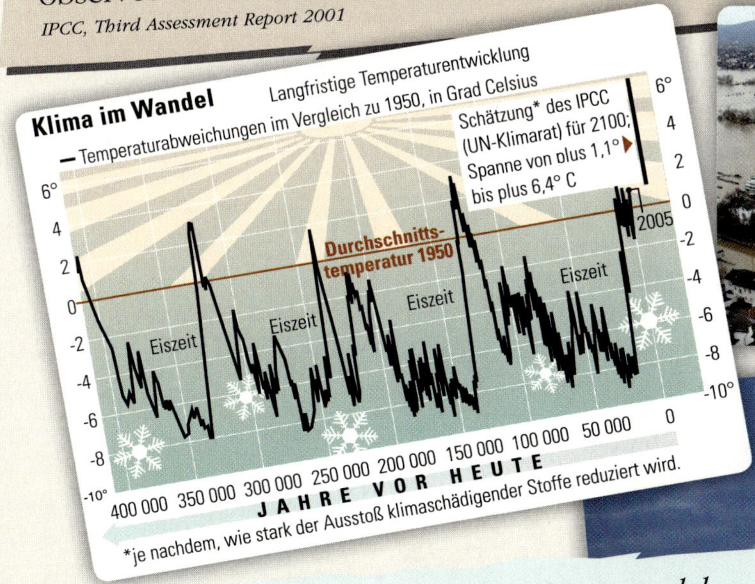

Der vom Menschen verursachte Klimawandel hat bereits begonnen und wird zur Zunahme extremer Wetterlagen führen.

IPCC, Third Assessment Report 2001

Der Staat schützt auch in Verantwortung für die künftigen Generationen die natürlichen Lebensgrundlagen.

Artikel 20 a Grundgesetz

M 38 Energieverbrauch und CO_2-Ausstoß

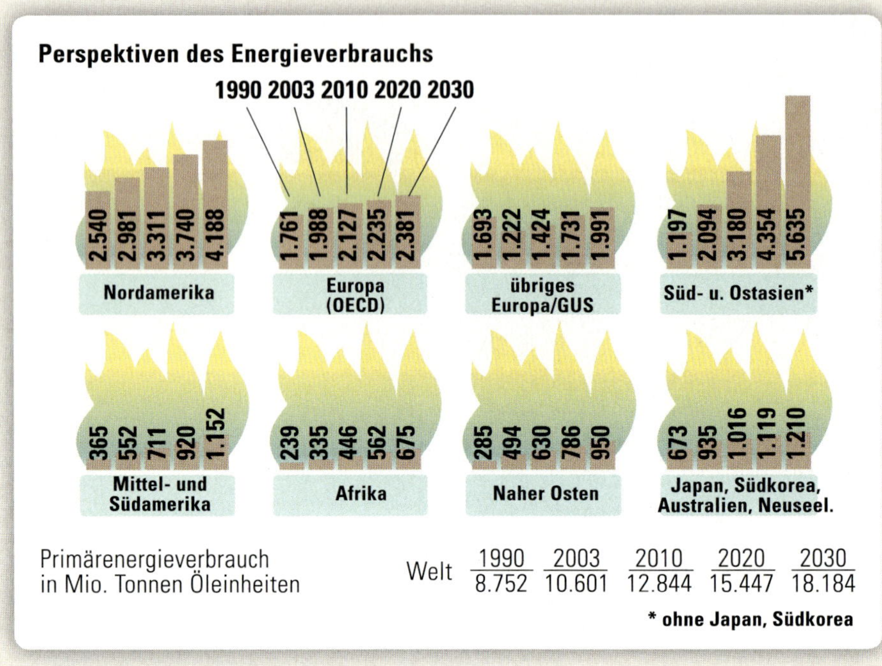

Erich Schmidt Verlag, Zahlenbilder 646 020, Quelle: EIA 2006 (mittleres Szenario; Btu in toe umgerechnet)

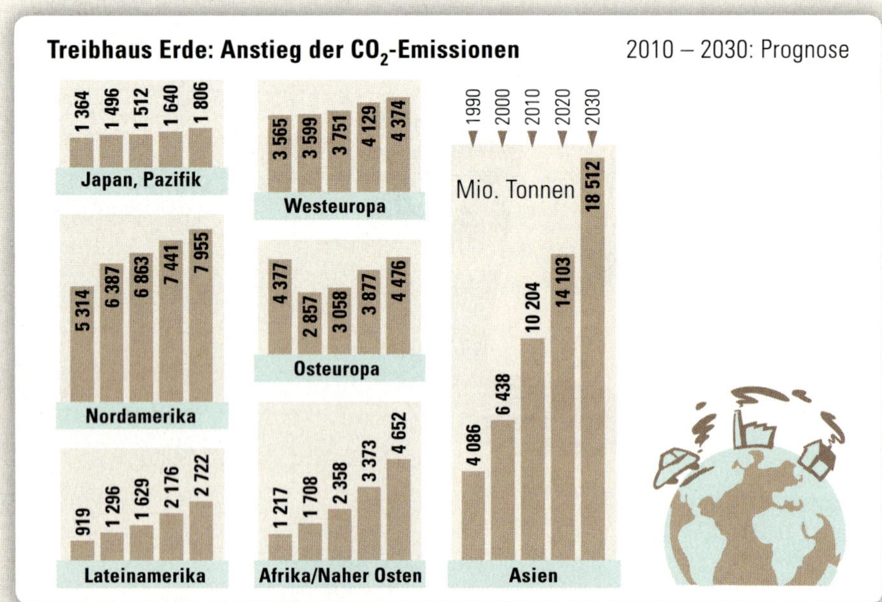

Erich Schmidt Verlag, Zahlenbilder 665 040, Quelle: EU-Kommission, WETO

Die Kyoto-Architektur

M 39

Das Kyoto-Protokoll ist ein internationales Abkommen der UN-Organisation: United Nations Framework Convention on Climate Change (UNFCCC). Das Protokoll wurde 1997 auf der dritten internationalen Klimakonferenz in der japanischen Stadt Kyoto verhandelt und verabschiedet. Es ist eine völkerrechtlich verbindliche Vereinbarung, in der sich die jeweiligen Länder zu konkreten Reduzierungen der Treibhausgasemissionen bis 2012 verpflichten. Insgesamt soll zwischen 2008 bis 2012 eine Reduzierung um mindestens fünf Prozent gegenüber dem Niveau von 1990 erreicht werden.
Da die Staaten unterschiedlich zu den weltweiten Kohlendioxid-Emissionen beitragen, legt das Kyoto-Protokoll für alle beteiligten Länder unterschiedliche Reduktionszahlen fest. Deutschland muss seine Kohlendioxid-Emissionen bis zum Jahr 2010 um 21 Prozent senken. …
Wie ist die Lastenverteilung in der EU?
Das Kyoto-Protokoll fordert für alle 15 EU-Staaten im Block eine Reduzierung der Treibhausgase um durchschnittlich 8 Prozent im Zeitraum 2008 bis 2012. Die Lastenverteilung auf die einzelnen EU-Staaten wurde von den EU-Umweltministern vorgenommen. Berücksichtigt wurden dabei die bisherige Höhe der Emissionen pro Kopf sowie gegebenenfalls der Nachholbedarf bei der Entwicklung.

www.bundesregierung.de (22.7.2006)

Verpflichtungen aus dem Kyoto-Protokoll

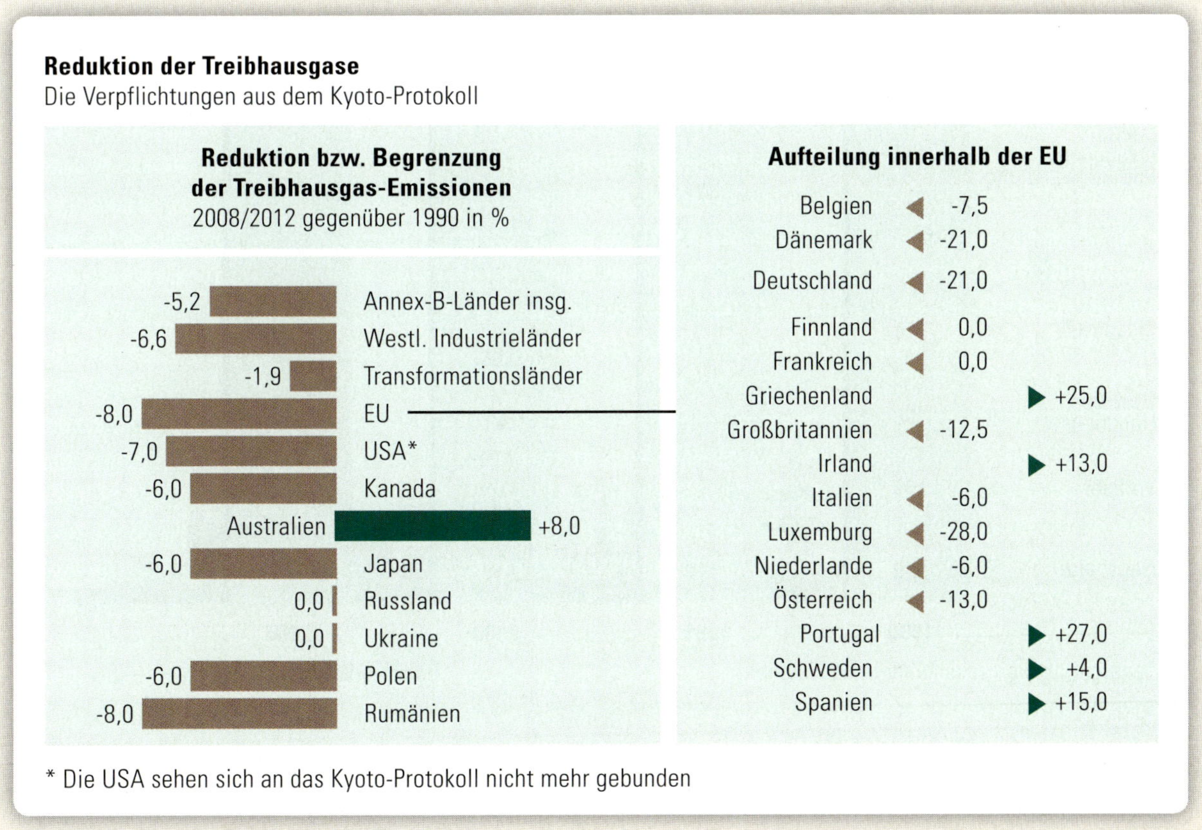

Erich Schmidt Verlag, Zahlenbilder 665 054

Voraussetzung für das Inkrafttreten des Kyoto-Protokolls am 16. Februar 2005 war, dass es von mindestens 55 Unterzeichnerstaaten ratifiziert wird, die zugleich für mindestens 55 Prozent der Treibhausgasemissionen aus den Industriestaaten (Bezugsjahr 1990) verantwortlich sind. Nach der Ratifizierung durch Russland am 16. November 2004 war dies der Fall. Die USA, die fast ein Viertel aller Treibhausgase weltweit verursachen und die ihren Schadstoffausstoß laut Kyoto-Protokoll um sieben Prozent senken müssten, hatten sich im März 2001 aus der Vereinbarung zurückgezogen und dies mit den schädlichen Auswirkungen auf die US-Wirtschaft begründet. Seither akzeptieren die USA keine verbindlichen Emissionsobergrenzen und haben ihren Ausstoß an Treibhausgasen sogar noch erhöht. Auch Australien verweigert die Ratifizierung des Abkommens. Schwellenländer mit starkem Wirtschaftswachstum wie Indien und China, die schon bald die USA als Emittent Nummer eins überholt haben werden, konnten in Kyoto nicht in die Reduktionsverpflichtungen einbezogen werden. Bei der Fortschreitung des Protokolls für die Zeit nach 2012 sollen deshalb auch Schwellenländer zur Verringerung ihrer CO_2-Produktion verpflichtet werden.

www.weltalmanach.de/stichwort/stichwort_kyoto.html (12.9.2007)

Entwicklung des CO_2-Ausstoßes in Deutschland

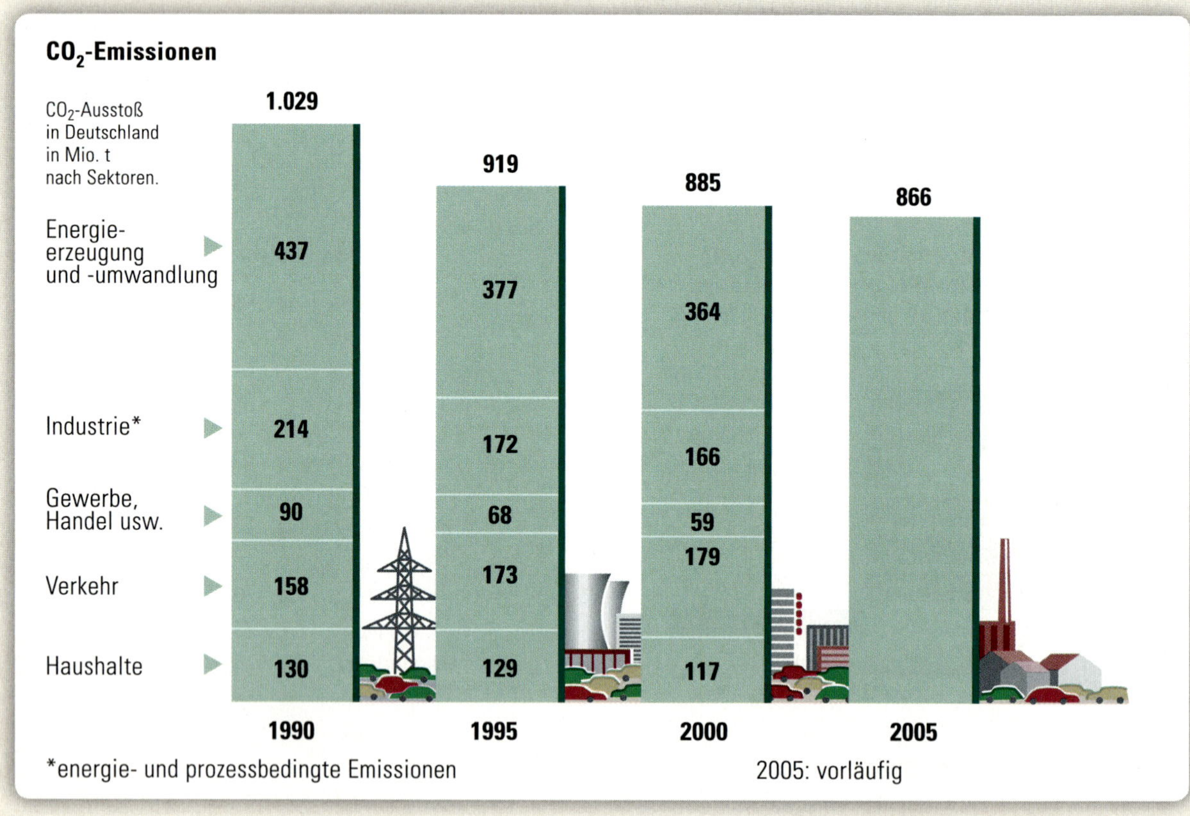

Erich Schmidt Verlag, Zahlenbilder 126 299, Quelle: DJW

Wie funktioniert der Emissionshandel?

M 40

Von der Mengenvorgabe zum Handel

Im Kyoto-Protokoll ist genau festgelegt, wie viel Treibhausgase jedes Land pro Jahr ausstoßen darf. Das europäische Emissionshandelssystem, das am 1.1.2005 seine Arbeit aufnahm, verteilt diese Menge – ähnlich wie die Stückelung von Unternehmenskapital in Aktien – auf Emissionszertifikate. Jedes Zertifikat erlaubt die Emission einer bestimmten Menge klimarelevanter Gase, damit erhält die Tonne CO_2 erstmals einen Wert. Dieser Wert orientiert sich an den bisherigen Emissionen und folgt dem sogenannten nationalen Allokationsplan, der aus zwei Komponenten besteht. Der Makroplan bestimmt, wie viel CO_2 die Industrien insgesamt emittieren dürfen. Deutschland etwa wurde ein Gesamtbudget von 495 Millionen Tonnen CO_2 zugeteilt. Der Mikroplan regelt die konkrete Zuteilung für jede einzelne Anlage und bestimmt die Menge an Emissionen, die es zu reduzieren gilt. Im ersten Schritt gehen die Zertifikate nur an Stromerzeuger, Koksöfen, Raffinerien und Fabriken, in denen Glas, Zement, Ziegel, Papier oder Karton hergestellt werden. Unternehmen, die ihre erlaubte Emissionsmenge überschreiten, also mehr Zertifikate benötigen, als ihnen zugeteilt werden, können sie denen abkaufen, die weniger CO_2 produzieren als sie dürfen. Damit ist es den Unternehmen freigestellt, wie schnell oder langsam sie ihre Reduktionsverpflichtungen erfüllen und welche konkrete Strategie sie dabei verfolgen – technische Umstellungen oder Kauf von Emissionsrechten. Ob ein Unternehmen Treibhausgase reduziert oder mit Zertifikaten handelt, wird vom Preis der Rechte abhängen, der sich in Abhängigkeit vom Gas- und Kohlepreis entwickeln wird.

Wie können Länder oder Unternehmen ihre zulässige Emissionsmenge beeinflussen?

Hot Air
Für die Bemessung der erlaubten Emissionsmengen ist meist das Jahr 1990 entscheidend (aufgrund des Verbrauchs an fossilen Brennstoffen wurde berechnet, wie viel CO_2 die einzelnen Länder ausstoßen). Während die Industrieländer ihre Emissionen laut Kyoto-Protokoll bis 2012 im Durchschnitt um etwa fünf Prozent senken sollen, wurde für Russland, die Ukraine und einige andere osteuropäische Länder ein anderes Ziel vereinbart: Sie dürfen die Emissionsmengen von 1990 nicht überschreiten. Weil nach 1990 einzelne Branchen komplett einbrachen und zahlreiche umweltverschmutzende Fabriken aus Rentabilitätsgründen stillgelegt wurden, liegen die Emissionen in diesen Ländern heute bis zu 20 Prozent unter denen von 1990. Also verfügen die Länder über freie Emissionsrechte, die sie bis 2012 nicht verbrauchen werden – die sogenannte „Hot Air". Andere Länder können diese Hot Air kaufen und damit ihre zugelassenen Emissionsmengen erhöhen.

Clean Development Mechanism
Jedes Land darf seine festgelegte Emissionsmenge erhöhen, wenn es gleichzeitig dazu beiträgt, sie in Ländern zu senken, die selbst keinen Reduktionszielen unterliegen. Dadurch will das Kyoto-Protokoll der Tatsache Rechnung tragen, dass der Ort der Emissionsreduktion für das Weltklima keine Rolle spielt. Baut ein deutsches Unternehmen also beispielsweise auf einer brasilianischen Mülldeponie eine Anlage, die Methangas in CO_2 umwandelt – Methangas begünstigt den Treibhauseffekt etwa 21-mal so stark wie CO_2 –, erhält es die Erlaubnis, in Deutschland mehr CO_2 auszustoßen. Die neuen Emissionsrechte erteilt die UNFCCC, die UN-Organisation zum Klimaschutz.

Joint Implementation
Ähnlich wie beim Clean Development Mechanism ist damit das Engagement von Unternehmen gemeint, das helfen soll, Treibhausgase zu mindern – allerdings in Ländern mit eigenem Reduktionsziel unter dem Kyoto-Protokoll. Typische Standorte für derartige Engagements wären beispielsweise Bulgarien oder Rumänien.

Mathias Irle, Dynamik der Energiemärkte, McK Wissen 12, 2005, S. 44-50.

M 41 Ein Marktplatz für Verschmutzungsrechte

Möglichkeit 1

Wer wie viel reduzieren muss, ergibt sich aus der Zuteilung und dem Kauf und Verkauf von Emissionsrechten innerhalb der EU.
Für Firma A lohnt es sich nicht, Emissionen abzubauen. Für sie ist es billiger, Emissionsrechte von B zu kaufen.
Für B wiederum lohnen sich die Reduktion und der Verkauf von Emissionsrechten.

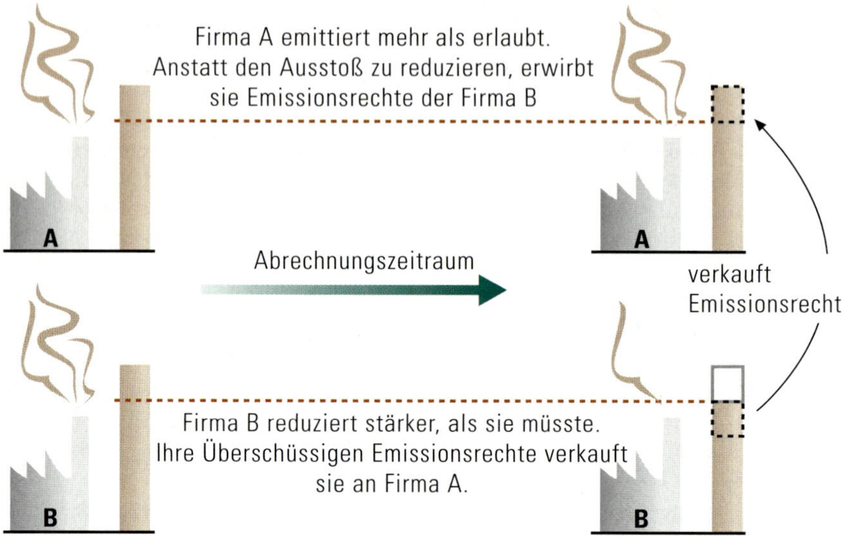

Möglichkeit 2

Darüber hinaus kann ein Betrieb sich Projekte zur Schadstoffminderung im Ausland anrechnen lassen – in anderen Industrieländern (Joint Implementation) oder Entwicklungsländern (Clean Development Mechanism)

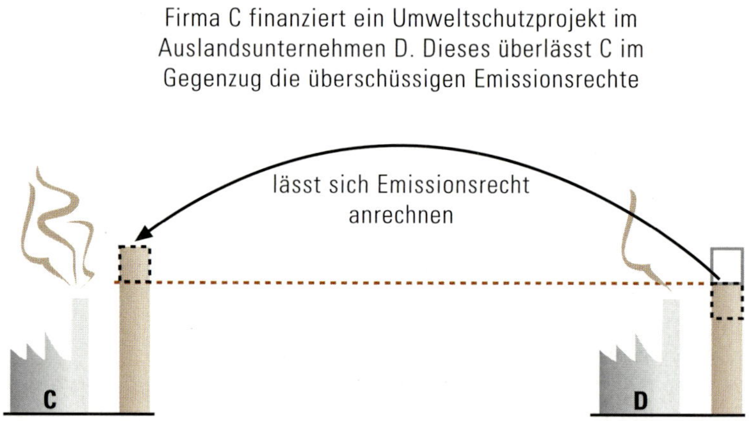

Legende:

tatsächliche Schadstoffmenge

--- erlaubte Schadstoffmenge

Financial Times Deutschland, 3.9.2003, S. 23

Aufgaben

1. Entwerfen Sie ein Lernplakat zu den Ursachen und Auswirkungen des Klimawandels und stellen Sie es in der Klasse vor (M 37, M 38).
2. Nennen Sie die wesentlichen Bestimmungen des Kyotoprotokolls (M 39).
3. Beim Emissionshandel spricht man von einem marktlichen Instrument der Umweltpolitik. Erläutern Sie, was damit gemeint ist (M 40, M 41).

Reaktionen der Industrie: Kohlekraftwerke ohne CO_2-Ausstoß?

M 42

Als erster Stromkonzern der Welt wagt sich die schwedische Vattenfall-Gruppe an den Bau eines Kohlekraftwerks, das beim Betrieb kein Kohlendioxid (CO_2) mehr freisetzen soll. Das deutsche Tochterunternehmen Vattenfall Europe – der drittgrößte deutsche Stromkonzern – wird noch in diesem Jahr mit dem Bau einer kleinen Pilotanlage auf dem Gelände des Braunkohlekraftwerks Schwarze Pumpe im brandenburgischen Spremberg beginnen. Das teilten Vattenfall-Chef Lars Josefsson und Vattenfall-Europe-Chef Klaus Rauscher in Berlin mit. Der Erfolg von Testkraftwerken ohne CO_2-Ausstoß wird in den kommenden Jahren wesentlich über die Rolle der Kohle im künftigen Energiemix mitentscheiden. CO_2 ist das wichtigste einer Reihe von Gasen, die den Treibhauseffekt und damit die Aufheizung der Atmosphäre beschleunigen. Die Verbrennung von Kohle ist die am stärksten genutzte Quelle zur Stromerzeugung weltweit und daher zugleich eine der Hauptursachen für den Klimawandel.

„Das alles überlagernde Problem unserer Zeit ist der Klimawandel", sagte Josefsson. Das Pilotkraftwerk werde rund 40 Mio. Euro kosten. Es soll 2008 in Betrieb gehen. Mit einer geplanten Leistung von fünf Megawatt könnte die Anlage rund 10.000 Haushalte mit Strom versorgen. Das sei jedoch nicht der Hauptzweck, sagte Josefsson: „Wir wollen nicht Strom, sondern Erkenntnisse gewinnen." Sofern die Pilotanlage positive Ergebnisse liefert, soll einige Jahre später ein größeres Demonstrationskraftwerk gebaut werden, sagten Josefsson und Rauscher. Die kommerzielle Nutzung der Technologie in einem Großkraftwerk könne zwischen 2015 und 2020 beginnen. Bis dahin müsste nachgewiesen sein, dass sich das CO_2 zuverlässig aus dem Rauchgas filtern lässt. Danach muss das Gas unterirdisch so sicher gespeichert werden, dass es nicht wieder in die Atmosphäre gelangen kann. …

Das alles erzeugt hohe Zusatzkosten beim Betrieb eines Kraftwerks. Vattenfall-Chef Josefsson glaubt allerdings, dass die Technologie bei einem Preis von 20 Euro je Tonne CO_2-Ausstoß wirtschaftlich wäre. Zertifikate für den CO_2-Ausstoß werden derzeit an den Strombörsen mit rund 16 Euro je Tonne gehandelt, der Preis steigt tendenziell weiter. Viele Skeptiker glauben nicht an einen Erfolg des „CO_2-freien Kraftwerks". Die Umweltschutzorganisation Greenpeace nannte es gestern einen „Mythos", dass damit das Klima entlastet werden könne. Vor allem über eine sichere unterirdische Einlagerung von Kohlendioxid gebe es heute keinerlei Erkenntnisse.

Olaf Preuß, Financial Times Deutschland, 20.5.2005, S. 10

Reaktionen der Industrie: Klimaschutzprojekte für Emissionsgutschriften

M 43

Erstmals in der jungen Geschichte des internationalen Emissionshandels ist ein Klimaschutzprojekt mit Emissionsgutschriften (CERs) belohnt worden. Der Exekutivrat für Klimaschutzprojekte im Rahmen des Kyoto-Protokolls schenkte dem honduranischen Wasserkraftwerk „La Esperanza" 2210 CERs zum Ausstoß von je einer Tonne Kohlendioxid (CO_2). Die Betreiber können diese Gutschriften mit einem derzeitigen Marktwert von rund 48.000 Euro nach Belieben weiter verkaufen.

Das neue Kraftwerk erzeugt Strom für rund 40.000 Menschen, ohne dabei Treibhausgase auszustoßen. Gegenüber einem Kohlekraftwerk bedeutet dies für die nächsten 20 Jahre eine Einsparung von etwa 700.000 Tonnen CO_2. Mit dem CER-System setzt das Kyoto-Protokoll einen Anreiz zur Verminderung des Treibhausgas-Ausstoßes in Entwicklungsländern: Klimaschutzprojekte, denen es gelingt, bisherige CO_2-Emissionen zu reduzieren, werden dafür mit den Gutschriften belohnt. Industriebetriebe, denen noch Lizenzen fehlen, um ihren eigenen CO_2-Ausstoß zu decken, können sich entweder an den Projekten beteiligen oder den Projektbetreibern ihre Gutschriften abkaufen.

„Dass endlich erstmals CERs bewilligt werden, ist ein wichtiger Schritt voran", sagte Armin Sandhövel, Leiter Emissionshandel der Dresdner Bank: „Der Markt dürstet nach Liquidität." Denn die Zertifikate sind knapp: Seit dem Start des EU-Emissionshandels zu Jahresanfang hat sich ihr Kurs fast verdreifacht. Dies trieb den Strompreis auf Rekordhöhen – da die Versorger den Wert der Zertifikate in ihre Kalkulation einbeziehen, obwohl sie fast alle Zertifikate geschenkt bekamen.

Claus Hecking, Financial Times Deutschland, 25.10.2005, S. 23

M 44 Ungelöste Probleme des Emissionshandels

Fluglinien und Passagieren drohen zusätzliche Kosten: Die Europäische Kommission plant, den Luftverkehr dem EU-System zum Emissionshandel zu unterwerfen. Die Gesamtmenge von Treibhausgasen, die Airlines produzieren dürfen, würde damit begrenzt. „Es ist unfair, dass Fluglinien im Gegensatz zu anderen Industriezweigen bis jetzt keinen Beitrag zum Klimaschutz leisten", sagte EU-Umweltkommissar Stavros Dimas in Straßburg. Tickets für Hin- und Rückflüge könnten durch die Pläne nach Berechnungen der Kommission bis zu 9 Euro teurer werden.

Seit Jahresanfang 2005 müssen Energieerzeuger und Industriebetriebe in der EU für jede von ihnen ausgestoßene Tonne Kohlendioxid (CO_2) ein Zertifikat besitzen. Je nach Ausstoß und Bedarf kaufen und verkaufen die Unternehmen Zertifikate. Der Emissionshandel ist das wichtigste Instrument, mit dem die EU den Ausstoß von Treibhausgasen senken will. Im Klimaschutzvertrag von Kyoto hat sie sich verpflichtet, die CO_2-Emissionen bis zum Jahr 2010 um acht Prozent gegenüber 1990 zu verringern.

Um bei einer Ausweitung auf Fluglinien Wettbewerbsverzerrungen zu verhindern, sollen nicht nur europäische, sondern auch alle anderen Fluglinien an dem Handel teilnehmen müssen, die von einem EU-Flughafen aus starten. Unter das System sollen Flüge innerhalb der Union sowie internationale Strecken fallen. Mitgliedsländer und Industrie können sich nun zu den Plänen äußern; ein formeller Vorschlag soll frühestens Ende 2006 folgen. Er muss dann von den EU-Staaten und dem Europäischen Parlament abgesegnet werden.

Flughafen Stuttgart. Obwohl der Flugverkehr starke Wachstumsraten verzeichnet, müssen die Fluglinien bislang keinen Beitrag zum Klimaschutz leisten.

Die Airlines sind in ihrer Reaktion gespalten. Ein Großteil hält eine Einbeziehung in den Emissionshandel zumindest für weniger belastend als eine Kerosinsteuer. Die britische Fluglinie British Airways begrüßte das Vorhaben gestern.

Bisher ist der Luftverkehr zwar nur für drei Prozent der Gesamtmenge der in der EU produzierten Treibhausgase verantwortlich. Die Emissionen steigen aber überdurchschnittlich stark an. In den vergangenen Monaten hatte die Kommission bereits die Möglichkeiten zur Einführung einer Kerosinsteuer ausgelotet, diese Idee aber wieder verworfen.

Christine Mai, Financial Times Deutschland, 28.9.2005, S. 9

Aufgaben

1. Fassen Sie die Reaktionen der Industrie auf die Einführung des Emissionshandels zusammen und beurteilen Sie die beschriebenen Strategien. Welche weiteren Reaktionen sind denkbar (M 42, M 43)?
2. Diskutieren Sie, ob auch Fluglinien in den Emissionshandel mit einbezogen werden sollten. Beachten Sie dabei die Auswirkungen für Airlines und Passagiere (M 44).

3.3.2 Marktversagen und Umweltpolitik

Externalitäten und Umweltschäden

M 45

Externe Effekte bewirken, dass die Einheit von Nutznießer und Kostenträger gestört wird. Dritte, die selbst weder einen Beitrag leisten noch an der Entscheidung darüber beteiligt sind, ob eine bestimmte Aktivität durchgeführt werden soll oder nicht, erhalten einen Nutzen aus dieser Aktivität (positiver externer Effekt) oder bekommen Kosten aufgebürdet (negativer externer Effekt). …

Allgemeiner kann beim Auftreten externer Effekte von der Möglichkeit der *kollektiven Schädigung bei Verfolgung des individuellen Eigennutzes* gesprochen werden. Die „unsichtbare Hand" erfüllt ihre Aufgabe nicht wie im Idealmodell der vollständigen Konkurrenz. …

Eine Umweltpolitik, die erfolgreich sein soll, … [ergibt] sich dann, wenn … Produzenten und Konsumenten veranlasst werden, die gesamten gesellschaftlichen (Grenz-)Kosten ihres Handelns zu tragen. Dies geschieht, wenn diese Kosten internalisiert werden, sodass sie vom Produzenten in seine Kostenrechnung aufgenommen werden und sich dann auch in den Preisen niederschlagen. Dies ist der ökonomische Sinn des Verursacherprinzips: Nur dann, wenn auch die gesellschaftlichen Zusatzkosten in die betriebswirtschaftlichen Kalküle eingehen, haben die Unternehmen einen Anreiz, umweltschonende Technologien zu entwickeln und einzusetzen, und nur dann, wenn die Konsumenten als eigentliche Verursacher der Umweltbelastung auch mit den gesamten Kosten der von ihnen konsumierten Güter konfrontiert werden, haben sie einen Anreiz, Güter, bei deren Produktion oder Konsum die Umwelt vergleichsweise stark belastet wird, durch solche Güter zu substituieren, bei denen dies weniger geschieht. Überwälzung der Kosten für die Inanspruchnahme der Umwelt auf die Verbraucherpreise ist somit notwendig für eine wirksame Umweltpolitik.

Bruno S. Frey, Gebhard Kirchgässner, Demokratische Wirtschaftspolitik, 3. Aufl., München 2002, S. 87 f. und 232 f.

Externe Effekte – ein Organisationsfehler des Marktes

M 46

Bei der Darstellung des Marktmechanismus sind wir davon ausgegangen,

- dass jeder Produzent für die von ihm beanspruchten Inputs einen Preis bezahlen muss und dass er für die von ihm produzierten Güter einen Preis erzielen kann,
- dass damit auch jeder Konsument für die von ihm konsumierten Güter einen Preis bezahlen muss.

Im Fall der öffentlichen Güter sind diese fundamentalen Annahmen nicht mehr erfüllt. Wenn wir mit dem Flugzeug von Frankfurt nach New York fliegen, werden wir nicht mit den Kosten belastet, die dadurch für die Umwelt entstehen. Die privaten Kosten des Flugs sind dann also geringer als die sozialen Kosten, d.h. die Kosten, die von der Allgemeinheit getragen werden müssen. In einem solchen Fall spricht man davon, dass *negative externe Effekte (NEE)* bestehen. …

Negative und positive externe Effekte beruhen also auf der Tatsache, dass für bestimmte Güter (Inputs oder Outputs) kein Preis gefordert werden kann. Sie sind allgemein wie folgt definiert:

NEE = soziale Kosten – private Kosten,
PEE = soziale Erträge – private Erträge.

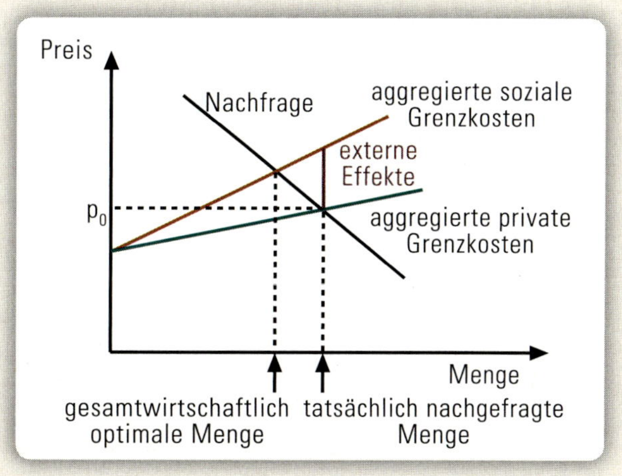

„Externe Effekte“ stellen somit einen fundamentalen Organisationsdefekt des Marktes dar. Dies soll am Beispiel der Produktion eines umweltbelastenden Gutes verdeutlicht werden. Das Schaubild zeigt, dass in diesem Fall die sozialen Grenzkosten der Produktion des Gutes höher liegen als die privaten Grenzkosten. Die Unternehmen richten ihr Angebot allein an ihren privaten Grenzkosten aus, sodass sich im Gleichgewicht die Menge x_0 und der Preis p_0 ergeben. Es entsteht somit ein negativer externer Effekt, der sich als Differenz zwischen den aggregierten sozialen Grenzkosten und dem Marktpreis ergibt. Gesamtwirtschaftlich ist dies deshalb von Nachteil, weil zum Preis von p Konsumenten das Gut konsumieren, die ihm einen Wert beimessen, der viel geringer ist als seine (sozialen) Kosten.
Sowohl bei positiven wie bei negativen externen Effekten versagt also der Marktmechanismus. Während im Fall negativer externer Effekte ein übermäßig hoher Verbrauch öffentlicher Güter stattfindet, kommt es im Fall positiver externer Effekte dazu, dass das Angebot eines öffentlichen Gutes entweder völlig unterbleibt oder aber deutlich geringer ist, als es optimal wäre.
Externe Effekte sind somit eine wichtige Rechtfertigung dafür, dass sich der Staat auch in einer Marktwirtschaft nicht völlig aus dem Marktprozess zurückziehen kann.

Er hat bei
- positiven externen Effekten die Aufgabe, die Produktion öffentlicher Güter sicherzustellen,
- negativen externen Effekten dafür zu sorgen, dass ein Raubbau mit den davon betroffenen öffentlichen Gütern verhindert wird.

Peter Bofinger, Grundzüge der Volkswirtschaftslehre, München 2003, S. 218 ff.

M 47 Grundprobleme der Umweltpolitik

Das Transaktionskostenproblem
Nehmen wir an, in einer bestimmten Gegend gebe es zur Elektrizitätserzeugung ein großes Kohlekraftwerk mit hohem Schwefeldioxid-Ausstoß. Die Geschädigten seien ausschließlich die Bewohner dieser Region, die unter der hohen Schadstoffkonzentration leiden. Faktisch hat somit das Kohlekraftwerk das Eigentumsrecht an sauberer Luft. Um diesen Schaden von sich abzuwenden, könnte man sich theoretisch vorstellen, dass sich die Bewohner der Region zusammenschließen und dem Kraftwerk die saubere Luft „abkaufen“. Sie könnten z.B. mit dem Kraftwerk einen Vertrag abschließen, welcher zum Inhalt hat, dass eine Entschwefelungsanlage eingebaut wird, deren Kosten auf die Bewohner umgelegt wird. Da aber, wenn dieser Vertrag einmal zustande gekommen ist, niemand vom Konsum der dann besser gewordenen Luft ausgeschlossen werden kann, werden alle Bewohner ein Interesse daran haben, dass sich alle übrigen an den Kosten der Entschwefelungsanlage beteiligen, sie selbst aber nicht; schließlich ist ihr eigener Beitrag so marginal, dass er für das Zustandekommen dieses Vertrags irrelevant ist. Versucht aber, und davon ist auszugehen, auch nur ein Teil der Bevölkerung sich in dieser Weise als Trittbrettfahrer zu verhalten, so kommt der Vertrag nicht zustande: Die Entschwefelungsanlage wird nicht eingebaut. Man könnte versuchen, die Situation dadurch zu verbessern, dass man das Eigentumsrecht an sauberer Luft jedem einzelnen der Bewohner dieser Region zuspricht. Will das Kraftwerk Strom produzieren, so müsste es dann die saubere Luft den Bewohnern abkaufen. Hier tritt ein analoges Problem auf. Jede(r) einzelne(r) der vielen Bewohner(innen) weiß, dass sie/er dann den höchsten Preis fordern kann, wenn alle anderen den Vertrag mit dem Kraftwerk bereits abgeschlossen haben, denn dann kann man die Vetoposition voll ausspielen. Da aber alle dies wissen, werden alle Bewohner, wenn sie sich rational verhalten, erst dann verhandeln wollen, wenn alle anderen bereits unterschrieben haben. Damit aber kommt ebenfalls kein Vertrag zustande. Die Luft bleibt zwar sauber, aber es kann auch kein Strom produziert werden.

Das Kontrollproblem
Man könnte sich vorstellen, dass private Ölfeuerungen für Raumheizungen mit Abgaben proportional zur Höhe des Ausstoßes an Schwefeldioxid belegt werden. Hierzu müssten an jedem Schornstein aufwendige Messanlagen angebracht werden, deren Funktionsweise zudem regelmäßig über-

prüft werden müsste. Dies bedingt einen erheblichen organisatorischen und finanziellen Aufwand. Da der Ausstoß von Schwefeldioxid jedoch proportional zum Schwefelgehalt im leichten Heizöl ist, kann das gleiche Ziel auch durch dessen Reduktion erreicht werden. Dabei fallen wesentlich geringere Kontrollkosten an. So wurde z.B. in der Schweiz durch schrittweise Reduktion des Schwefelgehalts im Heizöl erreicht, dass die SO_2-Emissionen im Jahr 2000 unter jenen des Jahres 1930 lagen.

Bruno S. Frey, Gebhard Kirchgässner, Demokratische Wirtschaftspolitik, München 2002, S. 234 - 237

Transaktionskosten

Info

Der Marktmechanismus ist nicht kostenlos: Um eine Markttransaktion durchzuführen, muss man herausfinden, wer derjenige ist, mit dem man zu tun haben will; Leute informieren, dass und unter welchen Bedingungen man mit ihnen zu tun haben will; Verhandlungen führen, die zu einem Abschluss führen; den Vertrag aufsetzen; die erforderlichen Kontrollen einbauen, um sicher sein zu können, dass die Vertragsbedingungen eingehalten werden usw. (Coase 1960). Die entstehenden Kosten nennt man Transaktionskosten.

Sie lassen sich untergliedern in

a) die Kosten der Anbahnung von Verträgen (Such- und Informationskosten im engen Sinne),
b) die Kosten des Abschlusses von Verträgen (Verhandlungs- und Entscheidungskosten),
c) die Kosten der Überwachung und Durchsetzung vertraglicher Leistungspflichten.

Autorentext

Umweltpolitische Instrumente

M 48

Umweltpolitik umfasst alle Maßnahmen der Wirtschaftspolitik, die dazu beitragen sollen, die Qualität der Umwelt zu verbessern und die natürliche Umwelt vor negativen Auswirkungen der wirtschaftlichen Tätigkeit zu schützen. Der Schutz der natürlichen Umwelt durch die Wirtschaftspolitik kann auf unterschiedliche Weise verbessert und erreicht werden.

Instrumentengruppe	Instrumente	Grad der staatl. Steuerung
Ordnungsrechtliche Instrumente	• Ge- und Verbote; Genehmigungen • Grenzwertsetzung • Produktstandards • Prozessstandards • Umweltstrafrecht	hoch
Marktwirtschaftliche Instrumente	• Umweltsteuern • Lizenzen, Zertifikate • Steuervergünstigungen • Subventionen	mittel
Kooperation	• Verhandlungen • formale oder informale Vereinbarungen • Branchenabkommen • Selbstverpflichtungen	mittel bis niedrig
Information und moralische Appelle	• Information und Aufklärung durch staatliche Institutionen • standardisierte private Berichtsformen • Umweltzeichen • Umweltbildung	niedrig

nach: Martin Jänicke, Philip Kunig, Michael Stitzel, Umweltpolitik, Bonn 2000, S. 100

M 49 Wohlstand – eine Perspektive für die Umwelt?

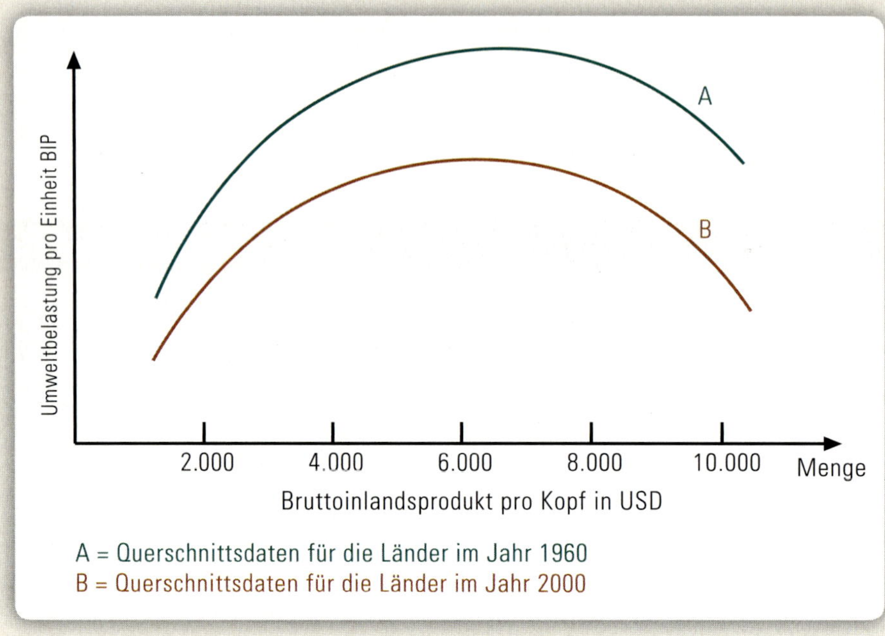

Johann Norberg, Das Kapitalistische Manifest, Frankfurt 2003, S. 223

Aufgaben

1. Gegeben sei eine Schafweide im Allgemeinbesitz. Die Herden der Schäfer grasen auf der Weide. Die Stückzahl der Herden sei so groß, dass das Land gerade noch ausreicht. Beschreiben Sie, was passiert, wenn ein Schäfer seine Herde vergrößert, um seinen Gewinn zu vermehren. Bedenken Sie insbesondere, wie sich Nutzen und Schaden auf die verschiedenen Schäfer verteilen (M 45, M 46).
2. Gegeben sei eine Straße, die in einer Gegend liegt, in der zahlreiche Diebstähle vorkommen. Um einen besseren Schutz vor Diebstählen zu erreichen, stellen einige Anlieger der Straße einen privaten Wachmann an. Überlegen Sie, was diese Maßnahme für die Sicherheit aller Anwohner in der besagten Straße bedeutet. Bedenken Sie insbesondere, wie sich diesmal Kosten und Nutzen auf die verschiedenen Anlieger der Straße verteilen (M 45, M 46).
3. Versuchen Sie, die Grundproblematik der in Aufgabe 1 und 2 beschriebenen Fälle zu formulieren. Kennen Sie weitere solche Situationen (M 45, M 46)?
4. Beschreiben Sie, welche externen Effekte bei der Nutzung von Bundesautobahnen durch LKWs entstehen. Erläutern Sie, wie durch die Einführung einer LKW-Maut versucht wurde, diese zu internalisieren (M 45, M 46). Beurteilen Sie das Instrument der LKW-Maut hinsichtlich seiner Wirksamkeit.
5. Beschreiben Sie grafisch, wie man allgemein mittels einer Steuer zu einer Internalisierung negativer externer Effekte kommen kann (M 46).
6. Erläutern Sie, warum es so schwer ist, ohne den Staat eine Internalisierung externer Effekte zu erreichen (M 47).
7. Stellen Sie in einer Tabelle die jeweiligen Vor- und Nachteile der unterschiedlichen umweltpolitischen Instrumentengruppe gegenüber. Berücksichtigen Sie dabei jeweils den Bezug zum Kontrollproblem (M 48).
8. Versuchen Sie, eine Erklärung für den Verlauf der Kurven in M 49 zu finden.

Wissen kompakt

Herausforderung Klimawandel
M 37, M 38

Der zu beobachtende Klimawandel stellt die Weltgemeinschaft vor eine große Herausforderung. Die Auswirkungen sind gravierend: extreme Wetterlagen, Überschwemmungen, verheerende Dürren und gewaltige Stürme. Inzwischen ist unzweifelhaft, dass der Mensch und seine Aktivitäten eine Zunahme der Konzentration von Treibhausgasen wie Kohlendioxyd wesentlich mitverantwortet.

Internationaler Klimaschutz: das Kyoto-Protokoll
M 39

Schon seit den 90er Jahren gibt es international Bemühungen der Politik, den Klimawandel zu verhindern. Eine zentrale Station des internationalen Klimaschutzes war 1997 die Verabschiedung des Kyoto-Protokolls. Es beinhaltet eine völkerrechtlich verbindliche Regelung, in der sich die westlichen und östlichen Industriestaaten auf eine Verringerung des Ausstoßes von sechs Treibhausgasen verpflichtet haben.

Instrument Emissionshandel
M 40, M 41

Neben der Festlegung von bestimmten Ausstoßmengen für jedes Land sollen die Reduktionsziele mit dem Handel von Emissionszertifikaten erreicht werden.
Unternehmen bzw. Ländern wird eine bestimmte Menge an Zertifikaten zugeteilt, die jedes Jahr verknappt wird. Der Besitz der Zertifikate berechtigt dazu, eine bestimmte Schadstoffmenge an die Umwelt abzugeben. Wer weniger emittiert, kann seine überschüssigen Rechte an diejenigen verkaufen, für die es billiger ist, den Preis für Verschmutzungsrechte zu zahlen als veraltete Anlagen so umzurüsten, dass der Ausstoß der Abgase vermindert wird. Der Schadstoffausstoß wird dann dort vermindert, wo es am wenigsten kostet. Das bedeutet, ökologisch wirksames Handeln wird durch Marktkoordination ökonomisch umgesetzt.

Negative externe Effekte und Tragik der Allmende
M 45, M 46

Der Klimawandel offenbart ein grundsätzliches ökonomisches Problem: Der Marktmechanismus versagt immer dann, wenn sich nicht die gesamten Kosten bzw. Nutzen eines Produkts bzw. einer Aktivität im Preis abbilden. Die gesellschaftlichen Kosten decken sich nicht mit den privaten Kosten. Der Einzelne wird durch sein gemeinschädliches Verhalten selbst zunächst nur wenig betroffen. Negative externe Effekte sind eine wesentliche Ursache für die Entstehung von Umweltschäden und die Übernutzung öffentlicher Güter (Tragik der Allmende).

Internalisierung externer Effekte als Lösung
M 47, M 48

Die Lösung muss darin bestehen, die Kosten, die auf „die anderen" entfallen, zu internalisieren, d.h. im Preis abzubilden. Dann wird nämlich weniger von dem schädlichen Gut bzw. der schädlichen Leistung nachgefragt bzw. angeboten.
Wegen des Problems der Transaktionskosten wird es nur selten gelingen, ohne staatliche Hilfe zu einer Internalisierung der externen Kosten zu gelangen. In der Regel wird der Staat über Steuern oder Auflagen dafür sorgen, dass die Umweltverschmutzung begrenzt wird.

Wachstum und Umweltzerstörung
M 49

Auf der Suche nach Lösungsstrategien für das Problem der Umweltzerstörung zeigt sich ein interessanter Zusammenhang. Wirtschaftswachstum führt zwar zunächst zu einer stärkeren Belastung der Umwelt. Ab einem bestimmten Wohlstandsniveau zeigen die Indikatoren für die Umweltbelastung jedoch eine Verbesserung an. Ein höheres Wohlstandsniveau erlaubt offenbar mehr Investitionen in den Umweltschutz.

3.4 Markt und Verbraucher

M 50 Macht der Konzerne …

Preiskampf der Supermarktketten – Verlierer sind auch die Konsumenten
Um ihren Kunden immer billigere Waren bieten zu können, pressen Supermarktketten das Letzte aus den Herstellern heraus. Der Exportchef eines großen französischen Weinhandelshauses kaut angespannt auf seinem Kugelschreiber herum. Gut liefen die Geschäfte nicht dieses Jahr auf der Fachmesse Prowein in Düsseldorf. „Der deutsche Markt ist zum Mülleimer Europas geworden", sagt der Exportchef, der seinen Namen nicht in der Zeitung lesen will. „Die Preise, die wir hier erzielen, sind so niedrig, dass dafür eigentlich nur Ware zu haben ist, die anderswo schlicht unverkäuflich wäre." …
Die Verbraucher profitieren – entgegen einer landläufigen Annahme – bestenfalls finanziell von dieser Entwicklung.

Andrea Exler, Lieferanten im Würgegriff, in: Die Zeit, 4.5.2005

Mogelpackungen: Kleinere Mengen zum gleichen Preis
Ob Fisch, Eis, Milchprodukte oder Kosmetik – in immer mehr Produkten steckt weniger drin, als die Packung vortäuscht. So arbeiten die Hersteller zum Beispiel mit gewölbten Böden, die nicht auf Anhieb von außen erkennbar sind.

NDR-Fernsehen, 27.4.2005

Markenfetischismus
Die Politik, mit Marken eine Lebensart statt ein Produkt zu verkaufen, beeinflusst immer offensichtlicher unsere Gesellschaft und unsere Kultur. … Marken und Labels … schaffen ein künstliches Verlangen. Die Ironie ist, Markenfetischismus funktioniert nicht, weil wir Laufschuhe und Laptops so dringend brauchen, sondern weil wir mehr wollen als Laufschuhe und Laptops. Deshalb werden Laufschuhe und Laptops als etwas verkauft, was mit Freiheit, Liebe, Gemeinschaft, Zukunft zu tun hat.

Interview mit Naomi Klein, Das Nike-Syndrom, fluter, 19.6.2002

Macht der Gentechnik-Konzerne
„Langjährige Erfahrungen aus Nord- und Südamerika belegen, dass ein Nebeneinander von Gen-Anbau und normaler Landwirtschaft unmöglich ist. … Der Saatgut-Konzern Monsanto kauft weltweit Saatgutfirmen, besitzt weitreichende Patente auf Saatgut und Pflanzen und drangsaliert Landwirte durch Knebelverträge und Gerichtsverfahren" erklärt Strodthoff, Gentechnik-experte von Greenpeace.

http://www.presseportal.de/ (17.1.2007)

… oder Macht der Verbraucher?

M 51

Die Schönauer Stromrebellen

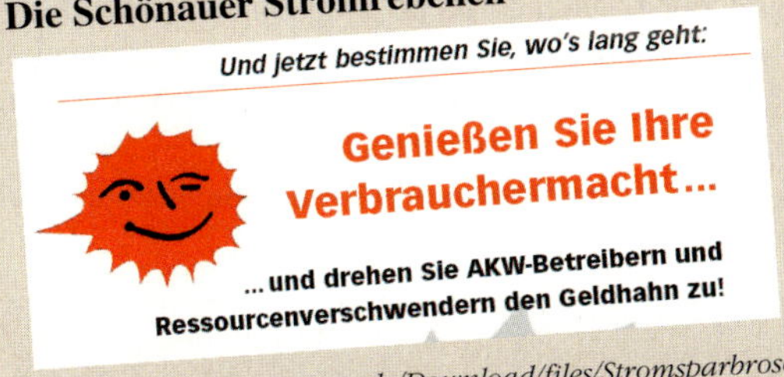

http://www.ews-schoenau.de/Download/files/Stromsparbroschuere.pdf (2.11.2005)

Greenpeace feiert den Rückzug des Nestlé-„Butterfinger"

„Wir freuen uns, dass Nestlé den Gen-Schokoriegel vom Markt nimmt", sagt Ulrike Brendel, Sprecherin des ‚genetiXproject'. „Am meisten freut uns aber, dass dies ein Sieg der Verbraucher ist. Nestlé merkt jetzt, was es heißt, wenn eine große Mehrheit der Bevölkerung gegen Gentechnik im Essen ist. Wir werden in unseren Kampagnen weiterhin auf die Macht der Verbraucher setzen."

Greenpeace Presseerklärung vom 16.7.1999

Die Verbraucher entscheiden über die Zukunft der Landwirtschaft

Die Bauern sollten sich aber durchaus daran erinnern, wie rapide der Konsum von Rindfleisch nach der BSE-Krise in den Keller sackte, wie wenig Schweinefleisch nach der Schweinepest noch verzehrt wurde. Qualitätsstandards müssen eher ausgebaut als reduziert werden. Da darf es kein Zurück geben. Nur wenn sie die Verbraucher überzeugen, haben die Landwirte eine Zukunft. … Autos werden auch nicht deshalb gebaut, damit die Daimler-Arbeiter in den Fabriken Arbeit haben. Autos werden gebaut, wenn sie jemand haben will. Bei dem, was Deutschlands Bauern mit Ackerbau und Viehzucht erwirtschaften, ist das nicht anders.

Ulrich Schreyer, Stuttgarter Zeitung, 25.6.2005, S.15

Clean Clothes Campaign: Eilaktionen zeigen Wirkung

Über ein internationales Netzwerk von Gewerkschaften und Nicht-Regierungsorganisationen wird die „Kampagne für Saubere Kleidung" (CCC) regelmäßig über Arbeitsrechtsverletzungen bei Zulieferbetrieben europäischer Textilkonzerne informiert. Die CCC reagiert auf aktuelle Fälle von Arbeitsrechtsverletzungen mit Eilaktionen. Wir informieren die KonsumentInnen per Email-Verteiler über die Hintergründe des Falles und rufen zu Protestaktionen auf. Mit Protestbriefen, Faxen und Emails fordern Menschen aus ganz Europa die Unternehmen dazu auf, internationale Arbeitsstandards einzuhalten. … Im Mai 2003 wurden beispielsweise in Indonesien 530 ArbeiterInnen entlassen, die für die Bezahlung von Mindestlöhnen in den Streik gegangen waren. Hunderte KonsumentInnen beteiligten sich an einer Eilaktion der CCC und schrieben Protestbriefe und Emails an die Textilunternehmen Tom Tailer, H&M und S.Oliver, die in der Fabrik produzieren ließen. Der massive Druck der Öffentlichkeit führte dazu, dass die ArbeiterInnen wieder eingestellt wurden.

http://wp1008694.wp016.webpack.hosteurope.de/urgentappeals/urgentappeals.php (2.11.2005)

Aufgaben

1. Stellen Sie allgemeine Risiken zusammen, die Konsumenten beim Erwerb eines Gutes oder einer Dienstleistung eingehen (M 50).
2. Beschreiben Sie ausgehend von den Beispielen in M 50 die Möglichkeiten von Anbietern, die freie Entscheidung der Konsumenten oder Abnehmer zu beeinflussen.
3. Stellen Sie ausgehend von M 51 zusammen, worin die „Macht der Verbraucher" insbesondere auf gesättigten Märkten begründet ist. Welches grundsätzliche Problem besteht bei der Durchsetzung der Verbrauchermacht?
4. Erörtern Sie die Frage, inwiefern der Wettbewerb die Machtposition der Verbraucher stärken kann (M 51).

M 52 Verbraucherpolitik: Ziele der Bundesregierung

Verbraucherpolitik

Verbraucherpolitik ist mehr als der Schutz der Individualinteressen der Verbraucherinnen und Verbraucher im Sinne staatlicher Fürsorge. Sie stärkt die Lenkungskräfte des Marktes, die Selbstbestimmung der Verbraucher und wirkt gestaltend für eine wirtschaftlich und gesellschaftlich nachhaltige Entwicklung.

Ziele

- Vorsorgender gesundheitlicher Verbraucherschutz
- Stärkung der wirtschaftlichen Interessen und Rechte der Verbraucher
- Förderung der Interessenvertretungen der Verbraucher und der Verbraucherinformation
- Stärkung der Selbstbestimmung der Verbraucher

nach: Verbraucherpolitischer Bericht der Bundesregierung, Berlin 2004

M 53 Consumer Policy in the EU

Consumer policy is central to the EU's objective of continuously improving the quality of life of all EU citizens. The aim of promoting the interests, health and safety of consumers in the EU is enshrined in articles 153 and 95 of the Treaty establishing the European Community.

EU consumer policy aims to ensure that the internal market is open, fair and transparent, so that consumers can exercise real choice; rogue traders are excluded and consumers and business can take advantage of its potential.

Consumer policy involves:

- increasing consumer confidence in the internal market which contributes to the improvement of business competitiveness by setting a regulatory framework that is the same and equally enforced across the European market and that protects consumers effectively;
- strengthening consumers' position on the market place by the development of consumer education tools and the active support of EU consumer organisations and their involvement in policy making;
- ensuring that consumer concerns are taken into account in all EU policies;
- complementing Member States' consumer policy;
- collecting consumer-related data to support the development of legislative proposals and other initiatives.

Consumer Policy in the EU, Europäische Gemeinschaften
http://ec.europa.eu/consumers/overview/index_en.htm (19.2.2007)

Maßnahmen und Träger der Verbraucherpolitik

M 54

Besonders aktiv im Bereich der Verbraucherpolitik ist die Europäische Kommission. Auf ihre Initiative lassen sich zahlreiche Bestimmungen zum Verbraucherschutz zurückführen (erweiterte Kennzeichnungspflicht von Lebensmitteln, Werbeverbot für Zigaretten, Warnhinweise auf Zigarettenschachteln, …). Über 90 verbraucherrelevante Verordnungen und Richtlinien hat die Europäische Union mittlerweile verabschiedet. Ergänzt bzw. umgesetzt wird die europäische Verbraucherpolitik durch die nationale Verbraucherpolitik in Deutschland. Im Vordergrund der deutschen Verbraucherpolitik stehen Maßnahmen der Verbraucherinformation, des Verbraucherschutzes und der Verbrauchererziehung. Der Verbraucherschutz stärkt durch eine Vielzahl von Ge- und Verboten die Stellung des Konsumenten gegenüber den Marketingpraktiken der Anbieter (vgl. M 55).

Durch aktuelle Informationen über das Angebot an Waren und Dienstleistungen sollen einseitige, womöglich verzerrte Informationen der Anbieter ergänzt und wenn nötig richtig gestellt werden. Ziel ist, die Markttransparenz zu erhöhen. Wichtige Informationskanäle sind produktbegleitende Informationen, Warentests, Verbraucherberatung besonders durch Verbraucherzentralen und der Einsatz von Massenmedien wie beispielsweise Verbraucherzeitschriften. Die staatliche Verbraucherpolitik unterstützt vor allem die Verbraucherzentralen und die Stiftung Warentest finanziell. Auch nichtstaatliche Organisationen wie Greenpeace oder ATTAC klären über Produktionsbedingungen oder Umweltwirkungen von Produkten auf.

Durch Verbrauchererziehung soll jeder frühzeitig auf seine Rolle als Konsument vorbereitet werden. Zur schulischen Verbrauchererziehung zählen die Vermittlung grundlegender Kenntnisse über die Marktwirtschaft, die Reflexion der eigenen Bedürfnisse und die Entwicklung eines verantwortlichen Verbraucherverhaltens auch mit Blick auf die Wirkungen des Konsums auf Mitmenschen und Umwelt.

nach: Michael Bauer u.a., Wirtschaft heute, Bonn 2006, S. 176

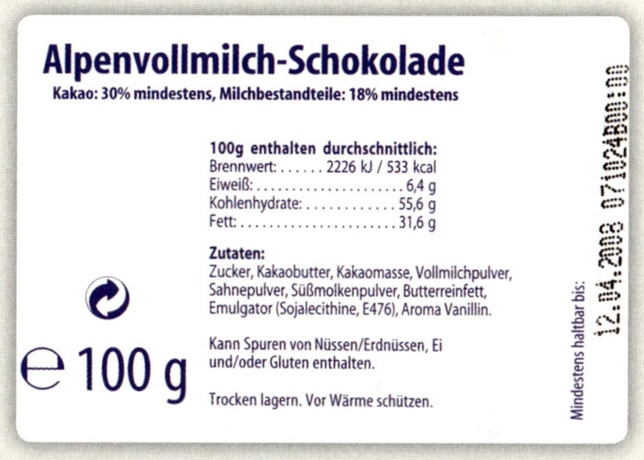

Zutatenverzeichnis, Nährwertangaben und Haltbarkeitsdatum auf einer Schokoladenverpackung: Die Lebensmittelkennzeichnungsverordnung schreibt vor, welche Angaben auf der Verpackung gemacht werden müssen.

Stiftung Warentest

Info

Unabhängige Einrichtung in der Rechtsform einer Stiftung des privaten Rechts (Stifterin ist die Bundesrepublik Deutschland); gegründet 1964. Nach der Stiftungssatzung soll die Öffentlichkeit vor allem über „objektivierbare Merkmale des Nutz- und Gebrauchswertes von Waren und privaten sowie individuell nutzbaren öffentlichen Leistungen" und über „Möglichkeiten und Techniken der optimalen privaten Haushaltsführung" unterrichtet werden. Seit 1985 soll auch die Umweltverträglichkeit der Produkte berücksichtigt und über Verbraucherrecht informiert werden. Die Ergebnisse ihrer vergleichenden Warentests, Diensleistungsuntersuchungen und Verbraucherinformationen werden z.B. in Zeitschriften, Sonderheften, Ratgebern, Jahrbüchern („test Jahrbuch", seit 1972) veröffentlicht.

Michael Bauer u.a., Das Lexikon der Wirtschaft. Grundlegendes Wissen von A bis Z. 2. Aufl., Mannheim 2004, S. 372

M 55 Ausgewählte Gesetze und Verordnungen zum Verbraucherschutz

Kennzeichnungsvorschriften gibt es etwa für Textilien (Textilkennzeichnungsgesetz), große Elektrogeräte (Energieverbrauchskennzeichnungs-Verordnung) und für Lebensmittel. So schreibt die Lebensmittelkennzeichnungs-Verordnung unter anderem bei Fertigverpackungen die Angabe der Zutaten und Zusatzstoffe sowie das Mindesthaltbarkeitsdatum vor, für Obst und Gemüse verschiedene Güteklassen.	Durch das **Verbraucherkreditgesetz (VerbrKrG)** sollen Verbraucher vor missbräuchlichen Kreditbedingungen geschützt werden. Es gilt sowohl für Kreditverträge als auch für Kreditvermittlungsverträge, wie sie z.B. oft bei einem Autokauf abgeschlossen werden.	Die Generalklausel des **Gesetzes gegen unlauteren Wettbewerb (UWG)** verbietet unlautere Wettbewerbshandlungen, die geeignet sind, den Wettbewerb zum Nachteil der Mitbewerber, der Verbraucher oder der sonstigen Marktteilnehmer zu beeinträchtigen.
Um einen klaren Standard für einfache Vertragsgeschäfte zu haben, werden meist vorformulierte Vertragsbedingungen als **Allgemeine Geschäftsbedingungen (AGB)** zugrunde gelegt. Typische Bestandteile der AGB sind Abreden über Sachmängelhaftung, Eigentumsvorbehalt, Erfüllungsort sowie Gerichtsstand. AGB sind nichtig, wenn sie die wirtschaftliche Bewegungsfreiheit des Vertragspartners unangemessen beschränken (Knebelungsvertrag) oder wenn sie dem Käufer ungünstige Bedingungen aufzwingen. Diese und andere Vorschriften sind im Bürgerlichen Gesetzbuch (BGB) geregelt.	Der **Mieterschutz** ist ebenfalls im **BGB** geregelt. Die Schutzwirkung dieser Vorschriften besteht darin, dass der Vermieter ein Mietverhältnis durch ordentliche oder außerordentliche befristete Kündigung nur auflösen kann, wenn er ein berechtigtes Interesse an der Beendigung hat. Neben dem Mieterschutz regelt das BGB beispielsweise Gewährleistungsansprüche des Käufers (Garantierechte). Spezielle Vorschriften gibt es für Haustürgeschäfte durch das **Haustür-Widerrufungsgesetz (HWiG)**, für den Versand- und Internethandel (**Fernabsatzgesetz**) und für Pauschalreisen (**Reisevertragsgesetz**).	Das **Produkthaftungsgesetz (ProdHaftG)** verpflichtet den Hersteller eines fehlerhaften Produkts zur Haftung für daraus entstehende Personen- und Sachschäden. Auf ein Verschulden des Herstellers kommt es dabei nicht an. Die Beweislast für Kausalzusammenhang zwischen Fehler und Schaden trägt der Geschädigte.

Michaael Bauer u.a., Wirtschaft heute, Bonn 2006, S. 178

Ein König ohne Land

M 56

Früher war der Verbraucher von Mangel bedroht. Heute bedroht ihn das, was er konsumiert. Das gilt beileibe nicht nur für den unverbesserlichen Raucher, den eine fürsorgliche Gesetzgebung von der Kneipe auf die Straße treibt, um ihn vor sich selbst zu schützen. Nein, der heutige Konsument ist in seinem Alltag umstellt von unberechenbaren Gefahren. Ahnungslos stillt er seinen Hunger mit ekelhaften Restfleischmixturen, vergiftet seine Kinder mit gut gemeinten Gaben aus dem fernen China und schädigt sein Erbgut mit dem bunten Schein, den künstlichen Farbstoffe über seine Speisen verbreiten.

Vorbei sind die Zeiten, in denen der Kunde angeblich einmal König war, der selbstgewiss über seine Bedürfnisse regierte. Er ist zum Opfer geworden, zum Gejagten. Und dass sich jetzt die Verbraucherminister in Baden-Baden getroffen haben, um aus den Skandalen der vergangenen Wochen Konsequenzen zu ziehen, erhärtet trotz der beschlossenen Maßnahmen nur den Eindruck: Der Verbraucher ist eine bedrohte Spezies, deren Überleben mindestens ebenso gefährdet ist wie das des Polarbären, der auf seiner schmelzenden Eisscholle durch die Arktis treibt.

Im Gegensatz zu ihm freilich sieht sich der Verbraucher nicht mit schwindenden Nahrungsquellen konfrontiert, sondern im Gegenteil mit einem rapide wachsenden Angebot. Und genau hier liegt das Problem. Die Waren sind aufsässig geworden. Sie drängen sich auf, haben sich gegenüber jeglichem vernünftigen Bedürfnis verselbstständigt. Niemand kann die Wege und die Manipulationen mehr überblicken, die sie durchlaufen haben, bevor sie den Verbraucher erreichen. Er ist in die Defensive geraten. Hier hat der Verbraucherschutz anzusetzen, als eine Verteidigung des von den vielfältigen Möglichkeiten der Bedürfnisbefriedigung überwältigten Konsumenten. Hilflos irrt er durch das Dickicht, in das ihn die Hersteller, Vertreiber und Dienstleister gelockt haben. Dringend bedarf er der Hilfestellung, um seine Unterlegenheit infolge mangelnder Fachkenntnis, Information oder Erfahrung auszugleichen.

Natürlich ist nicht von der Hand zu weisen, dass die Verbraucherschützer den Kunden eigentlich in erster Linie vor sich selbst zu schützen hätten. Niemand zwingt ihn dazu, immer nur nach den billigsten Produkten zu greifen, sich bei der

König Kunde? Hilflos irrt der Mensch durch das Dickicht, in das ihn Hersteller, Vertreiber und Dienstleister gelockt haben.

Schnäppchenjagd blutige Nasen zu holen, wie jüngst in einem Berliner Elektrodiscounter, als bei dem Sturm auf die Sonderangebote mehr als fünfzig Verletzte zu beklagen waren. Wenig erstaunlich auch, dass die Waren, die von sich gegenseitig mit Tiefstpreisen kannibalisierenden Nahrungsmittelproduzenten übrig bleiben, nicht sonderlich appetitlich sind.

Und doch besteht andererseits kein Zweifel, dass der Markt insgesamt aggressiver geworden ist. Er attackiert mit immer raffinierteren Methoden, gegen die sich auch der vielberufene mündige Konsument kaum mehr selbstständig zur Wehr setzen kann. Selbst in seinem privaten Schutzraum droht der Verbraucher von skrupellosen Telefonwerbern aufgetrieben und durch infame Tricks der Konsumkette zugeführt zu werden. Man mag die multikulturelle Errungenschaft des Döners durch die ökologisch korrekte des Vollkornbratlings ersetzen und wird doch voraussichtlich nicht verhindern können, dass sich künftig, je mehr der Biosektor boomt, auch skrupellose Wölfe in den lukrativen Bioschafspelz hüllen werden. Mit Befremden verfolgt man, wie im Zeichen des Klimawandels die an sich begrüßenswerte moralische Mobilmachung der Autoindustrie zur absatzsteigernden Strategie mutiert. Was dabei an falschem Schein eingespeist wird, dürfte nicht so leicht sichtbar zu machen sein, wie es beim Gammelfleisch durch das jetzt geplante Einfärben möglich wäre.

So sehr zu begrüßen ist, dass Politik und Gesetz-

gebung aus Lebensmittelskandalen und unseriösen Geschäftspraktiken die notwendigen Schlüsse ziehen wollen, so sehr wäre es vonnöten, dass der Einzelne wieder ein Bewusstsein für den Wert der Dinge angesichts des allzu selbstverständlich gewordenen Überflusses entwickelt.
Niemand wird die Zeiten zurückwünschen, wo wenige und teure Waren zum Verzicht und zur Entscheidung gezwungen haben. Aber vielleicht bedürfte es, statt konsumistischer Maßlosigkeit, etwas mehr von jener wählerischen Besinnung auf das wirklich Notwendige. Es liegt letztlich in der Hand des Verbrauchers, ob er trotz noch so scharfer Gesetze ein schutzbedürftiges Opfer bleibt oder doch endlich zum König wird. Nicht indem er sich von gewieften Händlern entsprechend hofieren lässt, sondern indem er die Souveränität über seine Bedürfnisse zurückgewinnt. Nur so wird er sich dauerhaft des demokratischen Segens erfreuen können, der in der allseitigen Erschwinglichkeit einer Warenvielfalt liegt, die ehemals nur einer Minderheit vorbehalten war.

Stefan Kister, Stuttgarter Zeitung, 15.9.2007, S. 1

M 57 Kontrovers diskutiert: Konzeptionen der Verbraucherpolitik

Die Konzeptionen der Verbraucherpolitik basieren auf unterschiedlichen Vorstellungen der Stärken und Schwächen von Verbrauchern und Produzenten in einer Volkswirtschaft. Daraus ergeben sich verschiedene Sichtweisen der Rolle des Staates innerhalb der Wirtschaftsordnung.

Partizipatorisch-emanzipatorischer Ansatz – direkte Beteiligung der Verbraucher an Produktionsentscheidungen
Die Bedürfnisse der Verbraucher werden von den Anbietern durch Marketingaktivitäten geformt. Die Verbraucher können nur auf ein Angebot reagieren, das von den Anbietern (auf der Grundlage ihrer eigenen Interessen) geprägt wurde. Der Macht der Anbieter steht eine Vielzahl ökonomisch unbedeutender und isoliert handelnder Haushalte gegenüber. Die Verbraucher sind den Anbietern generell unterlegen, was in der marktwirtschaftlichen Ordnung begründet liegt. Letztendlich ist also die Umgestaltung des marktwirtschaftlichen Systems das Ziel dieses Ansatzes. Die Verbraucher werden direkt an den Produktionsentscheidungen beteiligt, sie sollen (z.B. in Form von Verbraucher-Räten) sehr früh auf ihre zukünftige Bedürfnisbefriedigung Einfluss nehmen.

Das Gegenmachtmodell – Wettbewerbspolitik und marktkompensatorische[1] Verbraucherpolitik
Die Verbraucher besitzen Wahlfreiheit, auf diese reagiert der Markt – Verbraucherbedürfnisse und Herstellerinteressen beeinflussen sich gegenseitig. Die Freiheit der Verbraucher ist aber Beschränkungen unterworfen, wie z.B. den Produktionsentscheidungen der Hersteller, der Stimulierung von Verbraucherbedürfnissen, der mangelnden Erkenntnis über eigene Bedürfnisse und den mangelnden Informationen über Güter. Der Anbieter ist in Sachen Kompetenz, Information und Macht dem Verbraucher immer voraus. Es muss also einen Machtausgleich zugunsten der Verbraucher geben, den der Staat herstellen muss. Dazu dienen z.B. Verbrauchererziehung in Schule und Erwachsenenbildung und klare Gegeninformationen zu den Herstellerinformationen. Die Wettbewerbspolitik muss stärker auf die Kontrolle des Anbieterverhaltens ausgerichtet sein. Verbraucherpolitik ist nicht der Wettbewerbspolitik untergeordnet, die Selbstregulierung der Anbieter kann staatliches Handeln nicht ersetzen.

Produzentensouveränität:
Die Verbraucher können nur auf ein Angebot reagieren, ihre Bedürfnisse werden durch Marketing geformt. Sie sind von den Anbietern abhängig.

Wettbewerbs- und Informationsmodell – Ergänzung der liberalen Wettbewerbspolitik durch marktkonforme[2] staatliche Maßnahmen
Die Verbraucher sind mit einer immer größer werdenden Produktvielfalt, komplizierter werdenden Gütern sowie einseitigen bzw. irreführenden Hersteller-Informationen konfrontiert. Eine vollständige Markttransparenz kann deshalb nicht vorausgesetzt werden. Der Verbraucher gerät deshalb in eine gegenüber dem Produzenten unterlegene Position. Um diese Unterlegenheit auszugleichen, bedarf es der Verbraucherinformation, z.B. durch unabhängige Produkttests. Die Bürger organisieren und finanzieren selbst die Institutionen, die entsprechende Informationen zur Verfügung stellen (gegebenenfalls staatliche Anschubfinanzierung).

Wettbewerbspolitik alleine stärkt den Verbraucher
Die Verbraucher steuern durch ihr Nachfrageverhalten die Produktion und befriedigen damit ihre Bedürfnisse optimal. Ist der Markt durch Konkurrenz geprägt (Leitbild „vollkommener Markt"), so reguliert er sich selbst. Ein funktionierender Wettbewerb bedeutet demnach eine grundsätzlich starke Stellung des Verbrauchers, denn an seiner Nachfrage orientiert sich die Produktion. Der Kauf ist gleichsam eine Stimmabgabe für das beste Produkt. Staatliche Wettbewerbspolitik ist hier insofern nötig, um die Funktionsfähigkeit des Marktes aufrecht zu erhalten. Dieser Konzeption geht auf Adam Smith und die „Freiburger Schule" (Ordoliberalismus) zurück.

Konsumentensouveränität: Allein der Verbraucher steuert durch sein Nachfrageverhalten die Produktion und das Angebot.

nach: Nils Zeino-Mahmalat, Leitbilder und Konzeptionen der Verbraucherpolitik, November 2000, http://www.politik-netzwerk.de/verbraucherpolitik/verbraucherpolitik.html (23.8.2006)

[1] *marktausgleichend*
[2] *marktgerecht*

Aufgaben

1. Erläutern Sie die Ziele der Verbraucherpolitik in der Bundesrepublik Deutschland und in der Europäischen Union (M 52, M 53).
2. Zeigen Sie auf, welche Akteure Verbraucherpolitik betreiben und erläutern Sie, welche Mittel diesen dazu zur Verfügung stehen (M 54).
3. Stellen Sie in arbeitsteiliger Gruppenarbeit den Inhalt der in M 55 genannten Gesetze vor und erklären Sie anhand von Beispielen, wie diese zum Schutz des Verbrauchers beitragen (M 55, eigene Recherchen).
4. Verfassen Sie einen Leserbrief an den Autor des Artikels „Ein König ohne Land" (M 56).
5. Ordnen Sie die Strategien und Prinzipien des Verbraucherschutzes in der EU sowie die Konzeption der Bundesregierung den verchiedenen Modellen der Verbraucherpolitik (M 57) zu.
6. Bewerten Sie vor dem Hintergrund der unterschiedlichen Konzeptionen der Verbraucherpolitik (M 57) diese Aussage: „Es liegt letztlich in der Hand des Verbrauchers, ob er trotz noch so scharfer Gesetze ein schutzbedürftiges Opfer bleibt oder doch letztlich zum König wird." (M 56)

Wissen kompakt

Der Konsument in der Marktwirtschaft
M 51, M 52

In einem marktwirtschaftlichen System haben Konsumenten und Produzenten unterschiedliche ökonomische Interessen. Die Verbraucher richten ihr Verhalten auf die optimale Befriedigung ihrer Bedürfnisse aus. Das Verhalten der Unternehmen zielt auf Gewinnmaximierung.
Im Idealfall entscheiden die Konsumenten durch ihr rationales Kaufverhalten über die angebotenen Produkte. Produkte, die dem Preis-Leistungsvergleich nicht standhalten, werden vom Markt verdrängt und nicht mehr angeboten. Diese Sichtweise von der Souveränität der Konsumenten setzt allerdings voraus, dass die Verbraucher über die Produkteigenschaften ausreichend informiert sind. Es müssen also Markttransparenz und ein freier Wettbewerb der Anbieter herrschen.
Eine andere Sichtweise geht davon aus, dass die Anbieter aufgrund ihres Informationsvorsprungs über die Produktqualität, aufgrund ihrer möglicherweise dominierenden Marktposition, mangelnder Markttransparenz oder aggressiver Marketingstrategien den Konsumenten strukturell überlegen sind.

Verbraucherpolitik Ziele, Träger, Instrumente
M 52 – M 56

Neben den privaten Verbraucherorganisationen übernimmt deshalb der Staat die Aufgabe, die Position der Verbraucher zu stärken. Hier ist in jüngster Zeit insbesondere die Europäische Union mit der Verabschiedung zahlreicher Verordnungen und Richtlinien aktiv geworden. Ergänzt bzw. konkretisiert wird die Verbraucherpolitik der EU durch die nationale Verbraucherpolitik in Deutschland.
Ziele der Verbraucherpolitik sind der Schutz vor Gesundheitsrisiken, der Schutz vor Irreführung, vor unlauteren Verkaufspraktiken und unbilliger Benachteiligung der Konsumenten.
Dazu werden von der EU oder Deutschland Gesetze und Verordnungen erlassen (z.B. Lebensmittelkennzeichnungsverordnung, Gesetz gegen unlautereren Wettbewerb, Regelungen zu Gewährleistungsansprüchen usw.). Darüber hinaus schaffen Einrichtungen wie die Verbraucherzentralen, die Stiftung Warentest sowie nichtstaatliche Organisationen (Attac, Greenpeace, ...) eine größere Markttransparenz und erziehen den Verbraucher durch Aufklärung und Information zu kritischem Konsumverhalten.

Konzeptionen der Verbraucherpolitik
M 57

Die unterschiedlichen Auffassungen von den Aufgaben der Verbraucherpolitik ergeben sich aus den verschiedenen Vorstellungen vom (Macht-)Verhältnis zwischen Verbrauchern und Anbietern in einer Volkswirtschaft. Geht man davon aus, dass die Verbraucher über ihr Nachfrageverhalten das Angebot bestimmen, so reicht ein funktionierender Wettbewerb aus, um die Verbraucherinteressen zu befriedigen (Verbraucherpolitik = Wettbewerbspolitik).
Dem steht die Auffassung gegenüber, dass die Anbieter über Marketingaktivitäten die Nachfrage steuern und allein nach ihren Interessen das Angebot bestimmen können. Zur Wahrung der Konsumenteninteressen werden deshalb auch weitreichende staatliche Eingriffe oder eine Beteiligung der Konsumenten an den Produktionsentscheidungen gefordert.
In einer sozialen Marktwirtschaft wird sich Verbraucherpolitik zwischen diesen beiden Extremen bewegen. Der Staat kann zu marktkonformen und marktkompensatorischen Maßnahmen greifen: von unabhängiger Verbraucherinformation und Selbstverpflichtungen der Anbieter (Leitbild: rational handelnder Verbraucher) über Verbrauchererziehung (Leitbild: mündiger Verbraucher) bis hin zu einer stärkeren rechtlichen Kontrolle des Anbieterverhaltens.

3.5 Markt und Einkommensverteilung

3.5.1 Einkommensquellen und Einkommensverwendung

Wovon die Deutschen leben

M 58

Neben dem Einkommen aus der eigenen Berufstätigkeit sind Renten und Pensionen sowie die Zuwendungen von Angehörigen die wichtigsten Einkommensquellen aller Einwohner in Deutschland. Dass ein großer Teil der Bevölkerung sich von anderen alimentieren lässt, ist auf die Bevölkerungsentwicklung, gesellschaftliche Entwicklungen sowie auf Besonderheiten des deutschen Arbeitsmarktes zurückzuführen. Hier einige Beispiele:

- **Demografische Entwicklung:** Die Zahl der über 60-Jährigen wächst deutlich, während die Zahl der bis 20-Jährigen und die der 20- bis 40-Jährigen stetig abnehmen. Gründe hierfür sind z.B. das zunehmende Lebensalter und der Rückgang der Geburten in den letzten 40 Jahren.
- **Früher Berufsausstieg:** Arbeitnehmer werden früh in Rente geschickt. Sogar von den 55- bis 60-Jährigen lebt nur gut jeder Zweite vorrangig vom Einkommen aus Erwerbstätigkeit. Bei den 60- bis 65-Jährigen sind die voll Erwerbstätigen gänzlich in der Minderheit.
- **Lange Ausbildung:** Jugendliche starten erst spät ins Berufsleben – somit werden Teenager in drei von vier Fällen von den Eltern mitfinanziert. Selbst von den 20- bis 25-Jährigen arbeiten nur 57 Prozent voll.
- **Teilzeitlerinnen:** Zwar gehen 59 Prozent der Frauen im erwerbsfähigen Alter einer Arbeit nach, aber nur 41 Prozent bestreiten damit ihren Lebensunterhalt. Oft handelt es sich um einen Nebenjob, weil die Mehrheit der Frauen (61 Prozent) sich um die Familie kümmert.

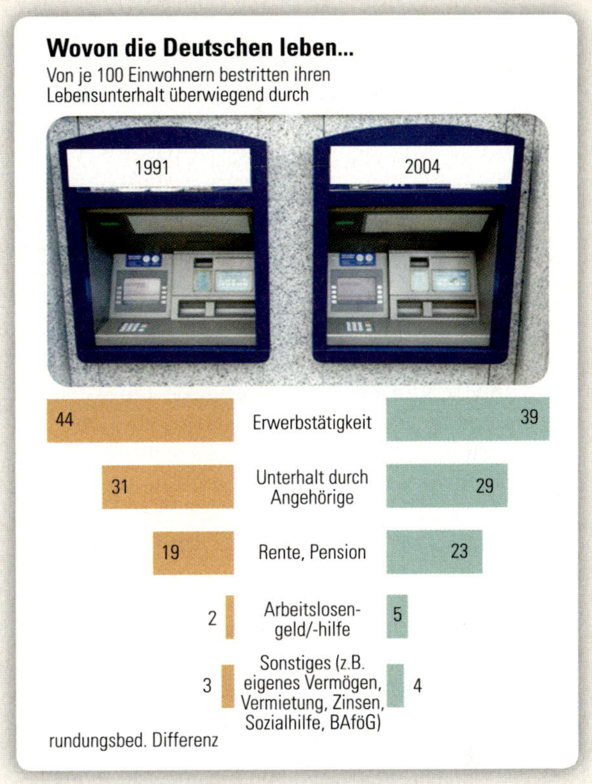

Globus-Grafik 0639, Quelle: Stat. Bundesamt

nach: Einkommensquellen: Von fremder Arbeit, iwd – Informationsdienst des Instituts der deutschen Wirtschaft Köln, Nr. 20/2004, 13.5.2004, S. 3 f.

M 59 Einkommensquellen

Die Bürgerinnen und Bürger in Deutschland beziehen ihr Einkommen aus unterschiedlichen Quellen:

- **Einkommen aus unselbstständiger Arbeit:** Angestellte erhalten ihr Gehalt, Arbeiter ihren Lohn, Seeleute ihre Heuer, Politiker ihre Diäten und Künstler ihre Gage. Auch die Ausbildungsvergütung zählt hierzu, ebenso wie der Sold der Soldaten. Hinzu kommen alle Entgelte aus dem Verkauf von Dienstleistungen an andere private Haushalte (z.B. Reinigungs- und Aufsichtsdienste).
- **Einkommen aus selbstständiger Arbeit:** Die Einkünfte aus der Unternehmertätigkeit können zum einen die Gewinne eines Unternehmens sein, die dem Unternehmerhaushalt zufallen, zum anderen kann es sich um die Erlöse aus freiberuflicher Tätigkeit handeln. Hinzu kommen alle Einkünfte aus Vermietungen, da sie als unternehmerische Tätigkeit zählen.
- **Einkommen aus Vermögen:** Das Vermögenseinkommen umfasst alle Einkünfte aus Zinsen, Dividenden, Beteiligungen und Guthaben aus Banken, Mieteinnahmen aus Hausbesitz sowie Pachteinnahmen aus Grundstücksbesitz.
- **Transfereinkommen:** Hierunter fallen alle Leistungen, die der Staat den privaten Haushalten ohne konkrete Gegenleistung (z.B. Kindergeld, Sozialhilfe) bzw. aufgrund vorher getätigter Beitragszahlungen (z.B. Rentenzahlungen) zukommen lässt.

Viele Haushalte beziehen dabei ihr Einkommen parallel aus unterschiedlichen Quellen.

nach: Institut für ökonomische Bildung Oldenburg

M 60 Die Einkommens-Rechnung

Die Einkommens-Rechnung
Monatliche Einnahmen und Ausgaben in Euro am Beispiel eines durchschnittlichen Angestelltenhaushalts im Jahr 2003

Bruttoeinkommen des Hauptverdieners	3 019 €
+ Einkommen „Nebenverdiener"	642
+ Einkommen aus selbstst. Tätigkeit	58
+ Einnahmen aus Vermögen	417
+ Einnahmen aus öffentl. Transfers*	440
+ Einkommen aus Vermietung u. a.	164
= Haushaltsbruttoeinkommen	**4 740 €**
– Einkommensteuer, Kirchensteuer	- 711
– Sozialversicherungen	- 629
= Haushaltsnettoeinkommen	**3 400 €**
+ Einnahmen aus Verkäufen u. a.	70
= verfügbares Haushaltseinkommen	**3 470 €**
Konsumausgaben	**3 012 €**
Ersparnis	**458 €**

*z. B. Kindergeld

Globus-Grafik 9480, Quelle: Stat. Bundesamt

Der Prozess der Einkommensentstehung und Einkommensverteilung

M 61

Als **primäre Einkommensverteilung** bezeichnet man jene Verteilung des Volkseinkommens, die sich unmittelbar aus dem Produktionsprozess ergibt, ohne dass der Staat in die Verteilung eingreift. Demgegenüber zeigt die **sekundäre Einkommensverteilung** die Verteilung des verfügbaren Einkommens auf die einzelnen Einkommensbezieher bzw. die privaten Haushalte, wie sie sich nach der Umverteilung durch den Staat (durch direkte Steuern, Renten, Arbeitslosenunterstützung, Mietbeihilfen, Kindergeld und ähnliche Übertragungen) ergibt. Beispiel: Angenommen, ein Arbeitnehmer erzielt ein Bruttoeinkommen von 3.200 € im Monat ..., so ist dies sein Einkommen, das er im Rahmen der Primärverteilung erzielt. Zieht man hiervon die Lohnsteuern sowie die gesamten Sozialversicherungsbeiträge ab und addiert das Kindergeld, die Wohnbeihilfe u.ä., so erhält man das Einkommen des Haushalts nach der Umverteilung durch den Staat. Die Unterscheidung zwischen primärer und sekundärer Einkommensverteilung entspricht im einzelwirtschaftlichen Bereich also weitgehend dem Unterschied zwischen dem Bruttoeinkommen und dem verfügbaren Einkommen.

An der Erstellung des Sozialproduktes sind die Produktionsfaktoren Kapital (einschließlich Boden) und Arbeit beteiligt. Die Verteilung des Volkseinkommens auf diese Produktionsfaktoren bezeichnet man als **funktionale Einkommensverteilung**.

Die Produktionsfaktoren befinden sich im Eigentum der handelnden Wirtschaftseinheiten. Man kann deshalb auch die Verteilung des Volkseinkommens auf diese Wirtschaftssubjekte oder Gruppen von Wirtschaftssubjekten, unabhängig davon, durch den Einsatz welcher Produktionsfaktoren diese Einkommen entstanden sind, betrachten. Man beschäftigt sich dann mit der **personellen Einkommensverteilung**.

Ulrich Baßeler, Jürgen Heinrich, Burkhard Utecht, Grundlagen und Probleme der Volkswirtschaft, 17. Aufl., Stuttgart 2002, S. 727 f., Grafik: Michael Bauer u.a., Wirtschaft heute, Bonn 2003, S. 119

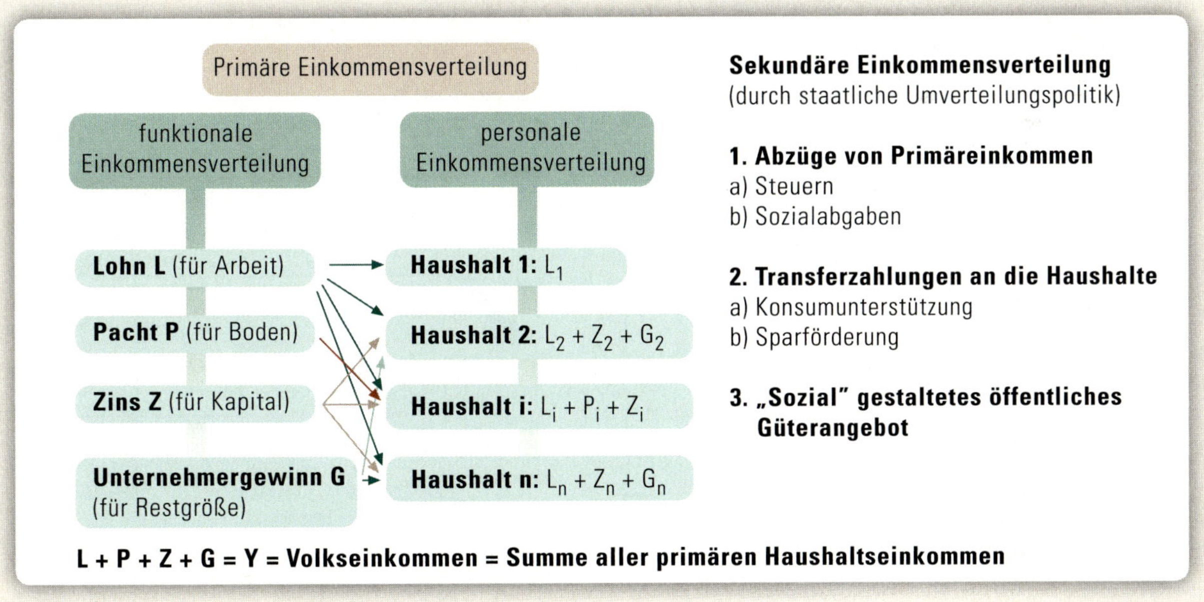

M 62 Wofür die Haushalte ihr Geld verwenden

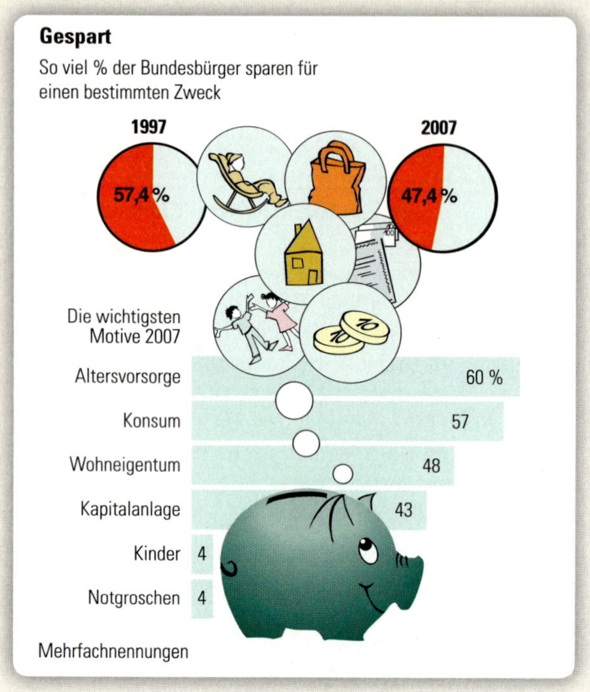

Globus-Grafik 1416, Quelle: Verband der Privaten Bausparkassen, Infratest

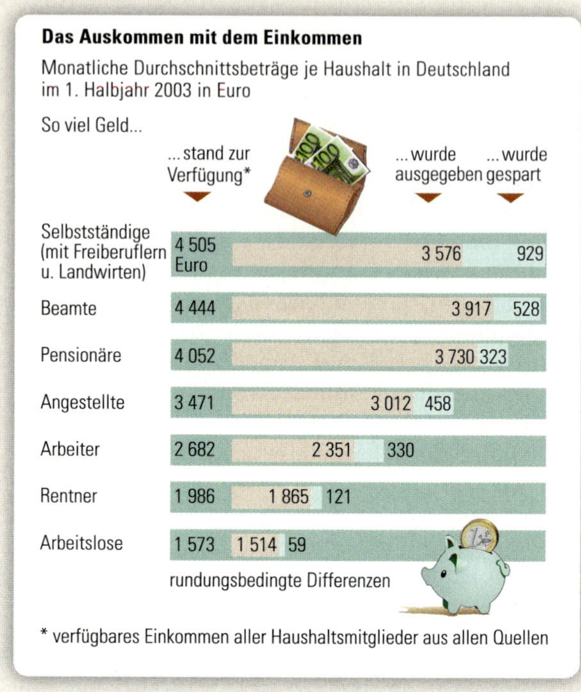

Globus-Grafik 9517, Quelle: Stat. Bundesamt

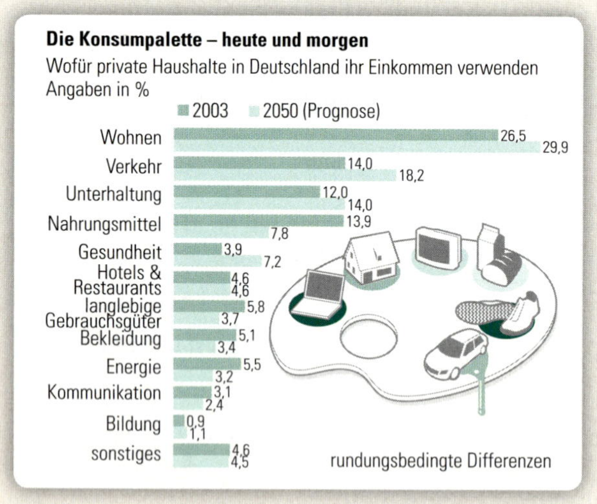

Globus-Grafik 1405, Quelle: Stat. Bundesamt, Deutsche Bank Research

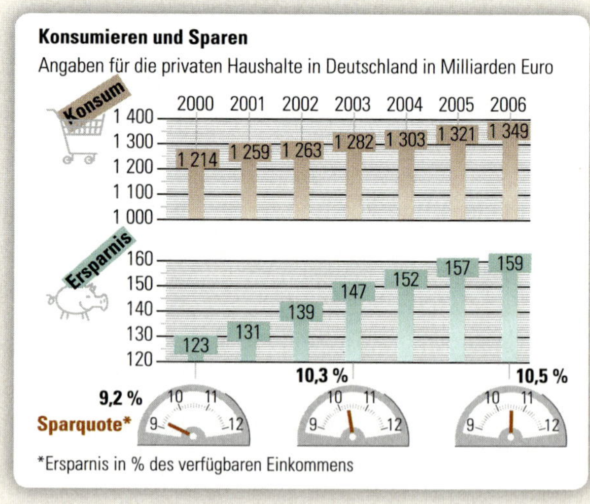

Globus-Grafik 1300, Quelle: Stat. Bundesamt

Aufgaben

1. Zeigen Sie ausgehend von M 58 und M 59 mögliche Gründe für die Veränderungen in der Zusammensetzung der Einkommensquellen in Deutschland auf.
2. Erklären sie den Unterschied zwischen primärer und sekundärer Einkommensverteilung (M 60, M 61).
3. Stellen Sie aus M 62 die wichtigsten Fakten zur Verwendung der Einkommen zusammen.

Methode

Umgang mit statistischem Material

Darstellungsformen

Eine Statistik ist die systematische Sammlung und Ordnung von Informationen in Form von Zahlen. Diese Zahlen werden entweder in Tabellen oder optisch aufbereitet als Diagramme und Schaubilder ausgewertet und dargestellt. Es gibt verschiedene Arten von Diagrammen, die für unterschiedliche Zwecke geeignet sind:

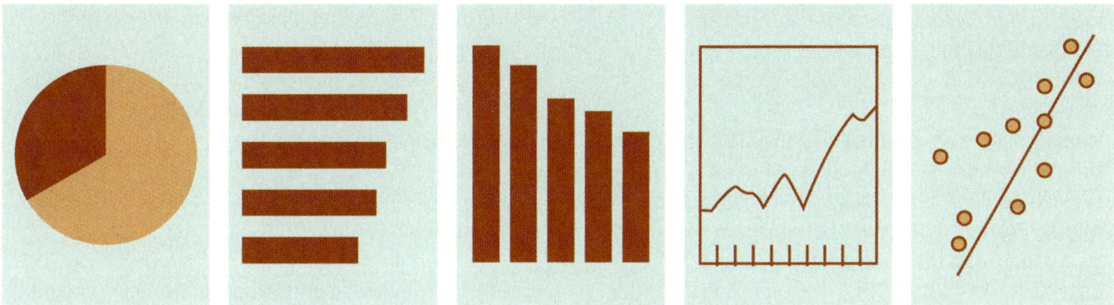

Schema der fünf gebräuchlichsten Diagrammformen

- Das Kreis- oder auch Tortendiagramm eignet sich besonders gut, um Anteile an Gesamtmengen darzustellen. Es ist dabei jedoch nicht möglich, die Anteilsgrößen genau abzulesen. Zu diesem Zweck müssen die Werte in oder neben die Kreissegmente eingetragen werden.
- Das Balkendiagramm stellt Zahlenwerte in ihrer Reihenfolge dar.
- Das Säulendiagramm ist dem Balkendiagramm ähnlich, verdeutlicht aber besser Zeitreihen-Vergleiche, d.h. es zeigt, wie sich bestimmte Positionen über Zeiträume hin verändern und entwickeln. Im Unterschied zum Kurvendiagramm werden die einzelnen Werte nicht miteinander verbunden.
- Das Kurvendiagramm kann Entwicklungslinien bzw. Trendkurven im zeitlichen Verlauf verdeutlichen. Sie kennen es vor allem aus dem Mathematikunterricht.
- Das Punktediagramm bietet sich an, um Korrelationsvergleiche darzustellen. Ein Korrelationsvergleich gibt an, ob die Relation (Beziehung) zwischen zwei Variablen dem „normalen", d.h. erwarteten Muster folgt oder nicht. Hierzu wird ein erwarteter Verlauf in das Diagramm eingezeichnet, die tatsächlichen Messwerte als Punkte eingetragen und ihre Abweichung vom erwartetem Verlauf bewertet.

Die verwendeten Zahlen kann man als absolute (genaue, gerundete) Zahlen oder als Prozentzahlen angeben. Einige Statistiken verwenden auch Indexwerte, d.h. Verhältniszahlen, die sich auf einen gleich 100 gesetzten Wert eines Ausgangsjahres beziehen und deren Veränderung im Verhältnis zu diesem Bezugspunkt betrachtet wird.

Schritte zur Analyse von Diagrammen:

1. Einordnen und Beschreiben

- Wer hat in wessen Auftrag die Statistik erstellt?
- Wie wurden die Werte ermittelt?
- Ist die Erhebung repräsentativ?
- Welches Thema wird behandelt (Diagrammüber- oder -unterschrift)?
- Was wird in Beziehung zueinander gesetzt?
- Müssen Begriffe geklärt werden?
- Welche Kriterien des Vergleichs werden verwendet?
- Welche Hinweise erhalten Sie aus der Form der Darstellung (Kreis-, Säulendiagramm etc.)?
- Welche Zahlenarten werden verwendet (absolut/relativ, Prozent- oder Indexzahlen)?
- Wie genau sind die Zahlenwerte (gerundet, geschätzt, vorläufig, „k.A." = „keine Angabe", d.h. Zahlen sind nicht verfügbar)?
- Auf welchen Zeitraum bezieht sich die Statistik? (Achten Sie hier nicht nur auf die dargestellten Zeiträume, sondern auch auf den Zeitpunkt der Diagrammerstellung!)
- Wie sind die Achsen eingeteilt (Zeitsprünge, Maßeinheiten, Verzerrungen durch ungeeignete Gruppenbildung u.a.)?

2. Erklären

- Benennen Sie Minimal- und Maximalwerte.
- Beschreiben Sie Häufigkeitsverteilungen und zeitliche Entwicklungen (gleichmäßig, sprunghaft).
- Werden Verlaufsphasen deutlich (Zu- und Abnahme, Stagnation)?
- Prüfen Sie, ob sich die dargestellten Zahlen vergleichen lassen.
- Zeigen Sie Zusammenhänge auf.
- Leiten Sie Entwicklungstendenzen und Arbeitshypothesen ab.

3. Bewerten

- Ist die gewählte grafische Darstellung geeignet?
- Wurden bei relativen Zahlenangaben die Bezugswerte genannt?
- Ist eine Vergleichbarkeit mit anderen Materialien möglich?
- Entspricht das statistische Material dem unterstellten Aussagewert?

3.5.2 Wie sind Einkommen und Vermögen in Deutschland verteilt?

Aspekte der Einkommens- und Vermögensverteilung in Deutschland

M 63

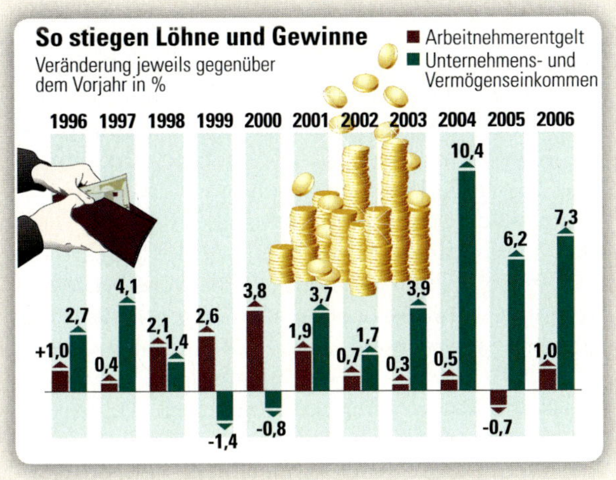

Globus-Grafik 1084, Quelle: Stat. Bundesamt, Herbstgutachten der Institute

Schichtung der Bevölkerung nach relativen Einkommenspositionen

Bevölkerungsanteile in Prozent / Monatliches Haushaltsnettoeinkommen (in %)	1994	1997	2000	2003	2004	2005
Höherer Wohlstand (>200%)	3,9	3,4	3,3	4,4	4,3	4,2
Relativer Wohlstand (150-200%)	8,3	7,6	8,9	8,1	7,8	8,4
Gehobene Einkommenslage (125-150%)	9,6	10,1	10,9	9,6	9,9	10,1
Mittlere bis gehobene Einkommenslage (100-125%)	18,0	18,3	15,1	17,6	16,9	16,7
Untere bis mittlere Einkommenslage (75-100%)	27,4	28,8	30,3	25,7	26,7	26,3
Prekärer Wohlstand (50-75%)	24,6	23,9	22,7	23,7	23,7	23,8
Relative Armut (0-50%)	8,3	7,9	8,8	10,8	10,6	10,6

Stat. Bundesamt (Hg.), Datenreport 2006, S. 611

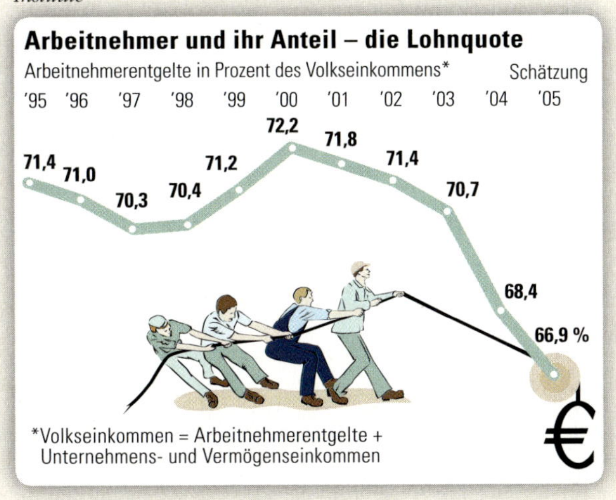

Globus-Grafik 0329, Quelle: Stat. Bundesamt, Herbstgutachten der Institute

Das Nettovermögen der Deutschen

Zehntel der Bevölkerung	Mittelwerte in 1 000 Euro 1993	Mittelwerte in 1 000 Euro 2003	Veränd. in Prozent
unterstes	– 2,1	– 7,9	– 276
2.	2,4	0.8	– 67
3.	6,3	6,1	– 3
4.	12,5	16,2	+ 30
5.	23,9	34,9	+ 46
6.	50,7	70,5	+ 39
7.	105,7	123,6	+ 17
8.	160,3	190,0	+ 19
9.	227,3	275,8	+ 21
oberstes	474,7	624,1	+ 31

Minuswerte sind Schulden; Quelle: EVS, ZEW-Berechnungen

Lesebeispiel: In der Gruppe der reichsten Deutschen (oberstes Zehntel) hat jedes Mitglied 2003 im Durchschnitt 624.100 Euro Vermögen gehabt. Eventuelle Schulden sind schon gegengerechnet.

Dreimal Lohn

Monatliche Durchschnittsbeträge je Arbeitnehmer

1996	in Euro	2006
2.490,-	Diesen Betrag wendet der Betrieb auf (Arbeitnehmerentgelt)	2.756,-
2.014,-	Dieser Betrag steht auf der Verdienstabrechnung (Bruttoverdienst)	2.226,-
1.302,-	Dieser Betrag wird überwiesen (Nettoverdienst)	1.452,-

Globus-Grafik 1288, Quelle: Stat. Bundesamt

Einkommensschichten

Haushalte mit einem monatlichen Nettoeinkommen von ... bis unter ... € (Anteile in %)

	Nicht-erwerbstätige, Arbeitslose	Arbeiter	Angestellte, Beamte	Selbst-ständige
7.500 – 18.000	1	0	12	3
5.000 – 7.500	3	5	19	9
3.600 – 5.000	7	19	20	15
2.600 – 3.600	14	29	18	19
1.700 – 2.600	25	25	18	23
900 – 1.700	35	19	10	24
unter 900	15	4	3	8
Durchschnittliches Nettoeinkommen	**2.071,-€**	**2.756,-€**	**3.581,-€**	**2.833,-€**

Erich Schmidt Verlag, Zahlenbilder 286 276; Quelle: Destatis, EVS 2003 – Haushalte nach der sozialen Stellung des Haupteinkommensbeziehers

M 64 Lohnquote – als Verteilungsmaßstab unbrauchbar?

Die Lohnquote gibt den Anteil der Arbeitnehmerentgelte (früher: „Bruttoeinkommen aus unselbstständiger Arbeit") am gesamten Volkseinkommen an. Die Lohnquote wird häufig als Maßstab für die Einkommensverteilung angesehen. Dabei gilt zu berücksichtigen, dass die Lohnquote im Konjunkturverlauf schwankt, weil Löhne, Gehälter, Gewinne und Beschäftigung mit zeitlicher Verzögerung und in unterschiedlicher Intensität den Konjunkturzyklen folgen: Im Abschwung steigt die Lohnquote, im Aufschwung geht sie zurück.

Die Lohnquote als verteilungspolitische Kennziffer hat zudem einen Konstruktionsfehler: Sie steigt (fällt) auch dann, wenn der Anteil der abhängig Beschäftigten an der Gesamtzahl der Erwerbstätigen (abhängig Beschäftigte, Selbstständige) steigt (fällt), ohne dass sich an den Einkommensverhältnissen etwas geändert hat. Im Konzept der „bereinigten Lohnquote" wird dieser Effekt herausgerechnet: Es wird dabei die Lohnquote ermittelt, die sich ergeben würde, wenn das Verhältnis zwischen Selbstständigen und unselbstständig Beschäftigten so geblieben wäre wie in einem Basisjahr.

Die Lohnquote ist als Verteilungsmaßstab auch aus folgenden Gründen stark umstritten:

Die Arbeitnehmer erhalten neben Löhnen und Gehältern auch Einkommen aus Kapitalanlagen, z.B. Zinsen, Dividenden, Mieten, Pachten. Die zunehmende Bedeutung dieser Querverteilung hat die Konturen zwischen Arbeitnehmereinkommen und Kapitaleinkommen zusehends verwischt. Das Gegenstück zur Lohnquote sollte deshalb nicht als Gewinnquote bezeichnet werden, denn die Restgröße „Unternehmens- und Vermögenseinkommen" umfasst neben den eigentlichen Unternehmensgewinnen auch den kalkulatorischen Unternehmerlohn der Selbstständigen sowie die Zins- und Mieteinkünfte aller Sektoren (Haushalte, Unternehmen, Staat).

Die Lohnquote berücksichtigt nicht den Beschäftigungsgrad. Ob die Verteilungssituation mit dem gesamtwirtschaftlichen Ziel der Vollbeschäftigung in Einklang steht, lässt sich an der Lohnquote deshalb nicht ablesen.

www.isnm.de (Lexikon, Begriff „Lohnquote", 20.3.2007)

M 65 Einkommensverteilung in Deutschland grafisch: die Lorenzkurve

Dass die Umverteilung in Deutschland relativ effizient ist, kann man aus den Daten über die Einkommensverteilung ablesen. Die Grafik (S. 105) zeigt, wie hoch der Anteil von jeweils 20 % der Einkommensbezieher (man spricht von Quintilen) am Netto-Gesamteinkommen in West-Deutschland ist, wobei diese nach der Höhe des Einkommens sortiert werden. Konkret haben also im Jahr 2000 die 20 % der Einkommensbezieher mit den geringsten Einkommen 7,8 % des Einkommens bezogen. In der Gruppe der 20 % mit den höchsten Einkommen wurden dagegen 38 % des Gesamteinkommens erzielt. Im Ganzen hat sich an dieser Verteilung von 1985 bis 2000 wenig geändert.
Grafisch kann man diese Daten mit der sogenannten Lorenzkurve (S. 105) abbilden. Sie kumuliert dazu die Einkommensanteile auf. So zeigt sie z.B., dass im Jahr 2000 auf die 40 % der Einkommensbezieher mit den geringsten Einkommen 20,8 % des Gesamteinkommens entfielen. In diesem Schaubild wird auch eine Diagonale eingezeichnet, die für den hypothetischen Fall einer völligen Gleichverteilung der Einkommen gelten würde.
Man kann nun die Fläche der Gleichverteilungskurve und der tatsächlichen Lorenzkurve ins Verhältnis zur gesamten Fläche unter der Gleichverteilungskurve setzen. Die so ermittelte Relation bezeichnet man als „Gini-Koeffizient". Dieser ist ein wichtiges Maß für die Einkommensungleichheit bzw. allgemein für die Ungleichheit von Verteilungen.

	1985	2000
1. Quintil	7,5	7,8
2. Quintil	13,0	13,0
3. Quintil	17,5	17,7
4. Quintil	23,7	23,5
5. Quintil	38,4	38,0

Peter Bofinger, Grundzüge der Volkswirtschaftslehre, München 2003, S. 186 f.

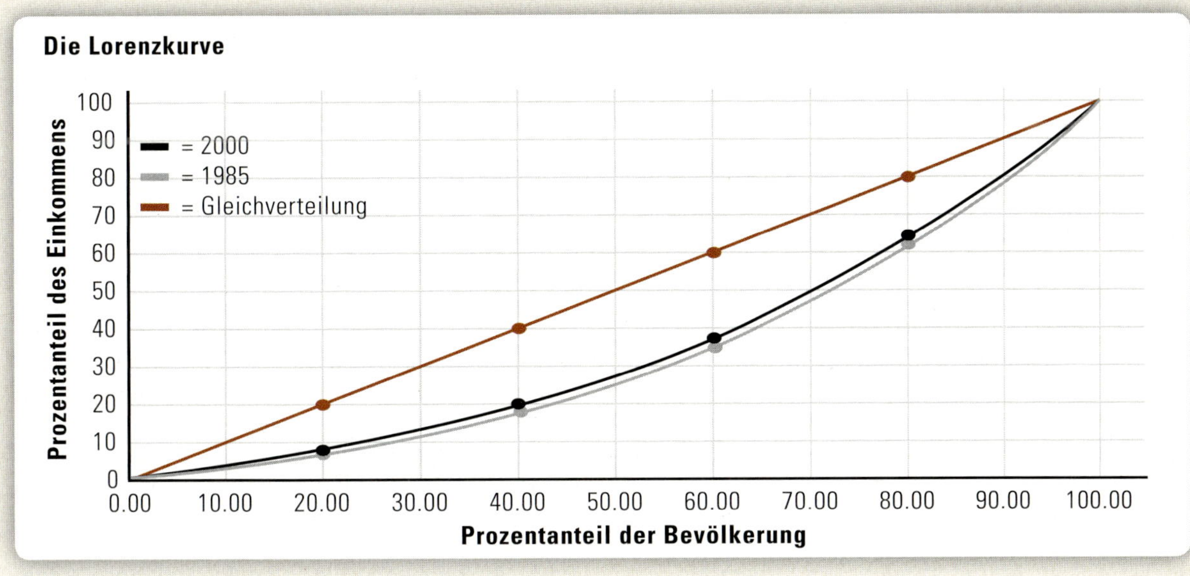

Lorenzkurve für Deutschland; Quelle: Institut der deutschen Wirtschaft

Aufgabe des Staates: (Um-)Verteilungspolitik

M 66

Verteilungspolitik ist die staatliche Berichtigung von unerwünschten Entwicklungen, die durch das Marktgeschehen hervorgerufen werden und im Widerspruch vor allem zu sozialpolitischen Zielen stehen. Maßnahmen der Umverteilung erfolgen z.B. durch Einkommensumverteilung oder durch Vermögensumverteilung. Im Rahmen der Finanzpolitik erfolgt eine Umverteilung z.B. durch unterschiedlich hohe Steuerabzüge (Steuerprogression) vom Einkommen. Das belastet die Bezieher höherer Einkommen stärker als die Bezieher niedrigerer Einkommen. Eine Vermögensumverteilung erfolgt z.B. durch die Erbschaftssteuer, bei der die Höhe der zu zahlenden Steuer von der Höhe des geerbten Vermögens abhängt und so höhere Erbschaften stärker besteuert als niedrigere. Maßnahmen der Umverteilung sind aber auch die Zahlung von Sozialhilfe oder Wohngeld, da sie bedürftigen Haushalten zufließen und ohne Gegenleistung erfolgen.

Achim Pollert u.a., Das Lexikon der Wirtschaft, Grundlegendes Wissen von A-Z, Mannheim 2004, S. 154 f.

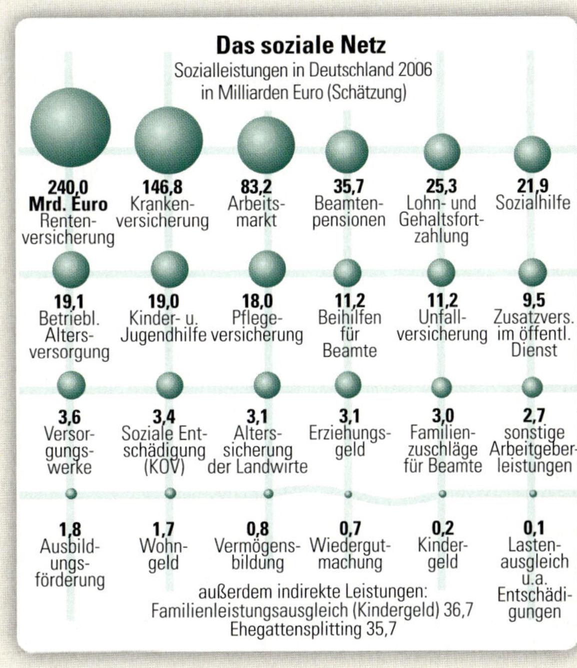

Globus-Grafik 1529, Quelle: BMAS

M 67 Verteilungsnormen

Die Forderung nach einer möglichst gerechten Verteilung der Einkommen hat einen populären Charakter, sie taucht in allgemeiner Formulierung in vielen politischen Reden und Beiträgen auf. Häufig bleibt unklar, was der jeweilige Autor konkret meint, wenn er diese Forderung vertritt. Offenbar besteht eine grundlegende Schwierigkeit zunächst darin, die verteilungspolitischen Ziele zu konkretisieren und zu definieren.
In der Literatur findet man drei verschiedene Verteilungsnormen zur Bestimmung des Gerechtigkeitsbegriffs: die Ausrichtung der Einkommen nach dem Leistungs-, Bedarfs- und dem Egalitätsprinzip.
Was bedeutet das allgemeine Ziel einer gerechten Einkommensverteilung? Vielfach wird auf diese Frage mit Anforderungen der folgenden Art geantwortet: „Gleiche Einkommen für gleiche Leistungen! Wer mehr leistet, soll auch ein höheres Einkommen erhalten!"
In diesen Antworten schlägt sich als allgemeine Forderung das **Leistungsprinzip** nieder. Die konkrete Umsetzung des Leistungsprinzips als unmittelbare Verteilungsnorm würde allerdings voraussetzen, dass verschiedene Leistungen unterschiedlicher Personen vergleichbar gemessen und bewertet werden könnten. Das Leistungsprinzip als unmittelbar operationale Verteilungsnorm würde folglich ein umfassendes, allgemein akzeptiertes Leistungsbewertungssystem voraussetzen. Die faktischen Probleme der Leistungsdefinition und -bewertung führen zu Schwierigkeiten in der konkreten Ausführung des Leistungsprinzips. Eine spezifische Form des Leistungsprinzips verwendet den Begriff der marktwirtschaftlichen Leistung. Die marktwirtschaftliche Leistung entspricht dem Einkommen, das unter marktwirtschaftlichen Bedingungen aus der Produktion von Gütern und dem Angebot an Leistungen erzielt werden kann. Dieser spezifische Leistungsbegriff hat allerdings nicht selten einen unkritischen Rechtfertigungscharakter der bestehenden Verteilung der Einkommen. Die beobachtbaren Einkommensunterschiede seien der normale Ausdruck unterschiedlicher Leistungen am Markt. Die Marktwirtschaft biete jedem Arbeits- und Leistungswilligen Chancen, Einkommen zu erzielen. Ein höheres Einkommen erziele derjenige, der die gegebenen Chancen besser als andere nütze.
Sollte ein strenges Leistungsprinzip gelten, würde es andererseits vielen Menschen sehr schlecht ergehen, die kein Erwerbseinkommen erzielen können, z.B. kranken oder älteren Menschen. Die Bedürfnisse der Menschen ohne Erwerbseinkommen bilden ohne Zweifel ein wesentliches Argument einer weiteren Verteilungsnorm, des Prinzips der Bedarfsgerechtigkeit der Einkommensverteilung.
Nach dem **Bedarfsprinzip** wird die Verteilung der verfügbaren Einkommen als gerecht angesehen, wenn den Bedürfnissen einer angemessenen Versorgung der Menschen Rechnung getragen wird. Eine extreme Variante des Bedarfsprinzips spiegelt sich in der bekannten Forderung „Jedem nach seinen Bedürfnissen!" Diese Forderung des extremen Bedarfsprinzips würde bedeuten, dass jeder ausreichend Einkommen erhalten sollte, um frei über sämtliche Güter und Gütermengen seines Bedarfs verfügen zu können. Die verfügbaren Gütermengen einer Volkswirtschaft wären bald erschöpft, sodass ein extremes Bedarfsprinzip keine realistische Verteilungsnorm sein kann. Ferner würde das Bedarfsprinzip als dominantes Kriterium der Einkommensverteilung dazu führen, dass die Leistungsanreize zur Erzielung von Erwerbseinkommen auf Dauer gemindert würden.
Zwischen dem Leistungs- und dem Bedarfsprinzip bestehen daher Konfliktbeziehungen. Andererseits muss das Bedarfsprinzip zumindest partielle Bedeutung haben. Denn bedürftigen Gruppen sollte ein soziales Existenzminimum gewährleistet sein.
Als eine dritte verteilungspolitische Norm wird das **Egalitätsprinzip** vertreten. Nur wenige Befürworter fordern eine absolute Gleichheit der Einkommen. Die Folgerung einer absolut gleichen Verteilung gilt kaum als gerecht. Faule und Fleißige, Qualifizierte und Unqualifizierte würden für sehr unterschiedliche Leistungen gleich entlohnt.
Häufiger wird das Egalitätsprinzip in einer weniger extremen Variante als Forderung nach einer größeren Gleichmäßigkeit der Einkommen vertreten: „Erst durch die Verbindung mit dem Postulat der Gleichheit erhält die soziale Gerechtigkeit einen konkret(er)en Inhalt: Soziale Gerechtigkeit bedeutet dann eine größere Gleichheit in der ... Einkommens- und Vermögensverteilung. Das Ausmaß der Gleichmäßigkeit wird nicht konkretisiert, lediglich die Richtung der Umverteilung.
Eine weitere Variante des Egalitätsprinzips hebt den

Aspekt der Chancengleichheit hervor. Als Norm gilt dabei, dass jedem gleiche Chancen auf soziale Aufstiegsmöglichkeiten in einer Gesellschaft mit sozialer Mobilität (in der Besetzung der Einkommensgruppen) gegeben werden. Abgelehnt wird demnach eine Gesellschaft mit sozialer Immobilität, in der die Einkommens- und Vermögensstrukturen im Zeitverlauf relativ gleich bleiben, sodass die Verteilungspositionen der Kinder jeweils denen der Eltern entsprechen würden. Eine völlige Gleichheit der (materiellen) Lebenschancen zu fordern, wäre angesichts der (angeborenen) Unterschiede individueller Fähigkeiten jedoch kaum realistisch, sodass auch in einer offenen, dynamischen Gesellschaft die Einkommensverteilung ungleich sein müsste.

Heinz-Dieter Hardes, Jürgen Mertes, Grundzüge der Volkswirtschaftslehre, München/Wien 1994, S. 408–410

Verteilungswirkung von Steuern: Wie sieht ein gutes Steuerrecht aus?

M 68

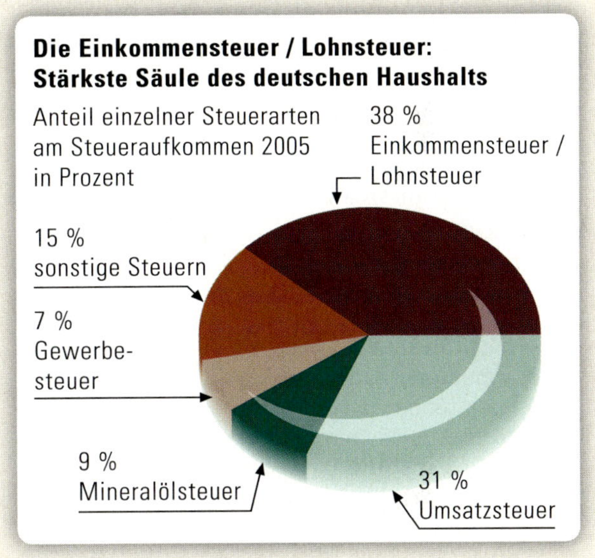

Steuern haben starken Einfluss auf das Wirtschaftswachstum und auf die Einkommensverteilung. Die ökonomische Theorie beschäftigt sich daher seit langem mit der Frage, wie ein Staat seine Steuern so erheben kann, dass das wirtschaftliche Verhalten der Bürger nicht negativ beeinflusst wird. Doch darüber, wie ein effizientes Steuersystem aussieht, gehen die Ansichten ebenso auseinander wie über Fragen der Steuergerechtigkeit.

Immerhin gibt es einen gewissen Konsens über Grundprinzipien: Die Steuer sollte an der Leistungsfähigkeit des Einzelnen anknüpfen. Sie sollte horizontal gerecht sein, das heißt jeden Steuerpflichtigen bei gleicher Leistungsfähigkeit auch gleich besteuern.

Umstrittener ist schon die vertikale Gerechtigkeit: Soll die Steuer mit steigendem Einkommen gleichmäßig wachsen oder rechtfertigt ein höheres Einkommen einen noch stärkeren Zugriff des Staates? Die deutsche Lohn- und Einkommensteuer folgt einem progressiven Tarif. Die Steuersätze steigen mit dem Einkommen an; wer mehr verdient, muss daher überproportional zahlen. …

Umstritten ist auch, ob der Staat seine Einnahmen besser aus direkten Steuern auf Einkommen und Ertrag erzielt oder aus indirekten Steuern, die wie die Mehrwert- oder Tabaksteuer beim Konsum ansetzen. In Deutschland ist das Verhältnis etwa hälftig. Direkte Steuern lassen sich besser auf die Leistungsfähigkeit des Einzelnen zuschneiden. Konsumsteuern, zu denen immer mehr Ökonomen raten, sind dagegen leichter zu erheben und wirken weniger nachteilig auf die Leistungsbereitschaft.

Zu den Besteuerungsprinzipien gehört auch, dass alles Einkommen einmal, aber auch nur einmal besteuert werden sollte. Diesem Grundsatz zufolge müssen Gewinne entweder vom Unternehmen oder vom Anteilseigner versteuert werden. Doppelbesteuerungsabkommen mit zahlreichen Staaten sollen verhindern, dass im Ausland von deutschen Steuerpflichtigen erwirtschaftete Erträge zweimal – im In- und Ausland – versteuert werden müssen. Die Debatte um die Einführung der nachgelagerten Besteuerung von Renten wurzelt ebenfalls in diesem Grundsatz.

Einen Konsens gibt es darüber, dass ein gutes Steuerrecht möglichst einfach sein sollte. Diese Forderung umzusetzen, ist trotzdem schwierig, denn je einfacher die Besteuerung, desto weniger kann sie auf die besonderen Umstände Rücksicht nehmen, die die individuelle Leistungsfähigkeit beeinflussen.

Jürgen Jeske, Hans D. Barbier, Wie sieht ein gutes Steuerrecht aus?, in: Handbuch Wirtschaft, So nutzt man den Wirtschafts- und Finanzteil einer Tageszeitung, Frankfurt a.M. 2000, S. 144 f.

M 69 Die Einkommensteuer

In Deutschland erbringt die Einkommensteuer fast ein Drittel der gesamten Steuereinnahmen. Als Steuer, die sich nach der wirtschaftlichen Leistungsfähigkeit der Steuerpflichtigen richtet, erfüllt sie neben ihrem rein fiskalischen Zweck auch wichtige verteilungspolitische Aufgaben. Zur Umsetzung dieser verschiedenen Funktionen dient der Einkommensteuertarif. Seit 2007 ist er folgendermaßen ausgestaltet:

- Allen Steuerpflichtigen steht ein Grundfreibetrag von 7.664 Euro zu. Auf Einkommen unterhalb dieser Schwelle ist keine Einkommensteuer zu zahlen und auch der Solidaritätszuschlag entfällt. Damit folgt die Steuergesetzgebung dem Gebot des Bundesverfassungsgerichts, das Existenzminimum der Bürgerinnen und Bürger steuerfrei zu stellen. Nur derjenige Teil des Einkommens, der über den Grundfreibetrag hinausgeht, unterliegt der Einkommensteuer.
- Dabei steigt die sogenannte Grenzbelastung zunächst in zwei Etappen geradlinig-progressiv an. Die Einkommen werden in dieser Progressionszone nach und nach immer stärker belastet: Jeder Euro, der hinzukommt, wächst in einen höheren Steuersatz hinein. Die Besteuerung beginnt oberhalb des Grundfreibetrags mit dem Eingangssteuersatz von 15 % und klettert rasch auf etwa 24 %. Es folgt ein langgestreckter, nicht mehr ganz so steiler Anstieg des Steuertarifs.
- Diejenigen Teile des Einkommens, die den Betrag von 52.151 Euro übersteigen, sind in der sich anschließenden Proportionalzone dann einem gleichbleibenden Steuersatz von 42 % unterworfen.
- Für Einkommensteile über 250.000 Euro führte das Steueränderungsgesetz 2007 einen neuen Spitzensteuersatz von 45 % ein. Allerdings werden Gewinneinkünfte mithilfe eines Entlastungsbetrags von dieser sogenannten Reichensteuer ausgenommen. Davon abgesehen liegt der Spitzensteuersatz auch nach der Erhöhung aber weit niedriger als in den Jahren vor der großen Steuerreform 2000/05. Zum Vergleich: 1999 belief er sich auf 53 %, der Eingangssteuersatz auf 23,9 %.

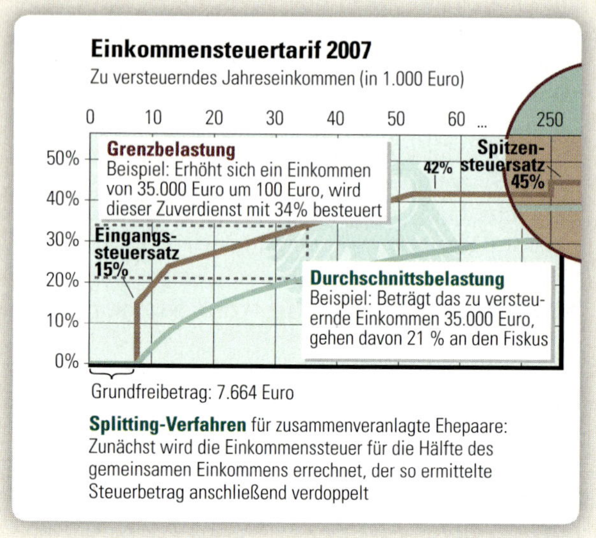

Bezieht man die ermittelte Steuerschuld auf das zu versteuernde Gesamteinkommen, ergibt sich die steuerliche Durchschnittsbelastung. Diese beläuft sich nach dem Tarif 2007 für Ledige bei einem Einkommen von 20.000 Euro z.B. auf 14,3 %, bei 50.000 Euro auf 26,2 %, bei 100.000 Euro auf 34,1 % und bei 300.000 Euro auf 39,9 %. Ehepaare, die die steuerliche Zusammenveranlagung gewählt haben, werden nach dem günstigen Splitting-Verfahren besteuert: Dabei wird zunächst die tarifliche Einkommensteuer für die Hälfte des gemeinsamen Einkommens errechnet und der so ermittelte Steuerbetrag anschließend verdoppelt.

Erich Schmidt Verlag, Zahlenbilder 181 272

M 70 Direkte und indirekte Steuern im Vergleich

Die Einkommensbesteuerung (direkte Steuern) ist zwar „gerechter" als die Verbrauchsbesteuerung, da sie sich nach den persönlichen Lebensverhältnissen richtet. Die direkten Steuern haben daher auch im deutschen Steuersystem ein gewisses Übergewicht. Eine zu starke Einkommens- und Gewinnbesteuerung kann aber zu ökonomisch nachteiligen Folgen führen. Ein tragfähiges steuerpolitisches Konzept muss deshalb auf eine Ausgewogenheit der beiden Steuergruppen achten. Beide Steuergruppen belasten das Einkommen. Die Einkommensteuer knüpft an die Einkommensentstehung an, die Verbrauchsteuern beziehen sich auf eine bestimmte Form der Einkommensverwendung, nämlich den Konsum. Die Einkommensteuer richtet sich nach der Höhe des Einkommens. Die Verbrauchsteuern hängen dagegen von der Art und der Höhe des steuerpflichtigen Verbrauchs ab. Werden Verbrauchsteuern wie z.B. die Mehrwertsteuer erhöht, so trifft das in der Regel die Bezieher kleinerer Einkommen überproportional, denn diese geben einen wesentlich größeren Anteil ihres Geldes für den Konsum aus als die Bezieher höherer Einkommen. Wegen der konsequenten Bindung der Einkommensteuer an das persönliche Einkommen, also an die individuelle wirtschaftliche Leistungsfähigkeit, ist die Einkommensteuer vom Grundgedanken her eine besonders gerechte Steuer. Die Erhebung der Einkommensteuer ist aber mit Aufwand für die Steuerpflichtigen und mit entsprechenden staatlichen Verwaltungskosten – die letztlich ja auch die Bürger belasten – verbunden. Der Steuerpflichtige muss für Zwecke der Einkommensteuer dem Finanzamt seine persönlichen Verhältnisse offenbaren. Die so dem Finanzamt bekannt gewordenen persönlichen Daten unterliegen allerdings dem besonderen Schutz des gesetzlichen Steuergeheimnisses. Die Verbrauchsteuern berücksichtigen teilweise aber auch soziale Gesichtspunkte: So sind Lebensmittel nur mit dem ermäßigten Umsatzsteuersatz von sieben Prozent statt mit dem Regelsatz belastet. Andere Umsätze wie ärztliche Leistungen und Mietzahlungen sind umsatzsteuerfrei. Es gibt außerdem spezielle Verbrauchsteuern, wie Mineralöl-, Tabak- und Branntweinsteuer, bei denen sich die Steuerbelastung grundsätzlich nach der Höhe des Verbrauchs richtet. Die Erhebung der Verbrauchsteuern ist vergleichsweise einfach und deshalb kostengünstig. Die Bürger können sie zudem – abgesehen vom täglichen Grundbedarf – durch die Art und die Höhe des Verbrauchs an Gütern beeinflussen.

Arbeitsgemeinschaft Jugend und Bildung e.V., in Zusammenarbeit mit dem Bundesministerium der Finanzen, Info: Finanzen & Steuern, Berlin 2006, S. 15/16

M 71

Kontrovers diskutiert: Steuern und Gerechtigkeit am Beispiel der Erbschaftsteuer

a) Die Erbschaftsteuer abschaffen!

Thomas Straubhaar, Professor für Volkswirtschaft an der Universität Hamburg und Leiter des Hamburgischen Weltwirtschaftsinstituts (HWWI), plädiert für eine Abschaffung der Erbschaftsteuer:

Wer spart, Vermögen aufbaut, um es den Kindeskindern zu vererben, macht exakt das, was alle Nachhaltigkeitspropheten verlangen: Sie konsumieren nicht, sie sparen und sorgen so dafür, dass Saatgut für kommende Generationen bereit steht. Als Dank dafür, dass sie im Laufe des Lebens nicht alles verzehrt haben, was ihnen zur Verfügung stand, werden sie am Ende mit einer Todessteuer entmündigt. Ob das wohl den Anreiz zu nachhaltigem Verhalten fördert?

Aus der Umweltökonomie wissen wir sehr genau, wie sich langfristiges nachhaltiges Verhalten einfordern lässt. Werden Wälder übernutzt oder Gewässer überfischt, gilt es, Eigentumsrechte und damit verknüpfte Nutzungsrechte zu vergeben – beispielsweise in Form von Zertifikaten, deren Preis sich dann aus dem freien Spiel von Angebot und Nachfrage ergibt. Auch für andere langfristige Herausforderungen ist es die ökonomisch beste Lösung, Eigentumsrechte festzulegen. Denn Eigentum verpflichtet im eigenen Interesse zu nachhaltigem Handeln. Genau an diesem in so vielen Fällen sehr bewährten Grundgesetz menschlicher Verhaltensweisen rütteln all jene, die Erbschaften besteuern wollen. Vererbung ist nichts anderes als die Übertragung von Eigentumsrechten von einer Generation zur nächsten. So ist eine dauerhaft sorgsame Verwendung der knappen Ressourcen sichergestellt.

Wer eine nachhaltige Politik will, muss den Konsum und nicht Erbschaften besteuern. So wird die Gegenwart verteuert, der Verzehr gedämpft und die Vermögensbildung attraktiver. Die Einnahmen aus der Konsumsteuer sind eine wesentlich bessere Grundlage, um wirtschaftlich Schwache finanziell unterstützen zu können als eine Erbschaftsteuer. Und eine Konsumsteuer hat zudem den Vorteil, dass sie „gerecht" ist und jene, die viel erben und möglicherweise als Folge davon viel ausgeben, stärker belastet, als jene, die nichts erben und deshalb weniger Kaufkraft haben. Die Erbschaftsteuer sollte nicht reformiert, sondern schlicht und ersatzlos abgeschafft werden.

Thomas Straubhaar, Der Spiegel, 9.2.2007

b) Wir brauchen die Erbschaftsteuer!

Romanus Otte ist stellvertretender Chefredakteur der Zeitung Welt am Sonntag. Er findet, die Erbschaftsteuer sollte nach ihrer Wirkung auf die Chancengleichheit beurteilt werden.

Die Gegner der Erbschaftsteuer benutzen häufig ein Totschlag-Argument: Das Geld, das der Erblasser seinen Nachkommen vermacht, sei doch bereits versteuert worden – als er es im Laufe seines Lebens als Einkommen dem Finanzamt meldete! Das ist zwar richtig, gilt aber auch für viele andere Fälle. Eine Aktie oder einen Fonds kauft man auch mit Geld aus dem eigenen Nettoeinkommen, und die Rendite wird ebenfalls wieder versteuert. Kauft jemand ein Haus, wird Grunderwerbsteuer fällig. Gehe ich mit meinem versteuerten Einkommen einkaufen, zahle ich Mehrwertsteuer.

Insofern kann nur eine grundsätzliche Frage klären, ob die Erbschaftsteuer gerecht ist: die der Chancengleichheit in einer Gesellschaft, in der jede Generation aufs Neue um wirtschaftlichen Erfolg kämpft. Ein Student, der ein großes Erbe antritt, sollte nicht besser ausgerüstet ins Erwerbsleben treten als seine Kommilitonen. Natürlich ist es richtig, dass er das Geld, das seine Eltern für ihn zurückgelegt haben, zum allergrößten Teil behält. Doch ebenso richtig ist es, dass sein Erbe genau wie ein Lottogewinn als Einkommen gewertet werden muss. In dem Augenblick, in dem er das Erbe erhält, entsteht für ihn ein wirtschaftlicher Mehrwert. Eine Steuer auf diese „Einkommen" lässt die Gesellschaft am Entstehen dieses wirtschaftlichen Werts teilhaben – das ist das Prinzip, nach dem fast jede Steuer funktioniert.

Nicht zuletzt reiche Eltern sorgen sich außerdem, dass ihre Sprösslinge zu wenig Ehrgeiz in das eigene Fortkommen investieren. Wozu mühsam jahrelang pauken, wenn Papi ein dutzend vermietete Immobilien besitzt? Vor allem dieser Gedanke hat in der Geschichte der USA dazu beigetragen, dass dort der Höchststeuersatz für Erben auf 40 Prozent gehoben wurde.

Romanus Otte, Die Welt, 28.4.2007

Aufgaben

1. Stellen Sie ausgehend von M 63 die wesentlichen Fakten zur Einkommens- und Vermögensverteilung in der Bundesrepublik Deutschland zusammen und zeigen Sie mögliche Zusammenhänge zwischen den Entwicklungen auf.
2. Definieren Sie den Begriff Lohnquote und begründen Sie, warum die Lohnquote nur bedingt ein Maß für Verteilungsgerechtigkeit ist (M 64).
3. Stellen Sie dar, wie sich die Einkommensverteilung in der Bundesrepublik Deutschland zwischen 1985 und 2000 verändert hat (M 65).
4. Erörtern Sie, welche Prinzipien bei der tatsächlichen Realisierung der Einkommensverteilung in Deutschland maßgebend sind. Diskutieren Sie, ob die einzelnen Prinzipien anders gewichtet werden sollten (M 67).
5. Arbeiten Sie aus M 68 die Elemente eines guten und gerechten Steuersystems heraus und nehmen Sie Stellung zu den einzelnen Punkten.
6. Die FDP und Teile der CDU befürworten ein sogenanntes Stufenmodell für den Einkommensteuertarif. Stellen Sie dieses Stufenmodell vor und vergleichen Sie es mit dem geltenden Steuertarif 2007 hinsichtlich der Wirkung auf die Einkommensverteilung. Beurteilen Sie beide Modelle unter dem Aspekt verschiedener Verteilungsnormen (M 67, M 69, eigene Recherchen).
7. Stellen Sie jeweils die Vor- und Nachteile direkter und indirekter Steuern gegenüber und ergänzen Sie gegebenenfalls weitere Aspekte (M 70).
8. Bereiten Sie in ihrer Lerngruppe eine Fishbowldiskussion zu der Frage vor, ob die Erbschaftsteuer abgeschafft werden soll oder nicht (M 71).
9. Erörtern Sie abschließend die Frage, ob wir mehr oder weniger Umverteilung in unserer Gesellschaft brauchen.

Wissen kompakt

Einkommensquellen
M 58, M 59

In der Bundesrepublik Deutschland beziehen die privaten Haushalte ihr Einkommen nicht nur aus Arbeit (unselbstständiger oder selbstständiger Arbeit) sondern auch aus Vermögen (z.B. Zinsen, Mieteinnahmen, ...). Außerdem erhalten sie staatliche Transfereinkommen (Kindergeld, Arbeitslosengeld, ...).

Einkommensverteilung – Grundbegriffe
M 61

Zur Erfassung der Einkommensverteilung einer Volkswirtschaft ist es vorweg notwendig, sich über grundlegende Begriffe Klarheit zu verschaffen:

- Die funktionale Einkommensverteilung gibt an, wie sich die im Produktionsprozess erwirtschafteten Einkommen auf die Eigentümer der Produktionsfaktoren verteilen.
- Untersucht man, welche Personengruppen Einkommen beziehen, spricht man von der personalen Einkommensverteilung.
- Die Primärverteilung zeigt, in welchem Ausmaß die Eigentümer der Produktionsfaktoren daraus Einkommen in Form von Lohn, Pacht oder Zins erhalten.
- Die sekundäre Einkommensverteilung beschreibt die Verteilung nach dem Eingreifen des Staates, berücksichtigt also, dass der Staat durch Maßnahmen der Umverteilung die primäre Verteilung korrigiert.

Einkommensverwendung
M 62

Die Verwendung der Einkommen (Konsum und Sparen) ist in Deutschland abhängig von der Höhe der Einkommen und dem Grad der (sozialen) Absicherung. Selbstständige sparen prozentual mehr als Angestellte und Arbeiter, Angestellte mehr als Beamte. Arbeitslose und Rentner sparen nicht nur prozentual, sondern auch absolut am wenigsten. Generell lässt sich formulieren, dass mit sinkendem Einkommen die Ersparnis der Haushalte abnimmt. Haushalte mit starker sozialer Absicherung neigen eher zu höheren Konsumausgaben.

Die Lohnquote als Maßstab für Verteilungsgerechtigkeit?
M 63, M 64

In verteilungspolitischen Fragen kommt der Lohnquote eine besondere Bedeutung zu. Sie misst den Anteil der Einkommen aus unselbstständiger Tätigkeit am Volkseinkommen, im Gegensatz zur Gewinnquote, die die Einkommen aus Unternehmertätigkeit und Vermögen erfasst. In der öffentlichen Diskussion wird die Lohnquote häufig als Maß für eine gerechte Einkommensverteilung angesehen. Doch hier sind Zweifel angebracht, denn die Unterscheidung zwischen Gewinnen und Löhnen weist Ungenauigkeiten auf, weil nicht berücksichtigt wird, dass auch Lohnempfänger erhebliche Vermögenseinkünfte beziehen und der Gewinnquote auch die Arbeitseinkommen der Selbstständigen zugerechnet werden.

Einkommensverteilung in Deutschland grafisch – die Lorenzkurve
M 65

Grafisch kann die Einkommensverteilung durch die Lorenzkurve dargestellt werden. Sie zeigt, wie das Einkommen auf die Bevölkerungsanteile verteilt ist. So lässt sich beispielsweise ablesen, wie viel Prozent des Gesamteinkommens auf einen bestimmten Anteil der Einkommensbezieher mit dem geringsten oder höchsten Einkommen entfallen. Der Krümmungsgrad der Kurve gibt Auskunft über das Maß an Verteilungsgleichheit: Je weniger gekrümmt die Lorenzkurve ist, desto größer ist die Verteilungsgleichheit. Die Entwicklung zeigt, dass die Einkommensverteilung in Deutschland über die letzten Jahrzehnte relativ stabil geblieben ist.

Umverteilung – Aufgabe des Staates
M 66

Das Sozialstaatspostulat im Grundgesetz fordert, dass der Staat die primäre Einkommensverteilung durch verteilungspolitische Maßnahmen korrigiert. Zentrale Mittel zur Umverteilung sind das Steuersystem und die direkten Sozialleistungen des Staates. Das Maß der Umverteilung wird durch die Politik bestimmt und ist Gegenstand kontroverser öffentlicher Diskussionen.

Ziele der Verteilungspolitik
M 67

Bei der Festlegung verteilungspolitischer Ziele sind drei Ansatzpunkte zu unterscheiden. Nach dem Leistungsprinzip soll das Volkseinkommen gemäß dem Beitrag verteilt werden, den der Einzelne zur Entstehung des Volkseinkommens geleistet hat. Dabei wird aber ein Problem sichtbar: Was geschieht mit Menschen, die keinen Beitrag zum Volkseinkommen leisten (Kranke, Arbeitslose)? Nach dem Bedarfsprinzip soll jeder soviel Einkommen erhalten, wie er zur Deckung seiner Bedürfnisse benötigt. Diese Norm sorgt für eine gleichmäßigere Einkommensverteilung. Das Egalitätsprinzip geht in dieser Hinsicht am weitesten: Es fordert eine Gleichverteilung der Einkommen.

Umverteilung durch das Steuersystem
M 68 – M 71

In den Diskussionen über das deutsche Steuersystem und einzelne Steuersätze stehen neben den Auswirkungen auf Investitionen und Wachstum immer auch die Verteilungswirkungen des Steuersystems im Mittelpunkt. Grundsätzlich wird zwischen direkten Steuern (z.B. Einkommensteuer) und indirekten Steuern (z.B. Mehrwertsteuer) unterschieden. Eine Verschiebung des Gleichgewichts zwischen den direkten und den indirekten Steuern ist umstritten, auch weil sich ihre Auswirkungen nur schwer vorhersagen lassen.
Bei der Ausgestaltung des Steuersystems und einzelner Steuerarten wird auch das Spannungsverhältnis zwischen Eigentumsrechten und der Sozialverpflichtung des Eigentums (Art.14 GG) im System der Sozialen Marktwirtschaft der Bundesrepublik Deutschland deutlich.

4 Unternehmen im Wirtschaftsgeschehen

In der Marktwirtschaft produzieren private Unternehmen die zur Bedarfsdeckung nachgefragten Leistungen. Gleichzeitig schaffen die Unternehmen Arbeit und Einkommen für die Arbeitnehmer. Mit einem Unternehmen verbinden die meisten Menschen auch die Person des Unternehmers. In der Tat sind viele erfolgreiche Unternehmen aus der Initiative einer einzelnen Person entstanden oder als Familienbetrieb gegründet worden. Welche Voraussetzungen müssen gegeben sein, damit Menschen bereit sind, ein Unternehmen zu gründen? Kapitel 4.1.1 versucht, diese Frage zu beantworten.

Neben den vielfältigen Aufgaben des Tagesgeschäfts sind im Unternehmen zunächst grundsätzliche Entscheidungen zu treffen, die den Handlungsrahmen des Unternehmens auf längere Zeit bestimmen. Dazu gehören die Wahl der Rechtsform und die Entscheidung über den Produktionsstandort. Welche Aspekte bei diesen Entscheidungen zu berücksichtigen sind, wird in Kapitel 4.1.2 erläutert.

Die Funktionsweise und Bedeutung von Unternehmen und Betrieben lässt sich am besten verstehen, wenn man zunächst das gesamtwirtschaftliche Umfeld betrachtet, mit welchem das Unternehmen verflochten ist. Durch die Kombination verschiedener Produktionsfaktoren erstellt das Unternehmen Leistungen. Welche Grundfunktionen ein Unternehmen bei der Leistungserstellung erfüllen muss, zeigt Kapitel 4.2.1.

Unterschiedliche Interessensgruppen beeinflussen die Ziele und Entscheidungen im Unternehmen. Die Erwirtschaftung von Gewinn bildet zwar die Existenzgrundlage jedes Unternehmens, doch sind Unternehmen auch soziale Gebilde. Umstritten ist daher, ob Unternehmen für die Gestaltung der Gesellschaft mitverantwortlich sein sollen und wie stark soziale und ökologische Ziele bei der unternehmerischen Entscheidungsfindung berücksichtigt werden sollen (Kapitel 4.2.2).

Nur durch den Absatz der produzierten Güter kann ein Unternehmen Verkaufserlöse erzielen und die Kosten der Produktion decken. Angesichts gesättigter Märkte, auf denen die Konsumenten eine starke Stellung haben (Käufermärkte), rücken Marketingmaßnahmen immer mehr in den Mittelpunkt unternehmerischen Handelns. Wie kann das Unternehmen die Gunst der Käufer gewinnen und sich auf dem Markt gegenüber den Konkurrenten behaupten? Häufig entscheidet sich diese Frage durch die bessere Marketingkonzeption (Kapitel 4.3).

Tipps & Links

Lernen vor Ort

- Führen Sie eine Betriebserkundung bei einem Betrieb vor Ort durch.
- Laden Sie einen Experten zum Thema Existenzgründung in den Unterricht ein und veranstalten Sie eine Expertenbefragung.
- Nehmen Sie an einem Unternehmensplanspiel teil.
  - Planspiel Unternehmensgründung *www.juniorprojekt.de/*
  - Planspiel Betriebswirtschaft *www.bti-online.com/528.0.html*
  - Planspiel PriManager *www.primanager.de*
  - Planspiel Business at school *www.business-at-school.de*
  - Projekt: Economic Summer Camp *www.jem-online.de*
  - Planspiel: Schul/Banker *www.schulbanker.de/*

Referieren und Präsentieren

- Stellen Sie herausragende Unternehmerpersönlichkeiten in einem Referat vor.
- Verfassen Sie zu einem ausgewählten Unternehmen vor Ort eine „Unternehmensbiografie". Gehen Sie insbesondere auf den Wandel des Unternehmens ein.
- Vergleichen Sie die Unternehmensleitbilder ausgewählter Unternehmen.
- Analysieren Sie einen Werbespot, Werbeplakat Ihrer Wahl.

Weiterlesen

- *Volker Schultz, Basiswissen Betriebswirtschaft. Management, Finanzen, Produktion, Marketing, 2. Aufl., München 2006 (dtv)*
  Gute und knappe Einführung in die BWL, mit weiteren Literaturhinweisen.

- *Rödiger Voss, BWL kompakt. Grundwissen Betriebswirtschaftslehre, 3. Aufl., Rinteln 2006 (Merkur Verlag)*
  Übersichtliche Einführung in die betriebswirtschaftlichen Grundlagen, mit Aufgaben und Lösungen.

- *Steffen Berner u.a., Betriebswirtschaftslehre der Unternehmung, 22. Aufl., Haan-Gruiten 2007 (Europa Lehrmittel)*
  Umfassende und sehr verständlich geschriebene Einführung in die Betriebswirtschaftslehre des Unternehmens, mit zahlreichen Aufgaben.

Recherchieren

www.bda-online.de
Bundesverband der Deutschen Arbeitgeberverbände (BDA); aktuelle Wirtschaftsinformationen.

www.bmwi.de
Bundesministerium für Wirtschaft und Technologie; Wirtschaftsinformationen u.a. zur Existenzgründung.

www.dihk.de
Als Dachorganisation der 81 deutschen IHKs übernimmt der Deutsche Industrie- und Handelskammertag DIHK im Auftrag und in Abstimmung mit den IHKs die Interessenvertretung der deutschen Wirtschaft gegenüber den Entscheidern der Bundespolitik und den europäischen Institutionen.

www.existenzgruender.de
Portal für Existenzgründer des BMWI mit sehr guten Informationen zum Thema Existenzgründung, einem Lexikon, Linksammlung usw.

4.1 Unternehmerische Entscheidungsprozesse

4.1.1 Die Bedeutung von Unternehmensgründungen für Wirtschaft und Gesellschaft

Um welches Unternehmen handelt es sich?

M 1

Die Geburtsstunde war eine profane Angelegenheit. Niemandem der Anwesenden dürfte der Gedanke gekommen sein, dass in der unscheinbaren Jacobs Pharmacy in Atlanta Geschichte geschrieben und die erste „global brand"[1] geschaffen wurde. Doktor John Stith Pemberton, ein kränkelnder Apotheker, bot damals, 1883, ein paar Bekannten und Berufskollegen einen zähen Sud an, den er mit Wasser verdünnt hatte. Das Rezept für das Stärkungsmittel hatte Pemberton in langen Monaten mühseliger Versuche zusammengebraut. … Mehr durch einen Zufall wurde aus dem zähen Sud die prickelnde Brause, die dann die ganze Welt eroberte. In Pembertons Drugstore erschien eines Tages ein Kunde, der über Kopfschmerzen klagte. Er kaufte nicht nur eine Flasche des Konzentrats, sondern bat darum, sogleich ein Glas trinken zu dürfen. Der Verkäufer, offenbar zu bequem, Leitungswasser aus der Küche zu holen, schlug ihm vor, er möge den Sirup doch mit Soda verdünnen. Gesagt, getan. Der Kunde war begeistert. „Viel besser als mit einfachem Wasser", lautete sein Urteil. Nach weiteren Trinktests entschied sich Pemberton, Wasser fortan durch Soda zu ersetzen.

Bis zu 20 Meter lang waren jeden Mittag die Schlangen vor dem Lokal. Und das trotz scharfer Konkurrenz: Besonders an der Westküste stieg damals [im Sommer 1954] als Folge von Mobilität und Motorisierung das Restaurant-Gründerfieber, experimentierten Köche und Kneipiers um die Wette, wer welches neue, wiedererkennbare Produkt mit noch mehr Tempo servieren könnte. Es war die Geburtsstunde des Fast Food. Doch keiner der zahllosen, mit verrückten Designs um Aufmerksamkeit heischenden Hot-Dog-, Pizza- und Hamburger-Läden wirkte derart perfekt organisiert wie die achteckige Bude von Richard und Maurice.

Es ist mitten im Sommer 1943, als der junge Kamprad von Osby, wo er die Realschule besucht, ins Nachbardorf zu seinem Onkel und Vormund radelt. Er will eine Firma gründen, ist mit seinen 17 Jahren aber noch zu jung dafür. Und abzuwarten, bis er volljährig wird, ist keine Alternative. Nicht für Ingvar Kamprad. Der Onkel gibt seinen Segen, schließlich hat sein Neffe schon als Kind mit Streichholzschachteln und selbst gefangenen Fischen seine ersten Öre verdient. Am 28. Juli wird auf Blatt 8271 des Handelsregisters der Name eines künftigen Imperiums eingetragen … Anfangs handelt die Firma allerdings nicht mit Möbeln, sondern mit Uhren und Strümpfen, Krawatten, Handtaschen, Kugelschreibern und Feuerzeugen. Weil Kamprad den Zwischenhandel umgeht, liefert er billiger als andere. Er inseriert in Zeitungen und schickt früheren Kunden immer wieder neue Prospekte. Wer bestellt, bekommt die Ware mit der Post. …

Zu Hause ging es beispielsweise oft ums Gewinnen, vor allem bei Gesellschaftsspielen. Dem Jungen hatte es besonders das Brettspiel Risiko angetan, bei dem es darauf ankommt, die ganze Welt zu erobern (oder, in einer politisch korrekteren Version, zu befreien). Und in Harvard interessierte er sich mitnichten nur für Computer, sondern auch für Mathematik und Ökonomie.
Im zarten Alter von 24 Jahren besorgt der junge Unternehmer, der damals noch eine Klitsche hatte, eines schönen Sommertages im Jahre 1980 dem Branchenführer IBM ein Betriebssystem für seine neuen Personalcomputer – und wird deswegen später zum reichsten Mann der Welt mit über 50 Milliarden Dollar auf der hohen Kante.

Christiane Grefe, Die Zeit, 16.10.2003
[1] global brand = Weltmarke

M 2 Die Bedeutung der Unternehmerpersönlichkeit

Zum eigenständig Handelnden wurde der Unternehmer erst seit Anfang dieses Jahrhunderts bei dem Ökonomen Joseph A. Schumpeter, der ihn als Pionierunternehmer, als schöpferischen Zerstörer, kurz als Heldenfigur des wirtschaftlichen Wandels beschrieben hat. Schumpeters Unternehmer ist weder Kapitalist noch bloßer Unternehmensgründer oder Erfinder, er ist vielmehr ein „Macher“, der neue Kombinationen durchsetzt, der zum Beispiel neue Güter oder Produktionsqualitäten oder neue Produktionsmethoden einführt, der neue Absatzwege oder neue Bezugsquellen erschließt oder der Unternehmen effizienter organisiert, etwa in Gestalt von Konzernen. Dieser schöpferische Unternehmer bricht aus dem wirtschaftlichen Alltag aus und sieht Chancen da, wo sie andere nur undeutlich oder gar nicht wahrnehmen. Er zerstört Altes, um Neues zu schaffen. Ihm geht es nicht allein um Gewinn, sondern auch um Sieg im Konkurrenzkampf. Schumpeters Unternehmer ist nicht mehr das Instrument des Marktes, er bewegt die Märkte und führt Umbrüche in ganzen Branchen und letztlich in der Volkswirtschaft herbei. Die schöpferische Zerstörung hilft freilich auch dem Pionier, wenn die „Nachahmer“ dem Schumpeterschen Helden folgen. Damit ist auch vorgezeichnet, wie Entwicklung und Wachstum einer Volkswirtschaft vorangetrieben werden: durch die Unternehmen.

Jürgen Jeske, Hans D. Barbier, Handbuch Wirtschaft: So nutzt man den Wirtschafts- und Finanzteil einer Tageszeitung, Frankfurt a. M. 2000, S. 328.

M 3 Er hat einfach diesen Instinkt ...

Kai/CCC, www.c5.net

M 4 Wichtige Eigenschaften eines Unternehmers

Unabhängigkeitsstreben
Eine zentrale Eigenschaft des erfolgreichen Unternehmers ist sein Bedürfnis nach Unabhängigkeit. Diese Persönlichkeit will selbstständig sein und nimmt das Steuer ihres Lebens selbst in die Hand. Dazu gehört ein unerschütterlicher Glaube an die eigenen Einflussmöglichkeiten. Sie lebt nach dem Grundsatz: „Ich bin mein eigener Chef und bin selber verantwortlich für meine persönliche Entwicklung.“
Die autonome Persönlichkeit gibt sich dadurch selbstbewusst und lässt sich durch andere Meinungen nur wenig beeinflussen. Handlungen werden mit Überzeugung ausgeführt, und sie weiß,

dass nur der Aktive „der Schmied seines Glücks" sein kann. Schicksalsergebenheit oder „abwarten und Tee trinken" ist dem Unternehmer völlig fremd.

Innovationsfreude
Die Innovationsfreude ist ein Persönlichkeitsfaktor, der für den unternehmerischen Erfolg in unserer schnelllebigen Zeit immer wichtiger wird. Neue Situationen auf dem Markt und neue Märkte verlangen von Unternehmern enorme Anpassungsleistungen. Dazu braucht es eine große Portion Veränderungsbereitschaft und viel Lust, neue Wege zu gehen und neue Türen zu öffnen. Unvorhersehbare und unbekannte Situationen werden dabei als willkommene Herausforderung betrachtet.

Gesunde Risikobereitschaft
Ohne Risiko kann unternehmerisches Handeln kaum stattfinden. Der Unternehmer muss die Gratwanderung zwischen kalkulierbarem und hohem Risiko gehen. Wer sich nur auf kalkulierbare Situationen einlässt, verliert nicht viel, kann aber meist auch nur wenig gewinnen. Auf der anderen Seite lauert bei einem zu hohen Risiko die Gefahr des Misserfolgs. Ein Unternehmer, der zu hoch pokert, kann alles verlieren. Deshalb ist eine gesunde Risikobereitschaft, mit anderen Worten der Wille, ein mittleres, teilweise kalkulierbares Risiko einzugehen, am erfolgversprechendsten.

Eigeninitiative
Der erfolgreiche Unternehmer ist sehr aktiv und handelt aus eigenem Antrieb. Er kommt nicht erst in Bewegung, wenn andere dazu auffordern. Hohe Eigeninitiative geht einher mit einer hohen Bereitschaft, Verantwortung zu übernehmen, denn nur wer Verantwortung übernimmt, kann auch initiativ handeln. Die Eigeninitiative kommt am besten zum Einsatz, wenn der Unternehmer ein klares Ziel vor Augen hat und langfristig planen kann. Eigeninitiative bedeutet aber auch, dass man aus Fehlern lernt und nach einem Fehlschlag handlungsorientiert bleibt.

Konkurrierende Impulsivität
Diese kann von der Lust auf einen gesunden Konkurrenzkampf im Sinne von „leben und leben lassen" bis zum Willen, die Konkurrenz aus dem Markt zu werfen, gehen. Mit der Lust auf Wettbewerb, verbunden mit einer direkten und offenen Art, werden am meisten Erfolge erzielt. Dabei sind ein spielerischer Umgang und eine Portion Humor wichtig. Wer einen verbissenen Konkurrenzkampf betreibt, wird misstrauisch und eigenbrötlerisch und verbaut sich damit viele Möglichkeiten.

Leistungsorientierung
Erfolgreiche Unternehmer sind sehr ehrgeizig. Sie identifizieren sich voll mit ihrer Arbeit und stellen an sich selbst sehr hohe Anforderungen. Sie stecken sich hohe Ziele, die nur durch außerordentlich gute Leistungen zu erreichen sind. Leistungsorientierte Unternehmer sind interessiert an den Rückmeldungen ihrer Mitarbeiter, Berufskollegen, Kunden. Das Streben nach kontinuierlicher Leistungsverbesserung ist eine Selbstverständlichkeit. Es liegt ihnen fern, selbstzufrieden auf ihren guten Leistungen auszuruhen und nichts mehr verändern zu wollen. Ihnen ist klar, dass keine Leistung so gut sein kann, dass sie nicht verbessert werden könnte.

Soziale Kompetenz
Die soziale Kompetenz ist für den Kontakt mit anderen Menschen von zentraler Bedeutung. Sie erleichtert es dem Unternehmer, mit den Mitarbeitern langfristige und tragfähige Beziehungen aufzubauen, sich kundenorientiert zu verhalten und fruchtbare Geschäftspartnerschaften zu pflegen. Zur sozialen Kompetenz gehören gute Kommunikationseigenschaften, die Fähigkeit, auf den Partner einzugehen, diplomatisches Verhalten, Offenheit und selbstsicheres Auftreten.

Emotionale Stabilität
Unternehmerischer Erfolg wird meist nicht über Nacht erreicht; der Unternehmer bezahlt den Erfolg mit großen Mühen und steht oft unter ständigem Stress. Auch Fehler sind unvermeidlich. Wer über eine hohe emotionale Stabilität verfügt, empfindet Fehler meist nur für kurze Zeit als Belastung. Vielmehr fragt er sich, was er daraus lernen kann. Zur emotionalen Stabilität gehört also ein gesundes Maß an Optimismus und Gelassenheit.

Urs Tschanz, Bernhard Thomet, Sind Sie eine Unternehmerpersönlichkeit?
http://www.diacova.ch/site/fileadmin/dokumente/sind_sie_unte.pdf (12.2.2007)

M 5 Erfolgsfaktor Management: die Mischung macht's

Seit einigen Jahren wächst die Zahl der Managementbücher, die emotionale Intelligenz zum Thema machen. Nicht nur Fachwissen, die Dauer der Unternehmenszugehörigkeit und Durchsetzungskraft seien gefragt, sondern zunehmend brauche eine Führungskraft soziale Fähigkeiten und Mitgefühl. Immer wieder versuchen so vor allem amerikanische Autoren den idealen Managementtyp zu charakterisieren. Doch: Gibt es diese „eierlegende Wollmilchsau“ wirklich? Allein dieses seit Jahren kursierende Unwort der Managementliteratur macht deutlich, dass man sich damit wohl auf dem Holzweg befindet.

Weil es den omnipotenten Unternehmenslenker nicht gibt, ist es wichtiger, einen Blick auf das Team zu werfen. Viele große Unternehmenspersönlichkeiten zeichnen sich dadurch aus, dass sie gute Alter egos gefunden haben, die sich von ihnen selbst grundlegend unterschieden. Robert Bosch hatte mit seinem Privatsekretär Hans Walz seinen engsten Vertrauten gefunden, der den Aufbau der Firma auch vorantrieb, als der Gründer sich mehr und mehr zurückzog. Mit Dietmar Hopp und Hasso Plattner standen zwei sich ergänzende Persönlichkeiten an der Wiege der SAP. Der eher scheue Bill Gates hat mit Steve Ballmer einen Einpeitscher an seiner Seite. Eine Analyse der erfolgreichen Unternehmen würde wohl ergeben, dass sie von guten Teams geführt werden, die unterschiedliche Charaktere und Temperamente in sich vereinen.

Natürlich gibt es Eigenschaften eines Managers, die nur schwer durch einen anderen kompensiert werden können. Persönliche Autorität, fachliches Wissen und Anerkennung durch Mitarbeiter und Kunden sind Must-Skills für jeden Einzelnen. Auch persönliche Mobilität und Weltgewandtheit gehören heute dazu. Und fraglos müssen die zentralen Kompetenzen für Finanzen, Vertrieb, Produktion, Personal, Forschung und Entwicklung exzellent besetzt sein. Aber jeder Mensch hat seine Stärken und Schwächen. Die Stärken eines Teams sollten so verteilt sein, dass ein Unternehmen auf verschiedene Herausforderungen schnell und passend reagieren kann. Idealerweise repräsentiert ein Managementteam einen analytisch denkenden Albert Einstein, einen handlungsstarken James Bond, einen Willy Brandt für die soziale Integration, aber auch einen Daniel Düsentrieb, der krause Ideen einbringt und vorantreibt. Würde das Team aus vier Personen gleichen Schlags bestehen, würde hochwahrscheinlich das Chaos ausbrechen. Vier draufgängerische Bonds gingen sich an den Kragen, vier Düsentriebs würden sich vor Ideen überschlagen, ohne sie je zu realisieren, vier Brandts könnten zwar gut miteinander reden, aber den Wettbewerber nicht ausstechen, und vier Einsteins kämen aus dem Grübeln nicht mehr raus. Ein Unternehmen braucht alle vier Typen. Die Zusammensetzung eines Teams sollte nicht allein aufgrund von Kompetenzen und Stereotypen erfolgen. Sind in einem Unternehmen nur Treiber,

Glücklich das Unternehmen, das ein Team aus Mitarbeitern dieser Typen beschäftigt: Albert Einstein, James Bond, Willy Brandt und Daniel Düsentrieb – egal, ob in männlicher oder weiblicher Gestalt.

bricht schnell das Chaos aus. Besteht das Team ausschließlich aus fleißigen Arbeitern, fehlen Vision und Dynamik.
Der richtige Managementmix ist heute wichtiger denn je. Die Weltwirtschaft ist von hoher Dynamik und turbulenter Entwicklung gekennzeichnet. Ein Unternehmen muss in der Lage sein, ad hoc auf neue Situationen zu reagieren. Mal steht die Fähigkeit zur Innovation im Vordergrund, mal die aggressive Reorganisation und morgen vielleicht die Kunst, Mitarbeiter für ein völlig neues Geschäftsfeld zu begeistern. Für lang vorbereitete und ausdiskutierte Planungen bleiben keine Zeit. Statt dessen muss das Führungsteam über die jeweils notwendigen Talente verfügen, um konkrete Herausforderungen sofort zu meistern. Hierzu gehört, dass jeder Einzelne mal mehr Teamplayer, mal Solist ist und die Gruppe – wie eine gute Jazzband – auf der Basis von wenigen Regeln gemeinsam agiert, aber auch improvisieren kann. Das Ergebnis einer solchen Führung ist ein Unternehmen mit hoher Agilität. Aber hierfür ist ein Umdenken auch unter Managementtheoretikern erforderlich: Das Team ist der wichtigere Erfolgsindikator als die Einzelperson.

August-Wilhelm Scheer, „Einstein, Brandt, Bond", in: Frankfurter Allgemeine Zeitung, 6.9.2006

Aufgaben

1. In M 1 werden vier Unternehmensgeschichten geschildert. Finden Sie heraus, um welche Unternehmen es sich handelt. Anschließend können Sie weitere Informationen über die Unternehmen einholen und ein ausführliches Porträt des jeweiligen Unternehmens präsentieren.

2. Erläutern Sie, inwiefern Unternehmer als „schöpferische Zerstörer" (Joseph Schumpeter) angesehen werden können (M 2).

3. Haben Sie die Eigenschaften eines Unternehmers? Entwerfen Sie ihr Eigenschaftsprofil mithilfe des Analysesterns. Am Ende der Pfeile werden die Eigenschaften (vgl. M 3) eingetragen. Auf dem Pfeil wird die Ausprägung (außen = schwach ausgeprägt; innen = stark ausgeprägt) markiert.

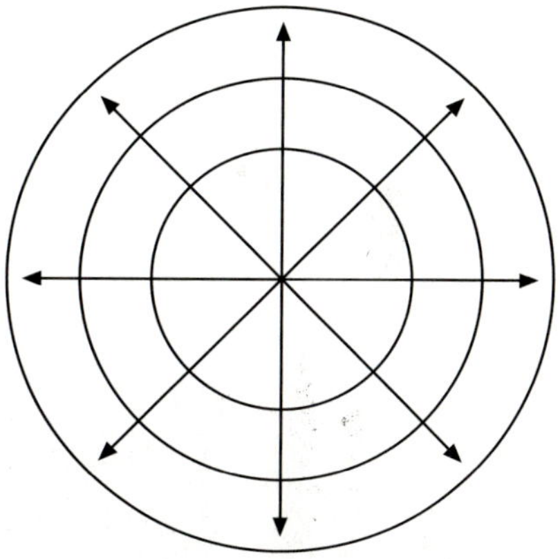

4. Erläutern Sie die Voraussetzungen für unternehmerischen Erfolg (M 1 – M 5).

M 6 Unternehmensstrategien im Wandel

50er & 60er: Wiederaufbau, Verflechtung, Patriarchat, Export

Shareholder Value? Kernkompetenzen? Outsourcing? Die Unternehmens-Macher der ersten Nachkriegsjahre hätten wohl nur belächelt, was heute die Klaviatur des Managements bestimmt. Schließlich hatten sie andere Sorgen: Es ging um Wiederaufbau, Neugründung, es war die Zeit der mutigen Tüftler und der zupackenden Patriarchen. ... Ausgefeilte strategische Managementtechniken kannten die Manager der 50er- und 60er-Jahre kaum: In den Top-Etagen der Konzerne herrschte eher ein vorausschauendes Planen und Machen. Schließlich war der Trend klar, und der hieß Wachstum.

70er & 80er: Internationalisierung, Diversifikation, moderne Familienunternehmen

Diversifikation. Heutzutage nimmt dieses Wort kaum ein Manager gerne in den Mund. Fokussierung aufs Kerngeschäft ist angesagt, Diversifikation hingegen hat das Zeug zum Investorenschreck. Das war einmal anders. Das starke Wachstum der sechziger Jahre hatte große Konzerne mit breit gefächerten Geschäftsbereichen hervorgebracht, in den 70er-Jahren dann kürte die Wissenschaft mit der Erfahrung der ersten Wirtschaftskrisen im Rücken Diversifikation zur Strategie der Wahl: Risikostreuung hieß die Devise. ...

90er: Radikale Neuordnung, Fokussierung, Shareholder Value

So wenig aufregend die Management-Stile der 80er-Jahre waren, so radikal waren sie in den 90er-Jahren. Aus Amerika schwappten Trends nach Deutschland, die schon dort die Wirtschaft aufgemischt hatten. Der Kapitalmarkt gewann an Einfluss, plötzlich wurde wichtig und richtig, was die Anleger forderten, man hörte Manager von „Wertorientierung" und „Shareholder Value" reden. Aus Konglomeraten wurden Unternehmen, die sich auf ihr Kerngeschäft fokussierten: Nur auf einer Hochzeit tanzen lautet die Idee, aber dafür richtig groß. ...

2000 bis 2006: New Economy, Globalisierung, Wertorientierung

Raus in die Welt, runter mit den Kosten, rein in neue Märkte – so lautet die Unternehmensstrategie der vergangenen fünf Jahre. Was sich Mitte der 90er Jahre ankündigte, erfasste die Firmen nach dem Jahrtausendwechsel vollends: Aus den exportorientierten Konzernen der Nachkriegszeit müssen global vernetzte Unternehmen werden. Neue Technologien wie das Internet und die Verbreitung des Wissens verändern die Märkte rasanter als zuvor. Und damit auch das Management: Die Zentralen werden schlanker, die Führung in den Regionen stärker. Unternehmen verlagern Prozesse an Standorte und externe Dienstleister in der ganzen Welt. Für die neuen Herausforderungen brauchen sie Geld, viel Geld. Überlebt sind sie – die alten Strukturen der Unternehmen. ... Die Welt rückt zusammen – auch an den Unternehmensspitzen wird es internationaler. Wertsteigerung lautet das Zauberwort, schon lange. Doch erst seit wenigen Jahren wird dies von vielen Managern wirklich ernsthaft

Der Traum von der Welt AG: 1998 fusionierte die Daimler Benz AG mit der Chrysler Corporation zur DaimlerChrysler AG. Doch die Fusion bringt das einstmals gesunde Unternehmen in die Krise, der Aktienkurs sinkt um fast 30 Prozent. Am 14. Mai 2007 wird der mehrheitliche Verkauf von Chrysler bekanntgegeben.

betrieben, was sich an den Börsenwerten ablesen lässt. ...

Zukunft: Konsolidierung, Fusionitis, Megatrends
Böse Zungen behaupten, es gebe zu keiner Zeit wirklich neue Managementmethoden. Alles sei schon mal dagewesen und komme wieder. Mal organisieren sich Unternehmen dezentral und lagern aus, in der nächsten Krise ist dann wieder Zentralisierung angesagt. Konzentration aufs Kerngeschäft lautet die Formel seit Jahren. Kommt bald wieder die Diversifikation zurück? In Form von breit gefächerten Mischkonzernen wohl kaum. Doch verändern sich die Märkte und Kerngeschäfte schneller denn je. Was gestern noch als Randaktivität verspottet wurde, kann morgen schon wieder zum Kerngeschäft gekürt werden. Zum Glück gibt es den schönen Begriff der Kernkompetenzen: Man konzentriert sich zwar, aber auf das, was man besonders gut kann. Für alle Unternehmen gilt: Sie müssen noch schneller werden und einen intelligenten Weg finden, um ihre neuen globalen Netzwerke aus Produktions- und Forschungsstandorten erfolgreich zu steuern.

Bert Fröndhoff, Handelsblatt.com, 17.5.2006

Schwierigkeiten deutscher Unternehmensgründungen

M 7

„Aller Anfang ist schwer, am schwersten der Anfang der Wirtschaft." Bereits Johann Wolfgang von Goethe erkannte, dass, wer eine gute Geschäftsidee hat, den steinigen Weg der Existenzgründung gerade erst begonnen hat. Vor allem die Frage der Finanzierung zählt heutzutage beim Schritt in die Selbstständigkeit zu den wichtigsten Punkten, mit denen sich Gründer befassen müssen. Immer wieder scheitern Neu-Unternehmer, weil sie die Finanzen nicht richtig durchgeplant haben und das Geld hinten und vorne nicht reicht. Oder aber sie von den Banken keine Kredite erhalten: Umfragen des Deutschen Industrie- und Handelskammertages zeigen, dass für 52 Prozent der Gründer die Kreditfinanzierung schwierig oder überhaupt nicht möglich war. Ihnen fehlen häufig die von den Banken gewünschten Sicherheiten, also Rücklagen in Form von Lebensversicherungen oder Immobilien. Mehr als ein Drittel der Befragten nennt als Gründungshemmnis, dass sie nicht über ausreichend eigenes Geld verfügen. Das wiederum hat – insbesondere seit den verschärften Kreditvorgaben durch „Basel II" – direkten Einfluss auf die Kreditvergabe. Denn wer nicht viel Eigenkapital mitbringt, stellt für die Bank ein größeres Risiko dar – und das schlägt sich in den Zinsen nieder. Wer darüber hinaus die Bank nicht mit einem 1a-Konzept überzeugen kann oder in eine schwierige Branche einsteigt, bekommt unter Umständen gar keinen Kredit. Auch die Genehmigungsprozesse der Banken sind sehr viel bürokratischer geworden: Oft können die Mitarbeiter vor Ort gar nicht mehr entscheiden, ob der Neu-Unternehmer den Kredit erhalten kann. Vorgaben aus der Firmenzentrale regeln inzwischen selbst die Vergabe der Kreditrahmen auf den Geschäftskonten. Die bisherige, gegenwärtige und künftige Leistungsfähigkeit des Unternehmens wird anhand umfangreicher Daten, die der Neuunternehmer vorlegen muss, ermittelt und mit einer Note (Rating) bewertet. Der Begriff „Basel II" ist daher für viele Unternehmen zum Unwort geworden und steht als Synonym für eine restriktivere Kreditvergabe. Hintergrund der Regulierungen ist jedoch ein anderer: Mit diesen internationalen Standards soll nicht nur das Ausfallrisiko für Banken möglichst klein gehalten werden; es geht auch darum, spektakuläre Bankenzusammenbrüche zu verhindern. Zu diesen kam es in der Vergangenheit – beispielsweise in Japan – dann, wenn Unternehmen ihre Kredite nicht zurückzahlten und dadurch „faule" oder „notleidende Kredite" entstanden. An den neuen Vorschriften für die Kreditvergabe wird sich daher so schnell nichts ändern; für Unternehmer bieten sie aber die Chance, das eigene Zahlenwerk zu begreifen und diese Kompetenz der Bank zu demonstrieren.
Vor die selbstständige, unternehmerische Arbeit hat auch der Staat die Bürokratie gesetzt. Wer ein eigenes Unternehmen gründen will, muss dies beim Gewerbeamt anmelden. Ausgenommen davon sind lediglich die sogenannten Freien Berufe wie Ärzte, Rechtsanwälte oder Künstler. Für einige Gewerbe sind darüber hinaus Sondergenehmigungen erforderlich, die sich in die Kategorien „Persönliche Zuverlässigkeit", „Sachliche Voraussetzungen" und „Fachliche Voraussetzungen" einteilen lassen. Wer etwa ein Restaurant aufmachen will, muss nicht nur ein polizeiliches Führungs-

zeugnis vorlegen, sondern nachweisen, dass er an einer Schulung für lebensmittelrechtliche Vorschriften teilgenommen hat. Handwerker müssen sich beispielsweise in die Handwerksrolle der zuständigen Kammer eintragen lassen. Und in einigen Berufen kann sich nur derjenige selbstständig machen, der seinen Meister gemacht hat; etwa der Augenoptiker oder der Schornsteinfeger. Schon in den ersten Wochen nach Gründung eines Betriebs flattert dem frischgebackenen Unternehmer dann Post vom Finanzamt ins Haus. Mit einem Fragebogen will sich die Behörde einen Überblick verschaffen, über mögliche Gewerbe- oder Umsatzsteuerpflicht – und über Einkommensteuervorauszahlungen. Und eine Steuernummer muss natürlich auch her. Wer Mitarbeiter beschäftigt oder einstellen will, muss bei der Agentur für Arbeit eine Betriebsnummer beantragen und sich bei der Berufsgenossenschaft und der Krankenversicherung anmelden. Unter Umständen sind auch bauliche Genehmigungen erforderlich. Je nach Rechtsform muss das Unternehmen außerdem beim Handels- oder Partnerschaftsregister eingetragen werden. Das wiederum ist nur über einen Notar möglich. Diese notwendigen Genehmigungen verursachen nicht nur Kosten, sondern sorgen immer wieder auch für erhebliche zeitliche Verzögerungen bei der Existenzgründung.

Constanze Hacke, in: Informationen zur politischen Bildung Nr. 293, Bundeszentrale für politische Bildung 4/2006, Bonn, S. 15

M 8 Gründungshürden im Vergleich

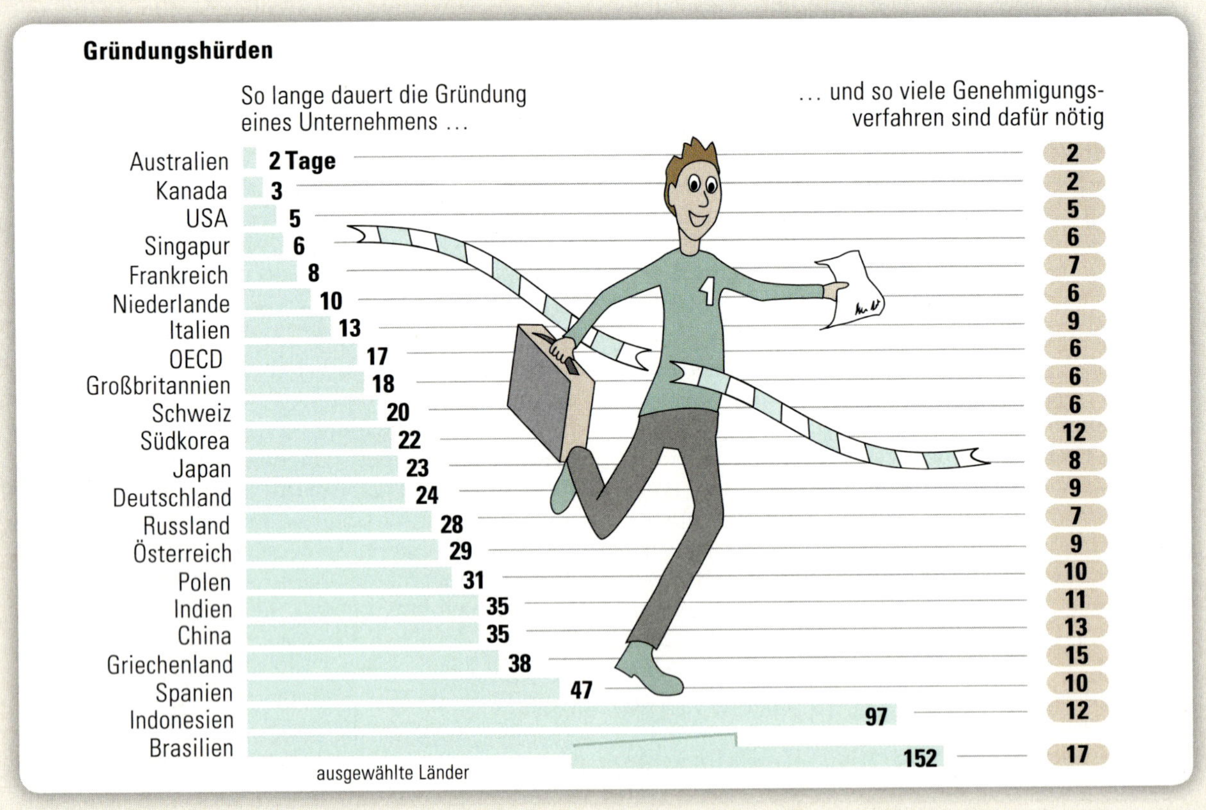

Globus-Grafik 0942, Quelle: Weltbank 2006

EU-Kommission will Unternehmergeist in Europa wecken

M 9

Die EU schöpft ihr unternehmerisches Potential nicht voll aus, heißt es in dem Aktionsplan [der EU von 2004]. Sie ermutige nicht genug Menschen, Unternehmer zu werden. Obwohl dem Eurobarometer zufolge 47 Prozent der Europäer sagen, dass sie Selbstständigkeit bevorzugen, verwirklichen lediglich 17 Prozent diesen Wunsch. Vier Prozent der Europäer befänden sich in der Gründungsphase oder hätten innerhalb der vergangenen drei Jahre ein Unternehmen gegründet – in den Vereinigten Staaten gelte dies für mehr als 10 Prozent, heißt es weiter.

Die zunehmende Alterung in Europa wird nach Einschätzung der Kommission die Unternehmenstätigkeit mindern. Die Altersgruppe der 25- bis 34-Jährigen, die sich bei Unternehmensgründungen besonders aktiv zeige, werde in den kommenden Jahrzehnten abnehmen. Nach Schätzungen tritt in den kommenden zehn Jahren ein Drittel der Unternehmer in der EU ab. Finden sich für sie keine Nachfolger, so droht der Verlust von jährlich rund 600.000 Unternehmen und 2,4 Millionen Arbeitsplätzen. Da immer weniger Übertragungen innerhalb der Familie stattfinden, müssen mehr Familienbetriebe an Angestellte oder Dritte übertragen werden. „Aber viele Europäer gründen lieber eine neue Firma, als eine alte zu übernehmen. Es wird deshalb immer schwieriger, Nachfolger zu finden", sagt Liikanen. Die EU sollte verhindern, dass wettbewerbsfähige Unternehmen bloß wegen steuerlicher oder rechtlicher Hindernisse oder mangels Nachfolger schließen müssen.

Bereits im Vorjahr hat die Kommission zum „Unternehmergeist in Europa" ein sogenanntes Grünbuch veröffentlicht und einen umfassenden Konsultationsprozess eingeleitet …

Fünf „strategische Politikbereiche" enthält der Aktionsplan: die Förderung des Unternehmergeistes, die Ermutigung der Menschen, Unternehmer zu werden, die Unterstützung der Betriebe für Wachstum und Wettbewerbsfähigkeit, bessere Finanzierungsströme sowie die Schaffung eines mittelstandsfreundlichen Regelungs- und Verwaltungsumfelds. Neben diesen recht allgemeinen Forderungen enthält der Aktionsplan ein Bündel sogenannter Schwerpunktmaßnahmen, die teilweise bereits im Rahmen bestehender EU-Programme begonnen wurden. So fordert die Kommission, die unternehmerische Ausbildung in die Lehrpläne aller Schulen aufzunehmen. Mehr Verständnis für das Scheitern von Unternehmen, einschließlich der Unterscheidung zwischen nichtbetrügerischem und betrügerischem Konkurs sei erforderlich, um gegen das Stigma des Scheiterns vorzugehen, heißt es. Gemeinsam mit einer Sachverständigengruppe plant die Kommission, Selbstbewertungstests für Unternehmer zu erarbeiten, um ihre finanzielle Lage besser zu beurteilen und auf Unterstützungsmöglichkeiten hinzuweisen. Damit sollen sie vor Fehlschlägen bewahrt werden.

Weitere Schwerpunkte des Aktionsplans bilden die Ausweitung der Anhörungsmöglichkeiten für die Interessensvertreter des Mittelstandes sowie einfachere Steuergesetze. So will die Kommission noch in diesem Jahr ein sogenanntes „One-Stop-Shop-System" einführen. Dies soll es den in mehreren Ländern eingetragenen Unternehmen erlauben, ihre gesamten EU-weiten Mehrwertsteuerverpflichtungen in ihrem Sitzland nachzukommen. Das würde den Verwaltungsaufwand erheblich verringern: Der Unternehmer unterläge nur einer Art von Steuervorschriften und könnte in seiner Sprache mit einer einzigen Steuerbehörde verhandeln, heißt es in der EU-Kommission.

Hajo Friedrich, Frankfurter Allgemeine Zeitung, 17.2.2004

Aufgaben

1. Beschreiben Sie, welche Faktoren jeweils den Wandel der Unternehmensstrategien bewirkt haben (M 6).
2. Erläutern Sie, welche Schwierigkeiten sich bei der Gründung eines Unternehmens ergeben können (M 7, M 8).
3. Stellen Sie dar, wie die EU den Unternehmergeist in Europa stärken will (M 9).
4. Setzen Sie sich mit Chancen und Risiken der Selbstständigkeit auseinander. Sammeln Sie dazu Argumente, gewichten Sie diese, und führen Sie abschließend eine Diskussion (Podiumsdiskussion, amerikanische Debatte, Talkshow etc.).

4.1.2 Konstitutive Entscheidungen des Unternehmens – Rechtsform und Standortwahl

M 10 **Aus dem Wirtschaftsteil der Zeitung**

Autorentext

M 11 **Die Wahl der Rechtsform**

Die Wahl der Rechtsreform zählt zu den grundlegenden (konstitutiven), langfristig wirksamen unternehmerischen Entscheidungen. Die Frage, welche Rechtsform ein Betrieb wählt, stellt sich immer bei der Gründung eines Betriebs. Ändern sich wesentliche persönliche, wirtschaftliche, rechtliche Rahmenbedingungen, kann ein Unternehmen eine andere Rechtsform wählen (Umwandlung).
Die wichtigsten Kriterien für die Wahl einer bestimmten Rechtsform sind folgende:

- Gründungsformalitäten: Welcher Aufwand besteht bezüglich der Regelungen (Eintragungen, Anmeldungen, Verträge mit Gesellschaftern) bei der Gründung?
- Finanzierung: Wie können die benötigten Mittel beschafft werden?
- Haftung: Inwieweit muss für Verbindlichkeiten des Unternehmens gehaftet werden?
- Besteuerung: Wie hoch ist die Steuerlast?
- Geschäftsführung: Wer darf das Unternehmen vertreten, wer darf Verträge unterschreiben?
- Verteilung von Gewinn und Verlust: Wie werden Gewinne verteilt, wer trägt die Verluste?

Autorentext

M 12 **Neugründungen nach Rechtsformen**

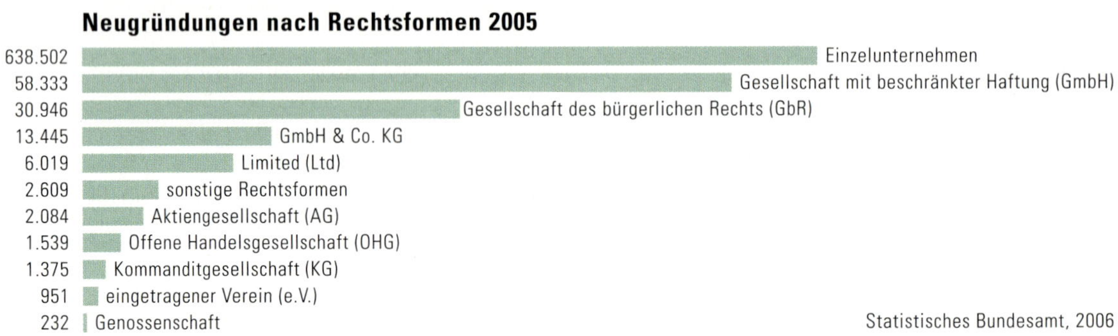

Statistisches Bundesamt, 2006

Die häufigsten Rechtsformen im Überblick

M 13

■ Einzelunternehmen – volle Kontrolle, volle Haftung

Für wen und für was?	Wie gründen?	Höhe der Haftung
Kleingewerbetreibende, Handwerker, Dienstleister, Freie Berufe	– 1 Unternehmer – entsteht bei Geschäftseröffnung, wenn keine andere Rechtsform gewählt wurde – Kaufleute: Eintrag ins Handelsregister Pflicht, Kleingewerbetreibende freiwillig – kein Mindestkapital	Unternehmer haftet uneingeschränkt mit seinem gesamten Vermögen, auch Privatvermögen

- Es gibt nur einen Betriebsinhaber. Diese Rechtsform eignet sich zum Einstieg.
- Als Einzelunternehmer/in können Sie als sogenannte/r Kleingewerbetreibende/r klein anfangen, d.h., Ihre Umsätze und Ihr Geschäftsverkehr erfordern keine vollkaufmännische Einrichtung (z.B. Buchhaltung). Nichts desto trotz steht es Ihnen frei, sich auch als Kleingewerbetreibender ins Handelsregister einzutragen.
- Mit dem Eintrag ins Handelsregister übernehmen Sie alle Rechte und Pflichten eines Kaufmanns.

■ Personengesellschaften
Gesellschaft des bürgerlichen Rechts (GbR- oder BGB-Gesellschaft) – einfache Zusammenarbeit

Für wen und für was?	Wie gründen?	Höhe der Haftung
Kleingewerbetreibende, Freiberufler	– mind. 2 Gesellschafter – formfreier Gesellschaftvertrag – kein Mindestkapital	Gesellschafter haften für die Verbindlichkeiten der Gesellschaft gegenüber Gläubigern als Gesamtschuldner persönlich

- Jede Geschäftspartnerschaft kann die Form einer GbR annehmen: Kleingewerbetreibende, Praxisgemeinschaften, Freie Berufe, Arbeitsgemeinschaften.
- Besondere Formalitäten sind nicht erforderlich, sogar eine mündliche Vereinbarung reicht, wenn auch ein schriftlicher Vertrag empfehlenswert ist.
- Für die Kompetenzen der Gesellschafter bietet die GbR einen breiten Spielraum.

■ Kapitalgesellschaften
GmbH – Gesellschaft mit beschränkter Haftung

Für wen und für was?	Wie gründen?	Höhe der Haftung
Unternehmer, die die Haftung beschränken oder nicht aktiv mitarbeiten wollen	– mind. 1 Gesellschafter (Ein-Personen-GmbH) – notariell beurkundeter Gesellschaftsvertrag – Eintragung ins Handelsregister – Mindeststammkapital: 25.000 €	In Höhe des Gesellschaftsvermögens bzw. die Gesellschafter nur mit ihrer Einlage

- Gründungsformalitäten sind aufwändiger als bei den meisten Personengesellschaften.
- Es kann einen oder mehrere Gesellschafter geben, von denen einer oder mehrere als Geschäftsführer ausgewiesen sind (auch angestellte Geschäftsführer sind möglich).
- Trotz beschränkter Haftung: Kreditgeber achten i. d. R. darauf, dass ihnen bei der Aufnahme von Krediten private Sicherheiten angeboten werden.
- Wollen Sie in Ihrer GmbH das Sagen haben, dann müssen Sie per Vertrag zum/zur Geschäftsführer/in bestellt und Ihre Befugnisse sowie die Gewinnverteilung festgelegt werden.
- Wollen Sie Ihre Führung in einer GmbH sicherstellen, so sollten mehr als 50 Prozent der oben erwähnten Einlagen von Ihnen sein!

GmbH & Co. KG – vielseitige Möglichkeiten

Für wen und für was?	Wie gründen?	Höhe der Haftung
Kaufleute, die zusätzliches Kapital benötigen, oder Gesellschafter, die keine persönliche Haftung übernehmen wollen und von der Geschäftsführung ausgeschlossen werden können. Besonderheit: Persönlich haftender Gesellschafter ist die GmbH	– ein oder mehrere Komplementär(e) – ein oder mehrere Kommanditist(en) – formfreier Gesellschaftsvertrag – Eintrag ins Handelsregister – Mindestkapital für die GmbH	GmbH haftet als Komplementär mit ihrem Gesamtvermögen. Im Ergebnis haftet die GmbH & Co. KG wie eine GmbH zuzüglich der Kommanditeinlage

- Gründungsformalitäten sind aufwändiger als bei den oben genannten Rechtsformen.
- Es handelt sich um eine KG, bei der statt einer natürlichen Person eine GmbH persönlich haftende Gesellschafterin (Komplementärin) ist. Daher ist die Haftung im Ergebnis wie bei einer GmbH beschränkt.
- Die Gesellschafter der GmbH sind meist gleichzeitig die Kommanditisten der KG.
- Von der Höhe der Vermögenseinlage der GmbH (Komplementärin) und der jeweiligen Kommanditisten hängen die jeweiligen Entscheidungsbefugnisse und natürlich auch die Verteilung der Gewinne und Verluste ab.

Limited – private company limited by shares

Für wen und für was?	Wie gründen?	Höhe der Haftung
Unternehmer in der EU, die die Haftung beschränken wollen	– Antrag beim Companies House (zentrales englisches Gesellschaftsregister) – kein Notar notwendig	– kein nennenswertes Stammkapital notwendig – in Höhe der Stammeinlage (mindestens ein britisches Pfund

- Sonderkosten fallen an für die Unterhaltung eines „registered office" (offizieller Aufbewahrungs- und Zustellungsort) sowie eines „company secretary" (Erstellung und Aufbewahrung der internen gesellschaftsrechtlichen Dokumentationen): jeweils ca. 200 £ bis 300 £ pro Jahr.
- Innerhalb der Europäischen Union besteht gesellschaftlich Niederlassungsfreiheit für Unternehmen, die ihren Sitz in einem der EU-Staaten haben.
- Rechnungslegung erfolgt nach englischem Recht, jährliche Bilanz in England erforderlich. Darüber hinaus gibt es noch die Europäische Aktiengesellschaft (SE).

Kleine Aktiengesellschaft (AG) – Alternative für Mittelständler

Für wen und für was?	Wie gründen?	Höhe der Haftung
Unternehmer, die zusätzliches Kapital benötigen und/oder zum ausschließlichen Zweck der Unternehmensübertragung	– AG ohne Börsennotierung – Anleger sind i. d. R. Mitarbeiter, Kunden oder Nachfolger – Unternehmer kann alleiniger Aktionär und Vorstand sein – Vorstand hat Entscheidungsbefugnis – Aufsichtsrat hat Kontrollbefugnis – notarielle Satzung – Eintragung ins Handelsregister – Grundkapital: 50.000 €	– beschränkt auf Gesellschaftsvermögen

- Existenzgründer haben jetzt auch die Möglichkeit, eine kleine AG alleine zu gründen (als alleiniger Aktionär und Vorstand, sie benötigen jedoch zusätzlich drei Aufsichtsräte).
- Sie können weitere Anleger an Ihrem Vorhaben durch die Ausgabe von Aktien oder durch die Aufnahme von Kunden als Gesellschafter beteiligen.
- Bis 500 Mitarbeiter ist kein Mitarbeiter im Aufsichtsrat vorgesehen.

nach: Bundesministerium für Wirtschaft und Technologie, GründerZeiten 33/2006, S. 3

Grundlegende Entscheidungen des Unternehmens: die Standortwahl

M 14

Zu den grundlegenden Entscheidungen, mit denen Unternehmen bestimmte Strukturen – und damit ihren Handlungsrahmen – für einen längeren Zeitraum festlegen, gehört auch die Wahl des Standorts. Die Wahl des Standorts beeinflusst den Unternehmenserfolg entscheidend. Eine absolute Standortqualität, den optimalen Standort gibt es nicht. Jedes Unternehmen muss die Standortfaktoren analysieren, die für seine Produktionsziele vorrangig sind. Da nicht nur ein Standortfaktor den Unternehmenserfolg beeinflusst, sondern eine Kombination mehrerer Faktoren zusammenspielt, gilt es, die einzelnen Faktoren sorgfältig zu gewichten und abzuwägen.

Standortfaktoren Orientierungsmerkmale	**Bezeichnung des Standortes**	**Beispiele**
Naturgegebene Verhältnisse Bindung an das Vorkommen von Bodenschätzen und Energiequellen Klimatische und landwirtschaftliche Vorzüge	a) natürlicher Standort b) freizeitorientierter Standort	a) Rohstoffgewinnende Betriebe (Bergwerke, Kiesgruppen), Rohstoffverarbeitende Betriebe (Hüttenwerke, Zuckerfabriken) b) High-Tech-Betriebe am Bodensee
Verkehrswege Bindung an Schiene, Straße, Wasser oder Luftverkehr	verkehrsorientierter Standort	Automobilindustrie, Logistikdienstleister, Raffinerien
Absatzmöglichkeiten Bindung an Absatzmärkte	absatzorientierter Standort	Zuliefererindustrie, Einzelhändler
Menschliche Arbeitskräfte Bindung an Arbeitnehmer	a) arbeitsorientierter Standort b) lohnorientierter Standort	a) Betriebe mit hoher Beschäftigtenzahl oder mit Bedarf an Spezialkräften b) Betriebe mit hohem Lohnaufwand
Gesamtwirtschaftliche und politische Gegebenheiten Bindung an die Gewährung von Vorteilen durch EU, Bund, Länder und Gemeinden (Subventionen, Steuervorteile, verbilligte Betriebsgrundstücke)	gesamtwirtschaftlich orientierter Standort	Betriebsansiedlung in strukturschwachen Gebieten

Autorentext, Tabelle nach: Steffen Berner u.a., Betriebswirtschaftslehre der Unternehmung, 22. Aufl., Haan Gruiten 2007, S. 370 f.

M 15 Aspekte der Standortentscheidung am Beispiel

Die Botschaft, die Jeffrey Immelt, Chef des amerikanischen Mischkonzerns General Electric (GE), kürzlich bei der Eröffnung seines neuen Forschungszentrums in Garching bei München ablieferte, war ... unschlagbar positiv: „Deutschland liegt jetzt im Zentrum des künftigen Europas. Deshalb sind wir mit unserer Investition von 52 Millionen Dollar hierher gegangen. Und das war ein erster Schritt, es wird nicht der letzte sein.“ Folgende Gründe sprechen seiner Meinung nach für den Standort Deutschland:

Marktzugang: General Electric hat sich auf der Suche nach dem Standort für sein viertes globales Forschungszentrum nach New York, Shanghai und dem indischen Bangalore in ganz Europa umgesehen. Dafür, dass die Entscheidung zugunsten des bayerischen Garching fiel, nennt Chairman Jeffrey Immelt einen simplen Grund: „Wir müssen da groß sein, wo unsere Kunden groß sind – Kunden wie Lufthansa oder BMW.“ Deutschland ist immer noch ein führendes Industrieland, neuerdings an vorderster Front zum ökonomisch keimenden Osteuropa. Wer sich über Lieferbeziehungen mit hiesigen Spitzenunternehmen austauscht, sichert sich Zugang zu alten und neuen Märkten und zum technischen Fortschritt.

Grundlagenforschung: „Mit unserem Forschungszentrum in Garching sitzen wir in unmittelbarer Nähe zur Technischen Universität München. Wir sehen hier die absolut neuesten Trends zum Beispiel bei der Nutzung erneuerbarer Energien.“ Sein deutscher Statthalter Thomas Limberger pflichtet Jeffrey Immelt bei: „Und weil wir ein amerikanisches Unternehmen sind, mit einer sehr flachen Hierarchie, sind wir einfach schneller in der Umsetzung als unsere deutsche Konkurrenz.“

Faktor Arbeit: Aber nicht nur die Qualität der deutschen Forscher lockt US-Investoren an, die Amerikaner schätzen auch das Können und den Ausbildungsstand deutscher Facharbeiter. „Wenn es um reine Massenfertigung geht, wo der Faktor Lohnkosten eine entscheidende Rolle spielt, ist Deutschland nicht der ideale Standort. Da wandert viel nach Asien oder Osteuropa ab“, sagt GE-Mann Thomas Limberger: „Aber wenn es sich um High-Tech-Fertigung dreht, gehört Deutschland zur Spitze. Das wird auch in Zukunft so bleiben.“

Reformfreude: Schließlich nennen US-Manager in Deutschland noch ein überraschendes Argument. Es lautet: Deutschland ist Reformland. „Die Reformen werden im Ausland wahrgenommen“, sagt Dieter Heuskel von der Boston Consulting Group, einer internationalen Unternehmensberatung, und fügt hinzu: „Und vermutlich werden sie dort sogar überbewertet.“ Jörg Menno Harms von Hewlett Packard sagt: „Natürlich ist das Steuersystem immer noch ein Problem. Vor allem die Tatsache, dass es sich dauernd ändert. Aber grundsätzlich muss man sagen, dass sich die steuerliche Situation für Unternehmen doch gebessert hat.“

Bei General Electric, AMD und Amazon sind die Manager vor allem von der deutschen Bürokratie begeistert, weil sie zuverlässig, unkompliziert und schnell arbeite. Alle drei Unternehmen haben ihre Neubauten in Rekordzeit hochgezogen. Amazon etwa brauchte gerade einmal zehn Monate vom ersten Kontakt mit der Stadtverwaltung Bad Hersfeld bis zur Schlüsselübergabe im neuen Logistikzentrum.

Wolfgang Gehrmann, Die Zeit, 8.7.2004 (bearbeitet)

Aufgaben

1. Erstellen Sie eine Synopse der Rechtsformen anhand der in M 11 genannten Kriterien (M 13).
2. Erläutern Sie, warum häufig kleinere und mittlere Unternehmen die GmbH als Rechtsform wählen (M 13).
3. Gewichten Sie die in M 14 genannten Standortfaktoren für ein Maschinenbauunternehmen, eine Zementfabrik, ein Textilunternehmen, ein IT-Unternehmen, eine Szene-Kneipe.
4. Nennen Sie die Standortfaktoren, die für General Electric und die anderen in M 15 genannten Unternehmen entscheidend waren.
5. Erläutern Sie die Bedeutung von Standortentscheidungen für das Unternehmen, die Volkswirtschaft und die Gesellschaft (M 14, M 15).

Wissen kompakt

Neue Unternehmen als Motoren wirtschaftlicher Entwicklung
M 2

Unternehmen produzieren Güter, um Gewinne zu erwirtschaften. Gleichzeitig befriedigen sie die Bedürfnisse der Konsumenten und schaffen Arbeitsplätze, die den Beschäftigten Einkommen bringen. Der Staat ist daran interessiert, dass Unternehmen, vor allem Kleinst-, Klein- und Mittelunternehmen, erhalten bleiben und neue Unternehmen gegründet werden, weil so Beschäftigung, Einkommen und Steuereinnahmen sichergestellt werden können.

Faktor Unternehmer-Persönlichkeit
M 4, M 5

Neue Unternehmen können die Entwicklung und den Wandel einer Volkswirtschaft nachhaltig beeinflussen. Die Gründer von Microsoft, Apple oder Cisco Systems waren die Pioniere für das Entstehen völlig neuer Wirtschaftszweige und haben einen tiefgreifenden Strukturwandel der Wirtschaft eingeleitet. Der österreichische Ökonom Joseph Schumpeter (1883 - 1950) bezeichnete die Tätigkeit der Unternehmer als „schöpferische Zerstörung". Unternehmer im Industriezeitalter schaffen etwas Neues und vernichten auf diese Weise Überkommenes. Wer z.B. das Auto zum Massenprodukt macht, der nimmt all jenen Handwerkern die Existenzgrundlage, die zuvor Pferdekutschen bauten. Die Unternehmerpersönlichkeit wird häufig als wichtiger Faktor für den Erfolg gesehen: Durchsetzungsfähigkeit, Belastbarkeit, Kreativität und kommunikative Kompetenzen sind nur einige der Eigenschaften, die ein Unternehmer haben sollte.

Unternehmensstrategien
M 6

Strategien der Unternehmensführung sind einem ständigen Wandel unterworfen. Wissenschaftliche Erkenntnisse, das sich wandelnde wirtschaftliche Umfeld, nicht selten schlichtweg Trends beeinflussen die strategische Ausrichtung und Organisation eines Unternehmens. In der Zukunft müssen sowohl mittelständische Unternehmen als auch internationale Konzerne den durch die Globalisierung verursachten Strukturwandel bewältigen, d.h. sie müssen in der Lage sein, auf globalen Märkten erfolgreich zu agieren.

Hürden für Unternehmensgründer
M 7, M 8

Bevor der Schritt in die Selbstständigkeit gemacht wird, müssen die Chancen und Risiken abgewogen werden. Als Chancen werden im Allgemeinen gesehen: Unabhängigkeit, Möglichkeit, eigene Vorstellungen und Talente zu verwirklichen, hohe Verdienstmöglichkeiten, hohes Ansehen. Doch bleiben Risiken, denn die Gründungsentscheidung ist eine Entscheidung mit Unbekannten. So können z.B. Konsumtrends, die Ertragsentwicklung oder die allgemeine wirtschaftliche Lage falsch eingeschätzt werden. Neben diesen Risiken der unternehmerischen Tätigkeit scheitern Unternehmensneugründungen häufig auch an den beschränkten Möglichkeiten, an Gründungskapital zu kommen. Zudem erschweren insbesondere in Deutschland bürokratische Hürden den Weg in die Selbstständigkeit. Das Scheitern wird in Deutschland stärker als Makel angesehen als z.B. in den USA.

Entrepreneurship in der EU
M 9

Unternehmertum und Unternehmergeist (Entrepreneurship) wird in der Europäischen Union als eine Triebfeder für Wachstum, Beschäftigung, regionale Entwicklung und Innovation verstanden. In der EU ist die Bereitschaft der Bevölkerung, die Risiken einer selbstständigen Existenz einzugehen, weniger stark ausgeprägt als z.B. in Ländern außerhalb der Gemeinschaft. Deshalb versucht die EU, günstigere Rahmenbedingungen für Unternehmensneugründungen zu schaffen – z.B. durch Reduzierung des bürokratischen Aufwands bei der Gründung – oder durch Berücksichtigung des Themas in den Lehrplänen der Schulen.

Entscheidungen über die Rechtsform
M 11 – M 13

Zu den konstitutiven (grundlegenden) Entscheidungen bei der Unternehmensgründung gehören die Wahl der Rechtsform sowie die Entscheidung über den Standort. Die Wahl der Rechtsform gibt dem Unternehmen einen rechtlichen Rahmen, der die Leitungsbefugnisse, Möglichkeiten der Kapitalbeschaffung, das unternehmerische Haftungsrisiko, die Gewinnverteilung und steuerliche Aspekte festlegt.

Die mit Abstand meisten Existenzgründungen erfolgen als Einzelunternehmen. Bei dieser Rechtsform trifft der Unternehmer selbst alle geschäftsrelevanten Entscheidungen. Im Gegenzug trägt er auch für alle Entscheidungen (auch Fehlentscheidungen) alleine das Risiko.
Unternehmensgründungen, die mit einem hohen Finanzbedarf verbunden sind, wie die Errichtung von Produktionsstätten oder die Ausstattung mit hochwertigem und kostenintensivem Inventar, werden überwiegend in der Form einer Kapitalgesellschaft vollzogen. Die gängigsten Kapitalgesellschaften sind die Gesellschaft mit beschränkter Haftung (GmbH) und die Aktiengesellschaft (AG). Der Hauptgrund für die Wahl der GmbH als Rechtsform für ein Unternehmen ergibt sich schon aus der Bezeichnung „mit beschränkter Haftung". Sie bietet die gesetzliche Möglichkeit, die Haftung gegenüber Gläubigern auf das Gesellschaftsvermögen zu beschränken. Das Mindeststammkapital der Gesellschaft beträgt 25.000 Euro.
In einer Aktiengesellschaft (AG) wird das Gesellschaftsvermögen in Aktien aufgeteilt. Die AG ist die typische Rechtsform für Großunternehmen, die ihren Kapitalbedarf über den Kapitalmarkt decken wollen. Leitbild des Aktiengesetzes ist die börsennotierte Aktiengesellschaft mit gestreutem und damit anonymem Aktionärskreis. Die Aktiengesellschaften sind durch das Aktiengesetz relativ strengen Vorschriften unterworfen, so besteht z.B. die Pflicht – ganz egal, wie groß ein Unternehmen ist – die Bilanzen zu publizieren. Vorstand, Aufsichtsrat und Hauptversammlung werden als Organe der AG bezeichnet.

Standortentscheidung
M 14, M 15

Für die Auswahl des Produktions- bzw. Investitionsstandorts werden unterschiedliche Standortfaktoren (wie z.B. Verkehrslage, Arbeitskräfteangebot, Absatzmöglichkeiten, Beschaffungsmöglichkeiten, Angebot an Betriebsflächen, öffentliche Abgaben, Steuern usw.) gewichtet und beurteilt. Für das Unternehmen bedeutet die Standortentscheidung in der Regel eine längere Bindung an ein Land, eine Region, einen Ort. Diese profitieren von der Entscheidung durch zusätzliche Arbeitsplätze und damit zusätzliches Einkommen und Wohlstand. Darüber hinaus nimmt die öffentliche Hand Steuern und Abgaben ein, die indirekt den Bürgern und den Unternehmen, z.B. über Verbesserungen der Infrastruktur, zugute kommen können.

4.2 Der Betrieb und seine Funktionen

4.2.1 Grundlegende Funktionen des Betriebs

Betriebe im gesamtwirtschaftlichen Umfeld

M 16

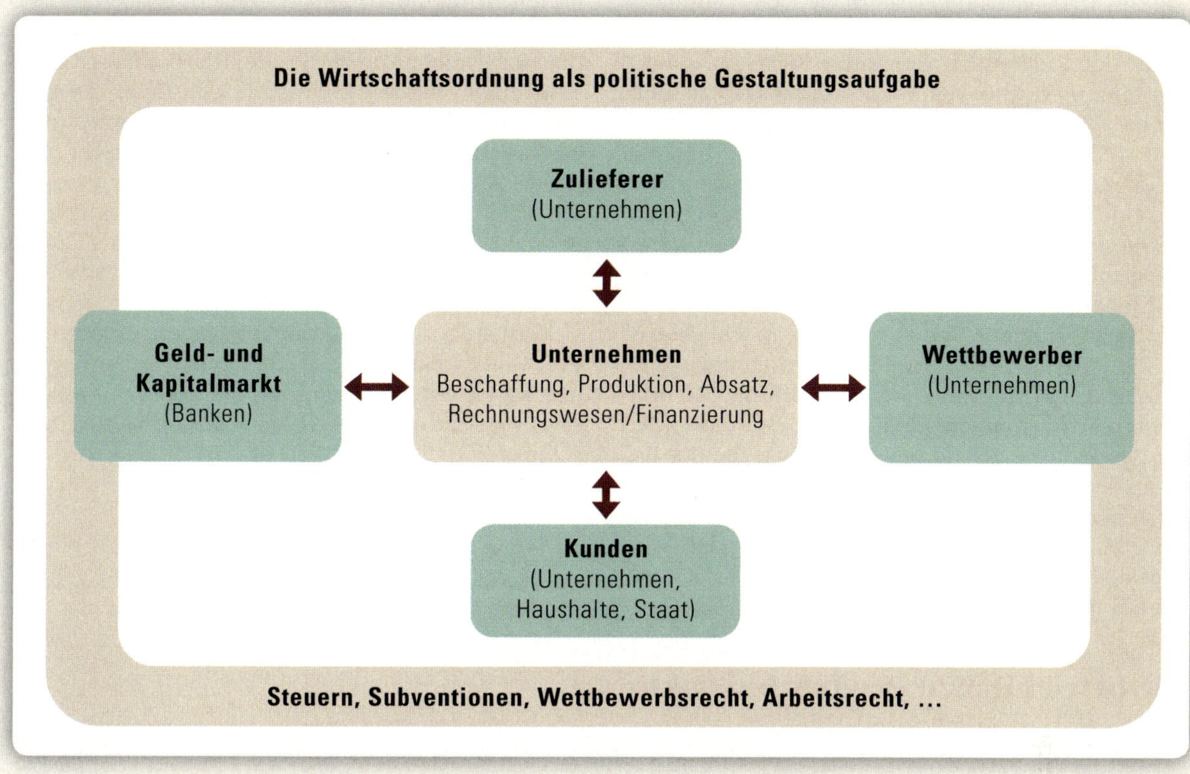

Autorengrafik

Betrieb und Unternehmen

Info

Der **Betrieb** ist eine örtliche, technische und organisatorische Einheit in der Wirtschaft. Im Betrieb werden vom Unternehmer die Produktionsfaktoren planmäßig zusammengefasst, um so wirtschaftlich wie möglich bestimmte Leistungen zu realisieren, d.h. z.B. Sachgüter zu produzieren, Güter zu verteilen oder Dienstleistungen bereitzustellen.

Unternehmung ist die wirtschaftlich-rechtliche Bezeichnung für Betriebe. Allgemein gebräuchlicher ist der Begriff **Unternehmen**. Ein Unternehmen kann aus einem oder mehreren Betrieben bestehen. Es gibt Unternehmen, deren Betriebe über viele Länder verteilt sind. Ein Unternehmen besitzt Vermögen und Entscheidungsrecht. Es kann vor Gericht klagen und verklagt werden.

Autorentext

M 17 Warum gibt es überhaupt Unternehmen?

Der Nobelpreisträger für Wirtschaftswissenschaften von 1991, Ronald Coase, fragte sich, warum es überhaupt sinnvoll ist, Unternehmen zu gründen, wenn doch eigentlich die ganze Wirtschaftstätigkeit kurzfristig über den Markt organisiert werden könnte. Dies hört sich zunächst etwas abwegig an. Man stelle sich nun vor, die Beschaffung der benötigten Produktionsfaktoren, die Erstellung der einzelnen Teile eines Gutes, das Controlling und der Vertrieb würden je nach Auftragslage kurzfristig am Markt besorgt. Jede einzelne Leistung und jeder einzelne Arbeitnehmer mit seinen spezifischen Qualifikationen müsste je nach Bedarf nachgefragt werden. Erforderlich wären also viele kurzfristige Verträge für die Beschaffung der notwendigen Ressourcen, den Absatz der Produkte, die Beschaffung des Kapitals, die Kontrolle des Ergebnisses mit vielen weiteren Personen. Dadurch entstehen sowohl Suchkosten für die Ermittlung der günstigsten Preise sowie Kosten für den Vertragsabschluss durch Verhandlungen, die Coase Transaktionskosten nennt. Müssen die Vertragsparteien beispielsweise noch spezifische Investitionen vornehmen, sind sie nach Abschluss der Verträge leicht ausbeutbar. Solche Investitionen, die nicht leicht auf die Produktion anderer Güter übertragen werden können, begünstigen die Einbeziehung in ein einheitliches Unternehmen und erschweren die Koordination über den Markt. Auf diese Weise können Unternehmensgründungen die Zahl der abzuschließenden Verträge mindern, da nicht jeder Besitzer eines Produktionsfaktors mit anderen Faktoreignern kurzfristige Verträge abschließen muss. Auf diese Weise werden Unsicherheiten und Transaktionskosten gemindert. Ein Unternehmen werde demnach das Ausmaß der Arbeitsteilung solange in der eigenen Organisation bewältigen wie die Such- und Vertragsabschlusskosten größer sind als die Kosten für die Aufrechterhaltung der Organisation.

nach: Ronald Coase, The nature of the firm, in: Economica, Vol. 4, No. 16 (1937), S. 386-405

M 18 Die betrieblichen Produktionsfaktoren

Betriebliche Produktionsfaktoren im Produktionsbetrieb			
Dispositiver Faktor	Originäre Faktoren		
Leitende **Arbeit**	Ausführende **Arbeit**	**Betriebsmittel**	**Werkstoffe**
Es werden u. a.: – Ziele gesetzt – Planungen erstellt – Entscheidungen getroffen sowie – Organisation und Erfolgskontrollen betrieben	Der Mitarbeiter kann unterschieden werden in: – gelernt/ungelernt – repetitiv[1]/kreativ – körperlich/geistig	– Betriebsgrundstücke – Gebäude – Maschinen – Anlagen – Betriebsausstattung – Geschäftsausstattung – Transportmittel	– Rohstoffe (gehen als Hauptbestandteil in das Endprodukt ein) – Hilfsstoffe (geringwertige Stoffe, z.B. Fett, Leim, Öl, die ebenfalls Bestandteil des Produkts werden) – Betriebshilfen (z.B. Energie zum Betreiben der Maschinen) – Fertigteile

Bernd O. Weitz, www.uni-koeln.de/ew-fak/seminar/sowi/wirtschaft/dokumente/bwlpaed.pdf (12.3.2007)

[1] *repetitiv = sich wiederholend*

Das Unternehmen im Geld- und Güterkreislauf

M 19

Die Unternehmung beschafft sich Geldmittel in Form von Eigen- und Fremdkapital. Sie verwendet diese finanziellen Mittel zum Einkauf von Betriebsmitteln und Werkstoffen auf den Beschaffungsmärkten bzw. zur Entlohnung von am Arbeitsmarkt gewonnenen Arbeitskräften. Die so geschaffenen Bestände an Elementarfaktoren (Arbeit, Betriebsmittel, Werkstoffe) werden vom dispositiven Faktor zur Erstellung von Betriebsleistungen eingesetzt (Produktion), und diese werden ggf. nach einer Lagerung schließlich am Absatzmarkt verkauft (Absatz). Die Verkaufserlöse fließen in den Finanzbereich der Unternehmung zurück. Ein Teil ist als Steuern, Gebühren und Beiträge an den Staat abzuführen, ein weiterer Teil fließt dem Eigenkapital als Gewinn bzw. dem Fremdkapital als Zins und Rückzahlung zu. Der verbleibende Teil wird zur Ersatzbeschaffung der verbrauchten Produktionsfaktoren oder zur Erweiterung der Bestände verwendet und der Kreislauf beginnt von vorn.

Michael Koch u.a., Handelsblatt macht Schule, Unterrichtseinheit Unternehmen und Strukturwandel, o.J., S. 58

M 20 Die betrieblichen Grundfunktionen

Wenn sich auch die Betriebe in ihren erbrachten Sachleistungen und/oder Dienstleistungen oft sehr unterscheiden, so findet man doch die folgenden grundlegenden betrieblichen Funktionsbereiche in allen Unternehmungen unabhängig vom Betriebstyp. Dies betrifft insbesondere die Leitungsfunktion, die Beschaffungsfunktion, die Produktionsfunktion, die Absatzfunktion sowie die Finanzierungsfunktion/Rechnungswesen und das Personalwesen.

■ Leitungsfunktion

Die Geschäftsleitung (auch Führung, Leitung, Management) setzt die betrieblichen Leistungsprozesse in Gang, koordiniert die Durchführung und kontrolliert die Ergebnisse.

Die Leitungsfunktion umfasst die Entscheidungen, die sich mit der Steuerung, Koordination und Überwachung des Zusammenwirkens aller Grundfunktionen befassen. Leitungsfunktionen beinhalten stets auch den Anspruch auf Führung, das heißt, die zielgerichtete Orientierung der Mitarbeiter.

Die Leitungsbefugnisse in einer Unternehmung ergeben sich aus der Organisationsstruktur. Die Unternehmensleitung bezieht sich im Allgemeinen nur auf die Instanzen an der Spitze der Unternehmung, deren Wirkungsbereich sich auf die Gesamtunternehmung bezieht („Führungsebene"). Sie ist verantwortlich für die verbindliche Festlegung der Unternehmensziele, die Planung des betrieblichen Geschehens sowie deren Durchsetzung und Kontrolle.

Neben den Merkmalen Planung und Kontrolle sowie Organisation bildet das Informationssystem einen wesentlichen Bestandteil der Unternehmensführung. Informationen werden als Zuwachs an entscheidungsrelevantem Wissen definiert. In der Koordination der betrieblichen Funktionsbereiche wird die Unternehmensleitung von der Verwaltung unterstützt.

■ Beschaffungsfunktion

Der Funktionsbereich Beschaffung ist verantwortlich für die Bereitstellung der betriebswirtschaftlichen Produktionsfaktoren, die für die Leistungserstellung benötigt werden. Dazu zählen die Betriebsmittel (z.B. Maschinen, Werkzeuge, Büroausstattung). Im engeren Sinn beschäftigt sich

Für die Leistungserstellung müssen die benötigten Roh-, Hilfs- und Betriebsstoffe beschafft werden.

der Beschaffungsbereich aber mit dem Einkauf von Roh-, Hilfs- und Betriebsstoffen. Die Aufgabe, Arbeitskräfte zu beschaffen, wird durch die Personalabteilung wahrgenommen. Die Entscheidung über den Kauf von Betriebsmitteln, dazu zählen Grundstücke, Gebäude, Maschinen usw., wird häufig von der Geschäftsleitung getroffen. Da die Werkstoffe (Roh-, Hilfs- und Betriebsstoffe) nicht immer direkt nach der Anlieferung in den Produktionsprozess übernommen werden können, ist die Lagerung im Eingangslager erforderlich. Die fertigen Erzeugnisse werden vor Verkauf und Auslieferung in der Regel im Fertigwarenlager/Auslieferungslager aufbewahrt.

■ Fertigungsfunktion

Anschließend müssen die Produktionsfaktoren kombiniert werden.

Aufgabe der Fertigungsfunktion (bzw. Produktionsfunktion) ist es, die betrieblichen Produktionsfaktoren so zu kombinieren, dass das gewünschte Produkt entsteht.
In der Fertigung fließen die betrieblichen Produktionsfaktoren zusammen, um aus den Werkstoffen Halbfertigfabrikate oder Fertigerzeugnisse herzustellen. Diese Funktion fällt nur in Sachleistungsbetrieben an. Die Kombination der betrieblichen Produktionsverfahren ist unter Berücksichtigung der betrieblichen Gegebenheiten und den Bedingungen der technologischen und natürlichen Umwelt möglichst wirtschaftlich vorzunehmen. In einem weiteren Sinn umfasst die Produktion nicht nur die Herstellung von Sachgütern, sondern auch die Bereitstellung von Dienstleistungen.

■ Absatzfunktion

Die erstellten Produkte müssen vertrieben und verkauft werden.

Die Absatzfunktion hat die Aufgabe, Produktion und Beschaffung marktbezogen zu lenken und für die Verwertung bzw. den Verkauf der Leistungen am Markt zu sorgen. Dazu gehören die Marktforschung, die Produkt- und Sortimentspolitik, die Preispolitik, die Distributionspolitik sowie die Kommunikationspolitik.

■ Finanzierungsfunktion/Rechnungswesen

Finanzierung ist die Beschaffung von Kapital (Finanzmitteln), mit dem bestimmte betriebliche Vorhaben und Aufgaben verwirklicht werden sollen. Hierzu zählen z.B. der Einkauf von Materialien und Handelswaren, Investitionen (wie etwa der Kauf einer Produktionsmaschine) und laufende Lohn- und Gehaltszahlungen. Die benötigten Finanzmittel werden im Wesentlichen über die Verwertung der eigenen Leistung am Markt bereitgestellt. Da die Einnahmen den Ausgaben aber in der Regel erst mit einer zeitlichen Verzögerung folgen, ist es Aufgabe der Finanzierungsfunktion, das Unternehmen kontinuierlich mit ausreichendem Geldkapital zu versorgen. Es gehört auch zu den Aufgaben der Finanzierung, im Unternehmen freiwerdende Gelder so anzulegen, dass hierdurch ein finanzieller Zuwachs (Zinsertrag) erfolgen kann.

Bernd O. Weitz, www.uni-koeln.de/ew-fak/seminar/sowi/wirtschaft/dokumente/bwlpaed.pdf (12.3.2007)

Aufgaben

1. Beschreiben Sie, in welcher Beziehung das Unternehmen zu seinem Umfeld steht (M 16).
2. Formulieren Sie eine Antwort auf die Frage, warum es Unternehmen gibt (M 17).
3. Entwerfen Sie eine Grafik, welche die betrieblichen Funktionen (M 18 – M 20) übersichtlich darstellt.
4. Ordnen Sie folgende Ereignisse den einzelnen Grundfunktionen eines Möbelbetriebs zu (M 20):
   - Das Finanzamt schickt den Steuerbescheid für das letzte Wirtschaftsjahr
   - Die Finanz AG bestellt 200 Bürostühle
   - Herr Huber bewirbt sich um die ausgeschriebene Stelle eines Lagerarbeiters
   - Das Marktforschungsinstitut Look übersendet die Ergebnisse einer Auftragsstudie
   - Der Lieferant Seidel bestätigt die Bestellung von fünf Ballen Blümchenstoff
   - Die Bank fordert eine Aufstellung von Sicherheiten für den Kreditantrag
   - Herr Müller reklamiert ein defektes Sofa

4.2.2 Unternehmerische Entscheidungen im Spannungsfeld unterschiedlicher Interessen

M 21 Das Unternehmen im Schnittpunkt vieler Interessen

Das Unternehmen ist ein offenes System, das mit seiner Umwelt vielfältig verflochten ist. Es trifft auf Ansprüche und Interessen vieler Gruppen, die heute als Stakeholder bezeichnet werden. Neben den Eigentümern, Managern und Mitarbeitern gehören dazu die Kunden, Lieferanten, aber auch der Staat und die Öffentlichkeit. Ihre unterschiedlichen Interessen erfordern eine komplexe Unternehmenssteuerung. Während die Unternehmenslenker zwangsläufig nach Gewinn und Gestaltungsspielräumen streben, sind die Arbeitnehmer vor allem an einem regelmäßigen und angemessenen Einkommen sowie an humanen Bedingungen, Partizipation und Entfaltung interessiert. Die Investoren hoffen auf eine Vermehrung ihres eingesetzten Kapitals. Dabei wünschen die Fremdkapitalgeber sowohl die Zinszahlung als auch eine fristgemäße Rückzahlung, während die Eigenkapitalgeber (auch Shareholder) auf eine Mehrung ihres Vermögens abzielen. Die Konsumenten erwarten vor allem eine angemessene und preisgünstige Güterversorgung, und die Kommunen hoffen auf Arbeitsplätze, ein entsprechendes Steueraufkommen und wollen negative Auswirkungen auf die Umwelt begrenzt wissen. Von den Zulieferern werden Betriebsmittel in ausreichender Menge, Qualität und in einer angemessenen Lieferfrist erwartet, während diese angemessene Bezahlung, günstige Konditionen und dauerhafte Geschäftsbeziehungen erhoffen. Schließlich gehen die Konkurrenten untereinander von der Einhaltung der Wettbewerbsregeln aus. Das Unternehmen steht im Fokus unterschiedlicher Interessen, es lässt sich aber auch als ökonomisches, soziales, organisatorisches und technisches System analysieren, das in vielfältigen Beziehungen zu anderen Akteuren steht, deren Ziele es zwar allgemein voraussehen kann, nicht aber deren Entscheidungen. Die Principal-Agent-Theorie erklärt modellhaft die Beziehungen voneinander abhängiger wirtschaftlicher Akteure, von denen der eine als Auftraggeber (Principal) Kompetenzen bzw. Aufgaben auf den anderen (Agenten) überträgt, während beide unterschiedliche Interessen verfolgen. Solche Beziehungen bestehen sowohl zwischen den Aktionären (Principal) und dem Vorstand (Agent), aber auch zwischen dem Arbeitgeber (Principal) und den Arbeitnehmern (Agent). In diesem Geflecht wechselseitiger Beziehungen kann also ein und dieselbe Person gleichzeitig Principal und Agent sein. Der Principal hat grundsätzlich ein Informationsproblem. Er ist nie vollständig über die Entscheidungsgrundlagen sowie die Handlungsspielräume und -restriktionen informiert, die die Agenten zur Verfolgung ihrer eigenen Interessen nutzen können. Für die Principale ist es schwierig zu erkennen, ob die Nichtrealisierung eines Ziels mangelnder Leistungsbereitschaft oder -fähigkeit der Agenten geschuldet ist oder aber aus äußeren Restriktionen resultiert. So versucht die Theorie Auswege aus solchen Konflikten zu finden, um Leistungsdefizite frühzeitig erkennen zu können, Anreize zur Zielrealisierung in beiderseitigem Interesse zu entwickeln und den Spielraum zu opportunistischem Verhalten zu begrenzen. Das können beispielsweise Maßnahmen zur Überwachung, aber auch zur erfolgsabhängigen Entlohnung sein.

Aktionärs-Hauptversammlung der Altana AG am 3.5.2007. Die Aktionäre sind nur eine der zahlreichen Interessengruppen, die den Kurs eines Unternehmens beeinflussen wollen.

Birgit Weber, Unternehmen und Produktion, Informationen zur politischen Bildung Nr. 293, Bundeszentrale für politische Bildung, Bonn 4/2006, S. 17 ff.

Unternehmensziele

M 22

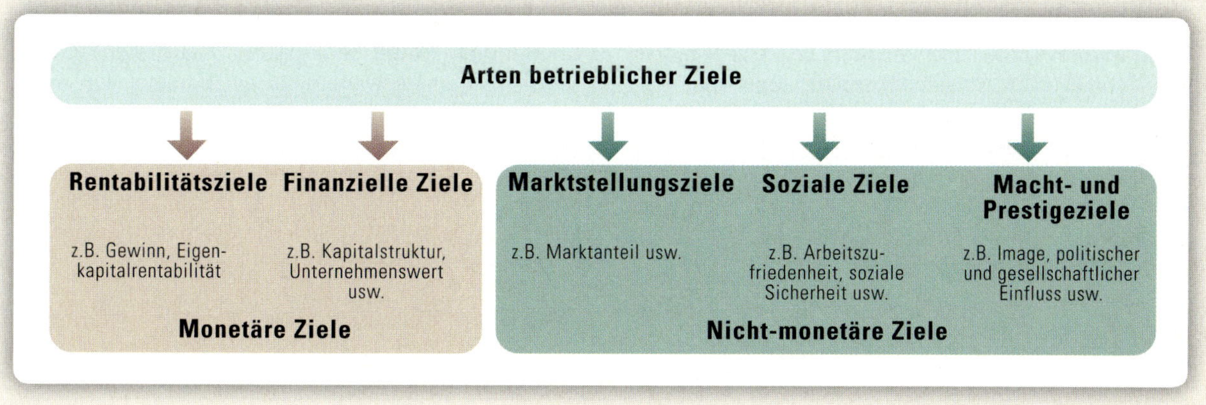

www.sp-dozenten.de/download/ downloadmaterial/allg_bwl_management/Vahs_Einfuehrung_BWL/folienvorlagen/Alle_Abbildungen.pdf (10.3.2007)

Soziale Ziele von Unternehmen: Corporate Social Responsibility

M 23

Der Handelskonzern Metro spendet Lebensmittel aus seinen Filialen an den Verein „Tafel", der die Waren an Bedürftige verteilt. Der Sportartikel-Hersteller Adidas schreibt seinen Zulieferern weltweit vor, mindestens die staatlich festgelegten Mindestlöhne zu zahlen, sofern keine weiteren Vereinbarungen zwischen Arbeitnehmern und Arbeitgebern getroffen wurden. Shaw Industries, der wichtigste Teppichproduzent der Welt, entwickelte Teppiche aus Nylon, die zu 100 Prozent recyclebar sind. Die Grundstoffe behalten ihre Qualität und werden von Shaw zu neuen Teppichen verarbeitet.

All diese Aktivitäten laufen unter dem Schlagwort „Corporate Social Responsibility" (CSR), was übersetzt „soziale Verantwortung von Unternehmen" heißt. Gemeint ist aber noch mehr: eine sozial, ökologisch und ökonomisch nachhaltige Unternehmensführung. „Wenn eine Firma über das gesetzlich vorgeschriebene hinausgeht, spricht man heute von CSR", sagt Annette Kleinfeld, Inhaberin einer Beratungsfirma für Unternehmensethik und Wertemanagement. Grundsätzlich gehe es um die Frage, wie ein Unternehmen mit allen umgehe, die von seinem Handeln direkt oder indirekt betroffen sind – Teilhabern, Kunden, Mitarbeitern, Lieferanten, aber auch der Gesellschaft und der Umwelt.

Begonnen habe die Diskussion schon mit der Umweltschutz-Debatte in den siebziger Jahren des vorigen Jahrhunderts, sagt Kleinfeld. Eine Verschärfung sei eingetreten einerseits durch die Betonung der Shareholder-Value bei vielen Unternehmen, also der einseitigen Ausrichtung auf die Interessen der Aktionäre. Andererseits habe die Globalisierung die Ansprüche gerade an die Großkonzerne erhöht. „Es erwächst die Erkenntnis, dass auf dem globalen Markt eine übergeordnete Instanz fehlt. Deshalb sind die Unternehmen aufgerufen, sich selbst Regeln zu setzen." In Worte gefasst ist diese Verpflichtung im sogenannten Global Compact der Vereinten Nationen, den der damalige UN-Generalsekretär Kofi Annan im Jahr 1999 vorstellte. Derzeit haben sich 3.000 Konzerne dem Kodex freiwillig unterworfen, davon etwa 100 aus Deutschland.

Kleinfeld bezeichnet CSR als einen „Megatrend" bei Unternehmen. „Immer mehr Firmen sehen ein, dass sie auf den Druck reagieren müssen, der beispielsweise von Nicht-Regierungsorganisationen ausgeht." Allerdings bestehe die Gefahr, dass CSR zu PR-Zwecken missbraucht werde. „Man kann erst mit etwas werben, das man vorher tatsächlich gemacht hat. Und daran krankt es oft."

Ethische Werte müssten zuerst in Strategie und Kultur eines Unternehmens verankert sein – „erst dann sollte man groß nach außen gehen". Kleinfeld nennt als Korsett von Werten, die eine gelungene CSR tragen könnten: Aufrichtigkeit – „man meint, was man sagt", – Integrität – „man macht, was man sagt" – und Fairness – „man übervorteilt den anderen nicht" –. Gerade mittelständische Unternehmen seien oft schon recht weit in Sachen CSR, „meistens ohne dass sie diesen Begriff benutzen".

Martin Reim, Süddeutsche Zeitung, 22.5.2007, S. 27

Info

Stakeholder Value vs. Shareholder Value

Shareholder Value bedeutet Wert des Eigenkapitals. Nach diesem betrachtet ein Investor den Kauf einer Aktie als ausschließlich finanzielles Investment, welches eine Rendite, die zumindest nicht schlechter ist als die einer alternativen Anlage, erwirtschaften soll. Die Unternehmensführung hat im Sinne des Shareholder Value das vorrangige Ziel, Renditen zu erwirtschaften, welche die Anteilseigner zufriedenstellen.

Stakeholder Value berücksichtigt neben den Interessen der Aktionäre weitere für ein Unternehmen wichtige Interessengruppen: Fremdkapitalgeber, Lieferanten, Mitarbeiter, Aufsichtsrat, Gewerkschaften, Arbeitgeberverbände, Vorstand, Top-Management, Kunden/Konsumenten, Öffentlichkeit, Staat. Die Unternehmensführung orientiert sich bei Entscheidungen an einer Vielzahl unterschiedlicher Ziele.

Autorentext

M 24 Verantwortung gegenüber ausgewählten Akteuren

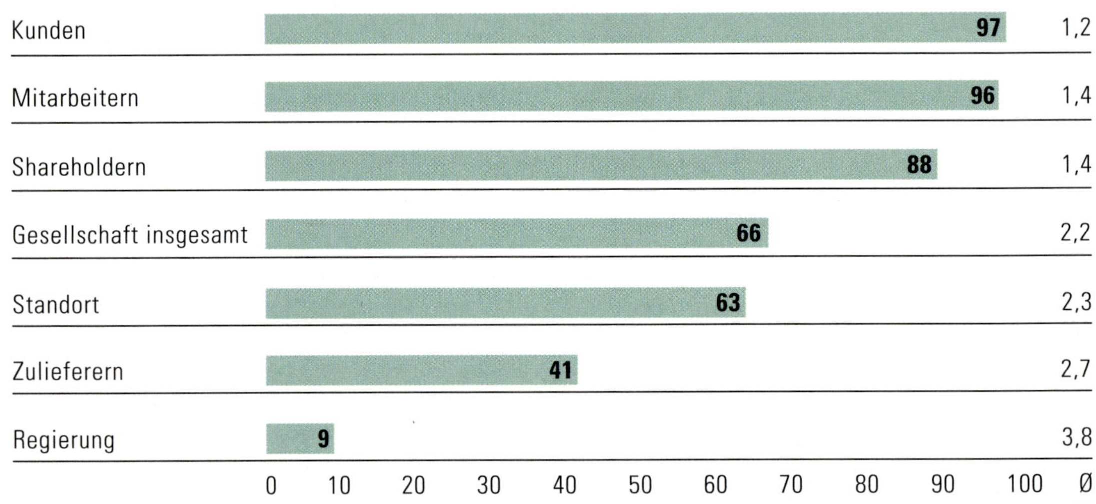

Angaben in Prozent; zusammengefasste Darstellung der Top-Zwei-Werte (sehr verantwortlich/verantwortlich auf einer Fünferskala)

Bertelsmann Stiftung (Hg.), Die gesellschaftliche Verantwortung von Unternehmen, Gütersloh 2005

Gründe für gesellschaftliches Engagement

M 25

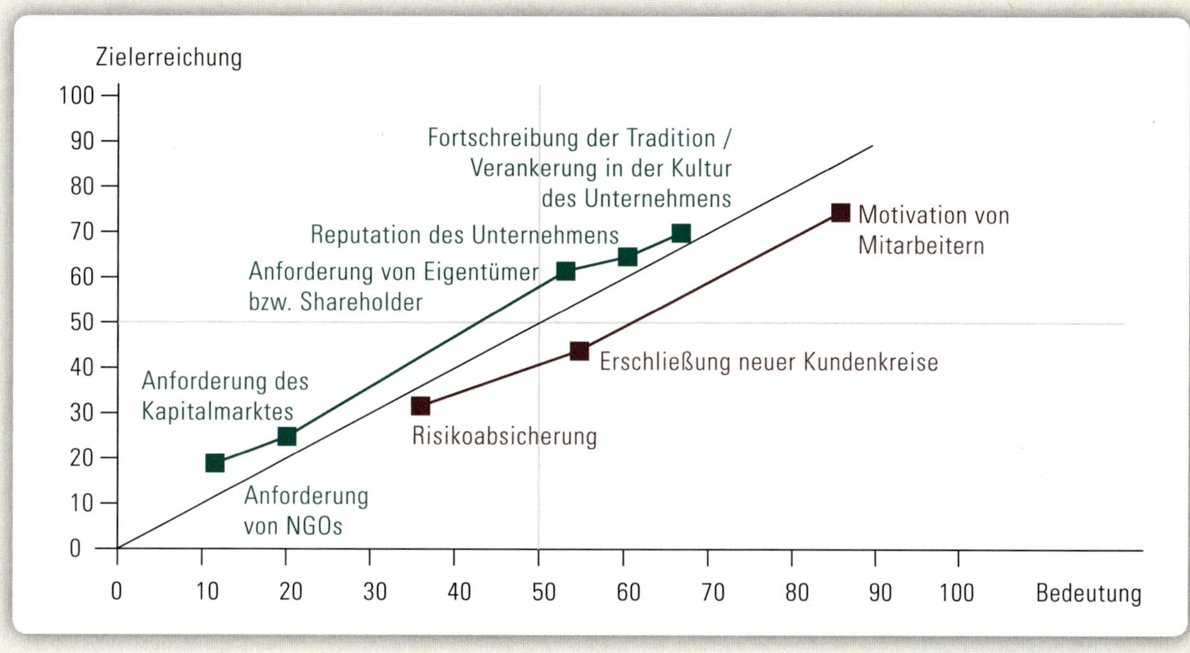

Lesehilfe: 66 % der befragten Unternehmen sehen in der Fortschreibung der Tradition/Verankerung in der Kultur des Unternehmens Gründe für gesellschaftliches Engagement. 69 % der Befragten glauben, dieses Ziel auch erreicht zu haben.

Bertelsmann Stiftung (Hg.), Die gesellschaftliche Verantwortung von Unternehmen, Gütersloh 2005

Sozialstandards bei PUMA

M 26

Längst haben multinational agierende Unternehmen erkannt, dass alleine die Einhaltung nationaler Rechtsbestimmungen dem hier geforderten moralischen Anspruch der Öffentlichkeit nicht mehr genügt. Gefordert sind vielmehr Branchen- und Sozialstandards, mit denen sich die Unternehmen selbst auf die Einhaltung bestimmter sozialer und moralischer Normen verpflichten. …

So etwa führte die im Jahr 2002 ausgezeichnete Firma Puma weltweite Sozial- und Sicherheitsstandards in ihren Zulieferbetrieben ein. Diese legen verbindlich beispielsweise das Verbot von Kinderarbeit, die Rechte der Arbeitnehmer, maximale Arbeitszeiten und die Koalitionsrechte der Mitarbeiter fest. Mit seinen Social Accountability & Fundamental Environmental Standards (S.A.F.E.) orientiert sich Puma an den Empfehlungen der International Labour Organisation und allgemein anerkannten Umweltstandards. Ein Team von Auditoren überprüft weltweit die Einhaltung der Richtlinien. Ziel ist es, partnerschaftlich zu einvernehmlichen Lösungen zu kommen.

Neben der Überwachung der Standards stehen somit Beratung und Knowhow-Transfer im Vordergrund, die es den Partnerbetrieben erleichtern sollen, Umwelt- und Sozialmanagementsysteme in ihren Fertigungsstätten einzuführen. Puma übernimmt damit eine Vorreiterrolle innerhalb der Sportartikelindustrie. Derzeit tritt Puma in den offenen Dialog mit unterschiedlichen NGOs, um die Relevanz ihrer S.A.F.E.-Standards zu kommunizieren und dem Vorwurf mangelnder Transparenz entgegenzuwirken.

Michael S. Aßländer, Sozialstandards als Beispiel für soziale Verantwortung von Unternehmen, Berlin 6.5.2004 (www.bpb.de/files/RLOMPA.pdf)

CODE OF CONDUCT PUMA

Wir, die PUMA AG, erklären hiermit die strikte Befolgung der in den Menschenrechtsgesetzen festgelegten Richtlinien. Damit verpflichten wir uns und unsere Partner zur Einhaltung hoher ethischer Standards und garantieren den folgenden Verhaltenskodex:

- Keine Beschäftigung von Arbeitnehmern, die jünger als 15 Jahre sind bzw. die unter das Mindestalter, welches durch entsprechende gesetzliche Reglementierung festgelegt ist, fallen, oder welche die Schulpflicht noch nicht beendet haben. Die entsprechend höherwertige Reglementierung der drei genannten Fälle hat Vorrang.
- Die Einhaltung der entsprechenden gesetzlichen Bestimmungen im Hinblick auf den Umgang mit gesundheitsschädlichen Substanzen sowie der Arbeitssicherheitsbedingungen und Einhaltung der Reglementierungen zum Schutz der Umwelt.
- Eine normale Arbeitswoche in Übereinstimmung mit den lokalen Arbeitsgesetzen bis zu einem Maximum von 48 Stunden und einem Limit von 12 Überstunden. Ein Tag der 7-Tageswoche ist frei. Überstunden werden entsprechend den gesetzlichen Bestimmungen vergütet.
- Eine Entlohnung, welche die Grundbedürfnisse befriedigt sowie die Gewährung aller gesetzlich geregelten Vergünstigungen.
- Respektierung der Gleichheit, unabhängig von Rasse, Religion, Alter, sozialen Verhältnissen, politischer Einstellung, Geschlecht, sexueller Orientierung oder der Position im Unternehmen.
- Respektierung der Würde am Arbeitsplatz. Keine Zwangsarbeit, Belästigung, Beschimpfung und/oder körperliche Bestrafung.
- Vereinigungsfreiheit sowie das Recht auf Mitgliedschaften in Gewerkschaften oder anderen arbeitsrechtlichen Organisationen sowie das Recht auf Kollektivverhandlungen im Einklang mit den lokalen Gesetzen.

Der Code of Conduct behandelt die wichtigsten Prinzipien von PUMAs sozialen Grundsätzen und stellt gleichzeitig das wichtigste Kontrollinstrument dar. PUMAs Code of Conduct hängt weltweit an allen Produktionsstätten aus.

Jörg Puma, http://about.puma.com/downloads/nvbuna1pgsfebirt.pdf (17.6.2007)

M 27 Kontrovers diskutiert: Unternehmer – ohne Verantwortung für die Gesellschaft?

a) „Wer als Reicher stirbt, hat Schande über sein Leben gebracht"

Gegenwärtig vollzieht sich eine brisante Polarisierung des kulturellen Sprach- und Berufsspektrums, wodurch ganz neue Zuordnungen von Zumutbarkeitsregeln und Verantwortungen kollektiv befestigt werden. In einer Zeit offenkundig enger werdender Verteilungsspielräume öffentlicher Haushaltsmittel finden sich nämlich sehr viele Menschen mit neuen Zumutbarkeiten und Erwartungen konfrontiert: Man hält es für zumutbar, dass sie ihr beträchtliches Lebensniveau um einige Stufen senken, sich also ohne großes Murren zu Opfergeschenken auf den Altären allgemeiner Wohlfahrt bereit erklären …

Höchst merkwürdige Verschiebungen zeichnen sich ab. Je weiter wir den Blick nach oben richten, auf die glanzvollen und privilegierten Macht- und Herrschaftsetagen, desto unsicherer werden Opferzumutungen und Verhaltensweisen, die Anzeichen von Verantwortungsbewusstsein vermuten lassen. Zehn Euro Praxisgebühr – das ist so handfest und unmissverständlich-durchsichtig wie der Zehnte vom Ernteertrag, den der mittelalterliche Bauer der bedürftigen Kirche zu entrichten hatte.
„Soll ich denn das selber bezahlen?", gab der Bundesbankpräsident Welteke der verblüfften Journalistenrunde zur Antwort, als ihm die von einer Pri-

vatbank beglichene Rechnung für eine weitgehend zu familiären Urlaubszwecken genutzte Suite im Adlon-Hotel vorgehalten wurde. Ist das zumutbar, eine Rechnung von 7.000 Euro zu bezahlen, auch wenn dahinter ein Einkommen von 350.000 Euro steht? Oder gelten hier ganz andere Zumutbarkeitsregeln als auf dem normalen Arbeitsmarkt ... ?
In den siebziger Jahren galt die Devise: Die Gewinne von heute sind die Investitionen von morgen und die Arbeitsplätze von übermorgen. Eine überzeugende Kausalkette, wie man zeitweilig glaubte. Die Sache hat jedoch eine geradezu absurde Wendung bekommen: Die Gewinne von heute sind immer häufiger die Arbeitslosen von morgen.
Im Geschäftsbericht für 2002/2003 enthüllt der Siemens-Konzern eine derart gute Gewinnlage, dass sich der Vorstand um Heinrich von Pierer im November ein dickes Weihnachtsgeld zukommen lassen kann. Für die 13 Topmanager werden insgesamt 28,2 Millionen Euro Gehälter und Boni ausgeschüttet, 52 Prozent mehr als im Vorjahr. Wenige Monate später kündigt Siemens eine Schließung von Betriebsteilen und deren Verlagerung in Billiglohnländer an, aus unabwendbaren Gründen einer betriebswirtschaftlich gebotenen Kostenreduktion.
Fragen der Zumutbarkeit und der Verantwortung bleiben an solchen Widersprüchen haften: Warum ist niemand unter den 13 Topmanagern auf den Gedanken gekommen, wenigstens einen Teil der äußerst üppigen Gehälter und Zuwendungen für den Erhalt der Arbeitsplätze jener Menschen zur Verfügung zu stellen, von deren kollektiven Leistungen und ihrer sozialen Bindebereitschaft die Wertschöpfung am Ende doch abhängt?
Die Wirtschaftseliten, die den Unternehmertypus gerne zum bestimmenden Menschenbild stilisieren möchten, sind heute dabei, ihr Ansehen in einer Weise zu beschädigen, das in der deutschen Nachkriegsgeschichte ohne Beispiel ist. Es sind bedrohliche Zerfallserscheinungen einer politischen Kultur, wenn Topmanager und Verbandsfunktionäre Tag für Tag das Anspruchsverhalten von Lohn- und Gehaltsempfängern der Kritik unterziehen, längere Arbeitszeiten ohne Lohnausgleich, mehr Eigenverantwortung für die Gesundheitsversorgung fordern, gleichzeitig aber die Geldgier privilegierter Managercliquen, von deren Gehältern ja selbst das Führungspersonal mittelständischer Unternehmen nur träumen kann, mit Schweigen oder verständnisvoller Duldung übergehen.
Als der Bundeskanzler deutsche Firmen als unpatriotisch bezeichnete, die Betriebe in Billiglohnländer verlagern, empörte sich verständlicherweise die Wirtschaftselite. Aber einige gingen auch daran, diesem „Outsourcing", wie sie es scheinwissenschaftlich nennen, einen ökonomisch zwingenden Sinngehalt zuzusprechen. „Mit der Verlagerung von Arbeitsplätzen ins Ausland stabilisiert das Unternehmen die Gewinnsituation. Damit werden die verbliebenen Arbeitsplätze sicherer, wenigstens vorübergehend", sagt der Würzburger Ökonom Norbert Berthold ...
Verantwortung hängt von der Voraussetzung ab, dass wir uns als freie und entscheidungsfähige Lebewesen begreifen. Es mag ja sein, dass es zwingende ökonomische Gesetze gibt, die beachtet werden müssen. Aber wer zwingt mich, den angesammelten Privatreichtum nur für Privatzwecke zu verwenden? Deutsche Manager blicken gerne, wenn sie sich ihre Gehälter ansehen, nach Amerika; aber dieser neidvolle Blick ist riskant, weil nicht nur die amerikanischen Gerichte gegen räuberische und betrügerische Praktiken sehr schnell Anklage erheben; es existiert dort auch eine ganz andere Unternehmenskultur.

Einer der reichsten Amerikaner, Andrew Carnegie, hat um 1900 die Verantwortungsrichtung für Reiche mit der Maxime formuliert: „Wer als Reicher stirbt, hat Schande über seinen Leben gebracht." Den größten Teil seines Vermögens hat er veräußert und das Geld in Stiftungen gesteckt. Darunter befinden sich Pensionsfonds für Lehrer, Konzerthallen, aber auch eine große Stiftung zur Unterstützung internationaler Friedensbemühungen. Das ist eine Form der Wiedergutmachung und der sozialen Verantwortung. Sie ist auch deutschen Managern zumutbar.

Oskar Negt, Das Zumutbare und die Verantwortung, in: Stuttgarter Zeitung, 17.4.2004

b) „Unternehmen folgen in erster Linie jenen Regeln, die wirtschaftlichen Erfolg versprechen“

Die gesellschaftliche Verantwortung des Unternehmens und seiner Beschäftigten wird zwar seit Jahren diskutiert. Aber erst in jüngster Zeit fragt unsere Gesellschaft stärker nach, bedingt vor allem durch eklatante Führungsfehler in der Wirtschaft. Neben einer erhöhten Sensibilität der Justizbehörden geht es um die gesellschaftlichen Folgen unternehmerischer Tätigkeit, um Umwelt- und Sozialbilanzen, um Geschäftsethik, Steuerflucht, Arbeits- und Ausbildungsplätze, Produkthaftung, Gehaltshöhe. Leider wird in der Debatte auch viel Unsinn verbreitet. Zudem kommen immer wieder Vorschläge, die angeblich exzessive Freiheit von Managern und Unternehmern durch neue Regeln einzuschränken. Hier heißt es aufpassen. Unternehmen folgen in erster Linie jenen Regeln, die wirtschaftlichen Erfolg versprechen. Aber sie sind auch in das Regelwerk der Gesellschaft eingebunden. Wie weit reicht die Verantwortung? Ich will das durch sechs Thesen deutlich machen.

Erstens: Gewinnorientierung ist eine gesellschaftliche Verantwortung des Unternehmens. Diese liegt darin, die verfügbaren knappen Mittel gewinnbringend einzusetzen, solange dies unter Beachtung der Regeln des öffentlichen Wettbewerbs geschieht. Nur Unternehmen, die Gewinne erzielen, können über das Eigeninteresse hinaus auch den Ansprüchen der Mitarbeiter, des Staates und der Gesellschaft Rechnung tragen. Der Gewinn eines Unternehmens ist ein gutes Maß für erfolgreiche Unternehmenstätigkeit. …

Aber auch dies gilt: Wer in unserer bereits extrem regulierten Marktwirtschaft einen zügellosen Kapitalismus entdeckt, um nur noch mehr Regulierungen einzufordern, hat von der wirtschaftlichen Realität keine Ahnung, oder er will ein anderes Wirtschaftssystem.

Auch die pauschale Kritik an den angeblich exzessiven Einkommen und der „Geldgier privilegierter Managercliquen“ (so Oskar Negt in der StZ vom 17. April) führt nicht zum Ziel. Führungskräfte verdienen das, was ihnen vertraglich zusteht. Die Wirtschaft beschäftigt hunderttausende von leistungsbereiten Führungskräften, deren Gehälter sich in erster Linie nach Angebot und Nachfrage richten. Und erfolglose Manager verlieren ihren Job ähnlich schnell wie Fußballtrainer.

Zweitens: Gesellschaftliche Verantwortung beweist ein Unternehmen, wenn es erfolgreich bleibt. Was richtig oder falsch ist, wird in der Wirtschaft fast immer sofort bewiesen. Am Ende wird der bestraft, welcher der Wirklichkeit ein zu geringes Gewicht beimisst. Zahlreich sind die – neuerdings auch patriotischen – Appelle aus Politik und Gesellschaft, Unternehmen sollten unrentable Betriebe nicht schließen oder verlagern. Wer dann aber die langjährigen Verluste decken soll, bleibt meistens ungenannt.

Strukturwandel in der Wirtschaft ist unvermeidlich, wenn es nachhaltiges Wachstum geben soll. Nicht Wachstum durch Zwang ist gemeint, sondern Wachstum in Freiheit. Daher muss bei uns die Unmenge an Regelungen beklagt werden, die einige schützen sollen, indem sie anderen die Dispositionsfreiheit beschränken. Der sich ausbreitende Kollektivzwang nimmt unseren Leistungsbereiten Lust und Luft zum Handeln.

Drittens: Als Unternehmer und Manager verantwortlich handeln heißt heute vor allem – bei Strafe des eigenen Untergangs – die Firma auch gegen Widerstand umzubauen und, wenn es sein muss, deutlich zu verändern. Kurzum, alles zu unternehmen, um den Betrieb dauerhaft am Leben zu erhalten und seinen Wert zu erhöhen. Die Fähigkeit und Bereitschaft, Veränderungen durchzuführen, ist heute für Führungskräfte entscheidend. Die Ergebnisse von Veränderungen in den Betrieben waren in den letzten Jahren oft traumatisch für alle Betroffenen.

Leider wird aber nicht deutlich genug gesagt, welchen Veränderungen unsere Wirtschaft auch in Zukunft ausgesetzt sein wird. Oder es wird so getan, als ob das alles nicht nötig sei. Unklare Furcht vor Veränderungen und Risikoscheu sind die Folge. Auf lange Sicht sind aber nur jene Arbeitsplätze sicher, die einen wirklichen Wert für Kunden erzeugen oder die die Produktivität erhöhen. Und nur diejenigen, die glauben, dass es eine Obergrenze für diese Entwicklung gibt, glauben auch an eine Gewinner-Verlierer-Logik und verteidigen verbissen den Status quo.

Viertens: Ein Unternehmen handelt gesellschaftlich verantwortlich, wenn es Produkte und Dienstleistungen herstellt, die die Gesellschaft auch wirklich braucht. Zu dieser Verantwortung gehört auch, dass die Produkte halten, was sie versprechen, dass sie sicher sind und nicht schaden und dass sich der Unternehmer seiner Produkthaftung bewusst ist und diese aktiv wahrnimmt.

Fünftens: Verantwortlich handelnde Unternehmer und Manager erkennen die Bedeutung förderlicher Arbeitsbedingungen. Nun wirkt ein Teil des gesellschaftlichen Regelwerks direkt in die Unternehmen, zum Beispiel die Vorschriften der Sozialgesetze, des Arbeitsrechts oder des Tarifrechts. Diese Gesetze wurden in den letzten hundert Jahren durch weitsichtige Sozialpolitiker, Gewerkschafter und Unternehmer geformt. Heute wirken sie lähmend und sollten dringend an die Erfordernisse einer weltweit operierenden Wirtschaft angepasst werden.

Fortschrittliche Unternehmen wissen, dass eine vertrauensvolle Zusammenarbeit im Betrieb nicht nur zeitgemäß ist, sondern auch erfolgreich macht. Je stärker ein Unternehmer selbstverantwortlich gestaltet, desto sicherer wird seine Position gegen externe, zumeist ideologische Einflüsse. Die offene Zusammenarbeit, eine kompromisslose Geschäftsintegrität, Innovations- und Leistungsorientierung, Mitbeteiligung am Gewinn und Kapital für alle Beschäftigten sind Werte, die jedes Unternehmen aufstellen kann. Dazu brauchen wir keine neuen Gesetze, Bundestarife, Quoten oder Ideologen.

Sechstens: Ein Unternehmen wird seiner gesellschaftlichen Verantwortung gerecht, wenn es die Beziehungen seiner Mitarbeiter zu Kunden, Partnern, zur Gesellschaft und innerhalb des Unternehmens durch allgemein gültige Werte fördert. Wichtig dabei ist, dass Werte auch gelebt werden und sie uns nicht im Hals stecken bleiben, wenn wir zum Beispiel in diesen Tagen beobachten, wie Führungskräfte in Wirtschaft und Politik ihre Glaubwürdigkeit durch persönliches Fehlverhalten verspielen.

Im Gegensatz zu manchen Skeptikern konnte ich erfahren, dass weltweit tätige Unternehmen ihre Wertesysteme auch auf internationaler Ebene erfolgreich anwenden. Leider gibt es auch klare unternehmerische Fehler. Shell erlebte ein Debakel mit der Entsorgung eines Ölbohrturms (Brent Spar), Nikes dezentrale Länderorganisation führt in Asien zum Vorwurf der Kinderarbeit.

Unternehmen nutzen die Ressourcen eines Standortes, um Ergebnisse zu erzielen. Sie brauchen gebildete Menschen, eine effektive Infrastruktur, eine verlässliche Gesetzgebung und anderes mehr. Was geben Unternehmen der Gesellschaft dafür? Sie erzeugen nützliche Produkte und schaffen Arbeitsplätze, sie zahlen Löhne und Lohnnebenkosten. Die Unternehmen selbst entrichten im Rahmen der geltenden Gesetze nicht nur Steuern, Zölle und sonstige Abgaben. Sie investieren auch freiwillig in Ausbildungsplätze. Sie errichten Stiftungen und tätigen Schenkungen an gemeinnützige Einrichtungen. Unternehmen ermöglichen auch die Arbeit von Verbänden, sie unterstützen Diplomanden und Praktikanten. Ihre Mitarbeiter unterrichten an Universitäten und Schulen.

Wie thesenhaft gezeigt, der Umfang der gesellschaftlichen Verantwortung eines Unternehmens und seiner Mitarbeiter geht weit über das ausschließliche Gewinnstreben hinaus. Einer der beiden Unternehmensgründer von Hewlett Packard, Dave Packard, sagte 1980: „Unternehmen sollten der Gesellschaft mehr geben als nehmen.“ In einer freien Marktwirtschaft kann diese unternehmerische Einstellung den richtigen Humus für nachhaltigen Wohlstand für alle bilden.

Menno Harms, Gewinn, Ethik und die Globalisierung, in: Stuttgarter Zeitung, 11.5.2004

Aufgaben

1. Erklären Sie, welche Interessengruppen auf das Unternehmen einwirken und stellen Sie deren Interessenlagen dar (M 21).
2. Unternehmensziele können sich gegenseitig ergänzen (komplementäre Ziele) oder in Konkurrenz zueinander stehen (konkurrierende Ziele). Nennen Sie unterschiedliche komplementäre und konkurrierende Ziele von Unternehmen (M 22).
3. Bereiten Sie einen Kurzvortrag zum Thema „Corporate Social Responsibility“ vor (M 23 – M 26).
4. Erläutern Sie am Beispiel der Firma PUMA, auf welche Weise diese ihre gesellschaftliche Verantwortung wahrnimmt. Beurteilen Sie das Engagement (M 26).
5. Diskutieren Sie die unterschiedlichen Standpunkte zur gesellschaftlichen Verantwortung des Unternehmens/Unternehmers (M 27) und nehmen Sie persönlich Stellung.

Wissen kompakt

Rahmenbedingungen für Entscheidungen im Unternehmen
M 16

Der Betrieb ist die Stätte, an der die verschiedenen Produktionsfaktoren nach den Zielvorgaben des Unternehmers zur Leistungserstellung kombiniert werden. Das Unternehmen ist die wirtschaftlich-rechtliche Einheit. Sie kann mehrere Unternehmen umfassen. Unternehmerisches Handeln findet in einem durch politische und rechtliche Entscheidungen definierten Ordnungsrahmen statt. Dazu gehören z.B. Regeln über Mitbestimmungsrechte, staatliche Wettbewerbskontrolle, staatliche Förderpolitik oder Auflagen für den Umweltschutz. Außerdem steht das Unternehmen in enger Beziehung zu seinen Kunden, zu den Geld- und Kapitalgebern und den Konkurrenzunternehmen.

Warum gibt es Unternehmen?
M 17, M 18

Unternehmen existieren, weil es zu teuer wäre, die betrieblichen Produktionsfaktoren wie Arbeit (leitende und ausführende), Betriebsmittel (Grundstücke, Gebäude, Maschinen, ...) und Werkstoffe (Rohstoffe, Hilfsstoffe, ...) immer kurzfristig am freien Markt zu beziehen. Durch die Einbindung der Prozesse für die Leistungserstellung in eine feste Organisationsstruktur können Unsicherheiten und Transaktionskosten reduziert werden. Ein Unternehmen wird also immer dann eine feste Struktur bevorzugen, solange die Such- und Vertragsabschlusskosten für die freie Organisation der Arbeitsteilung größer sind als für die Aufrechterhaltung einer festen Organisationsstruktur.

Betriebliche Grundfunktionen
M 19, M 20

Die grundlegenden betrieblichen Funktionen sind:
- **Beschaffung** von Produktionsfaktoren, welche die Elementarfaktoren Arbeit, Betriebsmittel und Werkstoffe umfassen
- **Produktion/Leistungserstellung** durch Kombination der Produktionsfaktoren
- **Absatz** der erstellten Sachgüter und Dienstleistungen
- **Finanzierung und Leitung** als übergreifende Funktionen, da diese alle Funktionsbereiche des Betriebs betreffen

Das Unternehmen im Geflecht unterschiedlicher Interessen
M 21

Unternehmerische Entscheidungen sind äußerst komplex, weil sie im Schnittpunkt unterschiedlicher Interessen und unter Berücksichtigung einer Vielzahl von Zielen getroffen werden. So verlangen z.B. die Eigentümer (Aktionäre) eine stetige Steigerung der Unternehmensgewinne („Shareholder-Value-Ansatz"), wohingegen die Mitarbeiter höhere Löhne und einen gesicherten Arbeitsplatz erwarten. Die Kunden wünschen eine bedarfsgerechte Güterversorgung hinsichtlich Preis, Qualität und Service, der Staat möchte gesunde Unternehmen, die dauerhaft in Deutschland Abgaben entrichten. Berücksichtigt ein Unternehmen möglichst alle Anspruchsgruppen in der strategischen Unternehmensplanung, z.B. Geschäftsleitung, Verwaltungs- und Aufsichtsrat, Kunden, Öffentlichkeit, Aktionäre, Arbeitnehmer, Lieferanten, Staat, so spricht man vom „Stakeholder-Value-Ansatz".

Gesellschaftliche Verantwortung von Unternehmen in der Diskussion
M 22 – M 27

Die wichtigste Aufgabe eines Unternehmers besteht in der Sicherung der Rentabilität und Wettbewerbsfähigkeit des Unternehmens. Nur wenn das Unternehmen Gewinne erwirtschaftet, können der betriebliche Leistungsprozess aufrechterhalten und Arbeitsplätze gesichert werden.
Welche Ziele ein Unternehmen darüber hinaus verfolgen sollte, ist umstritten. So wird insbesondere den Managern großer Unternehmen vorgeworfen, sie würden auf Kosten der Beschäftigten übertriebene Renditeziele verfolgen, um den Börsenwert des Unternehmens (und damit ihre eigenen Bezüge) zu steigern.
Dem wird entgegengehalten, dass auch die Arbeitnehmer als Aktionäre ein Interesse an steigenden Aktienkursen und damit einer möglichst hohen Verzinsung ihres Kapitals haben. Darüber hinaus fördern viele Unternehmen gemeinnützige, soziale Einrichtungen oder treten als Sponsoren von Sport, Wissenschaft und Kultur auf. Bürgerschaftliches Engagement von Unternehmen wird auch in zahlreichen Public-private-partnership-Projekten deutlich, wo Unternehmen mit staatlichen Stellen kooperieren und Projekte z.B. im Bildungsbereich mitfinanzieren.

4.3 Marketing

Adidas kontra Nike

M 28

Adidas-Zentrale in Herzogenaurach bei Nürnberg

Nike World Headquarters in Beaverton, Oregon

Adidas-Salomon	
Gewinn*	**314** Millionen Euro
Beschäftigte*	**15.686**
Marktkapitalisierung**	**5,1** Milliarden Euro
Marketingausgaben*	**850** Millionen Euro

*2004 (Geschäftsjahr Nike endet zum 31. Mai); **Stand: 10.2.2005.
Quelle: Thomson Financial, Datastream

Nike	
Gewinn*	**946** Millionen Dollar
Beschäftigte*	**24.667**
Marktkapitalisierung**	**22,0** Milliarden Dollar
Marketingausgaben*	**1,4** Milliarden Dollar

*2004 (Geschäftsjahr Nike endet zum 31. Mai); **Stand: 10.2.2005.
Quelle: Thomson Financial, Datastream

Wolfgang Hirn, manager magazin, 3/2005

Das Marketing-Duell zweier Giganten

M 29

Zwei Firmen, ein Ziel: Die Erzrivalen Adidas und Nike kämpfen seit Jahren erbittert um die globale Herrschaft im Sport-Business. Wer wird das Spielfeld als Sieger verlassen? …

Die USA sind die schwache Stelle des deutschen Sportschuhriesen. Weil hier nichts vorangeht, zieht Erzrivale Nike dem Verfolger Adidas immer weiter davon. Und damit verliert auch Adidas-Chef Herbert Hainer (50) an Glaubwürdigkeit.

Hainer hatte im Überschwang seines eigenen Aufstiegs vor vier Jahren verkündet, dass Adidas in den USA bald 20 Prozent Marktanteil erreichen werde. Ein Spruch, den er heute verflucht: „Ich würde ihn nicht mehr sagen." An einem anderen hält Ausdauersportler Hainer freilich fest: „Wir wollen die führende Sportmarke der Welt werden."…

Das Duell der beiden globalen Sportgiganten ähnelt dem Rennen Hase gegen Igel: Nike ist immer schon da. Nike ist schneller, kreativer und irgendwie cooler. Adidas ist gut, aber Nike ist eben noch besser …

Verkündet Adidas für 2004 stolze 314 Millionen Euro Rekordgewinn, meldet Nike gut das Doppelte. Freut sich Adidas über einen Umsatzsprung von 12 Prozent im boomenden Asien, so berichtet Nike dort von einem 17-prozentigen Plus. Vermeldet Adidas soeben einen Megadeal mit dem englischen Fußballclub FC Chelsea, kontert Nike gelassen: Wir haben in der Premier League schon die Spitzenteams Arsenal London und Manchester United unter Vertrag. …

Das Duell um die Vorherrschaft im globalen Sportbusiness ist auch ein Wettbewerb zweier Unternehmenskulturen: der amerikanischen gegen die deutsche. Oder: Cowboys gegen Lederhosenträger. …

Hainer und seine Teammitglieder sind grundsolide Arbeitstiere. Fast alle joggen in ihrer Freizeit und verkörpern den asketischen Typ. Sie sind zäh, verbissen und zuweilen auch verkrampft.

Es fehlt ihnen die Leichtigkeit und auch die Frechheit, die die Macher von Nike eigentlich seit dessen

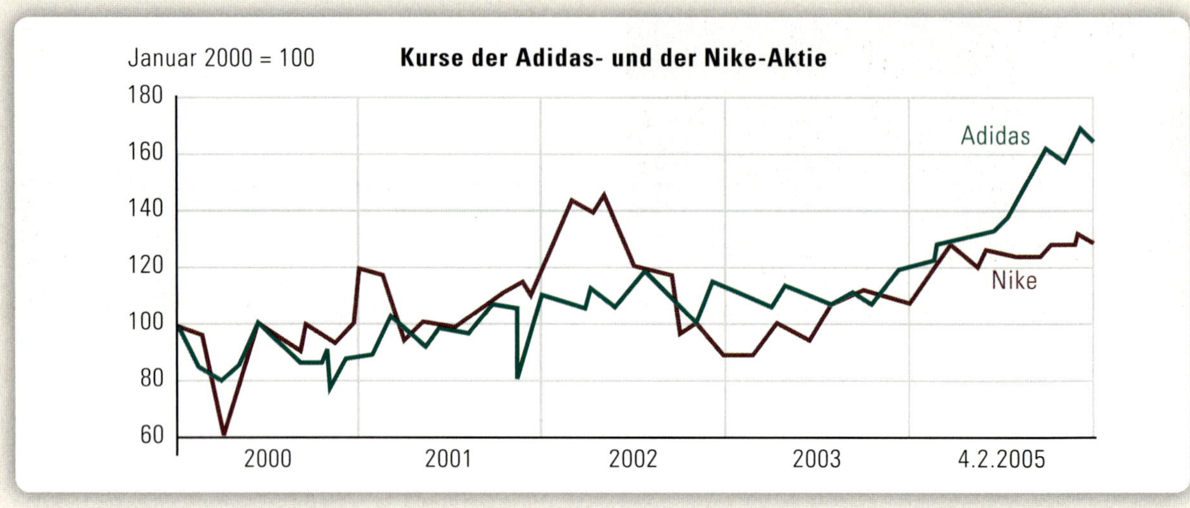

Gründung anno 1962 auszeichnet. Unvorstellbar, dass sich Adidas-Manager in einem Münchener Wirtshaus eine Knödelschlacht liefern wie einst Nike-Vertriebsleute anlässlich der Ispo. Schaden damals: 15.000 Dollar.

Phil H. Knight (66), die legendäre Gründerfigur, hatte ein Faible für solche Sponti-Aktionen. Mit seinen zersausten Haaren und der obligatorischen Sonnenbrille wirkt er wie ein Alt-Hippie. Ende Dezember 2004 ist er als CEO[1] zurückgetreten. Er kommt jedoch nach wie vor täglich ins Büro. Der charismatische Knight, dem rund 25 Prozent des Unternehmens gehören, bleibt für die Langfriststrategie zuständig. …

„Die schießen einfach mal los und schauen dann, ob sie getroffen haben", sagt David Bond, jetzt bei Adidas Global Director of Basketball, davor 14 Jahre bei Nike. Bei Adidas – so Bonds neue Erfahrung – werde geplant und hin und her überlegt, und das vielleicht auch mal zu lange. …

Nike hat die Gesetzmäßigkeiten seines Heimatmarkts längst verinnerlicht und liefert permanent neue Produkte. „Wir sind ein risikobereites Unternehmen", sagt Charlie Denson. Und wenn entschieden ist, wird auch schnell exekutiert. …

Zur Nike-Kultur gehört auch, dass das Unternehmen immer ein klares Feindbild hatte: Adidas. Schon 1965 schrieb Phil Knight in einem Brief an seinen damaligen japanischen Produzenten Onitsuka: „Ich glaube fest daran, dass wir Adidas schlagen werden."

Der jahrzehntelange Kampf gegen Adidas schweißte die Nike-Truppe zusammen. Wie Gründer Knight tragen viele Nike-Mitarbeiter ein Swoosh-Tattoo, das geschwungene Markenzeichen, am linken Knöchel. …

Dieses Hinterherhecheln von Adidas dokumentiert sich auch in anderen Bereichen, zum Beispiel im Handel und in der Werbung. Als Adidas den Nutzen von eigenen Shops noch nicht erkennen konnte, klotzte Nike bereits mit sogenannten Niketowns. Die – derzeit 15 – Niketowns sind gigantische Einkaufshäuser mit mehreren Etagen. Sie haben Kult-Charakter und sind deshalb in manchen Städten zu wahren Touristenattraktionen geworden. Als Adidas den Erfolg der Nike-Häuser sah, rangen sich auch die Herzogenauracher gegen Ende der 90er Jahre zu einer Handelsoffensive durch. Freilich sind die – weltweit rund 170 – Adidas-Stores ein paar Nummern kleiner, aber immerhin tragen sie schon knapp 10 Prozent zum Umsatz bei. ...

Vor Adidas entdeckte Nike auch den Wert der Werbung. Während Adidas noch Millionen von Mark und Dollar Sportlern, Vereinen sowie Verbänden zusteckte und klassische Werbung vernachlässigte, drehte Nike bereits witzige, zum Teil auch provozierende TV-Spots. Bis heute hält Nike sein hohes Kreativniveau.

Inzwischen ist auch die Adidas-Werbung nach einem Wechsel der Agentur besser und frecher. Doch manchmal entsteht noch der Eindruck des Déjà-vu. Im Spot zur Fußball-Europameisterschaft

2004 („Road to Lisbon“) ließ Adidas all seine Stars (Ballack, Beckham, Zidane) gemeinsam auftreten. Nur: Nike dreht solche Spots mit seinen vielen Fussballergrößen schon seit Jahren.
Wenig inspirierend ist auch die Antwort auf den Nike-Klassiker „Just do it“, der 1988 kreiert wurde. Ihm setzt Adidas seit 2004 in einer teuren globalen Kampagne den Allerweltsspruch „Impossible is nothing“ entgegen, ein Abklatsch der Toyota-Werbung „Nichts ist unmöglich“.
Nikes kreativer Vorsprung hat historische Gründe. Denn Nike war immer in erster Linie ein Marketingunternehmen. Die Amerikaner besaßen – anders als Adidas – nie eigene Fabriken. Seit seiner Gründung hat Nike in Fernost produzieren lassen. Die Amerikaner verkauften mit ihren Produkten immer auch den American Way of Life.
Adidas dagegen kam aus der Produktionsecke. Es dominierte lange Zeit die fränkische Handwerkskunst, die solide Schuhe für jede Sportart produzierte. Bei Adidas standen immer die Schuhe im Vordergrund, die – wenn sie gut waren – als Selbstläufer galten.
Doch heute, wo die – oft in denselben chinesischen Fabriken hergestellten – Schuhe in puncto Verarbeitung austauschbar sind und sich nur durch ein paar Gimmicks unterscheiden, findet die Differenzierung über das Image statt – und damit vor allem über die Imageträger, also Sportler, Vereine und Verbände.
Um sie tobt deshalb eine gigantische Preisschlacht zwischen Adidas und Nike. Nike setzt auf die ganz großen Stars. Die Besten sind gerade teuer genug. Adidas kümmert sich natürlich auch um einzelne Sportler, aber mehr noch um die großen Verbände. Soeben wurden zwei Megaverträge abgeschlossen: Mit dem Weltfußballverband Fifa und mit dem Internationalen Olympischen Komitee (IOC). Für hunderte Millionen Euro darf Adidas bei den nächsten sportlichen Großereignissen (Olympische Spiele 2006 und 2008, Fußball-Weltmeisterschaften 2010 und 2014) Funktionäre, Kampf- und Schiedsrichter mit drei Streifen ausrüsten.
Während Adidas – sportlich gesehen höchst ehrenvoll – Exotendisziplinen wie Bobfahren und Gewichtheben mit Geld und Equipment fördert, konzentriert sich Nike auf die Sportarten, die Millionen betreiben und denen Abermillionen zuschauen.
Mit Erfolg: Von den wichtigsten globalen Sportarten dominiert Nike Basketball und Jogging, Adidas dagegen liegt beim Fußball vorn – aber nur noch eine Fußspitze. Denn Nike attackiert auch die letzte Bastion der Deutschen. „Wir wollen die Nummer eins im Fußballbusiness werden“, verkündet Don Remlinger, Global Brand Director Football bei Nike, in seinem kleinen Büro in Beaverton.

Wolfgang Hirn, manager magazin, 3/2005

[1] *CEO=Chief Executive Officer (Firmenchef)*

Aufgaben

1. Erstellen Sie aktuelle Kurzprofile der Firmen Adidas und Nike (M 28, M 29, eigene Recherchen).
2. Beschreiben Sie, mit welchen Mitteln die beiden Firmen versuchen, ihre Marktanteile zu vergrößern. Finden Sie übergeordnete Begriffe für die verschiedenen Mittel (M 29).

Aufgaben und Instrumente des Marketing

M 30

Da auf Käufermärkten der Verbraucher durch sein Konsumverhalten darüber entscheidet, ob die Leistung eines Unternehmens abgesetzt werden können oder nicht, steht er im Mittelpunkt aller betrieblichen Überlegungen und Anstrengungen. Nach ihm richtet sich die Marketing-Konzeption eines Unternehmens. Marketing ist die planmäßige Auswahl und zielgerichtete Kombination aller absatzpolitischen Instrumente, die zur Erreichung der Absatzziele geeignet sind. Im Allgemeinen werden vier Instrumente zur Steigerung des Absatzes unterschieden: Preispolitik, Distributionspolitik, Produktpolitik, Kommunikationspolitik. Sie bilden zusammen den „Marketing-Mix“. Im Englischen spricht man von den vier „Ps“ des Marketing: product, place, price and promotion.

Übersicht über die Marketing-Instrumente

Preispolitik	**Kommunikationspolitik**
– Preisfindung (Konkurrenz, Herstellungskosten) – Sonderpreise, Rabatte	– Werbekonzept – Werbemittel – Public Relations – Sponsoring
Produktpolitik	**Distributionspolitik**
– Produktinnovation, -variation – Gestaltung (Design, Funktionen, ...) – Einbettung in das Gesamtprogramm (Sortiment) – Produkt	– Absatzwege (Einzelhandel, Großhandel, Direktvertrieb) – Gestaltung von Verkaufsräumen – E-Commerce

Autorentext

M 31 Preispolitik: Wie Unternehmen den Preis finden

Nach wie vor ist der Preis eine wesentliche Determinante für die erzielbaren Absatzmengen eines Produktes. Jedoch gilt es bei der heutzutage üblichen Konkurrenzsituation auf Käufermärkten zu beachten, dass der Preis nur in gewissen Grenzen variiert werden kann. Außerdem ist bei seiner Festlegung – entgegen der landläufigen Auffassung – zu berücksichtigen, dass Preissenkungen nicht unbedingt zu einer Erhöhung der Absatzmengen führen. Erstens kann es leicht zu einem ruinösen Wettbewerb kommen, wenn die Konkurrenten gesenkte Preise ihrerseits unterbieten. Zweitens ist der Preis bei bestimmten Produkten auch ein Indikator für die Produktqualität, sodass der Absatz bei unterschreiten eines gewissen Preises sinkt. Es besteht also das Entscheidungsproblem der Bestimmung optimaler Absatzpreise ...

Die Notwendigkeit der Preisbestimmung entsteht nicht nur bei neuen Produkten, sondern auch aufgrund von Nachfrageänderungen oder Aktionen bzw. Reaktionenen der Konkurrenz. Als Hauptziel steht dabei natürlich die langfristige Gewinnmaximierung im Vordergrund, jedoch werden – v.a. kurz- und mittelfristig – auch die Maximierung des Absatzes, die Gewinnung oder Aufrechterhaltung von Marktanteilen oder das Ausschalten von Konkurrenten angestrebt.

Bei der Bestimmung von Preisen für ein Produktsortiment ist zu beachten, dass wechselseitige Abhängigkeiten zwischen diesen Produkten sowohl in Bezug auf die Herstellungskosten als auch die Nachfrage bestehen können.

Bei der Produktion nutzen verschiedene Produkte gemeinsame Ressourcen und verursachen neben den direkt zurechenbaren Einzelkosten auch Gemeinkosten. Diese gesamten Kosten müssen von allen Produkten des Sortiments gemeinsam erwirtschaftet werden (Vollkostendeckung), bevor sich Gewinne erzielen lassen. Dabei können verschiedene Produkte (je nach Tragfähigkeit) unterschiedliche Anteile am Gesamtdeckungsbeitrag und am Gewinn liefern. Es kann sogar zeitweise vorkommen, dass einzelne Produkte Verluste erzielen, die mit den Gewinnen anderer Produkte kompensiert werden müssen.

Im Rahmen einer Misch- bzw. Sortimentskalkulation bestimmt man daher für jedes Produkt den Absatzpreis so, dass es den nach dem Tragfähigkeitsprinzip möglichen individuellen Deckungs- und Gewinnbeitrag leistet. Eine solche Kalkulation ist v.a. bei produktionsmäßig eng verknüpften Produkten (z.B. bei Kuppelproduktion) sinnvoll. Außerdem ist es naheliegend, die Produkte einer Produktlinie (z.B. verschiedene Modellklassen eines Pkw-Herstellers) gemischt zu kalkulieren.

In Bezug auf die Absatzseite hängt die Nachfrage z.B. bei Komplementärprodukten (Laserdrucker/Toner, Essen/Getränke im Restaurant) eng miteinander zusammen. Werden viele Primärprodukte gekauft, so steigt auch der Absatz der davon abhängigen Sekundärprodukte. Daher besteht eine mögliche Strategie darin, im Rahmen der Mischkalkulation die Preise der Primärprodukte kaum über den Stückkosten anzusetzen, jedoch bei den vom Kunden ebenfalls benötigten Sekundärprodukten eine große Gewinnspanne zu veranschlagen.

Im Handel kann man sich die Bequemlichkeit

der Kunden zunutzen machen, die möglichst viel in ein und demselben Geschäft kaufen wollen. Man lockt sie mit Sonderangeboten und Dauerniedrigpreisen in die Geschäfte, wo sie dann auch andere Produkte zu einem höheren Preis kaufen, so dass insgesamt der gewünschte Gewinn erzielt werden kann.

Wolfgang Domschke, Armin Scholl, Grundlagen der Betriebswirtschaftslehre, 2. Aufl., Berlin u.a. 2003, S. 196 f.

Instrumente der Preispolitik	Beispiel / Erläuterung
Kostenorientierte Preispolitik Preisuntergrenze (Break-Even-Point), um die Gesamtkosten zu decken. Ab wann lohnt sich die Produktion?	Teilkostenrechnung, Vollkostenrechnung
Marktorientierte Preispolitik Orientierung an Konkurrenz und Abnehmern Ziel: Gewinnmaximierung	Oligopolistische Preisbildung, z.B. auf dem Automarkt
Preisdifferenzierung Güter gleicher Art zu verschiedenen Preisen an unterschiedliche Kunden anbieten (Voraussetzung: trennbare Märkte)	Theaterkarten für Schüler bzw. Berufstätige
Preisbündelung verschiedene Produkte zu einem günstigeren Gesamtpreis anbieten	Sparmenü in einem Fastfood-Restaurant
Rabattpolitik zeitliche begrenzte Preissenkung, für die keine Gegenleistung erwartet wird	Mengenrabatte, Treuerabatte, Rabatte für pünktliche oder vorzeitige Zahlung (Skonti)

Autorentext

Wie setzt sich der Preis für Turnschuhe zusammen?

M 32

Soli extra, Newsletter der DGB-Jugend, Herbst 2003, S. 3

Aufgaben

1. Suchen Sie Beispiele für Preisdifferenzierung aus Ihrem Erfahrungsbereich (M 31).
2. Sie eröffnen einen Pizza-Service, der Pizzas, Salate und Kaltgetränke anbietet. Entwickeln Sie in Gruppen eine geeignete Preispolitik (Rabatte, Preisbündelung) für dieses Unternehmen (M 31).
3. Versetzen Sie sich in die Rolle eines Schuhproduzenten, der den Preis für ein neues Produkt festlegen muss. Finden Sie den Preis, indem Sie unterschiedliche Preisstrategien anwenden (M 31, M 32).

M 33 Produktpolitik: Was will der Neue Mann im 21. Jahrhundert?

Was will der Neue Mann am Anfang des 21. Jahrhunderts? Auf jeden Fall Haltung bewahren – und zwar in jeder Lebenssituation. Wenn er Vater ist und unterwegs den Nachwuchs füttern muss, dann will er nicht zu einem dieser lächerlich bunten Plastikgefäße greifen, das er in der Mikrowelle irgendeiner Gaststätte erst noch warm machen muss. Er braucht eine Babythermosflasche mit der Aufschrift „My Boy/My Girl", die durch ihr mattes Bronze-Finish die neidischen Blicke anderer Papis auf sich zieht und die den Flascheninhalt per Knopfdruck von selbst auf Trinktemperatur erhitzt.

Und der Neue Mann will den aufrechten Gang üben – mit einem Walkstick, der dank modernster Materialien und ergonomisch kühnem Schwung nur noch entfernt an jene Stöcke erinnert, mit denen unsere Urgroßväter einst durch die Städte flanierten. Natürlich ist im Knauf ein GPS-Gerät installiert, das dem Nutzer die Richtung weist – schließlich möchte Man(n) nicht nach dem Weg fragen, womöglich noch eine Frau!

„Trystan" heißt die Marke, unter der diese und andere sinnreiche Produkte wie Männertelefone oder Männerschokolade ersonnen wurden. Der einzige Schönheitsfehler: Es gibt sie leider (noch) nicht in der Realität. „‚Trystan' ist ein Prototyp", sagt Heinrich Paravicini, Geschäftsführer des Hamburger Designbüros Mutabor. „Wir wollen damit zeigen, wie eine Marke von heute aussehen muss, damit sie auch morgen noch Bestand hat." ... Marken dürften nicht mehr konventionell um den Produktkern oder um technische Neuerungen herum entwickelt werden. Vielmehr müsse man analysieren, welchen kulturellen und gesellschaftlichen Bedingungen sie unterworfen seien und welche Bedeutung sie für den Lebensentwurf des Einzelnen in unserer „egalistischen[1] und mondialen[2]" Massenkultur noch spielen.

In Zeiten wie diesen, in denen viel über die Relevanz von Kommunikationskanälen nachgedacht werde, komme dem Design eine zunehmend größere Rolle bei der Markenführung zu, ist der Mutabor-Chef überzeugt.

Cornelius Rattmann, Das Design bestimmt das Bewusstsein, Die Welt, 24.5.2004

[1] egalistisch = von egalisieren; gleichmachen
[2] mondial = weltumspannend

M 34 Was macht den Produktnutzen aus?

Definition		z.B. Automobil
die aus den **physikalisch-funktionellen** Eigenschaften eines Produktes resultierende Bedürfnisbefriedigung	**Grundnutzen**	bequemer und sicherer Transport von A nach B
	+	
über den Grundnutzen hinausgehende Bedürfnisbefriedigung	**Zusatznutzen**	alle über den reinen Transportnutzen hinausgehenden Nutzenkomponenten des Autos
aus den **ästhetischen** Eigenschaften eines Produktes resultierende Bedürfnisbefriedigung	Erbauungsnutzen	Befriedigung des Schönheitsempfindens bei der Betrachtung von Form und Farbe (Styling) des Fahrzeugs
	+	
aus den **sozialen** Eigenschaften eines Produktes resultierende Bedürfnisbefriedigung	Geltungsnutzen	soziale Anerkennung oder Aufwertung durch den Kauf und die öffentliche Nutzung einer prestigeträchtigen Luxusmarke
	=	
die aus **allen** Eigenschaften eines Produktes resultierende Bedürfnisbefriedigung	**Produktnutzen**	Summe aller Nutzenkomponenten des Automobils

nach: Meffert/Schneider, Marketing, Öbo, C 05, S. 51

Das Bauchgefühl der Konsumenten nutzen

M 35

Sieben von zehn Produktinnovationen scheitern heutzutage – und daran ist meistens nicht deren Vermarktung schuld. „Viele neue Produkte entstehen in den Köpfen der Experten in Forschung und Marketing, sie treffen aber oft nicht den Nerv der Zielgruppe", sagt Franziska Hollmann, Planning Director bei der Werbeagentur BBDO Berlin. Immer mehr Unternehmen und Dienstleister setzen deshalb auf den Kunden als Co-Innovator. So bietet beispielsweise der Spielzeughersteller Lego Baukästen an, die auf Grundlage der Konstruktionen von Konsumenten entstehen. Beim Markenartikler Procter & Gamble sollen bereits zehn Prozent aller Neuprodukte auf externen Ideen basieren. Und die Fraunhofer-Gesellschaft zeigt derweil interessierten Firmen, wie sie „Open Innovation" – wie Fachleute den neuen Trend nennen – umsetzen können. Nun wollen auch Werbeagenturen und Marktforscher diesen neuen Trend für sich nutzen und entwickeln neue Instrumente zur Beteiligung von Kunden bei der Produktentwicklung.

„Heartbranding" nennt BBDO Berlin sein Konzept, bei dem Verbraucher eingeladen werden, ein bis zwei Tage lang ihrer Kreativität freien Lauf zu lassen und neue Produkte und Ideen für deren Vermarktung zu entwickeln. Beispiel: BBDO lud jüngst 15 Kinder im Alter zwischen zehn und zwölf Jahren zu einem eintägigen Workshop auf einen Abenteuer-Spielplatz ein. Sie sollten Snacks kreieren, die gesund sind und trotzdem Spaß machen. Die Kreativität der Kleinen war beträchtlich, ihre Ideen reichten von Olivenbonbons mit Erdbeerkaugummi im Kern, über Obstsalat aus einer wiederverschließbaren Tube bis hin zu Suppeneiswürfel, die in einem Becher mit heißem Wasser übergossen werden können. „Kinder sind Entdecker und Erfinder", das konnte Werberin Hollmann, die den Workshop leitete, bereits nach kurzer Zeit feststellen. In weiteren Spielen wurden entwicklungsfähige Produkte von weniger zukunftsweisenden Ideen getrennt, die Kinder wurden dabei von BBDO-Marktforschern unterstützt. Bis in die Endrunde schaffte es die „Flotte Rotte", eine Karotte gefüllt mit Honig und eingepackt in eine schicke Klarsichtverpackung. Transparente Verpackungen, das lernte Hollmann ebenfalls an diesem Tag, üben auf Kinder große Faszination aus. Des Weiteren entwickelten die Kids kalorienarme Gurkenflips als Alternative zu fettigen Kartoffelchips, die in Klarsichtdosen angeboten werden sollen. Der Obstsalat aus der Tube fand seine Verfeinerung in einer durchsichtigen Obstkanone, die wie eine riesige Spritze aussieht und mit pürierten Obstsorten gefüllt ist. Der Kinder-Workshop war eine Initiative von BBDO, andere Projekte dieser Art setzen die Werber aber auch im Kundenauftrag um: So ließ jüngst beispielsweise eine bundesweit tätige Fachmarkt-Kette neue Verkaufsräume von einer ausgewählten Kundengruppe gestalten.

Experten raten Firmen zu mehr Einbindung ihrer Kunden bei der Suche nach Innovationen: „Open Innovation ersetzt zwar nicht die klassischen Innovationsvorgänge", urteilt Frank Piller von der Technischen Universität München, „das Verfahren optimiert aber die Produktentwicklung."

Catrin Bialek, Handelsblatt, 14.9.2006, S. 18

Prosuming

Info

Prosuming ist ein Kunstwort, zusammengesetzt aus „Production" (= Produktion) und „to consume" (= konsumieren) und meint die Integration des Konsumenten in den Produktionsprozess und seine direkte Beteiligung an der Wertschöpfungskette. Nach der „Drei-Wellen-Theorie" hat sich das Verhältnis von Produktion und Konsum im Laufe der Zeit gewandelt: In der Agrargesellschaft wird für den Eigengebrauch produziert, Konsument und Produzent sind nicht getrennt. In der Industriegesellschaft produzieren die Unternehmen für einen anonymen Markt, Konsumenten und Produzenten sind getrennt. Die Informationsgesellschaft ermöglicht das Prosuming, d.h. die Synthese von Produzenten und Konsumenten. Ein Beispiel: Levi´s Personal Pair (maßgeschneiderten Damenjeans): Farb- und Stoffwünsche der Kundin werden im Levi´s Store erfasst, Übertragung der Kundendaten an den jeweiligen Produktionsbetrieb, Produktion der maßgeschneiderten Jeans. Auslieferung der Jeans nach 10-15 Tagen an die Kundin.

Autorentext

M 36 Das Erfolgsgeheimnis heißt Emotionalisierung

Im Juni 2007 beginnt in den USA der Verkauf des Apple-Handys I-Phone. Trotz des stolzen Preises von mindestens 499 Dollar tauschen Apple-Fans im Internet schon seit Wochen Tipps aus, wie man am besten an eines der Geräte kommt, mit denen Apple an den Erfolg des digitalen Musikspielers I-Pod anknüpfen will. Zum Verkaufsstart werden lange Schlangen vor den Geschäften erwartet. Werner Ludwig sprach mit dem Kommunikationsforscher Thomas Strätling über das Erfolgsgeheimnis von Apple.

Wie schafft es Apple, einen derartigen Wirbel um das I-Phone zu veranstalten?
Für den Hype sind vor allem die Apple-Fans verantwortlich. Ihre Mundpropaganda macht den Kult um die Marke zum Selbstläufer. Apple selbst muss da gar nicht mehr viel tun.

Warum machen die Leute freiwillig Werbung für Apple?
Apple profitiert von dem Ruf, den sich das Unternehmen in der Computerszene aufgebaut hat. Apple-Rechner gelten bei vielen als unkonventionell, anwenderfreundlich und verlässlicher als PCs, die unter Windows laufen. Noch wichtiger ist das „David-Image" von Apple als Kämpfer gegen den schnäppchenorientierten Massenkonsum, der immer mehr austauschbare und triviale Produkte hervorbringt. Das macht die Marke aus Sicht vieler Verbraucher spannend und einzigartig. Mit dem I-Phone versucht Apple nun, sich auch am überfüllten Handymarkt als hochwertiger Anbieter zu positionieren. Dieses Absetzen vom Rest der Welt gehörte schon immer zur Apple-Strategie.

Inwiefern?
Das exzessive illegale Herunterladen von Musik aus dem Internet hat die Konsumenten letztlich nicht glücklich gemacht, weil sie in dem Wust von Dateien und selbst gebrannten CDs den Überblick verloren. Das führte letztlich zur Entwertung der Musik. In dieses Vakuum ist Apple mit dem I-Pod und dem digitalen Musikladen I-Tunes hineingestoßen. Wichtig war dabei auch die einfach zu bedienende Software zur Verwaltung und Sortierung der Musikstücke. Das hat vielen Verbrauchern geholfen, Ordnung in ihre Musiksammlungen zu bringen und wieder einen kultivierteren Umgang mit Musik zu pflegen.

Was kann Apple daraus für den Einstieg ins Handygeschäft lernen?
Auch mit dem I-Phone begibt sich Apple in eine Gegenposition zum restlichen Markt, der kaum noch Möglichkeiten bietet, sich von der Masse abzugrenzen. Die Modellvielfalt und die schnellen Modellwechsel verursachen eine Entwertung des Produkts Handy, das zum austauschbaren Billigartikel geworden ist. Das bietet Apple die Möglichkeit, mit hochwertigen, designorientierten Produkten eine Gegenposition einzunehmen – gegen die Geiz-ist-Geil-Mentalität. Dazu gehört auch, dass Apple keine gigantischen Werbekampagnen macht, sondern mit Informationen geizt – was potenzielle Kunden erst recht neugierig macht. Auch bei den Stückzahlen hält sich Apple anfangs lieber etwas zurück. Während andere viel Geld für Marketing ausgeben, lässt Apple die Dinge einfach für sich arbeiten.

Apple präsentiert sich als Widerstandsbewegung gegen Musikindustrie und Microsoft. Mit dem I-Pod hat sich der Konzern in Richtung Massenmarkt bewegt. Gerät damit das Außenseiterimage in Gefahr?
Das ist nicht ganz von der Hand zu weisen. Aber bis jetzt scheint Apple den Sprung aus der Nische ganz gut verkraftet zu haben. Apple hat bereits beim I-Pod vor allem auf Mundpropaganda durch die Konsumenten gesetzt.

Welche Voraussetzungen sind nötig, damit so eine Strategie funktioniert?
Erstens braucht es einen klar definierten Markenkern – also ein glaubhaftes und attraktives Versprechen, wofür die Marke steht. Zweitens darf es keinen Konkurrenten geben, der sich ähnlich positioniert – was bei Apple der Fall ist. Drittens: Die Marke muss sich selbst treu bleiben. Die eingefleischten Fans, die für den Hype sorgen, sind viel empfindlicher gegenüber Enttäuschungen als die Käufer von Massenprodukten. Niemand ist so frustriert wie ein enttäuschter Liebhaber.

Von daher geht Apple mit dem I-Phone ein erhebliches Risiko ein. So ist zu hören, dass das berührungsempfindliche Display noch Schwierigkeiten bereitet und es daher noch relativ viel Ausschuss gebe. Und das so kurz vor dem Start.

Das ist schon ein Risiko. Andererseits gehört so etwas zum Image von Apple. Dadurch bekommt die Marke Konturen und wird noch unverwechselbarer. In Zeiten, in denen alles bis zum Abwinken getestet wird, ist der Eindruck „Die trauen sich was“ ein positiver Imagefaktor. Die spannende Frage für die Fans ist doch: Fährt Apple damit an die Wand, oder nicht? Die sehen das sportlich und identifizieren sich dadurch noch stärker mit „ihrer“ Marke. Diese Art von Emotionalisierung ist ein entscheidender Erfolgsfaktor von Apple. Das ist wie bei einer Fußballmannschaft, mit der die Fans bangen und hoffen können. Auch beim I-Pod haben übrigens viele Analysten erwartet, dass er ein Flop wird.

Es ist ja nicht so, dass Apple ins Blaue hinein ausprobiert, ob ein Produkt Erfolg hat. Die treiben doch auch Marktforschung.
Das ist richtig. Aber im Marketing geht es ja vor allem darum, wie diese Dinge beim Kunden ankommen.

Das I-Phone kostet mehr als andere Handys. Dabei soll es in vielen technischen Details gar nicht besser sein – etwa was die Kamera angeht.
Apple hat hier eine besondere Position, weil alle anderen sich fast nur über zusätzliche technische Eigenschaften definieren. Diesen Technikfetischismus hat Apple nie mitgemacht. Die verkaufen nicht in erster Linie ein Produkt, sondern einen Lebensstil. Es kommt ohnehin keiner auf die Idee, eine Handyknipse für hochwertige Fotos zu benutzen – erst recht nicht der typische Apple-Nutzer, der das Geld für eine richtige Kamera hat. Handys sind heute eigentlich Persönlichkeitsausweise wie Zigarettenmarken. Seit sich jeder ein Handy leisten kann, droht diese Funktion verloren zu gehen. Mit dem I-Phone bringt Apple diese Differenzierungsmöglichkeit zurück. Dabei sind die technischen Details irrelevant. …

Ein Telefon als Lebensgefühl? Das I-Phone von Apple soll dem Besitzer das Gefühl vermitteln, Teil einer Gemeinschaft zu sein.

Konsum ist in Zeiten übervoller Märkte nie rational und eine hochpsychologische Angelegenheit. Wenn man sich am Markt positionieren will, muss man natürlich versuchen, potenzielle Kunden zu beeinflussen. Man muss auch anderen auf die Füße treten. Und Apple ist ein Unternehmen, das besonders stark polarisiert. Es gibt auf der einen Seite die totale Fangemeinde und auf der anderen Seite die Leute, die sich nicht dem Zwang zur Individualität unterwerfen wollen und lieber ein namenloses Produkt wollen. Nicht jeder braucht einen Persönlichkeitsausweis.

Aber wer ihn braucht, muss dafür zahlen.
Für Marken zahlen wir alle freiwillig Zuschläge – und suchen rationale Argumente für unsere Entscheidung. Wenn Sie in eine Werbeagentur gehen, werden sie dort praktisch nur Apple-Rechner finden. Und wenn Sie die Leute fragen warum, wird man wahrscheinlich auf die einfachere Bedienung und die hohe Betriebssicherheit verweisen. Dabei hängt die Entscheidung auch mit dem kreativen Image von Apple zusammen, mit dem man sich in der Kreativbranche besonders gerne schmückt. …

Apple hat auch schon einige Fehlschläge wegstecken müssen. Doch man hat den Eindruck, dass die Fans das ausblenden.
Im Gegenteil. Das Image von Apple hätte ohne Misserfolge gar nicht entstehen können. Nach dem Motto: Es ist keine Schande hinzufallen, aber es ist eine Schande liegen zu bleiben. Und die Art, wie Apple mit Problemen umgeht, hat für viele Menschen Vorbildfunktion. Wer immer nur geradlinig aufsteigt, ist gnadenlos langweilig. Merke: Marken brauchen Macken.

Welche Rolle spielt dabei Steve Jobs?
Er gibt Apple ein Gesicht. Das tut zwar auch Bill Gates von Microsoft, aber er hat eben das Gesicht eines Monopolisten. Bei Steve Jobs ist es so, dass die Apple-Produkte sein eigenes Lebensprinzip widerspiegeln. So bekommt die Marke eine menschliche Dimension. Samsung oder Nokia liefern anonyme technische Produkte. Steve Jobs ist Apple.

www.a-b-one.de/de/presse/aktuelle_meldungen/iphone.html (28.8.2007)

Aufgaben

1. Charakterisieren Sie das in M 33 angesprochene Produktdesign-Konzept. Wie überzeugend ist dieses Konzept Ihrer Auffassung nach?
2. Nennen Sie weitere Beispiele für Prosuming aus Ihrem Erfahrungsbereich. Wie beurteilen Sie die Erfolgschancen dieser Form der Produktentwicklung (M 35)?
3. Werten Sie das Interview mit dem Kommunikationsforscher Strätling aus und entwickeln Sie Leitsätze für eine erfolgreiche Absatzpolitik (M 36).

M 37 Werbung: Ich lass mich nicht verarschen …

CCC/Mester, www.c5.net

M 38 Mittel der Kommunikationspolitik

Kommunikationspolitik: Ziele festlegen und geeignete Mittel auswählen		
Werbung	**Verkaufsförderung**	**Öffentlichkeitsarbeit (PR)**
– Werbebotschaft (Slogan, …) – Werbemedium (Fernsehen, Zeitung, Verpackung, Katalog, …)	– Kunden (Events, Verkostung, Proben) – Verkäufer/Außendienst (Anreize, Schulung) – Handel (Anreize, Schulung, Geschäftsgestaltung)	– Pressearbeit (neue Produkte, Erfolgsmeldungen, Bilanzberichte) – Sponsoring (Sport, Kultur)

Autorengrafik

Kleines Einmaleins der Werbung

M 39

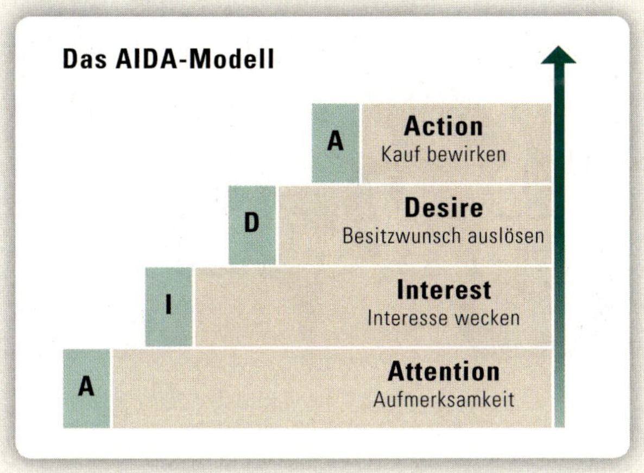

Das ursprünglich als Anleitung für ein Verkaufsgespräch entwickelte Modell sollte die verschiedenen Phasen aufzeigen, durch welche ein Verkäufer seinen Kunden im Verkaufsgespräch führen muss, um zum Verkaufsabschluss zu gelangen.

Jedoch ist man heute der Überzeugung, dass ein so einseitig ausgerichtetes Modell die wahren Werbewirkungen zu stark vereinfacht. Einige Ansätze sollen dies belegen:

- *Andere Reihenfolge der Werbewirkungen möglich:* Die im AIDA-Modell behauptete Reihenfolge der einzelnen Phasen trifft nicht immer zu. So ist zum Beispiel „Interest“ oft nicht die Folge von „Attention“ für ein Werbemittel, sondern gerade umgekehrt deren Voraussetzung: Weil sich der Verbraucher für diese Kategorie oder Marke interessiert, steigt seine Aufmerksamkeit, sobald er eine Werbung dafür bemerkt. Ebenso kann die Kaufabsicht dazu führen, dass jemand aktiv Informationen sucht und dadurch erst auf eine bestimmte Werbung aufmerksam wird.
- *Werbewirkung bei Verwendungserfahrung:* AIDA unterstellt den Erstkauf eines bisherigen Nichtverwenders. Das trifft aber für die meisten Verbraucher bei den Marken der Güter des täglichen Bedarfs nicht zu. Sie haben bereits Erfahrung mit diesem Produkt, und diese beeinflusst ihre Markeneinstellungen in erheblichem Umfang. Welche Wirkung hat die Werbung in solchen Fällen noch? Dass sie eine Wirkung auch bei lange eingeführten Marken hat, weiß man. Auch in Märkten, in denen die Verbraucher die beworbenen Marken aus eigener Erfahrung kennen, kann man nicht aufhören zu werben, sonst bricht auf die Dauer der Marktanteil ein.
- *Werbewirkung ohne Aufmerksamkeit:* Beiläufig, das heißt ohne besondere Aufmerksamkeit aufgenommene Werbung kann sich positiv auf die Einstellung zur beworbenen Marke auswirken. Dieses Phänomen wird Mere-exposure-Effekt genannt und wurde in Untersuchungen vielfach bestätigt. Nicht nur wird die Werbung nicht bewusst beachtet (keine „Attention“), sondern der Konsument lernt in diesen Fällen natürlich auch nichts über die Eigenschaften der Marke.

Jürgen Lürssen, AIDA – reif für das Museum? in: www.absatzwirtschaft.de, 22.7.2004

Bilder in der Werbung

M 40

Ganz gleich, ob es sich um Fernseh- oder Kinospots, um Anzeigen in Zeitschriften, Bannerwerbung oder Flyer handelt: Das wichtigste Mittel der Werbung – sieht man von der Radiowerbung ab – ist das Bild. Bilder gehen einem näher, als es Radioberichte oder Zeitungsartikel je könnten. Bilder werden besser erinnert als Sprache und sie transportieren Botschaften schneller und für jeden verstehbar … Es gibt eine Menge Eigenschaften, die das Bild für die Werbung – aber auch für andere Bereiche – so wirkungsvoll macht:

Ein Bild erfasst man viel schneller als einen Text. Um das Thema eines Bildes zu erkennen, braucht man ca. 1/100 Sekunde. Um ein Bild (mittlerer Komplexität) so aufzunehmen, dass man sich später daran erinnert, braucht man ca. 1-2 Sekunden. Bilder werden wie Wirklichkeit aufgenommen. Wenn man ein Bild von einem Apfel sieht, bekommt man vielleicht direkt Lust reinzubeißen. Das Wort Apfel hingegen ist ein abstraktes Zeichen, das kaum im Stande ist, diese Lust zu wecken.

Durch Bilder vermittelte Informationen werden besser behalten und erinnert. Bilder erzeugen sogenannte „innere Bilder“ („Gedächtnisbilder“), die leichter abgerufen werden können als sprachliche Informationen. Wollt ihr z.B. einer Freundin ein gutes Shampoo empfehlen, so fällt euch wahrscheinlich am ehesten eines ein, welches aufgrund der Werbung mit einer bildlichen Vorstellung verknüpft ist. Das Shampoo, das ihr vor eurem inneren Auge sehen könnt, kommt euch schneller in den Sinn, als eines, das ihr nur vom Namen her kennt.
Bilder transportieren Emotionen besser als Sprache. Zeige ich z.B immer wieder schöne, glückliche Menschen im Zusammenhang mit einer Limonade-Flasche, so setzt sich diese Verknüfung langsam aber sicher in den Köpfen fest. Das funktioniert besser, als wenn man versuchte, die „Vorteile“ der Limo sachlich zu erklären: Sie hat viel Zucker und schmeckt daher sehr gut.
Oft sind es Kleinigkeiten, die unsere Wahrnehmung beeinflussen, ohne dass wir es so richtig merken. So kann z.B ein am Rande eines Bildes platzierter Blumenstrauß („peripheres Bildelement“) eine positive Stimmung („Wahrnehmungsklima“) schaffen, sodass wir das ganze Bild einschließlich des Firmennamens positiv wahrnehmen. Auch die Tatsache, dass man Bilder so gut erinnert und wiedererkennt, kann dazu führen, dass man im Supermarkt zu einem Produkt greift, dass man aus der Werbung kennt. Ohne dass einem das wirklich so bewusst wäre. Insofern werden wir also durchaus beeinflusst, und es ist offenbar schwer, sich dem zu widersetzen. … Das heißt aber nicht, dass Werbung grundsätzlich schlecht und böse ist und uns nur verführt ... man sollte aber einfach wissen, womit man es zu tun hat: Mit Gaukelei!

Werbung der Coca Cola GmbH aus dem Jahre 2006. Werbung ist überall, im Fernsehen und im Radio, im Internet, in Zeitschriften, auf Plakaten. Auf Straßenbahnen und Bussen lachen uns glückliche Werbegesichter an.

Sabine Melchior, www.lizzynet.de, 15.10.2001.

Aufgaben

1. Wählen Sie geeignete Kommunikationsmittel für einen Pizzaservice, ein Automobilunternehmen, einen Handwerksbetrieb, eine Brauerei (M 38).
2. Erläutern Sie das Aida-Modell und zeigen Sie auch mithilfe eigener Beispiele die Grenzen seiner Erklärungskraft auf (M 39).
3. Stellen Sie dar, warum Bilder als Werbeträger besonders geeignet sind, und überprüfen Sie die Thesen aus M 40 an dem abgebildeten Werbeplakat.
4. Ist Werbung „Gaukelei“(M 40)? Diskutieren Sie Vor- und Nachteile der Werbung aus der Sicht der Produzenten und Konsumenten.

Distributionspolitik: Wie kommt das Produkt zum Kunden?

M 41

Die Distribution (Verteilung, Vertrieb) hat die Aufgabe, dafür zu sorgen, dass das Produkt zum richtigen Zeitpunkt und in der gewünschten Menge an den Ort der Nachfrage gebracht wird. Dabei muss die Distributionspolitik folgende Entscheidungen treffen:

- Soll der Absatz direkt durch eigene Vertriebsorgane oder indirekt unter Einschaltung des Handels erfolgen?
- Sollen Absatzhelfer eingeschaltet werden, z.B. Reisende oder Handelsvertreter?
- Soll man sich an Marktveranstaltungen beteiligen, z.B. an Messen oder Ausstellungen?
- Soll die Logistikkette vom Zulieferer bis zum Kunden firmenübergreifend organisiert werden?

Mit dem Absatzweg wird festgelegt, welche Absatzstufen das Produkt vom Hersteller bis zum Abnehmer durchläuft. Dabei ist wichtig, dass eine getroffene Entscheidung über den Absatzweg kurzfristig nicht mehr zu ändern ist.

Übersicht über das System der Absatzwege:

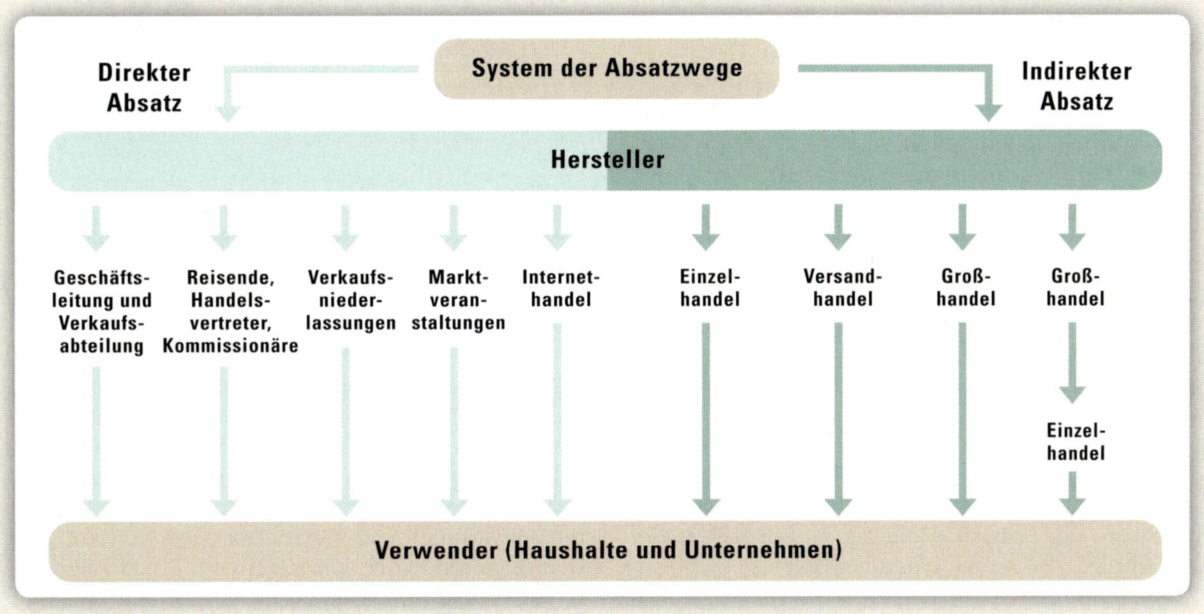

Horst Seidel, Rudolf Temmen, Grundlagen der Betriebswirtschaftslehre, Troisdorf 2006, S. 117

M 42 Chancen und Risiken neuer Vertriebswege

Professor Christian Homburg, Direktor des Instituts für Marktorientierte Unternehmensführung (IMU) an der Universität Mannheim, über Chancen und Risiken neuer Vertriebswege.

Die Bahn verkauft Zug-Tickets bei Lidl, die Hypo-Vereinsbank setzt auf den mobilen Vertrieb, die Karlsberg-Brauerei vertreibt ihr Wellness-Bier „Karla" in Apotheken. Warum investieren die Unternehmen verstärkt in neue Vertriebswege?
Hinter diesem Multi-Channel-Ansatz steckt das Ziel, den Kunden möglichst viele Optionen zu bieten, die Produkte eines Unternehmens zu erwerben. So können Firmen auch bisher weniger gut erreichbare Kunden gewinnen. Neue Vertriebswege stellen zudem einen großen Hebel dar, um die Effizienz eines Vertriebssystems zu steigern und um Kosten im Rahmen einer Erhöhung der Kundenerreichbarkeit einzusparen. Vor allem bieten neue Vertriebswege die Möglichkeit, neue Kundengruppen zu erschließen.

Oder Druck aufzubauen?
Natürlich kann durch zusätzliche Vertriebswege auch Druck auf die bereits etablierten Vertriebswege ausgeübt werden, was wiederum den Verhandlungsspielraum der Hersteller stärkt.

Wie bewerten Sie die Chancen und Risiken?
Die Potenziale, die ein breites Vertriebsnetz für die Hersteller oder Dienstleister birgt, sind sicherlich von sehr hoher Bedeutung. Insbesondere der Aspekt der Neukundenakquisition[1] und der Effizienzsteigerung ist nicht zu unterschätzen. Allerdings zeigt sich auch, dass die Realisierung dieser Potenziale in der Praxis oftmals unbefriedigend ist. Die Gleichung „Mehr Vertriebswege gleich mehr Unternehmenserfolg" gilt so nicht. Die neuen Kanäle müssen eingehend evaluiert[2] und überlegt ausgewählt werden, um den Zielen des Unternehmens gerecht werden zu können.

Worauf sollten die Unternehmen achten?
Zunächst stellt sich die Frage nach der Akzeptanz des neuen Vertriebswegs bei den Kunden. Der Vertriebsweg sollte eine gewisse Konsistenz mit dem Image des jeweils vertriebenen Produkts

Die Bahn wirbt in einem Werbeprospekt des Lebensmitteldiscounters Lidl für günstige Tickets.

aufweisen. Zu beachten ist auch, dass bei starken Inkonsistenzen das Markenimage geschädigt werden kann.

Also mehr Risiken als Chancen?
Die Risiken sollte man jedenfalls nicht ausblenden. Zusätzliche Vertriebskanäle erhöhen die Komplexität eines Vertriebssystems, was wiederum erhöhte Anforderungen an das Management stellt. Zudem sollten Unternehmen mögliche negative Ausstrahlungseffekte auf andere Vertriebswege beachten. So können sich Vertriebswegeerweiterungen demotivierend auf den Eigenvertrieb auswirken, da die Auswahl zusätzlicher Vertriebskanäle oftmals als fehlendes Vertrauen in die Stärke des Eigenvertriebs interpretiert wird. Der Fremdvertrieb kann aufgrund entgangener Umsätze verärgert reagieren. Hier spielt auch die Problematik der Kannibalisierungseffekte mit hinein. Nicht nur neue Kunden nutzen den neuen Vertriebsweg, sondern auch bestehende Kunden.

Christian Homberg, acquisa, Magazin für Marketing und Vertrieb, 11/2005

[1] Akquisition = Erwerbung, Anschaffung
[2] Evaluation = Bewertung, Einschätzung

Grenzen der Werbung: „Geiz ist geil“ macht nicht jeden an

M 43

Sei es Unterhaltungselektronik oder Nahrungsmittel: Der Markt in Deutschland ist hart umkämpft. Deshalb wird die Werbung immer aggressiver. Derbe Werbesprüche wie „Geiz ist geil“ oder „Leck mich – ist das billig“ stoßen nach Angaben des Deutschen Werberats immer stärker auf Protest von Verbrauchern. Im vergangenen Jahr habe sich die Zahl der Beschwerden beim Werberat mit 929 um die Hälfte gegenüber dem Vorjahr (606) erhöht, teilte das Selbstkontrollgremium der Werbewirtschaft in Berlin mit. Ein allgemeiner Trend zum Vulgären sei allerdings nicht erkennbar, sagte Werberats-Vorsitzender Jürgen Schrader. Die kritisierten Sprüche seien von nur wenigen Kampagnen ausgegangen. Allein der Spruch „Lasst euch nicht verarschen“ eines Elektro-Filialisten sei mehr als 100 Mal beanstandet worden. Zwar werde die derbe Sprache von den Kultureliten kritisiert. Die Bedeutung von Begriffen wie „verarschen“ oder „geil“ habe sich allerdings im Alltag gewandelt, sagte Werberats-Sprecher Volker Nickel. „Verarschen“ stehe heute synonym für „hinters Licht führen“, „geil“ auch für „großartig, toll“. Solche Begriffe gehörten zur Umgangssprache in Schulen.
Insgesamt sind im Jahre 2004 Proteste gegen 254 Werbekampagnen eingegangen. Davon hat der Rat 50 als moralisch fragwürdig eingestuft. Es ging dabei um Diskriminierung von Frauen (21 Beanstandungen), Verstöße gegen Werberegeln für Alkohol (5), Gewaltverherrlichung (4) und Gefährdung von Kindern (3). In 86 Prozent der kritisierten Fälle hatten die Unternehmen die Werbung zurückgezogen oder korrigiert. Siebenmal wurden Unternehmen gerügt, weil sie die Kampagne trotz Beanstandung weiter laufen ließen. In solchen Fällen droht eine Klage.
Kritisiert wurde unter anderem ein Tätowierungsstudio aus Celle für das Bildmotiv eines an Unterlippe und Nase gepiercten Babys. Auch die Annoncen für ein „Erotik-Bier“ aus Bayern wurden beanstandet, die „den unzulässigen Eindruck sexuellen Erfolgs nach dem Genuss des Getränks“ weckten. Missfallen erregte die Anzeige für eine Fleischverarbeitungsmaschine. Neben der Maschine, die Schinken presst, „streckt sich ein nacktes Frauengesäß dem Betrachter entgegen“, heißt es im Jahresbericht. Überschrieben war die Anzeige mit „Best ham“ (bester Schinken), darunter stand: „Jeder Schinken braucht die korrekte Behandlung“. Beanstandet wurde auch ein „sexuell betonter“ Spot des Musiksenders MTV, bei dem ein Säugling seiner Mutter unter den BH greift. Dazu läuft das Lied „I can't stand this feeling anymore“ (Ich halte dieses Gefühl nicht länger aus).
Schrader forderte: „Werbung muss zumutbar bleiben, die werbetreibende Wirtschaft und die Agenturen müssten sich über die gesetzlichen Regelungen hinaus an Fairness und moralische Grundüberzeigungen halten.

dpa/epd/AP-Meldung in: NWZ vom 16.3.2005

Aufgaben

1. Ordnen Sie die in M 41 beschriebenen Vetriebswege den folgenden Produkten zu: Fahrräder, Spezialkräne für Großbaustellen, Bücher, Lebensversicherungen. Überlegen Sie, welche Faktoren bei der Wahl des Absatzweges entscheidend sind.
2. Immer mehr Unternehmen setzen auf außergewöhnliche Vertriebswege. Erläutern Sie die Chancen und Risiken dieser Strategie (M 42).
3. Setzen Sie sich aus der Perspektive der Produzenten und Konsumenten mit den Vor- und Nachteilen des Internets als Vertriebsweg auseinander.
4. Recherchieren Sie den Inhalt des Gesetzes gegen unlauteren Wettbewerb und setzen Sie sich kritisch mit der Frage auseinander, ob in der Werbung alles erlaubt sein sollte (M 43).

Wissen kompakt

Marketing – Begriff

Der Begriff Marketing beinhaltet sämtliche Maßnahmen und Aktivitäten eines Unternehmens, die darauf ausgerichtet sind, den Absatz auf den Märkten zu fördern. Angesichts gesättigter Märkte (Käufermärkte) und starker globaler Konkurrenz gleichartiger Produkte sind heute häufig Marketingüberlegungen Ausgangspunkt unternehmerischen Handelns.

Marktforschung

Mit den Mitteln der Marktforschung lassen sich die Marktverhältnisse erkunden, z.B. über eine Zielgruppenanalyse oder Konkurrenzanalyse. So können die Chancen eines neuen Produktes besser beurteilt werden, auch wenn Risiken bleiben.

Marketing-Mix
M 30

Beim Absatz der Produkte müssen sich die Unternehmen an den Kunden orientieren. Mittel der Absatzpolitik sind die Preispolitik, die Produktpolitik, die Kommunikationspolitik und die Distributionspolitik (im Englischen die vier Ps: price, product, place, promotion). Erfolgversprechend ist die richtige Kombination der einzelnen Maßnahmen (Marketing-Mix).

Preispolitik
M 31

Die Festsetzung eines Marktpreises (Preispolitik) bewegt sich im Spannungsfeld dreier Einflussgrößen: Preise sollten auf Dauer über den Selbstkosten liegen (kostenorientierte Preispolitik). Sie sollten die Preisbereitschaft der Nachfrager beachten und das Verhalten der Konkurrenz berücksichtigen (marktorientierte Preispolitik). Zur Preispolitik gehören ferner die Gewährung von Rabatten und zeitliche bzw. räumliche Preisdifferenzierungen.

Produktpolitik
M 34

Die Produktpolitik bezieht sich auf Qualität und Design des Produkts ebenso wie auf Fragen der Sortimentsgestaltung. Produkte sollten gleichermaßen funktional wie ästhetisch, einzigartig und unverwechselbar sein. Das Produktprogramm muss stimmig sein. Immer wichtiger wird dabei auch der Aspekt, mit einem Produkt ein bestimmtes Lebensgefühl zu transportieren. Moderne Produktionsprozesse erlauben es, die Konsumenten bei der Produktgestaltung zu beteiligen (Prosuming).

Kommunikationspolitik
M 38, M 39

Die Mittel der Kommunikationspolitik sind vielfältig: klassische Werbung, Verkaufsförderung und gezielte Öffentlichkeitsarbeit (Public Relations) sollen Bedürfnisse wecken, den Bekanntheitsgrad des Produktes steigern, Kundennähe und Kundenbindung herstellen, eine Marke führen (branding), ein positives Image aufbauen und eine Unternehmensidentität (corporate identity) schaffen. Alle diese Ziele können durch Maßnahmen der Werbung erreicht werden, deshalb steht Werbung häufig im Mittelpunkt der Kommunikationspolitik von Unternehmen.

Distributionspolitik
M 41

Die Distributionspolitik beschäftigt sich mit Fragen der Vertriebswege vom Hersteller bis zum Endverbraucher und der Absatzlogistik. Dabei eröffnet die Verbreitung des Internets neue Formen und Wege des Absatzes (Direktmarketing). Unter den Begriffen Internet-Marketing und Electronic Commerce ist weit mehr zu verstehen als nur der online initiierte Austausch von Waren und Dienstleistungen. Es ist vielmehr ein Gesamtkonzept, bei dem Informations-, Kommunikations- und Transaktionsprozesse miteinander verbunden werden.

Grenzen des Marketing
M 43

Unternehmen investieren in Marketingmaßnahmen viel Geld und nutzen dazu alle verfügbaren Mittel (wissenschaftliche Methoden der Marktforschung, Gewinnung von persönlichen Daten der Konsumenten, kostspielige Imagekampagnen etc.). Dabei stellt sich die Frage, ob der Konsument zum Spielball perfekt inszenierter Marketingstrategien wird. Die Metapher vom gläsernen Kunden beleuchtet einen Aspekt dieses Sachverhalts. Im neuen Gesetz gegen den unlauteren Wettbewerb (UWG vom 08.7.2004) werden die rechtlichen Grenzen für Werbemaßnahmen gezogen.

Arbeitswelt und Personalwirtschaft im Unternehmen

5

Der Arbeitsplatz bestimmt den Alltag von Millionen Menschen.

Auch in der modernen Industrie- und Dienstleistungsgesellschaft bestimmt noch immer die Erwerbsarbeit den Alltag von Millionen von Menschen.
Die Frage, welche Bedeutung Arbeit für den Einzelnen und Gesellschaft haben kann, wurde seit der industriellen Revolution allerdings unterschiedlich beantwortet und aktuell angesichts einer hohen Arbeitslosigkeit neu diskutiert (Kapitel 5.1.1).

Unternehmen befinden sich in einem permanenten Wandel, um neue Produkte zu entwickeln, innovative Produktionsverfahren anzuwenden oder sich effizientere Strukturen zu geben. Insbesondere der Wandel zur Wissensgesellschaft ermöglicht neue Formen der Organisation von Arbeit und hat damit nachhaltige Auswirkungen auf die Gestaltung der Arbeitswelt. Kapitel 5.1.2 möchte aufzeigen, welche Trends hierbei zu beobachten sind.

Arbeitnehmer und Arbeitgeber haben oft unterschiedliche Vorstellungen über zentrale Fragen der Gestaltung des Arbeitsplatzes. Zahlreiche Gesetze enthalten Vorschriften darüber, wie ein Ausgleich der Interessen zwischen Arbeitnehmern und Arbeitgebern herbeigeführt werden kann. Naturgemäß sind die gesetzlichen Regelungen umstritten und werden immer wieder in der Öffentlichkeit diskutiert (Kapitel 5.2.1).

Die im Grundgesetz verankerte Tarifautonomie sichert den Einfluss der Tarifvertragspartner, also der Arbeitgeberverbände und der Gewerkschaften, auf die Ausgestaltung der Arbeitsbeziehungen. Welche Vereinbarungen können die Tarifpartner treffen und wie läuft ein Arbeitskampf ab? (Kapitel 5.2.2)

Eine umsichtige Personalplanung ist mitentscheidend für den Erfolg eines Unternehmens. Größere Unternehmen unterhalten dafür eigene Personalabteilungen. Das rechtliche Fundament der Personalwirtschaft bilden Arbeitsverträge, Betriebsvereinbarungen, das Tarifrecht und die Arbeitsgesetzgebung. Doch wie findet das Unternehmen die passenden Mitarbeiter? Welche Kriterien sind beim Auswahlprozess zu beachten und welche Verfahren sind geeignet, aus der Vielzahl der Bewerber den richtigen zu finden? Kapitel 5.2.3 gibt Einblicke in die Personalwirtschaft des Unternehmens.

Tipps & Links

Lernen vor Ort

- Führen Sie ein Expertengespräch mit einem Personalmanager zu Fragen der Personalentwicklung.
- Untersuchen Sie, welche Anstrengungen Betriebe unternehmen, um die Vereinbarkeit von Familie und Beruf zu ermöglichen.
- Führen Sie ein Interview mit einem Gewerkschaftsvertreter vor Ort zu den rechtlichen Grundlagen von Arbeitsverhältnissen.
- Erkundigen Sie sich in der Arbeitsagentur vor Ort über Qualifikationsanforderungen von Berufen Ihrer Wahl und vergleichen Sie diese.

Referieren und Präsentieren

- Bereiten Sie ein Referat vor zum Thema „Die Bedeutung von Arbeit für den Einzelnen und die Gesellschaft".
- In Zusammenarbeit mit Geschichte: Stellen Sie dar, wie sich die zunehmende Trennung von Wohn- und Arbeitsplatz im Zuge der Industrialisierung auf das Zusammenleben der Menschen auswirkte.
- Aktuell lässt sich eine zunehmende Entgrenzung von Arbeit und (Privat-)Leben beobachten. Zeigen Sie diesen Trend an Beispielen auf und stellen Sie dar, welche Anforderungen an den einzelnen Arbeitnehmer damit allgemein verbunden sind.

Weiterlesen

- *Aus Politik und Zeitgeschichte Nr. 34/2007, Entgrenzung von Arbeit und Leben, 20.8.2007*
  Das Themenheft setzt sich mit der zunehmenden Vermischung der Lebensbereiche Privatleben und Arbeit auseinander und fragt nach Auswirkungen auf Mensch und Gesellschaft.
- *Aus Politik und Zeitgeschichte Nr. 21/2001, Neue Arbeitswelt, 18.5.2001*
  Das Themenheft befasst sich mit den immer noch aktuellen Entwicklungen der Arbeitswelt und fragt nach der Zukunft der Arbeit.
- *Ulrich Beck, Schöne neue Arbeitswelt, Frankfurt / New York 2000 (Campus)*
  Der Soziologe Ulrich Beck stellt die Prognose, dass in zehn Jahren nur noch jeder zweite abhängig Beschäftigte einen dauerhaften Vollzeitarbeitsplatz haben wird. Die andere Hälfte wird unter prekären Erwerbsbedingungen existieren müssen. Beck plädiert für die engagierte Bürgerschaft.
- *Dirk Holtbrügge, Personalmanagement, Berlin 2005 (Springer)*
  Das Buch vermittelt einen kompakten Überblick über die wichtigsten personalpolitischen Instrumente, Akteure und Bedingungen und stellt insbesondere die zwischen diesen bestehenden Beziehungen dar. Die einzelnen Kapitel werden abgerundet durch kurze Praxisbeispiele und kritische Analysen aktueller Entwicklungen.
- *Horst Udo Niedenhoff, Mitbestimmung in der Bundesrepublik Deutschland, Köln 2002 (Deutscher Institutsverlag)*
  Formen, Funktionen und Verfahren der betrieblichen Mitbestimmung, partnerschaftliche Zusammenarbeit oder der Umgang mit Konflikten im Betrieb: In der Publikation Mitbestimmung in der Bundesrepublik Deutschland wird in kompakter Form auf die verschiedenen Fragen der Mitwirkung eingegangen. In einer Fülle von Übersichten, Tabellen, Musterblättern und Checklisten kann sich der Leser schnell darüber informieren, wer welche Rechte hat.
- *Jeremy Rifkin, Das Ende der Arbeit und ihre Zukunft. Neue Konzepte für das 21. Jahrhundert, Frankfurt 2005 (Fischer)*
  Jeremy Rifkin schildert die zunehmende Arbeitslosigkeit als globale Folge der Dritten Industriellen Revolution. Dagegen helfen keine herkömmlichen Instrumente, sondern nur der gesellschaftliche Umbau.

Recherchieren

www.bda-online.de
Bundesverband der Deutschen Arbeitgeberverbände (BDA), aktuelle Informationen zu den Themen Arbeitsrecht, Tarifpolitik und vieles mehr.

www.dgb.de
Seite des Deutschen Gewerkschaftsbundes, mit umfassenden Informationen zu Interessen und Rechten von Arbeitnehmern, Links zu den Einzelgewerkschaften und zur Seite der DGB-Jugend.

5.1 Die Arbeitswelt im Wandel

5.1.1 Die Bedeutung der Arbeit

Max Weber: Protestantische Ethik und der Geist des Kapitalismus

M 1

Max Weber (1864-1920)

Max Weber staunte nicht schlecht, als er eine Studie seines Schülers Martin Offenbacher las. Darin stand, versteckt in langen Zahlenkolonnen: Die Protestanten in Baden, Leipzig und Tübingen sind nicht nur gebildeter, sondern auch reicher als die Katholiken. ... Protestantismus gleich Kapitalismus – so die vereinfachte Formel – war für den Ökonomieprofessor Weber zur Jahrhundertwende eine völlig neue Entdeckung. Webers wissenschaftliches Hauptinteresse galt sein Leben lang der Wirtschaftssoziologie. Die Ökonomie war für ihn ein System „zweckrationalen Handelns“, wie er es nannte. So kreisten nach dem Lesen der Studie seine Gedanken um die Frage: Gibt es einen Zusammenhang zwischen Religion und wirtschaftlichem Erfolg? Max Weber gab die Antwort in einer Aufsatzsammlung, bekannt unter dem Titel „Die protestantische Ethik und der Geist des Kapitalismus“... Die protestantische Religion, schrieb Weber, treibe die Menschen zu harter Arbeit an und verbiete ihnen ein Luxusleben. Asketische[1] Lebensführung sei darum die Ursache für die Kapitalanhäufung der Protestanten. Auf der Suche nach dem „Geist des Kapitalismus“ stieß Weber auf den Schweizer Reformator Johannes Calvin (1509 bis 1564) und dessen protestantische Weltsicht. Calvin war kein Ökonom, der nach einer neuen Wirtschaftsordnung strebte. Ihm ging es ausschließlich um das ewige Seelenheil der Menschen. Er predigte eine neue Prädestinationslehre[2], die Gott als allmächtigen Weltregierer beschreibt, der schon seit Ewigkeiten festgelegt habe, wer als Erwählter in den Himmel und wer als Verdammter in die Hölle komme. Nur der Erwählte ist beruflich erfolgreich und kann durch harte Arbeit Gottes Ruhm vermehren. Gelungene Arbeit galt als ein Zeichen dafür, wonach der religiöse Mensch sein Leben lang strebt: „Gnadengewissheit“. Dass der schicksalhaft Verdammte häufig bettelarm blieb, war Gotteswerk. Max Weber entdeckte im Calvinismus die ethischen Grundlagen für den neuzeitlichen Berufsmenschen. In dem steten Bemühen, Gnadengewissheit zu erlangen und Gottes Ruhm zu mehren, ordnete der Calvinist seine Lebensführung der Arbeit unter. ...
Doch was tun mit dem Reichtum, der leicht zum Luxusleben verführt? Calvins Antwort: Es ist nicht sündhaft, reich zu sein. Sondern in Sünde fällt nur, wer sich auf seinem Vermögen ausruht und es zur Befriedigung seiner lasterhaften Begierden missbraucht. Zwei Tugenden des modernen Berufsmenschen führten, so glaubte Weber, zum Geist des Kapitalismus: der ungeheure Wille zur Arbeit und der asketische Konsumverzicht. Es formierte sich ein im Privatleben anspruchsloser Unternehmertyp heraus, der nichts anderes im Sinn hatte, als zu sparen und sein Kapital zu vergrößern. Der amerikanische Ölgigant John Davison Rockefeller war in den Augen von Max Weber der lebende Beweis für diese neue Berufsethik. Rockefeller verabscheute jedes Vergnügen und bezeichnete sein milliardenschweres Vermögen als „Gottesgeld“. Geld also, das eigentlich Gott gehörte und das er auf Erden lediglich verwalten und vermehren sollte.

Sven Afhüppe, Die Zeit, 34/1999

[1] *asketisch = enthaltsam, genügsam*
[2] *Prädestination = göttliche Vorbestimmung, Auserwählung*

Karl Marx: Ausbeutung der Arbeit

M 2

Der Vordenker und Anwalt der Arbeiterklasse hat nie eine Fabrik von innen gesehen. Der in Trier geborene Karl Marx war kein praktischer Mensch. Während er für sein Hauptwerk „Das Kapital – Kritik der Politischen Ökonomie“ in der Bibliothek des Britischen Museums in London recherchierte, ernährte sein einziger Freund, Friedrich Engels, die Familie Marx. So wie Karl Marx (1818 bis 1883) sein Wissen darüber, wie die Arbeiter schufteten, nicht aus eigener Anschauung bezog, so kannten viele Arbeiter sein Buch, das ihre Befreiung und damit den Untergang des Kapitalismus beschrieb, nur vom Hörensagen. Nach Marx folgt die kommunistische Gesellschaft der kapitalistischen, „sie

Karl Marx (1818-1883)

ist ihre Negation". Daher beschrieb Marx im Kapital zunächst ausführlich den Kapitalismus und baute auf den Theorien klassischer Ökonomen wie Adam Smith und David Ricardo auf. Wie Ricardo nahm Marx an, dass der Wert eines Gutes von der zu seiner Herstellung notwendigen Arbeit abhängt. Allein menschliche Arbeit, gemessen in Zeit, könne Werte schaffen. Doch Marx geht weiter. In der kapitalistischen Welt, sagt er, wird alles zur Ware. Waren dienen nach seiner Definition nicht dem persönlichen Gebrauch, sie sind Produkte, die gefertigt werden, um Profit auf Märkten zu erzielen. Auch die menschliche Arbeitskraft verkommt zur Ware. Diejenigen, die keine Maschinen, keine Manufakturen besitzen, können nur ihre Arbeitskraft anbieten – für andere, für die Kapitalisten, die Eigentümer der Produktionsmittel. Als Lohn bekommen die Arbeiter so viel, wie sie für den Erhalt ihrer Arbeitskraft, also für Nahrung, Kleidung und Unterkunft brauchen. Das ist der Tauschwert der Ware Arbeitskraft. Von diesem Wert unterscheidet Marx den Wert der in der Gesamtarbeitszeit hergestellten Gütermenge, den Gebrauchswert der Ware Arbeitskraft.

Erst die Unterscheidung zwischen Tausch- und Gebrauchswert, die Marx von Adam Smith übernahm, ermöglicht ihm die Entwicklung seiner Theorie des Mehrwerts. Der Mehrwert ist die Differenz zwischen Gebrauchswert und Tauschwert der Ware Arbeitskraft. Arbeitet der Arbeiter zehn Stunden am Tag, dann arbeitet er sechs Stunden für seinen Lohn. In den verbliebenen vier Stunden arbeitet er nur für den Mehrwert, der vollständig dem Kapitalisten zufällt.

Der Kapitalist wird stets versuchen, den Mehrwert zu steigern. Er kann zum Beispiel seine Arbeiter länger arbeiten lassen. Arbeitszeit lässt sich aber nicht beliebig verlängern. Also, folgert Marx, versucht der Kapitalist, den Teil der Arbeitszeit zu verkürzen, der zum Erhalt der Arbeitskraft notwendig ist. Der Arbeiter muss in kürzerer Zeit seinen Lohn verdienen, damit er länger Mehrwert schaffen kann. Der Mehrwert in Marx' Theorie entspringt allein der menschlichen Arbeitskraft. Die Profitrate des Kapitalisten indes entspricht dem Verhältnis zwischen Mehrwert und Gesamtaufwand für Arbeitskraft, Maschinen und Rohstoffe. Der Drang des Kapitalisten zur Steigerung des Mehrwerts ist die Triebfeder für den technischen Fortschritt. Tendenziell aber sinkt in Marx' Logik die Profitrate mit steigendem Aufwand für den technischen Fortschritt. Sinkende Profitraten wiederum lassen nur solche Betriebe überleben, die in Massen produzieren können. Größere Fabriken verdrängen die kleineren: „Je ein Kapitalist schlägt viele tot."

Durch den Einsatz von mehr Rohstoffen und Maschinen, durch bessere Verfahren und größere Spezialisierung können die Arbeiter in immer kürzerer Zeit immer mehr (Mehrwert) produzieren. Für Marx steht anders als beim liberalen Ökonomen Adam Smith nicht dieser enorme Produktivitätsfortschritt der arbeitsteiligen Gesellschaft im Vordergrund. Marx betrachtet vor allem die Schattenseiten der industriellen Revolution.

Er beklagt, dass dem Arbeiter das Produkt seiner Arbeit und die Arbeit selbst fremd werden, dass immer weniger Arbeiter immer mehr Waren erzeugen, gleichzeitig durch den technischen Fortschritt immer mehr Arbeiter zu Arbeitslosen werden; dass die „industrielle Reservearmee", wie sie schon Ricardo voraussah, auf den Arbeitsmarkt drängt und die Löhne drückt. Mit den Löhnen sinkt die Kaufkraft, was dazu führt, dass die Produktion die Nachfrage übersteigt, die Preise sinken und Betriebe aufgeben. Marx diagnostiziert zyklische Krisen im Kapitalismus, mit Entlassungen und schwindender Kaufkraft in der Arbeiterklasse und der Anhäufung und Konzentration von Kapital in der Kapitalistenklasse. Die Krisen wiederholen sich in immer kürzeren Abständen, die industrielle Reservearmee wächst. Das Kapital konzentriert sich weiter, die Dynamik der Wirtschaft erlahmt.

Mit der Beseitigung des Grundübels der kapitalistischen Gesellschaft – des Privateigentums an Produktionsmitteln – glaubte Marx den Schlüssel für eine friedliche und wirtschaftlich erfolgreiche Gesellschaft ohne Klassen gefunden zu haben. Nach Marx bestimmt das gesellschaftliche Sein das Bewusstsein. Er hielt es mit Rousseau, der davon ausging, dass der Mensch von Natur aus gut sei. Er glaubte, dass die Produktivität steigt, wenn die Arbeiter für sich selbst arbeiteten, weil nun alle Produktionsmittel allen gehören.

Anja Müller, Die Zeit 28/1999

Ulrich Beck: Arbeit als Bürgerarbeit

M 3

Ulrich Beck (geb. 1944)

Die Frage nach der Zukunft der Arbeit wird durch die Frage nach der Gegenwart der Arbeit (Arbeitslosigkeit) überschattet. Als Konsequenz scheint es erforderlich, mehr Beschäftigung zu erzeugen, d.h. die Zukunft der Arbeit wird nur als die Beschaffung von Arbeitsplätzen der alten Art behandelt.
Der Soziologe Ulrich Beck beschreibt in seinen Büchern seit Jahren, wie sich klassische Arbeitsverhältnisse und gesellschaftliche Sicherheiten auflösen. Er beschreibt diese sich anbahnende Situation als „Risikogesellschaft", die geprägt sein wird von individuellen Lebensentwürfen, Mobilität und Formen der Selbstversorgung. Um dem etwas entgegenzusetzen, entwickelt er die Vision einer „Bürgergesellschaft", in der die Menschen sich freiwillig engagieren, selbstständig und eigenverantwortlich neue Aufgaben suchen, dem Gemeinwohl dienen und eine demokratisch neu belebte „civil society" bilden.
Mit immer weniger Erwerbsarbeit wird immer mehr produziert, aber immer mehr Arbeitswillige, Frauen, Studenten, Jugendliche und Rentner drängen in den Arbeitsmarkt. Deswegen wird es keine Vollbeschäftigung für alle mehr geben. Das Dilemma ist jedoch, dass nur bezahlte Arbeit Teilhabe an Wohlstand und sozialer Sicherheit, Ansehen und Gleichstellung in unserer Gesellschaft möglich macht. Das deutsche Nachkriegs-Wirtschaftswunder führte zu kollektivem Aufstieg, es gab Vollbeschäftigung, was die Akzeptanz des demokratischen Systems begünstigte. Verliert dieses deutsche „Erfolgsmodell" jetzt seine Grundlage, stellt sich mit der Arbeitslosigkeitsfrage auch die Demokratiefrage neu – und zwar im Zusammenhang mit der Frage nach den politischen Leitbildern einer Gesellschaft jenseits der Vollbeschäftigung. Denn wie sollen Menschen ihr Leben gestalten ohne die Strukturen und Disziplinierung, die durch Erwerbsarbeit entstehen? Ist der Verlust von Erwerbsarbeit nicht der Grund für Kriminalität, Drogenabhängigkeit und Zerfall der Gesellschaft? Wie lassen sich Existenz und gesellschaftlicher Status sichern, wenn sie nicht auf eigener bezahlter Arbeit beruhen? Wie kann der Staat den Verlust von Steuern durch Erwerbsarbeit ausgleichen? Wie ist überhaupt Demokratie möglich ohne Teilhabe an Erwerbsarbeit?
Ausgehend von diesen Fragen entwickelt nun U. Beck sein Modell der „Bürgerarbeit". „Bürgerarbeit" meint Tätigwerden in kommunaler Selbstverwaltung und Kontrolle und politische Beteiligung durch aktive Mitarbeit an gemeinschaftsrelevanten Projekten. Bürgerarbeit muss selbstorganisiert und grundfinanziert sein. Nichtmarktgängige, gemeinwohlorientierte Tätigkeitsfelder müssen gefunden und erschlossen werden. Diese Felder könnten in den Bereichen Gesundheit, Bildung, Umwelt, Betreuung von z.B. Obdachlosen und Asylbewerbern sowie auch Kunst und Kultur liegen. Um die Organisation und Koordination der „Bürgerarbeit" zu gewährleisten, kreiert Beck die Figur des „Gemeinwohlunternehmers". Bürgerarbeit könnte die Diskrepanz zwischen der mit Milliarden finanzierten Arbeitslosigkeit und den wartenden notwendigen und sinnvollen Zukunftsaufgaben, die nicht angegangen werden können, vielleicht beseitigen. Dem Bild der zunehmenden Arbeitslosigkeit stellt Beck die Vision einer Bürgergesellschaft gegenüber, die das, was als Katastrophe erscheint, als historische Chance zu tiefgreifenden gesellschaftlichen Veränderungen begreift unter dem Motto: Bürgerarbeit statt Arbeitslosigkeit finanzieren!

Bürgerarbeit soll sein: Freiwilliges, soziales Engagement.
Der Einzelne soll zur verantwortlichen und engagierten Mitarbeit in Initiativen für das Gemeinwesen bewegt werden. Eine selbstorganisierte Arbeitsform, projektgebunden und zeitlich begrenzt, von den Kommunen autorisiert, vom Gemeinwohlunternehmer koordiniert, wird Ausdruck politischen Handelns. Bürgerarbeit könnte Teil eines Modells sein, in dem Erwerbsarbeit, Familienarbeit und Bürgerarbeit gleichberechtigte Bereiche sind, zwischen denen alle in verschiedenen Lebensphasen wechseln. Wer in Bürgerarbeit tätig ist, verliert den Makel der Arbeitslosigkeit und des Sozialhilfeempfängers, die soziale Situation würde verbessert, er macht einen Schritt zurück in die „normale" Arbeitswelt.

Bürgerarbeit wird nicht entlohnt, aber belohnt.
Belohnung gibt es durch Anerkennung von Rentenansprüchen, Sozialzeiten, Ehrungen, Erwerb von Qualifikationen. Für Menschen, die existenziell darauf angewiesen sind, gibt es ein Bürgergeld, das dem Sozialhilfesatz entspricht.

Wer soll angesprochen werden?
Menschen in allen Alters- und Lebensbereichen, die bereit sind, sich gesellschaftlich zu engagieren, jenseits des klassischen Ehrenamtes, z.B. Jugendliche vor der Berufsausbildung, Mütter nach der Erziehungsphase, ältere Menschen im Übergang zum Rentenalter, schon bestehende ehrenamtliche Einrichtungen wie Seniorengemeinschaften, Tauschringe, Freiwilligenagenturen und die Aidshilfe sollen in die Bürgerarbeit einbezogen werden. Auch Berufstätige könnten Bürgerarbeit attraktiv finden und sich engagieren wollen, in Form von „sabbaticals“ oder einer Kombination von Erwerbs- und Bürgerarbeit.

Wie wird Bürgerarbeit organisiert?
Die Schlüsselidee für das Modell Bürgerarbeit ist bei Beck der Gedanke, die Arbeit für das Gemeinwohl mit dem Unternehmerischen zu verbinden: Es entsteht die Figur des „Gemeinwohlunternehmers“. Der soll sein: ein Mensch von Nebenan, der in der Lage ist, Menschen anzusprechen und sie dazu zu bringen, aktiv zu werden, der Ideen für Projekte hat und in der Lage ist, sie umzusetzen, der soziale Netzwerke knüpfen kann und sich dadurch Zugang zu finanziellem Kapital verschafft, der auch dann initiativ bleibt, wenn Politik und Verwaltung von „nicht machbar“ sprechen, der freiwillige Arbeit „professionalisiert“ und den Wünschen nach Einbringen von Kreativität, Innovation und Eigenverantwortlichkeit entgegenkommt.
Die Kosten solcher Projekte sind häufig geringer, sie sind weniger bürokratisch und flexibler als vergleichbare Staatsprojekte. Der Gemeinwohlunternehmer wird legitimiert, autorisiert und beraten von einem Ausschuss für Bürgerarbeit.
Dieser Ausschuss setzt sich zusammen aus: Vertretern des Gemeinderates, der Wohlfahrtsverbände, der Kirche, Freiwilligen und auch Unternehmen, die Patenschaften für Bürgerarbeit übernehmen. Er kümmert sich auch um mögliche Reibungspunkte an den Schnittstellen von Bürgerarbeit und Institutionen.

Finanzierung
Unternehmer sollen ihren finanziellen Beitrag leisten. Sie sollen finanzielle Verpflichtungen für konkrete Vorhaben der Bürgerarbeit übernehmen und damit werben dürfen. Sozialsponsoring, wie es in anderen Ländern schon sehr üblich ist, muss für Unternehmen attraktiv werden.
Die Wohlfahrtsverbände könnten mitfinanzieren, die Verteilung der Mittel erfolgte nach öffentlich überprüfbaren Kriterien. Die Mittel für Arbeitslosengeld und Sozialhilfe werden in Teilen für Bürgerarbeit verwendet. Beck sagt: „Wer den Wohlfahrtsstaat retten will, muss ihn verändern.“

Doris Rummer-Löns-Fobbe, www.awb.tu-berlin.de (17.1.2007)

Info

Arbeit

Jede planmäßige menschliche Tätigkeit, die auf Erzielung von Einkommen zur Bedarfsdeckung gerichtet ist. Zur Arbeit im volkswirtschaftlichen Sinne zählt damit nicht die Arbeit im physikalischen Sinne wie die von Maschinen sowie Freizeitbeschäftigungen. Aus der Sicht der Volkswirtschaftstheorie ist Arbeit neben Kapital und Boden ein Produktionsfaktor. Arbeit wird dabei wie Boden als ursprünglicher (originärer) Produktionsfaktor bezeichnet, da ohne menschliche Arbeit (in Form von leitender oder ausführender Arbeit und geistiger oder körperlicher Arbeit) keine Güter produziert werden können und der Produktionsfaktor Kapital erst mithilfe von Arbeit erstellt werden kann (abgeleiteter oder derivativer Faktor).

Achim Pollert u.a., Das Lexikon der Wirtschaft. Grundlegendes Wissen von A bis Z, 2. Aufl., Mannheim 2004, S.11

5.1.2 Veränderungen in der Arbeitswelt

Wandel der Arbeitsorganisation

M 4

Über Jahrzehnte hinweg waren die Abläufe der menschlichen Arbeit nach demselben Grundprinzip aufgebaut. Deren Organisation war hierarchisch strukturiert. Die einzelnen Mitarbeiter galten als „Spezialisten“ und waren meist auf kurze und sich wiederholende Tätigkeiten festgelegt.

Keine stupide Fließbandarbeit, sondern Eigenverantwortung: Bei der Firma Rational baut jeder Mitarbeiter sein Gerät komplett zusammen und wird dafür übertariflich bezahlt.

Mit dieser Organisationsform sind die Unternehmen heute jedoch kaum in der Lage, flexibel und schnell auf Veränderungen zu reagieren. Moderne Industrieunternehmen, die die Produktivität der Arbeit und die Qualität der Produkte ständig erhöhen wollen, müssen die Fähigkeiten ihrer Mitarbeiter besser nutzen. Der Arbeitsplatz und sein Umfeld sollten die Voraussetzungen dafür sein, dass neue Ideen, Verbesserungen und Vorschläge entwickelt, aber auch Lernprozesse ermöglicht werden können.

Die veränderten Anforderungen an die Arbeitsorganisation lassen sich in unterschiedlichen Organisationsformen von Arbeit verwirklichen. Durch sie sollen eintönige (monotone) Tätigkeiten vermieden sowie dem Arbeitnehmer eine größere Selbstständigkeit (Autonomie) verschafft werden.

a) Arbeitsplatzwechsel (Job rotation). Hier tauschen Mitarbeiter regelmäßig ihre Arbeitsplätze. Die Eintönigkeit der Arbeit wird dadurch unterbrochen, dass verschieden schwierige Arbeiten (körperlicher und geistiger Art) ausgeführt werden.
Beispiel: Wöchentlich wechseln in einer Automobilfabrik Mitarbeiter, die Scheinwerfer, Blinker, Brems- und Schlussleuchten montieren, ihre Arbeitsplätze.

b) Arbeitserweiterung (Job enlargement). Nacheinander geschaltete, gleichartige Teilarbeiten, die bisher von mehreren Mitarbeitern erledigt wurden, werden zusammengefasst und von einem Mitarbeiter erledigt.
Beispiel: Ein Arbeiter montiert alle Leuchten an einem Auto.

c) Arbeitsbereicherung (Job enrichment). Hier werden einer Arbeitskraft verschiedenartige Teilarbeiten zugewiesen, die zusammengehören, aber eine längere Ausbildung voraussetzen.
Beispiel: Eine Arbeitskraft montiert alle Leuchten an einem Auto, schließt sie an die entsprechenden Bedienungshebel an und kontrolliert anschließend, ob sie funktionieren.

d) Teilautonome Arbeitsgruppen (Fertigungsinseln). Hier wird einer Arbeitsgruppe eine größere Teilaufgabe zugewiesen. Innerhalb der Gruppe können Arbeitsplätze ausgetauscht sowie das Arbeitstempo beschleunigt oder verlangsamt werden. In diese Fertigungsinseln wird in nahezu autarken Teams geplant, produziert und kontrolliert. Die Gruppe trifft sich in regelmäßigen Abständen zur Klärung organisatorischer, aber auch persönlicher Konfliktfälle.
Beispiel: In einer Automobilfabrik montieren Gruppen von Arbeitern ganze Bausätze (Motor, Autoelektrik, Bremsanlage).

e) Autonome Arbeitsgruppen. Eine Arbeitsgruppe erledigt eine Gesamtaufgabe selbstständig. Das Arbeitsteam beteiligt sich am Einstellungsverfahren und achtet dabei auf Ausgewogenheit bei Alter, Geschlecht und Leistungsfähigkeit.
Beispiel: In einer Automobilfabrik baut eine Gruppe von Arbeitnehmern ein ganzes Auto zusammen.

f) **Telearbeit (Teleworking).** Bei dieser Form des Arbeitens werden die modernen Telekommunikationsmethoden eingesetzt. Die Arbeitsleistung wird außerhalb der Räumlichkeiten des Arbeit- bzw. Auftraggebers erbracht. Je nach Art der Organisation der Telearbeit unterscheidet man:

– Isolierte Telearbeit. Es erfolgt ein ständiges Arbeiten zu Hause in der Privatwohnung.
– Alternierende Telearbeit. Die Arbeit findet abwechselnd im Betrieb und zu Hause statt.
– Mobile Telearbeit. Die Arbeit erfolgt an den Orten, an denen sich der Mitarbeiter gerade aufhält (Servicetechniker, Außendienstmitarbeiter mit Datenkommunikationsmöglichkeiten zum Arbeit- bzw. Auftraggeber).
– Telearbeit im Telezentrum oder im Satellitenbüro. Die Arbeiten erfolgen in einem vom Unternehmen ausgelagerten Bereich. Diese modern ausgestatteten Arbeitsplätze können auch von Einzelpersonen oder Unternehmen zum Zwecke der Leistungserstellung angemietet werden.

Steffen Berner u.a., Betriebswirtschaftslehre der Unternehmung, 22. Aufl., Haan-Gruiten 2007, S.223 f.

M5 Auf dem Weg in die Wissensgesellschaft

Die heutige Arbeitsgesellschaft lässt sich immer weniger in den Kategorien der klassischen Industriegesellschaft verstehen. Im Zentrum der Arbeitsgesellschaft steht nicht mehr die arbeitsteilige, hierarchisch organisierte, technisch unterstützte Fertigung größerer Stückzahlen von Sachgütern durch lohnabhängige Beschäftigte. Immer bedeutsamer wird die Organisation sozialer Beziehungen – vor allem durch wissens- und kommunikationsintensive Dienstleistungen. Mit der Zunahme wissensintensiver Tätigkeiten gehen eine Erosion der betriebsförmig organisierten Erwerbsarbeit und eine Diversifizierung der Arbeits- und Organisationsformen einher. Neben die bürokratisierte Organisation und die technisierte Fabrik treten flexible, projektgruppenförmige Kooperationsnetzwerke; neben die Fabrik mit ihren Hunderten oder Tausenden von Mitarbeitern tritt der Telearbeiter; neben den unbefristet beschäftigten Arbeitnehmer tritt eine Vielzahl selbstständiger und abhängiger Erwerbstätigkeiten mit flexiblen Zeit-, Aufgaben- und Entlohnungsstrukturen. Das Leistungsvermögen und das Engagement der Mitarbeiter werden weniger durch Befehl und Gehorsam, sondern durch die Eröffnung von Entscheidungsspielräumen sichergestellt. Allerdings spricht wenig dafür, dass die künftige Wissens- und Kommunikationsgesellschaft durch einheitliche Arbeits- und Organisationsmuster gekennzeichnet ist; vieles spricht für eine Pluralisierung der Beschäftigungsformen und Einkommensstrukturen, der Arbeitsbedingungen und Organisationsformen von Arbeit. …

Das Unternehmen wird nicht mehr als eine Maschine gesehen, die durch geeignete aufbau- und ablauforganisatorische Regeln „programmiert“ wird, sondern als eine lernende Organisation. Auslöser für diesen Wandel waren vor allem neue technische Möglichkeiten der Informationsverarbeitung, veränderte Marktanforderungen und -chancen und veränderte Interessen- und Qualifikationsstrukturen der Beschäftigten.

Insbesondere in vier Dimensionen unterscheidet sich diese lernende Organisation von ihren Vorgängern: durch die breitere Nutzung des Leistungsvermögens der Mitarbeiter (competence); durch umfassendere, in der Regel informatisierte Fremd- und Selbstbeschreibungen (computer), durch eine stärkere Sensibilität für die symbolische Dimension organisatorischer Prozesse (culture) und durch die stärkere Nutzung zwischenbetrieblicher Kooperations- und Innovationsnetzwerke (co operation).

Die erste Dimension dieser C4-Organisationen – die stärkere Einbeziehung der Mitarbeiter – beruht auf der Eröffnung dezentraler Handlungs- und Entscheidungsspielräume. Von der „Organisationsspitze“ werden nicht mehr konkrete Handlungsanweisungen formuliert, sondern allgemeine Ziele definiert. Diese können dann eigenständig von den organisatorischen Untereinheiten umgesetzt werden. Diese Zielvorgaben können monetärer Art sein (profit center); sie können sich aber auch auf konkrete Produktions- und Innovationsziele beziehen (etwa bestimmte, in Zielvereinbarungen festgeschriebene Produktionsziele, die Durchführung von Produkt- und Prozessinnovationen bei Projektgruppen oder Verbesserungsvorschläge bei Qualitätszirkeln). Solche Ziele können durchaus innerbetrieblich ausgehandelt werden; hierdurch erhöht sich der Grad der Selbstverpflichtung: Die zukünftige Arbeitsgesellschaft ist eine Kommunikations- und Wissensgesellschaft, in dessen Mittelpunkt nicht mehr die maschinelle Erzeugung von Standardprodukten steht, sondern die flexible, kundenbezogene Bereitstellung innovativer, qualitativ hochwertiger Produkte und Dienstleistungen. Damit verändern sich auch die Anforderungen an die gesellschaftliche Regulierung von Arbeit.

Martin Heidenreich, Karin Töpsch, Die Organisation von Arbeit in der Wissensgesellschaft, in: „Industrielle Beziehungen" Nr. 1/1998

Die neue Selbstständigkeit

M 6

Im Vergleich zu unseren Vorfahren leben wir in einer Wissensgesellschaft: Wissen zu besitzen ist wichtiger, als Mitarbeiter zu haben. „Diese Entwicklung", weiß Soziologe Leicht, „wirkt sich auch auf die Firmenstrukturen aus." Berufliche Selbstständigkeit gewinnt an nie da gewesener Bedeutung. Die sogenannte Solo-Selbstständigkeit spielt dabei die größte Rolle – darunter fallen Selbstständige, die ganz alleine arbeiten. Ihre Anzahl hat seit 1995 um beträchtliche 776.000 auf 2,3 Millionen zugenommen. Das ist eine enorme Steigerung von satten 51 Prozent. Schließlich machen sie nun 56 Prozent aller Selbstständigen insgesamt aus – und die Zahl wächst. Wohingegen die Selbstständigen, die andere Mitarbeiter beschäftigen, bei 1,7 Millionen stagnieren.

Dass über die Hälfte der Firmeneigner keine Mitarbeiter beschäftigt, hat zwei Ursachen: Zum einen den Wandel der Unternehmensorganisationen, zum anderen eine Veränderung des Beschäftigungssystems. In der modernen Wirtschaft wird ständig dezentralisiert, verschlankt und ausgelagert, um sich auf Marktanforderungen, neue Bedürfnisse und daraus resultierende Produkte einzustellen. Somit sind flexiblere Unternehmens- und Beschäftigungsformen gefragt. Immer mehr Freischaffende kommen zum Einsatz. Nicht nur bei den Organisationsformen der Firmen vollzieht sich ein Wandel, sondern auch bei den einzelnen Menschen, die bevorzugt autonom arbeiten und selbst über ihre Zeit bestimmen möchten. Wie alle Neuerungen bringt auch diese Entwicklung Gewinner und Verlierer hervor. Strahlende Sieger sind moderne Dienstleister, die gezielt Wissen und Bildung einsetzen sowie über ein hohes Maß an Autonomie und Einkommen verfügen. Ihnen kommt der strukturelle Wandel zugute, der in bestimmten Branchen Wissen wichtiger als verfügbare Mitarbeiter macht. Denn wer Ersteres besitzt, kommt eher an Ressourcen. „Mittlerweile gibt es ein Heer von Unternehmensberatern, die mit dem Koffer und dem Rechner in der Hand von Tür zu Tür ziehen", erzählt René Leicht.

Die Zahl der Experten hat stark zugenommen, ebenso die der Jobnomaden. Dies geschieht momentan in allen europäischen Ländern und den USA. „Wenn es in einem Unternehmen irgendwo Schwierigkeiten gibt, holt man sich einen Experten ins Haus, der das spezielle Problem löst – etwa so, wie wenn man beim Wasserrohrbruch den Handwerker holt", beschreibt Leicht das Phänomen. Meistens lohnt es sich nicht, solche Experten als feste Mitarbeiter zu beschäftigen. Bei einer Auslagerung müssen die beauftragten Selbstständigen die Kosten für Aneignung und Aktualisierung ihres Wissens alleine tragen.

Weil überall Berater benötigt werden, explodiert die Zahl der Unternehmen, und viele kleine Büros entstehen. Bis zu 40 Prozent der Dienstleister arbeiten von zu Hause aus – Heimbüros sind im Kommen. Eine Folge ist, dass sich Privat- und Arbeitssphäre vermengen und nicht mehr trennen lassen. Klare Arbeitszeiten so wie früher gibt es nicht mehr. Die Solo-Selbstständigen arbeiten nicht nur häufig zu Hause, sondern auch wesentlich mehr. Ein Drittel verbringt mehr als 50 Stunden pro Woche mit Arbeit, über die Hälfte deutlich mehr als ein fest Angestellter.

Zu den Verlierern dieser neuen Strukturen zählen Leute, die nicht über entscheidendes Spezialwissen und weniger Autonomie verfügen, aber aus der Arbeitslosigkeit heraus zum Existenzgründer werden. Immerhin entsteht statistisch jede zweite Gründung aus dieser Ausgangsposition. „Working poor", übersetzt etwa „sich arm arbeiten", wird oft zum Schlagwort für Erbringer einfacher Dienstleistungen: Viel schuften und wenig verdienen ist leider nicht die Ausnahme. Erschrecken lässt, dass die Hälfte aller Solo-Selbstständigen am Monatsende weniger als 1.300 Euro netto auf der Hand hat.

All diesen Vorgängen liegt eine Eigendynamik zugrunde, die eine Dienstleistungsgesellschaft mit neuen Berufsbildern entstehen lässt. Nicht nur

Selbstständigkeit als letzter Ausweg: Oft bleibt am Ende des Monats nicht mehr als das Existenzminimum.

wirtschaftsnahe Dienste, sondern Gesundheits- und Kulturberufe stehen dabei im Vordergrund. Hektik und Stress in allen Lebensbereichen verlangen nach Ausgleich, die Leute leben gesundheitsbewusster. Daher gibt es einen Aufschwung für Gesundheits- und Heilberufe. Dienstleister im Wellness- oder Therapiebereich sind auf dem Vormarsch – alle als Mittelständler. Fachleute sprechen von der Arbeitskraft Unternehmer.

Darüber hinaus wird mehr Wert auf qualitativ hochwertige Freizeit und Kulturangebote gelegt. So ist auch die Kreativwirtschaft ein wachsender Sektor mit beachtlicher Leistungskraft, in der Selbstständige – Musiker, Künstler, Publizisten – schon immer alleine arbeiteten. Vor allem in der Unterhaltungsindustrie ist Solo-Selbstständigkeit die präferierte Tätigkeitsform.

Musiker sind selbstständig gemeldet, auch wenn sie in einer Band spielen. Oder Kameramänner: Die machen den gleichen Job wie vorher, sind aber nicht mehr fest angestellt, dafür oft für zwei bis drei Auftraggeber tätig. In der Medienbranche breitet sich die Solo-Selbstständigkeit mindestens genauso schnell aus wie die neuesten Nachrichten. Nach Entlassungswellen bei Fernsehsendern und Verlagen in den vergangenen Jahren besteht die schreibende Zunft zusehends aus Existenzgründern, während die gleiche Arbeit zuvor im Angestelltenverhältnis erbracht wurde.

Patricia Zivkovi, Stuttgarter Zeitung, 17.7.2007, S. 15

Die Folgen der neuen Arbeitswelt

M 7

Zentrales Kennzeichen neuer Arbeitsformen ist eine verstärkte Selbstkontrolle der Beschäftigten. Nicht mehr allein Vorgesetzte, sondern zunehmend auch die Arbeitenden selbst steuern die jeweiligen Arbeitsprozesse: Sie prüfen Arbeitsinhalte, planen Arbeitszeiten, definieren den Arbeitsort oder entscheiden über notwendige Kooperationen. In Zielvereinbarungen werden lediglich zu erreichende Leistungen definiert – der hierfür erforderliche Arbeitsprozess muss eigenverantwortlich strukturiert werden. Damit scheinen sich alte Forderungen zur Humanisierung des Arbeitslebens einzulösen – zumindest auf den ersten Blick. Die neue Autonomie hat jedoch Grenzen und geht mit neuen Belastungen einher: Die Anforderungen werden komplexer, die Leistungspensen steigen und die Mitbestimmung über betriebliche Arbeitsabläufe bleibt meist eingeschränkt. Störungen innerhalb der Arbeitsprozesse, strukturelle Hindernisse oder unzureichende Qualifikationen sind dadurch nur noch bedingt Probleme des Betriebs. Verantwortlich sind nun die einzelnen Beschäftigten, die zur Lösung anstehender Probleme nicht nur ihre fachliche Qualifikation individuell weiterentwickeln sollen, sondern ihr gesamtes persönliches Potenzial einsetzen müssen („Subjektivierung von Arbeit“). Als besonders problematisch erweist sich in diesem Zusammenhang, dass sich die Beschäftigten dabei mehr als bisher mit den Unternehmenszielen identifizieren müssen. Den Interessenkonflikt, in dem sie stehen, erkennen sie nur noch diffus; Erfahrungen des Scheiterns schreiben sie alleine sich selbst zu.

Kerstin Jürgens, Günter Voß, Gesellschaftliche Arbeitsteilung als Leistung der Person, in: Aus Politik und Zeitgeschichte Nr. 34/2007, 20.8.2007, S. 6

Aufgaben

1. In den Texten (M 1 – M 3) wird „Arbeit“ unterschiedlich betrachtet und bewertet. Arbeiten Sie jeweils heraus, welche Bedeutung Arbeit für den Einzelnen und die Gesellschaft im historischen Zusammenhang hat und vergleichen Sie sie mit der heutigen Bedeutung von Arbeit.
2. Überlegen Sie, welche Folgen die einzelnen Formen der Arbeitsorganisation jeweils für den Mitarbeiter haben (M 4).
3. a) Definieren Sie den Begriff „Wissensgesellschaft“.
   b) Fassen Sie die Auswirkungen der Wissensgesellschaft auf Arbeitswelt und Gesellschaft thesenartig zusammen (M 5, M 6).
4. Beurteilen Sie, ob die Anforderungen neuer Arbeitsformen zu einer „Humanisierung“ von Arbeit führen (M 7).
5. Was folgt aus den Veränderungen der Arbeitswelt? Stellen Sie eine Liste der möglichen Konsequenzen für Ihre eigene Berufswahl zusammen.

Wissen kompakt

Bedeutung von „Arbeit" im Wandel

In der Bibel ist die Arbeit die Strafe Gottes für den Sündenfall. In der Antike galt Arbeit als unwürdig für einen freien Menschen. Im Mittelalter verstanden die Mönche die Arbeit unter der Formel „ora et labora" als Sündenabtragung. Neben diesem religiösen Makel war die Arbeit auch mit sozialer Schande behaftet: Manuelle Arbeit wurde nur von den unteren Gesellschaftsschichten verrichtet.

Protestantische Arbeitsethik
M 1

Mit dem Aufkommen der bürgerlichen Gesellschaft wird die Arbeit vom biblischen Fluch zum irdischen Segen umgedeutet. Ideologischer Träger der bürgerlichen Arbeitsethik wird die Reformation. Wegbereiter dafür waren der Calvinismus und andere puritanische Ideologien, die Sparsamkeit, Unterdrückung der Genusssucht (Askese), Fleiß und Arbeitseifer als Zeichen der Erwählung interpretierten. Diese Form des Protestantismus verpflichtet den Einzelnen, zum Ruhme Gottes Besitztum zu erhalten und durch rastlose Arbeit zu vermehren, was Max Weber als „kapitalistischen Geist" bezeichnet.

Karl Marx
M 2

Karl Marx ging davon aus, dass die Massenproduktion des industriellen Zeitalters dazu führe, dass dem Arbeiter das Produkt seiner Arbeit und damit die Arbeit selbst zunehmend fremd wird (Entfremdung). Der durch die Arbeiter geschaffene Mehrwert konzentriert sich bei den Eigentümern der Produktionsmittel, die lediglich daran interessiert sind, den Arbeitern soviel Lohn zu bezahlen, dass sie ihre Arbeitskraft erhalten können. Dieser Grundwiderspruch zwischen der gesellschaftlichen Produktion und der Aneignung der Gewinne durch die Kapitalisten kann nur durch die Abschaffung des Eigentums an Produktionsmitteln beseitigt werden.

Ulrich Beck
M 3

Das Problem, dass ein beträchtlicher Teil der Bevölkerung von der Erwerbsarbeit ausgeschlossen ist, wird umso dringlicher, wenn man Arbeit nicht nur als Quelle von Einkommen, sondern auch als Möglichkeit für das Individuum, sich selbst zu verwirklichen, betrachtet. Der Soziologe Ulrich Beck schlägt deshalb vor, den Arbeitsbegriff weiter zu fassen. Unter Bürgerarbeit versteht er die Zusammenführung der klassischen Erwerbsarbeit mit Familienarbeit und gemeinwohlorientiertem sozialem Engagement.

Von der Industrie- zur Wissensgesellschaft

Der Wandel von der Industrie- zur Wissensgesellschaft, also einer Gesellschaft, in der Wissen der wichtigste Faktor für wirtschaftlichen Erfolg und gesellschaftliche Entwicklung geworden ist, hat weitreichende Folgen für die Arbeitswelt:
Die Anforderungen in vielen Berufen und Tätigkeiten steigen ständig. Neben fundierten fachlichen Kenntnissen und Fertigkeiten wird – deutlich mehr als früher – Selbstständigkeit, Kooperationsfähigkeit und Bereitschaft zur Weiterbildung erwartet. Die herkömmliche Vorstellung, lebenslang einen durch eine Ausbildung definierten Beruf ausüben zu können, wird heute zunehmend durch die Forderung von lebenslangem Lernen, verbunden mit einer hohen individuellen Flexibilität und Anpassungsfähigkeit, verdrängt.

Arbeitswelt im Wandel
M 4 – M 7

Der Strukturwandel verändert nicht nur die Anforderungen an den Arbeitnehmer, er hat auch Auswirkungen auf die betriebliche Organisation von Arbeit und die Personalführung. Der Betrieb versteht sich heute als „lernende Organisation", die auf Kooperationsnetzwerke setzt. Damit sind der Abbau von Hierarchien und mehr dezentrale Handlungs- und Entscheidungsspielräume der Mitarbeiter verbunden.

Neue Beschäftigungsverhältnisse ersetzen den traditionellen Vollzeitarbeitsplatz im Betrieb. Dazu gehören variable Arbeitszeiten, welche die Regelarbeitszeit über Arbeitszeitkonten flexibilisieren, befristete Arbeitsverhältnisse, Teilzeitarbeit, Leiharbeit oder die Telearbeit.

5.2 Die Gestaltung der Arbeitsbeziehungen

5.2.1 Mitbestimmung in Betrieb und Unternehmen

Verdi attackiert Schlecker, Aldi und Lidl

M 8

Schlecker, Aldi, Lidl – Namen, mit denen gemeinhin Erfolg und Profit verbunden werden. Doch wenn es um ganz normale Arbeitnehmerrechte wie etwa die Mitbestimmung geht, zeigen sich schnell die dunklen Seiten der Discountriesen. Gewerkschaftsboss Bsirske schimpft lautstark.

Wenn die meisten Kunden noch im Bett liegen, beginnt für tausende Kassiererinnen bei Aldi, Lidl und Schlecker ein echter Knochenjob. Um kurz nach 5.00 Uhr rollen die Laster an, bringen palettenweise frische Ware, die bis zur Ladenöffnung in den Regalen verstaut sein muss. Danach noch schnell die Filiale durchwischen, die neuen Reklameposter ins Fenster hängen und dann stundenlang an der Kasse sitzen.

Wer bei den Discountern arbeitet, muss hart im Nehmen sein. Pausen sind verpönt, Überstunden die Regel. Besonders schwer haben es Betriebsräte und Gewerkschaftsmitglieder. „Drohungen sind keine Einzelfälle, das Klima der Angst und Einschüchterung ist Geschäftsmodell“, sagt Verdi-Chef Frank Bsirske. …

Über drei Viertel der insgesamt 100.000 Beschäftigten seien teilzeitbeschäftigte Frauen, die oft unter „menschenunwürdigen Arbeitsbedingungen“ schufteten. Dabei würden Tarifverträge systematisch missachtet. Verdi-Vertreter verteilten deshalb fleißig Info-Broschüren und ermunterten die Mitarbeiter, sich gegen ihre oft allmächtigen Vorgesetzten aufzulehnen und Betriebsräte zu bilden.

Eine Kassiererin bei Aldi oder Lidl sieht täglich fast 600 Kunden, doch für einen kleinen Plausch bleibt keine Zeit. Die Frauen, die für neun bis zwölf Euro brutto die Stunde arbeiten, müssen mindestens 40 Waren pro Minute über den Scanner ziehen. Im Nacken sitzen ihnen strenge Filial- und Bezirksleiter. Rutscht im Alltagsstress ein Artikel unbezahlt über den Scanner, droht schnell eine Abmahnung. Wagt es gar eine Mitarbeiterin, für den Betriebsrat zu kandidieren, kann sie sich auf eine Sonderbehandlung gefasst machen, erzählen betroffene Kassiererinnen. „Dann steht ständig ein Testkäufer an der Kasse. Machst du einen Fehler, sind deine Tage gezählt“, sagt eine Frau, die ihren Namen nicht nennen will. Auch Taschenkontrollen und Videoüberwachung sollten renitente Mitarbeiter zur Räson bringen. Langwierige und teure Arbeitsgerichtsprozesse gehören ebenfalls zur Drohkulisse der Unternehmen. Eine Schlecker-Betriebsrätin musste sich ihren Job mühsam wieder einklagen, weil die Firma ihr fristlos gekündigt hatte. Begründung: Die Fahrtkostenabrechnung sei um rund drei Euro zu hoch ausgefallen.

Europas größter Drogist Schlecker (13.500 Filialen, etwa 6,6 Milliarden Euro Umsatz) sei beim Blockieren von Betriebsräten unerreicht, berichtet Verdi. Von 35.000 Beschäftigten in Deutschland sei nur etwa ein Drittel durch Betriebsräte vertreten. Mit dem Unternehmensgründer Anton Schlecker liegt die Gewerkschaft seit Jahren im Clinch.

Kassiererin in einem Lebensmitteldiscounter. Gewerkschaften kritisieren die Arbeitsbedingungen für die Beschäftigten.

dpa, Süddeutsche Zeitung, 14.9.2005

M 9 Aufgaben des Betriebsrats

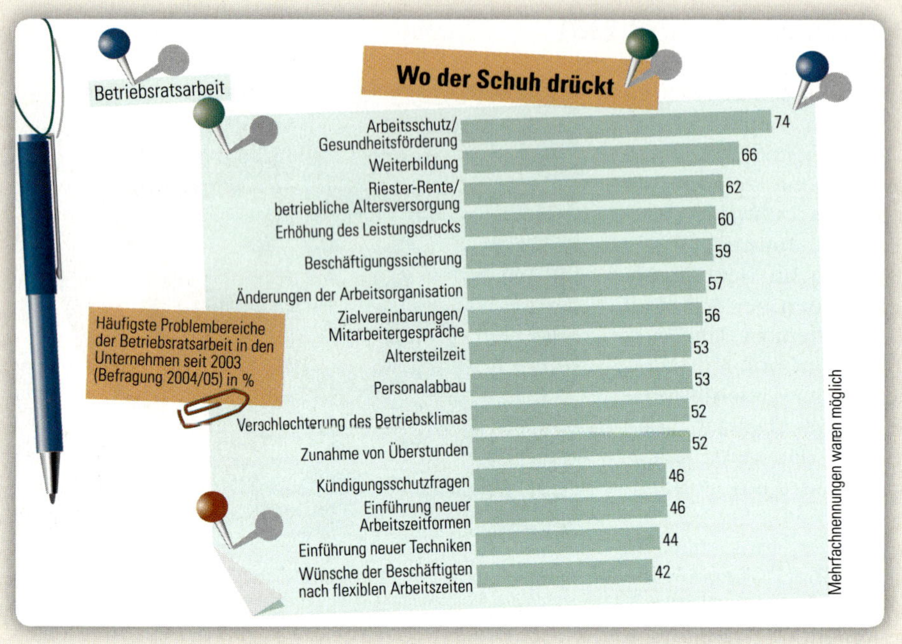

Globus-Grafik 0061, Quelle: WSI-Befragung von Betriebsräten 2004/05

M 10 Auszüge aus dem Betriebsverfassungsgesetz

Das Betriebsverfassungsgesetz aus dem Jahr 1952 wurde 1976 maßgeblich erweitert und 2001 in zahlreichen Punkten überarbeitet und angepasst. Es regelt das vertrauensvolle Zusammenwirken zwischen Arbeitnehmern und Geschäftsleitung und die innerbetriebliche Ordnung, insbesondere das Recht der Mitbestimmung von Arbeitnehmern und ihren Vertretern (Betriebsräte).

§ 80 Allgemeine Aufgaben

(1) Der Betriebsrat hat folgende allgemeine Aufgaben: 1. darüber zu wachen, dass die zugunsten der Arbeitnehmer geltenden Gesetze, Verordnungen, Unfallverhütungsvorschriften, Tarifverträge und Betriebsvereinbarungen durchgeführt werden;
2. Maßnahmen, die dem Betrieb und der Belegschaft dienen, beim Arbeitgeber zu beantragen;
2 a) die Durchsetzung der tatsächlichen Gleichstellung von Frauen und Männern, insbesondere bei der Einstellung, Beschäftigung, Aus-, Fort- und Weiterbildung und dem beruflichen Aufstieg, zu fördern; 2 b) die Vereinbarkeit von Familie und Erwerbstätigkeit zu fördern; 3. Anregungen von Arbeitnehmern und der Jugend und Auszubildendenvertretung entgegenzunehmen … 6. die Beschäftigung älterer Arbeitnehmer im Betrieb zu fördern; 7. die Integration ausländischer Arbeitnehmer im Betrieb und das Verständnis zwischen ihnen und den deutschen Arbeitnehmern zu fördern sowie Maßnahmen zur Bekämpfung von Rassismus und Fremdenfeindlichkeit im Betrieb zu beantragen …

(2) Zur Durchführung seiner Aufgaben nach diesem Gesetz ist der Betriebsrat rechtzeitig und umfassend vom Arbeitgeber zu unterrichten; … Dem Betriebsrat sind auf Verlangen jederzeit die zur Durchführung seiner Aufgaben erforderlichen Unterlagen zur Verfügung zu stellen; in diesem Rahmen ist der Betriebsausschuss oder ein nach § 28 gebildeter Ausschuss berechtigt, in die Listen über die Bruttolöhne und -gehälter Einblick zu nehmen. Soweit es zur ordnungsgemäßen Erfüllung der Aufgaben des Betriebsrats erforderlich ist, hat der Arbeitgeber ihm sachkundige Arbeitnehmer als Auskunftspersonen zur Verfügung zu stellen; er hat hierbei die Vorschläge des Betriebsrats zu berücksichtigen, soweit betriebliche Notwendigkeiten nicht entgegenstehen. …

§ 84 Beschwerderecht der Arbeitnehmer

(1) Jeder Arbeitnehmer hat das Recht, sich bei den zuständigen Stellen des Betriebs zu beschweren, wenn er sich vom Arbeitgeber oder von Arbeitnehmern des Betriebs benachteiligt oder ungerecht behandelt oder in sonstiger Weise beeinträchtigt fühlt. Er kann ein Mitglied des Betriebsrats zur Unterstützung oder Vermittlung hinzuziehen.

(2) Der Arbeitgeber hat den Arbeitnehmer über die Behandlung der Beschwerde zu bescheiden und, soweit er die Beschwerde für berechtigt erachtet, ihr abzuhelfen.

(3) Wegen der Erhebung einer Beschwerde dürfen dem Arbeitnehmer keine Nachteile entstehen.

§ 91 Mitbestimmungsrecht des Betriebsrats

Werden die Arbeitnehmer durch Änderungen der Arbeitsplätze, des Arbeitsablaufs oder der Arbeitsumgebung, die den gesicherten arbeitswissenschaftlichen Erkenntnissen über die menschengerechte Gestaltung der Arbeit offensichtlich widersprechen, in besonderer Weise belastet, so kann der Betriebsrat angemessene Maßnahmen zur Abwendung, Milderung oder zum Ausgleich der Belastung verlangen. Kommt eine Einigung nicht zustande, so entscheidet die Einigungsstelle. Der Spruch der Einigungsstelle ersetzt die Einigung zwischen Arbeitgeber und Betriebsrat.

Betriebsverfassungsgesetz

Übersicht

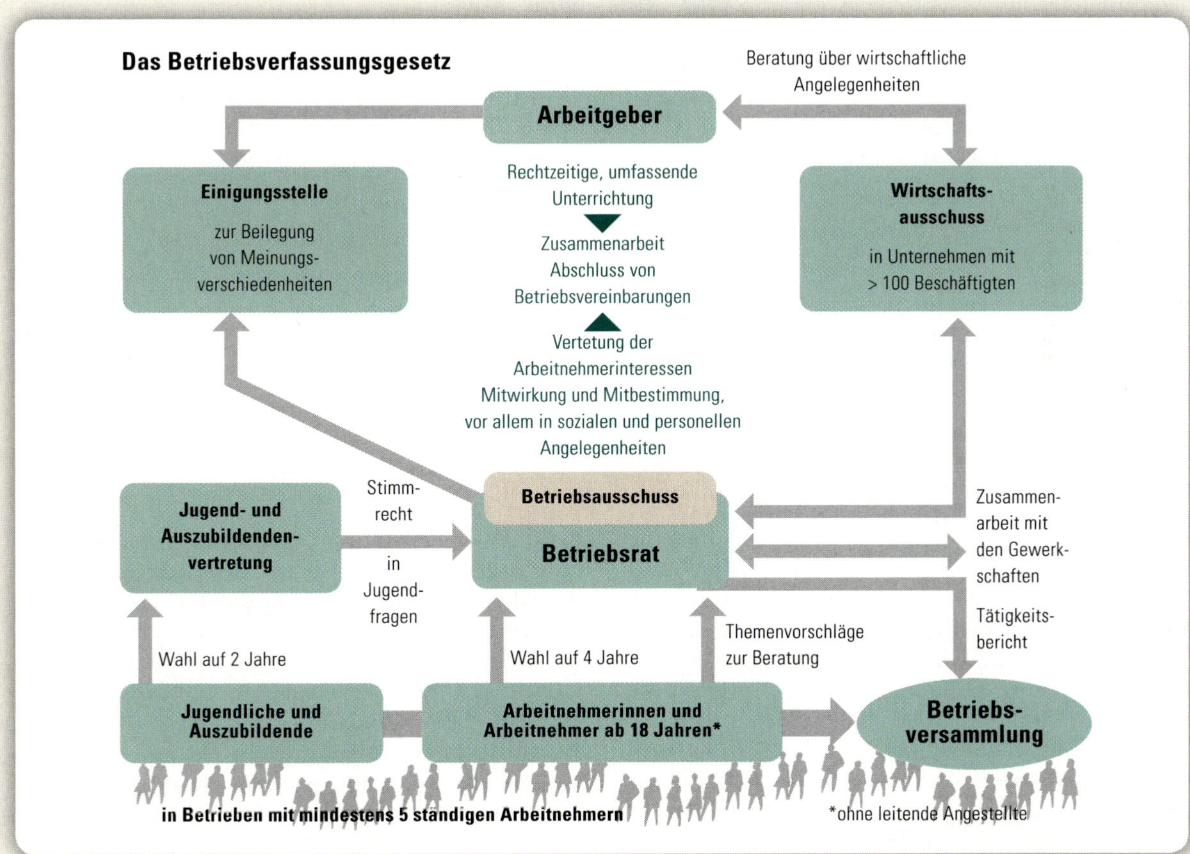

Erich Schmidt Verlag, Zahlenbilder 243 511

Die Zahl der Betriebsratsmitglieder wächst stufenweise mit der Größe des Betriebs von einem Mitglied (bei fünf bis 20 wahlberechtigten Arbeitnehmern) bis 35 Mitglieder (bei 7.001 bis 9.000 wahlberechtigten Arbeitnehmern). In Betrieben mit mehr als 9.000 Arbeitnehmern erhöht sich die Zahl der Betriebsratsmitglieder um zwei je angefangene weitere 3.000 Arbeitnehmer.

M 11 Die abgestuften Rechte des Betriebsrats

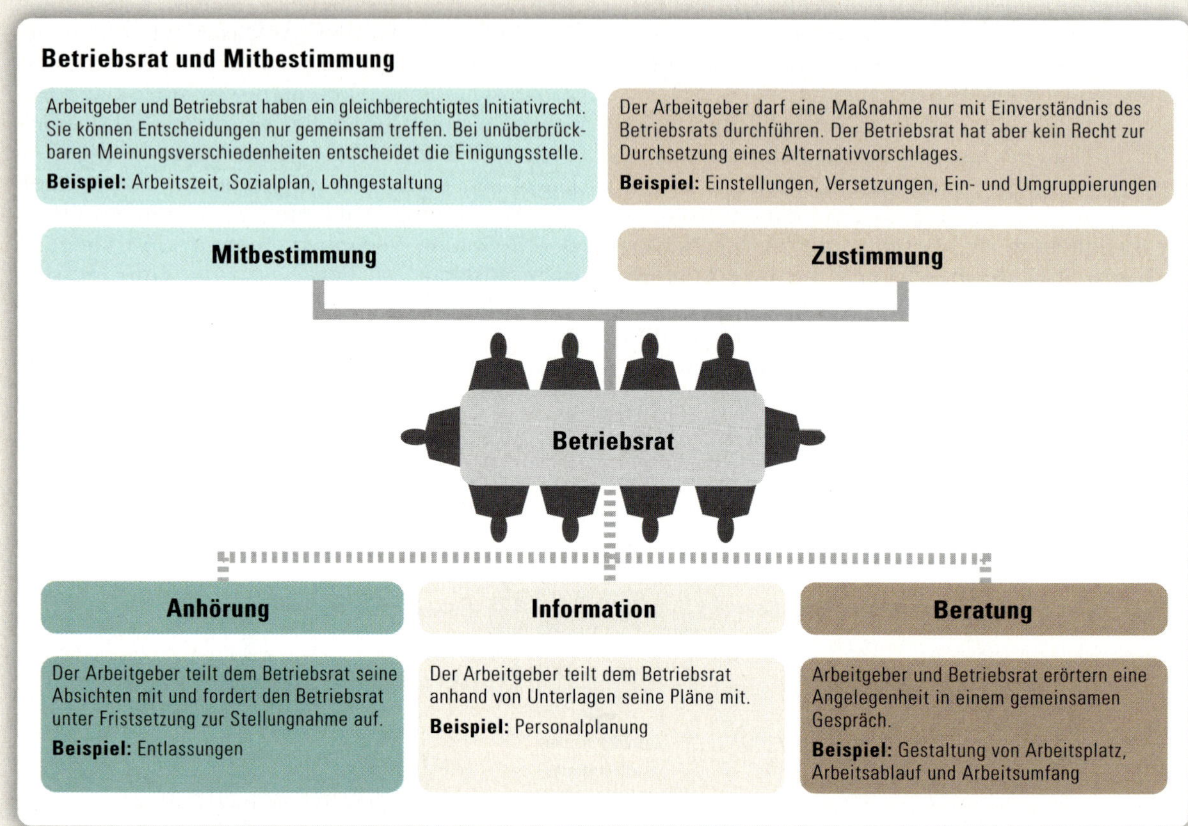

Horst-Udo Niedenhoff, Mitbestimmung in der Bundesrepublik Deutschland, 13. Auflage, Köln 2003, S. 87

M 12 Was der Betriebsrat kostet

Wenn der Betriebsrat in den Willensbildungsprozess im Unternehmen eingebunden wird und mit der Firmenleitung zusammenarbeitet, dann nutzt dies in der Regel allen Beteiligten. Es gibt weniger Konflikte; und wenn sich doch welche abzeichnen, lassen sie sich oft schon im Keim ersticken. Die Produktion läuft dadurch reibungsloser. Insofern kann eine funktionierende Betriebspartnerschaft ein positiver Wettbewerbsfaktor für den Standort Deutschland sein.

Diesen gibt es allerdings für die Unternehmen nicht zum Nulltarif. Denn der deutsche Gesetzgeber hat etwa im Gegensatz zur österreichischen Regierung entschieden, dass der Arbeitgeber sämtliche aus dem Betriebsverfassungsgesetz resultierenden Kosten zu tragen hat. Wie hoch diese anzusetzen sind, hat das Institut der deutschen Wirtschaft Köln zuletzt 2004 ermittelt (Grafik folgende Seite):

Pro Mitarbeiter und Jahr summieren sich die Kosten für die Umsetzung des Betriebsverfassungsgesetzes auf 650 Euro. Vor allem die Betriebsratstätigkeit schlägt dabei mit durchschnittlich 338 Euro pro Mitarbeiter und Jahr ins Kontor. Aber auch Betriebsversammlungen gehen mit 147 Euro richtig ins Geld – ebenso wie die Einigungsstelle mit 60 Euro. Die Untersuchung des IW Köln bildet die Situation in 338 Unternehmen mit 1.811 Betriebsräten ab. Die 14.987 Betriebsratsmitglieder betreuen dort 1,3 Millionen wahlberechtigte Arbeitnehmer.

Kosten der Mitbestimmung
jährliche Aufwendung je Mitarbeiter, die den Unternehmen durch die Umsetzung des Betriebsverfassungsgesetzes entstehen, in Euro.

Insgesamt	650	Betriebsratswahl	19
für Betriebsratstätigkeit	338	Betriebsräteversammlung	12
darunter: vollständige Freistellung von der Arbeit	187	Wirtschaftsausschuss	12
Betriebsversammlung	147	Jugend- und Auszubildendenvertretung	10
Einigungsstelle	60	Konzernbetriebsrat	8
Gesamtbetriebsrat	25		

iwd – Informationsdienst des Instituts der deutschen Wirtschaft Köln, Nr. 8/2006, 23.2.2006, S. 4

Diese Regeln gelten beim Kündigungsschutz

M 13

Seit dem Jahr 2004 gelten beim Kündigungsschutz neue Regeln. Das Kündigungsschutzgesetz (KschG) gilt erst ab einer Größe von zehn Vollzeitbeschäftigten. Wer also seinen Arbeitsplatz wechselt, sollte bedenken, wohin er wechselt.

Zudem ist das Kriterium der Sozialauswahl, das bei betriebsbedingten Kündigungen gemäß KSchG berücksichtigt werden muss, aus Sicht des Arbeitnehmers aufgeweicht worden. Arbeitnehmer, die gekündigt wurden oder eine betriebsbedingte Kündigung befürchten, sollten zunächst prüfen, ob sie sich auf das Kündigungsschutzgesetz berufen können.

Generell ist das Kündigungsschutzgesetz nur noch ab einer Betriebsgröße von mehr als zehn vollzeitbeschäftigten Arbeitnehmern maßgeblich. Auszubildende werden nicht mit gezählt, befristet Beschäftigte hingegen schon. Teilzeitkräfte werden anteilig berücksichtigt. …

Doch auch in Betrieben, in denen das Gesetz gilt, ist die Wahrscheinlichkeit einer betriebsbedingten Kündigung für Arbeitnehmer nur schwer einzuschätzen. Zwar wurden die Kriterien für die Sozialauswahl auf die Dauer der Betriebszugehörigkeit, das Lebensalter des Arbeitnehmers, Unterhaltspflichten und eine eventuelle Schwerbehinderung des Arbeitnehmers beschränkt. Das heißt jedoch nicht, dass ein Arbeitnehmer mit längerer Betriebszugehörigkeit davon ausgehen darf, prinzipiell erst nach seinen Kollegen mit weniger Betriebsjahren gekündigt zu werden.

Denn von der Sozialauswahl können Arbeitnehmer ausgenommen werden, deren Weiterbeschäftigung wegen ihrer Kenntnisse, Fähigkeiten und Leistungen oder zur Erhaltung einer ausgewogenen Personalstruktur im berechtigten betrieblichen Interesse liegt. Zwar ist eine Klage gegen die getroffene Sozialauswahl des Arbeitgebers weiterhin möglich. Haben Arbeitgeber und Betriebsrat sich jedoch auf eine Namensliste der zu kündigenden Arbeitnehmer geeinigt, prüft das Gericht nur noch auf grobe Fehler.

Einige Grundregeln müssen jedoch in allen Betrieben weiterhin eingehalten werden. So ist eine Kündigung nur schriftlich und innerhalb bestimmter Fristen wirksam. Allerdings müssen Arbeitnehmer gegen eine zu kurz bemessene Kündigungsfrist rechtzeitig vorgehen – spätestens drei Wochen nach Erhalt der Kündigung muss eine Klage beim Arbeitsgericht eingereicht werden. Anderenfalls wird auch eine Kündigung mit zu kurz bemessener Frist rechtskräftig.

Rheinische Post Online, 12.10.2006

M 14 Mitbestimmung im Unternehmen

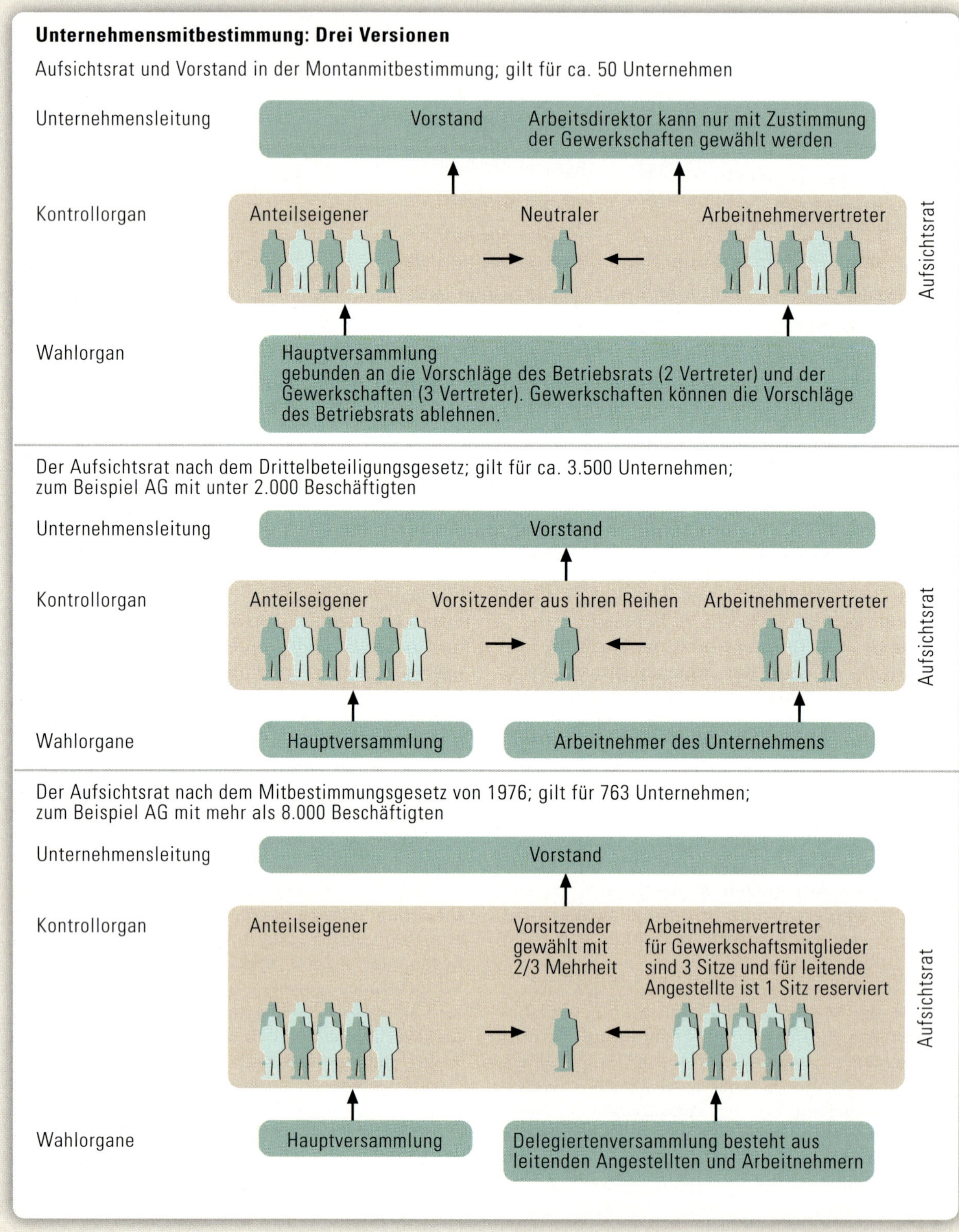

Unter Mitbestimmung in Unternehmen versteht man alle Möglichkeiten und Rechte von Arbeitnehmern, auf Entscheidungsprozesse in ihrem Unternehmen Einfluss zu nehmen. Praktisch ausgeübt wird die Mitbestimmung über Arbeitnehmervertreter in Organen des Unternehmens. Erstmals gesetzlich geregelt wurde die Mitbestimmung von Arbeitnehmern im Montanmitbestimmungsgesetz von 1951. Es sah für Aktiengesellschaften oder GmbHs des Bergbaus sowie der eisen- und stahlerzeugenden Industrie mit mehr als 1.000 Mitarbeitern Arbeitnehmervertreter in Vorstand und Aufsichtsrat vor. Im Betriebsverfassungsgesetz von 1952 wurde für alle Kapitalgesellschaften der übrigen Wirtschaft eine sogenannte Drittelbeteiligung am Aufsichtsrat geregelt. Diese Regelung hat – trotz mehrmaliger Novellierungen – bis heute Gültigkeit. 1976 wurde mit dem „Gesetz über die Mitbestimmung der Arbeitnehmer" für alle Kapitalgesellschaften mit über 2.000 Mitarbeitern eine nahezu paritätische Mitbestimmung im Aufsichtsrat festgelegt.

Wolfgang Larmann, Horst Niedenhoff, Mitbestimmung in Deutschland, in: Thema Wirtschaft Nr. 91, 2005

Kontrovers diskutiert: die Unternehmensmitbestimmung – ein Standortnachteil?

M 15

Pro:

- Die Mitbestimmung von Arbeitnehmervertretern an Unternehmensentscheidungen ist fester Bestandteil der Firmenkultur in der Bundesrepublik Deutschland. Als geregelte Form der Konfliktbewältigung kann die Mitbestimmung einen Beitrag zum sozialen Frieden leisten. Dies ist vor allem wichtig in Zeiten des Strukturwandels in den Produktionsprozessen.
- Die Einbindung der Arbeitnehmer in Entscheidungsprozesse trägt zu einem höheren Verantwortungsbewusstsein gegenüber dem Unternehmen bei. Wer Mitverantwortung der Mitarbeiter will, der sollte auch Mitsprache erlauben.
- Die Beteiligung der Arbeitnehmer an Entscheidungsprozessen kann die Transparenz in den jeweiligen Unternehmen erhöhen, die Arbeitszufriedenheit verbessern, die Produktivität steigern, die Identifikation mit dem Unternehmen stärken und die Innovationsbereitschaft der Beschäftigten fördern. Die Frage ist jedoch, ob dazu die Mitbestimmung nötig ist. Auch in Japan und in den USA (quality circles) gibt es enge und funktionierende Absprachen zwischen Unternehmensführung und Arbeitnehmern – allerdings ohne Mitbestimmung.

Kontra:

- Mitbestimmung ist ein Standortnachteil. Außer in Slowenien gibt es nirgendwo auf der Welt derart ausgeprägte Mitbestimmungsrechte der Arbeitnehmer wie in Deutschland. Das schreckt viele ausländische Investoren – trotz der geringen Streikfrequenz – davon ab, sich in Deutschland zu engagieren. Gleichzeitig führt es dazu, dass Unternehmen ihren Firmensitz ins Ausland verlegen. So ging Aventis nach der Fusion mit Hoechst und Rhône-Poulenc nach Straßburg.
- Mitbestimmung hat die Unternehmenskontrolle nicht verbessert. Der Sachverstand vieler Arbeitnehmervertreter – und auch Unternehmensvertreter – ist häufig unzureichend. Die Arbeitnehmervertreter haben nicht nur die Vergütungen vieler Manager mitgetragen und immense Abfindungssummen abgenickt, sondern auch die Fehlentscheidungen der Vorstände mitzuverantworten.
- Mitbestimmung verzögert Entscheidungsprozesse. Global operierende Unternehmen müssen in sehr vielen Fällen schnell und flexibel entscheiden. Das lassen die aufwendigen Abstimmungsprozesse der Mitbestimmung nicht zu.
- Viele betriebsexterne Arbeitnehmervertreter, wie Gewerkschaftschefs, sind nicht unabhängig. Dies gilt aber auch für Unternehmensvertreter im Aufsichtsrat, vor allem aus dem Finanzbereich. Die Folge sind mögliche Interessenkollisionen zum Nachteil des Unternehmens.

(cbs), Die Welt, 22.10.2004 (gekürzt)

Aufgaben

1. Beschreiben Sie den Konflikt zwischen der Gewerkschaft Verdi und Schlecker (M 8).
2. Erläutern Sie die Rechte, die nach dem Betriebsverfassungsgesetz von Beschäftigten wahrgenommen werden können (M 9 – M 11).
3. Stellen Sie sich vor, Sie würden als Betriebsräte mit den folgenden Problemen konfrontiert (M 11).
   a) Ein Angestellter eines anderen Unternehmens kommt zu Ihnen und erzählt, dass er gerne einen Betriebsrat gründen würde, sein Chef aber sage, das sei nicht vorgesehen und er wolle auch keinen Betriebsrat. In seinem Unternehmen arbeiten zwei Angestellte und zwei Auszubildende. Ist das richtig?
   b) Die Leitung Ihres Unternehmens schafft Frühstückspausen im Betrieb ab, ohne vorher mit den Betriebsräten gesprochen zu haben. Können Sie dagegen vorgehen?
   c) Die Geschäftsleitung kündigt aus wirtschaftlichen Gesichtspunkten einer alleinerziehenden Mutter mit drei Kindern fristgerecht. Die Mutter bittet um Hilfe.
   d) Die Leitung Ihres Unternehmens beschließt, einen Teilbereich der Produktion nach Polen auszulagern. Dafür sollen 400 Mitarbeiter in Deutschland entlassen werden. Was können Sie tun?
4. Betriebsräte verursachen Kosten in den Unternehmen (M 12). Überlegen Sie, inwiefern die Existenz eines Betriebsrates auch zur Kostensenkung im Unternehmen beitragen kann.
5. Nennen Sie die wesentlichen Regeln zum Kündigungsschutz (M 13). Beurteilen Sie die Forderung nach Abschaffung des Kündigungsschutzes aus Sicht der Arbeitgeber und Arbeitnehmer.
6. Diskutieren Sie in einer Pro und Kontra-Diskussion, ob das deutsche Modell der Mitbestimmung noch zeitgemäß ist (M 14, M 15).

5.2.2 Tarifautonomie und Tarifverträge

Schlagzeilen

M 16

IG Metall fordert sieben Prozent mehr Lohn

Mit der Forderung nach sieben Prozent mehr Lohn geht die IG Metall in die Tarifrunde für die 85.000 Beschäftigten der nordwestdeutschen Eisen- und Stahlindustrie.

GEW Sachsen-Anhalt für Flächentarifvertrag

Für Ostangleichung und einheitliches Weihnachts- und Urlaubsgeld

Der Bundesverband der Deutschen Industrie fordert eine Lockerung der Tarifverträge.

Flächentarifverträge in der Kritik.

Immer mehr Arbeitgeber steigen aus dem Tarifsystem aus und schließen Hausverträge ab.

Die Gewerkschaften Verdi und Nahrung-Genuss-Gaststätten (NGG) wollen langfristig einen Mindestlohn von neun Euro pro Stunde durchsetzen. Zunächst werde ein Bruttolohn von mindestens 7,50 Euro angestrebt, der dann bis 2010 schrittweise auf neun Euro erhöht werden soll, heißt es in einem Papier der "Initiative Mindestlohn".

Zusammenstellung des Autors

Tarifvertrag und Tarifautonomie in Deutschland

M 17

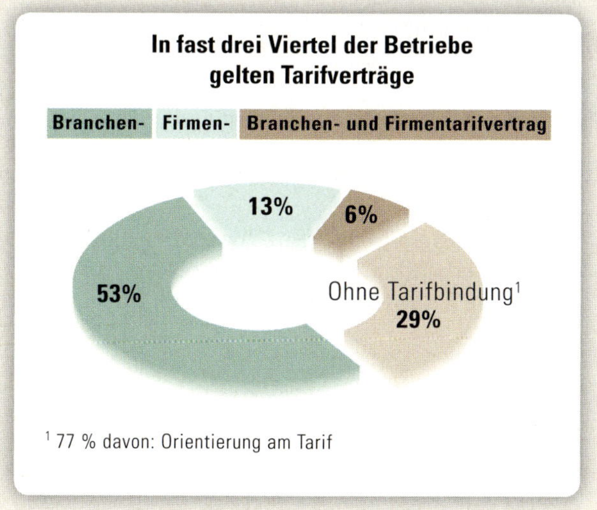

Hans-Böckler-Stiftung, 2005

In den freiheitlichen Staaten und damit auch in der Bundesrepublik werden die Lohn- und Arbeitsbedingungen nicht durch den Staat oder ein Parlament festgelegt. Vielmehr sind sie Gegenstand von Tarifverhandlungen zwischen den Tarifvertragsparteien, den Arbeitgeberverbänden und den Gewerkschaften. Gemäß Art. 9 Grundgesetz handeln die Tarifvertragsparteien also autonom (eigenverantwortlich). Dies wird als Tarifautonomie bezeichnet. Arbeitgeberverbände und Gewerkschaften haben sich natürlich im Rahmen der geltenden Gesetze zu bewegen. Die maßgebliche rechtliche Grundlage für Tarifverträge ist das Tarifvertragsgesetz.

Jährlich oder in größeren zeitlichen Abständen werden mit Wirkung für die Mitglieder der Tarifvertragsparteien (also einmal für die gewerkschaftlich organisierten Arbeitnehmer, zum anderen für eine mehr oder minder große Anzahl von Unternehmen) auf Bundes- oder Landesebene Tarifverträge abgeschlossen. Firmentarifverträge sind noch selten. Sie werden nur bei einigen wenigen Großfirmen wie z.B. VW abgeschlossen. Tarifverträge regeln die Rechte und Pflichten der Tarifvertragsparteien sowie die der Mitglieder. Während der Laufzeit eines solchen Vertrags dürfen beide Vertragsparteien keine Arbeitskampfmaßnahmen einleiten (Friedenspflicht).

Zu unterscheiden sind zwei wesentliche Formen von Tarifverträgen:

- Lohn- und Gehaltstarifverträge regeln die Entlohnung der Arbeitnehmer und haben eine Laufzeit von meist nur einem Jahr. Löhne nach Tarifvertrag (Tariflöhne) sind Mindestlöhne.
- Manteltarifverträge enthalten Vereinbarungen zu den Arbeitsbedingungen (so z.B. zur Arbeitszeit und Dauer des Urlaubs, zu Verfahrensweisen bei Einstellungen und Entlassungen) und haben meist eine längere Laufzeit.

Tarifverträge gelten nur für die Mitglieder der Tarifvertragsparteien. Abkommen dieser Art können aber für allgemeinverbindlich erklärt werden (Allgemeinverbindlichkeitserklärung). Der Antrag muss beim Bundesarbeitsministerium gestellt werden.

Frank W. Mühlbradt, Wirtschaftslexikon, 8. Aufl., Berlin 2004, S. 318 f.

M 18 Die Träger der Lohnpolitik

Arbeitgeber

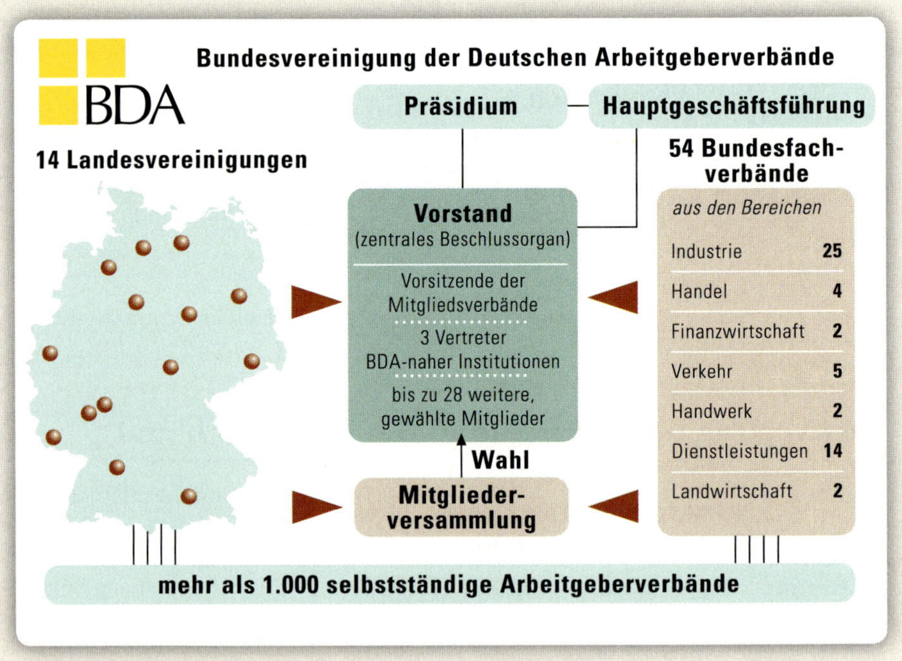

Die Arbeitgeber sind heute in einer Vielzahl von Verbänden und Vereinigungen organisiert. Solche Vereinigungen sind z.B. der Bundesverband der deutschen Industrie, Zentralverbände der übrigen Wirtschaftszweige, Industrie- und Handelskammern und Berufsgenossenschaften. Die Bundesvereinigung der Deutschen Arbeitgeberverbände (mit Sitz in Berlin) nimmt als Dachorganisation die gemeinschaftlichen, über den Bereich eines Landes oder Wirtschaftszweigs hinausgehenden sozialpolitischen Interessen der Arbeitgeber wahr. Sie ist nicht selbst an Tarifverhandlungen beteiligt, formuliert aber grundlegende Positionen der Arbeitgeberpolitik. Als Tarifpartei gegenüber den Gewerkschaften treten einzelne Arbeitgeber oder die Fachverbände der Bundesvereinigung der Deutschen Arbeitgeberverbände auf.

Erich Schmidt Verlag, Zahlenbilder Nr. 236 150, Quelle: BDA, Stand 2006

Gewerkschaften

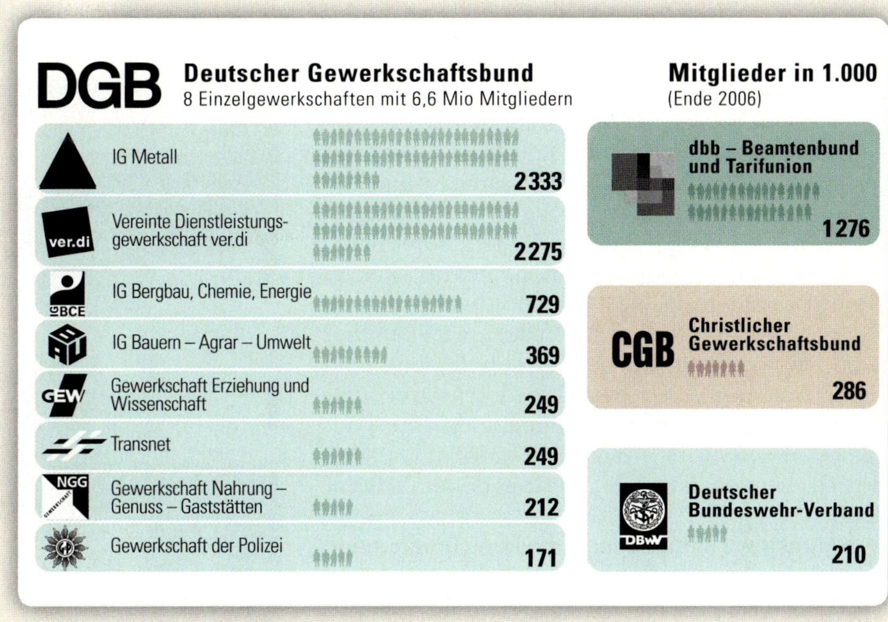

In der heutigen pluralistischen Gesellschaft haben Gewerkschaften als Wortführer eines großen Teils der arbeitenden Bevölkerung erheblichen Einfluss auf die Gestaltung der staatlichen Arbeits- und Sozialpolitik. Gleichzeitig vertreten sie die Ansprüche der Arbeitnehmer in der direkten Auseinandersetzung mit den Arbeitgeberverbänden. Sie sehen ihre Aufgabe vor allem darin, in Tarifverträgen bessere Lohn- und Arbeitsbedingungen zu verankern, die Mitbestimmungsrechte der Arbeitnehmer zu sichern und zu erweitern und den Arbeitsschutz zu verbessern. Mit der deutschen Einigung konnten ab 1990 auch in Ostdeutschland freie, unabhängige Gewerkschaften tätig werden. Die frühere DDR-Einheitsgewerkschaft FDGB löste sich auf.

Erich Schmidt Verlag, Zahlenbilder Nr. 240 110

Spielregeln für den Arbeitskampf

M 19

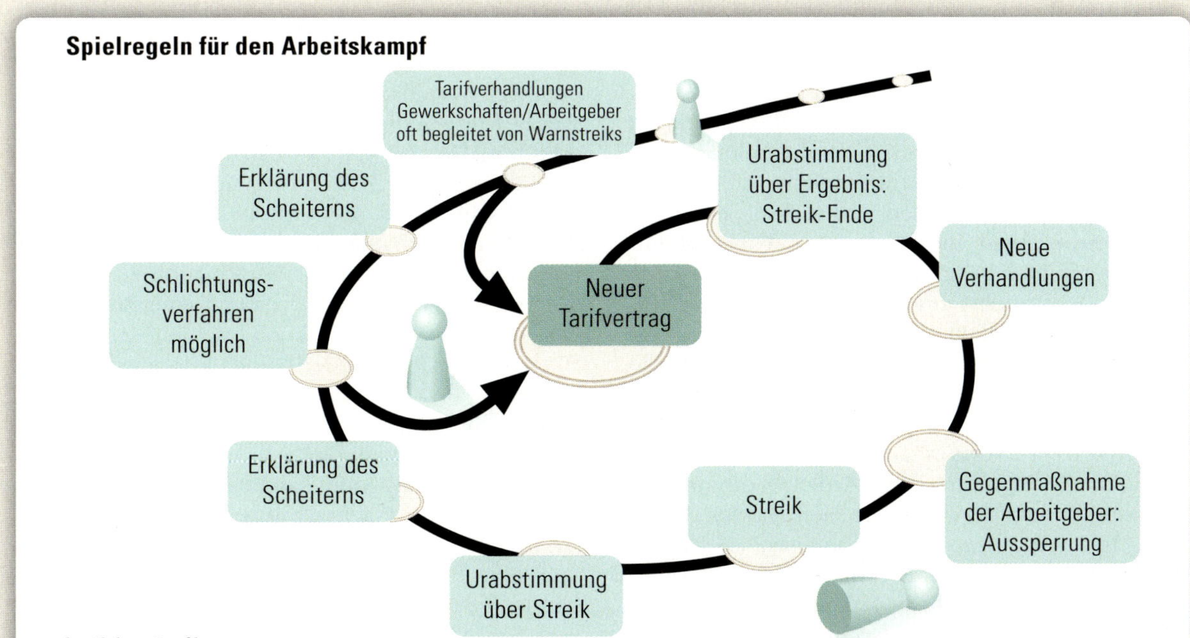

nach: Globus-Grafik

M 20 Der Flächentarifvertrag – ein Auslaufmodell?

Den marktradikalen Kritikern sind sie schon lange ein Dorn im Auge: „Die traditionellen Tarifvereinbarungen gehören in die Kategorie besonders schädlicher Kartellabsprachen", wetterte Mitte der 90er Jahre der frühere Vorsitzende der Monopolkommission, Wernhard Möschel. Viele Wirtschaftsvertreter und Politiker stoßen heute ins gleiche Horn. Der ehemalige CDU-Fraktionsvize Friedrich Merz will das „Tarifkartell durchlöchern", FDP-Chef Guido Westerwelle will bei der Lohnfindung eine „neue Autonomie der Betriebe" durchsetzen und der ehemalige Präsident des Bundesverbandes der Deutschen Industrie, Michael Rogowski, möchte den Flächentarifvertrag gar im „Lagerfeuer verbrennen".

Die Argumente sind immer dieselben: Tarifverträge behindern das freie Spiel von Angebot und Nachfrage auf dem Arbeitsmarkt. Sie verursachen auf diese Weise Arbeitslosigkeit und sind nur ein Instrument zur Machtsicherung der Verbände. Wenn überhaupt, sollten sie nach Auffassung ihrer Kritiker allgemeine Rahmen festlegen, von denen in den Firmen abgewichen werden darf.

Tatsächlich regeln Tarifverträge den Arbeitsmarkt, indem sie als Kollektiv-Vereinbarungen verbindliche Vorgaben für die individuellen Arbeitsverträge machen. Sie greifen dadurch in die Marktbeziehungen zwischen Beschäftigten und Arbeitgebern ein. Der Preis für die Arbeit wird auf diese Weise der möglichen Konkurrenz der Arbeitnehmer untereinander – zumindest teilweise – entzogen. Der Grund dafür ist einfach: Der Arbeitsmarkt ist kein Markt wie jeder andere. Arbeitnehmer sind Arbeitgebern gegenüber strukturell im Nachteil: Sie sind auf Arbeit angewiesen und müssen im Zweifel ihre Arbeitskraft auch zu unzumutbaren Bedingungen anbieten. Um das zu verhindern, setzen Tarifverträge arbeits- und lohnpolitische Mindeststandards. Sie erfüllen also eine Schutzfunktion für die abhängig Beschäftigten. Sie sorgen durch die jährlichen Lohnabschlüsse außerdem dafür, dass die Arbeitnehmer an der wirtschaftlichen Entwicklung teilhaben und ermöglichen ihnen eine Beteiligung an der Regelung ihrer Arbeitsbedingungen. Sie sind insofern ein wichtiges Element des demokratischen Sozialstaats. Im Grundgesetz ist deshalb die Koalitionsfreiheit, und damit auch die Tarifautonomie, als Grundrecht verankert.

Urabstimmung über Streik – einigen sich die Tarifparteien, so wird der Abschluss in der Regel von anderen Regionen übernommen. Diese „Flächentarifverträge" werden jedoch von Arbeitgeberseite immer häufiger in Frage gestellt.

Tarifverträge nutzen jedoch nicht nur den Beschäftigten: Aus Arbeitgebersicht übernehmen sie eine positive Kartellfunktion, indem sie einheitliche Wettbewerbsbedingungen bei den Arbeitskosten schaffen. Da der Wettbewerb um die niedrigsten Arbeits- und Lohnkosten hierdurch tendenziell begrenzt wird, sind die Unternehmen gezwungen, ihre Wettbewerbstrategie auf innovative Produkte und eine effiziente Arbeitsorganisation zu konzentrieren. Tarifverträge haben damit eine Produktivitäts- und Innovationsfunktion.

Hinzu kommt ihre Friedens- und Ordnungsfunktion: Während der Laufzeit der Verträge besteht Friedenspflicht, in der nicht gestreikt werden darf. Die Unternehmen erhalten durch die Verträge eine gesicherte Planungs- und Kalkulationsgrundlage. Bei Verbands- oder Flächentarifverträgen kommt hinzu, dass der Konflikt über Löhne und Arbeitszeiten von den Firmen ferngehalten und auf die Verbände (Gewerkschaften und Unternehmerlobbys) verlagert wird.

Die Erfahrungen mit dem deutschen Tarifvertragssystem sind positiv. Ein engmaschiges Netz von Abkommen mit Flächen-Tarifverträgen für mehr als 250 Wirtschaftszweige und mit Firmen-Tarifkontrakten für mehrere tausend Unternehmen setzt in differenzierter Form Mindeststandards fest. Kein Arbeitgeber ist gezwungen, einen Tarifvertrag abzuschließen oder einem Arbeitgeberverband beizutreten. Die hohe Tarifbindung von 70 Prozent der Beschäftigten in den alten und 55 Prozent in den neuen Ländern beweist, dass das deutsche Tarifmodell nach wie vor auf große Akzeptanz stößt.

Reinhard Bispinck, Frankfurter Rundschau online, 24.11.2003

Flächentarifvertrag

Info

Bei den regionalen Verhandlungen operieren die regionalen Tarifparteien zumeist parallel. Wird in einer Region der Durchbruch geschafft, wird dieser „Pilotabschluss" in der Regel von den anderen Regionen übernommen. Aus diesem Grund hat sich für branchenweite Tarifabschlüsse der Begriff Flächentarifvertrag durchgesetzt.
Einem Branchen- oder Flächentarifvertrag unterliegen in Westdeutschland 43 Prozent aller Betriebe und 63 Prozent der Beschäftigten. Dass die Tarifbindung unter den Beschäftigten größer ist, liegt daran, dass die Flächentarifbindung mit der Betriebsgröße zunimmt.

www.wirtschaftundschule.de/Lexikon/F/Flaechentarifvertrag.html (4.10.2006)

Aufgaben

1. Erläutern Sie den Begriff „Tarifautonomie" (M 17 – M 19).
2. Beschreiben Sie ausgehend von M 20 Vor- und Nachteile von Flächentarifverträgen für Arbeitnehmer und Arbeitgeber.
3. Arbeitgeber fordern sogenannte Öffnungsklauseln für Tarifverträge. Informieren Sie sich, was sich hinter diesen Forderungen verbirgt, und beurteilen Sie die Notwendigkeit von Öffnungsklauseln.

5.2.3 Personalwirtschaft

M 21 Welche Aufgaben hat die Personalwirtschaft?

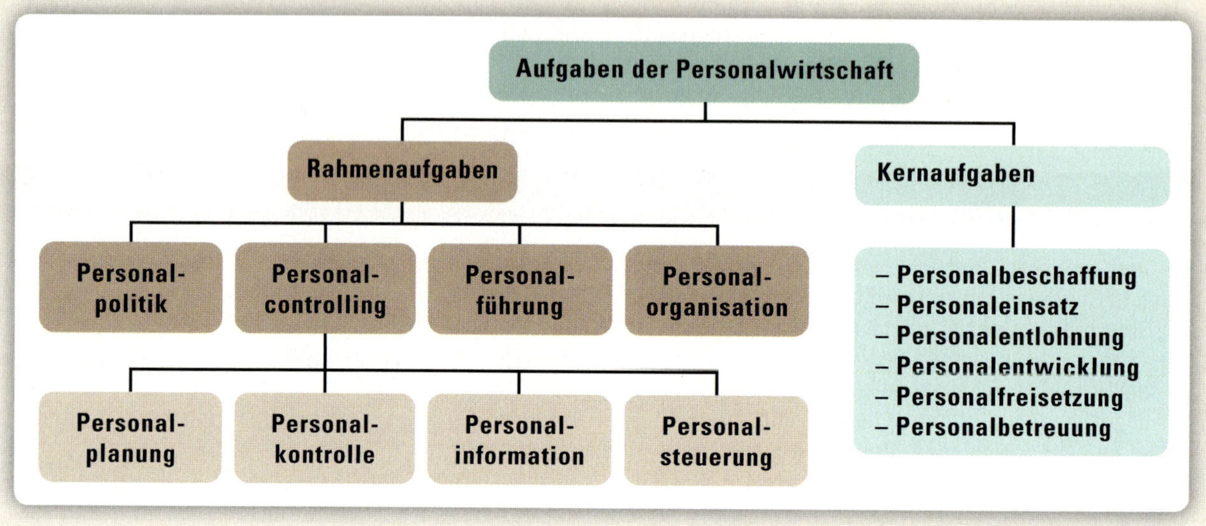

www.kiebl.de/txte/L2-70769.pdf (12.10.2006)

Personalwirtschaft bzw. Personalmanagement (engl. human resource management) bezeichnet den Bereich der Betriebswirtschaft, der sich um den planmäßigen Umgang mit dem Produktionsfaktor Arbeit bemüht.

M 22 Personalbeschaffung aus der Sicht des Unternehmens

Ein Unternehmen braucht immer wieder neue Mitarbeiter, z.B. wenn neue Arbeitsplätze geschaffen werden, Arbeitsplätze unbesetzt sind, bestehende Arbeitsplätze frei werden (z.B. durch Firmenwechsel von Mitarbeitern, innerbetriebliche Veränderungen oder natürliche Fluktuation durch Rente), sich die Anforderungen an Arbeitsplätze verändern. Um die Personalbeschaffung optimal zu gestalten, ist es erforderlich zu wissen, was man vom zukünftigen Mitarbeiter erwartet.
Ausgangspunkt für die Besetzung eines Arbeitsplatzes ist daher eine detaillierte Stellenbeschreibung und ein umfassendes Anforderungsprofil. Es gibt zwei Formen der Mitarbeiterbeschaffung:

Innerbetriebliche Mitarbeiterbeschaffung
Die Information über neu zu besetzende Arbeitsplätze erfolgt hierbei in der Regel durch Aushänge am schwarzen Brett, Rundschreiben, Intranet u.a. Das Formular ist ähnlich der Stellenanzeige aufgebaut. Die interessierten Mitarbeiter bewerben sich innerhalb einer bestimmten Frist mit den erforderlichen Unterlagen bei der Personalabteilung. Gleichzeitig kann der Arbeitgeber die Stelle extern ausschreiben.

Außerbetriebliche Mitarbeiterbeschaffung
Bei der außerbetrieblichen Mitarbeiterbeschaffung sucht man externe Arbeitskräfte, die vor allem über andere Kompetenzen verfügen als die bisherigen Mitarbeiter. Verschiedene Möglichkeiten der außerbetrieblichen Personalbeschaffung:

- Bundesagentur für Arbeit
- Anzeigenwerbung in verschiedenen Medien
- Firmen-Homepage
- Internet-Jobbörsen
- Personalberater
- Personalleasing

nach: www.fortbildung-bw.de/wb/07_personalentwickler/02_pe_pm/01_Personalbeschaffung.php (1.12.2005)

Die Stellenanzeige

M 23

Wir sind einer der weltweit führenden Spezialisten für die Entwicklung und Herstellung von modernen Phytopharmaka – einer neuen Generation von Naturarzneimitteln mit wissenschaftlich dokumentierter Wirkung. International ergänzen auch chemische Wirksubstanzen das Unternehmensprofil.

Wir suchen ab sofort einen (m/w)

Kommunikationsmanager

Ihre Aufgaben

- Selbstständige Planung, Organisation und Erledigung aller Kommunikationsaufgaben der Produkt-PR für die verantworteten Produkte
- Entwicklung und Umsetzung von Produkt-PR-Kommunikationskonzepten sowie Produktbotschaften und Kommunikationsinhalten
- Erstellen von Pressetexten
- Aufbereitung der Medieninformation nach dem jeweiligen Zielmedium
- Aufbau und Pflege von Journalistenkontakten sowie Briefing von Referenzen und Meinungsbildnerpflege
- Durchführung von Presseveranstaltungen als Produktpressesprecher
- Analyse des PR-Erfolgs (Medienresonanz)
- Vertretung des PR-Bereiches in den nationalen und internationalen Businessteams
- Interne und externe Produkt-PR z.B. Informationsveranstaltungen und Präsentationen

Ihr Profil

- Naturwissenschaftliches, medizinisches oder betriebswirtschaftliches Studium
- Erfahrung im Bereich der pharmazeutischen Industrie
- Berufspraxis in der PR-Agentur oder journalistische Kenntinisse
- Stil- und Textsicherheit
- Sicherheit und Erfahrung im Umgang mit Medien (Kamera)
- Gute Englischkenntnisse, PC-Anwenderkenntnisse (MS-Office) und Internetnutzung
- Ausgeprägte Kommunikationsfähigkeit, Selbstständigkeit, Flexibilität, Organisationstalent und Teamgeist.

Wenn Sie eine Tätigkeit mit hervorragender Zukunftsperspektive in einem innovativen Umfeld reizt, senden Sie Ihre vollständigen Bewerbungsunterlagen unter Angabe des frühestmöglichen Eintrittstermins sowie Ihrer Gehaltsvorstellung an:

SEDAMUS AG, Rekrutierung und Personalmanagement · Ursula Neuhaus · Parkallee 15 · 51067 Köln
Tel. 0221/89898 · Fax 0221/898988 · E-mail: bewerbung@ sedamus.de

Die Auswahl der geeigneten Bewerber

M 24

Beispiel eines umfassenden Auswahlverfahrens

Analyse der Bewerbungsunterlagen
Auswertung von Anschreiben mit Lebenslauf, Lichtbild, Zeugnissen und Referenzen ermöglicht eine erste Vorauswahl aus der Masse der Bewerber.

(Grafologisches Gutachten)
Manche Unternehmen lassen eine Handschriftenprobe des Bewerbers auswerten, um weitere Aufschlüsse über den Bewerber zu erhalten, die Verlässlichkeit der Ergebnisse ist allerdings umstritten.

Assessment Center
In größeren Unternehmen ist es üblich, Bewerber einem komplexen Testverfahren, dem sogenannten Assessment-Center (engl. to assess = bewerten), zu unterziehen. Hier werden sie mit Aufgabenstellungen konfrontiert, die auf die zu besetzende Stelle zugeschnitten sind. Das Verfahren soll Aufschluss über Persönlichkeit und Fähigkeiten der Bewerber geben.

1. Vorstellungsgespräch mit Vertretern der Fachabteilung
Hierbei lernen sich Vorgesetzte/Arbeitgeber und Bewerber direkt kennen. Der Arbeitgeber kann sich ein persönliches Bild vom Bewerber machen, der Bewerber hat die Möglichkeit, etwas über das Unternehmen zu erfahren. Hier können auch Details eines möglichen Arbeitsvertrages verhandelt werden (z.B. Gehalt).

evtl. 2. Vorstellungsgespräch mit Vertretern der Geschäftsleitung

Einstellung

Autorengrafik

M 25 Das Assessment Center

Unternehmen, die Assessment Center (AC) einsetzen, verlassen sich nicht ausschließlich auf Bewerbungsunterlagen oder die Aussagen eines Kandidaten im Vorstellungsgespräch. Sie wollen zusätzliche Sicherheit, wollen das Risiko einer Fehlbesetzung reduzieren. Nach dem „Augenprinzip“ verschaffen sich die Firmen so einen Eindruck über das Verhalten des Kandidaten in Praxissituationen.

Der Begriff „Assessment Center“ stammt aus dem Englischen. Er setzt sich aus dem Wort „to assess“, das übersetzt „bewerten“ oder „einschätzen“ heißt, und dem Wort „Center“ („Zentrum“ oder „Mittelpunkt“) zusammen. Im Mittelpunkt stehen also die Kandidaten, deren Verhalten mittels einzelner Übungen von Prüfern – den sogenannten „Assessoren“ – beobachtet und bewertet werden soll. Die Assessoren kommen aus den Fachabteilungen des Unternehmens, der Personalabteilung und teils aus Beratungsfirmen.

ACs werden in der Regel als Gruppenverfahren mit acht bis zwölf Teilnehmern durchgeführt und dauern zwei bis drei Tage. Es gibt auch „Mini-ACs“, die nur einen halben oder einen Tag dauern, sowie Einzel-ACs mit nur einem Kandidaten. Letztere werden vorwiegend im Führungskräftebereich eingesetzt. In allen Varianten steht meistens zwei Kandidaten ein Assessor gegenüber.

Viele kennen das AC vorwiegend als Auswahlinstrument für Bewerber, es wird aber auch häufig in der Personalentwicklung eingesetzt. Dabei geht es darum, Mitarbeiter eines Unternehmens vor einer Beförderung oder Versetzung nochmals gezielt unter die Lupe zu nehmen. Damit im AC aussagekräftige Schlüsse gelingen, müssen Situationen aus dem Berufsalltag möglichst realistisch in Übungen umgesetzt werden. Dabei steht weniger das fachliche Wissen im Vordergrund. Viel mehr Aufmerksamkeit widmen die Prüfer der Persönlichkeit, dem Kommunikationsverhalten und der Motivation eines Kandidaten.

www.jobpilot.de (17.8.2006)

Typische Aufgaben im Assessment Center

Nicht jede Übung zielt auf eine bestimmte Fähigkeit ab, oftmals werden ganze Kataloge von sogenannten Soft Skills überprüft. Letztendlich zählt das Gesamtbild, das die Beobachter von den einzelnen Teilnehmern bekommen. Es setzt sich wie ein Puzzle aus vielen einzelnen Stücken zusammen.

Mögliche Elemente sind:
- Gruppendiskussion
- Rollenspiel
- Präsentation
- Fallstudie
- Postkorb-Übung (Entscheidungsfähigkeit wird getestet)
- Interview
- Persönlichkeits-, Intelligenz- und Leistungstests
- Essen gehen

Plaßmann/CCC, www.c5.net

Rechte und Pflichten aus dem Arbeitsvertrag

M 26

Ein Arbeitsverhältnis wird durch einen Arbeitsvertrag begründet, in dem sich der Arbeitnehmer gegenüber dem Arbeitgeber verpflichtet, gegen Entgelt Arbeit zu leisten. Der Arbeitsvertrag kommt, wie jeder andere Vertrag, durch die übereinstimmende Willenserklärung von Arbeitnehmer und Arbeitgeber zustande. Alle arbeitsrechtlichen Vereinbarungen müssen schriftlich abgefasst sein. Die Vereinbarungen im Arbeitsvertrag (Individualvertrag) dürfen nicht gegen die Bestimmungen des geltenden Tarifvertrages, einer Betriebsvereinbarung oder gegen geltende Gesetze verstoßen.

Rechte und Pflichten der Vertragspartner

Pflichten des Arbeitgebers
= Rechte des Arbeitnehmers

- **Vergütung (§§ 59, 64 HGB)**
  - für die Arbeitsleistung Lohn (Gehalt, Gage Überstundenvergütung, Provision) zahlen
  - Höhe ergibt sich aus dem Tarifvertrag oder sonst durch Lohnvereinbarung
- **Fürsorgepflicht (§ 62 HGB)**
  - Leben und Gesundheit des Arbeitnehmers schützen
  - Sozialversicherungsbeiträge abführen
  - zustehenden Urlaub gewähren
- **Zeugnis (§ 73 HGB)**
  - einfaches Zeugnis: Art und Dauer der Beschäftigung
  - qualifiziertes Zeugnis: auf Wunsch zusätzlich Angaben über Führung und Leistung

Pflichten des Arbeitnehmers
= Rechte des Arbeitgebers

- **Arbeitspflicht**
  - die Arbeitsleistung persönlich erbringen (pünktlich, gewissenhaft)
  - bei Schlechtleistung durch Vorsatz oder grobe Fahrlässigkeit den Schaden tragen
- **Treuepflicht und Verschwiegenheit (§ 17 UWG)**
  - die Interessen des Betriebes nach besten Kräften wahrnehmen
  - über Geschäfts- und Betriebsgeheimnisse schweigen
- **Handels- und Wettbewerbsverbot (§ 60 HGB)**
  - ohne Einwilligung des Arbeitgebers kein eigenes Handelsgewerbe betreiben
  - keine Geschäfte auf eigene oder fremde Rechnung im Geschäftszweig des Arbeitgebers machen oder vermitteln

HGB = Handelsgesetzbuch; UWG = Gesetz gegen den unlauteren Wettbewerb

Horst Seidel, Rudolf Temmen, Grundlagen der Betriebswirtschaftslehre, 12. Aufl., Troisdorf 2006, S. 339

Aufgaben

1. Nennen Sie Vor- und Nachteile der inner- bzw. außerbetrieblichen Personalbeschaffung (M 22).
2. Entwerfen Sie aus der Sicht des Unternehmens einen fiktiven Lebenslauf zum Anforderungsprofil der ausgeschrieben Stelle (M 23).
3. Beschreiben Sie den Ablauf eines Bewerbungsverfahrens und erläutern Sie die Rolle der Assessment-Center (M 24, M 25).
4. Machen Sie Vorschläge, wie in der Schule die Anforderungen eines Bewerbungsverfahrens trainiert werden könnten (M 24, M 25).
5. Erläutern Sie Rechte und Pflichten, die aus einem Arbeitsvertrag entstehen (M 26).

Wissen kompakt

Drei Säulen für sozialen Frieden

Die Ausgestaltung der Arbeitsbeziehungen in Deutschland ruht auf drei Säulen: der betrieblichen Mitbestimmung nach dem Betriebsverfassungsgesetz, der Mitbestimmung auf Unternehmensebene und der grundgesetzlich gesicherten Tarifautonomie. Alle drei Säulen haben zum sozialen Frieden und zur Überwindung des Gegensatzes von Kapital und Arbeit in der Bundesrepublik Deutschland einen wesentlichen Beitrag geleistet.

Betriebliche Mitbestimmung
M 10, M 11

Mitbestimmung im Betrieb bedeutet vor allem die Einflussnahme des Betriebsrats auf Fragen, die sich für die Beschäftigten unmittelbar an ihren Arbeitsplätzen stellen. Die Mitbestimmungsrechte des Betriebsrates unterteilen sich

- in die eigentliche Mitbestimmung: Betriebliche Maßnahmen (Lohngestaltung, Arbeitsschutz, Urlaub, ...) werden nur wirksam, wenn der Betriebsrat zustimmt.
- in die Mitwirkung: Der Betriebsrat hat ein Widerspruchsrecht und kann das Arbeitsgericht oder eine Einigungsstelle anrufen (Einstellungen, Kündigungen, Versetzungen, ...)
- in Informations- und Beratungsrechte (bei der Aufstellung eines Sozialplanes im Falle einer Betriebsstilllegung, bei der Planung von Bauten, neue Arbeitsverfahren, ...)

Mitbestimmung auf Unternehmensebene
M 14, M 15

Mitbestimmung auf Unternehmensebene findet in den Aufsichträten der großen Kapitalgesellschaften statt und bezieht sich auf Mitsprache bei wirtschaftlichen Entscheidungen von Unternehmen. Die Mitbestimmung nach dem Mitbestimmungsgesetz von 1976 sieht zwar eine numerisch gleichgewichtige (paritätische) Besetzung des Aufsichtsrats mit Vertretern von Anteilseignern und Arbeitnehmern vor, tatsächlich besteht aber ein Übergewicht der Anteilseigner, weil diese den Vorsitzenden bestimmen können, der bei Stimmengleichheit den Ausschlag gibt. Gegen die Mitbestimmung wird heute von Arbeitgeberseite u.a. vorgebracht, sie sei zu bürokratisch und hindere Unternehmen daran, schnelle Entscheidungen zu treffen. Ferner bringe sie angesichts der Internationalisierung deutschen Firmen Wettbewerbsnachteile durch höhere Kosten.

Tarifautonomie
M 17 – M 19

Die Tarifautonomie ist durch Artikel 9,3 GG gesichert, in dem die Koalitionsfreiheit als demokratisches Grundrecht festgeschrieben ist. Das heißt, Arbeitgeber und Arbeitnehmer legen in freier Vereinbarung die Arbeitsbedingungen in den Unternehmen ohne Eingreifen des Staates fest. Die Tarifpartner, also Arbeitgeberverbände und Gewerkschaften, sind zuständig für Löhne, Gehälter und Ausbildungsvergütungen, für Pausenregelungen, Wochenarbeitszeit und Urlaub. Diese Regelungen werden in entsprechenden Tarifverträgen vereinbart, die den Vertragspartnern ein hohes Maß an rechtlicher Verbindlichkeit geben. Ob Regelungen für bestimmte Branchen flächendeckend, also für alle Betriebe gelten sollen, wird zunehmend von Seiten der Arbeitgeber in Frage gestellt. Sie verlangen, die besondere wirtschaftliche Lage einzelner Betriebe stärker zu berücksichtigen.

Arbeitsrecht und Personalwirtschaft
M 22, M 24, M 26

Das deutsche Arbeitsrecht regelt die Rechtsbeziehungen zwischen einzelnen Arbeitnehmern und Arbeitgebern. Voraussetzung ist das bestehen eines Arbeitsvertrags. Der Arbeitsvertrag beinhaltet die Rechte und Pflichten von Arbeitgeber und Arbeitnehmer und ist eingebettet in ein komplexes System arbeitsrechtlicher Bestimmungen (Betriebsvereinbarungen, Tarifverträge, nationale Gesetze und Verordnungen, ...).
Diese bilden auch den Handlungsrahmen der Personalwirtschaft im Unternehmen. Das Personalwesen beschäftigt sich mit allen Fragen der Personalplanung und Personalführung im Unternehmen. Hauptaufgabe ist es, über geeignete Bewerbungsverfahren qualifizierte und zum Unternehmen passende Mitarbeiter zu finden, die den Erfolg des Unternehmens sichern.

Grundlagen des betrieblichen Rechnungswesens und der Unternehmensfinanzierung

6

Während es bei Produktion und Marketing um die realwirtschaftlichen Vorgänge im Unternehmen geht, befasst sich die Finanzierung mit den geldwirtschaftlichen Zusammenhängen. Vergleicht man das Unternehmen mit einem menschlichen Körper, so wären die Vorgänge bei Produktion und Marketing die Bewegungen bzw. das Handeln dieses Körpers. Die Finanzierung hingegen wäre verantwortlich für die Kontrolle des Blutkreislaufs, der diese Bewegungen erst ermöglicht. Die Finanzströme des Unternehmens stellen also im übertragenen Sinne die Blutbahn des Unternehmens dar, welche die Glieder des Körpers mit Energie versorgt.

Damit die Entscheidungsträger den Überblick nicht verlieren, muss das Rechnungswesen die Vorgänge im Unternehmen genau aufzeichnen. Wie gelingt es der Buchführung, diese Zahlen möglichst fehlerfrei zu erfassen? Welche Rolle spielt dabei das System der „doppelten" Buchführung? Wie lässt sich in der Bilanz ein Gesamtbild des Unternehmens erstellen? Welche Personengruppen interessieren sich für die Zahlen des Rechnungswesens? (Kapitel 6.1)

Wichtigstes Zahlenwerk für die Darstellung des Unternehmens ist die Bilanz. Bei der Bilanzerstellung ist das Unternehmen bemüht, ein möglichst positives Bild zu zeichnen. Wie lässt sich mit den Kennzahlen der Bilanzanalyse die Wahrheit über die wirtschaftliche Lage eines Unternehmens herausfinden? Was sind die Grenzen dieser Analyse? (Kapitel 6.2)

Um die für den Wertschöpfungsprozess erforderlichen Investitionen erst zu ermöglichen, müssen dem Unternehmen finanzielle Mittel zugeführt werden. Welche Finanzierungsquellen stehen dem Unternehmen dabei allgemein zur Verfügung? Welche Finanzierungsquellen gibt es außerhalb des Unternehmens? Wie kann das Unternehmen aus sich heraus finanzielle Mittel erzeugen? Was sind die Vor- und Nachteile der verschiedenen Finanzierungsarten? (Kapitel 6.3)

Tipps & Links

Lernen vor Ort

- Führen Sie in der Zweigstelle einer Bank eine Expertenbefragung mit einem Kreditberater durch. Erkundigen Sie sich über die Richtlinien für die Kreditvergabe an Existenzgründer, Zinssätze und die Sicherheiten, welche von der Bank gefordert werden.
- Analysieren Sie die Jahresberichte ausgewählter Aktiengesellschaften im Hinblick auf den Umfang von Eigen-, Fremd-, Innen- und Außenfinanzierung.

Referieren und Präsentieren

- Stellen Sie die Funktionsweise eines modernen Buchführungsprogramms vor.
- Versetzen Sie sich in die Lage eines Mitarbeiters einer Bank, der für das Kreditgeschäft zuständig ist. Sie müssen Ihrer Abteilungsleiterin über den Kreditantrag eines ausgewählten Unternehmens berichten. Erläutern Sie die Lage des Unternehmens anhand seiner Bilanz sowie Gewinn- und Verlustrechnung und bewerten Sie seine Kreditwürdigkeit.

Weiterlesen

- *Horst-Dieter Radke, Buchführung, Taschenguide Bd. 18, Freiburg u.a. 2002 (Haufe)*
  Das Buch gibt eine prägnante, leicht verständliche Einführung in die wesentlichen Techniken der Buchführung.
- *Sebastian Hakelmacher, Bilanzblüten in Molwanien, Das Ringen um die perfekte Rechnungslegung in einem unbekannten Land, Lengwil 2006 (Libelle).*
  Der Autor beschreibt die Buchführungspraktiken in einem fiktiven Land Molwanien und stellt so die nicht immer ganz lupenreinen Geschäftspraktiken realer Unternehmen satirisch dar.
- *Günter Wöhe, Jürgen Bilstein, Grundzüge der Unternehmensgründung, München 2002 (Vahlen)*
  Ein Standardwerk für viele BWL-Studenten, das jedoch auch für den Laien gut verständlich ist.

Recherchieren

www.wr-info.de
Zahlreiche Aufgaben zur Bilanzanalyse und Buchführung mithilfe der Tabellenkalkulation.

www.wr-unterricht.de
Unter der Rubrik „Leistungskurs WR" bietet die Seite zahlreiche Links auch zum Thema Rechnungswesen und Finanzierung.

www.rechnungswesen-unterrricht.de
Seite zum Unterricht im Fach Rechnungswesen mit vielen Klausurvorschlägen und Arbeitsblättern.

6.1 Aufgaben des Rechnungswesens

Das Rechnungswesen und seine Interessengruppen

M 1

Autorengrafik, Karikatur: Tomicek/CCC, www.c5.net

Aufgaben des Rechnungswesens

M 2

Das betriebliche Rechnungswesen dient der mengen- und wertmäßigen Erfassung, Verarbeitung, Abbildung und Überwachung sämtlicher Zustände und Vorgänge (Geld- und Leistungsströme), die im Zusammenhang des betrieblichen Leistungsprozesses auftreten. Dabei lässt es sich – je nach seinen Aufgaben – in das externe und das interne Rechnungswesen unterteilen. Das externe und das interne Rechnungswesen haben sich getrennt voneinander entwickelt, sind jedoch eng miteinander verbunden und basieren teilweise auf gleichem Zahlenmaterial.

Das externe Rechnungswesen wird durch das Handelsrecht (HGB) und das Steuerrecht (EStG, KStG) bestimmt. Seine Aufgaben sind vor allem die Rechenschaftslegung und die Informationsbereitstellung über die Vermögens-, Finanz- und Ertragslage des Unternehmens. Es informiert neben den Gläubigern und Aktionären des Unternehmens auch die Mitarbeiter sowie die am Unternehmen interessierte Öffentlichkeit. Zudem stellt es die Bezugsgrundlage für die Unternehmensbesteuerung dar.

Das interne Rechnungswesen ist weitgehend unternehmensspezifisch gestaltet. Zu seinen Aufgaben zählen die Dokumentation und Kontrolle aller im Betrieb anfallenden Geld- und Leistungsströme. Zudem dient es dem Unternehmen zur internen Steuerung von betrieblichen Ressourcen und als Informationssystem.

Jean-Paul Thommen, Allgemeine Betriebswirtschaftslehre, Wiesbaden, 2001, S. 383

M 3 Die Buchführung: Grundlage des Rechnungswesens

Die christlichen Kaufleute brachten aus dem Nahen Osten nicht nur die arabischen Zahlen und ein eigenes Zeichen für die Null mit, sondern auch ein System, mit dessen Hilfe sie ihre Bücher viel besser als früher führen konnten. Es handelt sich um eine Methode, die bis heute überall auf der Welt angewendet wird: die **doppelte Buchführung**. Als Erfinder gilt der italienische Mönch Luca Pacioli (1445 – 1514), der die Methode 1494 in Genua vorstellte. Der Grundgedanke der doppelten Buchführung ist einfach: Alles, was in einer Firma passiert, wird zweimal aufgeschrieben. Hat ein Kaufmann zum Beispiel ein Fass Wein für zehn Dukaten verkauft, dann notiert er auf seinem Konto „Weinvorräte“: – 10 Dukaten und auf seinem Konto „Kasse“: + 10 Dukaten. Wenn alle Geschäftsvorgänge auf diese Weise immer doppelt verbucht werden, dann kann man zu jeder Zeit eine Bilanz des Unternehmens aufstellen. Bilanz kommt von dem italienischen Wort für Waage (bilancia). Es ist eine Art Zahlenbild des jeweiligen Unternehmens. Wie bei einer Waage gibt es zwei Schalen: In die rechte Schale kommt das Geld hinein, das in der Firma steckt (die Passiva), in die linke Schale die Dinge, für die das Geld verwendet wurde (die Aktiva) sowie die Handkasse. In beiden Schalen muss immer gleich viel drin sein; wenn nicht – wenn sich also die Waage zu einer Seite neigt – hat jemand einen Fehler gemacht. Weil es ziemlich unpraktisch ist, immer richtige Waagen in Geschäftsbücher zu zeichnen, hat man dafür eine stark vereinfachte Form entwickelt: ein „T“. Links vom senkrechten Strich des „T“ stehen die Aktiva, rechts die Passiva. Die doppelte Buchführung erlaubte es den Kaufleuten, systematisch ihr Geschäft zu durchleuchten. Dadurch verstanden sie selbst besser, was dort vorging. Sie konnten zum ersten Mal genau ausrechnen, wie hoch der Gewinn ihres Unternehmens war. Vielleicht noch wichtiger war, dass sie ein Zahlenbild ihrer Firma aufstellen konnten, das auch andere verstanden. Damit konnten die Kaufleute ihr Wissen mit anderen teilen, mehrere Geschäftspartner konnten sich zusammentun, das Geschäft wuchs. Und es wurde für sie leichter, sich Geld zu leihen, denn sie konnten einem Geldgeber ganz einfach vorrechnen, ob sich ihr Geschäft rentierte oder nicht. Von Italien aus eroberte die neue Methode ganz Europa. Wer sie anwandte hatte in der Regel mehr Erfolg als der, der sie ablehnte.

Nikolaus Piper, Geschichte der Wirtschaft, Weinheim 2002, S. 57 f.

Aufgaben

1. Bei der Gestaltung des Rechnungswesens hat das Unternehmen Spielräume innerhalb der rechtlichen Grenzen. Beispielsweise kann das Vermögen des Unternehmens unterschiedlich bewertet und damit auch ein niedrigerer bzw. höherer Gewinn ausgewiesen werden. Ziel ist es, mit den Unternehmenszahlen bei den verschiedenen Interessengruppen ein möglichst vorteilhaftes „Bild“ zu vermitteln.
Zeigen Sie, inwiefern es hierbei zu Zielkonflikten kommen kann (M 1).
2. Überlegen Sie anhand der folgenden Grafik, welche Informationen das Rechnungswesen bei einer Auftragsabwicklung verarbeiten muss (M 2, M 3).

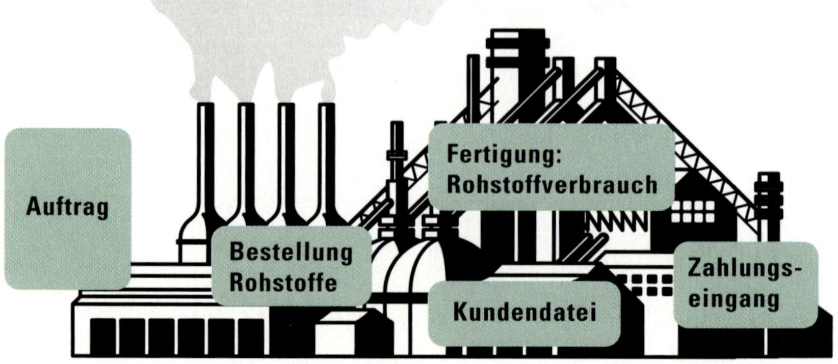

Die Bilanz: Darstellung des Unternehmens in Zahlen

M 4

Eckbert Maier hat sich mit dem Heimservice „Call a Rührei" selbstständig gemacht. Der Kapitalbedarf ist zunächst noch gering. Er benützt als Lieferfahrzeug ein Fahrrad (300 €); er hat eine Kücheneinrichtung für 5.000 € erworben und ein geeignetes Geschäft gemietet (1.000 € Miete im Monat). Um das alles zu finanzieren, hat er 1.000 € von seinem persönlichen Sparbuch abgehoben und 4.000 € von seiner Tante für 8 Jahre ausgeliehen; außerdem bezahlt er seiner Tante 100 € für ihr Rezept „uove strappezzate alla Fiorentina". 3.000 € schuldet er noch dem Verkäufer der Küche. Was ihm noch an Geld bleibt, verwendet er, um Rohstoffe zu kaufen (700 €) und steckt den Rest in die Kasse. Um nicht den Überblick in seinem Unternehmen zu verlieren, möchte er die Vorgänge möglichst übersichtlich darstellen.

Er orientiert sich dabei an der Bilanz eines „großen" Unternehmens:

Bilanz der Chemie und Pharma AG (in Mio. €)

Aktiva	Jahr 2	Jahr 1	**Passiva**	Jahr 2	Jahr 1
Immaterielle Vermögensgegenstände, z.B. Patente, Software	2.200	1.900	Eigenkapital	12.600	11.600
Sachanlagen	17.800	16.800	Bilanzgewinn	1.000	800
Forderungen (an Kunden)	4.800	5.600	Langfristige Verbindlichkeiten (z.B. gegenüber Banken)	11.700	11.900
Flüssige Mittel z.B. Bargeld	2.000	1.700	Lieferverbindlichkeiten (gegenüber Lieferanten)	1.500	1.700
Bilanzsumme	**26.800**	**26.000**	**Bilanzsumme**	**26.800**	**26.000**

Anmerkung: Der Bilanzgewinn wurde in beiden Jahren nicht an die Aktionäre ausgeschüttet, sondern verblieb im Unternehmen.

Autorentext

Aufgaben

1. In M 4 ist die (vereinfachte) Bilanz eines großen Unternehmens abgebildet. Ordnen Sie die Geschäftsvorgänge in Eckbert Maiers kleinem Unternehmen einzelnen Posten in dieser Bilanz zu.
2. Ordnen Sie die Einzelposten der Bilanz der Chemie und Pharma AG den vier Blöcken des in M 5 dargestellten Bilanzschemas zu (Anlage- und Umlaufvermögen, Eigen- und Fremdkapital).
3. Für das Unternehmen ist die Bilanz ein wichtiges Mittel der Kontrolle. Für den Außenstehenden, z.B. den Aktionär, ist die Bilanz eine Informationsquelle, die ein „Bild" von den Vorgängen im Unternehmen wiedergibt. Versuchen Sie, aus der Bilanz drei wichtige Entwicklungen in der Chemie und Pharma AG im abgelaufenen Jahr abzulesen (M 4).

M 5 Schematischer Aufbau der Bilanz

Die Gliederung einer Bilanz (gleiches gilt für die Gewinn- und Verlustrechnung) ist nicht willkürlich. Ihr liegt eine feste Ordnung zugrunde, die im Handelsgesetzbuch festgelegt ist. Das folgende Schema gibt den Aufbau einer Bilanz stark vereinfacht wieder:

Aktiva	**Passiva**
Anlagevermögen	Eigenkapital
Umlaufvermögen	Fremdkapital
Bilanzsumme	**Bilanzsumme**

Aktiva erfassen die **Kapitalverwendung (Vermögen)** gegliedert nach Liquidität (d.h. die liquidesten Vermögensposten stehen unten).

Passiva erfassen die **Kapitalherkunft (Kapital)** gegliedert nach Fristigkeit (d.h. kurzfristiges Kapital steht unten).

Als **Anlagevermögen** wird die Summe aller Wirtschaftsgüter bezeichnet, die in einer Firma benötigt werden, um den Geschäftsbetrieb dauerhaft aufrechtzuerhalten. Zum Anlagevermögen gehören sowohl Immobilien, d.h. Geschäfts-, Lager- und Ausstellungsräume als auch mobile Wirtschaftsgüter wie Einrichtungen und Maschinen. Alle Güter, die dagegen in einem Betrieb zum Verbrauch oder zur Veräußerung bestimmt sind, also vor allem Waren und Vorräte, gehören zum sogenannten **Umlaufvermögen**.

Autorentext

M 6 Eckberts Eröffnungsbilanz

Als Eröffnungsbilanz wird die Bilanz eines Unternehmens bei Gründung oder zu Beginn eines neuen Wirtschaftsjahres bezeichnet. Eckberts (vgl. M 4) Eröffnungsbilanz würde demnach folgendermaßen aussehen (in €):

Aktiva		**Passiva**	
Anlagevermögen		**Eigenkapital**	1.000
Immaterielle Vermögensgegenstände	100	**Fremdkapital**	
Einrichtung	5.000	Langfristige Verbindlichkeiten	4.000
Fahrrad	300	Lieferverbindlichkeiten	3.000
Umlaufvermögen			
Rohstoffe	700		
Kasse	1.900		
Bilanzsumme	8.000	**Bilanzsumme**	8.000

Autorentext

Aufgabe

Wie ändert sich die Bilanz (M 6), wenn Eckbert
- für 200 € Eier kauft und diese bar bezahlt?
- sich einen neuen Herd kauft (die Rechnung über 1.000 € wird erst in einem halben Jahr fällig)?
- sein Fahrrad für 300 € verkauft?

Buchführungspflicht

Info

Eine Verpflichtung zur Buchführung sowie eine Aufzeichnungspflicht ergeben sich aus den Steuergesetzen, aber auch aus außersteuerlichen Vorschriften. So bestimmt § 238 des Handelsgesetzbuchs die Buchführungspflicht für jeden Kaufmann. Ob ein kaufmännischer Geschäftsbetrieb vorliegt, ist nach dem Gesamtbild des Betriebes zu entscheiden. Wer nach außersteuerlichen Vorschriften buchführungspflichtig ist, muss Bücher auch nach den Bestimmungen des Steuerrechts führen.
Nach den Bestimmungen des § 141 der Abgabenordnung sind nachfolgende Steuerpflichtige zur Buchführung verpflichtet. Gewerbliche Unternehmer sowie Land- und Forstwirte, die
- Umsätze von mehr als 500.000 € im Kalenderjahr oder
- selbstbewirtschaftete land- und forstwirtschaftliche Flächen mit einem Wirtschaftswert von mehr als 20.500 € oder
- einen Gewinn aus Gewerbebetrieb von mehr als 30.000 € im Wirtschaftsjahr oder
- einen Gewinn aus Land- und Forstwirtschaft von mehr als 25.000 € im Kalenderjahr gehabt haben.

Damit unterliegen gewerbliche Unternehmen und Land- und Forstwirte, die einen der Grenzwerte überschreiten, der steuerrechtlichen Buchführungspflicht (§ 141 AO). Es gibt eine einfache (für überschaubare Geschäftsprozesse in kleineren Unternehmen) und eine doppelte Buchführung (für komplexere Geschäftsprozesse in größeren Unternehmen). Das gebräuchlichste Buchführungssystem ist die doppelte Buchführung (Doppik).

nach: www.steuerlexikon-online.de/Buchfuehrungspflicht.html (20.7.2007)

Veränderungen in der Bilanz

M 7

1. Herr X will ein Unternehmen gründen. Er bringt seine Ersparnisse von 200.000 € in das Unternehmen ein, indem er das Geld auf ein Geschäftskonto überweist. Da die 200.000 € vom Unternehmer selbst stammen, ist es Eigenkapital.

Aktiva		**Passiva**	
Bankguthaben	200.000	Eigenkapital	200.000

2. Da das Geld für die notwendigen Anschaffungen aber nicht ausreicht, nimmt er einen Kredit in Höhe von 300.000 € auf. Der Betrag wird vom Kreditgeber auf das Geschäftskonto von Herrn X überwiesen, sodass das Geschäftskonto jetzt 500.000 € aufweist. Auch die Passiv-Seite verändert sich, da zum vorhandenen Eigenkapital noch Schulden, d.h. Fremdkapital kommt. Die Bilanz würde jetzt so aussehen:

Aktiva		**Passiva**	
Bankguthaben	500.000	Eigenkapital	200.000
		Fremdkapital	300.000
	500.000		**500.000**

3. Jetzt kann der Unternehmer die notwendigen Maschinen und Rohstoffe für seine Produktion kaufen. (Gebäude, Betriebsstoffe usw. bleiben der Einfachheit halber hier unberücksichtigt): Er kauft Maschinen für 200.000 € und Rohstoffe für 100.000 €. Er bezahlt bar von seinem Geschäftskonto. Dadurch vermindert sich das Geschäftskonto, und es erscheinen im Anlagevermögen die Maschinen und im Umlaufvermögen die Rohstoffe. Die rechte Seite verändert sich nicht.

Aktiva		**Passiva**	
Maschinen	200.000	Eigenkapital	200.000
Rohstoffe	100.000	Fremdkapital	300.000
Bankguthaben	200.000		
	500.000		**500.000**

4. Die Produktion läuft jetzt in diesem Unternehmen, und die Bilanz verändert sich. Grund dafür ist:
- Die Maschinen verlieren an Wert, sie werden abgenutzt und schrittweise abgeschrieben (20.000 € im Jahr). Der Wert der Maschinen beträgt dann nur noch 180.000 €.
- Die Rohstoffe sind zum Teil verarbeitet worden (für 80.000 €). Es bleiben noch Rohstoffe für 20.000 €.
- Es mussten Löhne aus dem Bankguthaben gezahlt werden in Höhe von 100.000 €. Dadurch verringert sich das Bankguthaben auf 100.000 €.
- Es sind Fertigprodukte geschaffen worden, die aber noch nicht verkauft wurden. Sie gehen in Höhe der Herstellungskosten in die Bilanz ein (Herstellungskosten = Abschreibung 20.000 € + Lohn 100.000 € + Rohstoffe 80.000 = 200.000 €).

Die Bilanz weist dadurch nur Veränderungen auf der Aktiv-Seite auf.

Aktiva		**Passiva**	
Maschinen	180.000	Eigenkapital	200.000
Rohstoffe	20.000	Fremdkapital	300.000
Fertigprodukte	200.000		
Bankguthaben	100.000		
	500.000		**500.000**

Bisher wurden nur Vermögensteile untereinander umgewandelt, die Kapitalseite blieb noch unverändert. Jetzt kann der Unternehmer seine Fertigprodukte (Herstellungskosten von 200.000 €) mit Gewinn für 240.000 € verkaufen. In der Bilanz werden die Fertigprodukte nun nicht mehr aufgeführt. Da sie bar bezahlt wurden, gehen sie ins Bankguthaben ein. Die Aktiv-Seite erhöht sich um 40.000 €. Da beide Seiten einer Bilanz gleich sein müssen, steigt auch die Passiv-Seite um 40.000 €. Das Fremdkapital bleibt gleich groß, da keine zusätzlichen Kredite aufgenommen werden (540.000 € – 300.000 € Fremdkapital = 240.000 € Eigenkapital). Das Eigenkapital steigt durch den Gewinn an. Der Gewinn ist dadurch entstanden, dass die Produkte, die 200.000 € in der Herstellung kosteten, für 240.000 € verkauft wurden.

Aktiva		**Passiva**	
Maschinen	180.000	Eigenkapital	240.000
Rohstoffe	20.000	Fremdkapital	300.000
Bankguthaben	340.000		
	540.000		**540.000**

Duden Basiswissen Schule, Wirtschaft, Mannheim u.a. 2003, CD-ROM

Die Erfolgsrechnung: Gewinn oder Verlust?

M 8

Nach einem Jahr will Eckbert Maier wissen, ob sich sein Schritt in die Selbstständigkeit letztlich gelohnt hat. Ausschlaggebend für den Erfolg eines Unternehmens ist vor allem, ob ein Gewinn erzielt wurde. Eckbert stellt dazu folgende Informationen aus seiner Buchführung (in €) zusammen:

Miete:	12.000
Energie:	5.000
Personal:	6.000
Kreditzinsen (an Tante):	200
Habenzinsen für Sparbuch (Geschäftskonto):	100
Verkaufserlöse:	40.000
Rohstoffverbrauch:	10.000

In der Gewinn- und Verlustrechnung werden Aufwand und Ertrag gegenübergestellt. Die Differenz von Aufwand und Ertrag ergibt den sogenannten „Saldo“. Ist der Ertrag größer als der Aufwand (positiver Saldo), hat das Unternehmen einen Gewinn erwirtschaftet; ist der Aufwand größer als der Ertrag (negativer Saldo), ist ein Verlust zu verzeichnen.

Ertrag – Aufwand = Gewinn/Verlust

Gewinn erhöht das Eigenkapital. Durch Verlust wird das Eigenkapital vermindert.

Gewinn- und Verlustrechnung

Soll (Aufwand)		**Haben (Ertrag)**	
Mietaufwand	12.000	Zinsertrag	100
Energieaufwand	5.000	Verkaufserlöse	40.000
Personalaufwand	6.000		
Zinsaufwand	200		
Rohstoffverbrauch	10.000		
Saldo (Gewinn):	**6.900**		
	40.100		40.100

Autorentext

Grundsätze ordnungsgemäßer Buchführung

Info

Eine ordnungsgemäße Buchführung muss gewissen formalen und inhaltlichen Prinzipien genügen, damit sich ein sachverständiger Dritter in angemessener Zeit einen Überblick über die Geschäftsvorfälle und die Lage des Unternehmens verschaffen kann. Diese Prinzipien werden unter dem Begriff „Grundsätze ordnungsgemäßer Buchführung“ (GoB) zusammengefasst. Sie sind nicht starr, sondern werden laufend von Wissenschaft und Praxis sowie von der Rechtsprechung weiterentwickelt und den aktuellen Gegebenheiten angepasst. Teilweise wurden sie in Gesetze aufgenommen.

Einige Grundsätze ordnungsgemäßer Buchführung lauten:

- Die Buchführung muss klar und übersichtlich sein
- Die Geschäftsvorfälle sind laufend und vollständig, richtig und zeitgerecht sowie sachlich geordnet zu buchen.
- Keine Buchung ohne Beleg!
- Die Buchführungsunterlagen sind zehn Jahre aufzubewahren.
- Aufwendungen und Erträge dürfen nicht miteinander verrechnet werden (Saldierungsverbot).

www.phil.uni-sb.de/mz/verweise/psych/aufgaben/other/buchfuehrung.htm (20.7.2007)

Aufgaben

1. Übertragen Sie die lückenhafte Bilanz in Ihr Heft und ergänzen Sie (M 4 – M 7).

....	Bilanz		....
Geschäftsausstattung Bankguthaben Kasse	20.000 45.000 5.000	Eigenkapital Fremdkapital	.... 30.000
	....		....

2. Wie würde sich die Erfolgsrechnung ändern, wenn Eckbert 18.000 € Miete zahlen müsste (M 8)?
3. Erstellen Sie aus den folgenden Zahlen (in €) der KT GmbH aus dem laufenden Geschäftsjahr die Gewinn- und Verlustrechnung (M 8).

Rohstoffverbrauch	800.000
Eigenkapital	5.000.000
Verkaufserlöse	4.000.000
Sachanlagen	6.000.000
Löhne	1.200.000
Miete	1.000.000
Sonstiger Aufwand	700.000

4. Prüfen Sie, welche der folgenden Aussagen falsch ist (M 4 – M 8).
   a) Anlagevermögen (AV) und Umlaufvermögen (UV) weisen das gleiche Verhältnis auf wie Eigenkapital (EK) und Fremdkapital (FK).
   b) Grundstücke, Warenvorräte und Maschinen zählen zum AV.
   c) Die linke Seite der Bilanz zeigt die Herkunft des Kapitals.
   d) Die Summe aus AV und UV ist gleich der Summe aus FK und EK.
   e) Der Personalaufwand findet sich auf der Aktivseite der Bilanz.
   f) Die beiden Seiten der Bilanz heißen Soll und Haben.
5. In einer schwierigen Lebenssituation will sich Familie Fischer ein Bild von ihrer Vermögenslage verschaffen. In einer „Inventur" (vgl. M 9) hat sich die Familie ein Bild vom Ist-Zustand der Vermögenswerte und der Schulden gemacht.
   Erstellen Sie für die Familie eine Bilanz. Errechnen Sie das „Eigenkapital" der Familie. Fassen Sie einzelne Vermögensgüter zu sinnvollen Bilanzposten zusammen. Ordnen Sie die Vermögensgüter nach der Liquidität (d.h. führen Sie zunächst die Vermögensgüter an, die sich am schlechtesten „zu Geld machen lassen") und die Kapitalquellen nach der Fristigkeit. Welches Problem kann sich für die Familie Fischer aus der unterschiedlichen Liquidität des Vermögens ergeben (M 5 – M 8)?
   Anmerkung: Es handelt sich um Verkehrswerte, d.h. den gegenwärtigen Schätzwert der verschiedenen Vermögensgüter in €.

Wertpapiere	12.000
Mobiliar (Küche etc.)	15.000
Auto	7.000
Fahrräder	700
Elektronische Geräte (Computer, Fernseher etc.)	1.200
Bargeld	463
Eigentumswohnung	150.000
Hypothekarkredit für Wohnung (Restschuld)	140.000
Girokonto	1.230
Offene Raten für Einbauküche	4.500
Schulden bei Tante Monika	1.500

Grundlage der Bilanz: die Inventur

M 9

Zum Bilanzstichtag muss eine körperliche Bestandsaufnahme (messen, wiegen, zählen) aller Vermögensgegenstände und Schulden erfolgen (**Inventur**). Die Ergebnisse werden in einem Bestandsverzeichnis, dem **Inventar**, festgehalten. Die Inventur dient der Kontrolle, ob die tatsächlich vorhandenen Vermögensgegenstände und Schulden (Istbestände) mit den sich aus dem laufenden Rechnungswesen ergebenden Beständen (Sollbeständen) übereinstimmen. Differenzen müssen erklärt und gegebenenfalls bereinigt werden.

Autorentext

Bei der Inventur werden Vermögenswerte und Schulden ermittelt.

Das Geschäftsjahr im Überblick

M 10

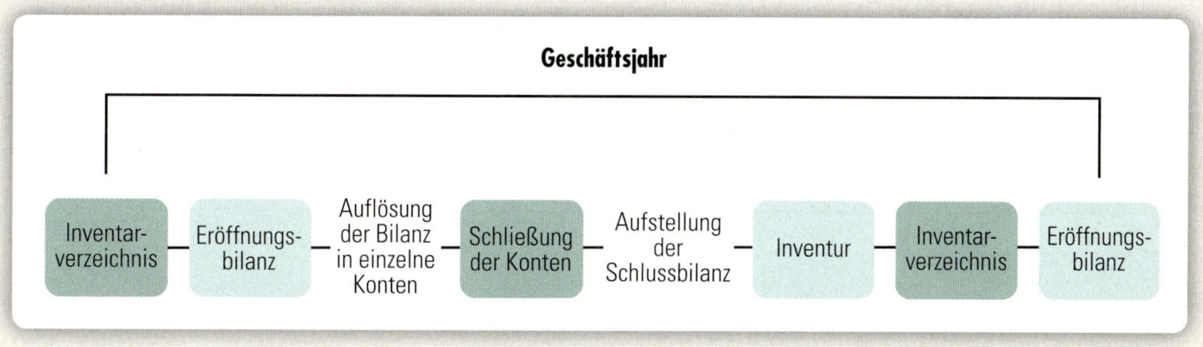

Autorengrafik

Der Jahresabschluss – wichtigstes Informationsinstrument des Rechnungswesens

M 11

Im Rahmen des externen Rechnungswesens ist der Jahresabschluss das wichtigste Informationsinstrument. Er soll Gläubiger, Kapitalanleger, Arbeitnehmer und den Staat über die Vermögens-, Finanz-, und Ertragslage eines Unternehmens informieren. Kapitalgesellschaften müssen ihren Jahresabschluss veröffentlichen (Publizitätspflicht). Der Jahresabschluss setzt sich aus folgenden Bestandteilen zusammen:

- **Bilanz:**
  Zusammenstellung des Vermögens und der Kapitalquellen des Unternehmens
- **Gewinn- und Verlustrechung:**
  Darstellung des Erfolgs des Unternehmens als Differenz zwischen Ertrag und Aufwand
- **Anhang:**
  genauere Informationen zu einzelnen Positionen der Bilanz bzw. Gewinn- und Verlustrechnung

Der **Lagebericht** wird zwar zusammen mit dem Jahresabschluss veröffentlicht, ist aber ein eigenständiges Informationsinstrument. Er beinhaltet vor allem Informationen zur voraussichtlichen zukünftigen Entwicklung des Unternehmens.

Autorentext

M12 Grenzen der Aussagekraft des Rechnungswesens: Vergangenheits- und Zukunftsbezug

„Die Fachkraft für Bilanzen, Herr Direktor" *Murschetz/CCC, www.c5.net*

Die Informationen des Rechnungswesens sind die wichtigste Grundlage für die unternehmerische Entscheidung. Die Entscheidungsträger beurteilen, inwiefern die Zahlen des Rechnungswesens (Ist-Zustand) mit dem Zielsystem des Unternehmens (Soll-Zustand) übereinstimmen. Aus dieser Lageanalyse werden wichtige Schlussfolgerungen für die zukünftige Unternehmenspolitik abgeleitet.

Die Zahlen des Rechnungswesens entstammen jedoch notwendigerweise der abgelaufenen Berichtsperiode (beim Jahresabschluss i.d.R. dem vergangenen Geschäftsjahr). Außerdem gibt beispielsweise die Bilanz nur ein stichtagsbezogenes Bild des Unternehmens wider. Schon am Tag nach der Veröffentlichung der Bilanz kann sich die Lage grundlegend verändern, z.B. durch überraschende Zahlungsvorgänge oder exogene Schocks (Konjunktureinbrüche, unerwarteter Umsatzrückgang). Aufgrund des Vergangenheits- und Stichtagsbezugs müssen die Informationen des Rechnungswesens interpretiert, gewichtet und gegebenenfalls um Sondereinflüsse bereinigt werden. Die unternehmerische Entscheidung bleibt also eine Entscheidung unter Unsicherheit.
Die externen Interessensgruppen des Rechnungswesens müssen sich darüber im Klaren sein, dass die Informationen des externen Rechnungswesens bewusst von der Unternehmensleitung gefiltert werden. Die Unternehmensleitung nutzt z.B. legale Spielräume der Bilanzgestaltung, um das Unternehmen in einem positiven Licht erscheinen zu lassen. Diese adressatenbezogene Informationsgestaltung wird als Bilanzpolitik bezeichnet. Aufgabe der Bilanzanalyse ist es wiederum, die wahre Bedeutung der vom Unternehmen publizierten Zahlen richtig zu deuten.

Autorentext

6.2 Die Bilanzanalyse

Wichtige Kennzahlen der Bilanz: Kapitalstruktur

M 13

Die Bilanzanalysen haben das Ziel, aus den Kennzahlen einer Unternehmensbilanz Erkenntnisse über die wirtschaftliche Lage eines Unternehmens zu gewinnen. Bilanzanalysen werden z.B. von Aktionären, Kreditgebern, Kunden oder Konkurrenzunternehmen durchgeführt. Der Analyst verfügt dabei nicht über die internen Informationen des Unternehmens und muss sich deshalb auf die veröffentlichten Angaben des Jahresabschlusses beziehen. Im Folgenden werden nur einige wenige der sehr zahlreichen gängigen Kennzahlen dargestellt.

1. Kennzahlen der Kapitalstruktur (Finanzierung)

$$\textbf{Grad der finanziellen Unabhängigkeit} = \frac{\text{Eigenkapital}}{\text{Gesamtkapital}} \cdot 100$$

$$\textbf{Verschuldungsgrad} = \frac{\text{Fremdkapital}}{\text{Gesamtkapital}} \cdot 100$$

Eine hohe Eigenkapitalquote macht unabhängig gegenüber Gläubigern (z.B. Banken) und schafft in Krisenzeiten Sicherheit. Im Bereich der Kapitalbeschaffung gilt: „Wer schon hat, dem soll noch gegeben werden“, d.h. wenn ein Unternehmen eine solide Eigenkapitalausstattung hat, wird es auch keine Schwierigkeiten haben, zusätzliches Kapital bei den Banken aufzunehmen.

Umgekehrt belastet ein hoher Verschuldungsgrad die Erfolgssituation des Unternehmens, da Fremdkapital in Krisenzeiten auch verzinst werden muss. Außerdem führt die Zinsbelastung zu laufenden Zahlungen und schränkt so die Liquidität (zeitpunktgenaue Zahlungsfähigkeit) des Unternehmens ein.

2. Kennzahlen der Anlagendeckung (Investierung)

$$\textbf{Anlagendeckungsgrad I} = \frac{\text{Eigenkapital}}{\text{Anlagevermögen}} \cdot 100$$

Die „goldene Bilanzregel“ fordert Fristengleichheit von Kapital und Vermögen, d.h. idealerweise sollte das Anlagevermögen mit Eigenkapital finanziert sein (Anlagendeckungsgrad = 100 %). Dahinter steht die Überlegung, dass auch in dem – hypothetischen – Fall, dass alle Fremdkapitalgeber ihre Kredite zurückziehen, die Produktionsbereitschaft gesichert bleibt (Ziel: Sicherheit in Krisenzeiten).

Für die meisten Unternehmen ist diese Zahl nicht erreichbar und auch nicht sinnvoll, da bei 100 % Anlagendeckung die Möglichkeit der Fremdkapitalaufnahme und damit der Expansion stark eingeschränkt wäre. Eine „mildere“ Form der goldenen Bilanzregel fordert deshalb lediglich einen Anlagendeckungsgrad II von 100 %.

$$\textbf{Anlagendeckungsgrad II} = \frac{\text{Langfristiges Kapital (EK und langfr. FK)}}{\text{Anlagevermögen}} \cdot 100$$

3. Kennzahlen der Liquidität (Zahlungsfähigkeit)

$$\textbf{Liquidität I} = \frac{\text{flüssige Mittel (Kasse, Girokonto)}}{\text{kurzfristiges Fremdkapital}} \cdot 100$$

$$\textbf{Liquidität II} = \frac{\text{flüssige Mittel + bedingt fl. Mittel (z.B. Forderungen)}}{\text{kurzfristiges Fremdkapital}} \cdot 100$$

$$\textbf{Liquidität III} = \frac{\text{Umlaufvermögen}}{\text{kurzfristiges Fremdkapital}} \cdot 100$$

Die Liquiditätskennzahlen sollen zeigen, ob das Unternehmen seinen laufenden Zahlungen nachkommen kann. Eine Liquidität I von 100 % würde bedeuten, dass das Unternehmen weitestgehend gegen Zahlungsunfähigkeit geschützt ist, da für alle kurzfristigen Forderungen (Verbindlichkeiten aus Lieferung und Leistung, sonstige Verbindlichkeiten, Kredite und Darlehen mit einer Laufzeit < 1 Jahr sowie kurzfristige Rückstellungen) flüssige Mittel (Bankguthaben, Kasse, Schecks und Wechsel) bereitgehalten werden. Eine Liquidität I von 100 % wäre allerdings nicht sinnvoll, da nicht alle kurzfristigen Forderungen gleichzeitig fällig werden und liquide Mittel Vermögen darstellen, das dann nicht für den Leistungsprozess des Unternehmens zur Verfügung steht (Überliquidität).

Liquidität II und III stellen abgemilderte Formen dieser Kennziffer dar. Bei diesen Varianten ist allerdings fraglich, ob die Forderungen (z.B. Verbindlichkeiten mit einer Laufzeit zwischen einem und fünf Jahren) bzw. Teile des Umlaufvermögens (z.B. Vorräte) auch schnell genug „flüssig" gemacht werden können, z.B. wenn die eigenen Schuldner auch nicht zahlungsfähig sind. Hierbei besteht also latent die Gefahr der Unterliquidität.

Autorentext

M 14 Wichtige Kennzahlen der Bilanz: Erfolgsanalyse

Die Zahlen des Rechnungswesens dienen der Unternehmensleitung unter anderem dazu, den Erfolg des Unternehmens zu kontrollieren. Insbesondere geht es darum festzustellen, ob das Unternehmen wirklich ökonomisch gewirtschaftet hat, also mit möglichst geringem Mitteleinsatz (Input) einen hohen Output erreicht hat. Dabei sind zwei Kennzahlen bedeutsam:

1. Eigenkapitalrentabilität

Diese Kennzahl stellt fest, wie sich der Einsatz des Eigenkapitals „ausgezahlt" hat. Ist sie sehr niedrig, wird sich ein Investor überlegen, ob er sich nicht eine andere, rentablere und eventuell auch sicherere Geldanlage sucht.

$$\textbf{Eigenkapitalrentabilität} = \frac{\text{Gewinn}}{\text{Eigenkapital}} \cdot 100$$

2. Produktivität

Die Produktivität stellt das mengenmäßige Verhältnis zwischen Output und Input des Produktionsprozesses fest.

$$\textbf{Produktivität} = \frac{\text{Ausbringungsmenge}}{\text{Einsatzmenge}}$$

Autorentext

6.3 Investition und Finanzierung

Investitions- und Finanzierungsentscheidungen im Unternehmen

M 15

Die Szenekneipe

Anton kennt sich gut aus in seinem Viertel. Er ist sicher, dass sich in dem frei gewordenen Lokal an der Ecke eine Kneipe nach seinem Konzept langfristig gut rentieren würde. Dazu erwirbt er im Rahmen eines Franchise-Systems den populären Markennamen „Planet Movie" für seine Kneipe. Er mietet die Geschäftsräume an (Miete: 20.000 €), kauft eine neue Einrichtung (Kosten: 200.000 €; Zahlungsziel vier Monate), stellt einen Koch und zwei Bedienungen ein (Bruttolohn: 8.000 € pro Monat). Später will er sich noch mehrheitlich an zwei umliegenden Kneipen beteiligen. Auf seinem Sparkonto hat A 50.000 €, die er für das Unternehmen verwenden will, ein Freund will mit 50.000 einsteigen und die Bank hat einen langfristigen Kredit von 100.000 € zugesagt. Da sich die Kneipe erst einführen muss, sind die Gäste in den ersten Monaten noch spärlich: Der Umsatz pro Abend beträgt ca. 400 €.

Autorentext

Das Architekturbüro

Bertram will sich als Architekt selbstständig machen. Da er in der Branche einen guten Namen hat und schon mehrere Wettbewerbe gewonnen hat, sieht er prinzipiell gute Aussichten. B will sich vor allem auf Wettbewerbe für öffentliche Aufträge spezialisieren. Diese haben eine hohe Bausumme und damit auch ein entsprechend hohes Architektenhonorar (ca. 1 Mio. € pro Auftrag). Für die Entwurfsplanung braucht er im wesentlichen ein CAD-System für 30.000 € und einen Mitarbeiter. Will er die großen Aufträge bewältigen, muss er mindestens 6 Mitarbeiter beschäftigen und ein großes Büro für 20.000 € im Monat anmieten. Zwischen Wettbewerbsausschreibung und Auftragsvergabe vergehen in der Regel ca. 10 Monate. Die Zeit von Auftragsvergabe bis Fertigstellung beträgt ca. 3 Jahre. B verfügt über Erspartes in Höhe von 100.000 €. Ein Partner will mit 100.000 € einsteigen: Die Bank hat einen Kredit von 200.000 € zugesagt. Kürzlich hat B bei einem Wettbewerb ein Preisgeld von 30.000 € gewonnen.

Aufgaben

1. Nennen Sie die in den beiden Beispielen erwähnten Investitions- und Finanzierungsvorgänge. Welche kommen wohl noch zusätzlich auf die Unternehmensgründer zu (M 15)?
2. Versuchen Sie, die Investitons- und Finanzierungsvorgänge in ein Schema einzuordnen (M 15).
3. Beurteilen Sie die beiden Finanzierungspläne (M 15).

M 16 Der Zusammenhang zwischen Investition und Finanzierung im betrieblichen Leistungsprozess

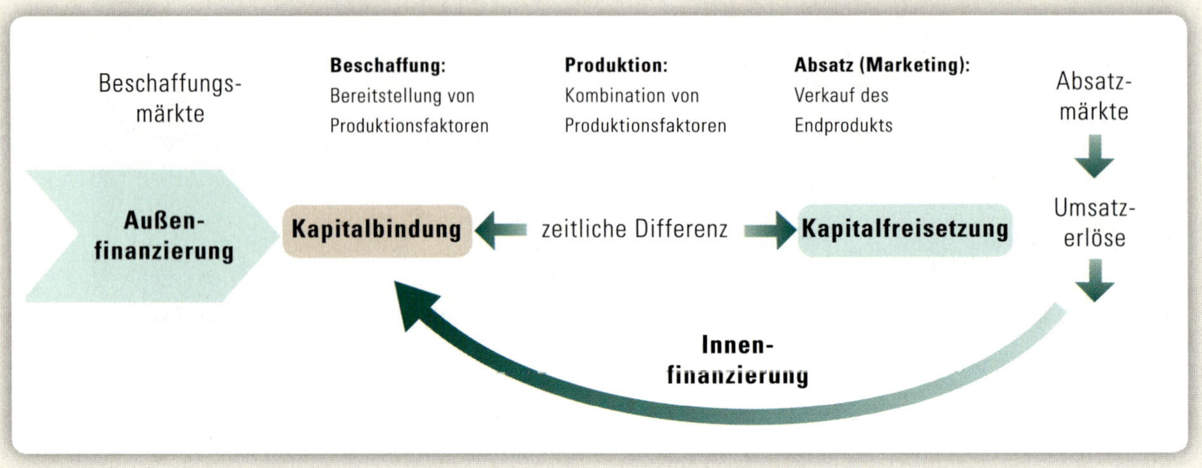

Idealerweise finanziert sich ein Unternehmen aus sich selbst heraus: Die Mittel, die durch den Verkauf von Fertigprodukten im Umsatzprozess freigesetzt werden, können gleich wieder für die Beschaffung von Investitionsgütern verwendet werden. Diese Art der Finanzierung „aus eigener Kraft" bezeichnet man als **Innenfinanzierung**. Leider muss, bevor finanzielle Rückflüsse aus dem Umsatz zu erwarten sind, zunächst investiert werden. Zwischen dem Vorgang der Investition (Kapitalbindung) und der Kapitalfreisetzung durch die Umsatzrückflüsse liegt also eine zeitliche Differenz und damit eine Liquiditätslücke. Damit der Produktions- und Umsatzprozess in Gang gesetzt werden kann, muss also zunächst Kapital von außen zugeführt werden. Man bezeichnet diese Art der Mittelzuführung als **Außenfinanzierung**.

Autorentext

M 17 Finanzierungsarten

Die Finanzierung umfasst alle Maßnahmen, die der Bereitstellung von Geld oder Sachmitteln für die betriebliche Leistungserstellung dienen. Sie ist nicht nur eine bei der Unternehmensgründung zu lösende Aufgabe, sondern eine laufende Herausforderung für das Unternehmen. Bei den Finanzierungsarten kann zunächst nach der Rechtsstellung des Kapitalgebers unterschieden werden. Der Kapitalgeber kann entweder Miteigentümer (Teilhaber) des Unternehmens (Zuführung von Eigenkapital) oder Gläubiger des Unternehmens werden (Zuführung von Fremdkapital). Zur Kapitalbeschaffung kann dem Unternehmen Kapital von außen zugeführt werden (Außenfinanzierung) oder es kann Kapital aus der unternehmerischen Tätigkeit heraus freigesetzt werden (Innenfinanzierung). Nachfolgendes Schaubild zeigt die unterschiedlichen Finanzierungsarten gemäß ihrer unterschiedlichen Kapitalherkunft:

Autorentext

Arten der Finanzierung				
Außenfinanzierung		Innenfinanzierung		
Zuführung von Eigenkapital (Beteiligungsfinanzierung)	**Zuführung von Fremdkapital** (Kreditfinanzierung)	**Selbstfinanzierung aus zurückgehaltenem Gewinn** (Bildung von Eigenkapital)	**Umsatzfinanzierung aus Umsatzerlösen** (z.B. aus Abschreibungsrückflüssen und Rückstellungen)	**Finanzierung aus Vermögensumschichtung** (z.B. Verkauf von Wertpapieren des Umlaufvermögens)

Die Außenfinanzierung

M 18

Bei der Außenfinanzierung wird unterschieden zwischen Eigenfinanzierung und Fremdfinanzierung. Unter Eigenfinanzierung versteht man die Zuführung von Kapital durch den oder die Eigentümer. Bei der AG sind die Aktionäre die „Eigentümer“ des Unternehmens, ihre Einlagen bilden das Grundkapital der AG.
Die Einbringung von Eigenkapital hat gegenüber der Fremdkapitalbeschaffung einige Vorteile:
Es gibt keine Rückzahlungspflicht und keine zeitliche Befristung; Eigenkapital beeinträchtigt nicht die Liquidität; Eigenkapital ist haftendes Kapital.

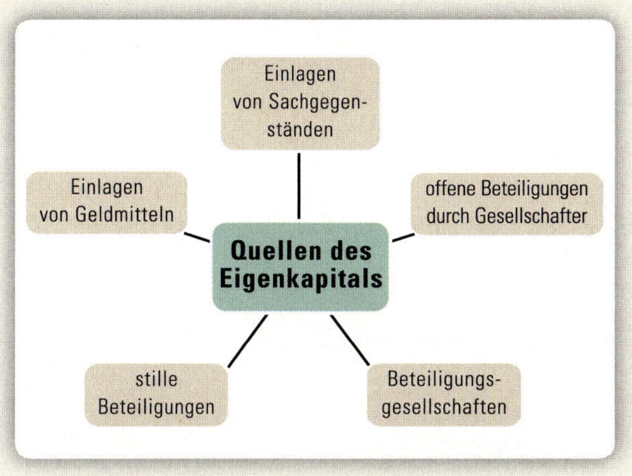

Je mehr Eigenkapital vorhanden ist, desto höher ist die Kreditwürdigkeit eines Unternehmens, desto leichter also auch die Beschaffung von Fremdkapital. Für Fremdkapital bestehen hingegen feste Zahlungsverpflichtungen für Tilgungen und Zinsen.
Bei der Beschaffung von Eigenkapital sollte man allerdings darauf achten, dass die Einbindung von weiteren Gesellschaftern zur Stärkung des Eigenkapitals auch zu einer Verschiebung der Mitbestimmungsrechte führen kann.
Bei der Fremdfinanzierung handelt es sich um die Beschaffung von Fremdkapital durch Aufnahme von Bank- oder Lieferantenkrediten. Banken bieten für den unterschiedlichsten Bedarf Kredite an. Bei einem Lieferantenkredit handelt es sich um keinen Kredit im klassischen Sinne. Ein Lieferantenkredit entsteht durch Einräumung von Zahlungszielen durch Geschäftspartner. Vielfach werden den Zahlungsfristen auch in Anspruch genommen, ohne dass hierüber Vereinbarungen getroffen wurden. Dieses vertragswidrige Verhalten schwächt allerdings die Glaubwürdigkeit und das Ansehen eines Unternehmens.

nach: Coaching für junge Unternehmen, Lehrbriefe Nr.4, Investition und Finanzierung, IQ Consult GmbH, im Auftrag der gsub – Gesellschaft für soziale Unternehmensberatung mbH, Berlin 2003

Die Innenfinanzierung

M 19

Eine Innenfinanzierung setzt Kapitalfreisetzung aus der unternehmerischen Tätigkeit voraus. Die Kapitalfreisetzung kann aus dem gewöhnlichen Leistungsprozess heraus (Umsatzerlöse) erfolgen oder durch außerordentliche Geschäfte, z.B. den Verkauf von Anlagevermögen.
Für die Innenfinanzierung stehen Gewinne des Unternehmens zur Verfügung, die nicht an die Teilhaber ausgeschüttet werden, sondern im Unternehmen verbleiben. Die Finanzierung durch Gewinnrücklagen bezeichnet man als Selbstfinanzierung.
Gewinnrücklagen können offen gebildet werden. Das Unternehmen kann Gewinne jedoch auch „verstecken“, indem z.B. Vermögensgüter im Rechnungswesen unterbewertet werden (z.B. Grundstücke oder Wertpapiere). Dies ist gesetzlich zulässig, denn bei der Bilanzierung gilt für das Vermögen das Niederstwertprinzip. In diesen Vermögensgütern stecken dann „stille Reserven“.
Neben dem Gewinn lassen sich jedoch auch noch weitere Teile der Umsatzerlöse für die Finanzierung nutzen, die zwar keinen Gewinn, sondern eigentlich Unternehmensaufwand darstellen. Hierzu ein Beispiel:
Ein Taxiunternehmer erzielt jeden Tag ca. 250 € Umsatzerlöse. Selbstverständlich verbleibt ihm dieser Betrag nicht – ein Großteil davon wird für den Aufwand des Unternehmens benötigt. Erst nach Abzug des Aufwands vom Erlös ergibt sich der Gewinn. Zunächst fallen 60 € Personalaufwand an, die sofort an den Fahrer der Nachtschicht ausgezahlt werden. Außerdem muss das Auto betankt werden, ein Aufwand von 40 € pro Tag. Auch die verbleibenden 150 € sind noch immer nicht der Gewinn. Würde der Taxiunternehmer diese 150 €

einfach verbrauchen, hätte er nach ca. 5 Jahren keine Mittel, um ein neues Auto zu beschaffen. Um die Abnutzung seines Autos zu berücksichtigen, wird er also weitere 40 € zurückbehalten. Diesen Aufwand für die Abnutzung von Produktionsgütern bezeichnet man als Abschreibungen. Außerdem wird der Unternehmer Vorsorge für unvorhergesehene Ereignisse, wie z.B. Unfälle, treffen und weitere 10 € vom Umsatz für diese Zwecke zurückbehalten – er bildet also Rückstellungen. Erst die verbleibenden 100 € sind der Gewinn des Unternehmens.

Allerdings kann der Unternehmer nicht nur diese 100 € Gewinn zur Finanzierung einsetzen (Selbstfinanzierung). Zwischen dem Aufwand für Personal und Benzin einerseits und dem Aufwand für Abschreibungen und Rückstellungen andererseits besteht ein Unterschied: Die Auszahlung des Lohns bzw. die Bezahlung an der Tankstelle muss sofort erfolgen; bei Abschreibungen und Rückstellungen ist das anders. Der Aufwand entsteht zwar jetzt (das Auto nützt sich ja heute schon ab), die Auszahlung wird jedoch erst beim Kauf eines neuen Autos fällig. In der Zwischenzeit kann dieser Teil der Umsatzerlöse also zur Finanzierung genutzt werden.

Stellen wir uns weiter vor, der Taxiunternehmer hätte 5 Autos. Natürlich könnte er jeden Tag pro Taxi 40 € Abschreibungen bilden und diesen Teil der Umsatzerlöse 5 Jahre lang für den Kauf eines neuen Fahrzeugs zurücklegen. Doch wäre es sicher klüger, die Abschreibungsrückflüsse aus dem Umsatz von 5 Taxen gleich nach einem Jahr zu verwenden und ein sechstes Auto zu erwerben. Es wäre keine Außenfinanzierung erforderlich, seine Kapazität und damit sein Umsatz (der wieder teilweise zur Finanzierung bereitsteht) hätten sich um 20 % erhöht. Die beschriebene Finanzierung aus Abschreibungen wird als „Lohmann-Ruchti-Effekt" bezeichnet.

Umsatzerlöse 250 €	Personalaufwand 60 €	Dieser Teil der Umsatzerlöse steht nicht für Finanzierungszwecke zur Verfügung, da die Auszahlung sofort erfolgt.
	Rohstoffaufwand 40 €	
	Abschreibungen 40 €	Steht der Innenfinanzierung zur Verfügung, da die Auszahlung erst später erfolgt.
	Rückstellungen 10 €	
	Gewinn 100 €	Selbstfinanzierung, da keine Auszahlung des einbehaltenen Gewinns.

Autorentext

Aufgaben

1. Ordnen Sie die Finanzierungsvorgänge aus M 15 der Außen- bzw. Innenfinanzierung zu.
2. Beschreiben Sie anhand der Übersicht in M 16 das Problem des zeitlichen Auseinanderfallens von Kapitalbindung und Kapitalfreisetzung.
3. Fassen Sie die Vorteile der Innenfinanzierung zusammen (M 17 – M 19).
4. Erklären Sie, was „Abschreibungen" sind (M 19).
5. Erläutern Sie, warum gerade dem Existenzgründer während der ersten Jahre die Mittel der Innenfinanzierung nur in beschränktem Ausmaß zur Verfügung stehen (M 15 – M 19).

Abituraufgabe: Analyse der Investitions- und Finanzierungspolitik anhand der Bilanz

M 20

Vereinfachte Bilanzen der Deutschen Chemie & Pharma AG

Aktiva (in Mio. €)	2007	2006	Passiva (in Mio. €)	2007	2006
Immaterielle			Gezeichnetes Kapital	1.000	1.000
Vermögensgegenstände	2.200	1.900	Kapitalrücklage	3.700	3.700
Sachanlagen	11.000	10.900	Gewinnrücklage	8.900	7.900
Finanzanlagen	2.300	1.100	Bilanzgewinn	1.000	800
Vorräte	4.500	5.800	Pensionsrückstellungen	5.900	5.600
Forderungen	4.800	5.600	Kurzfristige Rückstellungen	1.300	1.600
Flüssige Mittel	3.000	1.700	Langfristige Verbindlichkeiten	4.500	4.700
			Lieferverbindlichkeiten	1.500	1.700
Bilanzsumme	27.800	27.000	Bilanzsumme	27.800	27.000

Anmerkungen zu den Jahresabschlüssen: Für das Geschäftsjahr 2007 betragen die Abschreibungen auf die Sachanlagen 900 Mio. €. Abschreibungen auf die Finanzanlagen wurden nicht vorgenommen. Der Bilanzgewinn wird gemäß dem Beschluss der Hauptversammlung in beiden Jahren an die Aktionäre ausgeschüttet.

Aufgabe: Analysieren Sie anhand von drei selbst gewählten Bilanzkennziffern die Finanz- und Investitionspolitik der DCP AG im Geschäftsjahr 2007.

Analyse:

Kennziffern	2007	2006
Investierung:	13.600/15.500 = 87,7%	12.600/13.900 = 90,6%
Finanzierung:	13.600/14.200 = 95,8%	12.600/14.400 = 87,5%
Barliquidität:	3.000/3.800 = 78,9%	1.700/4.100 = 41,5%
Liquidität II:	7.800/3.800 = 205%	7.300/4.100 = 178%

Die Finanzierung erfolgt nahezu ausschließlich aus Innenfinanzierung:

- Umfinanzierung durch Reduktion von Vorräten
- Finanzierung aus Rückstellungen und Abschreibungsrückflüssen
- Selbstfinanzierung durch Einbehaltung des Gewinns

Investitionspolitik:

- primär Erhöhung der flüssigen Mittel und Aufstockung der Finanzanlagen
- gleichzeitig Expansion durch Aufstockung der Sachanlagen und des immateriellen Vermögens
- Schuldentilgung

Die Konzentration auf Innenfinanzierungsmaßnahmen und der gleichzeitige Schuldenabbau führen zu einer deutlichen Erhöhung der Liquidität (siehe Kennziffern für Liquidität) und der Verbesserung der Kapitalstruktur (siehe Kennziffer für Finanzierung).

Abituraufgabe Bayern 2001

M 21 Die Aktiengesellschaft in der Geschichte: Eine neue Rechtsform entsteht

Um das nötige Kapital für eine völlig neue Produktion zu beschaffen, genügte es [jetzt] nicht mehr, nur ein paar Partner in die Firma aufzunehmen. Man fand von einer bestimmten Größe des Vorhabens an auch keinen Bankier mehr, der bereit war, das Geld für die geplanten Rieseninvestitionen vorzustrecken. Dies zeigte sich besonders, als die industrielle Revolution mit ein paar Jahrzehnten Verspätung nach Deutschland kam. Mitte des 19. Jahrhunderts beherrschten die Engländer die Weltmärkte. Wer jetzt mithalten wollte, musste sofort ganz groß einsteigen und brauchte große Mengen an Kapital.

Deshalb begann nun die große Zeit der Aktiengesellschaften. Diese Form des Unternehmens, die die Holländer im 17. Jahrhundert erfunden hatten, machte es möglich, viel Kapital einzusammeln, und erlaubte es gleichzeitig vielen Wohlhabenden, sich am Wachstum der Industrie mit begrenztem Risiko zu beteiligen. Der Teilhaber einer Aktiengesellschaft trägt das Geschäftsrisiko des Unternehmens mit, aber nur sehr begrenzt; hat sich dessen Chef verkalkuliert, dann ist im schlimmsten Fall die Aktie wertlos und dessen Besitzer, der Aktionär, hat alles Geld verloren, das er dafür ausgegeben hat. Aber, und das war das Entscheidende bei der Gründung der Aktiengesellschaften, darüber hinaus musste er nichts mehr bezahlen. Dagegen muss ein einzelner Unternehmer, um seine Schulden zu bezahlen, notfalls sein gesamtes Privatvermögen hergeben.

Den Aktiengesellschaften wurden regelrechte Verfassungen vorgeschrieben, die dafür sorgen sollten, dass der einzelne Aktionär, der sich ja nicht mehr um die Einzelheiten des Geschäftes kümmern konnte, nicht betrogen wurde. Die Grundsätze, die in Deutschland im 19. Jahrhundert beschlossen wurden, gelten im Prinzip bis heute: In der Hauptversammlung haben alle Aktionäre Sitz und Stimme; es sind aber, im Gegensatz zu einem Parlament, nicht alle Aktionäre gleich, sondern alle Aktien: Wer am meisten Aktien besitzt, hat am meisten zu sagen. Die Hauptversammlung muss den Geschäftsabschluss (Bilanz und Gewinn- und Verlustrechnung) des Unternehmens billigen, sie wählt den Aufsichtsrat, der die laufenden Geschäfte des Unternehmens kontrolliert und die eigentliche Geschäftsleitung wählt, den Vorstand.

Nikolaus Piper, Geschichte der Wirtschaft, Weinheim 2002, S. 127

Info: Die Aktiengesellschaft

Eine Aktiengesellschaft ist eine Kapitalgesellschaft mit eigener Rechtspersönlichkeit (juristische Person), deren Firmenbezeichnung immer den Zusatz „Aktiengesellschaft" oder die Abkürzung AG enthalten muss. Rechtsgrundlage ist das Aktiengesetz.

Eine AG kann durch eine (kleine AG) oder mehrere Personen gegründet werden mit einem Grundkapital von mindestens 50.000 Euro. Dieses Grundkapital wird aufgeteilt in Anteile (Aktien), die für die Anteilseigner oder Aktionäre bestimmte Rechte verbriefen. Der Nennwert einer Aktie muss mindestens auf einen Euro lauten, Stückaktien benötigen keinen Nennbetrag. Die AG haftet mit ihrem Firmenvermögen für Schulden; die Aktionäre tragen nur das Risiko des Wertverlustes ihrer Aktien, was bis zum Totalausfall führen kann. Organe einer AG sind der Vorstand als Leitungsgremium der Gesellschaft, der Aufsichtsrat als Kontrollorgan für den Vorstand und die Hauptversammlung als Zusammenkunft der Aktionäre, die z.T. den Aufsichtsrat wählt und wesentliche Aspekte der Geschäftspolitik beschließt.

nach: Achim Pollert u.a., Das Lexikon der Wirtschaft. Grundlegendes Wissen von A bis Z., 2. Aufl., Bonn 2004, S. 253

Ein Unternehmen geht an die Börse: „Going Public“

M 22

Die Fluggesellschaft Air Berlin ging im Mai 2006 an die Börse. Der Emissionserlös betrug 443,5 Millionen Euro.

Unter Going Public, auch unter dem Begriff Initial Public Offering (IPO) bekannt, versteht man die Umwandlung einer privaten Aktiengesellschaft in eine Publikumsgesellschaft.

Ein bisher geschlossener Kreis von (Eigen-)Kapitalgebern (z.B. Familien-AG) sucht neue Kapitalgeber, indem Beteiligungspapiere der Gesellschaft einem breiten Anlagepublikum offeriert werden. Es handelt sich also um die Beanspruchung des Kapitalmarktes im Rahmen einer Beteiligungsfinanzierung. Hierbei können sowohl alte, d.h. schon unabhängig von diesem Anlass bestehende, als auch neue Aktien zum Einsatz kommen. Werden alte Aktien platziert, so wechseln lediglich Teile bzw. das gesamte Unternehmen den Eigentümer. Bei der Platzierung neuer Aktien (Primary Placement) ist zunächst eine Kapitalerhöhung notwendig und die Emissionserlöse erhöhen das Eigenkapital des Unternehmens.

Auch wenn die Gründe für ein Going Public sehr vielfältig sein mögen und letztlich verschiedene Motive zusammen den Ausschlag zu einem solchen Schritt geben, steht doch meistens ein im Rahmen von Wachstums- oder Expansionszielen ungedeckter (zukünftiger) Kapitalbedarf im Vordergrund. Dieser Kapitalbedarf kann weder durch Zuschüsse der bisherigen Aktionäre noch durch Selbstfinanzierung oder Kredite gedeckt werden. Gerade bei kleineren, stark wachsenden Unternehmen, die einen großen Kapitalbedarf haben, sind die Aktionäre oft nicht mehr fähig, zusätzliches Kapital zur Verfügung zu stellen. Daneben gibt es eine Reihe weiterer Gründe, die den Ausschlag zu Gunsten eines Going Public geben kann:

- Die bisherigen Eigentümer können sich ganz oder teilweise aus dem Unternehmen zurückziehen.
- Eine Öffnung der Gesellschaft mit Verbreiterung des Aktionärskreises bedeutet gleichzeitig auch eine Teilung des Unternehmensrisikos zwischen mehreren Investoren.
- Ein Going Public gibt den bisherigen Aktionären die Möglichkeit, einen Teil ihres Aktienbesitzes zu veräußern.

Jean-Paul Thommen, Allgemeine Betriebswirtschaftslehre, Wiesbaden 2001, S. 383.

Aufgaben

1. Erläutern Sie die Gründe für die Entstehung der Aktiengesellschaft (M 21).
2. Stellen Sie dar, warum sich die Rechtsform der AG besonders für die Eigenfinanzierung eignet (M 21, info, M 22).

M 23 Finanzierungsprobleme mittelständischer Unternehmen

Eigenkapital: Mittelstand auf schwachen Füßen

	Klein-unternehmen	mittlere Unternehmen			Groß-unternehmen
Umsatz in Mio. Euro	0,5 bis 2,5	2,5 bis 5	5 bis 12,5	12,5 bis 50	über 50
Eigenkapital in Prozent der Bilanzsumme	4,1	10,2	14,0	20,7	25,0
Bankschulden in Prozent der Bilanzsumme	41,3	30,9	29,1	24,4	18,8
Zinsaufwand in Prozent der Gesamtleistung	1,8	1,2	1,1	1,0	0,9

Medianwerte; Gesamtleistung: Umsatz = plus/minus Vorratsveränderung;

Stand 2003; Quelle: Deutscher Sparkassen- und Giroverband

Der deutsche Mittelstand hat nach wie vor Probleme, an neue Kredite zu kommen. Durch gestaffelte Zinssätze für Unternehmenskredite soll sich daran etwas ändern. Auch Firmen mit schwächerer Kreditwürdigkeit erhalten so eine Chance, an ein Darlehen zu kommen – sie müssen nur mehr dafür bezahlen.

Schon seit mehreren Jahren klagen die Unternehmen über wachsende Schwierigkeiten, von ihren Banken Kredite zu bekommen. Dies gilt nicht nur für Gelder zur Finanzierung neuer Investitionen; nicht selten wurden auch die bestehenden Kreditlinien gekürzt und vor allem kleinere Unternehmen in eine bedrohliche finanzielle Schieflage gebracht. Nach einer Befragung von 4.500 Unternehmen durch die Kreditanstalt für Wiederaufbau im Herbst 2003 haben vor allem kleine Firmen große Probleme, Darlehen zu bekommen – fast jeder vierte Antrag wurde von den Banken abgewiesen. In 60 Prozent der Fälle lassen Banken Kreditverhandlungen wegen unzureichender Sicherheiten scheitern. Eine geänderte Geschäftspolitik führt in fast jedem zweiten Fall zum Aus. In jedem dritten Fall verweigern die Banken den Kredit wegen mangelnder Bonität. Aber auch die Unternehmen sind nicht unbegrenzt belastbar. Rund 40 Prozent sind die geforderten Sicherheiten zu restriktiv, jeder dritte Antragsteller bricht die Verhandlungen ab, weil ihm der Zins zu hoch ist. Nur für 12 Prozent ist dagegen das angebotene Kreditvolumen zu gering.

Die schärfere Gangart der Hausbanken steht im Zusammenhang mit den neuen Eigenkapitalrichtlinien für Banken, die ab 2007 gelten sollen. Danach müssen Geschäftsbanken die Kreditzinsen an der Bonität der Antragsteller, also deren Kreditausfallrisiko, ausrichten. Die Firmen wiederum müssen ein Rating über sich ergehen lassen, bei dem Geschäftszahlen und -strategien auf den Prüfstand kommen. Zwar versuchen die Unternehmen, den neuen Richtlinien der Banken für die Kreditvergabe gerecht zu werden, indem sie z.B. mehr Sicherheiten bieten. Am Grundübel, der zu geringen Eigenkapitalausstattung kleiner und mittlerer Unternehmen, hat sich jedoch nur wenig getan. Das „typische" Kleinunternehmen mit 0,5 bis 2,5 Millionen Umsatz kommt lediglich auf eine Eigenkapitalquote von 4 Prozent.

Die klassische Option zur Erhöhung der Eigenkapitalquote besteht in der Gewinnthesaurierung – also der Bildung von Gewinnrücklagen. Dies ist ein langer und … schwieriger Weg. …

Eigenkapital ist jedoch das A und O bei der Kreditvergabe. Jedes Unternehmen, das über eigenes Geld verfügt, wird von den Banken ganz anders behandelt als ein klammer Mittelständler.

Denn wer eigenes Kapital einbringt, vermeidet hohe Fremdfinanzierungskosten und kann eine Durststrecke besser überstehen; Bankkredite dagegen müssen immer bedient werden, egal wie die wirtschaftliche Situation der Firma ist. Dementsprechend werden Unternehmen mit einer starken Eigenkapitalbasis bei allen Ratings besser beurteilt als Unternehmen mit einer geringen Eigenkapitalausstattung.

iwd – Informationsdienst des Instituts der deutschen Wirtschaft Köln, Nr. 14/2005, 7.4. 2005, S. 4 f.

Die Investitions- und Finanzierungspolitik Dagoberts

M 24

Bekanntes Motiv: das allmorgendliche Bad der „reichsten Ente der Welt" in ihrem Geldspeicher. Signierter Lichtdruck des Comic-Zeichners Carl Barks.

Aufgaben

1. Fassen Sie zusammen, warum besonders kleine und mittlere Unternehmen bei der Finanzierung Schwierigkeiten haben (M 23).
2. Beurteilen Sie Dagoberts Investitions- und Finanzierungspolitik unter der Prämisse, dass sein Unternehmen sowohl Erfolgs- als auch Sicherheitsziele verfolgt (M 24).

Wissen kompakt

Aufgaben des Rechnungswesens
M 1 – M 3

Im Rechnungswesen werden alle betrieblichen Vorgänge zahlenmäßig erfasst und aufbereitet. Das Rechnungswesen erfüllt wichtige Aufgaben im Unternehmen. Intern dient es der Dokumentation der wirtschaftlich bedeutenden Vorgänge (Geschäftsvorfälle) und der Kontrolle der Unternehmensziele. Es ist deshalb eine wichtige Grundlage der unternehmerischen Entscheidungen. Nach außen hin dienen die Zahlen des Rechnungswesens der Rechenschaft, z.B. gegenüber den Anteilseignern und den Steuerbehörden.
Das Rechnungswesen gliedert sich in die Teilbereiche Finanzbuchhaltung und Bilanz, Kosten- und Leistungsrechnung, Statistik und Planungsrechnung. Grundlage des Rechnungswesens ist eine ordnungsgemäße Buchführung.

Aufbau der Bilanz
M 4 – M 7, M 9

Die Bilanz stellt die Kapitalverwendung (Vermögen – Aktiva) der Kapitalherkunft (Kapital – Passiva) gegenüber. Die beiden Seiten der Bilanz sind stets gleich groß. Das Handelsgesetzbuch legt fest, wie eine Bilanz zu gliedern ist und welche Posten enthalten sein müssen.
Die Positionen der Aktivseite sind nach dem Grad ihrer Liquidität geordnet: Unten stehen die Vermögensgüter, die am schnellsten flüssig gemacht werden können. Die Passivseite ist nach der Fristigkeit des Kapitals gegliedert: Unten steht also das Kapital, das dem Unternehmen nur kurzfristig zur Verfügung steht. Nach diesen Gliederungsprinzipien lässt sich die Bilanz auch in Blöcke einteilen. Auf der Aktivseite beinhaltet das Anlagevermögen die Vermögensgüter, die über längere Zeit im Unternehmen verbleiben, während das Umlaufvermögen die Güter umfasst, die schnell wieder verkauft, verbraucht oder verarbeitet werden. Die Passivseite gliedert sich nach der rechtlichen Stellung der Kapitalgeber in Eigen- und Fremdkapital.
Grundlage der Bilanz ist die Inventur, d.h. die mengen- und zahlenmäßige Erfassung aller Vermögensgegenstände und Schulden. Die Ergebnisse der Inventur werden in einem Bestandverzeichnis, dem Inventar, festgehalten.

Erfolgsrechnung
M 8, M 11

In der Erfolgsrechnung (Gewinn- und Verlustrechnung) wird dem Ertrag des Unternehmens der Aufwand in einer bestimmten Periode gegenübergestellt. Aus der Differenz zwischen Aufwand und Ertrag ergibt sich der Gewinn (oder Verlust). Bilanz und Gewinn- und Verlustrechung bilden zusammen mit dem Anhang den Jahresabschluss.

Rentabilität und Produktivität
M 13, M 14

Die einzelnen Zahlen der Bilanz und der Gewinn- und Verlustrechung geben interessierten Personenkreisen Aufschluss über die wirtschaftlichen Verhältnisse des Unternehmens.
Die Kennzahlen für Rentabilität und Produktivität überprüfen, ob die unternehmerischen Entscheidungen wirklich nach dem ökonomischen Prinzip erfolgt sind. Dabei vergleicht die Eigenkapitalrentabilität das eingesetzte Eigenkapital mit dem erzielten Gewinn. Die Produktivität vergleicht mengenmäßigen Input und Output. Die Kennzahlen für die Kapitalstruktur geben Aufschluss über die Zahlungsfähigkeit (Liquidität) eines Unternehmens.

Finanzierungsarten
M 15 – M 19,
M 21, M 22

Die Finanzierung umfasst alle Maßnahmen, die der Bereitstellung von Geld und Sachmitteln zur betrieblichen Leistungserstellung dienen. Sie ist eine immer wiederkehrende Aufgabe des Beschaffens, Erlösens und Wiedereinsetzens von Mitteln, um die betrieblichen Grundfunktionen zu erfüllen. Folgende Finanzierungsarten werden unterschieden:

- Außenfinanzierung
  - Zuführung von Eigenkapitel
  - Zuführung von Fremdkapital
- Innenfinanzierung
  - Selbstfinanzierung aus Gewinn
  - Umsatzfinanzierung aus Abschreibungen
  - Finanzierung aus Vermögensumschichtung

Die Soziale Marktwirtschaft

7

Über Umbau, Reformen, über eine „neue" Soziale Marktwirtschaft wird seit geraumer Zeit in der Öffentlichkeit diskutiert. Um einen Standpunkt in dieser Auseinandersetzung beziehen zu können, ist die Beschäftigung mit den Grundlagen unserer Wirtschaftsordnung unumgänglich.

Das Kapitel stellt zunächst die theoretischen Grundlagen der Sozialen Marktwirtschaft als der prägenden Wirtschaftsordnung für die Bundesrepublik Deutschland vor. Anschließend wird aufgezeigt, wie die Wettbewerbspolitik dazu beiträgt, die Freiheit der Märkte und damit die Grundlage der Wirtschaftsordnung zu garantieren.
Deutlich werden die gesellschaftspolitische Integrationskraft der Wirtschaftsordnung in der Geschichte der Bundesrepublik sowie ihre verfassungsrechtliche Verankerung.

Die Soziale Marktwirtschaft will soziale Gerechtigkeit herstellen, die soziale Sicherung der Bürger gewährleisten und den sozialen Frieden erhalten. Diese Ziele konkretisieren sich im Sozialstaatsprinzip. Während über die Zielsetzungen jedoch weitgehend Einigkeit in Politik und Öffentlichkeit besteht, ist die konkrete Ausgestaltung des Sozialstaats zur Erreichung dieser Ziele heftig umstritten.

Tipps & Links

Lernen vor Ort

- In Zusammenarbeit mit Geschichte: Befragen Sie Zeitzeugen zur wirtschaftlichen Entwicklung der Bundesrepublik in den „Wirtschaftswunderjahren" (50er- und 60er-Jahre).
- Wirtschaft in Bildern: Dokumentieren Sie in Bildern, wie der wirtschaftliche Aufschwung das Stadtbild Ihrer Heimatstadt verändert hat.

Referieren und Präsentieren

- Verfassen Sie ein Referat über die Wirtschafts- und Währungsreform im Jahr 1948.
- Informieren Sie sich über den Marshallplan und erläutern Sie seine Bedeutung für die westdeutsche Wirtschaft.
- Stellen Sie Köpfe und Konzepte der „Freiburger Schule" vor.
- Verfassen Sie ein Referat zur Biografie Ludwig Erhards.

Weiterlesen

- *Aus Politik und Zeitgeschichte 13/2007, Soziale Marktwirtschaft, 26.3.2007 (Beilage zur Wochenzeitung „Das Parlament")*
  Das Themenheft beschreibt in verschiedenen Beiträgen das Modell Ludwig Erhards und fragt, ob die Soziale Marktwirtschaft als „Exportmodell" tauglich ist.
- *Ludwig Erhard, Wohlstand für alle, Düsseldorf 1957 (Econ)*
  In seinem populären Buch legte Erhard seine Vorstellungen vom Konzept der Sozialen Marktwirtschaft allgemeinverständlich dar.
- *Informationen zur politischen Bildung Nr. 294, Staat und Wirtschaft, Bonn 2007 (Bundeszentrale für politische Bildung)*
  Das Heft zeigt, mit welchen Maßnahmen Wirtschaftspolitik auf aktuelle Herausforderungen reagieren kann und beleuchtet grundsätzlich das Verhältnis von Markt und Staat.
- *C. Mierzejewski, Anne Emmert, Norbert Juraschitz, Ludwig Erhard. Der Wegbereiter der sozialen Marktwirtschaft. Biografie, München 2005 (Siedler)*

Recherchieren

www.bundeskartellamt.de
Seite des Bundeskartellamtes. Informationen zur Arbeit des Kartellamtes, Publikationen, aktuelle Entscheidungen.

http://ec.europa.eu/comm/competition/index_de.html
Seite der Europäischen Union mit zahlreichen Informationen zur Wettbewerbspolitik.

www.ludwig-erhard-stiftung.de
Die Ludwig-Erhard-Stiftung wurde 1967 von Ludwig Erhard in Bonn gegründet. Auf der Seite finden sich Informationen über Ludwig Erhard und regelmäßige Publikationen zum Thema Soziale Marktwirtschaft.

www.sozialpolitik.com
Auf der Seite gibt es viele Informationen und Publikationen zur Sozialpolitik für Schüler und Lehrer. Jeden Monat stehen neue kostenlose Arbeitsblätter und Schaubilder bereit.

Das Leitbild der Sozialen Marktwirtschaft

M 1

Das Leitbild der Sozialen Marktwirtschaft entstand gegen Ende des Zweiten Weltkriegs und griff Elemente des Neoliberalismus und der christlichen Soziallehre auf. Geistige Väter des Konzepts waren Walter Eucken (1891–1950), Professor für Volkswirtschaftslehre, und Alfred Müller-Armack (1901–1978), späterer Abteilungsleiter im Bundesministerium für Wirtschaft. Diese Wirtschaftsordnung wurde in der Bundesrepublik Deutschland insbesondere durch den Bundeswirtschaftsminister und späteren Bundeskanzler Ludwig Erhard (1897-1977) politisch durchgesetzt. In ihr kommt dem Staat die Aufgabe zu, die sozial unerwünschten Auswirkungen der Marktwirtschaft zu verhindern oder wenigstens abzumildern. „Sozial" steht für soziale Gerechtigkeit und Sicherheit, „Marktwirtschaft" steht für wirtschaftliche Freiheit.

Wirtschaftliche Freiheit bedeutet, dass Verbraucher frei entscheiden können, welche Güter sie kaufen (Konsumfreiheit). Der Eigentümer an Produktionsmitteln kann frei wählen, ob er seine Arbeitskraft, Sachgüter oder unternehmerischen Fähigkeiten zur Verfügung stellt (Gewerbefreiheit, Berufsfreiheit und Freiheit der Eigentumsnutzung). Unternehmer haben die Freiheit, Güter nach ihrer Wahl zu produzieren und abzusetzen. Käufer und Verkäufer von Gütern oder Dienstleistungen besitzen die Freiheit, sich neben anderen um das gleiche Ziel zu bemühen (Wettbewerbsfreiheit). Nur mittels eines funktionsfähigen Wettbewerbs werden über Angebot und Nachfrage die Wirtschaftspläne so aufeinander abgestimmt, dass die Wirtschaft quasi wie von selbst ihren bestmöglichen Zustand erreicht. Zu diesem Zweck setzte Erhard das Gesetz gegen Wettbewerbsbeschränkungen (1957) durch. Die Marktfreiheit soll durch den Staat dort beschränkt werden, wo sie die soziale Gerechtigkeit und die soziale Sicherheit gefährdet. Der Wirtschaftspolitik kommt z.B. die Aufgabe zu, die negativen Folgen von Konjunkturschwankungen (Arbeitslosigkeit, Inflation) zu dämpfen. Die Einkommens- und Vermögensverteilung soll vor allem im Interesse der nicht am Wirtschaftsprozess

Ludwig Erhard (1897 – 1977) gilt als Begründer des Konzepts der Sozialen Marktwirtschaft und als „Vater" des deutschen Wirtschaftswunders.

beteiligten Gruppen staatlich korrigiert werden; es findet eine Umverteilung (Distribution) statt. ... Der Staat übernimmt Aufgaben, die über den Markt nicht oder nur sehr eingeschränkt angeboten werden können (Marktversagen), wie etwa struktur- und bildungspolitische Aufgaben. ...

Die Soziale Marktwirtschaft hält grundsätzlich am Ideengut des Individualprinzips fest. Die Handlungsfreiheit des Einzelnen sollte allerdings dort aufhören, wo fundamentale Rechte und Lebensinteressen anderer eingeschränkt werden. Das Grundziel dieser Wirtschaftsordnung heißt entsprechend: „So viel Freiheit wie möglich, so viel staatlicher Zwang wie notwendig." Die Aufgabe der Sozialen Marktwirtschaft ist es, auf Grundlage der Marktwirtschaft das Prinzip der Freiheit mit dem des sozialen Ausgleichs und der sozialen Gerechtigkeit zu verknüpfen. Damit liegt die Wirtschaftsordnung der Sozialen Marktwirtschaft zwischen den beiden Extremen der auf dem Individualprinzip aufgebauten Marktwirtschaft und der auf dem Kollektivprinzip aufgebauten Planwirtschaft.

Michael Bauer u.a., Bundeszentrale für politische Bildung, Wirtschaft heute, 4. Aufl., Bonn 2003, S. 30

M 2 Alfred Müller-Armack: ordnungspolitische Aufgaben des Staates in der Sozialen Marktwirtschaft

Die Konzeption der Sozialen Marktwirtschaft baut auf der in der Forschung der letzten Jahrzehnte gewonnenen Einsicht auf, dass Wirtschaftspolitik ohne eine klare Entscheidung für ein Koordinierungsprinzip nicht erfolgreich geführt werden kann. Die negativen Erfahrungen, die mit interventionistischen Mischsystemen gemacht wurden, haben die von Walter Eucken, Franz Böhm, F. A. Hayek, Wilhelm Röpke, Alexander Rüstow u.a. entwickelte Wirtschaftsordnungstheorie zur Einsicht geführt, dass das Prinzip des Wettbewerbs als unerlässliches Organisationsmittel von Massengesellschaften nur funktionsfähig ist, wenn eine klare Rahmenordnung den Wettbewerb sichert. Auf diesen Einsichten, die durch Erfahrung mit der Kriegswirtschaft des 2. Weltkrieges noch vertieft wurden, basiert der Gedanke der Sozialen Marktwirtschaft. Mit dem Neoliberalismus teilen die Vertreter der Sozialen Marktwirtschaft die Überzeugung, dass der Altliberalismus zwar die Funktionsbedeutung des Wettbewerbs richtig gesehen hat, die sozialen und soziologischen Probleme jedoch nicht ausreichend beachtet. ... Im Gegensatz zum Altliberalismus erstreben sie keine Wiederherstellung einer Laissez-faire-Wirtschaft; ihr Ziel ist eine neuartige Synthese. ... Der Begriff der Sozialen Marktwirtschaft kann so als eine ordnungspolitische Idee definiert werden, deren Ziel es ist, auf der Basis der Wettbewerbswirtschaft die freie Initiative mit einem gerade durch die marktwirtschaftliche Leistung gesicherten sozialen Fortschritt zu verbinden. Auf der Grundlage einer marktwirtschaftlichen Gesamtordnung kann ein vielgestaltiges und vollständiges System sozialen Schutzes errichtet werden. Nur in einem marktwirtschaftlichen System vermögen die alle Schichten umfassenden, in ihrer Marktposition überdies schwach gesicherten Konsumenten die Wirtschaft nach ihrem Bedürfnis zu lenken. Der Preisapparat ist nach heutiger Einsicht ein unentbehrlicher Koordinierungs- und Einpendelungsapparat, der die zahllosen und überdies differenzierten Einzelpläne der Konsumenten abstimmt und wirksam werden lässt. Alle zentrale Lenkung sucht demgegenüber die Güterströme anders fließen zu lassen, als es dem Wunsch der Konsumenten entspricht. Diese Orientierung am Verbrauch bedeutet bereits eine soziale Leistung der Marktwirtschaft. In gleicher Richtung wirkt die durch das Wettbewerbssystem gesicherte und laufend erzwungene Produktivitätserhöhung als eine soziale Verbesserung, die um so größer und allgemeiner ist, je mehr durch den Wettbewerb einseitige Einkommensbildungen, die aus wirtschaftlicher Sonderstellung herrühren, eingedämmt werden. Neben dieser dem Wettbewerbssystem an sich schon innewohnenden sozialen Funktion hat die Wirtschaftspolitik weitere Möglichkeiten der sozialen Ausgestaltung der Wirtschaftsordnung. In erster Linie ist hier an die vom Neoliberalismus geforderte institutionelle Sicherung des Wettbewerbs zu denken. Ihr Sinn ist es, Wettbewerbsbeschränkungen unmöglich zu machen, Monopole, Oligopole und Kartelle unter Kontrolle zu nehmen und dadurch den Wettbewerb zu größter Wirksamkeit im Interesse des Verbrauchers zu bringen. Indem dem Wettbewerb möglichste Elastizität gegeben wird, erfüllt eine Wettbewerbsordnung zugleich auch soziale Aufgaben. Der Gedanke der Sozialen Marktwirtschaft beschränkt sich jedoch nicht darauf, lediglich das Instrumentarium der Konkurrenz sozial funktionsfähig zu machen. Der marktwirtschaftliche Einkommensprozess bietet der Sozialpolitik ein tragfähiges Fundament für eine staatliche Einkommensumleitung, die in Form von Fürsorgeleistungen, Renten- und Lastenausgleichszahlungen, Wohnungsbauzuschüssen, Subventionen usw. die Einkommensverteilung korrigiert. Es wäre eine Verkennung des sozialen Gehaltes der sozialen Marktwirtschaft, wenn man diesen Umleitungsprozess bei der sozialen Beurteilung des Marktprozesses, durch den er getragen wird, außer Acht ließe. Das regulative Prinzip sozialer Interventionen in der Marktwirtschaft ist hierbei ihre Verträglichkeit mit dem Funktionieren einer marktwirtschaftlichen Produktion und der ihr entsprechenden Einkommensbildung. Gewiss kann bei der Einkommensumleitung für soziale Ausgaben leicht die Schwelle überschritten werden, an der die Störung des Marktes beginnt. Wann überhöhte Steuersätze dies tun, ist nicht vorweg zu entscheiden. Unbestreitbar ist jedoch, dass ein sich expandierendes Marktsystem erhebliche Lasten der Einkommensumleitung zu tragen vermag, so dass über die grundsätzliche Vereinbarkeit einer sozialen Einkommenssicherung mit einer Marktwirtschaft kein Zweifel bestehen sollte. Eine marktwirtschaftliche Sozialpolitik unterscheidet sich von der früheren lenkungswirtschaftlichen nicht durch ihre Ziele als vielmehr durch das Instrumentale. Hier geht die Wirtschaftspolitik der sozialen Marktwirtschaft einen anderen Weg als die Wirtschaftslenkung. Die mit Preisbindungen zwangsläufig verbundene Blockierung ganzer Märkte erweist sich bei näherem Zusehen als Nachteil für die breitesten Schichten. So erstrebt die neue Wirtschaftspolitik sozialen Fortschritt über marktkonforme Maßnahmen. Sie versteht darunter Maßnahmen, die den sozialen Zweck sichern, ohne störend in die Marktapparatur einzugreifen.

aus: Alfred Müller-Armack, Soziale Marktwirtschaft, in: Handwörterbuch der Sozialwissenschaften, Stuttgart, 1956, S. 390 ff.

Sieben konstituierende Prinzipien für die Soziale Marktwirtschaft

M 3

Welche Wirtschaftsordnung aber ist so beschaffen, dass einerseits die Menschen frei in ihr agieren können, andererseits jedoch private Machtkörper nicht entstehen? Eucken entwickelt als Antwort auf diese Frage seine Konzeption der Wettbewerbsordnung: Wettbewerb ist das zentrale Instrument zur Verhinderung übermäßiger wirtschaftlicher Macht bei gleichzeitiger Freiheit des Einzelnen. Danach hat der Staat dafür zu sorgen, dass dem Wettbewerbsprinzip in der Wirtschaftsordnung umfassend Rechnung getragen wird. Wie kann jedoch das Wettbewerbsprinzip durchgesetzt werden? Wie also kann eine Wettbewerbsordnung geschaffen und erhalten werden? Eucken führt sieben Voraussetzungen an, die er konstituierende Prinzipien nennt.

Erstens muss eine Wirtschaftsstrukur bestehen, in der ein funktionsfähiges Preissystem die tatsächlichen Knappheitsrelationen zuverlässig anzeigt und in der ein intensiver Wettbewerb herrscht. Voraussetzung hierfür ist zum einen, dass der Staat sich jedes Eingriffs in den Wirtschaftsprozess enthält; denn Subventionen oder andere Maßnahmen verzerren das Preisgefüge. Voraussetzung ist zum anderen, dass auf den Märkten viele Anbieter und Nachfrager agieren, die Märkte also nicht monopolisiert sind; Monopole und Kartelle können kraft ihrer Marktmacht unmittelbaren Einfluss auf die Preise nehmen. Außerdem führen sie oft zur Verringerung der Wettbewerbsintensität. Hieraus folgt, dass der Staat Kartelle oder Unternehmensfusionen, die den Wettbewerb beschränken, unterbinden muss. Auch jede Form der Behinderung von Konkurrenten ist zu untersagen. Nicht Behinderungs-, sondern Leistungswettbewerb hat zu herrschen.

Zweitens muss der Geldwert stabil sein. Inflation führt dazu, dass das Preissystem kein zuverlässiger Indikator für die Intensität der wirtschaftlichen Knappheit verschiedener Güter ist. Die Sparer und andere werden faktisch enteignet.

Drittens muss der Marktzutritt frei sein. Jede Behinderung potenzieller Konkurrenten senkt die Wettbewerbsintensität.

Viertens muss Privateigentum bestehen. Die Konzentration des Eigentums beim Staat würde diesem ein erdrückendes Machtpotenzial verschaffen. Zudem verfahren die Bürger mit Staatseigentum weniger verantwortungsvoll als mit Gegenständen, die ihnen selbst gehören.

Fünftens bedarf es einer umfassenden Vertragsfreiheit. Nur wenn die Menschen selbst entscheiden, mit wem sie Verträge schließen und mit wem nicht, kann Wettbewerb zwischen Konkurrenten entstehen. Allerdings darf die Vertragsfreiheit nicht dazu missbraucht werden, den Wettbewerb auszuschalten oder die Vertragsfreiheit anderer zu beschränken.

Sechstens hat jeder Wirtschaftsteilnehmer für seine wirtschaftlichen Aktivitäten umfassend zu haften. Denn nur dann wird er im Wirtschaftsleben sorgsam und vorsichtig handeln. Haftungsbeschränkungen, wie sie Kapitalgesellschaften eigen sind, akzeptiert Eucken nur für Kleinaktionäre und Teilhaber, die an der Geschäftsführung nicht mitwirken.

Siebtens hat die Wirtschaftspolitik stetig zu sein. Die Dynamik des Wirtschaftsprozesses enthält bereits aus sich heraus viel Unsicherheit über die künftige Entwicklung. Diese darf der Staat nicht noch vergrößern.

… Allerdings reicht die Verwirklichung der sieben konstituierenden Prinzipien nicht aus, wenn die Wettbewerbsordnung auch nachhaltig funktionsfähig sein soll. …

So können Unternehmen eine Monopolstellung auch durch Effizienzvorteile erlangen, sodass aus der Wettbewerbsordnung heraus kein wirtschaftlich sinnvoller Wettbewerb aufkommt. Für solche Fälle plädiert Eucken für ein unabhängiges Kartellamt, das die missbräuchliche Ausnutzung der Monopolstellung verhindert.

Lüder Gerken, in: Frankfurter Allgemeine Zeitung, 20.3.2000, S. 18

M 4 Grundgesetz und Wirtschaftsordnung

Im Grundgesetz finden sich keine Entscheidungen für eine bestimmte Wirtschaftsordnung. Seine „wirtschaftspolitische Neutralität" ermöglicht es dem Gesetzgeber, die ihm jeweils sachgemäß erscheinende Wirtschaftspolitik zu verfolgen. Die gegenwärtige Wirtschafts- und Sozialordnung ist keinesfalls die verfassungsrechtlich einzig mögliche (BVerfGE 4, 8/18). Der Gesetzgeber ist nur verpflichtet, die von der Verfassung an jede Wirtschaftspolitik gestellten Mindestanforderungen zu beachten: Die Wirtschaftspolitik muss dem Grundrecht der freien Entfaltung der Persönlichkeit einerseits und der in Art. 20 Abs. 1 getroffenen Entscheidung für den Sozialstaat andererseits gerecht werden. Die allgemeine Handlungsfreiheit auf wirtschaftlichem Gebiet hat folgende Auswirkungen:

a) Es steht jedem frei, ob er sich wirtschaftlich betätigen will („Unternehmerfreiheit"), insbesondere ob er ein Gewerbe betreiben will oder nicht („Gewerbefreiheit"). Das freie Unternehmertum und die dafür typische freie Unternehmerinitiative dürfen nicht völlig beseitigt werden. ...

b) Die wirtschaftliche Freiheit enthält die Wettbewerbsfreiheit, d.h. das Recht jedes Unternehmens oder Unternehmers, mit anderen Unternehmen auf dem Markt in Konkurrenz zu treten. Zwar ist nicht jede wettbewerbsbeschränkende Absprache zwischen den verschiedenen Erzeugern derselben Produkte („Kartelle") verboten, doch darf durch sie keinesfalls ein monopolartiges Wirtschaftsgebilde entstehen. Diesem Ziel dienen die Gesetze über den unlauteren Wettbewerb und gegen Wettbewerbsbeschränkungen.

c) Aus der wirtschaftlichen Handlungsfreiheit folgt die Vertragsfreiheit (BVerfGE 8, 274/328). Darunter ist die Freiheit des Einzelnen zu verstehen, seine Rechtsstellung und die Rechtslage der von ihm beherrschten Rechtsgüter (z.B. Sachen) nach Belieben durch Verträge mit anderen zu ändern: Grundsätzlich kann jedermann Verträge mit einem beliebigen Partner abschließen („Abschlussfreiheit") und mit diesem den Inhalt der vertraglichen Regelung frei bestimmen („Freiheit der inhaltlichen Gestaltung"). ...

Diese wirtschaftlichen Freiheiten verlangen aber keineswegs eine einseitig kapitalistisch oder ausschließlich marktwirtschaftlich ausgerichtete Wirtschaftsordnung. Das GG hebt selbst das Sozialstaatsprinzip (Art. 20 Abs. 1) hervor, versteht das Eigentum nicht nur als Freiheitsrecht, sondern auch als Verpflichtung (Art. 14 Abs. 2) und lässt die Überführung von Grund und Boden, von Naturschätzen und Produktionsmitteln in Gemeineigentum zu (Art. 15). Eine Wirtschaftspolitik, die aus übergeordneten Interessen in bestimmten Bereichen das freie Spiel der Kräfte durch lenkende Maßnahmen einschränkt oder gemeinwirtschaftliche Züge annimmt, ist daher verfassungsrechtlich nicht zu beanstanden, soweit dadurch nicht die unternehmerischen Freiheiten in ihrem Kern berührt werden, d.h. nicht private Initiativen auf diesem Sektor untersagt werden.

Dieter Hesselberger, Das Grundgesetz, Kommentar für die politische Bildung, 13. Aufl., Bonn 2003, S. 73 f.

Aufgaben

1. Erläutern Sie, inwiefern die Soziale Marktwirtschaft als „Dritter Weg" zwischen Marktwirtschaft und Planwirtschaft betrachtet werden kann (M 1 – M 4).
2. Sammeln Sie aktuelle Beispiele, wie der Staat im Rahmen der Sozialen Marktwirtschaft in das Wirtschaftsgeschehen eingreift. Zeigen Sie die Wirkungen der Maßnahmen auf verschiedene gesellschaftliche Gruppen auf.
3. Stellen Sie mithilfe von M 1 – M 4 abschließend die Grundidee der Sozialen Marktwirtschaft dar, beziehen Sie dabei auch Grundgesetzartikel mit ein. Erläutern Sie Ihren Entwurf im Plenum.

Das Sozialstaatsgebot im Grundgesetz

M 5

Art. 1,1 GG	Die Würde des Menschen ist unantastbar. Sie zu achten und zu schützen ist Verpflichtung aller staatlichen Gewalt.
Art. 20,1 GG	Die Bundesrepublik Deutschland ist ein demokratischer und sozialer Bundesstaat.

Mit der Entscheidung für den Sozialstaat wird die immer wieder gestellte Forderung nach sozialer Gerechtigkeit zu einem leitenden Prinzip aller staatlichen Maßnahmen erhoben. Die Sozialstaatlichkeit bezeichnet den Inbegriff aller Pflichten des Staates, die Achtung der Menschenwürde (Art. 1,1) und das damit unlösbar verbundene Rechtsstaatsprinzip speziell im sozialen Bereich zu verwirklichen. …

Aus dem Sozialstaatsprinzip ergibt sich in Verbindung mit dem Grundrecht der Würde des Menschen ein Anspruch des Einzelnen gegen den Staat, für ihn im Falle seiner – verschuldeten oder unverschuldeten – Bedürftigkeit so zu sorgen, dass sein Existenzminimum gesichert ist („Fürsorgeanspruch“). Der Bundesgesetzgeber hat dementsprechend ein Gesetz erlassen, das die Einzelheiten der Sozialhilfe regelt.

Der Staat ist verpflichtet, im weiten Bereich der sog. „Daseinsvorsorge“ (z.B. Versorgung mit Gas, Wasser, Strom; Bereitstellung öffentlicher Verkehrsmittel; Gesundheitsvorsorge, Schulwesen, Arbeitsvermittlung) Leistungen zugunsten des Einzelnen zu erbringen. Er braucht dies allerdings nicht kostenlos tun, sondern kann dafür eine zumutbare Gegenleistung in Geld fordern. …

Die Zwangsversicherung bestimmter Gruppen ist ebenfalls Ausfluss des Sozialstaatsprinzips. Die Vorsorge für Krankheit, Alter, Unfall usw. rechtfertigt die zwangsweise Versicherung des Einzelnen, wenn dieser entweder nur teilweise eigene Leistungen dafür einbringt oder sonst mit hoher Wahrscheinlichkeit für den Staat eine derart hohe Belastung einträte, dass er seinen sozialen Verpflichtungen nur noch im beschränkten Umfang nachkommen könnte.

Dieter Hesselberger, Das Grundgesetz. Kommentar für die politische Bildung, 13. Aufl., Bonn 2003, S. 184

Sozialstaat als Auftrag

M 6

Freiheit und soziale Sicherheit sind ein Geschwisterpaar. Denn menschliche Geborgenheit ist ohne soziale Sicherheit ebenso wenig denkbar wie ohne persönliche Freiheit. Der Mensch braucht beides … Soziale Sicherheit bedeutet frei zu sein von Not und gewährt damit ein großes Stück Freiheit. Freie Entfaltungsmöglichkeiten wiederum sind die Voraussetzung für soziale Sicherheit durch leistungsfähige Sozialsysteme. Beide bedingen einander. Das gilt auch für das Verhältnis von Wirtschafts- und Sozialpolitik: Eine gute Wirtschaftspolitik ist Grundlage aller Sozialleistungen. Eine gute Sozialpolitik ist Fundament wirtschaftlicher Stabilität durch sozialen Frieden. …

Einerseits schuldet der Sozialstaat jedem Bürger die Sicherung existenzieller Lebensbedingungen. Diese Schuld ist andererseits immer mit dem Gebot verbunden, Voraussetzungen für die Entfaltung von Freiheit zu sichern. Ziel des Sozialstaates kann folglich nicht der allumfassend versorgte und

Obdachloser in Hamburg. Soziale Sicherheit ist eine Voraussetzung für persönliche Freiheit.

betreute Mensch sein. Im Gegenteil: Der Einzelne muss die Verantwortung für sich selbst und seine Freiheit zu eigenen Lebensentscheidungen behalten.

Bundesministerium für Arbeit und Sozialordnung (Hg.), Sozialrecht, Bonn 1998, S. 27 f.

M 7 Wie Microsoft den Fortschritt bremst

Man stelle sich vor, es gebe auf der Welt nur einen Autohersteller, der zugleich alle Tankstellen kontrolliert. Der den Motor zum Auto nur liefert, wenn der Kunde auch eine Garage mitbestellt, einen Wohnanhänger, Winterreifen und einen Dachgepäckträger, selbst wenn er solches Zubehör nicht braucht. Neue Modelle gäbe es nur unregelmäßig.

Die Käufer könnten aber nie sicher sein, ob die neue Autogeneration auch zuverlässig funktioniert, und alle paar Jahre wird die Qualität des Monopol-Treibstoffs so geändert, dass älterere Modelle auf den Schrott müssen. Eine absurde Welt, natürlich unrealistisch.

Aber es gibt einen Markt, auf dem es so ähnlich zugeht. Das ist der Weltmarkt der Software für Büro- oder Laptop-Computer, den der amerikanische Konzern Microsoft zu über 90 Prozent beherrscht.

Der hat mit seinem Basis-Betriebssystem „Windows" eine solche Marktmacht, dass er Anwenderprogramme verkaufen kann, die Fachleute für mittelmäßig und viel zu teuer halten. Vor allem müssen seine Kunden auch Programme bezahlen, die sie gar nicht brauchen.

So wurde Unternehmensgründer Bill Gates zum reichsten Mann der Welt und Microsoft mit einem Börsenwert von etwa 200 Milliarden Euro zu einem der teuersten Unternehmen.

Endlich hat in dieser Woche der Europäische Gerichtshof dem Unternehmen nach fast zehnjährigem Rechtsstreit einen Dämpfer verpasst. Es habe seine Marktstellung missbraucht, urteilte der Gerichtshof. Das Unternehmen müsse seine Praxis ändern und eine Strafe von 500 Millionen Euro zahlen. Europa kann stolz auf sich sein. Es ist einem Riesen entgegengetreten, der von den Kartellbehörden im eigenen Land bisher fast völlig verschont blieb. Bill Gates, der mit seinen 52 Jahren noch immer jungenhaft wirkt wie ein Student, gehört zu den meistbewunderten Persönlichkeiten der USA. Doch man müsste ihm entgegenhalten, dass er seinen persönlichen Wohlstand und den Aufstieg von Microsoft dadurch erreichte, dass er die ganze Welt quasi als Geisel nahm. Die Kunden mussten mit dem zufrieden sein, was Microsoft ihnen gnädigerweise anbot. Bill Gates und Microsoft haben eine globale Machtstellung erreicht, die zuvor kein Unternehmen hatte. Im Software-Sektor versagen sowohl die regulierenden Kräfte des Marktes wie die politischen und juristischen Kontrollen, die eine marktbeherrschende Stellung dieser Größenordnung verhindern müssten. …

Der Aufstieg des Hightech-Unternehmens Microsoft beruht in erster Linie auf dem systematischen Ausgrenzen der Konkurrenz. Doch wer zielstrebig den Wettbewerb behindert, trägt nicht zur Steigerung des allgemeinen Wohlstands bei, sondern zu seiner Minderung. Er bereichert sich zu Lasten anderer. So steht es in jedem Wirtschaftslehrbuch.

Karl-Heinz Büschemann, Süddeutsche Zeitung, 22./23.9.2007

M 8 Die Wettbewerbsordnung – Grundlage der Sozialen Marktwirtschaft

Die Wirtschaftsordnung der Bundesrepublik Deutschland wird auch als Wettbewerbswirtschaft bezeichnet. Zu Recht, denn in ihr spielt der Wettbewerb eine herausragende Rolle als Steuerungsinstrument für das gesamte Wirtschaftsgeschehen. In der Marktwirtschaft regulieren sich Angebot und Nachfrage durch das selbstständige System beweglicher Preise im Wettbewerb der Unternehmen. In diesem Wettbewerb sichert nur Anpassung an die Verbraucherwünsche und beste Leistung den Erfolg. Der Leistungswettbewerb wird damit zur Triebkraft für den technischen und wirtschaftlichen Fortschritt. Ein funktionierender Wettbewerb setzt zunächst die Entscheidungsfreiheit der Wirtschaftsakteure voraus. Produktions- und Handelsfreiheit, Konsumfreiheit, Gewerbefreiheit, Freiheit der Berufs- und Arbeitsplatzwahl und Freiheit der Eigentumsnutzung sind in Deutschland durch das Grundgesetz und durch besondere Rechtsnormen gewährleistet.

Zum Schutz des freien Austausches der Leistungen und der Unabhängigkeit der Tauschpartner hat der Gesetzgeber verschiedene wettbewerbsordnende Gesetze erlassen, die Wettbewerbsbeschränkungen und -verfälschungen verhindern sollen. Leitbild des Wettbewerbsrechts und der staatlichen Wettbewerbspolitik ist dabei nicht die „vollständige Konkurrenz", sondern der funktionsfähige Wettbewerb zwischen einer größeren Zahl leistungsstarker, dynamischer Unternehmen.

Das **Gesetz gegen den unlauteren Wettbewerb** verbietet alle Wettbewerbshandlungen, die gegen die guten Sitten verstoßen. Die missbräuchliche Ausnutzung von Marktmacht soll das **Gesetz gegen Wettbewerbsbeschränkungen** (Kartellgesetz) verhindern. In der Vergangenheit bestanden zahlreiche Sonder- und Ausnahmeregelungen, die einzelne Bereiche der Wirtschaft vor dem scharfen Wind des Wettbewerbs schützten. Teils dienten sie der Bestandssicherung benachteiligter Wirtschaftszweige, teils räumten sie bestimmten öffentlichen Unternehmen eine wettbewerbsfreie, oft monopolistische Sonderstellung ein. Die vom Bund betriebene Politik der Privatisierung und Deregulierung hat in den letzten Jahren bereits viele dieser Ausnahmen beseitigt. So wurden die Telekommunikations- und Postmärkte geöffnet, wobei sich der Staat weitreichende Aufsichts- und Eingriffsrechte zur Sicherung funktionsfähiger Wettbewerbsstrukturen vorbehielt. Im Verkehrswesen markierte die Bahnreform den Übergang zu unternehmerischem Handeln und intensiverem Wettbewerb, und auch in der Energiewirtschaft sorgt die Liberalisierung für mehr Transparenz und Konkurrenz.

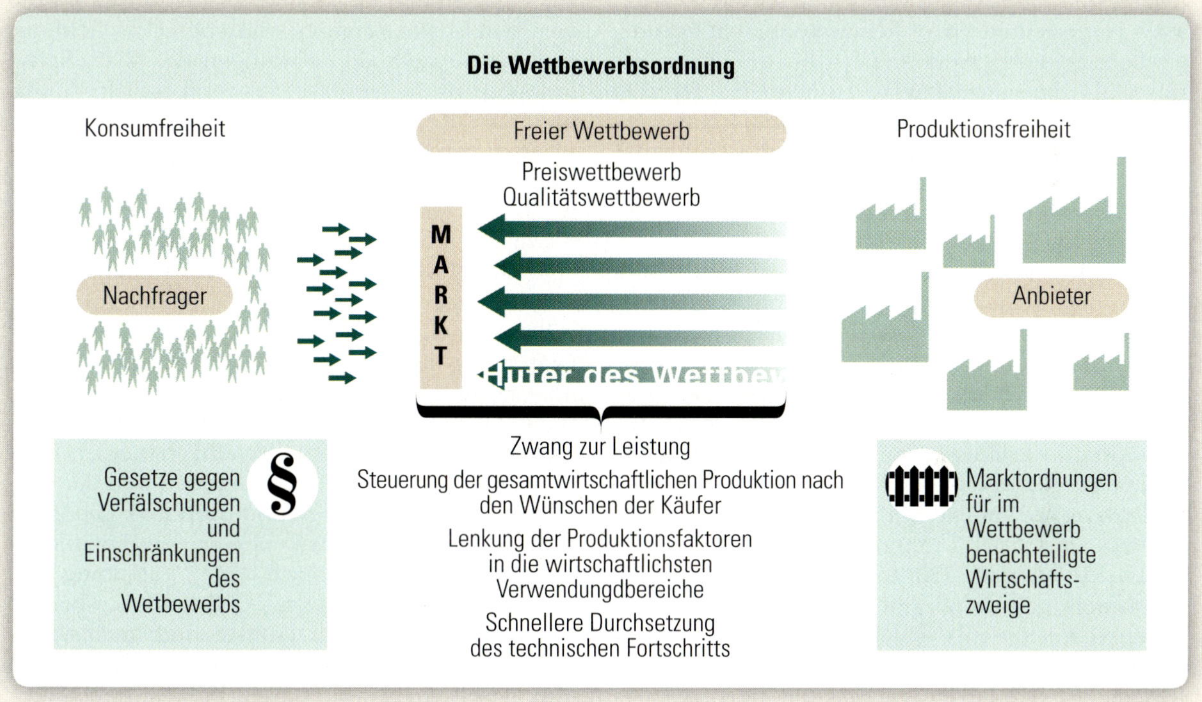

Erich Schmidt Verlag, Zahlenbilder 200 290

Hüter des Wettbewerbs

Info

Für die Kontrolle und Anwendung des Gesetzes gegen Wettbewerbsbeschränkungen (Kartellgesetz) sind grundsätzlich das **Bundeskartellamt** und der **Bundeswirtschaftsminister** sowie auf europäischer Ebene die **Europäische Kommission** zuständig. Das Bundeskartellamt ist eine nachgeordnete Behörde des Bundesministeriums für Wirtschaft und Technologie (BMWi). Zu ihren Aufgaben gehören z.B. die Überwachung und Durchsetzung des Kartellverbots, die Genehmigung von anmeldepflichtigen Kartellen, die Fusionskontrolle, die Missbrauchsaufsicht sowie die Wahrnehmung der Aufgaben im Zusammenhang mit Wettbewerbsregeln des EG-Vertrages. Das Kartellamt ist von Weisungen des BMWi unabhängig und trifft seine Entscheidungen nach Wettbewerbsgesichtspunkten. Verstöße gegen das GWB werden als Ordnungswidrigkeit mit t.w. hohen Bußgeldern geahndet.

Autorentext

M 9 Leistungen und Leistungsfähigkeit der Sozialen Marktwirtschaft

Bevor die Frage nach den Leistungen und der Leistungsfähigkeit der Sozialen Marktwirtschaft zu beantworten versucht wird, gebietet es die Chronistenpflicht, darauf hinzuweisen, dass der Aufbau der Sozialen Marktwirtschaft in den Jahren nach dem totalen politischen und wirtschaftlichen Zusammenbruch Deutschlands des Jahres 1945 eine große politische Leistung war. Die wirtschaftsordnungspolitische und wirtschaftsprozesspolitische gesetzgeberische Aufbauleistung, die Parlament und Regierung aus dem durch den Zweiten Weltkrieg verursachten Chaos heraus vollbracht haben, verdient hohe Anerkennung.

Das gilt – um einige Punkte zu nennen – für die Reintegration der Bundesrepublik Deutschland in die europäische Wirtschaft und in die Weltwirtschaft. Es gilt weitgehend auch für die Schaffung der Wettbewerbsordnung und für den Aufbau des Sozialstaates Bundesrepublik.

Die Bundesrepublik musste auf einem wirtschaftlichen und sozialen Scherbenhaufen beginnen, den das „Dritte Reich" hinterlassen hatte. Sie hatte ... für Millionen von Flüchtlingen, Heimkehrern und politisch Geschädigten soziale Hilfe zu gewähren. Sie hatte sich der Kriegshinterbliebenen, der Kriegsbeschädigten und Kriegsgeschädigten anzunehmen, um die unmittelbarsten Kriegsfolgen zu lindern. Sie musste darüber hinaus eine neue Arbeits- und Sozialordnung aufbauen, die der neuen Gesellschaft ein tragfähiges, dauerhaftes Fundament gab. Vergleicht man mit diesem Aufgabenbündel die erbrachten sozialen Leistungen, dann wird man der sozialen Aufbauleistung des Parlaments, der Regierung und der Bevölkerung Anerkennung nicht versagen können. ...

Obwohl der wirtschaftliche Wiederaufstieg der Bundesrepublik durch eine Reihe politischer, wirtschaftlicher und sozialer Faktoren begünstigt wurde, ist nicht zu verkennen, dass die wirtschaftlichen Freiheiten, die die Soziale Marktwirtschaft Unternehmern, Arbeitnehmern und Verbrauchern einräumt, den persönlichen Einsatzwillen, die Leistungsbereitschaft, die Eigeninitiative, den Fleiß und die Begabungen mehr stimulierten, und besser zur Entfaltung kommen ließen als andere Wirtschaftsordnungen mit einem geringeren Gehalt an wirtschaftlichen Freiheiten es vermocht hätten. Es ist nicht zu übersehen, dass der Wettbewerb die Produktivität erhöhte, qualitativ hochwertige Leistungen erzwang, die Rationalisierung förderte und – im Zusammenhang mit wirtschaftspolitischen Investitionsanreizen – eine wachstumserhöhende Investitionsquote sicherte. ...

Trotz der großen Bedeutung wirtschaftlichen Wachstums für die Wohlfahrt einer Gesellschaft ist Wachstum kein Kriterium, das bei der Entscheidung für oder gegen eine Wirtschaftsordnung allein ausschlaggebend sein kann. Ausschlaggebend für die wirtschaftsordnungspolitische Entscheidung müssen vielmehr die Wirkungen der Wirtschaftsordnung auf die Gesellschafts- und Sozialordnung und auf die Erreichbarkeit gesellschafts-, wirtschafts- , und sozialpolitischer Ziele sein. ...

Den Begründern des Konzepts lag neben dem Wachstum vor allem der Aufbau einer menschenwürdigen Gesellschaftsordnung am Herzen, zu der die Wirtschafts- und Sozialordnung ihren Beitrag leisten soll. So ist immer wieder von einer „Versittlichung der Gesellschaftsordnung", von der Einbettung der Sozialen Marktwirtschaft in „eine höhere Gesamtordnung" die Rede.

Dass die Soziale Marktwirtschaft in die Gesamtordnung der Bundesrepublik eingebettet ist, dass sie insbesondere der Verfassungsidee und der Verfassungswirklichkeit der Bundesrepublik in hohem Maße entspricht und dazu beiträgt bzw. beitragen kann, die Forderung nach freier Entfaltung der Persönlichkeit, nach sozialer Sicherheit, sozialer Gerechtigkeit, sozialem Frieden und Rechtsstaatlichkeit zu verwirklichen, und dass sie der Staats- und Gesellschaftsordnung ein breites, tragfähiges ökonomisches Fundament gibt, haben ... 50 Jahre westdeutscher Wirtschafts- und Sozialgeschichte gelehrt. ...

Damit ist keinesfalls gesagt, dass die aktuelle Ausprägung, die die Wirtschaftsordnungsidee der Sozialen Marktwirtschaft in der Bundesrepublik Deutschland gefunden hat, nicht verbesserungsfähig ist.

Heinz Lampert, Die Wirtschafts- und Sozialordnung der Bundesrepublik Deutschland, 13. Aufl., München/Landsberg a.L. 1997, S. 315 ff.

Abriss – Umbau – Neubau?

M 10

Spekulationsobjekt

SZ-Zeichnung: Pepsch Gottscheber

Gottscheber / CCC, www.c5.net

Kontrovers diskutiert: Wie viel Staat braucht die Soziale Marktwirtschaft?

M 11

a) Der Sozialstaat bevormundet die Menschen

Die Verbindung von marktwirtschaftlicher Freiheit und sozialem Ausgleich im Konzept der Sozialen Marktwirtschaft ist im Laufe der Jahre immer häufiger missverstanden worden. Viele sehen heute die Marktwirtschaft und die Forderung nach sozialem Ausgleich fälschlicherweise als etwas Getrenntes, ja Gegensätzliches. Das Soziale kann nach dieser Auffassung nur außerhalb des Marktes, also durch staatliche Umverteilung oder durch Einschränkung des Wettbewerbs, erreicht werden. Soziale Gerechtigkeit wird dann oft gleichgesetzt mit Bestandsschutz und allein identifiziert mit der sogenannten Verteilungsgerechtigkeit.

Ein derartiges Verständnis von Sozialer Marktwirtschaft verkennt jedoch zweierlei. Erstens: Ein zentrales Element der sozialen Gerechtigkeit ist die Leistungsgerechtigkeit. Das, was jemand erhält, muss immer in einem vernünftigen Verhältnis zu seiner Leistung stehen.

Zweitens: Jeder Versuch staatlicher Umverteilung, der die volkswirtschaftliche Leistungskraft überfordert, ist zum Scheitern verurteilt. Die notwendige soziale Sicherung darf nicht in erster Linie eine Frage der guten Absichten sein. Sie muss den ökonomischen Möglichkeiten Rechnung tragen und zugleich Eigeninitiative und Eigenverantwortung fördern.

Der Sozialstaat ist aber bei uns im Laufe der Jahre zu einem Wohlfahrtsstaat geworden, der die Menschen bevormundet, ihnen immer mehr Lasten aufbürdet und immer weniger Gestaltungsmöglichkeiten lässt. Es gibt unzählige Beispiele dafür, wie die angebliche soziale staatliche Versorgung die Selbsthilfe und Eigenvorsorge der Menschen ersetzt und so auch ihre Leistungsbereitschaft immer weiter zurückgedrängt hat. …

Dass die Soziale Marktwirtschaft solidarisch mit denen sein muss, die sich nicht selbst helfen können, steht außer Zweifel. Jedoch richten sich die Wirkungen des ausgeuferten Sozialstaates in der Praxis zu oft gerade gegen die Schwachen in der Gesellschaft. Das sichtbarste Zeichen dafür ist die

Zwischen drei und vier Millionen Menschen in Deutschland haben keine Arbeit.

hohe Arbeitslosigkeit. Ist es wirklich sozial, wenn etwa ein Übermaß an Regulierungen am Arbeitsmarkt die Beschäftigten schützt, gleichzeitig aber den mehr als vier Millionen Erwerbslosen Beschäftigungschancen nimmt? Ich meine nein.

Wir müssen uns bei der Definition des „Sozialen" wieder auf die ordnungspolitischen Grundsätze der Sozialen Marktwirtschaft besinnen. Es kann nicht sozialstaatliche Aufgabe sein, Versorgung für alle zu gewährleisten und jedes denkbare Risiko für jeden Personenkreis abzudecken. Das ist falsch verstandene Solidarität, die der wirtschaftlichen Entwicklung und damit letztlich allen schadet.
Sozialstaatliche Umverteilung muss sich auf die wirklich Hilfsbedürftigen konzentrieren. Die elementarste Form des Sozialen liegt in der Sozialen Marktwirtschaft aber darin, jedermann die Chance zu eröffnen, aus eigener Kraft am Wohlstand teilzuhaben. Die eigentliche soziale Frage unserer Zeit lautet daher: Wie schaffen wir mehr wirtschaftliche Dynamik und mehr Arbeitsplätze? Oder anders gewendet: Sozial ist heute vor allem, was mehr Beschäftigung schafft.

Hans Tietmeyer ist Kuratoriumsvorsitzender der Initiative Neue Soziale Marktwirtschaft, in: Handelsblatt, 31.5.2002

b) Soziale Rechte sind keine Almosen

Gesetzt wird auf die Freiheit der Märkte, der Unternehmen und ihres Wettbewerbs in der längst widerlegten, aber immer aufs Neue propagierten Hoffnung, dass so Wohlstand entsteht, von dem für alle genug abfällt. … [Doch] soziale Rechte sind im demokratischen Sozialstaat keine Almosen des Staates, sondern Grundrechtsverwirklichung! Nun steht außer Frage, dass sich aus den Grundrechten nicht im Detail ablesen lässt, welcher soziale Standard angemessen ist, um für alle Chancen zu eröffnen und sie in ausreichendem Umfang gegen Risiken abzusichern. Es ist Sache der Politik, dieses Maß auszutarieren und den ökonomischen wie gesellschaftlichen Notwendigkeiten anzupassen. Stete Reformbedürftigkeit kennzeichnet den Sozialstaat, der auf gesellschaftlichen Wandel wie neue Bedürfnisstrukturen zu reagieren hat, damit der soziale Ausgleich, den er bewirken soll, nicht selbst neue Schieflagen erzeugt.
Es beschleicht einen aber der Eindruck, dass dieses Anliegen heutzutage quasi auf den Kopf gestellt zu werden droht, wenn im Eifer der Reformen zur „Entlastung der Wirtschaft" denen, die wenig haben, genommen wird, um es denen zu geben, die schon haben, oder wenn Freiheit sich am Kapital ausrichtet und zur Legitimation der Freisetzung von Menschen gereicht, die nur noch als störende Kostenfaktoren wahrgenommen werden. Auf solchen Wegen bleibt nicht nur der Sozialstaat Stück für Stück auf der Strecke, sondern es geht auch das verloren, was eine Gemeinschaft zusammenhält. …
Wie sagte Johannes Rau zu Recht in seiner letzten Berliner Rede: „Es ist ein Irrtum zu glauben, dass man Menschen zu besserer oder mehr Leistung motivieren kann, wenn sie ständig Angst haben müssen, ihren Arbeitsplatz zu verlieren oder im Alter in Not zu geraten. Jeder Mensch braucht eine gewisse Grundsicherheit, damit er den Kopf frei hat, auch für Anstrengung und Erfolg im Beruf." …
Und noch aus einer weiteren Richtung weht den Grundrechten der Wind entgegen. Das Verständnis von dem, was Sache des Staates ist, hat in den letzten Jahren einen Wandel erfahren. Dem Staat wird inzwischen laut der Rückmarsch geblasen und dies nicht nur, weil seine Kassen immer leerer werden, sondern damit der Bürger endlich frei von der Last und Gängelung des Staates agieren kann, wie uns erklärt wird. Dies klingt zunächst durchaus überzeugend und den Grundrechten entgegenkommend, setzen doch gerade sie dem Staat Grenzen, um dem Bürger seine Freiheit zu wahren. Aber geht die Rechnung „je weniger Staat, desto mehr Freiheit" auf? … Der Sozialstaat und die sozial eingebundene Marktwirtschaft konnten

sich in der Bundesrepublik zum Erfolgsmodell entwickeln, das eine starke D-Mark, das soziale Sicherungssystem und die Mitbestimmung der Arbeitnehmer zu den anerkannten Markenzeichen Deutschlands werden ließ.

Aber ist damit schon alles auch für die Zukunft so zum Besten bestellt worden, dass dem Staate zu tun nicht mehr viel übrig bleibt? Schaut man auf die Verteilung von Geld, Macht und Chancen in unserer heutigen Gesellschaft zwischen Arm und Reich, Jung und Alt, Männern und Frauen, Familien und Singles und sieht zugleich das wachsende Bedürfnis der Menschen, vor immer mehr ihnen drohenden Lebensrisiken geschützt zu werden, dann kann davon keine Rede sein. Hier ist noch viel zu bewegen. Soll der Staat aber die Aufgaben erfüllen, die ihm das Grundgesetz mit seinen grundrechtlichen Wertentscheidungen vorgibt, braucht er Handlungskraft und darf wegen eines Schlankheitsverdikts nicht der Magersucht verfallen.

Christine Hohmann-Dennhardt ist seit 1999 Richterin des Bundesverfassungsgerichts (Erster Senat), in: Frankfurter Rundschau, 12.7.2004

Aufgaben

1. Erläutern Sie das Sozialstaatsprinzip und diskutieren Sie das daraus resultierende Spannungsverhältnis zwischen Freiheit und sozialer Sicherheit (M 5, M 6).
2. Zeigen Sie, welche Folgen das Microsoft-Monopol bei Betriebssystemen für die Verbraucher hat (M 7).
3. Erläutern Sie, inwiefern der Wettbewerb als „Triebkraft des wirtschaftlichen Fortschritts" bezeichnet werden kann (M 8).
4. Stellen Sie dar, mit welchen Mitteln der Staat die Wettbewerbsordnung sichert (M 8, Info).
5. In M 11 finden sich unterschiedliche Positionen zur Rolle des Staates der Sozialen Marktwirtschaft. Arbeiten Sie heraus, wo die Autoren die Krise der Sozialen Marktwirtschaft sehen und welche Lösungen sie anbieten. Nehmen Sie Stellung zu den Ansätzen und begründen Sie Ihre Position.
6. Sozialleistungen kann die Bevölkerung nicht genug bekommen. Vor den Soziallasten scheut sie hingegen zurück" (Prof. Dr. M. Miegel). Stimmen Sie dieser Aussage zu? Begründen Sie ihre Meinung.

Wissen kompakt

Die Soziale Marktwirtschaft
M 1 – M 3

Die Soziale Marktwirtschaft ist die Wirtschaftsordnung der Bundesrepublik Deutschland. Sie ergänzt die Marktprozesse durch eine vom Staat durchgesetzte und kontrollierte Wettbewerbsordnung und eine staatliche Sozialordnung. Auf diesem Wege sollen die unerwünschten Ergebnisse eines rein marktwirtschaftlichen Systems korrigiert und persönliche Freiheit mit sozialer Sicherheit verbunden werden.
Das Konzept der Sozialen Marktwirtschaft wurde von Wissenschaftlern der „Freiburger Schule" (z.B. Walter Eucken, Franz Böhm, Alfred Müller-Armack, Wilhelm Röpcke, Alexander Rüstow) entwickelt und vom ersten Wirtschaftsminister der Bundesrepublik Deutschland, Ludwig Erhard, politisch durchgesetzt.

Rahmenbedingungen
M 4 – M 7

Im System der Sozialen Marktwirtschaft setzt der Staat die Rahmenbedingungen für wirtschaftliches Handeln:

- Er garantiert einen Rechtsrahmen, der die Freiheitsrechte für alle Akteure sichert (Vertragsfreiheit, Konsumfreiheit, Freiheit der Berufswahl, Gewerbefreiheit, Privateigentum an Produktionsmitteln).
- Er sorgt für die Sicherung des Wettbewerbs, indem wettbewerbswidrige Kartelle (Zusammenschlüsse von Unternehmen) verhindert werden oder der Machtmissbrauch durch die marktbeherrschende Stellung einzelner Unternehmen kontrolliert wird.
- Er etabliert ein System der sozialen Sicherung, welches durch eine gerechte Ausgestaltung des Steuersystems, durch eine Sozialversicherungspflicht für jeden Einzelnen und staatliche Transferzahlungen für sozialen Ausgleich sorgen soll.

Grundgesetz und Wirtschaftsordnung
M 8

Zwar schreibt das Grundgesetz keine konkrete Wirtschaftsordnung für die Bundesrepublik Deutschland vor, doch gibt es die Rahmenbedingungen an, innerhalb derer die Ausgestaltung der Wirtschaftsordnung erfolgen kann. Dieser Ordnungsrahmen wird durch die im Grundgesetz garantierten Freiheitsrechte, durch die Gleichheitsrechte und das Sozialstaatspostulat (Art. 20,1 und Art. 28,1) gesetzt. Man kann deshalb davon ausgehen, dass das Modell der Sozialen Marktwirtschaft der Verfassungsidee am ehesten entspricht.

Die Zukunft der Sozialen Marktwirtschaft
M 9, M 11

Die Soziale Marktwirtschaft hat durch die Verbindung von persönlicher Freiheit mit dem Gedanken der sozialen Sicherheit zu einer beispiellosen Wohlstandserzeugung in Deutschland nach dem Zweiten Weltkrieg beigetragen. Für die Zukunft gilt es, die Prinzipien der Sozialen Marktwirtschaft auf europäischer Ebene im Rahmen der Wettbewerbs-, Sozial- und Geldpolitik weiterzuentwickeln und die Herausforderungen durch die Globalisierung zu bewältigen.
Angesichts einer anhaltend hohen Arbeitslosigkeit, einer hohen Staatsverschuldung sowie der Auswirkungen der Wiedervereinigung stellt sich die Frage nach einer zukunftsfähigen Ausgestaltung des Modells der Sozialen Marktwirtschaft. Im Zentrum stehen die Kontroversen um mehr individuelle Verantwortung, um die Leistungsfähigkeit des Sozialstaates, um eine gerechte Steuerpolitik und die Reform der sozialen Sicherungssysteme.

8

Wirtschaftliche und gesellschaftliche Entwicklungen

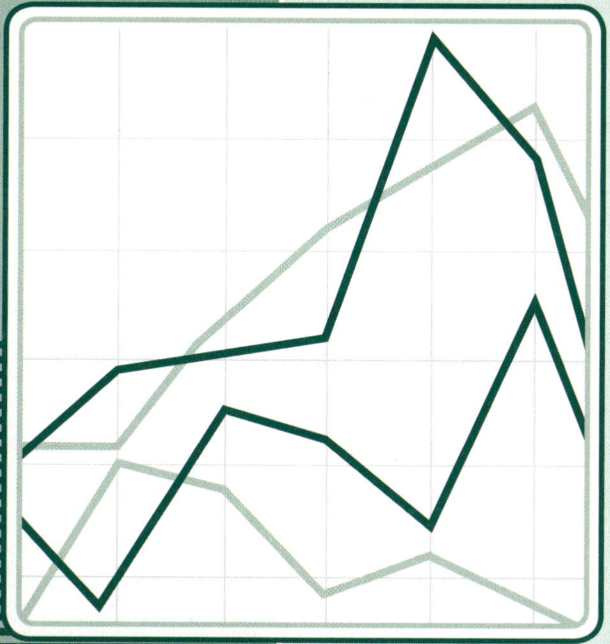

Die wirtschaftliche Entwicklung der Bundesrepublik Deutschland, wie auch die weltwirtschaftliche Entwicklung, verlaufen nicht geradlinig, sondern in einem steten Auf und Ab. Betrachtet man einzelne Wachstumszyklen näher, so wird deutlich, dass die Schwankungen unterschiedliche Ursachen haben. Strukturelle, konjunkturelle und saisonale Entwicklungen der Volkswirtschaften beeinflussen das Wachstum in charakteristischer Weise (Kapitel 8.1)

Die durch den technologischen Fortschritt oder gesellschaftliche Wandlungsprozesse ausgelösten Veränderungen der Wirtschaft umschreiben wir mit dem Begriff Strukturwandel. Strukturwandel ist nichts Neues. Umwälzende Veränderungen, wie der Übergang von der Agrar- zur Industriegesellschaft, haben mit der industriellen Revolution im 19. Jahrhundert eingesetzt und setzen sich heute im Übergang von der Industrie- zur Informations- und Dienstleistungsgesellschaft beschleunigt fort. Kapitel 8.2 zeigt anhand von Beispielen die Formen und Ursachen des Strukturwandels auf.

Am Beispiel des Transformationsprozesses in den neuen Bundesländern lassen sich die Auswirkungen und Probleme der Strukturpolitik deutlich erkennen. Der Osten ist auch fast zwei Jahrzehnte nach der Wiedervereinigung von Transferleistungen des Westens abhängig und so stellt sich die Frage, wie staatliche Strukturpolitik gestaltet werden soll und ob sie generell sinnvoll ist (Kapitel 8.3).

Tipps & Links

Lernen vor Ort

- Museen als Lernorte ökonomischer Bildung. Besuchen Sie ein Museum, das seinen Schwerpunkt in der Wirtschaftsgeschichte hat. Folgende Punkte können untersucht werden: Produktionsprozesse, Veränderungen der Arbeits- und Lebensbeziehungen, sektoraler und regionaler Strukturwandel, Technikgeschichte, ... Teilweise können Ausstellungen auch online besucht werden.
- Strukturwandel in der Stadt. Erstellen Sie ein Porträt Ihrer Heimatstadt oder Gemeinde und zeigen Sie, wie der Strukturwandel die Stadt veränderte.

Referieren und Präsentieren

- Die Route der Industriekultur: 52 herausragende Zeugnisse der industriekulturellen Vergangenheit und Gegenwart des Ruhrgebietes bilden diese einzigartige Straße. Dazu gehören überregional bedeutende Industrieanlagen ebenso wie von namhaften Architekten entworfene Arbeitersiedlungen, Museen oder Panoramen, durch die man sich einen guten Überblick über die Geschichte der Region verschaffen kann.
  Stellen Sie ausgewählte Objekte auf der Route der Industriekultur vor und zeigen Sie anhand des Beispiels Ursachen und Auswirkungen des Strukturwandels auf.
- In Zusammenarbeit mit Kunst: Die große Zeit der Industriemalerei waren die letzten Jahrzehnte des 18. Jahrhunderts sowie das 19. Jahrhundert. Stellen Sie anhand ausgewählter Bilder dar, wie das Verhältnis von Mensch und Industrie/Maschine in den Bildern zum Ausdruck gebracht wird (Vertreter: z.B. Adolph Menzel, Ferdinand Weeser-Krell, Otto Bollhagen, ...). Im Internet kann die virtuelle Ausstellung „Die zweite Schöpfung – Bilder der industriellen Welt vom 18. Jahrhundert bis zur Gegenwart" des Deutschen Historischen Museums besucht werden. Dort gibt es auch eine Liste der ausgestellten Maler.

Weiterlesen

- *Horst W. Opaschowski; Besser leben – schöner wohnen. Leben in der Stadt der Zukunft, Bonn 2005 (Bundeszentrale für politische Bildung)*
  Der Zukunftsforscher Opaschowski analysiert die möglichen Stadtentwicklungen der Zukunft zwischen Verstädterung und Verarmung.
- *Horst W. Opaschowski, Deutschland 2020: Wie wir morgen Leben – Prognosen der Wissenschaft, Wiesbaden 2006 (VS Verlag)*
  „Dem Autor gelingt ein ungewöhnlicher Spagat. Er fördert unbequeme Wahrheiten zutage, rüttelt unser Gewissen auf und versetzt den Leser in große Unruhe. Seine Problemszenarien dienen ihm aber gleichzeitig dazu, nach Lösungen zu suchen, Entscheidungen vorzubereiten und zum Handeln aufzufordern." Ricardo Diez-Hochleitner, Ehrenpräsident des Club of Rome

Recherchieren

www.destatis.de
Statistisches Bundesamt, aktuelle Daten und Statistiken zur Bundesrepublik Deutschland.

www.dhm.de/ausstellungen/industriebilder/index.html
Seite zur Ausstellung „Die zweite (Schöpfung – Bilder der industriellen Welt vom 18. Jahrhundert bis zur Gegenwart" des Deutschen Historischen Museums Berlin aus dem Jahr 2002, virtueller Rundgang möglich.

www.iwh-halle.de
Institut für Wirtschaftsforschung Halle, Informationen zum Thema Strukturwandel, Schwerpunkt Ostdeutschland.

www.route-industriekultur.de
Gut aufbereitete Seite zur Industriekultur mit Themenrouten, aktuellen Informationen, Daten und Fakten.

www.stroetgen.de/VL-Museen
Übersichtliche Linksammlung, Schwerpunkt Technik- und Industriemuseen.

www.webmuseen.de
Von Andy Warhol zum Saurierskelett, vom Römerhelm zur Raumfahrt: Dieser Führer verlinkt rund 12.000 Museen und nennt die Daten der aktuellen Ausstellungen.

8.1 Die konjunkturelle Entwicklung in der Bundesrepublik Deutschland

Die deutsche Wirtschaft – Zeiten und Bilder

M 1

Großer Bahnhof in Köln: Der millionste „Gastarbeiter", der Portugiese Hernando Rodrigues de Sá, wird von Unternehmern feierlich empfangen und bekommt ein Moped und Blumen geschenkt.

In Reaktion auf die Ölkrise wurde an vier Sonntagen im November und Dezember ein Fahrverbot in Deutschland verhängt.

Gruß von der Firma Igel & Co.

Karikatur: Haitzinger/CCC, www.c5.net

M 2 Konjunktur – in kurzen und langen Wellen

a) Berg- und Talfahrt der Konjunktur

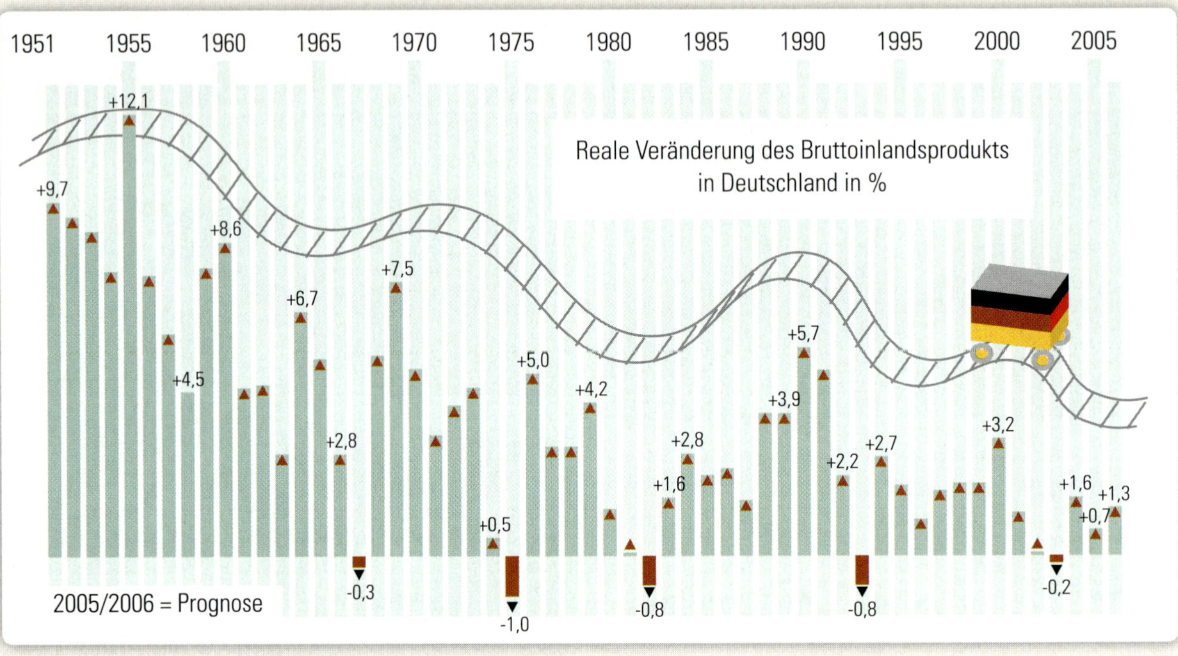

Globus-Grafik 0198, Quelle: Stat. Bundesamt, IfW; bis 1991 nur Westdeutschland

b) Die langen Wellen der Weltkonjunktur

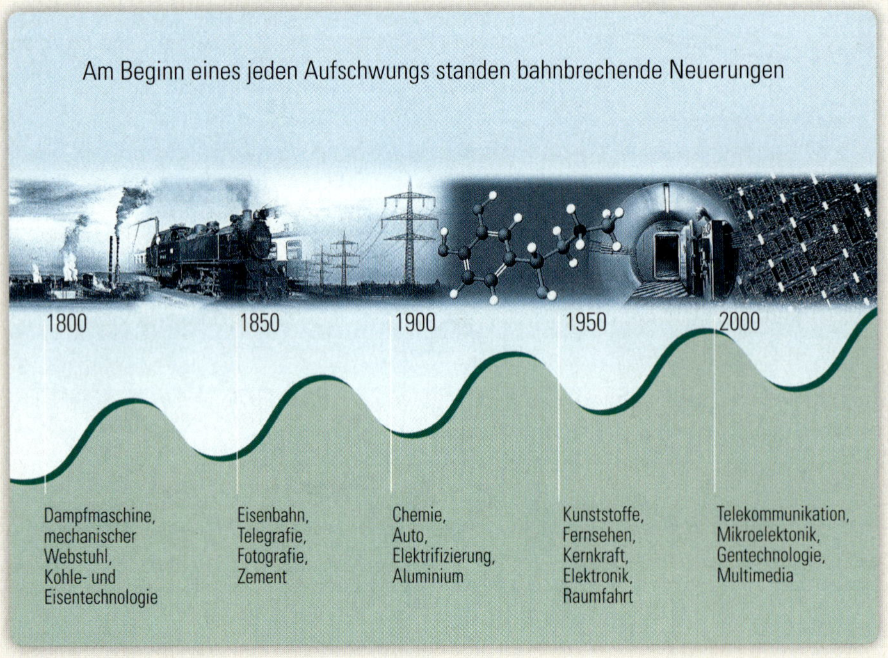

Globus-Grafik

Strukturelle, konjunkturelle und saisonale Schwankungen

M 3

Das Phänomen ist dem Menschen seit jeher bekannt: Die wirtschaftliche Entwicklung vollzieht sich nicht regelmäßig, sondern in „Schwankungen“. Selbst die Bibel berichtet von den „sieben fetten und den sieben mageren Jahren“.
Je nach der Dauer der wirtschaftlichen Schwankungen, die in der Regel an der Entwicklung des Bruttoinlandsprodukts gemessen werden, unterscheidet man langfristige (strukturelle), mittelfristige (konjunkturelle) und kurzfristige (saisonale) Wirtschaftsschwankungen.

Strukturelle Schwankungen
Im Jahre 1926 stellte der Russe N.D. Kondratieff die Theorie auf, dass sich die kapitalistische (marktwirtschaftliche) Wirtschaft in Form „langer Wellen“ fortentwickle, wobei die Dauer dieser Wellen rund 50 bis 60 Jahre beträgt. Die Ursachen dieser sogenannten „Kondratieff-Wellen“ liegen in tiefgreifenden strukturellen Wandlungen der Wirtschaft, die durch technische Neuerungen hervorgerufen werden (Dampfmaschine, Eisenbahn, Flugzeuge, Raumfahrt, Computer).

Konjunkturelle Schwankungen
Mittelfristige Wirtschaftsschwankungen werden als Konjunkturschwankungen bezeichnet. Man rechnet heute mit einer Zyklendauer von rund 5 bis 8 Jahren.

Saisonschwankungen
Die jahreszeitlich wiederkehrenden saisonalen Schwankungen haben ihre Ursachen in erster Linie im Klimawechsel der Jahreszeiten. So ist beispielsweise die Bau-, Land-, Forst- und Transportwirtschaft im Winter mehr oder weniger stark betroffen. Die Jahreszeiten beeinflussen ferner die Bekleidungs- und Getränkeindustrie sowie den Brennstoffhandel. Auch die Lage besonderer Festtage (Ostern, Weihnachten) sowie die traditionellen Ferienzeiten beeinflussen den Umsatz (die Beschäftigung) vieler Wirtschaftsbereiche (z.B. Einzelhandel, Reiseveranstalter).
Saisonschwankungen sind somit kurzfristige Wirtschaftsschwankungen ohne erheblichen Nachteil für die Gesamtwirtschaft. Sie sind voraussehbar und damit auch einplanbar.

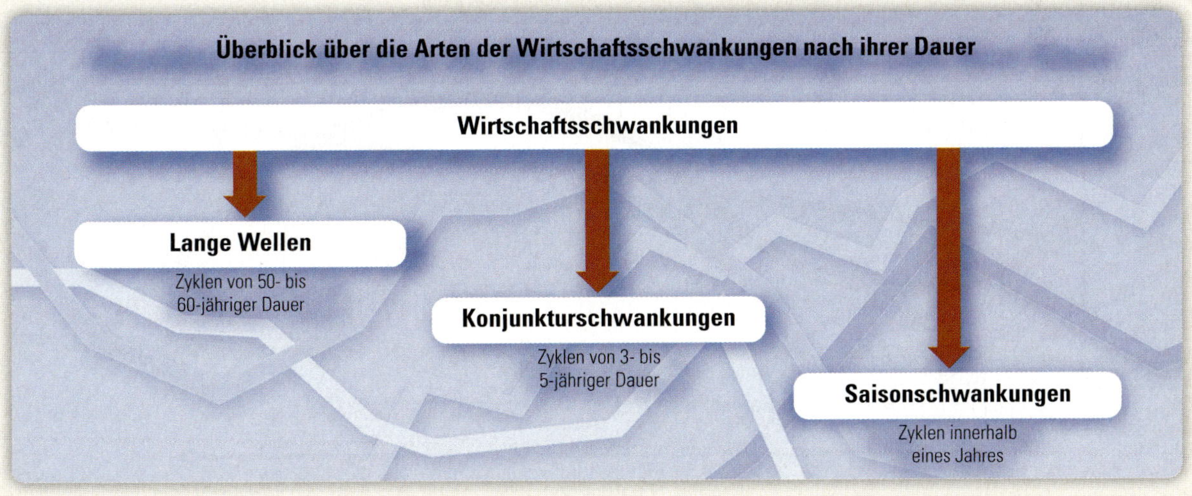

Gernot Hartmann, Volks- und Weltwirtschaft, 26. Aufl., Rinteln 2007, S. 420 f.

M 4 Der Konjunkturzyklus

Das idealtypische Schema eines Konjunkturzyklus wird durch den Ablauf von vier Phasen beschrieben:

- Die Phase eines Konjunkturaufschwungs folgt nach der Überwindung einer vorherigen Konjunkturkrise. Die Auslastungsquoten des Produktionspotenzials nehmen zu; das Wachstum des Sozialprodukts beschleunigt sich. Mit der beschleunigten Zunahme der Produktion nehmen in der Regel die Arbeitsproduktivität und die Gewinne der Unternehmen zu. Das Vertrauen in die wirtschaftliche Entwicklung eines Landes wendet sich in positiver Richtung.
- In der Boomphase wird die Normalauslastung überschritten. In verschiedenen Sektoren werden Produktionsengpässe erreicht; die Zuwachsraten der Produktion werden allgemein geringer. Die Gefahr von Kosten- und Preissteigerungen wird in dieser Konjunkturphase relativ größer als in der frühen Aufschwungphase.
- Nach einem oberen Wendepunkt folgt die Phase des Konjunkturabschwungs mit sinkender Kapazitätsauslastung.
- Die Rezession kennzeichnet dann die Phase der Unterauslastung der Kapazitäten. Die Nachfrage bleibt offenbar deutlich hinter den Produktionsmöglichkeiten zurück. Der geringen Auslastung folgt häufig eine negative Entwicklung der Beschäftigung und eine steigende Arbeitslosigkeit. Bei geringer Kapazitätsauslastung verstärkt sich regelmäßig der Kostendruck in der Wirtschaft.

Die Länge des Konjunkturzyklus erfasst den Zeitraum zwischen zwei oberen (oder unteren) Wendepunkten der Konjunkturentwicklung.Die Amplitude der Konjunktur misst die prozentuale Abweichung der Produktion zwischen dem unteren und dem oberen Wendepunkt.

Heinz-Dieter Hardes/Jürgen Mertes, Grundzüge der Volkswirtschaftslehre, München 1994, S. 259

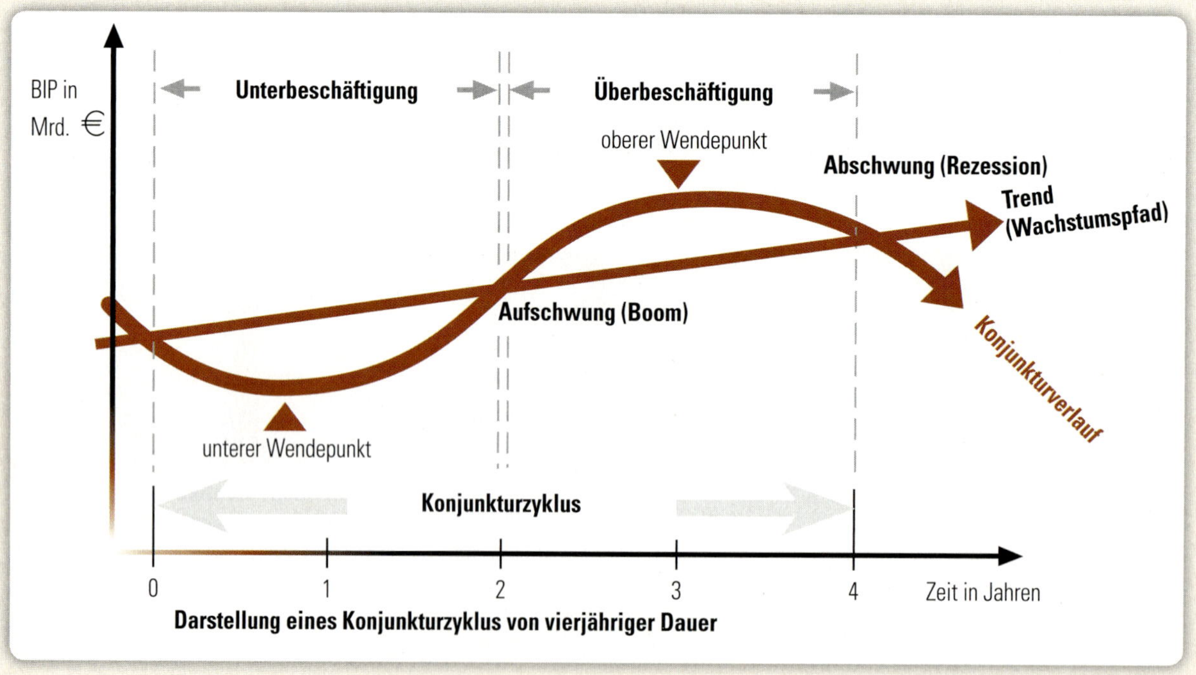

Gernot Hartmann, Volks- und Weltwirtschaft, 26. Aufl., Rinteln 2007, S. 422

Konjunkturindikatoren

M 5

Zur Beschreibung und Prognose der gesamtwirtschaftlichen Lage ist es notwendig, Indikatoren heranzuziehen. Indikatoren sind ausgewählte Messgrößen, mit deren Hilfe eine objektive Einschätzung der wirtschaftlichen Entwicklung eines Landes ermöglicht werden soll. Nach dem zeitlichen Ablauf lassen sich Früh-, Präsenz- und Spätindikatoren unterscheiden. Als wichtigste Früh- (oder vorauslaufende) Indikatoren gelten die Auftragseingänge und der Index des Geschäftsklimas. Aber auch die Anzahl der erteilten Baugenehmigungen kann frühen Aufschluss über die zu erwartende konjunkturelle Entwicklung geben.

Als Präsenz- (oder gleichlaufende) Indikatoren werden der Produktionsindex, die Kapazitätsauslastung und die Einfuhren- und Ausfuhren, auch gemessen an der Handelsbilanz, bezeichnet.

Spät- (oder nachlaufende) Indikatoren reagieren erst mit einer gewissen Verzögerung. Zu ihnen zählen die Veränderung des Preisindex, die Entwicklungen auf dem Arbeitsmarkt und die Veränderung des Inlandsproduktes. Dabei ist auch eine Kombination einzelner Indikatoren zu einem Gesamtindikator (Diffusionsindex) möglich.

Die Auswahl und Erhebung von geeigneten Indikatoren ist jedoch nicht unumstritten. Auch die Zuordnung der Indikatoren darf nicht als eindeutig betrachtet werden.

Teilweise werden etwa die Zahlen des Arbeitsmarktes auch zu den Präsenzindikatoren gezählt, was in Zeiten hoher Arbeitslosigkeit und flexiblerer Beschäftigungsverhältnisse plausibel erscheint. Je nach Wahl der einzelnen Konjunkturindikatoren ergeben sich somit unterschiedliche Konjunkturwellen (s. Abb.). Präsenz- und Spätindikatoren können dabei auch zeigen, inwieweit die Ziele der Stabilitätspolitik erreicht worden sind.

Eine Einteilung der Indikatoren kann auch nach anderen Kriterien erfolgen. So werden Mengen- (Auftragseingang, Lagerhaltung, ...) und Preisindikatoren (Löhne, Lebenshaltung, ...), Angebots- und Nachfrageindikatoren oder quantitative und qualitative Indikatoren (nach Art der Erhebung) unterschieden.

Autorentext

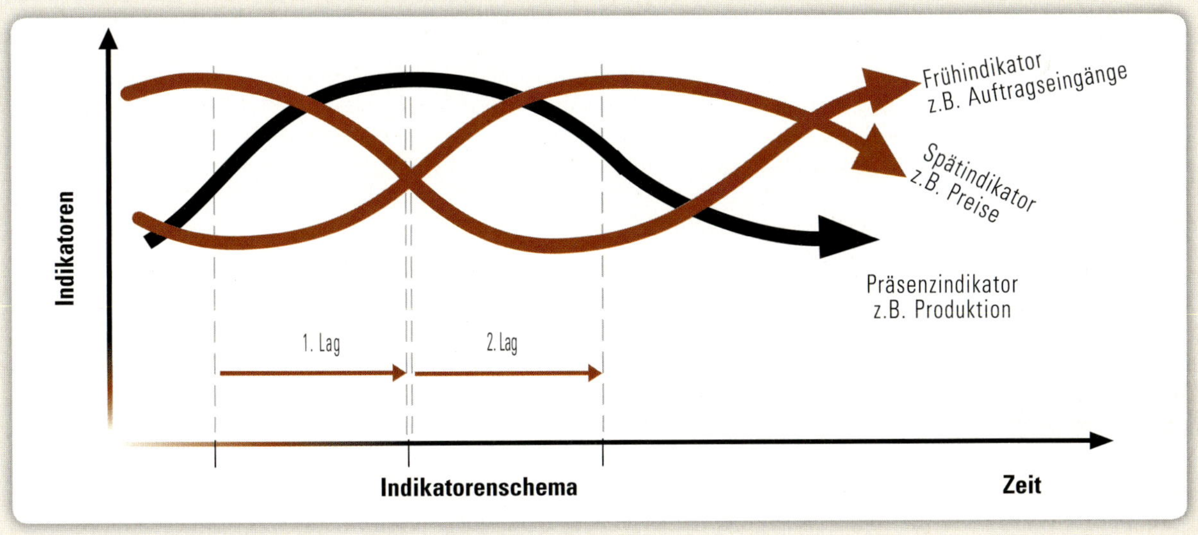

Artur Woll, Wirtschaftspolitik, 2. Aufl., München 1994, S. 152

M 6 Ursachen der Konjunkturschwankungen

Es gibt keine einheitliche Konjunkturtheorie, mit der die zyklische Entwicklung der gesamtwirtschaftlichen Aktivität erklärt werden könnte. Vielmehr werden konjunkturelle Schwankungen durch das Zusammenwirken unterschiedlicher Verursachungsfaktoren ausgelöst. Bei der Vielzahl der sich teilweise gegenseitig widersprechenden Erklärungsansätze lassen sich u.a. folgende Gruppen unterscheiden:

Monetäre Theorien: Die Konjunkturzyklen werden in erster Linie auf monetäre Faktoren (Geldmengen- und Zinsveränderungen) zurückgeführt. Demnach führt eine Ausdehnung der Geldmenge und die sich daraus ergebende Erhöhung des Kreditvolumens zu einem Aufschwung. Dieser Prozess hält so lange an, bis die steigende Nachfrage aufgrund der ausgelasteten Kapazitäten nicht mehr befriedigt werden kann. Wenn die Zentralbank die sich dann ergebende Preisniveausteigerung durch eine Begrenzung des Geldmengenwachstums stoppen will, wird ein Konjunkturabschwung eingeleitet.

Überinvestitionstheorie: Die Rezession wird mit der übermäßigen Ausdehnung des Investitionsgütersektors im Konjunkturaufschwung erklärt. Die Produktionskapazitäten werden demnach möglicherweise über das zur Befriedung der steigenden Konsumgüternachfrage nötige Maß hinaus vergrößert. Der Abbau der Überkapazitäten leitet nach dieser Auffassung den Konjunkturabschwung ein.

Unterkonsumtionstheorie: Die Rezession wird als Folge einer ungleichgewichtigen Entwicklung zwischen Konsum- und Investitionsgüterindustrie im Aufschwung erklärt. Die Ausdehnung der Produktionskapazitäten ermöglicht eine Erhöhung der Konsumgüterproduktion. Im Boom bleibt aber die Konsumgüternachfrage hinter den Produktionsmöglichkeiten zurück, da Löhne und Gehälter nicht in gleichem Ausmaß steigen wie die Güterpreise und Gewinne. Es fehlt den privaten Haushalten an Kaufkraft, sodass die zu geringe Nachfrage den Abschwung einleitet. Diese Situation wird durch eine ungleiche Einkommensverteilung verschärft, indem die Bezieher hoher (Kapital-)Einkommen wegen ihrer hohen Sparquote zu wenig Konsumgüter nachfragen. Dadurch wird der Abschwung verstärkt.

Exogene (außerwirtschaftliche) Theorien: Diese Theorien sehen die Ursachen der konjunkturellen Schwankungen in Faktoren, die nicht direkt durch das Wirtschaftsgeschehen beeinflusst werden. Dazu gehören beispielsweise Naturkatastrophen, Kriege, Erfindungen, Entdeckungen neuer Rohstoffquellen und optimistische bzw. pessimistische Zukunftserwartungen (psychologische Konjunkturtheorien). Daneben wird auch versucht, einen Zusammenhang zwischen Wahl- und Konjunkturzyklen herzuleiten (politische Konjunkturtheorien). Demnach sind die von demokratischen Regierungen in Zusammenhang mit ihren Bemühungen um eine Wiederwahl ergriffenen Maßnahmen (Wahlversprechen und Wahlgeschenke) Ursache für Konjunkturschwankungen.

Viktor Lüpertz, Problemorientierte Einführung in die Volkswirtschaftslehre, 5. Aufl., Darmstadt 2007, S. 305

Aufgaben

1. Die Bilder und Karikaturen in M 1 sind charakteristisch für die wirtschaftliche Entwicklung der Bundesrepublik Deutschland in bestimmten Phasen. Ordnen Sie die Bilder den Daten von M 2a) zu und diskutieren Sie den Einfluss der wirtschaftlichen Entwicklung auf das Lebensgefühl der Menschen.
2. Beschreiben Sie, wie sich Produktion, Arbeitslosigkeit, Löhne, Zinsen und Preise in den einzelnen Konjunkturphasen entwickeln (M 4).
3. Zur Beurteilung des Konjunkturverlaufs werden Konjunkturindikatoren herangezogen (vgl. M 5). Greifen Sie einen Indikator heraus und beschreiben Sie in einer Wirkungskette die Auswirkungen von Veränderungen auf private Haushalte, Unternehmen und Staat.
4. Beurteilen Sie Reichweite und Grenzen der einzelnen Konjunkturtheorien in M 6.

Wissen kompakt

Wirtschaftsschwankungen
M 2, M 3

Die schwankende Wirtschaftsentwicklung, die sich für die Bundesrepublik Deutschland nachweisen lässt, ist ein allgemein anerkanntes, weltweit zu beobachtendes Phänomen. Die Ursachen für den unstetigen Wirtschaftsverlauf können dabei struktureller (=langfristige, tief greifende Veränderungen der Wirtschaft), konjunktureller (=mittelfristig, unterschiedliche Erklärungsmodelle) oder saisonaler (=jahreszeitlich bedingt) Natur sein. Konjunkturelle und strukturelle Wirtschaftsschwankungen stellen große Herausforderungen für die Wirtschaftspolitik dar.

Konjunkturphasen
M 4

Konjunkturschwankungen sind Wachstumsschwankungen, die sich in dem Grundmuster eines Konjunkturzyklus mit vier Phasen darstellen lassen. Die Dauer der Zyklen ist unterschiedlich und bewegt sich für die Bundesrepublik Deutschland zwischen 4 und 6 Jahren. Ein Aufschwung ist gekennzeichnet durch die Zunahme der Wachstumsraten des BIP, die Arbeitslosigkeit nimmt im Verlauf des Aufschwungs meist ab, die Kaufkraft steigt, zunehmende Kapazitätsauslastung bewirkt eine steigende Investitionstätigkeit, insgesamt wächst das Vertrauen in die wirtschaftliche Entwicklung.

Im Abschwung geht die Produktionstätigkeit der Unternehmen zurück. Sie investieren nicht mehr aufgrund sinkender Gewinnerwartungen. Um Überkapazitäten abzubauen und Kosten zu senken, werden Menschen entlassen. Die Arbeitslosigkeit steigt. Die Grundhaltung der Verbraucher und Unternehmer wird pessimistischer. Die nun zu beobachtende allgemeine Kaufzurückhaltung verstärkt diese negativen Effekte.

Konjunkturindikatoren
M 5

Konjunkturschwankungen wirken sich auf verschiedene ökonomische Größen aus und lassen sich an Konjunkturindikatoren ablesen. Ein charakteristischer Frühindikator ist der Geschäftsklimaindex, welcher regelmäßig von Wirtschaftsinstituten gemessen wird. Durch Befragungen von Unternehmen aus dem Verarbeitenden Gewerbe, dem Bauhauptgewerbe und dem Groß- und Einzelhandel werden die Erwartungen der Unternehmen in Bezug auf Auftragseingänge und Investitionspläne ermittelt. Mit den ermittelten Daten werden Prognosen zur konjunkturellen Entwicklung möglich. Die Arbeitslosenquote gilt als Spätindikator, der – ebenso wie Preise – zeitlich verzögert auf konjunkturelle Entwicklungen reagiert. Ein typischer Präsenzindikator ist das BIP. Für alle Konjunkturindikatoren gilt, dass ihre Aussagekraft begrenzt ist, da wirtschaftliche Entwicklungen nicht gesetzmäßig verlaufen.

Konjunkturtheorien
M 6

Konjunkturtheorien versuchen das Umschlagen der Konjunktur von einem positiven in einen negativen Trend zu erklären. Dabei werden unterschiedliche Faktoren wie z.B. Schwankungen der Geldmenge, der Investitionstätigkeit und des Konsums oder die Grundstimmung der Wirtschaftssubjekte zur Erklärung herangezogen. Wahrscheinlich ist jedoch, dass Konjunkturschwankungen von einem komplexen Zusammenwirken vieler Faktoren ausgelöst werden.

8.2 Struktureller Wandel

M 7 Visionen eines Zukunftsforschers

2020	2050	2100
■ Um die Versorgung der dramatisch wachsenden Bevölkerung zu gewährleisten, werden selbstverständlich Genmanipulationen bei Pflanzen und Tieren eingesetzt. ■ Geklonte Kinder kommen zur Welt. ■ Erste bemannte Marsreise in Planung.	■ Medikamente gegen Alterungsprozesse kommen auf den Markt. ■ Gesetze dämmen in vielen Ländern die Geburtenraten ein. ■ In reichen Ländern werden viele Arbeiten von Robotern übernommen. ■ Die ersten denkenden Computer. ■ Auf dem Mars die erste menschliche Siedlung.	■ 14 Milliarden Menschen auf der Erde. ■ Denkende Maschinen entwickeln Pläne für eine weltweite nachhaltige Entwicklung. ■ Zum Schutz vor denkenden Maschinen werden Gesetze erlassen. ■ Genmanipulation an Menschen ist die Regel. ■ Erste Pläne für eine Besiedlung des Mars.

aus: Eirik Newth, Abenteuer Zukunft, Projekte und Visionen für das dritte Jahrtausend, München 2002, S. 290 f.

M 8 Dimensionen des Strukturwandels

1. Intersektoraler Strukturwandel: Damit ist der in allen entwickelten Volkswirtschaften seit dem 19. Jahrhundert zu beobachtende Übergang von einer Agrar- in eine Industriegesellschaft und seit Mitte dieses Jahrhunderts in eine Dienstleistungsgesellschaft gemeint. Mittlerweile beschäftigen die Dienstleistungsbranchen Deutschlands mehr als 60 Prozent aller Erwerbstätigen, in den USA liegt der Anteil sogar bei über 70 Prozent. Besonders expansiv zeigen sich z.B. gesundheits- und unternehmensnahe Dienste wie Werbung, Finanzierung, Kundenservice. Letztere zeigen, dass Industrie und Dienstleistungen häufig eng miteinander verzahnt sind. Angesichts der wachsenden Bedeutung der Informations- und Kommunikationstechnologien wird in jüngster Zeit bereits von einem Übergang in die Informationsgesellschaft gesprochen.

2. Intrasektoraler Strukturwandel: Auch innerhalb der großen Wirtschaftssektoren – Agrarwirtschaft, Industrie, Dienstleistungen – finden strukturelle Veränderungen statt. Ein Beispiel: In der Industrieproduktion übernehmen Maschinen gefährliche, schwere oder belastende Arbeiten. Auch der Arbeitseinsatz verändert sich: Gerade in den Industrieländern gewinnen gut qualifizierte Arbeitskräfte immer mehr Beschäftigungsanteile hinzu.

3. Regionaler Strukturwandel: In einzelnen Regionen verändern sich die wirtschaftlichen Strukturen immer wieder, zum Teil mit einschneidenden Konsequenzen für den Arbeitsmarkt. Ein anschauliches Beispiel ist das Ruhrgebiet, das sich mit dem Niedergang des Bergbaus und der Montanindustrie von einer Schwerindustrieregion zunehmend in ein Zentrum für hochtechnologische Industrien (z.B. im Umweltschutzbereich) und moderne Dienstleistungen gewandelt hat. Ein wesentlicher Trend im Strukturwandel heute ist die funktionale Konzentration. Damit ist die Ballung vor allem bestimmter Dienstleistungen auf einige Zentren gemeint: Banken in Frankfurt, Versicherungen in München, Medien in Hamburg, Berlin und Köln.

nach: www.insm.de/Lexikon/Strukturwandel.html (15.7.2007)

Die Entwicklung der Sektoren nach der Drei-Sektoren-Hypothese

M 9

Teilweise wird auch ein vierter Sektor, der Informationssektor, unterschieden, indem man alle Erwerbstätigen aus den traditionellen Sektoren ausgliedert, die mit der Informationsbeschaffung bzw. der -verarbeitung zu tun haben. Dieser Sektor verzeichnet die größten Wachstumsraten.

Arbeitswelt heute und morgen

M 10

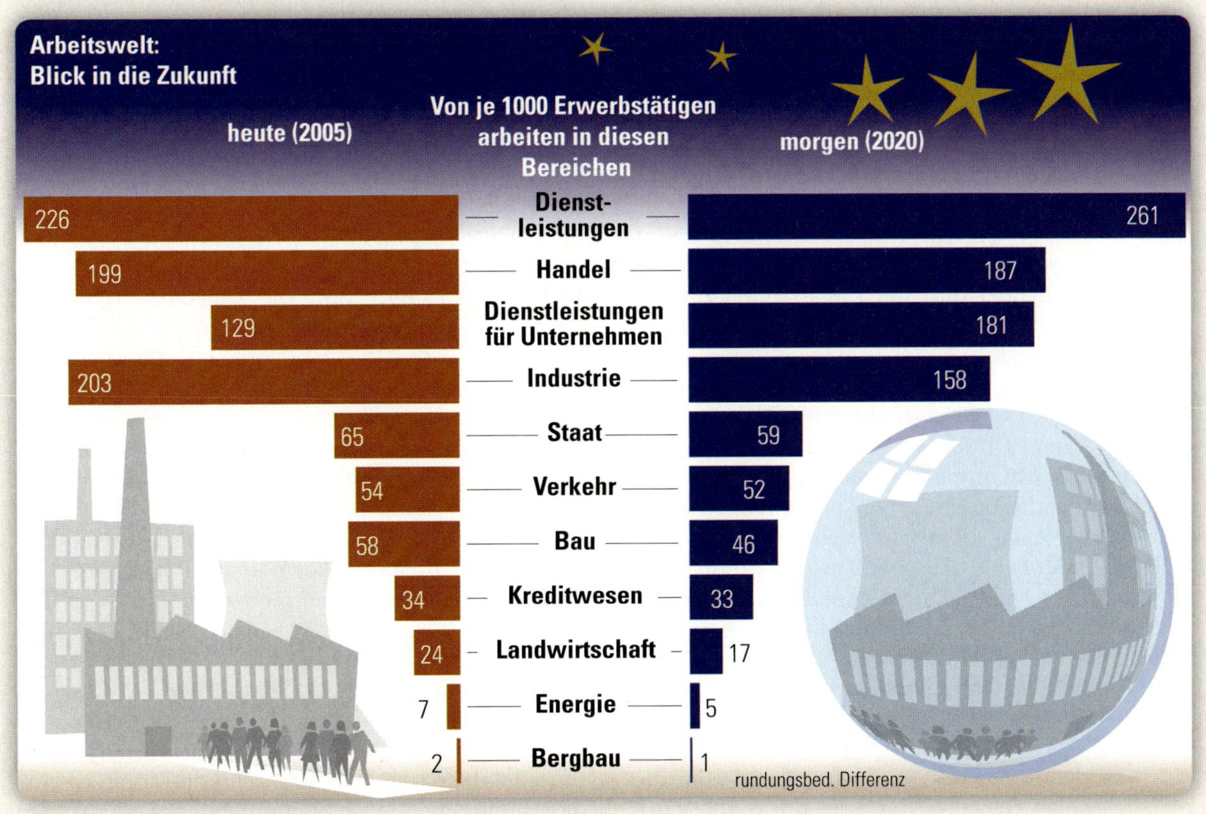

Globus-Grafik 0110

Aufgaben

1. a) Nehmen Sie zu den Visionen des Zukunftsforschers in M 7 Stellung.
   b) Entwerfen Sie ein eigenes Zukunftsszenario.
2. Unterscheiden Sie die drei Dimensionen des Strukturwandels anhand von Beispielen (M 8).
3. Wie erklären Sie sich die Entwicklung der Sektoren und Branchen (M 10)?

M 11 Der Wandel zur Dienstleistungsgesellschaft

An der Schnittstelle von Industriezeitalter und Dienstleistungsgesellschaft fliegen Golfbälle. Jenseits des Hafenbeckens am Wolfsburger Mittellandkanal steht das alte backsteinerne Kraftwerk der Volkswagenfabrik – als historische Kulisse. Diesseits gewährt die Vollglasfront des Restaurants „Vision“ im Luxushotel Ritz-Carlton eine Fünf-Sterne-Aussicht auf das Treiben zu Wasser. Pausenlos schlagen Hobbygolfer von einem Ponton ihre Bälle 50, 100 Meter weit ins stillgelegte Hafenbecken. … Nachts sammeln Helfer die schwimmenden Spezialbälle wieder ein. Willkommen am Dienstleistungsstandort Deutschland. So unwirklich das klingt – kaum woanders wird Deutschlands Wandel zur Dienstleistungsgesellschaft so sinnfällig wie hier. Denn es sind ausgerechnet die klassischen Unternehmen der Industrie, die diesen Wandel vorantreiben. …

Die Deutschen sind längst auf dem Marsch in die Service-Society. In Zahlen liest sich das so: Der primäre Sektor, die Landwirtschaft, ist mit einem Anteil von weniger als fünf Prozent an den Beschäftigten heute kaum noch vorhanden. Im sekundären Sektor, der Industrie, arbeitet ein Drittel der Erwerbstätigen – in den sechziger Jahren waren es 50 Prozent. Stetig gewachsen ist nur der tertiäre Sektor, die Dienstleistungen: in 100 Jahren von einem auf zwei Drittel der Beschäftigten. … [Und] die Statistik untertreibt. Viele Beschäftigte, die als Industriearbeitnehmer gelten, leisten in Wahrheit Dienste – als Computerexperten, Marketingfachleute oder Sekretärinnen. Werden alle Arbeiten außerhalb der eigentlichen Herstellung als Dienste definiert, beträgt der Anteil des dritten Sektors in Deutschland schon 83 Prozent.

Genauer hat das Karl Lichtblau untersucht, Volkswirt beim Institut der Deutschen Wirtschaft (IW) in Köln. Danach geben die sogenannten haushaltsbezogenen Dienstleistungen (dazu gehören beispielsweise Gastgewerbe, Friseure oder Rundfunk und Fernsehen) gerade einmal einer Million Deutschen Arbeit – das sind nur acht Prozent aller Dienstleistenden. Distributive Dienste (Groß- und Einzelhandel, Post, Reisebüros oder Bahn) beschäftigen 4,3 Millionen Menschen. Die größte Dynamik jedoch, sagt Lichtblau, „zeigen die wirtschaftsbezogenen Tätigkeiten“. Die Zahl der sozialversicherungspflichtig Beschäftigten hat sich hier in den zwei Jahrzehnten bis 1997 auf 2,7 Millionen verdoppelt. Gemeint sind Kredit- und Versicherungsvermittler, Anlageberater, aber auch Gebäudereiniger und Werbeleute. Ebenso leisten Rechtsanwälte und Unternehmensberater Dienste – aber nicht immer unmittelbar am Endkunden.

Wandel zur Dienstleistungsgesellschaft: Vom Luxushotel Ritz-Carlton in Wolfsburg blickt man auf die die Ruinen des Industriezeitalters.

Der Trend zur Service-Society wird wesentlich von den Bedürfnissen der Wirtschaft getragen. Die meisten Dienstleistungen fragt die Industrie selbst nach oder bietet sie sich selbst an: als Vor- und Folgeleistungen der Produktion. Viele Unternehmen wandeln sich zum Dienstleister – Volkswagens Autostadt ist nur ein Beispiel. Großkonzerne wie Siemens machen Umsatz und Ertrag nicht nur mit dem Bau von Kraftwerken, sondern immer mehr mit deren Wartung, dem Verkauf von

Ingenieurleistung, der Planung von Energieversorgungskonzepten für ganze Länder. Preussag, ehedem ein Montankonzern, verdient sein Geld heute als Touristik- und Logistikunternehmen. Der Schuhhersteller Salamander schwenkt um auf Gebäude-Services und Parkhausbetrieb. … „Wir haben uns für einen Strukturwandel entschieden, der auf Sach- und Humankapital setzt“, sagt Lichtblau.

Wolfgang Gehrmann, Die Zeit, 23/2002

Dienstleistungen

Info

Innerhalb der Dienstleistungen lassen sich nach funktionalen Schwerpunkten vier Gruppen unterscheiden:

- Unter gesellschaftsbezogenen Dienstleistungen sind alle direkten oder indirekten Leistungen für Personen bzw. Familien zu verstehen, die dem individuellen bzw. kollektiven, sozialen und kulturellen Bedarf entsprechen (u.a. Heime, Schulen, Kliniken und Verwaltung).
- Wirtschaftsbezogene Dienstleistungen sind Dienste, die von privatwirtschaftlichen Firmen oder staatlichen Institutionen als Vorleistungen, d.h. zur intermediären Verwendung für andere Wirtschaftsbetriebe, produziert und angeboten werden (u.a. Finanzierungsinstitute, Unternehmensberatungen, Versicherungsgewerbe).
- Dienstleistungen, die zur Deckung der Mobilitäts-, Kommunikations- und Transportbedürfnisse der privaten Haushalte und der Wirtschaftsunternehmungen von privatwirtschaftlichen oder öffentlichen Anbietern erstellt werden, werden distributive Dienstleistungen genannt (u.a. Einzelhandel, Großhandel, Speditionen, Warenhäuser).
- Unter haushaltsbezogenen Dienstleistungen werden konsumentenbezogene Dienstleistungen verstanden, die von privaten Anbietern für private Haushalte zum Endverbrauch erstellt werden.

nach: Rürup, Bert / Sesselmeier, Werner, Wirtschafts- und Arbeitswelt, in: Korte, Karl-Rudolf / Weidenfeld, Werner: Deutschland Trendbuch. Fakten und Orientierungen, Opladen 2001, S. 249 f.

M 12 Intrasektoraler Strukturwandel in Bildern

Automobilproduktion in Untertürkheim im Jahr 1912

Karosseriebau mit Schweißrobotern heute

Getreideernte mit Sense und Sichel, aufgenommen Anfang der fünfziger Jahre

Mähdreschereinsatz zur Getreideernte heute

Büroorganisation um 1930

Modernes Großraumbüro einer Presseagentur

Regionaler Strukturwandel: das Ruhrgebiet

M 13

Das Ruhrgebiet war ehemals gekennzeichnet durch die Montanindustrie, vor allem durch den Steinkohlenbergbau und die Eisen- und Stahlindustrie. Krisen des Steinkohlenbergbaus in den 50er Jahren des letzten Jahrhunderts – ausgelöst durch den Import preiswerten Erdöls und billiger Steinkohle aus Übersee – und der Eisen- und Stahlindustrie in den 70er Jahren des 20. Jh. – ausgelöst durch den Import billigeren Stahls sowie seinen Ersatz durch Kunststoffe und Aluminium – leiteten den ökonomischen Strukturwandel des bis dahin monostrukturierten Raumes ein.

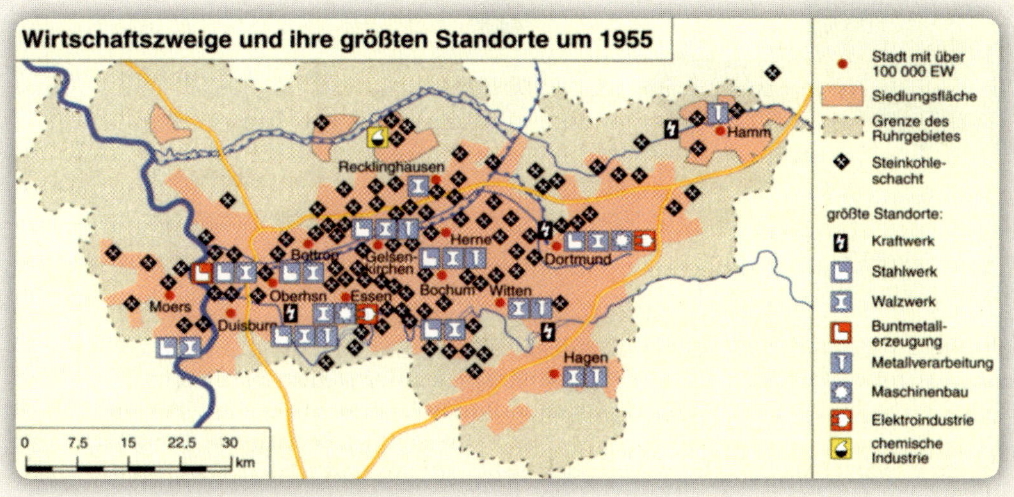

Das Verkehrsnetz, vor allem die Autobahnen, wurde ausgebaut. Zusätzliche Betriebe der Kunststoff- und Metallverarbeitung siedelten sich an. Der Aufbau neuer Strukturen im Dienstleistungs- und High-Tech-Bereich, insbesondere die Entstehung von Universitäten, von Wissenschaftsinstituten und Labors waren die notwendigen Voraussetzungen neuer Technologiefelder. Umwelttechnik, Mikroelektronik, Sensorik und Biotechnologie wurden profilbestimmende Branchen. Vor allem die Umwelttechnik ist auf die regionalen Umweltprobleme orientiert.

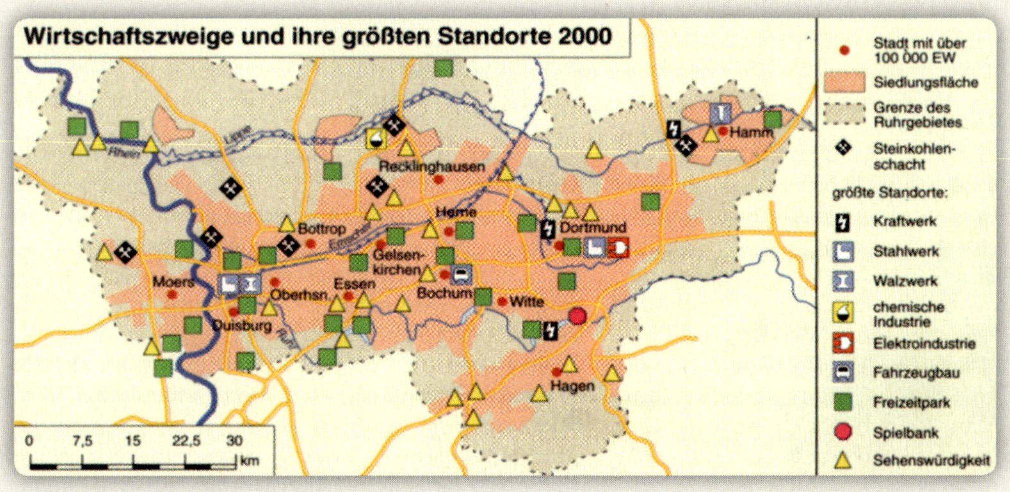

Konrad Billwitz, Duden, Geographie. Basiswissen Schule, Mannheim 2002, S. 258

M 14 Sektoraler und regionaler Strukturwandel

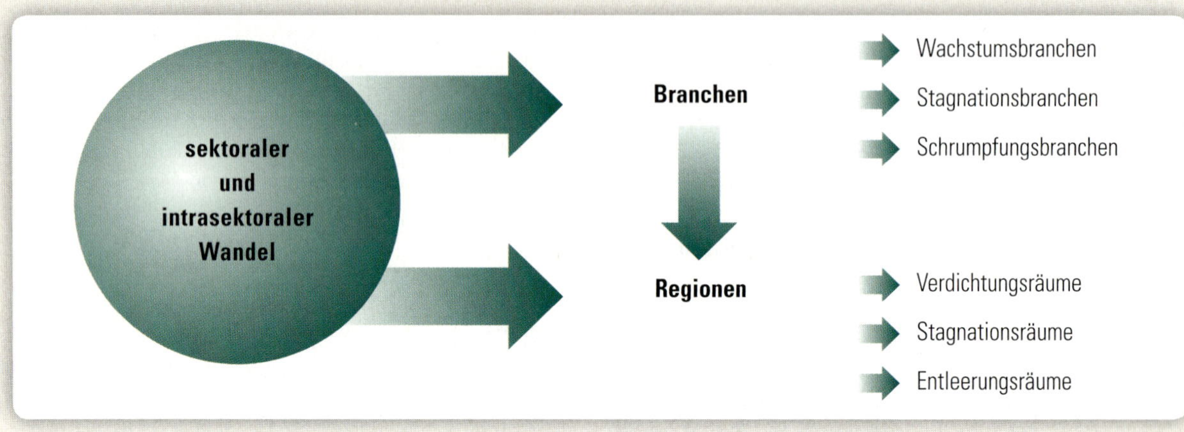

Der regionale Strukturwandel ist häufig eine Folge des sektoralen Strukturwandels auf lokaler Ebene. Wenn Wirtschaftssektoren oder Branchen ein verändertes Gewicht in einer Volkswirtschaft erhalten, d.h. wenn ihr Anteil am Inlandsprodukt zu- oder abnimmt, bleibt dies nicht ohne Auswirkungen auf jene Regionen, in denen der nun schrumpfende Sektor Leitsektor war. Beispiele für die alte Bundesrepublik finden sich in den Branchen Stahl, Kohle und Schiffbau, regional im Ruhrgebiet und in den Küstenregionen. Staatliche regionale Strukturpolitik, die der Forderung des Grundgesetzes nach gleichwertigen Lebensverhältnissen (Art. 72,2 GG) im Bundesgebiet verpflichtet ist, versucht, mit Mitteln regionaler Wirtschaftsförderung strukturelle Benachteiligungen einzelner Gebiete zu beseitigen. Ein Sonderfall regionaler Strukturpolitik ist nach der Deutschen Einheit in den fünf neuen Bundesländern entstanden. Fehlende Wettbewerbsfähigkeit der Zentralverwaltungswirtschaft der DDR forderte und fordert noch immer regionale Strukturpolitik als Gemeinschaftsaufgabe in einer historisch völlig neuen Größenordnung.

Autorentext

M 15 Ursachen des Strukturwandels

Wirtschaftliches Wachstum ist mit Strukturänderungen verbunden. Dabei kann man die Strukturänderungen fast beliebig vieler Größen betrachten, denn die meisten Größen lassen sich in Einzelbestandteile zerlegen, deren Anteile an der Gesamtgröße einer Veränderung unterliegen, z. B. Einkommensstruktur, Bevölkerungsstruktur, Struktur der Staatsausgaben usw. Wir beschränken uns auf die Produktionsstruktur und die Preisstruktur.
Betrachten wir zunächst den Wandel der Produktionsstruktur. Darunter versteht man den Produktionsanteil der Sektoren oder Branchen am Inlandsprodukt. Man kann beobachten, dass die Produktionsanteile von Landwirtschaft und Rohstoffproduktion im Wachstumsprozess laufend abnehmen, während der Anteil der Dienstleistungen kontinuierlich zunimmt. Der Anteil der Industrieproduktion steigt in weniger entwickelten Gesellschaften im Zuge des Wachstums an, beginnt aber bei einer hohen industriellen Entwicklungsstufe wieder abzunehmen.
Oft wandeln sich die Strukturen, wenn die wirtschaftlichen Aktivitäten auf Hindernisse, auf Beschränkungen stoßen. Wenn Arbeit knapp und teuer ist, wird rationalisiert. Wenn Boden knapp ist, werden Hochhäuser gebaut. Wenn die Nachfrage nach bestimmten Gütern zurückgeht, muss sich das Angebot entsprechend anpassen usw.
Bisher sind die Hauptursachen des Wandels der Produktionsstruktur in der unterschiedlichen Entwicklung der Nachfrage zu sehen.
Mit steigendem Einkommen steigt die Nachfrage nach den einzelnen Gütern und Dienstleistungen nicht gleichmäßig. So sinkt mit steigendem Einkommen der Anteil der Ausgaben für Nahrungsmittel, insbesondere Grundnahrungsmittel (Kartoffeln,

Brot usw.), und es steigt der Anteil der Ausgaben für hochwertige Konsumgüter. Plastisch wird dies durch die Nachfragewellen, die in der Bundesrepublik seit 1948 zu beobachten waren, zum Ausdruck gebracht: Fresswelle, Bekleidungswelle, Wohnungswelle, Autowelle, Reisewelle und Freizeitwelle.

Auch Veränderungen der Preisrelationen bewirken eine Verschiebung der Nachfragestruktur. So wurde lange Zeit die Steinkohle durch das billigere Erdöl verdrängt oder inländische Textilien durch billige ausländische ersetzt. Da sich auf lange Sicht die Produktion an der Nachfrage ausrichten muss – es werden keine Güter produziert, für die keine Nachfrage besteht, für die keine Nachfrage geschaffen wird oder für deren Befriedigung andere Güter, die niedrigere Preise haben, zur Verfügung stehen –, bestimmt die Veränderung der Nachfrage die Wandlung der Produktionsstruktur. Mit dem Wandel der Produktionsstruktur entsteht ein schwieriges Entscheidungsproblem:

Ein absoluter oder auch nur relativer Rückgang der Produktion einer Branche oder einer Region bedeutet soziale Härten für die dort Beschäftigten. Ein Teil verliert den Arbeitsplatz oder muss mit relativ niedrigeren Löhnen vorlieb nehmen. Daraus ergibt sich oft die Notwendigkeit, den erlernten Beruf zu wechseln und/oder die sozialen Bindungen an den bisherigen Heimatort aufzugeben.

Ulrich Baßeler, Jürgen Heinrich, Burkhard Utecht, Grundlagen und Probleme der Volkswirtschaft, 17. Aufl., Stuttgart 2002, S. 802 f.

Auswirkungen des demografischen Wandels

M 16

Das Gesicht der Bundesrepublik wird sich nach Ansicht des Berlin-Instituts für Weltbevölkerung und globale Entwicklung in den nächsten zwanzig Jahren einschneidend verändern. …

Die beteiligten Wissenschaftler sagen voraus, dass im Jahr 2050 ohne weitere Zuwanderung nur noch rund 51 Millionen Menschen und im Jahr 2100 gerade noch 24 Millionen Menschen in Deutschland leben werden. Das entspräche der Zahl zu Beginn des 19. Jahrhunderts. Die Entwicklung wird nach Einschätzung der Wissenschaftler massive Auswirkungen auf alle Lebensbereiche haben: Die Chance auf wirtschaftliches Wachstum werde rapide sinken. Die Versorgung älterer Menschen werde immer schwieriger und zunehmend unfinanzierbar. Und die Infrastruktur ebenso wie viele Wirtschaftszweige müssten massiv an die Bedürfnisse der älteren Menschen angepasst werden. „Was vor uns steht, hat es in der Geschichte noch nicht gegeben“, sagte der Direktor des Instituts, Reiner Klingholz.

Allerdings werden die zu erwartenden Auswirkungen in den nächsten zwanzig Jahren regional sehr unterschiedlich ausfallen. Parallel zum beschriebenen Schrumpfungsprozess hat längst eine Wanderungsbewegung innerhalb Deutschlands eingesetzt, die zu einem dramatischen Ost-West- und Nord-Süd-Gefälle führen wird. In Ostdeutschland, so sagen die Wissenschaftler voraus, werden Landstriche entvölkert werden, während der Süden mit Zuwanderung rechnen kann.

Gemessen an der Geburtenzahl pro Frau, der regionalen Wirtschaftskraft oder auch der Dichte an Ausbildungsplätzen, errechneten die Wissenschaftler eine Rangfolge aller Landkreise und aller Bundesländer. Im Vergleich aller Bundesländer liegt Baden-Württemberg an der Spitze; in der Rangfolge der Landkreise liegen die ersten 19 in Bayern und Baden-Württemberg. … Insbesondere die Regionen um München und Stuttgart ziehen die Menschen an.

Stephan Braun, Stuttgarter Zeitung, 23.4.2004

Aufgaben

1. Nennen Sie die Ursachen für den Wandel zur Dienstleistungsgesellschaft (M 11).
2. Beschreiben Sie den Wandel innerhalb der Sektoren anhand der Bilder in M 12.
3. Erläutern Sie die Zusammenhänge zwischen sektoralem und regionalem Strukturwandel (M 13, M 14).
4. Erstellen Sie abschließend eine grafische Übersicht (z.B. Mindmap) zu den Ursachen des Strukturwandels (M 7 - M 16).

Wissen kompakt

Intersektoraler Wandel Drei-Sektoren-Hypothese
M 9, M 10

Die langfristigen und grundsätzlichen strukturellen Veränderungen im Gefüge einer Volkswirtschaft werden als Strukturwandel bezeichnet. In der Entwicklung von Volkswirtschaften lässt sich dabei ein typisches Muster erkennen: Im langfristigen Wachstumsprozess von Marktwirtschaften verdrängt der sekundäre Sektor (produzierendes Gewerbe) zunächst den primären Sektor (Land- und Forstwirtschaft, Fischerei) und wird schließlich selbst vom tertiären Sektor (Dienstleistungen) verdrängt (Drei-Sektoren-Hypothese).

Wandel zur Dienstleistungsgesellschaft
M 11

Den größten Anteil am Weltsozialprodukt nimmt heute der Dienstleistungssektor ein. Der entscheidende Grund für diese Entwicklung ist, dass sich in den hoch entwickelten Volkswirtschaften die Wertschöpfung immer mehr vom Materialverbrauch abgekoppelt hat und zunehmend das Ergebnis organisatorischer, kontrollierender, helfender, beratender, dienender und gestaltender Tätigkeiten geworden ist.

Vierter Sektor

Aufgrund der zunehmenden Bedeutung von Information und Kommunikation für unser Leben gliedert man diese Bereiche heute auch aus den drei Sektoren aus und fasst sie zu einem eigenen vierten Sektor (Informationssektor) zusammen.

Intrasektoraler Wandel
M 12

Strukturwandel meint nicht nur, dass sich die Gewichte zwischen den Sektoren verschieben. Auch innerhalb der Sektoren können sich die Art der Güterproduktion, Betriebsgrößen, Fertigungsmethoden und Beschäftigungssystem verändern. Dieser intrasektorale Strukturwandel hat z.B. in der Landwirtschaft dazu geführt, dass die harte Feldarbeit früherer Jahre durch den Einsatz von Maschinen im Zuge des mechanisch-technischen Fortschritts weitgehend ersetzt worden ist. Damit einher ging eine starke Zunahme der Produktivität, die wiederum mit einem starken Rückgang der Beschäftigung verbunden war. Dieser Prozess ist auch heute noch nicht abgeschlossen.

Regionaler Strukturwandel
M 13, M 14

Regionaler Strukturwandel ist häufig eine lokale Folge der Veränderungen innerhalb der Wirtschaftssektoren und ihrer Gewichte in einer Volkswirtschaft. Ein Indikator für Stärken und Schwächen einer Region ist die Bevölkerungsentwicklung. Verdichtungsräume (Ballungsgebiete) weisen eine hohe Zuwanderung auf, während aus strukturschwachen Regionen Menschen abwandern.

Strukturschwache Regionen

Die Dynamik des technischen Fortschritts in Verbindung mit zunehmenden Verflechtungen der Volkswirtschaften erfordern hohe Anpassungsleistungen der wirtschaftlichen Akteure. Gelingt es nicht, sich den schnell veränderten Marktbedingungen anzupassen, entstehen strukturschwache Regionen mit hoher Arbeitslosigkeit und ausbleibendem Wirtschaftswachstum.

Ursachen des Strukturwandels
M 15, M 16

Wichtigste Triebfeder für den Strukturwandel ist der technische Fortschritt. Dieser wirkt auf die Angebotsseite (z.B. neue Produktionsverfahren, neue Produkte) und auf die Nachfrageseite (Bedarfssättigung, Einkommensänderungen). Daneben beeinflusst die Politik durch Wettbewerbs- und Wachstumspolitik, aber auch durch politische Wert- und Zielvorgaben Veränderungsprozesse.

8.3 Transformationsprozesse und die Rolle des Staates

Aufbau Ost – ein Milliardengrab?

M 17

Aufbau Ost – noch ein weiter Weg

M 18

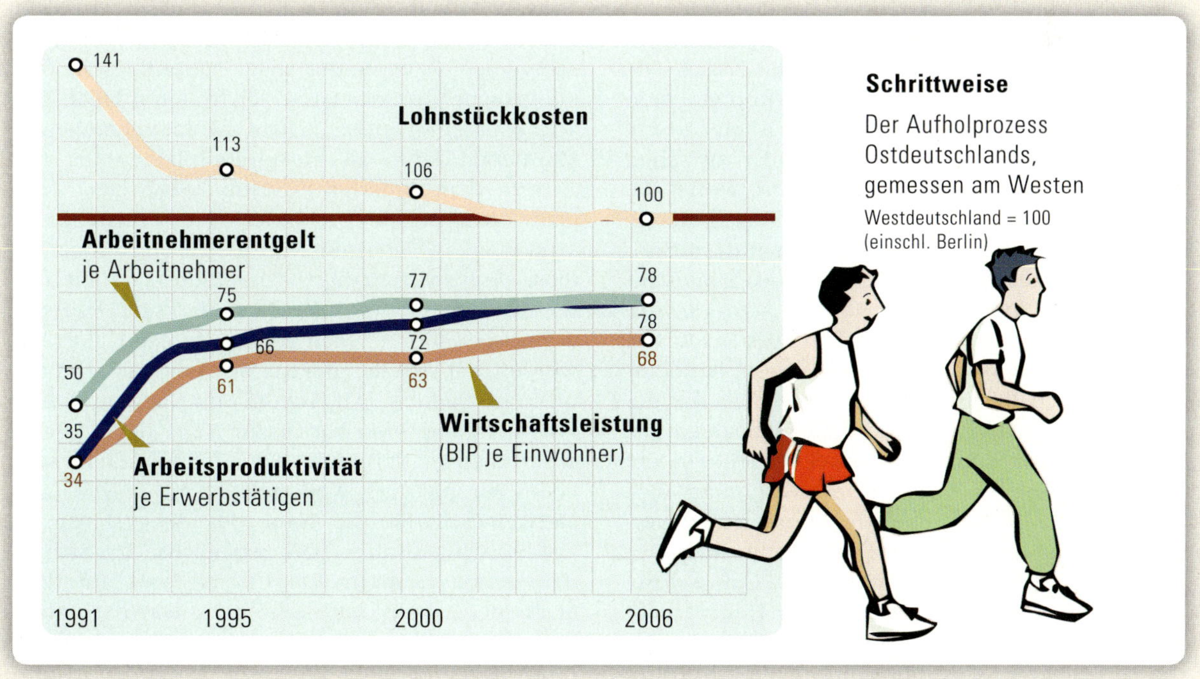

Erich Schmidt Verlag, Zahlenbilder 230 010, Quelle: Frühjahrsgutachten der Wirtschaftsinstitute 2007

M 19 Der Aufbau Ost – gescheitert?

In seinem Buch „Supergau Deutsche Einheit" beschreibt Uwe Müller die katastrophale Politik seit der Vereinigung. Seine These: Wenn sich nichts ändert, ist Deutschland am Ende. Ein Auszug:

„Mission O" – so nennt der MDR seine neueste Kampagne, die der ganzen Republik beweisen soll, dass der Osten viel besser ist als sein Ruf. Drei Wochen lang wird die Leipziger ARD-Anstalt unter dem Titel „Der starke Osten" täglich Reportagen, Magazinbeiträge und Interviews ausstrahlen, die von herausragenden Erfolgen beim Aufbau Ost, ungewöhnlichen Initiativen von Bürgern und markanten Beispielen für Innovationskraft künden. Mit dieser Bildschirmoffensive will Chefredakteur Wolfgang Kenntemich, der selbst aus dem Westen stammt, Berichte in den „Westmedien" über das „Jammertal Ost" oder das „Milliardengrab Ost" korrigieren. Natürlich sei „Der starke Osten" ein „Gegenprogramm gegen diese Art von Vorurteilen". Denn in den neuen Ländern sei nicht alles schlecht, die Leute haben sehr viel geleistet, manches sei sogar vorbildlich für ganz Deutschland. Und wer wollte das schon bestreiten? Trotzdem ist die Mission O eine Mission Impossible: ... Die Wiedervereinigung, dieser Glücksfall der deutschen Geschichte, hat sich ökonomisch als Desaster erwiesen. Ein halbes Land hängt am Tropf wie ein Junkie an der Nadel. Die Summe, die die Solidargemeinschaft in den ersten 15 Jahren der Einheit aufgebracht hat, ist gigantisch: Je nach Abgrenzung der Kosten kommen zwischen 1,2 und 1,4 Billionen Euro zusammen, wobei die im Osten gezahlten Steuern und Sozialbeiträge bereits abgezogen sind. Das Geld würde ausreichen, um fast die gesamten Schulden des Staates auf einen Schlag zu tilgen. Jährlich wurden zuletzt rund 85 Milliarden Euro von West nach Ost gepumpt. Das entspricht gut vier Prozent der deutschen Wirtschaftsleistung und ist mehr als das gesamte Bruttoinlandsprodukt von Tschechien. ... Tatsächlich stehen gut vier Fünftel der Hilfen nicht für den Aufbau der Wirtschaft zur Verfügung, weil mit dem Geld die Menschen direkt unterstützt werden müssen. Immer mehr Ostdeutsche, darunter mittlerweile 1,8 Millionen registrierte Arbeitslose, leben auf Staatskosten, weil es in ihrer Heimat nicht vorangeht. Eine solidarische Kraftanstrengung, die in der Geschichte ohne Beispiel ist, verpufft wirkungslos. Das frustriert diejenigen, die geben, ebenso wie die, die auf die Gaben angewiesen sind. Die einen fühlen sich überfordert, die anderen deklassiert. Viele Ostdeutsche nehmen bei ihrer Suche nach einem Arbeitsplatz ungeheure Strapazen auf sich, die man im Westen kaum jemandem zumuten würde. Von der Wiedervereinigung bis Ende 2003 verlor der Osten rund 1,3 Millionen Bürger durch Abwanderung, die Einwohnerzahl von Sachsen-Anhalt ging seit Oktober 1990 um gut zwölf Prozent zurück. Eine Region, doppelt so groß wie die Niederlande, verliert ihre Menschen: 1949 lebten auf dem Gebiet der DDR rund 28 Prozent der deutschen Gesamtbevölkerung. Aktuell ist der Wert auf unter 18 Prozent abgesackt. 2050 werden es voraussichtlich 13 Prozent sein. Kein anderer Landstrich Europas, einige Bürgerkriegsgebiete auf dem Balkan ausgenommen, wurde in den letzten 15 Jahren von einer vergleichbaren Einwohnerflucht heimgesucht wie die neuen Länder. Im Osten bleiben oftmals diejenigen zurück, denen die Hoffnung auf bessere Zeiten abhanden gekommen ist. Nun hat das begonnen, was Kurt Biedenkopf die „Abwanderung aus der Zukunft" nennt: In keinem Staat der Welt, vom Vatikan einmal abgesehen, wurden nach 1990 relativ weniger Kinder geboren als in der ostdeutschen Teilgesellschaft. Wie soll man diese Aussicht bezeichnen, wenn nicht als Supergau? Der Aufschwung Ost, er findet statt – allerdings in den ehemaligen Bruderstaaten der früheren DDR. Die acht Staaten Mittelosteuropas, die im vergangenen Mai neben den beiden Inselrepubliken Malta und Zypern dem Brüssler EU-Club beigetreten sind, glänzten zwischen 1996 und 2005 mit einem durchschnittlichen Wachstum von gleich vier Prozent – diese Volkswirtschaften expandierten damit fast sechsmal so schnell wie die ostdeutsche Subventionsökonomie. ... Statt in Deutschland aktiv zu werden, hat sich Renault für Slowenien und Rumänien entschieden. Fiat, Toyota und Daewoo sind in Polen. Hyundai-Kia hat in der Nähe der slowakischen Hauptstadt Bratislava den Grundstein für sein erstes europäisches Werk gelegt.

Derweil schwillt die Zahl der Arbeitslosen in Ostdeutschland an. ... Mit jeder Krise hat sich in den neuen Ländern das Überangebot auf dem Markt der Arbeitskräfte erhöht. ... Das hat seinen Preis. 18,5 Milliarden Euro musste die Nürnberger Bundesagentur 2003 im Osten ausgeben – eingenommen wurden von den dortigen Beitrags-

zahlern aber nur 6,1 Milliarden Euro. ... Wenn sich nichts ändert, haben die neuen Länder ihre beste Zeit schon hinter sich. Ihnen steht jedenfalls die schwerste Bewährung erst bevor. Die demographische Entwicklung lässt die neuen Länder in rasantem Tempo vergreisen. Deshalb kann auch in Zukunft von Aufholen keine Rede sein. Bis 2020 sinkt die Wirtschaftskraft des Ostens allein wegen des ungünstigen Bevölkerungstrends wieder auf etwa 60 Prozent der West-Niveaus, wie Deutsche Bank Research herausgefunden hat. ... Und darüber hinaus kommen auch noch die Firmen nicht auf die Beine. Die hundert größten Ost-Unternehmen beschäftigten 2003 zusammen soeben knapp 200.000 Mitarbeiter und setzten gemeinsam 65 Milliarden Euro um. Im Vergleich war allein der Münchener Elektrokonzern Siemens mit 74 Milliarden Euro Umsatz und 417.000 Beschäftigten entschieden größer. ...
Wir brauchen eine politische „Mission O", einen zweiten Kraftakt im Osten. Er muss einem Grundsatz folgen: Der Osten benötigt gegenüber dem Westen nicht mehr Gleichheit, sondern mehr Freiheit. Nicht zusätzliche Subventionen, sondern vielmehr echte Wettbewerbsvorteile. Dabei können viele Stellschrauben justiert werden. Die vielleicht wichtigste: Niedrigere Steuersätze auf Einkommen und Gewinn für mindestens ein Jahrzehnt könnten helfen, den Standort wieder für Investoren attraktiv zu machen, eine missglückte Tarifpolitik zu korrigieren und vor allen Dingen gegenüber den EU-Beitrittsländern aus dem Osten wieder an Wettbewerbsfähigkeit zu gewinnen. Wer einen solchen Ansatz ablehnt, hat sich damit abgefunden, dass Ostdeutschland auch in Zukunft am Tropf hängt. Der Westen wäre überfordert, wenn er den Osten über das nächste halbe Jahrhundert so mitzieht wie bisher. Wenn wir glauben, das könnte gelingen, begehen wir einen schicksalhaften Fehler. Wir müssen uns dann auf ein böses Erwachen einstellen: weil der Westen dem Osten in den Abgrund folgen wird. Schnelle Erfolge sind auch bei einem radikalen Kurswechsel nicht zu erwarten. Aber vielleicht könnte der Mitteldeutsche Rundfunk im Jahr 2030 endlich einen Programmschwerpunkt „Der starke Osten" ausstrahlen, der diesen Namen verdient.

Uwe Müller, Die Welt, 6.3.2005

Der Solidarpakt I und II

Info

Nach der Wiedervereinigung der beiden deutschen Staaten stellte die Finanzierung der neuen Länder in einer gesamtwirtschaftlich schwierigen Lage Bund, Länder und Gemeinden vor hohe Anstrengungen. Deshalb einigten sich der frühere Bundeskanzler Helmut Kohl, die Regierungschefs der Länder sowie die Partei- und Fraktionsvorsitzenden im März 1993 auf einen Solidarpakt zur Unterstützung der neuen Länder ab 1995.

Eckpunkte dieser Einigung im Überblick :

1. Sicherung der Finanzausstattung der neuen Länder und ihrer Gemeinden durch ein Transfervolumen von 55,8 Milliarden Mark (28,5 Milliarden Euro) in 1995. Dazu wurde die Bund-Länder-Finanzaufteilung neu geordnet.
2. Beseitigung der ökologischen Altlasten sowie Sicherung und Erneuerung industrieller Kerne. ...
3. Absatzförderung für Produkte aus den neuen Bundesländern. ...
4. Notwendigkeit einer Bahnreform.
5. Stärkung des Wohnungsbaus.
6. Verstetigung der aktiven Arbeitsmarktpolitik.
7. Keine Kürzung der sozialen Regelleistungen.
8. Ausgabenkürzungen und der Abbau von Steuersubventionen sollten einen Einsparungsbetrag von über 9 Milliarden Mark (4,6 Milliarden Euro) erzielen.
9. Einführung eines Solidaritätszuschlages ab dem 1. Januar 1995 von 7,5 Prozent, ab 1998 von 5,5 Prozent. Durch den Solidarpakt I, der 1993 vereinbart wurde und 2004 auslief, erhielten die neuen Länder und ihre Gemeinden insgesamt 94,5 Milliarden Euro.

Im Solidarpakt II, der am 23. Juni 2001 geschlossen worden ist und von 2005 bis 2019 gilt, verpflichtet sich der Bund, den neuen Ländern für den Aufbau Ost insgesamt 156,5 Milliarden Euro zur Verfügung zu stellen. Neu am Solidarpakt II ist unter anderem, dass die Länder einen Großteil der bislang nur für einen bestimmten Verwendungszweck gewährten Mittel nun gemäß ihren eigenen Vorstellungen einsetzen dürfen. Dadurch soll die Effizienz der Förderung steigen.

Autorentext

M 20 Im Tal der Tüftler

Das Einzige, was noch an die Zeit vor der Wende erinnert, ist ein Stück vernarbter Straße. Ein paar hundert Meter aneinander geklebte Betonplatten, die sich jedem bucklig in den Weg legen, der am Flughafen vorbei ins moderne Industriegebiet an der Grenzstraße fährt. Hier, mitten in der Dresdner Heide, spielt die Geschichte, die fast wie ein Wendemärchen klingt. In nur zehn Jahren haben sich die Felder zwischen Wilschdorf und Grenzstraße vom abgewickelten Militär- und Industriestandort zum europäischen High-Tech-Zentrum entwickelt. Dresden zählt heute zu den fünf bedeutendsten Chipmetropolen der Welt, wird in einem Atemzug mit Japan, Taiwan, Korea und Silicon Valley genannt. Vor ein paar Jahren hat das US-Magazin Time die sächsische Siliziumschmiede sogar Silicon Saxony getauft. Den Titel tragen die Dresdner seither mit Stolz.

Rund 760 Unternehmen aus der Mikroelektronik haben sich in Dresden niedergelassen, allen voran Schwergewichte wie Infineon und der US-Konzern AMD, der zweitgrößte Chiphersteller der Welt. Zusammen erwirtschaftet die Halbleiterbranche fast die Hälfte der Dresdner Industrieproduktion, gut zwei Milliarden Euro mit einem jährlichen Wachstum von etwa fünf Prozent. Und sie schuf 20.000 Arbeitsplätze, was Dresdens Arbeitslosenquote von 20 auf 14 Prozent senkte – angesichts der Lage in Ostdeutschland ein großer Erfolg. Der machte Sachsen im vergangenen Jahr mit 2,2 Prozent Wirtschaftswachstum sogar zum Wirtschaftsmotor Deutschlands. Aber dies wäre keine wirklich sächsische Geschichte, wenn das alles kampflos abgelaufen wäre. Und anders als im Märchen fehlt noch das Happy End.

Die aktuellen Zahlen klingen gigantisch: Ein Fünftel aller weltweit verkauften Mikroprozessoren – die Herzen jedes Servers, Laptops und PCs – stammen aus Dresden, genauer aus dem Werk von AMD. Dessen zwei miteinander verschmolzene Fabriken sehen wie ein Ufo aus, das gerade auf der grünen Wiese gelandet ist. Und wenn ein Trupp Chipentwickler in spacigen Ganzkörperanzügen über die Glasbrücke zwischen den Komplexen marschiert, ist vollends klar: Hier findet die Zukunft statt.

Es gibt keine Broschüre der Stadt oder vom Freistaat, die nicht voller Stolz auf die AMD-Fabrik verweist. Die Ansiedlung war der große Wurf, erinnert sich Burkhard Zscheischler von der Wirtschaftsförderung Sachsen: „Als Infineon 1995 seine Fabrik in der Dresdner Heide baute, war das die Initialzündung. Aber als 1999 auch noch AMD kam, war der Ausbau des Standorts ein Selbstläufer."

Doch warum zog es die zwei Halbleiterkonzerne ausgerechnet hierher? Freilich, die Region hat als Halbleiterstandort Tradition: Seit 1961 war Dresden das Mikroelektronikzentrum des gesamten Ostblocks. Ein Teil des Robotron-Kombinats, das Zentrum Mikroelektronik Dresden (ZMD), entwickelte hier Computerchips oder kopierte die des Klassenfeindes. Nach der Wende drohte allerdings das komplette Aus. Von den 3.500 Beschäftigten des Kombinats blieben zuletzt 500 Mitarbeiter übrig. Infineons Mutterkonzern Siemens verlautbart gern, er habe ein Zeichen für den Aufbau Ost und die Produktion in Deutschland setzen wollen. Aber das ist wohl nur die halbe Wahrheit. Bekannt sind nämlich auch Infineons gute Kontakte ins sächsische Wirtschaftsministerium, die schon 1994 bestanden. Diese Behörde spielt in dieser Geschichte eine entscheidende Rolle, denn sie lockte Technologieunternehmen gleich mit dreierlei: mit Arbeitskräften, mit ausgeprägter Servicementalität – und mit viel Geld. Mit einer echt „Dresdner Melangsch" eben, wie Gunter Naumann vom Wirtschaftsbüro der Stadt es nennt.

Insgesamt investierte Sachsen seit 1994 rund 10 Milliarden Euro in die Mikroelektronikbranche; etwa die Hälfte davon stammt aus Strukturbeihilfen der EU. Außerdem wird den Unternehmen zu zinsverbilligten Darlehen, Beteiligungspartnern und Forschungskooperationen verholfen. Das alles rechne sich, heißt es in Sachsen, und eine Studie des Deutschen Instituts für Wirtschaftsforschung bestätigt das: Für 1,2 Milliarden Euro getätigte Investitionen dürften bis 2010 rund 1,9 Milliarden Euro Steuern ans Land zurückfließen. Zusätzlich wird die Sozialversicherung mit 3,9 Milliarden Euro gespeist.

Nadine Oberhuber, Die Zeit, 13.10.2005

Methode

Wissenschaftliches Poster

Die Industriestädte Wolfsburg und Eisenhüttenstadt, knapp sechzig Jahre alt die eine, rund zwölf Jahre jünger die andere, sind wohl die bedeutendsten Stadtgründungen in Deutschland im 20. Jahrhundert. Beide waren zugleich als Modell- und Musterstädte wichtig. „Stadt des Morgen", „Symbol unseres Lebens", „Stadt ohne Beispiel" sollten sie sein – junge, moderne, vorwärtsstrebende Städte. Auf dem Reißbrett entstanden, verkörpern diese zwei Städte im geteilten Deutschland Zuversicht und Aufbau-Euphorie der Nachkriegszeit, das Vertrauen in Fortschritt und Modernität, vor allem aber die Überzeugung ihrer Planer, dass nur ihrem Staat die Zukunft gehöre.

Untersuchen und vergleichen Sie die Geschichte und wirtschaftliche Entwicklung dieser beiden Städte in einem fächerverbindenden Projekt zur Industriegeschichte (zusammen mit Geschichte, Geografie).

Stellen Sie Ihre Ergebnisse, die Sie z.B. in arbeitsteiliger Gruppenarbeit erarbeitet haben, in Form eines **wissenschaftlichen Posters** dar.

Poster sind meistens DIN A0 große Präsentationen, die ein klar umrissenes Thema darstellen und ohne zusätzliche Erklärung für sich selbst sprechen sollen.
Für die **Verständlichkeit** und **Originalität** eines Posters sind grundsätzlich vier Kriterien maßgebend:

- Inhalt, Aussage
- Gestaltung, Gliederung
- Technik, Ästhetik
- Verständlichkeit und Originalität.

Wenn es um ein wissenschaftliches Poster geht, werden insbesondere bei Inhalt und Aussage noch zusätzliche Anforderungen gestellt, die über das hinausgehen, was man ansonsten von Plakaten oder plakatähnlichen Darstellungen erwartet.
Ein wissenschaftliches Poster kann nicht wie ein Werbe- oder Veranstaltungsplakat betrachtet werden. Die inhaltliche Qualität der Aussage ist zu beurteilen wie bei jeder wissenschaftlichen Arbeit. Die Kunst besteht im Kürzen, in der Beschränkung auf das Wesentliche und für die Aussage unbedingt Notwendige, ohne dabei zu sehr zu vergröbern oder unzulässig zu verallgemeinern.

Auch ein Poster sollte die übliche Gedankenfolge einer wissenschaftlichen Arbeit anbieten:

- *Problemstellung* (Bedeutung, Abgrenzung des Problems)
- *Zielsetzung* (Welche Fragen sollen beantwortet werden? Welche Ziele verfolgt die Untersuchung, das Forschungsprojekt?)
- *Methodik* (Wie ist die Vorgehensweise zur Zielerreichung?)
- *Ergebnisse* (Was ist festgestellt worden und was heißt das für die Fragestellung/Zielsetzung?)
- *Schlussfolgerungen* (Bedeutung der Ergebnisse für den Problemzusammenhang, mögliche Konsequenzen für die Praxis und für weitere Forschung?)

Der Betrachter eines Posters will möglichst viel sehen und so wenig wie möglich lesen. Visualisierung, die bildhafte Gestaltung von Aussagen, ist gefragt. Taucht z.B. eine Tabelle auf, so fragt man sich, ob sie nicht in ein Diagramm überführbar gewesen wäre. Bei aller Umsetzung ins Visuelle darf die wissenschaftliche Aussage nicht untergehen, nein, gerade über die Visualisierung sollte sie möglichst verständlich und eindrucksvoll vermittelt werden.

Der Text muss gut lesbar sein. Auch Bilder und Diagramme sollte man aus zwei Metern Entfernung noch mit bloßem Auge gut erkennen können. Das erleichtert eine klare Schrift. Typen ohne „Serifen", eventuell im Fettdruck (z.B. „Arial", „Letter Gothic" oder „Univers"), sind meist besser lesbar und daher in kleinerer Schriftgröße noch eher zu entziffern als Serifenschriften (z.B. „Times New Roman" oder „Courier"). Farbe ist ein unverzichtbares Gestaltungsmittel im Poster.

Ein Poster bietet Fläche, diese ist aufzuteilen. Aufteilen heißt nicht Zupflastern. Freifläche ist eines der wichtigsten Güter, die es im Poster zu verteidigen gilt. Reihung, Rhythmus und Dynamik, das sind Elemente, die letztlich den ästhetischen Eindruck bestimmen. Dieser ästhetische Eindruck sollte sich nun in den Dienst der Aussage stellen und den Blick auf das Wesentliche lenken. Ein ansprechendes und schönes Poster lädt zum Verweilen ein und damit kommt auch der Rest, das weniger Zentrale, zu seinem Recht. Ein verständlicher Text zeichnet sich durch Einfachheit, Kürze und Prägnanz, Gliederung und Ordnung aus. Dies gilt auch für das Poster.

Autorentext

M 21 Die Stukturerhaltungsfalle

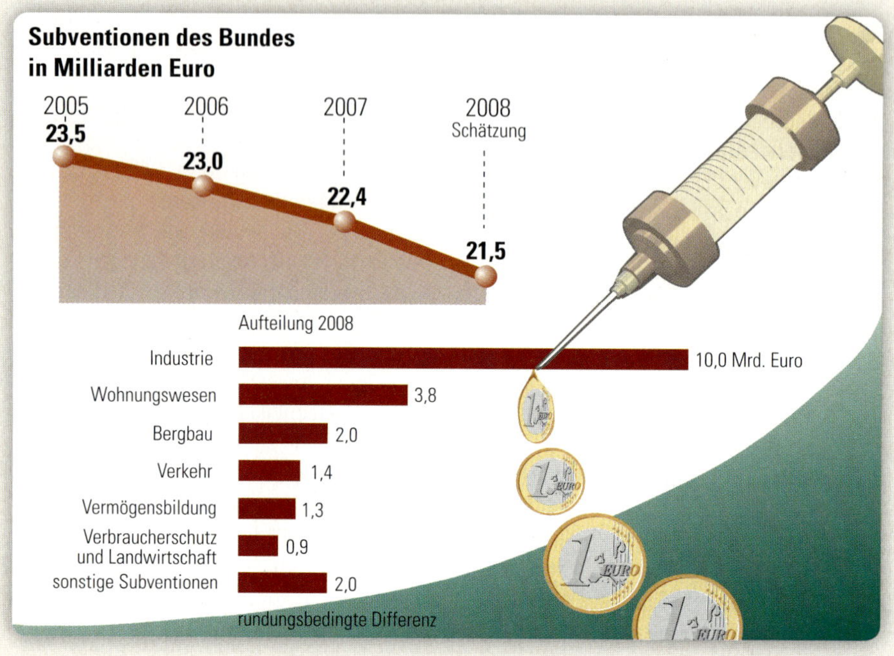

Globus-Grafik 1570, Quelle: Subventionsbericht der Bundesregierung

Wie sich die Bilder gleichen: Ob die Beschäftigten von Renault im belgischen Vilvoorde oder die Kumpel im Ruhrgebiet ... – allerorts stemmen sich in den Strudel des Strukturwandels Geratene mit Werkbesetzungen, Arbeitsniederlegungen, Demonstrationen, Drohgebärden oder gar Boykotten gegen den Stellenabbau, der ihnen als betriebswirtschaftlich zwingend verkauft wird. Politiker von links bis rechts verlieren rasch die Nerven und geben dem Druck der Straße nicht nur nach, sondern stimmen sogar bereitwillig in den Protestchor gegen Globalisierung und Strukturwandel ein. Sie prangern die unternehmerischen Entscheide als nicht am Gemeinwohl orientiert an, sie erinnern ... die Manager an ihre soziale Verantwortung, und sie geben gute Ratschläge. Im besten Fall bieten sie ihre Vermittlerdienste gegenüber der oft durch sie selbst aufgestachelten Öffentlichkeit an, im schlechtesten offerieren sie großzügige Erhaltungssubventionen.

Bei vielen Beispielen der Strukturkonservierung handelt es sich, wenn nicht um industrielle Fossile, so doch um Unternehmen und Branchen mit einer großen Vergangenheit, aber ohne große Zukunft. Oft ist ihnen eine enorme Symbolkraft eigen ... Die tiefe Verwurzelung verstärkt die an sich schon große emotionale Betroffenheit; sie macht die Bereitschaft zu – wider jegliche ökonomische Vernunft gewährter – Hilfe aller Art verständlich, wenn auch nicht besser. Letztlich bleibt solche Willfährigkeit gegenüber der öffentlichen Meinung immer eine Politik des kurzen Atems. Sie gefährdet weitere Arbeitsplätze. Was dabei als regionales oder nationales Interesse dargestellt wird, liegt entgegen allen vollmundigen Behauptungen kaum im langfristigen Interesse der Bevölkerung.

Ein staatliches Eintreten für die Erhaltung betriebswirtschaftlich nicht mehr zu rechtfertigender Produktionen beeinträchtigt zunächst direkt oder indirekt immer die Standortqualität. Wenn der Staat Geld in die Hand nimmt oder auf Einnahmen verzichtet – bei der deutschen Kohle geht es um Dutzende von Milliarden Euro –, zahlen andere die Zeche. Die Steuern für die Konsumenten und für jene Firmen, die florieren und wachsen, müssen höher ausfallen als sonst. Oder es kommen im entsprechenden Ausmaß Investitionen in Bildung, Forschung oder Infrastruktur unter die Räder. ...

Vielleicht die größte Tragödie der Strukturerhaltungspolitik ist schließlich, dass sie die Energien auf die Lösung der Probleme von gestern lenkt, anstatt die Zukunft ins Visier zu nehmen. Der frühere deutsche Wirtschaftsminister Friderichs hat einmal Sonderanstrengungen zugunsten der Bauwirtschaft als „Abschreibungshilfen für Baumaschinen“ bezeichnet. Analoges gilt für praktisch jegliche Unterstützung von Partikularinteressen; sie endet meist in Geldverschleuderung ohne Modernisierungsnutzen. Am Anfang eines Jahrzehnts veröffentlicht das japanische Industrie- und Handelsministerium jeweils eine Liste jener Branchen, die mit Blick auf das Beschäftigungspotenzial, ein hohes Lohnniveau und die Exporterlöse von Experten und Unternehmern als besonders zukunftsträchtig eingeschätzt werden. Für die neunziger Jahre umfasst die Liste die Branchen Mikroelektronik, Biotechnologie, neue Werkstoffe, Telekommunikation, Zivilluftfahrt, Werkzeugmaschinen sowie Roboter/Computer. In diesen Bereichen haben natürliche Rohstoffe fast keine Bedeutung, während Wissen und technischer Fortschritt Schlüsselrollen spielen. Doch wo immer in Europa Arbeiter und Bürger auf die Straße gehen, verteidigen sie „alte“, oft rohstoffnahe Industrien oder bekämpfen – Beispiel Biotechnologie – neue Technologien. Wo bleibt das Lobbying der Gewerkschaften für die Arbeitsplätze von morgen?

Gerhard Schwarz, Neue Zürcher Zeitung, 29./30.3.1997, S. 9

Instrumente staatlicher Strukturpolitik

M 22

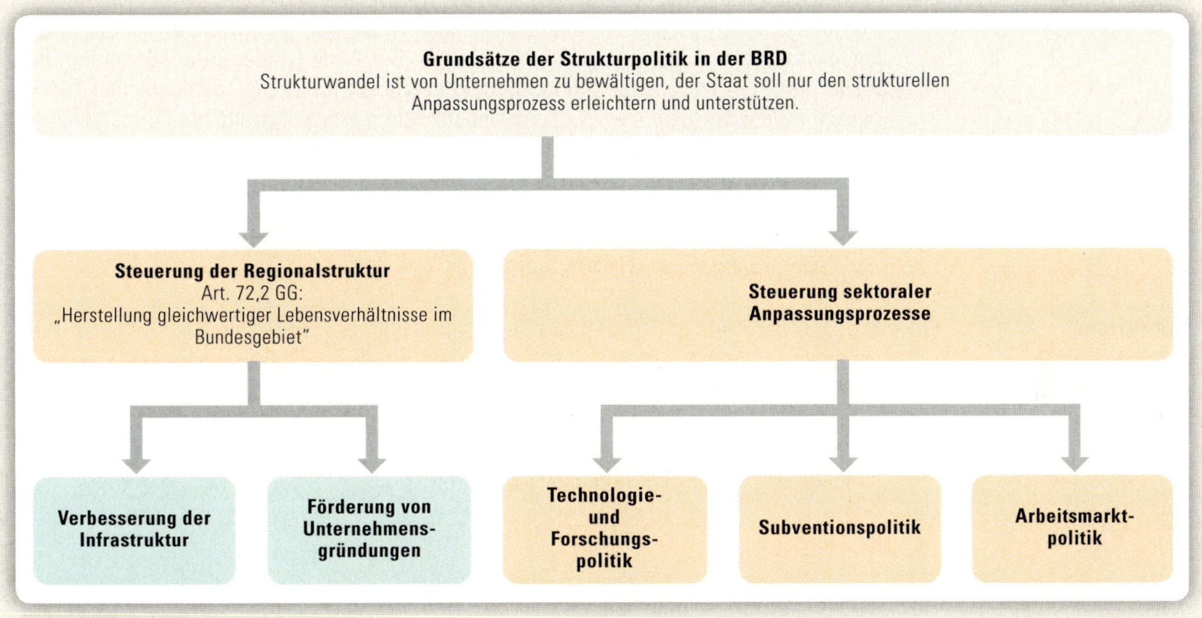

Autorengrafik

Aufgaben

1. Stellen Sie Erfolge und Probleme bei der wirtschaftlichen Entwicklung der neuen Bundesländer gegenüber (M 18 – M 20).
2. Über die Verlängerung der Förderung der neuen Bundesländer nach Auslaufen des Solidarpaktes I wurde in der Öffentlichkeit heftig diskutiert. Recherchieren Sie mithilfe des Internets die Positionen in der Debatte und erläutern Sie, welche Gründe für eine Verlängerung bzw. gegen eine Verlängerung der Förderung im Rahmen des Solidarpaktes II vorgetragen wurden (M 19, Info).
3. Diskutieren Sie in einer Pro-und-Kontra-Debatte das Für und Wider staatlicher Strukturpolitik (M 21, M 22).

Wissen kompakt

Motive/Grundlagen staatlicher Strukturpolitik

Grundsätzlich ist der Strukturwandel in einer Marktwirtschaft von den Wirtschaftsakteuren zu bewältigen. Wegen der mit dem Strukturwandel verbundenen Härten für Individuen, Unternehmen oder Regionen übernimmt in der Sozialen Marktwirtschaft aber der Staat die Aufgabe, strukturelle Anpassungsprozesse zu erleichtern und zu unterstützen. Grundlage dafür sind Art. 72 Abs. 2 und Art. 106 Abs. 3 Nr. 2 Grundgesetz, welche die Gleichwertigkeit bzw. Einheitlichkeit der Lebensverhältnisse in Deutschland fordern.

Strukturpolitische Instrumente
M 22

Dem Staat stehen zahlreiche strukturpolitische Instrumente zur Verfügung: Zur Steuerung der Regionalstruktur dienen der Ausbau der Infrastruktur oder die Förderung von Unternehmensgründungen, zur Steuerung sektoraler Anpassungsprobleme betreibt der Staat Arbeitsmarktpolitik, Subventions-, Technologie- und Forschungspolitik.

Probleme staatlicher Strukturpolitik – Beispiel Aufbau Ost
M 18 – M 20

Der Aufbau Ost zeigt sehr anschaulich die Probleme staatlicher Strukturpolitik. Obwohl seit 1990 etwa 950 Milliarden Euro netto in die neuen Bundesländer transferiert wurden (davon rund 600 Milliarden Euro für Sozialleistungen und rund 350 Milliarden Euro tatsächlich für Aufbauhilfen), sind die strukturschwächsten Regionen mit den höchsten Arbeitslosenraten noch immer im Osten Deutschlands zu finden.
Mit dem ersten sogenannten Solidarpakt (seit 1995) wurden die neuen Länder in den bundesstaatlichen Finanzausgleich einbezogen. Bund und Länder unterstützen mit dem Solidarpakt den Abbau der teilungsbedingten Sonderlasten der ostdeutschen Länder (einschließlich Berlins). Der 2001 vereinbarte Solidarpakt II stellt die Fortsetzung der ursprünglich bis 2004 beschlossenen Förderung bis zum Jahr 2019 sicher. Mit ihm stellt der Bund den neuen Ländern insgesamt weitere 156,5 Milliarden Euro zur Verfügung. Es herrscht weitgehend Übereinstimmung, dass es eine Verteilung der Mittel nach dem Gießkannenprinzip (z.B. Förderung von Bauinvestitionen generell) nicht mehr geben kann und eine Konzentration der Mittel nötig ist.

Staatliche Strukturpolitik in der Kritik
M 21

Wie stark der Staat den Strukturwandel steuern oder gestalten soll, ist stark umstritten. Vor allem Erhaltungssubventionen werden als marktwirtschaftlich bedenklich angesehen, weil sie notwendige Strukturanpassungsprozesse verhindern können. Ebenso wird staatliche Industriepolitik, z.B. zur Förderung von Zukunftstechnologien, unterschiedlich beurteilt, da sie das unternehmerische Risiko auf den Staat überträgt und damit letztlich in die Verantwortung der Allgemeinheit legt.

9 Wirtschaftspolitik

Ziel der Wirtschaftspolitik ist es, unerwünschten wirtschaftlichen Entwicklungen entgegenzuwirken und für wirtschaftliche Stabilität zu sorgen. Für die Bundesrepublik Deutschland wurden die stabilitätspolitischen Ziele stetiges und angemessenes Wirtschaftswachstum, hoher Beschäftigungsstand, stabiles Preisniveau und außenwirtschaftliches Gleichgewicht im Stabilitäts- und Wachstumsgesetz von 1967 festgelegt.

Kapitel 9.1 erläutert, wie diese Zielgrößen gemessen werden, wo Probleme der Messweise auftreten und wie die Ziele begründet werden können. Eine Auseinandersetzung mit den Zielgrößen führt zu der Frage, ob man mit den genannten Wirtschaftszielen den heutigen gesellschaftlichen und politischen Problemen noch gerecht werden kann oder ob das „Magische Viereck" der Ziele ergänzt, ab- oder umgebaut werden soll.

Kapitel 9.2 zeigt, dass die Geld- und Währungspolitik eines Landes ein wesentlicher Bestandteil der Wirtschaftspolitik ist. Seit der Einführung des Euros ist dafür die Europäische Zentralbank in Frankfurt verantwortlich. Sie ist unabhängig von politischen Weisungen. Für die Akzeptanz des Euros – sowohl im Euro-Raum als auch außerhalb – ist die Stabilität der Währung von größter Bedeutung. Welches Instrumentarium steht der EZB für ihre geldpolitische Strategie zur Verfügung?
Der Außenwert des Euros speziell gegenüber dem US-Dollar unterliegt erheblichen Kursschwankungen mit Folgen für die Außen- und Binnenwirtschaft. Warum schwanken Wechselkurse? Welche Wechselkurssysteme gibt es und welche Vor- und Nachteile haben sie?

Tipps & Links

Lernen vor Ort

- Wirtschaft in Bildern: Erarbeiten Sie eine Fotoausstellung zur wirtschaftlichen Entwicklung der Bundesrepublik Deutschland.
- „Gefühlte Inflation": Wählen Sie einige für Sie besonders wichtige alltägliche Konsumgüter aus und verfolgen Sie die Preisentwicklung im Jahresverlauf. Begründen Sie, warum sich daraus keine Rückschlüsse auf die tatsächliche Inflationsrate ziehen lassen.

Referieren und Präsentieren

- Vergleichen Sie Aufgaben und Selbstverständnis der Europäischen Zentralbank und der Amerikanischen Notenbank.
- In Zusammenarbeit mit Geschichte: Stellen Sie Ursachen und Wirkungen der großen Inflation von 1923 vor.
- In Zusammenarbeit mit Geschichte: Wichtige Meilensteine auf dem Weg zur Europäischen Währungsunion.

Zum Weiterlesen

- *Gerd-Jan Krol, Alfons Schmid, Volkswirtschaftslehre. Eine problemorientierte Einführung, 21. Aufl., Tübingen 2002 (Mohr Siebeck)*
  Gute Einführung in die Volkswirtschaft. Der Band widmet der Stabilitätspolitik besondere Aufmerksamkeit.
- *Jörn Altmann, Wirtschaftspolitik, 8. Aufl., Stuttgart 2007 (Lucius & Lucius)*
  Das Buch bietet eine verständliche und praxisnahe Einführung in aktuelle Themen und Probleme der Wirtschaftspolitik. Die wirtschaftspolitischen Ziele und Instrumente werden umfassend erklärt; die Auseinandersetzung um alternative politische Konzepte der Wirtschaftspolitik, z.B. in der Beschäftigungspolitik oder bei der europäischen Integration, wird ausführlich dokumentiert.
- *Marc Fritzler, Günther Unser, Die Europäische Union, Geschichte, Institutionen, Politiken, Bonn 2007 (Bundeszentrale für politische Bildung)*
  Verständlich geschriebene Einführung in die Geschichte und Arbeitsweise der EU mit vielen Grafiken und Abbildungen.

Recherchieren

www.bundesbank.de
Deutsche Bundesbank.

www.diw-berlin.de
Deutsches Institut für Wirtschaftsforschung.

www.ecb.int
Europäische Zentralbank.

www.federalreserve.gov
Federal Reserve Bank, „Fed", Amerikanische Notenbank.

www.geldmuseum.de
Virtuelles Geldmuseum der Deutschen Bundesbank, interessante Informationen rund um die Entwicklung des Geldes, Sonderausstellungen.

www.ifo.de
Institut für Weltwirtschaftsforschung e.V.

9.1 Wirtschaftspolitische Zielsetzungen

Das Ballonspiel – die schweren Lasten des Staates

M1

Die neun „Lastenpakete des Ballons Staat":

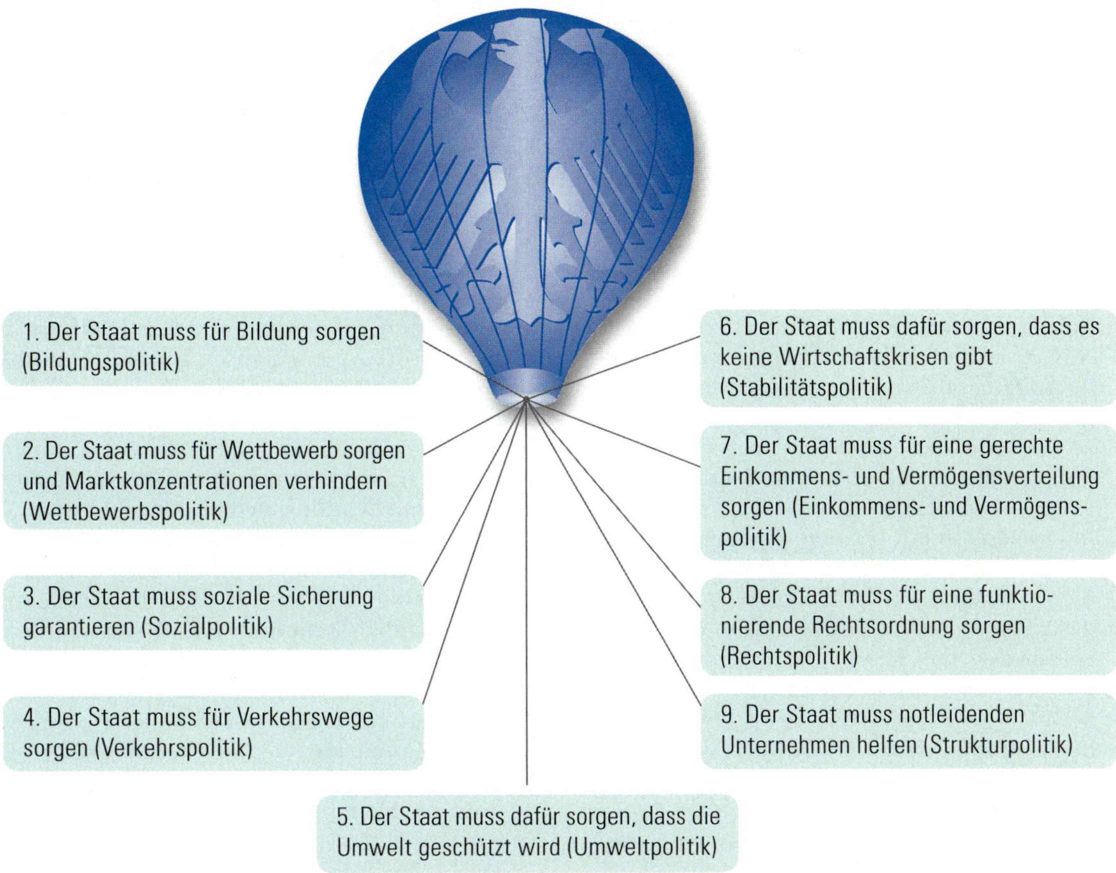

Stellt euch vor, ihr schwebt in einem Ballon „Staat". (Gebt eurem Ballon einen Namen!)

An Bord sind schwere Lastenpakete mit Aufgaben des Staates, die den Ballon immer wieder an Höhe verlieren lassen. Er droht abzustürzen. Um den Abstieg aufzuhalten, müsst ihr ein Lastenpaket über Bord werfen. Ihr müsst euch dabei überlegen, welche Staatsaufgaben ihr leicht aufgeben könnt und welche ihr so lange wie möglich an Bord behalten wollt.

Der Ballon fängt sich wieder, verliert aber nach einer Weile wieder an Höhe. Ein weiteres Paket (2. Spielrunde) muss also abgeworfen werden. Dies geht so weiter, bis der Ballon sich endlich stabilisiert hat. Dokumentiert jeden Abwurf: In welcher Reihenfolge wurden die Lasten abgeworfen? Begründet jeden einzelnen Abwurf (Argumente, Kontroversen).

Anmerkung für den Spielleiter:

Alle Mitspieler erhalten die Liste mit den Lasten. Außerdem wird eine große Tabelle mit den Namen der Ballone und der mitfahrendenden Spielerinnen und Spieler benötigt, um am Schluss die Ergebnisse vergleichen zu können.

Autorentext

M 2 Bereiche der Wirtschaftspolitik – Ziele und Maßnahmen

Wirtschaftspolitik erstreckt sich auf die Durchführung von Maßnahmen, mit denen bestimmte ökonomische und soziale Ziele verwirklicht werden sollen. Dass überhaupt staatlicherseits eine Notwendigkeit für wirtschaftspolitisches Handeln besteht, ergibt sich aus der Feststellung, dass der autonome, private Wirtschaftsprozess insgesamt nicht die gewünschten Resultate bringt. Dies ist natürlich ein Werturteil; wir werden dies gleich vertiefen. Die Abweichungen ergeben sich in verschiedener Hinsicht:

- Es ergeben sich gesamtwirtschaftliche Instabilitäten wie Rezessionen, Arbeitslosigkeit oder Inflation mit entsprechend negativen Effekten.
- Aus sozialpolitischen Überlegungen sollen bestimmte Effekte des Marktprozesses korrigiert werden, indem z.B. durch progressive Einkommensbesteuerung eine Umverteilung ermöglicht werden soll (u.a. Kindergeld, Sozialgeld, Arbeitslosengeld).
- Bei vielen Gütern werden diejenigen, die ein bestimmtes Gut nicht bezahlen wollen (oder nicht bezahlen können), von der Nutzung ausgeschlossen (Ausschlussprinzip). Würde beispielsweise die Schul- und Hochschulausbildung zu kostendeckenden Preisen angeboten, könnten sich weite Kreise der Bevölkerung keine Ausbildung leisten, wie es gegenwärtig möglich ist. Private Anbieter würden solche Güter zu nicht kostendeckenden Preisen oder gar kostenlos – wie es für eine breite Versorgung der Bevölkerung erforderlich ist – aber nicht anbieten. Folglich muss das Angebot durch staatliche Maßnahmen sichergestellt werden, z.B. durch Subventionen oder durch ein eigenes Angebot des Staates. Solche Güter werden dann nach dem Umlageprinzip z.B. durch Steuern oder Gebühren finanziert.
- Vielfach ergeben sich negative externe Effekte (externe Kosten): Diese werden durch privates Handeln verursacht, das anderen Bürgern oder der Allgemeinheit Kosten verursacht, ohne dass der Verursacher dafür selbst (kostenmäßig) zur Verantwortung gezogen wird, z.B. Umweltverschmutzung.

Die Festlegung der konkreten wirtschaftspolitischen Ziele erfolgt im Zuge der politischen Willensbildung: Das zu realisierende wirtschaftspolitische Zielsystem kann nicht objektiv ermittelt werden, sondern hängt von subjektiven, normativen Wertvorstellungen ab. Folglich lässt sich ausführlich darüber streiten, was richtig und was falsch ist. Dies gilt ebenso für den – logisch gesehen – nächsten Schritt: für die Auswahl der einzusetzenden Instrumente und der zu ergreifenden Maßnahmen.

Zwar gibt die ökonomische Theorie eine Reihe von Hinweisen, was unter dem Gesichtspunkt von Ursache und Wirkung richtig oder falsch ist: Zum Beispiel ist eine kräftige Lohnsteuererhöhung wohl kaum geeignet, einen Konsumschub auszulösen. Aber auch die Mittelauswahl und der Mitteleinsatz, z.B. hinsichtlich Zeitpunkt und Dosierung ist eine subjektive Entscheidung, und die politische Praxis belehrt uns, dass man auch darüber sehr ausführlich streiten kann. Das wirtschaftliche Handeln ist daher ein permanenter Entscheidungsprozess, in dem – wie bei jedem Entscheidungsproblem – die Phasen der Planung (alternative Ziele bzw. Instrumente), der Entscheidung (z.B. Zielprioritäten, Auswahl der Instrumente) und der Kontrolle (Vergleich des Erreichten mit dem angestrebten Zustand) durchlaufen wird.

Jörn Altmann, Wirtschaftspolitik, 8. Aufl., Stuttgart 2007, S. 5

M 3 Das Stabilitäts- und Wachstumsgesetz

Das 1967 verabschiedete Gesetz zur Förderung der Stabilität und des Wachstums der Wirtschaft („Stabilitätsgesetz“, StabG) verpflichtet den Bund und die Länder zu einer an den „Erfordernissen des gesamtwirtschaftlichen Gleichgewichts“ orientierten Wirtschafts- und Finanzpolitik:

„Bund und Länder haben bei ihren wirtschafts- und finanzpolitischen Maßnahmen die Erfordernisse des gesamtwirtschaftlichen Gleichgewichts zu beachten. Die Maßnahmen sind so zu treffen, dass sie im Rahmen der marktwirtschaftlichen Ordnung gleichzeitig zur Stabilität des Preisniveaus, zu einem hohen Beschäftigungsstand und außenwirtschaftlichen Gleichgewicht bei stetigem und angemessenem Wirtschaftswachstum beitragen“ (§ 1 des StabG).

Die im Stabilitätsgesetz formulierten Ziele werden auch als „magisches Viereck“ bezeichnet. Zwischen den einzelnen Stabilitätszielen bestehen wechselseitige Abhängigkeiten und Zielkonflikte, die eine gleichzeitige vollständige Erfüllbarkeit aller Ziele unter Umständen verhindern.

Hoher Beschäftigungsstand	**Preisniveaustabilität**
Wirtschaftspolitische Bedeutung: ■ Ausschöpfung des gesamtwirtschaftlichen Produktionspotenzials zum Zwecke der allgemeinen Güterversorgung ■ Vermeidung sozialer Härten infolge unfreiwilliger Arbeits- und Erwerbslosigkeit	*Wirtschaftspolitische Bedeutung:* ■ Erleichterung der Erwartungsbildung der Wirtschaftssubjekte bezüglich der allgemeinen Preisentwicklung ■ Förderung der Koordinationsfähigkeit des freien Preisbildungsmechanismus
Stetiges und angemessenes Wirtschaftswachstum	**Außenwirtschaftliches Gleichgewicht**
Wirtschaftspolitische Bedeutung: ■ der Stetigkeit: Vermeidung oder Dämpfung der konjunkturellen Schwankungen von Wachstum und Beschäftigung ■ der Angemessenheit: Notwendigkeit eines ausreichenden Wachstums für die Erreichung eines hohen Beschäftigungsgrades in der Zukunft	*Wirtschaftspolitische Bedeutung:* ■ Erreichung einer langfristigen ausgeglichenen Zahlungsbilanz (Devisenzuflüsse = Devisenabflüsse) ■ Vermeidung eines dauerhaften Netto-Abflusses inländischer Ressourcen ins Ausland, Vermeidung einer dauerhaft ansteigenden Nettoverschuldung des Inlands gegenüber dem Ausland

Duden Basiswissen Schule, Politik, Berlin/Mannheim 2004, S. 160 f.

Träger der Wirtschaftspolitik

M 4

Träger der Wirtschaftspolitik					
Entscheidungsträger			Einflussträger		
Staatliche Institutionen	Institutionen unter staatlicher Aufsicht	Vom Staat unabhängige Institutionen	Internationale Institutionen	Öffentlich-rechtliche Institutionen	Private Institutionen
Beispiele					
Legislative Parlamente **Exekutive** Regierungen **Judikative** u.a. Bundesverfassungsgericht, Arbeits- und Sozialgerichte **Europäische Union**	**Bundeskartellamt** (Wettbewerbspolitik) **Bundesagentur für Arbeit** (Arbeitsmarktpolitik)	**Europäisches System der Zentralbanken** (Geldpolitik) **Selbstverwaltungsorgane** (Industrie- und Handelskammern) **Tarifparteien** Gewerkschaften und Arbeitgeberverbände	**Internationaler Währungsfonds** (IWF) **Welthandelsorganisation** (WTO)	**Beratungsgremien** Sachverständigenrat, wissenschaftliche Beiräte, Monopolkomission	**Interessensgruppen** Verbände, Parteien

nach: Viktor Lüpertz, Problemorientierte Einführung in die Volkswirtschaftslehre, 5. Aufl., Darmstadt 2007, S. 286

Aufgaben

Es ist möglich, das Kapitel in arbeitsteiliger Gruppenarbeit (eine Gruppe zu jeder Zielvorgabe aus dem Stabiliäts- und Wachstumsgesetz) zu erarbeiten. Bearbeiten Sie dazu zu jeder Zielvorgabe (vgl. M 3) die folgenden Arbeitsaufträge:

1. Ermitteln Sie die aktuelle Entwicklung Ihrer Zielgröße und beschreiben Sie, wie die Zielgröße gemessen wird. Welche Probleme können sich bei der Messung ergeben?
2. Stellen Sie aus der Sicht der privaten Haushalte, der Unternehmen und des Staates wirtschaftliche und politische Argumente zusammen, die für das Festhalten an Ihrer Zielgröße sprechen
3. Stellen Sie aktuelle Informationen aus der Presse zusammen, welche wirtschaftlichen Akteure (M 4) mit welchen Mitteln versuchen, auf die Entwicklung der Zielgröße Einfluss zu nehmen.
4. Prüfen Sie für die verschiedenen Phasen der wirtschaftlichen Entwicklung der BRD, mit welchen anderen Zielgrößen Zielkonflikte bzw. Zielharmonien bestehen.

Ziel: stetiges und angemessenes Wirtschaftswachstum

M 5 Die Leistung unserer Wirtschaft

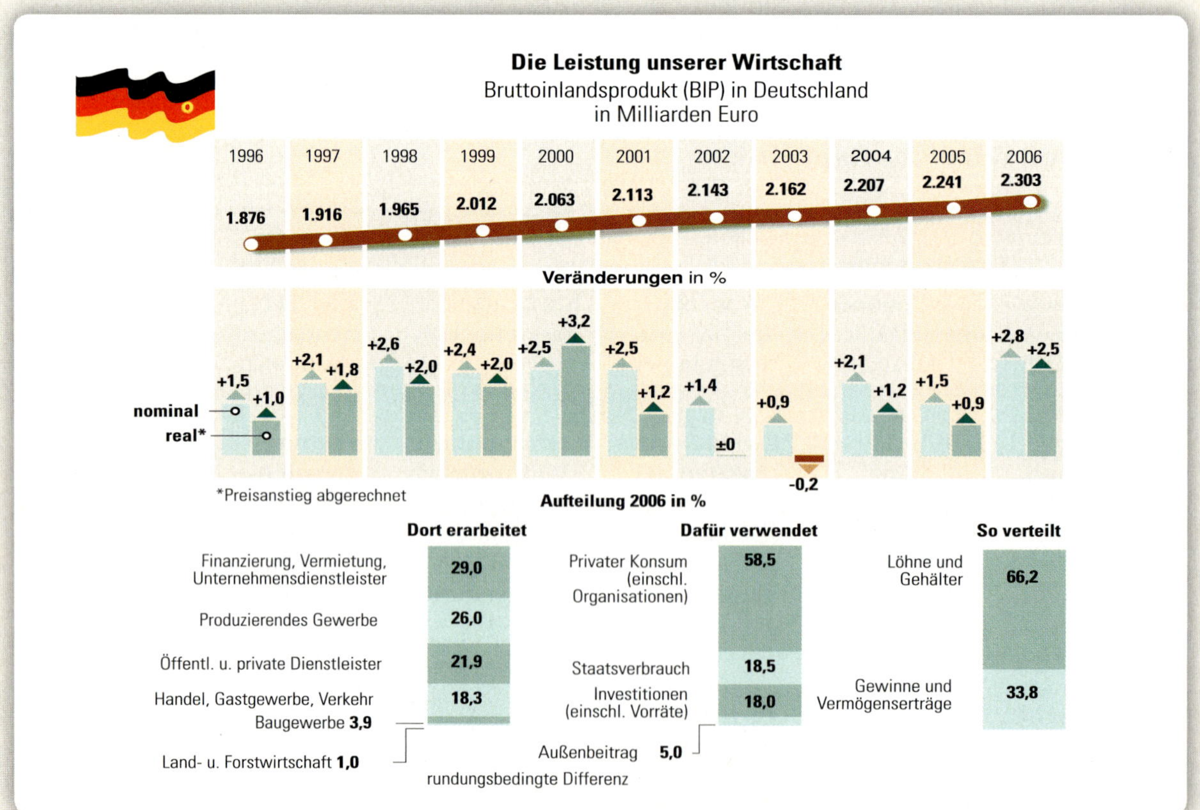

Globus-Grafik 1142, Quelle: Stat. Bundesamt

Wie wird Wirtschaftswachstum gemessen?

M 6

Das Bruttoinlandsprodukt (BIP) ist der Marktwert aller für den Endverbrauch bestimmten Waren und Dienstleistungen, die in einem Land in einem Zeitabschnitt hergestellt werden. Diese Definition sieht möglicherweise sehr einfach aus, aber viele Probleme treten tatsächlich erst dann auf, wenn man das BIP einer Volkswirtschaft messen möchte. Daher sollten wir den genauen Wortlaut dieser Definition untersuchen.

„Das BIP ist der Marktwert …"
Sie kennen wahrscheinlich das Sprichwort: „Man kann Äpfel nicht mit Birnen vergleichen." Das BIP tut jedoch genau das. Im BIP werden viele unterschiedliche Arten an Gütern in ein einziges Maß für die ökonomische Aktivität zusammengerechnet. Um dieses möglich zu machen, werden Marktpreise verwendet. Da Marktpreise diejenigen Geldsummen messen, die die Menschen bereit sind für unterschiedliche Güter zu zahlen, spiegeln diese den Wert der entsprechenden Güter wider. Ist der Preis eines Apfels doppelt so hoch wie der Preis einer Birne, dann trägt ein Apfel doppelt so viel zum BIP bei wie eine Birne.

„… aller …"
Das BIP versucht, ein umfassendes Maß zu sein. Es beinhaltet alles, was in einer Volkswirtschaft hergestellt und legal auf den Märkten verkauft wird. Das BIP misst also nicht nur den Wert von Äpfeln und Birnen, sondern ebenso denjenigen von Orangen oder Pampelmusen, Büchern und Filmen, Haarschnitten und Gesundheitsvorsorge usw. …
Es gibt jedoch einige Produkte, die aufgrund der auftretenden Schwierigkeiten bei der Messung nicht in das BIP einfließen. Das BIP schließt all diejenigen Dinge aus, die illegal hergestellt und verkauft werden, wie z.B. illegale Drogen. Es schließt ebenso die meisten Dinge aus, die zu Hause produziert und konsumiert werden und damit nicht über den Markt gehandelt werden. Gemüse, das sie beim Gemüsehändler kaufen, ist ein Teil des BIP; Gemüse, das sie im eigenen Garten anbauen, zählt hingegen nicht zum BIP.
Diese Abgrenzung des BIP kann teilweise zu paradoxen Ergebnissen führen. Bezahlt Karen beispielsweise Doug dafür, dass er ihren Rasen mäht, so geht diese Transaktion in das BIP ein. Würde Karen Doug heiraten, so würde sich die Situation ändern. Auch wenn Doug weiterhin Karens Rasen mäht, bleibt der Wert des Rasenmähens nun außerhalb des BIP, denn Dougs Dienstleistung wird nicht mehr über den Markt entlohnt. Wenn also Karen und Doug heiraten, so fällt das BIP.

„… für den Endverbrauch bestimmten …"
Wenn eine Unternehmung Papier herstellt, welches eine andere Unternehmung dazu benutzt, Grußkarten herzustellen, so wird das Papier Zwischenprodukt genannt und die Karte wird Endprodukt genannt. Das BIP umfasst nur den Wert der Endprodukte. Der Grund dafür liegt darin, dass der Wert der Zwischenprodukte schon im Preis des Endprodukts enthalten ist. Das Hinzurechnen des Marktwertes des Papiers zum Marktwert der Karte würde eine Doppelzählung beinhalten. D.h. man würde das Papier zweimal zählen (was nicht korrekt wäre).
Eine wichtige Ausnahme von diesem Prinzip stellt der Fall dar, in dem ein Zwischenprodukt hergestellt wird und, anstatt sofort verbraucht zu werden, die Lagerhaltung einer Unternehmung erhöht, um zu einem späteren Zeitpunkt genutzt oder verkauft zu werden. In diesem Fall wird das Zwischenprodukt im Betrachtungszeitraum als Endprodukt behandelt, und dessen Wert fließt als Lagerinvestition in das BIP ein. Wird der Lagerbestand an Zwischenprodukten später genutzt oder verkauft, so ist dies gleichbedeutend mit negativen Lagerinvestitionen, und das BIP dieser späteren Periode wird dementsprechend niedriger ausfallen.

„… Waren und Dienstleistungen …"
Das BIP umfasst sowohl materielle Güter (Lebensmittel, Kleidung, Autos) als auch immaterielle Dienste (Haarschnitte, Hausreinigung, Arztbesuche).

„… die in einem Land …"
Das BIP misst den Wert der Produktion innerhalb der geografischen Grenzen eines Landes. Arbeitet ein französischer Staatsbürger vorübergehend in Deutschland, so zählt seine Produktionsleistung zum deutschen BIP. Besitzt ein deutscher Staatsbürger eine Fabrik in Portugal, so zählt die Produktionsleistung in seiner Fabrik nicht zum deutschen BIP. (Sie zählt zum portugiesischen BIP.) In

das BIP eines Landes fließen also Dinge ein, die in diesem Land hergestellt werden, unabhängig von der Staatsangehörigkeit der Produzenten.

„… in einem bestimmten Zeitabschnitt …“
Das BIP misst den Wert der Produktion, die innerhalb eines bestimmten Zeitintervalls stattfindet. In der Regel ist dieses Intervall ein Jahr oder ein Quartal (drei Monate). Das BIP misst die Einkommens- und Ausgabenströme während dieses Zeitraums.
Gibt das statistische Zentralamt eines Staates (z.B. Statistisches Bundesamt) das BIP für ein Quartal an, so sind dies in der Regel Daten, die zuvor durch einen statistischen Vorgang, saisonale Anpassung genannt, modifiziert wurden.

„… hergestellt werden …“
Das BIP umfasst Waren und Dienstleistungen, die derzeit gerade hergestellt werden. Es umfasst keine Transaktionen, die in der Vergangenheit produzierte Dinge enthalten. Wenn VW ein neues Auto herstellt und verkauft, so fließt der Wert dieses Autos in das BIP ein. Verkauft jedoch eine Person den Gebrauchtwagen an eine andere Person, so ist der Wert des gebrauchten Autos nicht im BIP enthalten.

N. Gregory Mankiw, Grundzüge der Volkwirtschaftslehre, 3. überarb. Aufl., Stuttgart 2004, S. 542 ff.

M 7 Warum brauchen wir Wirtschaftswachstum?

Wirtschaftliches Wachstum als Ziel wird in der Regel mit folgenden Argumenten begründet:

- Erhöhung des wirtschaftlichen Wohlstands der Menschen in Form von privatem und/oder öffentlichem Konsum;
- Sicherung oder Steigerung des Arbeitsplatzangebots;
- Erleichterung der Umverteilung von Einkommen und Vermögen.

Dabei ist richtig, dass die Produktion von mehr Gütern und Dienstleistungen es den Menschen ermöglicht, ihre materiellen Bedürfnisse besser zu befriedigen. Vordringlich ist in vielen Ländern der Welt die Deckung elementarer Grundbedürfnisse, in den entwickelten Industrienationen geht es eher um eine größere Auswahl für die Konsumenten, um Freizeitaktivitäten, kulturelle Bedürfnisse oder Maßnahmen zur Erhaltung der Umwelt.
Richtig ist auch, dass eine wachsende Wirtschaft unter sonst gleichen Bedingungen die Nachfrage nach Arbeitsleistungen erhöht. Allerdings bleiben die Bedingungen üblicherweise nicht konstant. Wachstum ist in der Regel mit einer Zunahme der Arbeitsproduktivität verbunden. In diesem Fall muss die Wachstumsrate des Inlandsproduktes die Wachstumsrate der Arbeitsproduktivität übersteigen, damit es zu einer Mehrnachfrage nach Arbeit kommt. Fällt dagegen die Wachstumsrate des Inlandsproduktes hinter die Wachstumsrate der Arbeitsproduktivität zurück, so sinken die Arbeitsnachfrage und das Arbeitsvolumen, es kommt dann zu einem Rückgang der Beschäftigtenzahl. Die Lücke zwischen Wachstum der Produktion und Wachstum der Produktivität kann allerdings durch Arbeitszeitverkürzungen geschlossen werden. Nur unter der Bedingung konstanter Arbeitszeit muss die Produktion so wachsen wie die Produktivität, um die Nachfrage nach Arbeit konstant zu halten. Für die Bundesrepublik lässt sich dabei auch empirisch zeigen, dass immer dann, wenn das reale Bruttoinlandsprodukt langsamer gewachsen ist als die Arbeitsproduktivität je Erwerbstätigen, die Zahl der Erwerbstätigen abgenommen hat.
Die oben zuletzt genannte Begründung für das Wachstumsziel – Erleichterung der Umverteilung – erweist sich bei näherer Betrachtung als „zweischneidiges Schwert“: Sicher ist es richtig, dass Wachstum eine Umverteilung erleichtert, weil Widerstände gegen eine Umverteilung von Zuwächsen erfahrungsgemäß kleiner sind als Widerstände gegen eine Umverteilung bestehender Einkommen und Vermögen.
Auf der anderen Seite ist die Ungleichheit in der Verteilung im Wesentlichen mit dem Argument des Leistungsanreizes begründet: Eine kapitalistische Marktwirtschaft benötigt den Leistungsanreiz unterschiedlicher Einkommen, um Wachstum herbeizuführen.

Ulrich Baßeler, Jürgen Heinrich, Burkhard Utecht, Grundlagen und Probleme der Volkswirtschaft, 17. Aufl., Stuttgart 2002, S. 791 ff.

Bestimmungsfaktoren des Wachstums

M 8

Das Wissen um die Bestimmungsgründe des Wachstums ist keineswegs vollständig, doch können einige einfache Überlegungen angestellt werden. Die Produktionsmöglichkeiten einer Gesellschaft hängen ab von Menge und Qualität der vorhandenen Produktionsfaktoren Kapital, technisches Wissen, Arbeit und natürliche Ressourcen … .

Da der Bestand an natürlichen Ressourcen gegeben ist und eine Bevölkerungsvermehrung zur Förderung des Wachstums ausgeschlossen wird – letztlich soll ja das Inlandsprodukt pro Kopf erhöht werden –, bleiben Kapitalstock und technisches Wissen, das seinerseits die Qualität von Kapital und Arbeit bestimmt, die entscheidenden Bestimmungsgründe des wirtschaftlichen Wachstums.

Das **technische Wissen** vermehrt sich durch den technischen Fortschritt. Sichtbar wird der technische Fortschritt in der

– Produktinnovation (Erstellung neuartiger Güter) und

– Prozessinnovation (Anwendung neuartiger Produktionsmethoden).

Dabei trägt die **Produktinnovation** ganz wesentlich zur Steigerung der materiellen Wohlfahrt bei. Der Leser denke z.B. an Geschirrspülmaschinen, Farbfernseher, PC's, CD-Spieler, Surfbretter etc. Nur sind die Vorteile der Produktinnovation mengenmäßig nicht erfassbar.

Die Vorteile der **Prozessinnovation** sind prinzipiell leicht zu erfassen. Die Prozessinnovation erlaubt, bei gleichbleibendem Einsatz der Produktionsfaktoren Arbeit, Kapital und Boden eine größere Gütermenge zu erstellen oder eine gleiche Gütermenge mit einem geringeren Faktoreinsatz produzieren zu können. Der Leser denke an computergesteuerte Drehbänke, an die bessere Ausnutzung der Energie in Fahrzeugen usw.

Der **Kapitalstock** vergrößert sich durch Investitionen (Kapitalakkumulation), und bei gegebener Arbeitsbevölkerung und gegebenem Stand des technischen Wissens wird eine Vergrößerung des Kapitalstocks die Produktionsmöglichkeiten erhöhen: Mit mehr Kapital kann ein höheres Inlandsprodukt erzeugt werden. Es steigt die mögliche

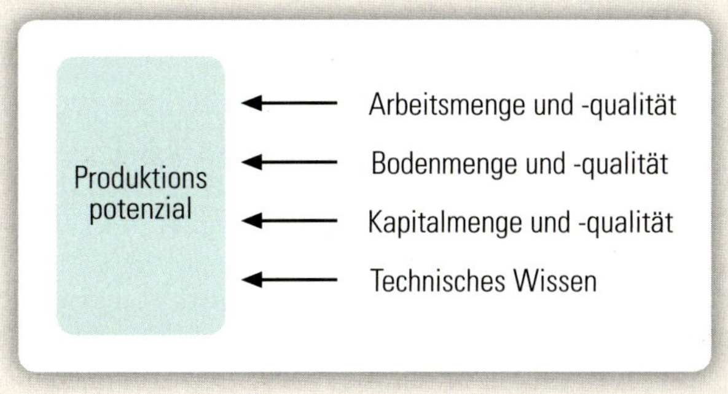

Produktion pro Kopf der Erwerbstätigen und damit die mögliche Güterversorgung pro Kopf. …

Technischer Fortschritt und Kapitalakkumulation bewirken beide eine Erhöhung der Arbeitsproduktivität, erhöhen also die durchschnittliche Produktion pro Arbeitsstunde. …

Damit wird ein Aspekt der Kapitalakkumulation und des technischen Fortschritts sichtbar, der nicht immer positiv bewertet wird: die mögliche Freisetzung von Arbeitskräften. Wenn der Produktivitätszuwachs nicht für eine Mehrproduktion von Gütern genutzt wird, weil die Nachfrage das Produktionspotenzial nicht ausschöpft, dann werden die Produktivitätszuwächse dazu benutzt, die gleiche Produktionsmenge mit weniger Arbeit zu produzieren. Investitionen sind dann nicht mehr Erweiterungsinvestitionen, sondern Rationalisierungsinvestitionen. Die beiden Möglichkeiten, Produktivitätszuwächse zu nutzen, gilt es klar zu erkennen:

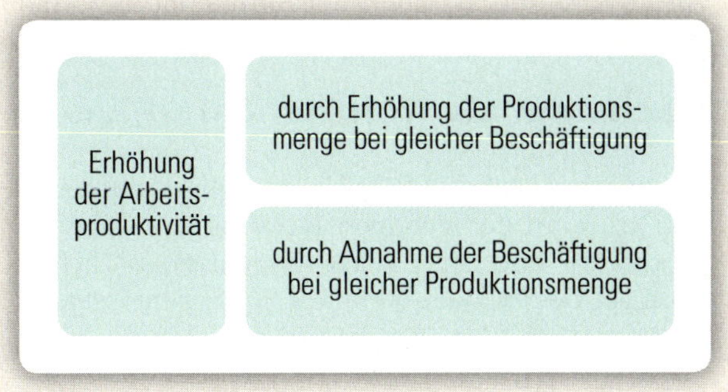

Ulrich Baßeler/Jürgen Heinrich/Burkhard Utecht, Grundlagen und Probleme der Volkswirtschaft, 17. Aufl., Stuttgart 2002, S. 794 f

M 9 Quellen des Wachstums: technischer Fortschritt und Humankapital

Wenn der Wohlstand allein auf dem Einsatz von Maschinen beruhen würde, müsste es allerdings mit der Zeit dazu kommen, dass die Wachstumsraten im Lauf der Zeit immer mehr zurückgehen und irgendwann sogar gegen Null tendieren würden. Das kann man recht einfach am Beispiel der Landwirtschaft verdeutlichen. Die allererste Maschine, die von einem Bauern eingesetzt wird, bringt ihm noch einen Produktivitätsschub, bei der zweiten ist der Anstieg des Outputs immer noch sehr hoch, aber schon etwas geringer. Die zehnte Maschine hilft ihm möglicherweise überhaupt nicht mehr weiter. Es gilt hier also das Gesetz vom abnehmenden Grenzertrag … Während man also die Wachstumsraten vieler Entwicklungsländer recht gut mit der Entwicklung des Kapitalstocks erklären kann, stellt sich bei Ländern mit einem hohen Wohlstandsniveau das Problem, dass bei ihnen mittelfristig nur noch eine sehr geringe wirtschaftliche Dynamik zu beobachten sein dürfte. Wie kann man nun erklären, dass es beispielsweise in den Vereinigten Staaten möglich gewesen ist, das Gesetz vom abnehmenden Grenzertrag außer Kraft zu setzen? Hierfür verweist die neue Wachstumstheorie auf zwei wichtige Faktoren: den technischen Fortschritt und die Bedeutung des Humankapitals.

Technischer Fortschritt wirkt sich in der Produktionsfunktion dadurch aus, dass es bei unveränderten Einsatzmengen von Kapital und Arbeit zu einem höheren Output kommt. Dies ist darauf zurückzuführen, dass bei der Kapitalbildung über die Zeit hinweg nicht immer mehr von den gleichen Maschinen gekauft werden. Es werden in der Regel ständig bessere oder völlig neue Produkte eingesetzt, die über eine bessere Technologie verfügen als ihre Vorgänger. Durch kontinuierliche Produktinnovationen, die … eine wichtige Voraussetzung für steigende Unternehmensgewinne darstellen, kann es also dazu kommen, dass das Wachstum über die Zeit hinweg konstant bleibt. Eine solche Entwicklung setzt voraus, dass sowohl auf der Ebene der Unternehmen als auch der Volkswirtschaft insgesamt hohe Anstrengungen im Bereich von Forschung und Entwicklung unternommen werden. …

Das Ausbleiben sinkender Grenzerträge des Kapitaleinsatzes kann man auch wesentlich damit erklären, dass der zunehmende Kapitalstock von immer qualifizierteren Arbeitskräften genutzt wird. Zugleich kommt es in einer Volkswirtschaft mit steigendem Humankapital dazu, dass die Landwirtschaft und die Industrie immer mehr in den Hintergrund treten und von Dienstleistungen verdrängt werden, die einen vergleichsweise geringen Kapitaleinsatz voraussetzen. … Und natürlich hat ein hoher Humankapitalbestand auch den Effekt, dass mehr Produkt- und Prozessinnovationen stattfinden, sodass damit auch mehr technischer Fortschritt möglich ist.

Peter Bofinger, Grundzüge der Volkswirtschaftslehre, München 2003, S. 445 ff.

M 10 Wachstum als Wohlstandsindikator?

Die Wachstumskritik muss klar trennen zwischen der Kritik an der richtigen Messung des Inlandsproduktes und der Kritik am grundsätzlichen Konzept des Inlandsproduktes als angemessenem Maßstab für die Wohlfahrtsentwicklung einer Volkswirtschaft.

- es wird in der Regel nur die Produktion erfasst, die einen Marktpreis hat, nicht der weite Bereich der Nicht-Markt-Produktionen;
- es werden generell allenfalls die Kosten des Inputs in die Produktion wohlfahrtsrelevanter Güter erfasst, nicht aber der Output an wohlfahrtsrelevanten Gütern. So wird im Inlandsproduktkonzept z.B. die Produktion von

„Nanu, hier war doch immer ein Fahrstuhl"

Schoenfeld/CCC, www.c5.net

Waschmitteln, von Arzneimitteln oder Lärmschutzwänden verbucht, nicht aber die wohlfahrtsrelevante Sauberkeit, Gesundheit oder Ruhe. Dies führt zu erheblicher Verzerrung, weil damit systematisch die Nachteile einer industriellen Produktion unterschätzt werden, die in vielen Fällen nur den Charakter einer Produktion zur Reparatur von Schaden hat. Man spricht dann von Kontraproduktivität, wenn die Produktion von Gütern und Dienstleistungen allenfalls das vor der Produktion bestehende Niveau an Bedürfnisbefriedigung aufrecht erhält;

- und schließlich wird der bei der Produktion anfallende Verbrauch an Umweltkapital (z.B. Rohstoffe, Luft, Wasser, Landschaft) und Humankapital (Bestand an Gesundheit und Fähigkeiten) nicht als Abschreibung, also nicht negativ erfasst, wie es richtigerweise sein müsste.

Wachstum wird also durch die Zunahme des realen Inlandsproduktes nicht „richtig" gemessen. Aber selbst wenn es gelänge, die konzeptionellen Messprobleme zu lösen, so ist doch unbestritten, dass das Wachstum des Inlandsproduktes nur in sehr begrenztem Maße dazu geeignet ist, die Entwicklung der Wohlfahrt der Gesellschaft widerzuspiegeln.

Die Kritik an diesem Wachstumskonzept ist im Wesentlichen eine Kritik an der industriellen Produktionsweise und den ihr zugrunde liegenden Postulaten. Das Ziel ist hier eine maximale materielle Wohlfahrt. Wie Erich Fromm es ausgedrückt hat, ist damit das „Haben" die herrschende Existenzweise der Gesellschaft, nicht das „Sein", das allein zur eigentlichen Entfaltung der menschlichen Fähigkeiten führt. Die maximale materielle Wohlfahrt soll durch maximalen Konsum erreicht werden. Auch dies ist zumindest unsicher:

- die Befriedigung durch Arbeit wird nicht berücksichtigt, Arbeit wird fälschlicherweise nur als Arbeitsleid gedacht;
- die zum Konsum zur Verfügung stehende Zeit ist begrenzt;
- es gibt Güter, die – wie z.B. das Auto oder Reisen – mit steigendem Konsum zu Beeinträchtigungen („Verstopfungen") führen; und schließlich führt die Auffassung, durch Konsum allein Bedürfnisse befriedigen zu können, zu Ersatzbefriedigung (man befriedigt z.B. das Bedürfnis nach sozialer Wertschätzung durch den Erwerb von Statussymbolen) und damit zur Frustration.

Schließlich ist für einen maximalen Konsum eine maximale Produktion erforderlich, die ihrerseits wiederum eine weitestgehende Arbeitsteilung bedingt. Mit zunehmender Arbeitsteilung wird menschliche Arbeit indes zunehmend fremdbestimmt (grob gesprochen ist die Arbeit fremdbestimmt, wenn man das, was man produziert, nicht konsumiert, und was man konsumiert, nicht produziert). Arbeitsteilung setzt damit ein System von Leistungsanreizen, Kontrollen und hierarchische Strukturen voraus, Arbeit wird zunehmend monoton und ihrer Funktion entkleidet.

Damit sind wichtige negative Begleiterscheinungen eines Wirtschaftswachstums aufgezeigt. Eine generelle Abwägung der Wünschbarkeit von Wirtschaftswachstum kann hier nicht gegeben werden. Allerdings sollte bei aller Wachstumskritik nicht vergessen werden, dass für die weitaus meisten Bewohner der Erde die Freiheit von materieller Not ein unerreichtes Ziel ist.

Ulrich Baßeler, Jürgen Heinrich, Burkhard Utecht, Grundlagen und Probleme der Volkswirtschaft, 17. Aufl., Stuttgart 2002, S. 792 – 794.

Aufgaben

1. Das Bruttoinlandsprodukt kann aus drei Perspektiven betrachtet werden (Erstellung, Verwendung, Verteilung). Stellen Sie dar, welche Informationen sich daraus über die Struktur einer Volkswirtschaft gewinnen lassen (M 5).
2. Erläutern Sie, wie das Bruttoinlandsprodukt gemessen wird (M 6).
3. Grenzen Sie die Begriffe Wachstum und Konjunktur gegeneinander ab.
4. Diskutieren Sie die Frage, ob wir Wirtschaftswachstum brauchen (M 7 – M 10).
5. Stellen Sie dar, warum technischer Fortschritt und die Bildung von Humankapital wichtige Voraussetzungen für Wirtschaftswachstum sind (M 8, M 9).
6. Wachstum bedeutet Wohlstand. Nehmen Sie Stellung zu dieser These (M 5 – M 10).

Exkurs: Wirtschaftskreislauf und Volkswirtschaftliche Gesamtrechnung

M 11 Der einfache Wirtschaftskreislauf

Der Wirtschaftskreislauf einer modernen Volkswirtschaft ist äußerst komplex. Es erscheint daher nur vernünftig, die Wirklichkeit bildhaft zu vereinfachen, um die wirtschaftlichen Beziehungen zwischen den einzelnen Sektoren darzustellen. Der einfache Wirtschaftskreislauf stellt zunächst die Beziehungen zwischen den Unternehmen und den Haushalten dar (Zwei-Sektoren-Modell). Dafür gelten die folgenden Bedingungen (Prämissen):

- Der Kreislauf ist geschlossen. Die Summe der Zuströme in einem Sektor entspricht der Summe der Abströme.
- Die Wirtschaft ist staatsfrei.
- Es bestehen keine Beziehungen zum Ausland (geschlossenen Wirtschaft).
- Haushalte und Unternehmen sparen nicht, d.h. die Wirtschaft ist stationär.
- Die Ersatzinvestitionen (I^e) der Unternehmen werden als In-Sich-Strom des Unternehmenssektors dargestellt.

Die Haushalte stellen den Unternehmen Produktionsfaktoren zur Verfügung (Boden, Kapital, Arbeit). Die Unternehmen produzieren damit Güter und stellen diese den Haushalten zur Verfügung (Güterstrom).
Die Haushalte beziehen von den Unternehmen Einkommen aus der Überlassung der Produktionsfaktoren (Löhne, Zinsen, Miete). Dafür bezahlen sie mit diesem Einkommen die von den Unternehmen produzierten Güter (Geldstrom). In Geldwirtschaften entspricht in der Regel jedem realen Strom ein monetärer Strom.

Für den einfachen Wirtschaftskreislauf gilt, dass das mit der Produktion entstehende Volkseinkommen (Y) voll für den Konsum (C) verwendet wird: $Y = C$.

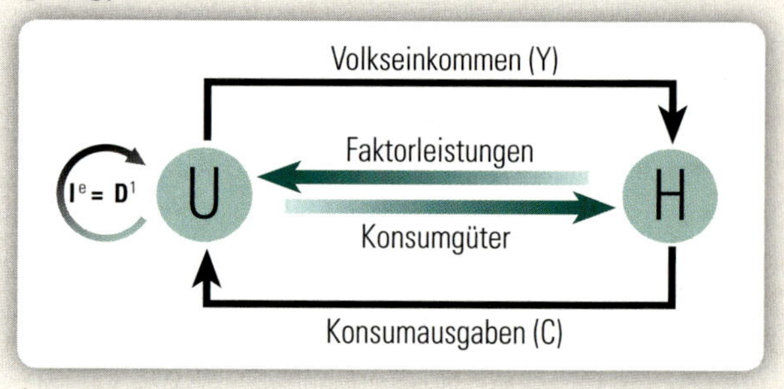

[1] Die Ersatzinvestitionen werden auch Abschreibungen (D von engl. „Depreciation") genannt.

Autorentext

M 12 Die evolutorische Wirtschaft

Reale Volkswirtschaften sind nicht stationär. Die Haushalte geben nur einen Teil ihres Einkommens für Konsumgüter aus, einen Teil sparen sie. Die Unternehmen stellen nicht immer gerade so viele Güter her, wie zum Ersatz verbrauchter Anlagen notwendig sind. Sind die Gesamtinvestitionen höher als der Ersatzbedarf, findet eine Ausweitung des Kapitalstocks statt. … Eine solche Wirtschaft wird als evolutorisch bezeichnet. Da dies der Normalfall ist, wird die Bezeichnung im Folgenden nicht immer ausdrücklich mitgeführt. Unter den Bedingungen einer evolutorischen Wirtschaft liefert die bisherige Betrachtung einen offenen Kreislauf; z.B. ist bei den Haushalten die Summe der Zuströme (Volkseinkommen) nicht genauso hoch wie die Summe der Abströme (Ausgaben für Konsumgüter). Um den Kreislauf zu schließen, muss er um die Ströme Ersparnisse (Abk.: S für Savings) und Investitionen (Abk.: I) erweitert werden. …
Die Haushalte sparen in der Regel unter Einschaltung von Banken, und die Unternehmen holen sich ihren Finanzbedarf für die Investitionen ebenfalls von Banken. Einen Sektor Banken einzuführen, der den Zustrom an Erparnissen der Haushalte aufnimmt und über einen Abstrom an Investitionsmitteln verfügt, verbietet sich schon deshalb, weil es einen Sektor „Banken" nicht gibt. In sektoraler Betrachtung gehören Banken zu den Unternehmen. Darüber hinaus würden jene Ersparnisse, die nicht bei Banken hinterlegt werden, und jene

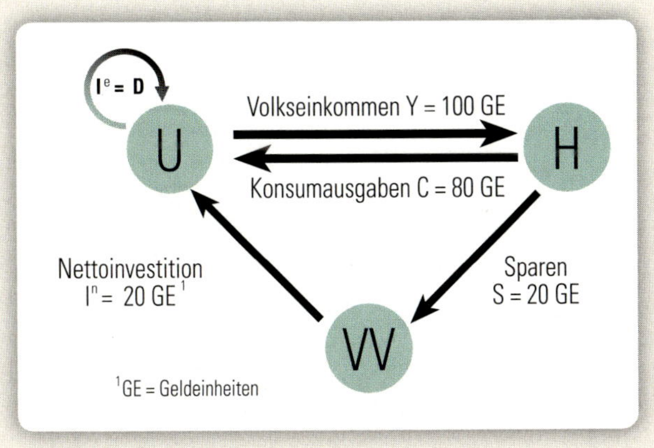

Investitionen, die nicht über Banken finanziert werden, nicht erfasst. ... Was geschieht durch das Sparen der Haushalte und die Investitionen der Unternehmen? Durch beide Vorgänge findet ein Vermögenszuwachs statt: Geldvermögen bei den Haushalten, Sachvermögen bei den Unternehmen. ... Benötigt wird also lediglich ein weiterer Pol (Sektor), der die Vermögensveränderung (Abk.: VV) festhält.

Hans-Jürgen Albers u. a., Volkswirtschaftslehre, Haan-Gruiten 1997, S. 37 f.

Die evolutorische Wirtschaft mit staatlicher Aktivität

M 13

Der Sektor Staat entsteht durch die Aggregation der Gebietskörperschaften Bund, Länder und Gemeinden und deren Gemeinschaftseinrichtungen wie Hochschulen, Schulen, Kindergärten, Krankenhäuser oder die Bundeswehr. Zum öffentlichen Sektor zählen aber auch die Sozialversicherungshaushalte der Renten-, Kranken-, Arbeitslosen-, Unfall- und Pflegeversicherung. Nicht zum Staat zählen Unternehmen im Eigentum der öffentlichen Hand. Sie werden in der Kreislaufbetrachtung den Unternehmen zugerechnet, da bei ihnen die Produktion von Gütern im Vordergrund steht.
Unternehmen stellen Güter her, private Haushalte konsumieren. Neben seinen hoheitlichen Aufgaben, z.B. der Sicherung der öffentlichen Ordnung, sorgt der Staat, entsprechend seinem Sozialauftrag, für die Umverteilung der ihm zugeflossenen Mittel. Eine weitere Aufgabe des Staates liegt in der Finanzierung öffentlicher Güter, wie z.B. Schulen, Verkehrswege oder Krankenhäuser. Auch der Sektor Staat ist durch Einnahme- und Ausgabeströme mit den anderen Polen des Kreislaufmodells verbunden.

Die Einnahmeströme des Staates

Die direkten Steuern
Zum Geldstrom direkte Steuern (Abk.: T_{dir}, abgeleitet von Tax) zählen alle Einkommens- und Ertragssteuern, aber auch Beiträge und Abgaben, die die privaten Haushalte an den Staat zahlen. Zur Vereinfachung werden auch die Sozialversicherungsbeiträge, die an den Staat zu zahlen sind, in den Strom direkte Steuern eingerechnet.

Die indirekten Steuern
Indirekte Steuern (Abk.: T_{ind}) fallen bei der Verwendung des Einkommens an. Zu ihnen gehören z.B. die Mehrwertsteuer, die Mineralöl- und die Tabaksteuer. Sie werden von den Unternehmen in die Produktpreise eingerechnet und sind damit Bestandteil des Marktpreises. Die Unternehmen zahlen die Steuer an den Staat, Steuerträger dagegen sind die privaten Haushalte.

Die Ausgabenströme des Staates

Der staatliche Konsum
Der Staat produziert Gemeinschaftsgüter wie Sicherheit (Bundeswehr, Polizei), Gesundheit (Krankenhäuser), Bildung (Schulen, Theater, Museen oder Bibliotheken), Ver- und Entsorgung (Verkehrswege, Wasser, Müll). Zudem tritt der Staat in erheblichem Umfang als Käufer von Sachgütern und Dienstleistungen bei Unternehmen auf. In der Kreislaufbetrachtung entsprechen diese Leistungen einem Ausgabenstrom des Sektors Staat, der bei den Unternehmen zum Einkommensstrom wird und als staatlicher Konsum oder Staatsverbrauch (Abk. C_{St}) bezeichnet wird.
Transferzahlungen an die privaten Haushalte
Hierbei handelt es sich um Unterstützungszahlungen (Abk.: Z_H) an die privaten Haushalte, die zu keiner direkten Gegenleistung verpflichtet sind. Hauptarten sind die Sozialversicherungen, Beamtenpensionen, Arbeitslosenunterstützung, Kindergeld, Sozialhilfe oder Mietbeihilfen.

Subventionen an Unternehmen

Subventionen (Abk.: Z_U) sind Geldleistungen an einzelne Unternehmen oder ganze Unternehmenszweige. Zu nennen sind etwa die Leistungen an den Agrarsektor und die Subventionen zugunsten der deutschen Steinkohle. Zweck der genannten Unterstützung ist es, den betreffenden Wirtschaftszweig wettbewerbsfähig zu halten und Arbeitsplätze zu sichern. Im Rahmen von Gestaltungssubventionen werden z.B. Unternehmensgründungen gefördert oder Forschungsprojekte finanziert.

Die positive Differenz aus Einnahmen und Ausgaben wird als **Ersparnis des Staates** (Abk.: S_{St}) bezeichnet und im Sektor Vermögensveränderung festgehalten. Übersteigt dagegen der Ausgabenstrom die Einnahmen, was meist der Realität entspricht, gleicht der Staat den Fehlbetrag durch **Kreditaufnahme** (Abk.: Kr_{St}) aus.

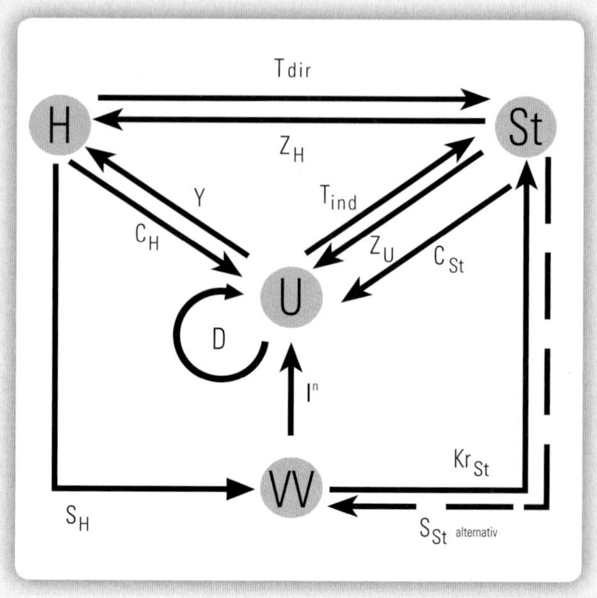

Autorentext

M 14 Die offene Volkswirtschaft mit staatlicher Aktivität

Durch die Einführung des Sektors **Ausland** (Abk.: Ausl) wird das Kreislaufmodell vollständig. Hinter dem Sammelbegriff „Ausland" verbergen sich ausländische Staaten, ausländische Unternehmen und ausländische Haushalte. Eine entsprechende Differenzierung nach Sektoren findet jedoch nicht statt. Alle grenzüberschreitenden Transaktionen werden global als Transaktionen mit dem Ausland dargestellt; es handelt sich um ein zusammengefasstes **Konto**[1] (oder **Sektor**) der übrigen Welt.

Moderne Volkswirtschaften verfügen über eine Vielzahl von Wirtschaftsbeziehungen zum Ausland. Diese Auslandsverflechtungen sind Folge weltweiter Handelsbeziehungen und zunehmender internationaler Arbeitsteilung. Die wichtigsten Beziehungen zum Ausland sind die **Exporte** (Abk.: X) und **Importe** (Abk.: M) von Gütern[2]. Die deutsche Volkswirtschaft exportiert einen beträchtlichen Teil ihrer Leistungen ins Ausland; seit Mitte der achtziger Jahre werden mehr als ein Drittel aller hergestellten Güter ausgeführt (Ausfuhrquote). Im Gegenzug liefert das Ausland Güter an die deutsche Volkswirtschaft. Der Wert der eingeführten Güter beträgt seit den achtziger Jahren etwa 30 % des Bruttoinlandsprodukts (Einfuhrquote).

Im Umfang des Exports vermindert sich der Güterbestand einer Volkswirtschaft, im Umfang des Imports erhöht er sich. Die Differenz – oder der Saldo – zwischen den Exporten und Importen ist der **Außenbeitrag** (Abk.: X-M); er entspricht dem Nettozufluss bzw. -abfluss von Gütern.

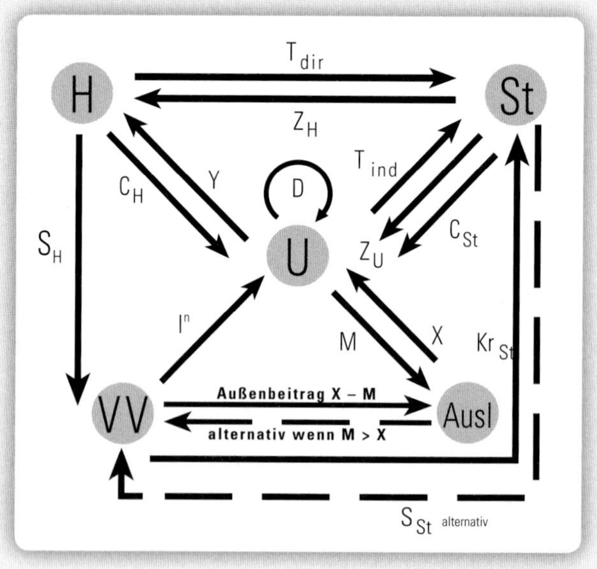

Wichtig für die Darstellung der Auslandsbeziehungen ist, sich daran zu erinnern, dass im Wirt-

schaftskreislauf nur die Geldströme dargestellt werden. Exporte sind die Zahlungen des Auslands für die inländischen Ausfuhren; der Geldstrom für Exporte fließt also vom Ausland zum Inland; genauer: zum Sektor Unternehmen. Entsprechend fließt der Geldstrom für Importe von den Unternehmen zum Ausland.
Sind die Exporte höher als die Importe (X>M; positiver Außenbeitrag; Nettoabfluss von Gütern; Nettozufluss von Geld), erhöhen sich im Umfang des Ausfuhrüberschusses die Forderungen des Inlands gegenüber dem Ausland; das Vermögen des Inlands steigt. Sind die Exporte kleiner als die Importe (X<M; negativer Außenbeitrag; Nettozufluss von Gütern; Nettoabfluss von Geld), treten umgekehrte Vermögenseffekte ein; die Verbindlichkeiten des Inlands gegenüber dem Ausland erhöhen sich. Der Saldo zwischen Exporten und Importen verändert also das Vermögen einer Volkswirtschaft und wird daher im Sektor Vermögensveränderung festgehalten.

Hans-Jürgen Albers u.a., Volkswirtschaftslehre, Haan-Gruiten 1997, S. 42 f.

[1] *Die Sektoren des Kreislaufmodells lassen sich auch in Kontoform darstellen*
[2] *Sachgüter und Dienstleistungen*

Vom Wirtschaftskreislauf zur Volkswirtschaftlichen Gesamtrechnung

M 15

Die Volkswirtschaftliche Gesamtrechnung (VGR) liefert ein quantitatives Bild des makroökonomischen[1] Geschehens eines Landes. Sie steht in enger Beziehung mit der Kreislaufanalyse, in der die wesentlichen Zusammenhänge zwischen gesamtwirtschaftlichen Größen aufgezeigt werden. Die Volkswirtschaftliche Gesamtrechnung greift die gesamtwirtschaftlichen Konzepte der Kreislaufanalyse auf, erweitert sie und füllt sie mit Zahlen inhaltlich aus. Kreislaufanalyse und Volkswirtschaftliche Gesamtrechnung zusammen stellen die Basis jeglicher makroökonomischer Theorie und Politik dar. Solide Kenntnisse der Kreislaufanalyse und der Volkswirtschaftlichen Gesamtrechnung sind daher das unverzichtbare Fundament für eine erfolgreiche Beschäftigung mit makroökonomischer Theorie und Politik. Ist das Fundament schwach, kann – trotz aller Anstrengungen – auch das darauf errichtete makroökonomische Gebäude nur schwach sein.
Die Inlandsproduktsberechnung stellt zusammen mit den Nebenrechnungen der Volkswirtschaftlichen Gesamtrechnung ein zentrales Informationssystem für gesamtwirtschaftliche Untersuchungen dar. Die von ihr geleistete zahlenmäßige Erfassung des Wirtschaftsgeschehens dient unterschiedlichen Aufgaben. Erstens bilden die ermittelten Daten die wichtigste Basis für die Beschreibung der wirtschaftlichen Entwicklung eines Landes.
Darüber hinaus werden insbesondere die Daten der Inlandsproduktsberechnung und der Außenwirtschaftsrechnung von amtlichen Stellen an internationale [oder] supranationale Organisationen, wie die Europäische Union (EU), die Vereinten Nationen (UN), der Internationale Währungsfonds (IWF), die Organisation für wirtschaftliche Zusammenarbeit und Entwicklung (OECD) und die Weltbank, für deren Arbeit weitergeleitet.
Zweitens liefert die Volkswirtschaftliche Gesamtrechnung die Datenbasis für das Studium von Ursache-Wirkungs-Zusammenhängen. Die Daten werden hierbei sowohl für die Ableitung wirtschaftstheoretischer Erkenntnisse als auch für deren empirische Überprüfung verwendet.
Dies ermöglicht es, die wirtschaftlichen Vorgänge besser zu verstehen und Veränderungen im Verhalten der am Wirtschaftsleben Beteiligten zu erkennen. Drittens bilden die so gewonnenen wirtschaftstheoretischen Erkenntnisse zusammen mit den historischen Daten den Ausgangspunkt für Wirtschaftsprognosen. Diese haben die Aufgabe, die voraussichtliche Entwicklung zu projizieren und alternative Szenarien für den Fall des Einsatzes wirtschaftspolitischer Instrumente aufzuzeigen.

Michael Frenkel/Klaus Dieter John, Volkswirtschaftliche Gesamtrechnung, München 1996, S. 4; S. 7 f.

[1] *Makroökonomie: In der Makroökonomie werden gesamtwirtschaftliche Größen wie das Einkommen, die Investitionen oder der Konsum einer Volkswirtschaft untersucht. Im Gegensatz dazu beschäftigt sich die Mikroökonomie mit einzelwirtschaftlichen Aspekten von Haushalten oder Unternehmen, geht also der Frage nach, wovon z.B. das Konsumverhalten der Haushalte abhängt.*

M 16 Das Bruttoinlandsprodukt als zentrale Größe der VGR

Das Bruttoinlandsprodukt (BIP) ist die zentrale Größe zur Erfassung der Leistungsfähigkeit einer Volkswirtschaft. Ausgangspunkt für die Berechnung des BIP ist die mit Geld bewertete Produktion in einer Volkswirtschaft.

Addiert man die Produktionswerte der Unternehmen, der privaten Haushalte und des Staates, so erhält man den Produktionswert [Abk.: PW] der Volkswirtschaft. Es wäre falsch, diese Summe als Maßstab für die „letztlich neu produzierten Güter" des Jahres anzusehen. Jeder Sektor muss zur Erstellung der Produktion Vorleistungen [Abk.: V] – d. h. von anderen Sektoren in der gleichen Periode produzierte und bereitgestellte Güter – im Produktionsprozess einsetzen. Würde man die Produktionswerte einfach addieren, so würde man die Güter, die Vorleistungen darstellen, doppelt zählen: einmal bei dem Produktionswert des die Vorleistung produzierenden Sektors, zum anderen beim Produktionswert des die Vorleistungen verwendenden Sektors, da sie in dessen Produktionswert ebenfalls eingehen.

Besonders klar wird dieser Zusammenhang anhand eines einfachen Beispiels. Wir betrachten den Werdegang eines Brotes unter der vereinfachenden Annahme, dass Mehl der einzige Rohstoff

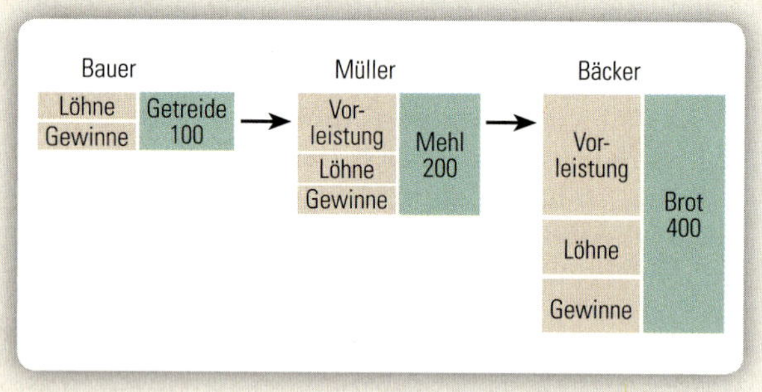

bei der Brotproduktion sei und keine Abschreibungen anfallen. Ein Bauer produziere in einem Zeitabschnitt eine bestimmte Menge Weizen, ohne irgendwelche Vorleistungen in Anspruch zu nehmen. Er verkaufe den Weizen für 100 GE an den Müller, der ihn in der gleichen Periode zu Mehl verarbeite und dieses für 200 GE an den Bäcker weiterverkaufe. Der Bäcker schließlich produziere aus Mehl Brot, das er ebenfalls in derselben Periode für 400 GE an die Haushalte weiterverkaufe.

Der Produktionswert sämtlicher Unternehmungen beträgt in dem Beispiel:
100 + 200 + 400 = 700 GE

Ist dies aber der Wert der in der Volkswirtschaft in dieser Periode letztlich neu produzierten Güter? Sicher nicht, denn der Müller musste Weizen im Werte von 100 GE verwenden, um daraus Mehl im Werte von 200 GE zu erstellen, und der Bäcker brauchte Mehl im Werte von 200 GE, um daraus Brot im Werte von 400 GE produzieren zu können. Müller und Bäcker brauchen also Vorleistungen von insgesamt 300 GE. Der Gesamtwert der letztlich neu produzierten Güter sämtlicher Unternehmungen beträgt also nur:

Produktionswert	–	Vorleistungen	=	Bruttoinlandsprodukt
700 GE	–	300 GE	=	400 GE

Man erhält dieses Bruttoinlandsprodukt also, indem man vom Produktionswert die Vorleistungen abzieht.[1]

$$Y^{br}_{m} = PW - V$$

Da die Bewertungsgrundlage die Marktpreise sind, wird es Bruttoinlandsprodukt zu Marktpreisen genannt (Symbol: Y^{br}_{m}).

An Gütern stehen einer Volkswirtschaft insgesamt die netto selbst produzierten Güter (das Bruttoinlandsprodukt) und die importierten Güter (M) zur Verfügung. Diese Güter können für drei Zwecke verwendet werden:

- Für den Konsum der privaten Haushalte (C_H) und des Staates (C_{ST}).
- Für die Ausfuhr = Export (X).
- Für die Erhaltung und Erweiterung des Kapitalbestandes der Unternehmen und des Staates, also für die Bruttoinvestitionen (I^{br}).

Da also in Höhe von Y_m^{br} und M Güter zur Verfügung stehen für den privaten Konsum (C_H), für den staatlichen Konsum (C_{ST}), für die Bruttoinvestitionen (I^{br}) sowie für die Exporte (X), gilt die Beziehung:

$$Y_m^{br} + M = C_H + C_{St} + I^{br} + X$$
$$Y_m^{br} = C_H + C_{St} + I^{br} + (X - M)$$

Diese Gleichung gibt eine gebräuchliche Definition des Bruttoinlandsprodukts wieder.

nach: Ulrich Baßeler, Jürgen Heinrich, Burkhard Utecht, Grundlagen und Probleme der Volkswirtschaft, 17. Aufl., Stuttgart 2002, S. 223 f.

[1] Aus didaktischen Gründen ist hier von staatlichen Aktivitäten (Nettogütersteuer) abgesehen. Daher stimmt die Bezeichnung Bruttoinlandsprodukt nicht exakt mit der der VGR überein.

Zum Verhältnis von Bruttoinlandsprodukt und Bruttonationaleinkommen — M 17

Die BIP-Berechnung beruht auf dem **Inlandskonzept**. Erfasst werden alle wirtschaftlichen Leistungen, die im Beobachtungszeitraum innerhalb eines Landes erbracht wurden. Dabei ist es unerheblich, ob die Leistungserbringer ihren ständigen Wohnsitz in diesem Gebiet haben oder nicht. Das BIP misst unmittelbar die Produktion in einem Wirtschaftsgebiet, ist also in erster Linie ein Produktionsindikator.

Demgegenüber basiert das **Bruttonationaleinkommen** (BNE) auf dem **Inländerkonzept**, wobei „Inländer" nach dem Wohnsitz, nicht aber nach der Nationalität bestimmt werden. Gemessen wird beim BNE die wirtschaftliche Leistung der Inländer, unabhängig davon, ob die Faktorleistungen im In- oder Ausland erbracht wurden. Erzielt beispielsweise eine Person mit Wohnsitz in Deutschland Zinseinkünfte aus einer Geldanlage in den USA, so erhöhen diese das deutsche [Bruttonationaleinkommen], nicht aber das BIP. Das BNE ist primär ein Einkommensindikator, da es eher dem Bruttoeinkommen vor Abschreibungen entspricht, die den ansässigen Einwohnern eines Gebietes zukommen. Für die Abbildung der inländischen Wirtschaftsleistung ist das BNE deshalb weniger geeignet als das BIP, hängen doch über die Grenzen eines Landes zu- und abgeflossene Faktoreinkommen, z.B. aus Kapitalerträgen, kaum mit der inländischen Produktion von Waren und Dienstleistungen zusammen.

nach: Handelsblatt, 11.2.1997, S. 8

Vom Bruttoinlandsprodukt zu Marktpreisen zum Volkseinkommen — M 18

Um das Bruttonationaleinkommen zu Marktpreisen zu ermitteln, muss das BIP um den Saldo der Primäreinkommen der Inländer mit der übrigen Welt[1] bereinigt werden, d.h. um die vom Ausland empfangenen Erwerbs- und Vermögenseinkommen und die von der EU empfangenen Subventionen erhöht und um die ans Ausland geleisteten Erwerbs- und Vermögenseinkommen und die an die EU geleisteten Produktions- und Importabgaben vermindert werden. Das BNE kann größer oder kleiner sein als das BIP, je nachdem, ob der Saldo der grenzüberschreitenden Primäreinkommen zwischen dem In- und Ausland positiv oder negativ ausfällt.

Das BNE wird wie das BIP zu Marktpreisen berechnet. In dieser Form sind in den Werten Bestandteile enthalten, die die tatsächliche wirtschaftliche Leistung verschleiern können. Durch den Produktionsprozess wird ein Teil des volkswirtschaftlichen Anlagebestandes (Gebäude, Maschinen) abgenutzt. Diese Abnutzung muss erst ersetzt werden, wenn der Kapitalstock nicht von Periode zu Periode schrumpfen soll. Das tatsächliche Ausmaß der Abnutzung ist allerdings kaum zu bestimmen. Rechnerisch wird die Abnutzung in Form der Abschreibung erfasst. Jeder Betrieb schreibt Jahr für Jahr einen Teil seiner Anlagen ab. Die Aggregation aller betrieblichen Abschreibungen ergibt die volkswirtschaftliche Abschreibung. Nach Abzug des abnutzungsbedingten Ersatzes vom Bruttonationaleinkommen zu Marktpreisen ergeben sich netto die im eigentlichen Sinne neu geschaffenen Werte. Die entsprechende Größe ergibt das Nationaleinkommen zu Marktpreisen.

Durch die Erfassung der wirtschaftlichen Leistungen zu ihren Marktpreisen werden die Preisbestandteile mitgezählt, die die Aussage über den tatsächlichen Wert der hergestellten Güter verfälschen. Die Produktions- und Importabgaben[1] an den Staat und die EU (entsprechen weitgehend den indirekten Steuern einschließlich Zölle = T_{ind}) blähen die Güterpreise gewissermaßen künstlich auf. Um eine zutreffende Aussage über den Umfang der wirtschaftlichen Leistung machen zu können, müssen also die in den Marktpreisen enthaltenen Produktions- und Importabgaben abgezogen werden. Umgekehrt verhält es sich mit den Subventionen. Subventionen dämpfen künstlich die Preise. Für die Ermittlung des tatsächlichen Wertes der hergestellten Güter müssen Subventionen hinzugezählt werden. Der Saldo zwischen den Produktions- und Importabgaben und den Subventionen ergibt die Nettoproduktionsabgaben[1].

Das um die Nettoproduktionsabgaben verminderte Nationaleinkommen ergibt das Volkseinkommen, das den Erwerbs- und Vermögenseinkommen entspricht, die die inländischen Wirtschaftseinheiten in einer Wirtschaftsperiode empfangen haben.

nach: Hans-Jürgen Albers u. a., Volkswirtschafslehre, Haan-Gruiten 1997, S.61 f.

[1] *Begriffe des ESVG von 1995*

Die Ableitung des Volkseinkommens

	Bruttoinlandsprodukt zu Marktpreisen
+	vom Ausland empfangene Erwerbs- und Vermögenseinkommen
-	ans Ausland geleistete Erwerbs- und Vermögenseinkommen
+	empfangene Subventionen von der EU (und der übrigen Welt)
-	geleistete Produktions- und Importabgaben an die EU (und an die übrige Welt)
=	**Bruttonationaleinkommen zu Marktpreisen**
-	Abschreibungen
=	**Nettonationaleinkommen zu Marktpreisen (Primäreinkommen)**
-	Produktions- und Importabgaben
+	Subventionen
=	**Volkseinkommen**

Die Differenz zwischen dem Bruttoinlandsprodukt und dem Bruttonationaleinkommen wird in der neuen Terminologie des Statistischen Bundesamts als **Saldo der Primäreinkommen zwischen Inländern und der übrigen Welt** bezeichnet.

Autorentext

Aufgaben

Für eine offene Volkswirtschaft mit staatlicher Aktivität liegen folgende Größen (in Mrd. GE) vor: Transferzahlungen an die privaten Haushalte (Z_H) = 590; Volkseinkommen (Y) = 3210; Konsum der privaten Haushalte (C_H) = 2496; Abschreibungen (D) = 390; Kreditaufnahme des Staates (Kr_{St}) = 70; Subventionen (Z_U) = 67; Importe (M) = 735; Sparen der privaten Haushalte (S_H) = 394; Exporte (X) = 850; Nettoinvestitionen (I^n) = 214; Konsum des Staates (C_{St}) = 763. Die Erwerbs- und Vermögenseinkommen von Inländern im Ausland beliefen sich auf 30 Mrd. GE, die von Ausländern im Inland betrugen 35 Mrd. GE. Übertragungen des Staates bzw. der privaten Haushalte an das Ausland bleiben unberücksichtigt.

1. Stellen Sie den Sektor Staat einschließlich aller Zu- und Abflüsse für das Berichtsjahr dar (M 13, M 14).
2. Die fehlenden Ströme T_{dir} und T_{ind} sind zu berechnen (M 13, M 14).
3. Berechnen Sie für diese Volkswirtschaft das Bruttonationaleinkommen und den Anteil der Exporte an der gesamtwirtschaftlichen Nachfrage. Empfangene Subventionen der EU und geleistete Produktions- und Importabgaben an die EU bleiben unberücksichtigt (M 15 – M 18).
4. In der kommenden Wirtschaftsperiode werden die direkten Steuern gesenkt. Beurteilen Sie, ausgehend vom Wirtschaftskreislauf, die Auswirkungen dieser Maßnahme auf private Haushalte, Unternehmen und Staat (M 13).
5. Der Staat hat in den letzten Jahren einen Teil seines Vermögens durch Emission von Aktien privatisiert (z.B Telekom). Gehen Sie davon aus, dass die privaten Haushalte diese Aktien durch Auflösung von Sparguthaben gekauft haben. Erläutern Sie, wie sich diese Privatisierungen auf die Sektoren Staat, private Haushalte, Unternehmen und Vermögensveränderung auswirken (M 12 – M 14).

Ziel: Hoher Beschäftigungsstand

Arbeitslosigkeit – das Problem in Deutschland

M 19

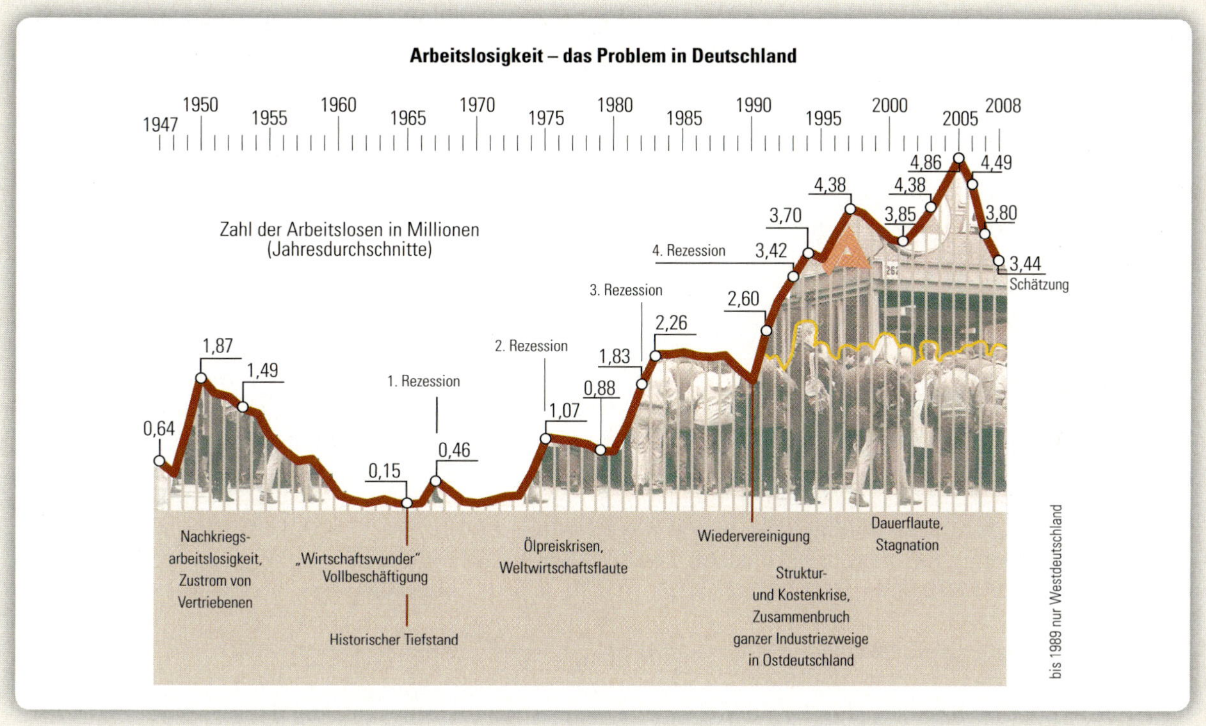

Globus-Grafik 9747, Quelle: Bundesagentur für Arbeit BMWA, DIW Berlin

Wie wird die Arbeitslosenquote berechnet?

M 20

Die Beschreibung der Beschäftigungsentwicklung und der Arbeitslosigkeit erfolgt anhand verschiedener Maßgrößen. Wir … diskutieren deren Aussagefähigkeit hinsichtlich des Zielinhalts.

Das Erwerbspersonenpotenzial umfasst die Personen, die unmittelbar oder mittelbar eine auf Erwerb ausgerichtete Tätigkeit ausüben oder suchen. Die Erwerbsquote drückt den Anteil der Erwerbspersonen an der Bevölkerung aus. Maßgeblich für die Höhe der Erwerbsquote sind demographische, ökonomische, politische und psycho-soziale Gründe. Welche Bedeutung dem Erwerbsverhalten zukommt, zeigt die erhebliche Zunahme der Frauenerwerbstätigkeit in der Bundesrepublik in den letzten Jahrzehnten. Von erheblicher Bedeutung für die Höhe des Erwerbspersonenpotenzials sind auch institutionelle Regelungen wie Schulzeit und Altersübergangsregelungen. …

Die Arbeitslosenquote ist nur von begrenzter Aussagefähigkeit. Sie erfasst nur einen Teil der Erwerbslosigkeit, die bei den Arbeitsagenturen registrierten Arbeitslosen. Die Personen, die eine Arbeit suchen, ohne arbeitslos gemeldet zu sein, sind in der Arbeitslosenquote nicht enthalten. Dieser Teil der Erwerbslosen wird durch den **Indikator Stille Reserve** zu erfassen versucht. Die Arbeitslosenquote berücksichtigt auch Veränderungen in der Arbeitszeit nicht. So bleibt bei **Kurzarbeit** zwar die Anzahl der beschäftigten Personen und der registrierten Arbeitslosen konstant; in Arbeitsstunden gemessen ist die Beschäftigung niedriger oder nimmt ab, wenn die Kurzarbeit steigt.

Um Begrenzungen des Indikators Arbeitslosenquote zumindest teilweise zu überwinden, wird zusätzlich der Indikator **Offene Stellen** herangezogen. Dieser weist die freien Arbeitsplätze aus, die die Unternehmen den Arbeitsämtern melden. …

Arbeitslosenquoten zeigen die relative Unterauslastung des Arbeitskräfteangebots an, indem sie die (registrierten) Arbeitslosen zu den Erwerbspersonen (EP = Erwerbstätige + Arbeitslose) in Beziehung setzen. Arbeitslos sind nach dem Sozialgesetzbuch Personen, die vorübergehend nicht in einem Beschäftigungsverhältnis stehen, das 15 Wochenstunden und mehr umfasst, eine versicherungspflichtige Beschäftigung von mindestens 15 Wochenstunden suchen und dabei den Vermittlungsbemühungen der Agenturen für Arbeit bzw. der Träger der Grundsicherung zur Verfügung stehen und sich dort persönlich arbeitslos gemeldet haben.
Der Kreis der Erwerbspersonen bzw. der Erwerbstätigen kann unterschiedlich abgegrenzt werden. Insofern werden zwei unterschiedliche Arbeitslosenquoten ermittelt:

1. Arbeitslosenquote, bezogen auf alle zivilen Erwerbspersonen:
Alle zivilen Erwerbstätigen (alle ziv. ET) sind die Summe aus den abhängigen zivilen Erwerbstätigen sowie Selbständigen und mithelfenden Familienangehörigen. Die Quote errechnet sich entsprechend als

$$\text{Arbeitslosenquote (auf der Basis aller ziv. EP)} = \frac{\text{Arbeitslose}}{\text{abh. ziv. ET + Arbeitslose}} \cdot 100$$

Quoten auf der Basis aller zivilen Erwerbspersonen sind seit 1994 auch für Länder verfügbar, seit 1997 für Arbeitsämter bzw. Arbeitsagenturen und ihre Geschäftsstellen. Entsprechende Quoten für Männer und Frauen gibt es seit 1995, allerdings nur für das Bundesgebiet und die Bundesländer.

2. Arbeitslosenquote, bezogen auf die abhängigen zivilen Erwerbspersonen:
Der Nenner enthält nur die abhängigen zivilen Erwerbstätigen (abh. ziv. ET), d.h. die Summe aus sozialversicherungspflichtig Beschäftigten (einschl. Auszubildende), geringfügig Beschäftigten, Personen in Arbeitsgelegenheiten (Mehraufwandvariante) AGH und Beamten (ohne Soldaten). Daraus errechnet sich:

$$\text{Arbeitslosenquote (auf der Basis der abh. ziv. EP)} = \frac{\text{Arbeitslose}}{\text{abh. ziv. ET + Arbeitslose}} \cdot 100$$

Diese Art der Quotenberechnung hat in Deutschland die längere Tradition. Aus datentechnischen Gründen beziehen sich bisher die Arbeitslosenquoten einzelner Personengruppen regelmäßig nur auf die abhängigen zivilen Erwerbspersonen.

Bundesagentur für Arbeit, Statistik, Stichwort Arbeitslosenquote (15.10.2007)

... Auch der Indikator „Offene Stellen“ weist Mängel auf, die seine Aussagefähigkeit und Verwendbarkeit beschränken. So werden die Stellen nur zu einem Teil offen ausgewiesen, da die Arbeitgeber nicht verpflichtet sind, diese den Arbeitsämtern zu melden. Die tatsächliche Zahl der freien Stellen wird etwa dreimal höher als die gemeldeten freien Arbeitsplätze geschätzt. Andererseits kann die Zahl der gemeldeten offenen Stellen vom tatsächlichen Arbeitskräftebedarf der Unternehmen abweichen, da keine Sicherheit besteht, ob die gemeldeten Stellen auch wirklich zu besetzen sind.
Die beiden Indikatoren „Arbeitslosenquote“ und „Offenen Stellen“ verdeutlichen exemplarisch, mit welchen Problemen Indikatoren als Maßgrößen für die jeweiligen Zielvariablen behaftet sein können.

Gerd-Jan Krol, Alfons Schmidt, Volkswirtschaftslehre. Eine problemorientierte Einführung, 21. Aufl., Tübingen 2002, S. 188 ff.

Aufgaben

1. Beschreiben Sie die Entwicklung der Arbeitslosigkeit in Deutschland und bringen Sie diese in einen Zusammenhang mit der konjunkturellen Entwicklung (M 19, Kap. 8, M 2).
2. Erläutern Sie, wie die Arbeitslosigkeit in Deutschland gemessen wird und welche Probleme sich bei der Messung ergeben können (M 20).

Ziel: Stabilität des Preisniveaus

Die Entwicklung der Verbraucherpreise in Deutschland

M 21

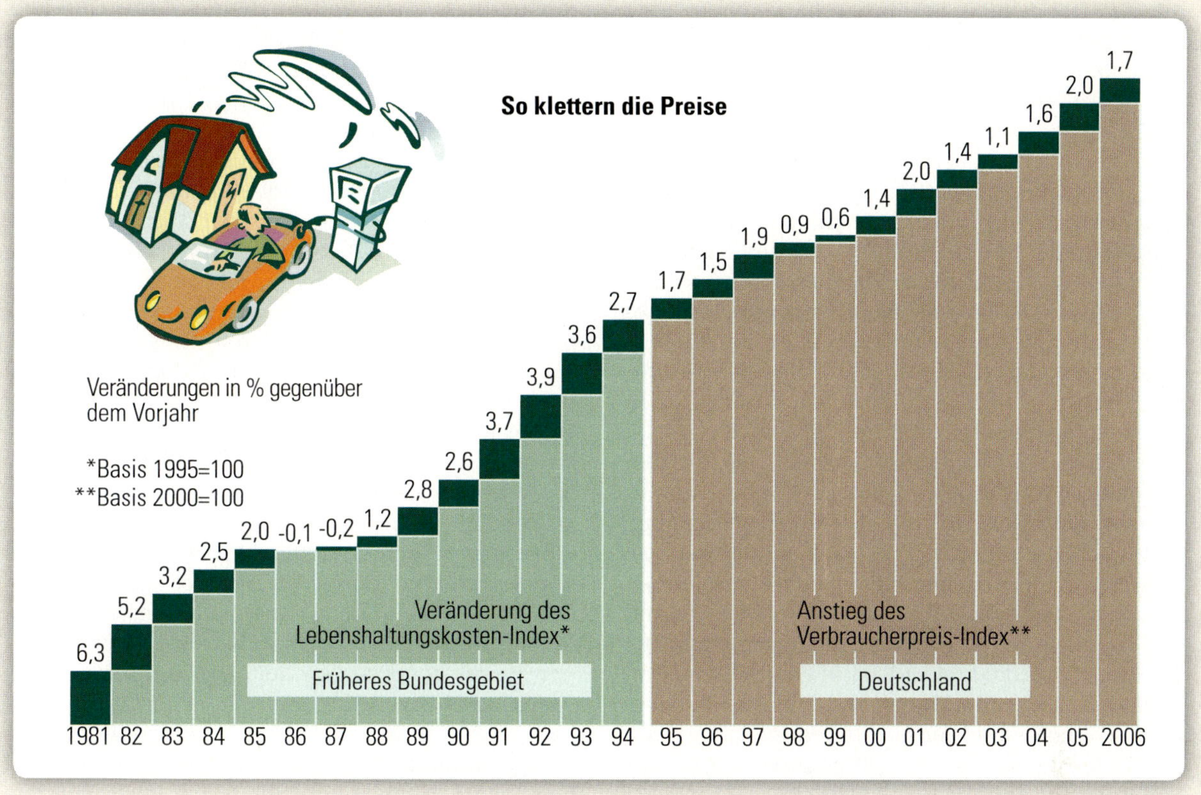

Die nach der deutschen Einigung anfangs noch weit auseinanderklaffende Verbraucherpreisentwicklung in West- und Ostdeutschland verläuft inzwischen weitgehend parallel. In der ersten Hälfte der neunziger Jahre stand der Preistrend im Osten noch ganz im Zeichen der Anpassung an marktwirtschaftliche Preisstrukturen. Das betraf vor allem die Mieten. Um diese Sonderentwicklung auszuklammern, folgt das Zahlenbild deshalb bis 1994 dem westdeutschen Lebenshaltungskostenindex und geht erst dann zum neuen, gesamtdeutschen Verbraucherpreisindex über.

Erich Schmidt Verlag, Zahlenbilder 293 652, Quelle: Statistisches Bundesamt

M 22 Warenkorb und Wägungsschema

Die Begriffe Warenkorb und Wägungsschema werden häufig als Synonyme verwandt. Diese Art der Darstellung ist aber sehr vereinfachend und oft Anlass für Missverständnisse. Der wichtigere Begriff für die Verbraucherpreisstatistik ist der Begriff des Wägungsschemas, in der Öffentlichkeit bekannter ist dagegen der Begriff Warenkorb. Der Verbraucherpreisindex für Deutschland will ein umfassendes Bild der Preisentwicklung vermitteln, soweit davon die privaten Haushalte betroffen sind. Es ist deshalb erforderlich, deren Verbrauchsgewohnheiten umfassend und sehr detailliert zu erfassen und den Berechnungen eines Verbraucherpreisindex zu Grunde zu legen. Es ist aber nicht möglich und auch nicht erforderlich, die Preise für alle angebotenen und von privaten Haushalten gekauften Waren und Dienstleistungen zu erheben. Es ist vielmehr ausreichend, aus der Fülle des Güterangebots einige hundert auszuwählen, die stellvertretend sowohl den gesamten Verbrauch als auch die Preisentwicklung der von den Haushalten nachgefragten Güter mit hinreichender Genauigkeit repräsentieren. Die Gesamtheit der ausgewählten Güter heißt Warenkorb. Der Warenkorb für die Preisindizes in Deutschland umfasst zurzeit ca. 750 Waren und Dienstleistungen. Diese Güterauswahl muss von Zeit zu Zeit daraufhin überprüft werden, ob sie noch den aktuellen Verbrauchsgewohnheiten entspricht. Es ist dabei nicht nötig, jede kurzfristige Konsumveränderung exakt abzubilden. Längerfristige Veränderungen im Verbrauchsverhalten müssen aber berücksichtigt werden. Darüber hinaus werden ständig neue Produkte angeboten, alte verschwinden vom Markt. Dies vollzieht sich aber nicht schlagartig, sondern über längere Zeiträume hinweg. Die Veränderungen in der Zusammensetzung des Warenkorbs 2000 im Vergleich zu 1995 sind daher nicht spektakulär und haben nur einen vergleichsweise geringen Einfluss auf die Ergebnisse der Verbraucherpreisstatistik. Viel wichtiger als die Auswahl der einzelnen Preisrepräsentanten, also die Festlegung des Warenkorbes, ist die Bestimmung des Gewichts, mit dem die Preisentwicklung einzelner Preisrepräsentanten in die Gesamtindizes eingeht. Das Wägungsschema quantifiziert, welchen Anteil z.B. die Mietausgaben oder andere Ausgabepositionen an den gesamten Verbrauchsausgaben der privaten Haushalte haben. Höhe und Struktur der Ausgaben der privaten Haushalte werden vom Statistischen Bundesamt aus den Ergebnissen der Einkommens- und Verbrauchsstichprobe, die alle fünf Jahre durchgeführt wird, und der jährlichen Statistik der laufenden Wirtschaftsrechnungen abgeleitet. Ergänzend werden hierfür Ergebnisse der Volkswirtschaftlichen Gesamtrechnungen, der Steuerstatistiken, anderer amtlicher Statistiken und weiterer Datenquellen verwendet. Weil sich Güterangebot und Präferenzen der Verbraucher im Zeitablauf ändern, stehen der Grundsatz der Aktualität des Wägungsschemas und das Ziel der Preisstatistik, reine Preisveränderungen auszuweisen, in einem gewissen Widerstreit. Das Statistische Bundesamt trägt dem dadurch Rechnung, dass es den Verbraucherpreisindex für Deutschland mit einem konstanten Wägungsschema auf fester Basis berechnet (Laspeyres-Index auf fester Basis). Nach jeweils ca. fünf Jahren wird ein neues Wägungsschema und damit eine neue Basisperiode eingeführt. Veränderungen im Wägungsschema können sowohl durch veränderte Angebots- als auch durch veränderte Nachfragekonstellationen bedingt sein. Diese Verfahrensweise stellt für einen hinreichend langen Zeitraum Indexwerte mit fester Basis zur Verfügung, mit denen im Zeitablauf reine Preisveränderungen – unbeeinflusst von Mengenveränderungen – berechnet werden können. Diese Indexreihen mit fester Basis werden vom Statistischen Bundesamt ab der jeweiligen Basisperiode Preisindexwerte bis zum Beginn dieser Basisperiode, also für einen Zeitraum von ca. drei Jahren, zurückgerechnet. Wie oben erwähnt, sind Veränderungen im Warenkorb selten spektakulär. Das liegt unter anderem auch daran, dass Neuaufnahmen nicht in jedem Fall an den Termin einer Indexreform gebunden sind und bei dringendem Bedarf auch zwischen zwei Revisionsterminen in die Berechnung einbezogen werden. So wurde z.B. die Internet-Nutzung bereits zu Beginn des Jahres 2001 berücksichtigt. Bei jeder Indexreform ergibt sich aber eine Vielzahl von Änderungen, die oft nur Verschiebungen in der zu erfassenden Gütervariante darstellen. Allerdings werden verschiedene Verwendungszwecke, die an Verbrauchsbedeutung gewinnen, durch eine größere Anzahl von Gütern (oder Gütervarianten) in der Stichprobe repräsentiert, umgekehrt kann die Stichprobe dort, wo die Verbrauchsbedeutung zurückgeht, auch reduziert werden. Die Herausnahme einer Erhebungsposition aus der Stichprobe bedeutet aber nicht, dass diese Ware oder Dienstleistung jetzt nicht mehr angeboten oder gekauft würde, sondern nur, dass dieser Verwendungszweck ausreichend durch ähnliche Güter abgebildet wird.

Veränderungen im Warenkorb (Beispiele)
Rein: Brötchen zum Fertigbacken, Pizza zum Mitnehmen, Scanner, Laserdrucker, Digitalkamera, DSL (Digital Subscriber Line), Preselection-Tarif, Blutdruckmessgerät, Monatsbeitrag für Kinderkrippenbesuch, Unterbringung und Verpflegung im Altenheim, Fahrradreparatur, Pizzaservice, Fitnessstudio
Raus: Kaffeefilter, Diaprojektor, elektrische Schreibmaschine
Ausgetauscht: Disketten durch CD-Rohlinge, Schreibmaschinenpapier durch Druckerpapier, Fußbodenpflegemittel durch Allzweckreiniger, PVC-Bodenbelag durch Laminat

Statistisches Bundesamt, Verbraucherindex auf Basis 2000, Wiesbaden 2003, S. 8 f.

Veränderungen im Wägungsschema

Abteilung		Gewichtung in Promille	
		1995 = 100	2000 = 100
01	Nahrungsmittel und alkoholfreie Getränke	131,26	103,35
02	Alkoholische Getränke und Tabakwaren	41,67	36,73
03	Bekleidung und Schuhe	68,76	55,09
04	Wohnung, Wasser, Strom, Gas u.a. Brennstoffe	274,77	302,66
05	Einrichtungsgegenstände	70,56	68,54
06	Gesundheitspflege	34,39	35,46
07	Verkehr	138,82	138,65
08	Nachrichtenübermittlung	22,66	25,21
09	Freizeit, Unterhaltung und Kultur	103,57	110,85
10	Bildungswesen	6,51	6,66
11	Beherbergungs- und Gaststättendienstleistungen	46,08	46,57
12	Andere Waren und Dienstleistungen	60,95	70,23

Warum ein wenig Inflation zu viel sein kann

M 23

Geld kann seine Funktion als Zahlungsmittel und als Wertaufbewahrungsmittel auf die Dauer nur erfüllen, wenn es von den Menschen akzeptiert wird. Und akzeptiert wird es nur, wenn niemand befürchten muss, dass der Geldwert durch Preissteigerungen ausgehöhlt wird. Dem scheint die Erfahrung zu widersprechen. In der Bundesrepublik hat es Geldwertstabilität im strengen Sinne nicht gegeben. Das Preisniveau ist vielmehr angestiegen, und entsprechend hat sich der Geldwert verringert.
Trotzdem haben die Menschen nicht das Vertrauen in die D-Mark [oder den Euro] verloren. In anderen Ländern ist die Inflationsrate sogar noch höher als in Deutschland gewesen, und dennoch ist die Geldordnung dort nicht zusammengebrochen.
Wird das Ziel der Geldwertstabilität überschätzt?
Sicherlich: Wenn es bei moderaten Preissteigerungen bleibt, werden sich die Menschen nicht gleich von dem ihnen vertrauten Geld abwenden. Viele gewöhnen sich an den Preisauftrieb und passen sich an. Bei Lohnverhandlungen wird die Preissteigerungsrate wie selbstverständlich mit einkalkuliert; insoweit beeinträchtigt der Preisauftrieb die Kaufkraft der Löhne nicht. In den Zinssätzen schlägt sich die Preissteigerungsrate ebenfalls nieder. Besitzer von Geldvermögen erleiden insoweit bei Preissteigerungen keine Realwertverluste ihres Vermögens. Und solange die inländischen Preissteigerungen nicht über denen im Ausland liegen, ist nicht einmal eine Abwertung der einheimischen Währung zu befürchten.
Vor diesem Hintergrund mögen moderate Preissteigerungen wie ein „Schönheitsfehler" erscheinen, den man ruhig hinnehmen könne. Aber eine solchermaßen aufgeweichte Fassung des geldpolitischen Zieles Geldwertstabilität wäre höchst riskant. Die große Gefahr liegt in einer möglichen, spontanen Beschleunigung des Preisauftriebs. An sie kann sich niemand anpassen, weil sie nicht vorausgesehen wird. Wenn die Preisentwicklung plötzlich aus dem Ruder läuft, kommt es zu Kaufkrafteinbußen bei den Löhnen, zu Realwertverlusten beim Geldvermögen, zum Abwertungsdruck auf die heimische Währung. Jetzt muss mit dem

Schlimmsten gerechnet werden, und die Flucht aus dem Geld (in die Sachwerte) kündigt den Zusammenbruch der Geldordnung an.

Die Inflation in den Jahren 1922/23 liefert hierfür eindrucksvolles Material. ... Bis zu einer Preissteigerungsrate von x Prozent mögen die Menschen noch gelassen bleiben, doch beim Überschreiten dieser Rate ändern sie ihr Verhalten. Es ist wie bei einem Luftballon. Man kann ihn zunächst mit immer mehr Luft füllen, ohne dass er platzt. Und plötzlich übersteigt der Luftdruck einen Grenzwert, und der Ballon platzt. Übertragen auf das monetäre System soll das sagen: Der Umschwung von moderaten Preissteigerungen, an die sich die Menschen gewöhnt haben und die sie faktisch hinnehmen, zu einem beschleunigten Inflationsauftrieb, der nicht mehr hingenommen wird und in einem Zusammenbruch des Geldsystems münden kann, findet plötzlich und ohne Vorankündigung statt. Wenn der Luftballon platzt, ist es für Korrekturen zu spät. Preisniveausteigerungen müssen so gering wie möglich gehalten werden, damit sie gar nicht erst in die Nähe der Grenze kommen, von der ab sie nicht mehr von der Bevölkerung toleriert werden und von der ab die inflationäre Lawine losbricht.

Geldwertstabilität ist das Ziel der Geldpolitik und sie liegt damit in der Verantwortung der Notenbank.

Rüdiger Pohl, Geld und Währung, Mannheim 1993, S. 85 f.

Sonderbriefmarke „50 Jahre Deutsche Bundesbank" aus dem Jahr 2007. Bis 1999 wachte die Bundesbank allein über die Stabilität des Geldes in Deutschland. Seit 1999 ist sie Teil des Eurosystems (vgl. Kapitel 9.2)

Aufgaben

1. Wie hoch war der Preis für ein Brötchen im Jahr 2006, wenn im Jahr 2000 20 Cent dafür bezahlt werden mussten (M 21)?
2. Die „gefühlte Inflationsrate" ist oft höher als die tatsächliche Inflationsrate. Erläutern Sie diesen Umstand mithilfe Ihres Wissens über die Berechnung des Verbraucherpreisindex (M 22).
3. Bei steigender Inflation gibt es Gewinner und Verlierer. Stellen Sie anhand selbst gewählter Beispiele die sozialen Folgen der Inflation dar (M 21 – M 23).

Ziel: Außenwirtschaftliches Gleichgewicht

Deutschlands Außenbilanz

M 24

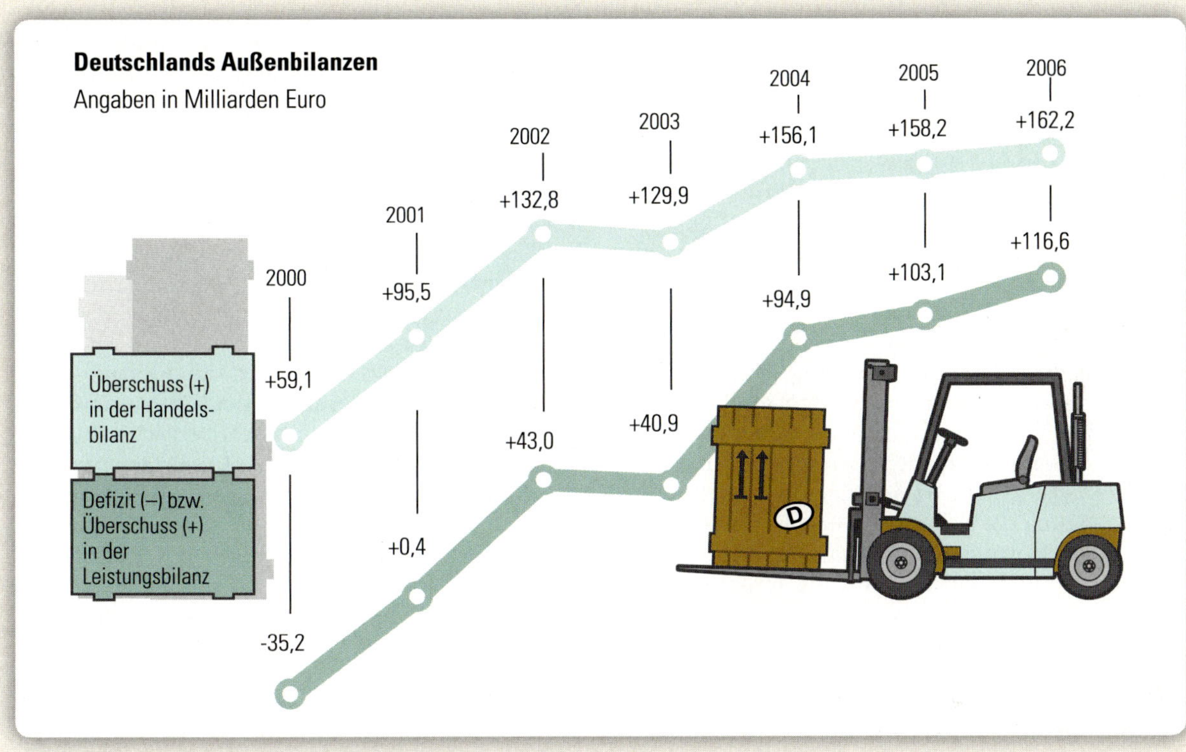

Globus-Grafik 1274, Quelle: Statistisches Bundesamt/Deutsche Bundesbank

Der Aufbau der Zahlungsbilanz

M 25

Die Zahlungsbilanz erfasst alle Transaktionen zwischen Inländern und Ausländern, die in einem bestimmten Zeitraum stattgefunden haben. Im Gegensatz zur Bilanz eines Unternehmens setzt sich die Zahlungsbilanz aus Stromgrößen (z.B. Zahlungen für Exporte und Importe innerhalb eines Jahres) und nicht aus Bestandsgrößen zu einem festgelegten Stichtag zusammen. Ökonomische Transaktionen sind im Wesentlichen der Handel mit Gütern und Dienstleistungen, die Übertragungen von Vermögen und die Vergabe von Krediten.

Funktion und Gliederung

Die Zahlungsbilanz gibt Auskunft über die ökonomischen Verflechtungen mit dem Ausland und zeigt, ob z.B. im Handel mit dem Ausland ein wertmäßiges Gleichgewicht besteht oder ob das Inland mehr oder weniger exportiert, als es aus dem Ausland bezieht. Dadurch wird sie auch zu einem Indikator der Zahlungsfähigkeit gegenüber dem Ausland.

Bei der Verbuchung der Transaktionen werden die Zahlungseingänge (Einnahmen) des Inlandes auf der Aktivseite (Habenseite, Kreditseite) und die Zahlungsausgänge (Ausgaben) auf der Passivseite (Sollseite, Debitseite) verbucht.

Die Zahlungsbilanz wird in mehrere Unterbilanzen untergliedert, die wichtigsten sind Leistungsbilanz, Kapitalbilanz und Devisenbilanz. Da alle Transaktionen doppelt gebucht werden, ist die Summe aller Teilbilanzen gleich null. Nur die Unterbilanzen selbst können von null abweichende Salden aufweisen. Der relativ ungenaue Begriff des Ungleichgewichts der Zahlungsbilanz bezieht sich daher immer nur auf eine Teilbilanz, meistens die Leistungsbilanz oder die Devisenbilanz.

Leistungsbilanz

Die Leistungsbilanz erfasst alle Transaktionen von Waren (Handelsbilanz) und Dienstleistungen (Dienstleistungsbilanz), die in das Ausland geliefert werden bzw. vom Ausland bezogen werden, sowie die Erwerbs- und Vermögenseinkommen und die laufenden Übertragungen. In der Dienstleistungsbilanz werden z.B. Transportleistungen, Patent- und Lizenzgebühren sowie Ausgaben und Einnahmen aus dem Tourismus ausgewiesen, in der Übertragungsbilanz alle unentgeltlichen Leistungen (z.B. Zahlungen an die EU, Entwicklungshilfe).

Ein Überschuss in der Leistungsbilanz zeigt an, dass das Inland mehr Leistungen an das Ausland erbringt, als es von dort bezieht. Dies bedeutet eine Zunahme der gesamtwirtschaftlichen Ersparnis des Inlandes. Bei einem Defizit nimmt dagegen die Verschuldung des Inlandes gegenüber dem Ausland zu. Für Deutschland ist die Handelsbilanz in der Vergangenheit immer positiv gewesen, während die Leistungsbilanz seit der deutschen Wiedervereinigung ein Defizit ausweist. Es gibt Länder, die (fast) immer einen Überschuss erwirtschaften (z.B. Japan), während etwa für die USA meistens ein hohes Defizit der Leistungsbilanz besteht.

Kapitalbilanz

Die Kapitalbilanz erfasst alle Kapitalbewegungen mit dem Ausland. Differenziert wird insbesondere nach Direktinvestitionen, Wertpapieranlagen (Portfolioinvestitionen) und Kreditverkehr. Die Kredite werden nochmals unterteilt in Kreditinstitute, Unternehmen und Privatpersonen sowie öffentliche Stellen.

Während bei der Leistungsbilanz und allen ihren Unterbilanzen die Exporte auf der Aktivseite verbucht werden, stehen die Kapitalexporte auf der Passivseite, da sie Zahlungsausgänge darstellen. Ein negativer Saldo der Kapitalbilanz ist demnach ein Überschuss der Kapitalexporte über die Kapitalimporte. Die Kapitalbilanz ist zusammen mit der Devisenbilanz das ökonomische Gegenstück zur Leistungsbilanz und bildet die mit den Transaktionen verbunden Finanzströme ab. Ein Überschuss der Leistungsbilanz ist daher meistens verbunden mit einem Defizit der Kapitalbilanz, sie müssen also ständig für Nettokapitalzuflüsse sorgen, um das Defizit in der Leistungsbilanz zu finanzieren. Umgekehrt ist Japan ein wichtiges internationales Gläubigerland.

Devisenbilanz

Die Devisenbilanz beschreibt die mengen- und wertmäßigen Veränderungen der Nettoauslandsaktiva der Währungsbehörde (z.B. Deutsche Bundesbank, Europäische Zentralbank). Erfasst werden alle Bewegungen der Währungsreserven, die v.a. aus Devisen und Gold bestehen. Kapitalbilanz und Devisenbilanz bilden die erweiterte Kapitalbilanz. Noch zwei andere Teilbilanzen sind zu erwähnen. Zum einen ist dies die Bilanz der Vermögensübertragungen, die diejenigen unentgeltlichen Übertragungen erfasst, die nicht direkt zu Einkommensänderungen führen (z.B. ein Schuldenerlass). Zum anderen ist es der Saldo der statistisch nicht aufgliederbaren Transaktionen (Restposten). Hier schlagen sich alle Ermittlungsfehler der anderen Teilbilanzen nieder.

Michael Bauer u.a., Wirtschaft heute, 4. Aufl., Bonn 2003, S. 252 f.

Wichtige Posten der Zahlungsbilanz

M 26

Mrd. €			
Position	2004	2005	2006
I. Leistungsbilanz			
1. Außenhandel[1]			
Ausfuhr (fob)[1]	731,5	786,3	893,6
Einfuhr (cif)[1]	575,4	628,1	731,5
Saldo	+156,1	+158,2	+162,2
Ergänzungen zum Außenhandel[2]	-17,0	-18,5	-18,6
2. Dienstleistungen (Saldo)	-29,4	-28,9	-23,1
darunter: Reiseverkehr (Saldo)	-35,3	-36,3	-33,5
3. Erwerbs- und Vermögenseinkommen (Saldo)	+13,1	+20,8	+23,0
darunter: Vermögenseinkommen (Saldo)	+14,0	+22,3	+24,3
4. Laufende Übertragungen (Saldo)	-27,9	-28,5	-26,8
Saldo der Leistungsbilanz	+94,9	+108,1	+116,6
II. Saldo der Vermögensübertragungen[3]	+0,4	-1,3	-0,2
III. Kapitalbilanz[4]			
1. Direktinvestitionen	-19,3	-15,8	-29,1
2. Wertpapiere	+14,4	-23,9	+1,2
3. Finanzderivate	-7,2	-7,2	-6,3
4. Übriger Kapitalverkehr[5]	-107,4	-74,6	-115,1
5. Veränderung der Währungsreserven zu Transaktionswerten (Zunahme:-)[6]	+1,5	+2,2	+2,9
Saldo der Kapitalbilanz[7]	-118,0	-119,4	-146,3
IV. Saldo der statistisch nicht aufgliederbaren Transaktionen (Restposten)	+22,6	+17,6	+30,0

[1] *Spezialhandel nach der amtlichen Außenhandelsstatistik (Quelle: Statistisches Bundesamt)*
[2] *Hauptsächlich Lagerverkehr auf inländische Rechnung und Absetzung der Rückwaren sowie der Warenwerte bei Reparaturen*
[3] *Einschl. Kauf/Verkauf von immateriellen nicht-produzierten Vermögensgütern*
[4] *Netto-Kapitalexport*
[5] *Enthält Finanz- und Handelskredite, Bankguthaben und sonstige Anlagen*
[6] *Ohne SZR-Zuteilung und bewertungsbedingte Veränderungen*
[7] *Saldo der Kapitalbilanz einschl. Veränderung der Währungsreserven*

Deutsche Bundesbank, Monatsbericht März 2007, S. 27

M 27 Auswirkungen eines Ungleichgewichts in der Zahlungsbilanz

1. Wirkungen einer passiven (defizitären) Zahlungsbilanz[1]

Eine passive (defizitäre) Zahlungsbilanz kann häufig auf zu niedrige Exporte von Waren und Dienstleistungen ins Devisenausland und/oder auf eine passive Übertragungsbilanz (Vermögensübertragungen ins Devisenausland > als Vermögensübertragungen aus dem Devisenausland) zurückzuführen sein. Beides führt – je nach Zahlungsbedingungen – kurz- oder langfristig zu **Devisenmangel**, weil

a) aus dem Export in Fremdwährungsländer zu wenig Devisen erlöst werden, um die Importe aus Fremdwährungsländern zu bezahlen, und
b) aufgrund hoher unentgeltlicher Übertragungen an Fremdwährungsländer Devisen abfließen.

Letztlich bedeuten **Nettodevisenabflüsse** (Devisenabflüsse > Devisenzuflüsse) eine Verminderung der Geldmenge im eigenen Währungsgebiet, weil die Zentralbank durch die Abgabe von Devisen eigenes Geld (Binnenwährung) vernichtet. Die Wirkung abnehmender Geldmenge sind bekannt: Inflationäre Tendenzen werden gemildert, die Beschäftigung wird beeinträchtigt. In der gleichen Richtung wirkt der Versuch, bisherige Zahlungsbilanzüberschüsse abzubauen.

2. Wirkungen einer aktiven Zahlungsbilanz

Ein Zahlungsbilanzüberschuss hat entgegengesetzte Folgen. Übersteigen die Exporte in das Devisenausland die Importe aus dem Devisenausland bzw. ist die Übertragungsbilanz aktiv (Vermögensübertragungen aus dem Devisenausland > Vermögensübertragungen in das Devisenausland), entstehen kurz- oder langfristig – je nach Zahlungsbedingungen – **Devisenüberschüsse**, weil

a) aus dem Export in Fremdwährungsländer mehr Devisen erlöst als für den Import aus Fremdwährungsländern benötigt werden und
b) aufgrund hoher unentgeltlicher Übertragungen aus Fremdwährungsländern Devisen in das eigene Währungsgebiet einströmen.

Letzten Endes bewirken **Nettodevisenzuflüsse** (Devisenzuflüsse > Devisenabflüsse) eine Erhöhung der Geldmenge im eigenen Währungsgebiet, weil die Zentralbank durch den Ankauf von Devisen zusätzliches eigenes Geld (Binnenwährung) schöpft. Die Wirkungen steigender Geldmengen ...: Die Beschäftigung wird erhöht; bei bereits bestehender Vollbeschäftigung drohen Konjunkturüberhitzung und Inflationsgefahr („importierte Inflation").

Gernot Hartmann, Volks- und Weltwirtschaft, 22. Aufl., Rinteln 2001, S. 518

[1] Da die Zahlungsbilanz immer ausgeglichen ist, bezieht sich der Begriff hier auf eine Teilbilanz

M 28 Zielkonflikte der Stabilitätspolitik

Das Stabilitätsgesetz nennt keine Priorität für die vorgegebenen Zielsetzungen. In der Praxis sind in der Hochkonjunktur meist die steigenden Preise das Hauptsorgenkind, in der Flaute das Wachstum und vor allem die Arbeitslosigkeit.

- Als schwer vereinbar haben sich nach bisheriger Erfahrung insbesondere die Zielpaare Vollbeschäftigung und Preisstabilität bzw. angemessenes Wachstum und Preisstabilität erwiesen: Wächst die Wirtschaft, so steigen auch die Preise, und werden bei hoher Beschäftigung hohe Lohnerhöhungen ausgehandelt, so wirkt dies – als zusätzliche kaufkräftige Nachfrage und höhere Produktionskosten – gleichfalls preistreibend.

Auch kennen wir in jüngerer Zeit die (nach der klassischen volkswirtschaftlichen Gleichgewichtstheorie eigentlich nicht denkbaren) Konstellationen Wachstum- und Beschäftigungsschwäche bei steigenden Preisen (= Stagflation) und unzureichende Beschäftigung trotz wachsender Wirtschaft (= Jobless growth), die beide vor allem in der weitgehenden Aushebelung des Preismechanismus am Arbeitsmarkt (d.h. nach unten praktisch unflexiblen Löhnen) begründet sein dürften. Freilich sind hier die Standpunkte sehr unterschiedlich.

Schul/Bank, Bundesverband Deutscher Banken, 2.6.1994

Vom Viereck zum Vieleck?

M 29

Neben den im Stabilitätsgesetz von 1967 festgelegten Zielen der Wirtschaftspolitik wird von Zeit zu Zeit diskutiert, ob nicht eine Ergänzung des Zielkatalogs erforderlich ist. Schon 1994 wurde der Umweltschutz als allgemeines Staatsziel in das Grundgesetz (Art. 20a) aufgenommen, sodass eine umweltverträgliche Wirtschaftsentwicklung als weiteres Stabilitätsziel angesehen werden kann. Umstritten ist das Ziel der Verteilungsgerechtigkeit, da sich die Definition von Gerechtigkeit nur im gesellschaftlichen Diskurs bestimmen lässt und daher einem dauernden Wandel unterworfen ist.

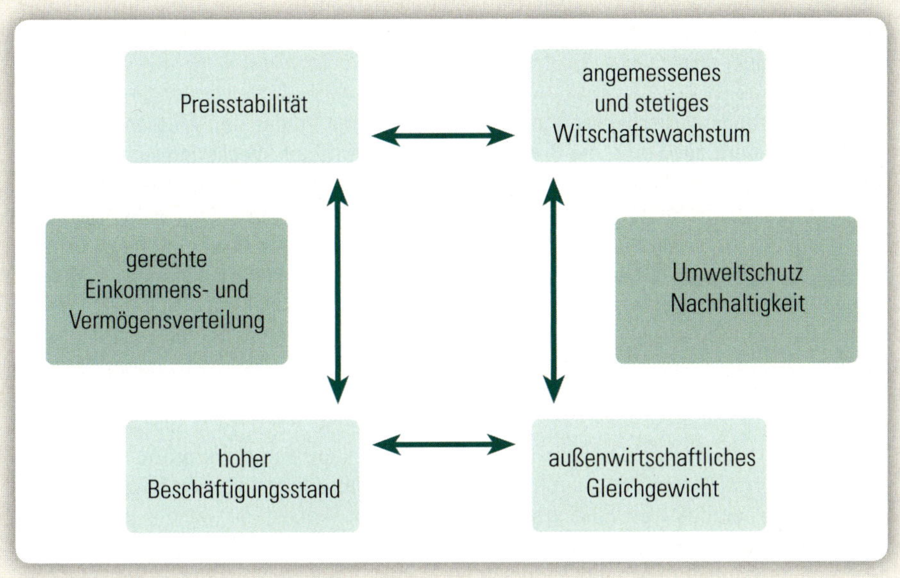

Autorengrafik

Aufgaben

1. Beschreiben Sie, wie sich die Leistungsbilanz der Bundesrepublik Deutschland entwickelt hat (M 24 – M 26).
2. Warum sind Leistungsbilanzungleichgewichte auf Dauer nicht wünschenswert (M 27)?
3. Prüfen Sie für verschiedene Phasen der wirtschaftlichen Entwicklung der Bundesrepublik, wie sich die Zielgrößen zueinander verhalten haben. Stellen Sie mögliche Ursachen für Zielkonflikte bzw. Zielharmonien dar (Kap. 8.1 M 2, M 28).
4. Immer wieder wir in der politischen Diskussion der Vorschlag laut, die Ziele des StWG mögen um die Komponenten „Gerechte Einkommens- und Vermögensverteilung" sowie „Umweltschutz und Nachhaltigkeit" erweitert werden. Sammeln Sie Pro- und Kontraargumente zu diesem Vorschlag und gewichten Sie die Argumente (M 29)

Wissen kompakt

Das „magische Viereck" des Stabilitäts- und Wachstumsgesetzes
M 2 M 3

Um die mit Konjunkturschwankungen verbundenen negativen Effekte zu vermeiden und eine größere Planungssicherheit für alle Wirtschaftsakteure zu erreichen, ist eine stabile wirtschaftliche Entwicklung generell wünschenswert. 1967 wurden deshalb die Ziele staatlicher Wirtschaftspolitik in dem Gesetz zur Förderung der Stabilität und des Wachstums der Wirtschaft, dem Stabilitätsgesetz, formuliert. Es verpflichtet die Politik, gleichzeitig einen hohen Beschäftigungsstand, stetiges und angemessenes Wachstum, ein stabiles Preisniveau und außenwirtschaftliches Gleichgewicht anzustreben. Die Charakterisierung der stabilitätspolitischen Zielsetzungen als „magisches Viereck" bezieht sich darauf, dass in der Geschichte der Bundesrepublik Deutschland noch nie alle Zielsetzungen gleichzeitig erreicht worden sind und die Ziele untereinander zum Teil nicht kompatibel sind.

Stetiges und angemessenes Wachstum
M 5 – M 7, M 10

Durch wachstumspolitische Maßnahmen versuchen die Träger der Wirtschaftspolitik, d.h. insbesondere der Staat, die Bedingungen für zukünftiges Wachstum zu verbessern. Stabilitätspolitische Maßnahmen sollen Konjunkturschwankungen begrenzen. Die Änderungsrate des Bruttoinlandsproduktes (BIP) gilt dabei als Indikator für das Wirtschaftswachstum. Es muss dabei aber berücksichtigt werden, dass nur Leistungen erfasst werden, die über den Markt gelaufen sind, sich also in Geldwert ausdrücken lassen. So bleibt z.B. die Produktion der privaten Haushalte unberücksichtigt. Auch bleibt unbeachtet, dass ein Teil des Wachstums negative Auswirkungen hat, z.B. den Verbrauch von natürlichen Ressourcen. Steigende Wachstumsraten können also nicht ohne weiteres mit Wohlstandsmehrung gleichgesetzt werden.

Quellen des Wachstums
M 8 – M 9

Eine Volkswirtschaft wächst, wenn sich ihr gesamter Kapitalstock vergrößert. Denn damit vergrößert sich auch die durchschnittliche Kapitalausstattung der Erwerbstätigen – sie werden produktiver. Eine weitere Ursache des Wachstums ist die Vermehrung des technischen Wissens, das mit dem technischen Fortschritt einhergeht. Dabei können neue, bisher nicht bekannte Produkte entstehen (Produktinnovation). Die Innovation kann aber auch in der Anwendung neuartiger Produktionsmethoden bestehen (Prozessinnovation).

Wirtschaftskreislauf
M 11 – M 14

Mit dem Modell des erweiterten Wirtschaftskreislaufs lassen sich die zusammengefassten Beziehungen (Geldströme) zwischen den Sektoren private Haushalte, Unternehmen, Kapitalsammelstellen, Staat und Ausland einer Volkswirtschaft bildhaft darstellen.

Die volkswirtschaftliche Gesamtrechnung
M 15 – M 18

Bruttoinlandsprodukt, Volkseinkommen oder Nationaleinkommen sind häufig genutzte Größen, die die Leistungsfähigkeit einer Volkswirtschaft beschreiben. Sie werden im Rahmen der volkswirtschaftlichen Gesamtrechnung (VGR) ermittelt. In ihr wird der Wirtschaftsprozess einer abgelaufenen Periode möglichst vollständig und statistisch genau erfasst. Die VGR ist damit ein umfassendes Instrument der Wirtschaftsbeobachtung und ein Informationssystem für die wirtschaftspolitischen Entscheidungsträger.

Zentrale Größe der VGR ist das Bruttoinlandsprodukt. Es ergibt sich aus der Summe der Produktionswerte der Wirtschaftssektoren. Um Doppelzählungen zu vermeiden, müssen jeweils die Vorleistungen abgezogen werden. Dabei handelt es sich um Güter, die von anderen Unternehmen bezogen und in der gleichen Wirtschaftsperiode im Produktionsprozess eingesetzt werden. Bei der Ermittlung des Bruttoinlandsprodukts geht man vom Inlandskonzept aus: Erfasst werden die Leistungen, die in der Bundesrepublik Deutschland erbracht werden, gleichgültig, ob es sich um inländische oder ausländische Unternehmen handelt. Mit dem Bruttoinlandsprodukt wird also das Produktionsergebnis innerhalb der geografischen Grenzen der Volkswirtschaft gemessen. Das Bruttoinlandsprodukt wird für den Konsum der privaten Haushalte und des Staates, die Investitionen und den Außenbeitrag verwendet.

Hoher Beschäftigungsstand
M 19, M 20

Arbeitslosigkeit stellt für die individuell Betroffenen und gesamtwirtschaftlich eine hohe Belastung dar. Kosten entstehen durch passive arbeitsmarktpolitische Maßnahmen wie Lohnersatzleistungen (Arbeitslosengeld I und II) und durch aktive Arbeitsbeschaffungsmaßnahmen. Neben diesen Ausgaben bedingt die Arbeitslosigkeit auch zurückgehende Einnahmen des Staates aufgrund von Steuermindereinnahmen und Beitragsausfällen der Sozialversicherungen. Dazu kommt, dass die Binnennachfrage bei hoher Arbeitslosigkeit weniger wächst als bei hohem Beschäftigungsstand.

Preisniveaustabilität
M 21 – M 23

Inflation bedeutet, dass das allgemeine Preisniveau steigt. Verschiedene Wirtschaftssubjekte sind unterschiedlich von Inflation betroffen. Die Empfänger von Transferleistungen (Kindergeld, Sozialhilfe, Bafög) spüren die Inflation stark, da diese Leistungen nur mit Verzögerung angehoben werden und zudem der Kaufkraftverlust oft durch die Geldanpassung nicht voll ausgeglichen wird. Lohn- und Gehaltsempfänger sind bei einer Inflation die Verlierer, wenn ihr Einkommen nicht im gleichen Maße steigt wie das Preisniveau. Gewinner der Inflation sind Schuldner sowie Sachmittel- und Immobilienbesitzer, während auf der Verliererseite Gläubiger und Kleinsparer zu finden sind.

Außenwirtschaftliches Gleichgewicht
M 24, M 27

Die Zahlungsbilanz eines Landes misst alle ökonomischen Transaktionen, die zwischen Inländern und Ausländern in einer bestimmten Periode stattgefunden haben. Als Ganzes ist die Zahlungsbilanz immer ausgeglichen, Salden entstehen nur in den Teilbilanzen.
Die Bundesrepublik Deutschland hat traditionell eine aktive Handelsbilanz, d.h. die Warenexporte sind größer als die Importe. Dienstleistungs- und Übertragungsbilanz dagegen sind traditionell passive Bilanzen, was z.B. mit der Reiselust der Deutschen ins Ausland bzw. den deutschen Zahlungen an internationale Organisationen (EU, UNO) zu erklären ist.

Messprobleme der Zielindikatoren

Die zahlenmäßigen Veränderungen innerhalb der Determinanten des „magischen Vierecks" werden mithilfe der sogenannten Zielindikatoren gemessen. Die Aussagekraft dieser Indikatoren ist jedoch mit Ungenauigkeit behaftet. So sagt z.B. der Indikator Arbeitslosenquote nichts über die verdeckte Arbeitslosigkeit aus. Hinter der stillen Reserve verbirgt sich eine hohe Zahl von Arbeitslosen, die nicht in der Statistik auftaucht.
Der Indikator zur Messung von Inflation ist der „Verbraucherpreisindex für Deutschland, VPI". Dazu wird ein Warenkorb mit repräsentativen Gütern und Dienstleistungen zusammengestellt, die je nach ihrer Bedeutung für die Bevölkerung gewichtet sind. Basisjahr und Wägungsschema des Warenkorbes reagieren jedoch nur zeitlich verzögert auf die geänderten Verbrauchsgewohnheiten. Die Anpassung erfolgt ungefähr im 5-Jahres-Rhythmus.

Das „magische Viereck" in der Diskussion
M 28, M 29

Im StWG von 1967 sind Ziele nicht berücksichtigt, die in der aktuellen wirtschaftspolitischen Diskussion eine Rolle spielen und sich zum Teil auch aus den Bestimmungen des Grundgesetzes ableiten lassen. Dazu gehören nachhaltiges Wirtschaftswachstum, Umweltschutz sowie gerechte Einkommens- und Vermögensverteilung. Es muss aber auch gefragt werden, ob weitere Zielvorgaben sinnvoll sind, wenn schon die Ziele des Stabilitätsgesetzes nicht einzuhalten sind. Welche wirtschaftspolitischen Ziele formuliert werden und welchen Zielen Priorität beigemessen wird, ist immer eine politische Frage.

9.2 Die Geld- und Wechselkurspolitik der Europäischen Zentralbank

M 30 Aus dem Wirtschaftsteil der Zeitung

Zusammenstellung des Autors

M 31 Die Europäische Zentralbank – Hüterin des Euro

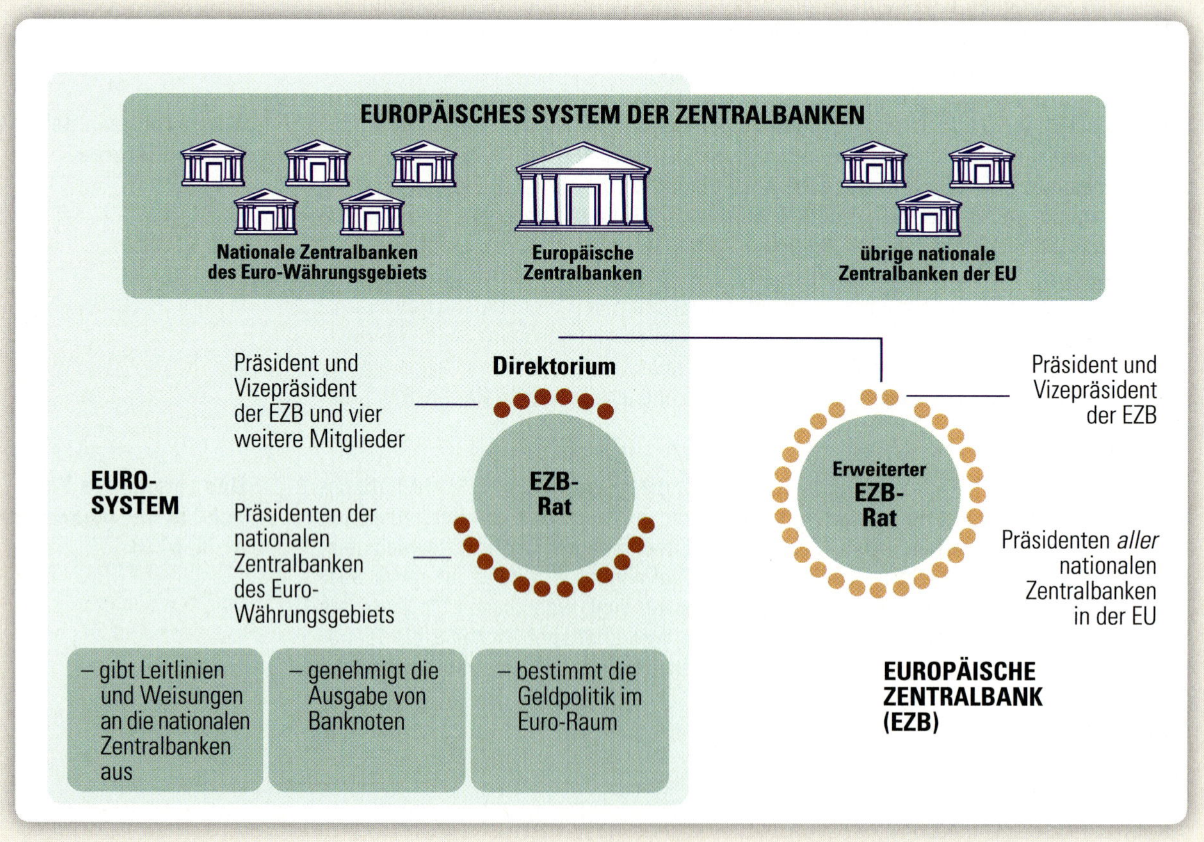

Erich Schmidt Verlag, Zahlenbilder 715 560

Die Unabhängigkeit der EZB:

- **Politisch:** Sie ist an keine Weisungen von EU-Organen oder Staaten gebunden.
- **Institutionell:** Alle im EZB-Rat vertretenen nationalen Notenbanken müssen mit Beginn der Währungsunion selbst unabhängig sein.
- **Personell:** Die Mitglieder des Direktoriums werden für eine lange Amtsdauer (8 Jahre) berufen, Wiederwahl ausgeschlossen. Die nationalen Notenbankpräsidenten für 5 Jahre, Wiederwahl möglich.
- **Operativ:** Die EZB ist bei Auswahl und Einsatz der geldpolitischen Instrumente frei.

Hauptziel der EZB:

„Das vorrangige Ziel des ESZB ist es, die Preisstabilität zu gewährleisten.
Soweit dies ohne Beeinträchtigung des Zieles der Preisstabilität möglich ist, unterstützt das ESZB die allgemeine Wirtschaftspolitik in der Gemeinschaft."

Art. 105, 1 Vertrag über die Europäische Union in der Fassung vom 1.1.1995

Ursachen von Inflation

M 32

Auf dem Höhepunkt der Inflation von 1923 mussten die Betriebe die für die Lohnauszahlungen benötigten Papiergeldmengen in Koffern und Körben von den Banken abholen.

Wer im Jahre 1923 ein Pfund Fleisch kaufen wollte, der musste sein Geld im Überseekoffer zum Metzger schleppen. Das Fleisch kostete nämlich Millionen und Abermillionen an Mark. Damals herrschte in Deutschland eine schier unglaubliche Geldentwertung. Der Verfall des Geldwerts war quasi von Stunde zu Stunde messbar.
Kostete das Pfund Fleisch um 10 Uhr noch 1 Million Mark, konnte es passieren, dass um 12 Uhr bereits 5 Millionen zu berappen waren. Der Fachbegriff für diese Geldentwertung heißt Inflation. Was hat man nun genau darunter zu verstehen?
Von Inflation spricht man dann, wenn die Preise von Gütern und Leistungen insgesamt stark und anhaltend steigen. Aber aufgepasst: Erhöhen sich nur die Preise ganz bestimmter Güter, so ist dies nicht unbedingt mit Inflation gleichzusetzen. Denn es kann ja so sein, dass die Preise anderer Güter fallen. Ob Inflation gegeben ist oder nicht, wird üblicherweise am Verbraucherpreisindex abgelesen. Steigt der Index über einen längeren Zeitraum spürbar, dann liegt Inflation vor.
Es ist ein wichtiges Ziel der Wirtschaftspolitik, Inflation zu vermeiden – und zwar aus vielen Gründen. So werden z.B. all jene von der Inflation hart getroffen, die – wie die Arbeitslosen – ihr Einkommen den steigenden Preisen nicht anpassen können. Es wird von der Inflation aufgezehrt. Auch der Sparer, der sein Geld zu einem Zins von 2 % auf der Bank liegen hat, wird um die Früchte seines Sparsinns gebracht, wenn die Preise um 10 % steigen. Denn in Kaufkraft gemessen, schrumpft sein Vermögen trotz der Verzinsung. Ein Sparer wird dies nicht lange mitmachen. Entweder wird er auf die Ersparnisbildung ganz verzichten. Oder er legt sein Geld in Sachwerten wie z.B. Grundstücken an. Wenn aber die Sparer ihr Geld nicht mehr auf die hohe (Bank-)Kante legen, können die Banken keine Kredite mehr an die Unternehmen ausgeben. Die Unternehmen können keine neuen Maschinen mehr kaufen. Sie stellen keine Arbeitskräfte mehr ein. Eine unheilvolle Entwicklung bahnt sich an. Damit die Politiker das Ziel „stabile Preise" erreichen können, müssen sie natürlich wissen, wie es zu einer Inflation kommt.
Es gibt mehrere Erklärungen dafür, warum und wieso sich die Preise allgemein in einem Land erhöhen. Einige sollen hier besprochen werden.

■ Die Nachfragesog-Inflation

Liegen der Brause AG pro Monat Bestellungen für 20 Mio. Schokoküsse vor, aber nur 10 Mio. Stück können produziert werden, dann kann Brause dieses Ungleichgewicht durch eine Preiserhöhung wieder ins Gleichgewicht bringen. Wenn es nun so ist, dass nicht nur bei der Brause AG, sondern überall mehr an Gütern und Leistungen nachgefragt als angeboten wird und Vollbeschäftigung herrscht, dann ist es für die Anbieter ein leichtes, die Preise zu erhöhen. Inflation entsteht.
Wenn die Nachfrage das Angebot übersteigt, so kann dies mit einer großen und zu rasch wachsenden Geldmenge zusammenhängen. Die Steigerung der Nachfrage kann aber auch unabhängig von der Geldmengenentwicklung sein.

■ Die Angebotsdruck-Inflation

Angenommen, die Beschäftigten der Brause AG stellen Monat für Monat 10 Mio. Schokoküsse her. Nun haben die Gewerkschaften für die Arbeitnehmer eine Lohnerhöhung von 5 % durchgesetzt. Will sich Bruno Brause finanziell so wie vor der Lohnerhöhung stellen, dann muss er die Preise für die Schokoküsse erhöhen. Die Lebensmittelhändler, die die Schokoküsse kaufen, erhöhen dann auch ihre Preise. Die Konsequenz kann ggf. sein: Die Preise steigen im ganzen Lande. Dies ruft dann vielleicht wieder die Gewerkschaften auf den Plan: Sie fordern für ihre Mitglieder erneut Lohnerhöhungen. Es ergibt sich die berühmt-berüchtigte Lohn-Preis-Spirale.
Es kann aber auch der Fall gegeben sein, dass nicht die Gewerkschaften „die bösen Buben" sind. Genauso denkbar ist, dass die Unternehmer auf höhere Gewinne aus sind und deshalb die Preise erhöhen. Die Kosten der Lebenshaltung für die Arbeitnehmer steigen. Die Gewerkschaften wollen nun höhere Löhne durchsetzen usw. Hier spricht man nun von einer Preis-Lohn-Spirale.

■ Die importierte Inflation

Die inflationsverursachenden und -treibenden Kräfte wirken freilich nicht immer im Inland. Im Jahr 1973 war es z.B. so: Für das Rohöl, das wir aus dem Ausland einführten, mussten immer höhere Preise bezahlt werden. Fast konnte man folgenden Eindruck gewinnen: Jedesmal, wenn den Ölscheichs ein fliegender Teppich abgestürzt war, haben sie, um die Anschaffung eines neuen bezahlen zu können, die Preise für das Rohöl erhöht. Und wenn in einem solchen Fall dann die Preise der in heimischen Landen hergestellten Produkte steigen, weil sich mit der Verteuerung von Rohöl die Produktionskosten erhöhen, dann wird also Inflation aus dem Ausland importiert. Inflation kann auch in die heimischen Lande importiert werden, wenn aufgrund höherer Einkommen oder Preise im Ausland die Nachfrage nach deutschen Gütern und Leistungen durch Ausländer zunimmt und die heimischen Unternehmen dann die Möglichkeit haben aufgrund der günstigen Nachfragesituation die Preise zu erhöhen.

Schach der Inflation!
Abhängig davon, auf welche Ursachen die Inflation zurückgeführt wird, muss eine entsprechende Behandlung der Krankheit „Inflation" durchgeführt werden. Ist beispielsweise die Europäische Zentralbank der Ansicht, dass die Geldmenge sich zu stark erhöht, dann muss sie mit den ihr zur Verfügung stehenden geldpolitischen Instrumenten das Geld knapper machen. Wenn Unternehmer und Gewerkschaften meinen, dass sich Löhne und Preise gegenseitig hochschaukeln, dann müssen sie einen Pakt der Vernunft schließen und die Tarifverträge entsprechend gestalten. Der Staat muss bei zu starker Nachfrage seine Ausgaben zügeln.
Noch besser als die Zurückführung ist allerdings die Vermeidung der Inflation. Hierzu gibt es viele Wege. Zwei sollen genannt werden. Allgemeine Preissteigerungen können z.B. weitgehend verhindert werden, wenn sich ein Überhang der Nachfrage über das Angebot, der durch eine zu große Geldmenge verursacht ist, erst gar nicht bilden kann. Herrscht auf den Märkten lebhafter Wettbewerb, dann können sich Ansprüche auf ein höheres Einkommen auch nicht in steigenden Löhnen und Güterpreisen durchsetzen.

Frank W. Mühlbradt, Wirtschaftslexikon, 8. Aufl., Berlin 2004, S. 176 ff.

Ansatzpunkte der Geldpolitik

M 33

Geldpolitik nennt man alle Maßnahmen, mit denen eine Zentralbank versucht, die ihr gestellten Aufgaben zu erfüllen. Vorrangiges Ziel der Europäischen Zentralbank (EZB) ist es, Preisstabilität zu erreichen und zu sichern. Da mittelfristig zwischen der Entwicklung der Geldmenge und der Entwicklung des Preisniveaus ein enger Zusammenhang besteht, soll dieses Ziel maßgeblich auf dem Wege der Geldmengensteuerung erreicht werden. Hierzu muss die Versorgung der Wirtschaft mit Geld knapp gehalten werden. Auf der anderen Seite ist Geld so reichlich zur Verfügung zu stellen, dass nicht aus Mangel an Geld Produktion und Beschäftigung leiden. Über Angebot und Nachfrage von kurzfristigem Geld lassen sich die kurzfristigen Zinsen (Geldmarktzinsen) beeinflussen. Die EZB orientiert sich bei ihrer Geldpolitik an dem sog. Zwei-Säulen-Ansatz. Die erste Säule ist die wirtschaftliche Analyse – basierend auf den wirtschafts- und Finanzindikatoren werden mögliche Risiken für die Geldwertstabilität identifiziert. Als zweite Säule fungiert die monetäre Analyse – insbesondere betrachtet wird das Geldmengenwachstum. Ausgehend von diesen Informationen werden von der EZB Entscheidungen zur fortlaufenden Bereitstellung von Geld für das Bankensystem getroffen, womit also die Bankenliquidität beeinflusst werden kann.

Frank W. Mühlbradt, Wirtschaftslexikon, 8. Aufl., Berlin 2004, S. 140 f.

Die geldpolitische Strategie der EZB: Inflationsziel und Geldmengenziel

M 34

Am 1. Dezember 1998 hat der EZB-Rat das erste Geldmengenziel beschlossen, das eine wichtige Rolle im Rahmen der geldpolitischen Strategie des ESZB spielt. Danach soll die Geldmenge in der Definition M 3 um jährlich 4,5 % wachsen. Den Spielraum für das Geldmengenwachstum hat der EZB-Rat folgendermaßen berechnet.

	Inflationsrate in der Eurozone (gemessen anhand des harmonisierten Verbraucherpreis-Index):	0 – 2 %
+	trendmäßiges Wachstum des Bruttoinlandsproduktes in der Eurozone	2 – 2,5 %
+	Abnahme der Umlaufgeschwindigkeit der Eurogeldmenge	0,5 – 1 %
=	Spielraum für das EURO-Geldmengenwachstum	2,5 – 5,5 %

Achim Pollert u.a., Das Lexikon der Wirtschaft, Grundlegendes Wissen von A – Z , 2. Aufl., Mannheim 2004, S. 138

Der Zusammenhang zwischen Geldmenge und Preisniveau

M 35

Die Grundkonzeption der Geldmengensteuerung ergibt sich aus der Quantitätsgleichung, auch die Fishersche Verkehrsgleichung[1] genannt. Sie drückt das Verhältnis von Geldmenge und Gütermenge so aus:

$$G \cdot U = P \cdot H$$

G: Die Geldmenge
U: Die Umlaufgeschwindigkeit[2] des Geldes
P: Das Preisniveau
H: Das Handelsvolumen: Hierunter sind sämtliche in einer Periode getätigten Güter-, Dienstleistungs- und sonstigen Umsätze zu verstehen.

Im Prinzip drückt die Gleichung eine Selbstverständlichkeit aus: Wenn in einer Geldwirtschaft Waren gegen Geld und Geld gegen Waren getauscht werden, dann müssen in jeder Zeitperiode der Geldstrom und der wertmäßige Güterstrom einander entsprechen. Wirtschaftlich höchst interessant wird die ganze Geschichte mit der Verkehrsgleichung jedoch, wenn jetzt angenommen wird: U und H verändern sich nicht. Wenn dann die Geldmenge zunimmt, werden in einer solchen Situation die Preise steigen – ein Mehr an Inflation ist zu beklagen.

Wird die Quantitätsgleichung also zur Erklärung wirtschaftlicher Vorgänge herangezogen und eine ganz bestimmte Abhängigkeit zwischen Geldmenge und Preisen hergestellt, dann findet der Übergang zur Quantitätstheorie statt. Kurz gefasst beinhaltet sie die Behauptung, dass das Preisniveau in einer Volkswirtschaft von der Geldmenge bestimmt wird. Die Quantitätstheorie ist die theoretische Basis des geldpolitischen Konzepts des Monetarismus. Um einen störungsfreien Ablauf des wirtschaftlichen Geschehens zu ermöglichen und um insbesondere einen allgemeinen Preisauftrieb zu vermeiden, soll – diesem Konzept zufolge – die Geldmenge möglichst schwankungsfrei gehalten und im Ausmaß der realen (um Preissteigerungen korrigierten) Produktionsmöglichkeiten ausgeweitet werden.

Frank W. Mühlbradt, Wirtschaftslexikon, 8. Aufl., Berlin 2004, S. 275 f.

[1] Irving Fisher (1867–1947), amerikanischer Nationalökonom, der das Verhältnis von Geld- und Gütermenge untersuchte.
[2] Mit der Umlaufgeschwindigkeit ist die Häufigkeit gemeint, mit der das Geld in einer Wirtschaftsperiode umgeschlagen wird. Wechselt ein 100-Euro-Schein einmal im Jahr den Besitzer, hat er eine Kaufkraft von 100 Euro, wechselt er fünfmal, ist seine Kaufkraft 500 Euro. Eine Veränderung der Umlaufgeschwindigkeit wirkt wie eine Geldmengenänderung.

M 36 Die Abgrenzung der Geldmenge

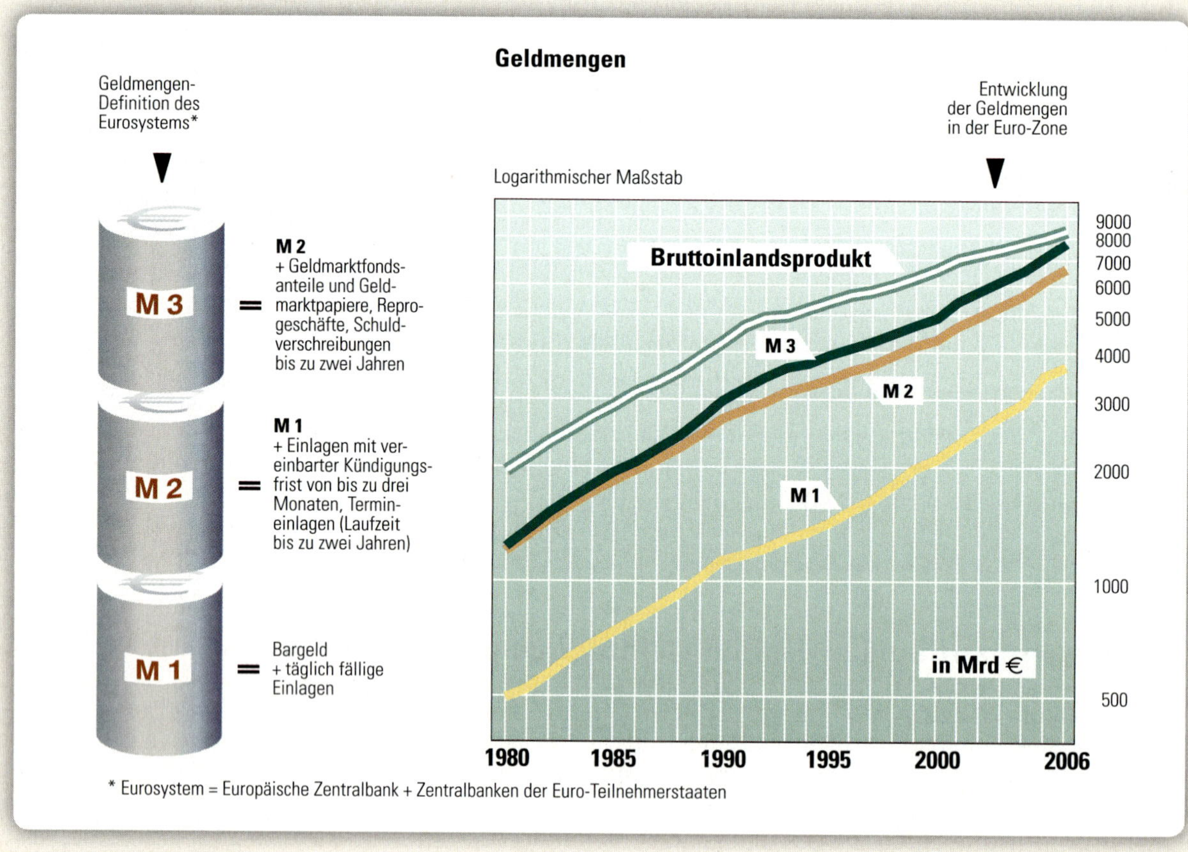

Erich Schmidt Verlag, Zahlenbilder 715 572

Geldpolitische Instrumente der EZB

M 37

Ansatzpunkt für die Geldpolitik ist der Bedarf der Banken an Zentralbankgeld in Verbindung mit ihrer eigenen Geldschöpfung. Über die Bedingungen, zu denen die Notenbank Zentralbankgeld an die Banken abgibt, steuert sie die Geld- und Kreditschöpfung der Banken und beeinflusst damit letztlich auch die Preisentwicklung. Der Weg dahin ist freilich lang und unübersichtlich. Deshalb muss die Geldpolitik vorausschauend tätig werden und sich an Größen wie z.B. der Geldmenge orientieren, die Inflationsgefahren frühzeitig anzeigen.

Üblicherweise kommt ein Kreditinstitut zu Zentralbankgeld durch den Verkauf oder die Verpfändung von Werten aus seinem eigenen Besitz an die Notenbank. Der Fachmann sagt zu diesem Vorgang: Das Kreditinstitut refinanziert sich. Heutzutage steht dabei die so genannte Offenmarktpolitik in Form von Wertpapierpensionsgeschäften bzw. befristeten Geschäften im Vordergrund.

Bei einem befristeten Offenmarktgeschäft übernimmt das Eurosystem Wertpapiere für eine bestimmte Frist gegen Zentralbankgeld von den Banken. Danach muss sie die abgebende Bank wieder zurücknehmen. Das Eurosystem bietet solche Geschäfte in zwei Formen an: Zum einen schließt es wöchentlich ein Geschäft mit einwöchiger Laufzeit ab. Als Pfand nimmt es besonders sichere Wertpapiere herein. Zum anderen offeriert das Eurosystem einmal im Monat ein Geschäft mit einer Befristung von drei Monaten (den sogenannten Basistender). Die Zinsen bei den kurzfristigen Offenmarktgeschäften werden entweder vom Eurosystem festgesetzt – dann spricht man vom Mengentender – oder sie ergeben sich aus den Zinsgeboten der Banken, d.h. aus einer „Versteigerung“ von Zentralbankgeld – dann spricht man vom Zinstender.

Mit der Offenmarktpolitik steuert das Eurosystem die Zinsen am Geldmarkt. Das ist der Markt, an dem die Banken Zentralbankguthaben untereinander handeln. Übernimmt das Eurosystem Wertpapiere, so steigen die Zentralbankguthaben der Kreditinstitute. Der Geldmarkt wird dann bei sinkenden Zinsen flüssiger, also liquider. Die Banken können jetzt mehr (und billigere) Kredite vergeben. Gibt das Eurosystem aber Wertpapiere ab, so zieht es Geld aus dem Verkehr. Das Geld wird nun knapper und damit folglich auch teurer. Folglich steigen sowohl die Zinsen für Bankkredite und Bankeinlagen.

Um Schwankungen des Geldmarktsatzes nach oben und unten einzugrenzen, hält das Eurosystem zwei weitere Instrumente der Geldmarktsteuerung bereit. Da ist zum einen die sogenannte Spitzenrefinanzierungsfazilität. Sie ermöglicht den Banken, über Nacht – das heißt für einen Tag – von sich aus und im Prinzip unbegrenzt Geld zu einem über dem Satz der Hauptrefinanzierungsfazilität liegenden Zins aufzunehmen. Umgekehrt können die Kreditinstitute überschüssige Liquidität zu einem darunter liegenden Zins beim Eurosystem anlegen. Dieses Instrument nennt man Einlagefazilität.

Die Zinsen für die Spitzenrefinanzierung und die Einlagen bilden somit einen Zinskorridor für den Tageszins. Ausschläge nach oben sind durch den höheren Zins für die Spitzenrefinanzierung begrenzt, mit der sich die Banken im Rahmen ihrer Sicherheiten fast jeden Kreditbedarf abdecken können. Unter dem Zinssatz für die Einlagefazilität kann der Geldmarktsatz nicht fallen, weil das Eurosystem zu diesem Satz für alle überschüssige Liquidität aufnimmt. Keine Bank wird dann am Geldmarkt mehr zahlen bzw. weniger nehmen als sie im Direktverkehr mit der Notenbank zahlen muss bzw. bekommt. Üblicherweise – d.h. bei einer ausreichenden Liquiditätslage und fehlenden Zinssenkungs- oder Zinssteigerungserwartungen – folgen die Geldmarktsätze, insbesondere der Satz für Tagesgeld, eng dem Satz für das Hauptrefinanzierungsgeschäft.

Zinsausschläge am Geldmarkt werden außerdem durch eine moderate Mindestreserve beschränkt. Das Eurosystem verlangt, dass die Banken in Höhe eines bestimmten Prozentsatzes ihrer Kundeneinlagen Guthaben bei der Notenbank unterhalten. Wie wir gesehen haben, stärkt diese Regelung die Bindung der Bankengeldschöpfung an die der Zentralbank.

Vor allem aber wirken die Mindestreserveguthaben bei Liquiditätsschwankungen am Geldmarkt wie ein Puffer, weil die Banken die Mindestreserveguthaben auch für ihren laufenden Zahlungsverkehr nutzen können und die Mindestreserve nur im Monatsdurchschnitt, nicht aber täglich erfüllen müssen. Sie können deshalb Liquiditätsausschläge über ihre Mindestreserveguthaben ausgleichen. Bei einem Geldzufluss stocken sie diese auf und halten quasi „vorsorglich" höhere Reserveguthaben. Bei einem Geldabfluss lassen sie ihre Guthaben schmelzen. Da die Mindestreserven beim Eurosystem marktmäßig verzinst werden, halten sich die mit ihnen verbundenen finanziellen Belastungen der Banken in engen Grenzen. Die Wettbewerbsnachteile gegenüber anderen Finanzinstituten innerhalb und außerhalb des Euro-Währungsraums, die keine Mindestreserven unterhalten müssen, sind also gering.

Geld und Geldpolitik 2003/2004, Schülerheft für die Sekundarstufe II, hgg. von der Deutschen Bundesbank, S. 22 ff.

M 38 Kombinierter Einsatz geldpolitischer Instrumente zur Erhaltung der Preisstabilität

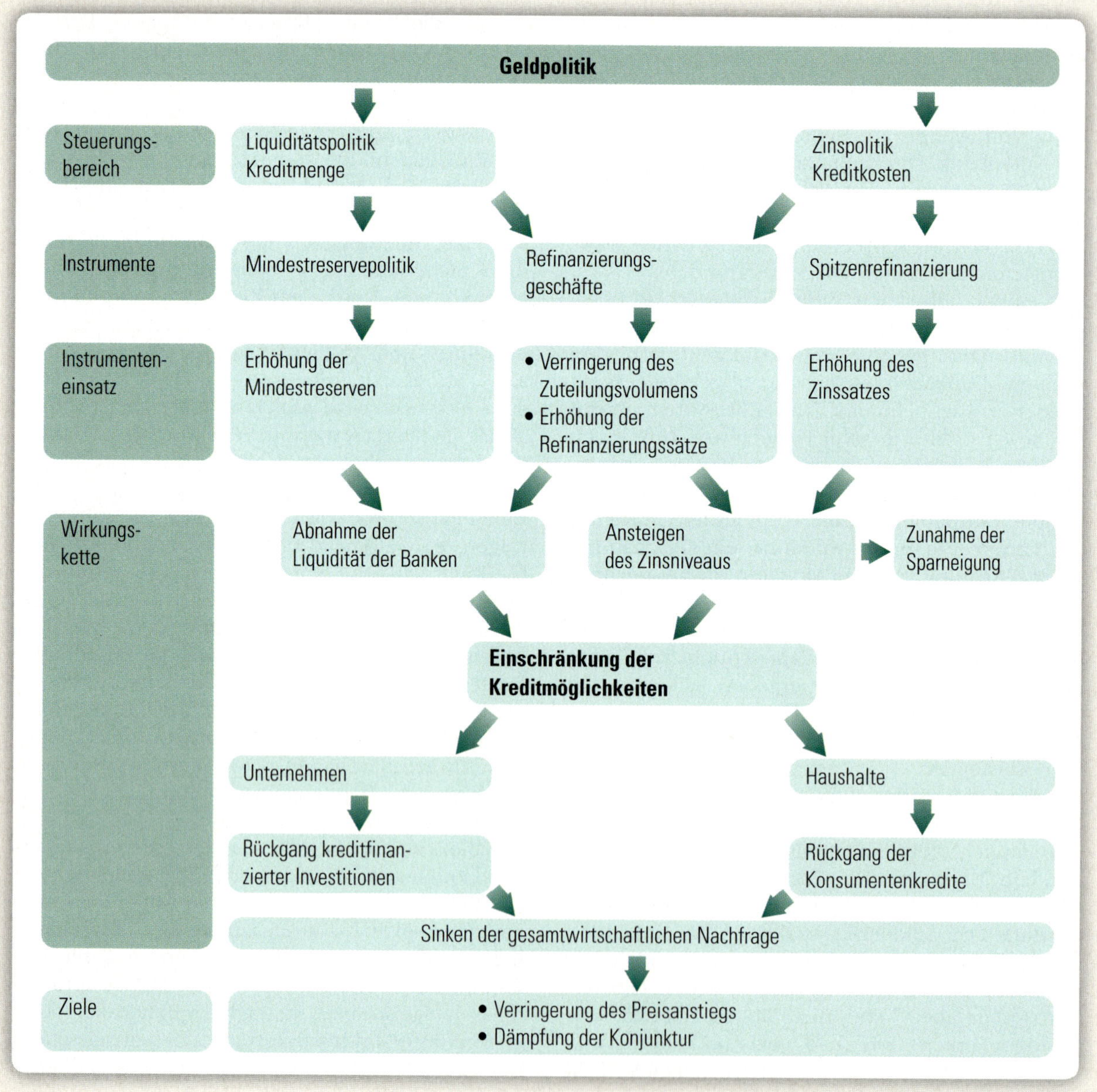

in Anlehnung an iwd Nr. 36, 1979

Grenzen der Geldpolitik

M 39

Die Europäische Zentralbank kann ihr Ziel, ein inflationsfreies Wachstum der Volkswirtschaft zu ermöglichen, mit den Instrumenten ihrer Geldpolitik allein nicht erreichen. Die Geldpolitik kann nur erfolgreich sein, wenn sie von allen am Wirtschaftsprozess Beteiligten unterstützt wird.
Der Wirksamkeit geldpolitischer Maßnahmen sind insofern also Grenzen gesetzt: Die Zentralbank ist auf eine gleichlaufende Wirtschafts- und Finanzpolitik der nationalen Regierungen angewiesen. Betreibt z.B. die Zentralbank eine Politik des knappen Geldes, um einen Preisauftrieb zu dämpfen, ist die Wirksamkeit eher gering, wenn die Staaten entgegengesetzt handeln, indem sie ihre Ausgaben ausweiten und durch Schulden finanzieren. Der Nachfragesog zieht die Preise in die Höhe.
Die Tarifpartner haben großen Einfluss auf die Wirkung der Geldpolitik. Steigen die Löhne stärker als die Leistung der Beschäftigten (Arbeitsproduktivität) zunimmt, besteht die Gefahr, dass durch den Lohndruck die Preise steigen …
Die Investitionen der Unternehmen werden langfristig geplant und hängen vor allem von den Gewinnaussichten und weniger von der Geldpolitik ab. Daher werden selbst hohe Zinsen im Boom und niedrige Zinsen in der Rezession die Investitionen nur begrenzt beeinflussen. Auch bei den Konsumentscheidungen der Haushalte fallen die Dringlichkeit des Bedarfs, das Einkommen und die zukünftigen Preiserwartungen stärker ins Gewicht als die Kreditkosten der Geldbeschaffung …
Die Belebung der Güternachfrage durch zusätzliches Zentralbankgeld, um einen Abschwung zu überwinden, bleibt aus, wenn es den Unternehmen und Haushalten wegen pessimistischer Zukunftserwartung an Bereitschaft fehlt, von dem Geldangebot Gebrauch zu machen.
Bei einem hohen Zinsniveau durch restriktive Geldpolitik legen Ausländer ihr Geld im Inland an. Ein Ankauf der dadurch zufließenden Devisen durch die Zentralbank bedeutet Geldschöpfung und Inflationsgefahr. Auch ein hoher Exportüberschuss erhöht die Geldmenge. …
Höhere Rohstoffpreise am Weltmarkt z.B. für Erdöl, lösen einen erheblichen Kostendruck aus, der eine auf Stabilität ausgerichtete Politik der EZB durchkreuzen kann.

Horst Seidel und Rudolf Temmen, Grundlagen der Volkswirtschaftslehre, Bad Homburg 1997, S. 312 f.

Aufgaben

1. Beschreiben Sie den Aufbau der EZB und stellen Sie die Aufgaben der einzelnen Organe dar (M 31).
2. Erklären Sie die unterschiedlichen Ursachen von Inflation und versuchen Sie, die aktuelle Preisentwicklung mithilfe einer der Theorien zu erklären (M 32).
3. Erläutern Sie, warum die Geldmenge in der geldpolitischen Strategie der EZB Berücksichtigung findet (M 32 – M 36).
4. Wie kann die EZB mit ihrem Instrumentarium Maßnahmen der Regierung zur Bewältigung der Beschäftigungskrise unterstützen? Stellen Sie Ihre Überlegungen in Form einer Wirkungskette dar. Gehen Sie auf Grenzen der geplanten Maßnahmen ein (M 37 – M 39).
5. Beschreiben Sie den Zielkonflikt, in dem sich die EZB befindet, wenn sie einerseits ihrem gesetzlichen Auftrag der Geldwertsicherung nachkommen und andererseits einen Beitrag zur Lösung der Beschäftigungskrise leisten will.

M 40 Der Euro – Weichling oder Konjunkturkiller?

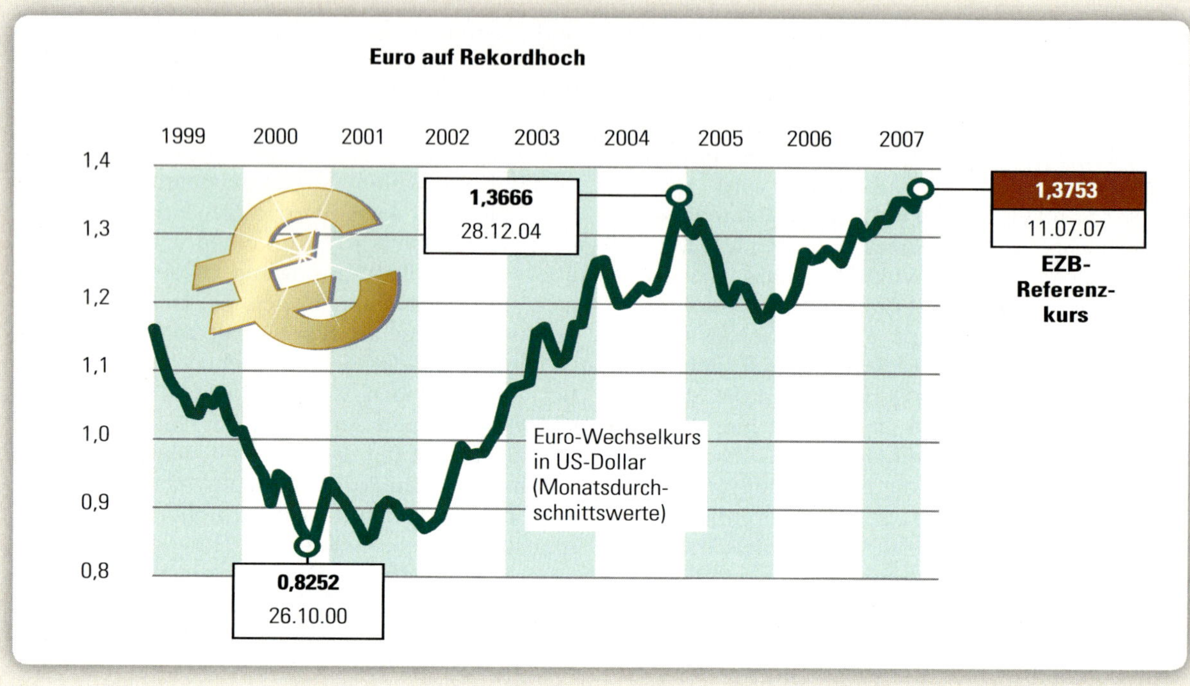

dpa-Grafik 4058

Nach seiner Einführung schmähten ihn nicht wenige als instabil angesichts des mehr als 30-prozentigen Kursverfalls. … Und nun wird der Kursaufschwung der vergangenen Monate von einigen Experten negativ bewertet – die Exporte seien in Gefahr. …

Die Exporte sind in Gefahr, weil sie durch eine Euroaufwertung teurer werden. Dies könnte gerade „Exportweltmeister" Deutschland empfindlich treffen. Die billiger gewordenen Importe erhöhen sich im Gegenzug und verringern so das Bruttoinlandsprodukt (BIP). Nicht zuletzt stand die lang andauernde Euroschwäche der letzten Jahre nach Meinung von Volkswirten für ein „zusätzliches Konjunkturprogramm". Was nichts anderes bedeutet, als dass sie eigentlich nicht so schlecht war, wie in der Öffentlichkeit teilweise dargestellt. …

Längerfristig könnte eine kontinuierliche Euroaufwertung die Konjunktur im Währungsraum auch stützen. Allein schon die Erwartung eines erstarkenden Euro kann Investitionen ins Euroland locken und so für zusätzlichen Aufschwung sorgen.

www.mdr.de/wirtschaft/unternehmen/170436. html (1.11.02)

Der Wechselkurs – Austauschverhältnis zweier Währungen

M 41

In unserer multinationalen Welt haben die meisten Länder eine eigene nationale Währung. Die EWU mit einer gemeinsamen Währung für 15 Länder stellt eher eine Ausnahme dar. Bei allen Zahlungen über die Landesgrenzen hinweg müssen deshalb in der Regel einheimische Zahlungsmittel in ausländische umgetauscht werden.
Ein deutscher Exporteur will von seinem Geschäftspartner vorzugsweise Euro erhalten. Ein Importeur außerhalb der EWU muss sich also Euro für seine Landeswährung kaufen. Erhält der deutsche Exporteur eine fremde Währung, dann wird er seinerseits diese in Euro umwechseln. Ein Importeur hingegen erhält beim Verkauf der eingeführten Ware Euro. Er muss also für seinen Handelspartner außerhalb der EWU dessen Heimatwährung gegen Euro beschaffen.
Solche Tauschgeschäfte erfolgen zum jeweils gültigen Wechselkurs. Unter Wechselkurs versteht man das Austauschverhältnis zweier Währungen (z.B. 1 Euro = 1,04 US-Dollar – so genannte Mengennotierung oder 1 US-Dollar = 0,96 Euro – sogenannte Preisnotierung). Die Bezeichnung „Wechselkurs" kommt übrigens daher, dass früher der internationale Zahlungsverkehr hauptsächlich auf der Basis von Handelswechseln abgewickelt wurde. Heute macht man das mit Banküberweisungen. Der Fachausdruck für eine Zahlungsanweisung an das Ausland in fremder Währung ist „Devise". Deshalb sprechen wir häufig auch vom Devisenkurs.

Geld und Geldpolitik 2004/2005, Schülerheft für die Sekundarstufe II, hgg. von der Deutschen Bundesbank, S. 82

Was den Euro bewegt

M 42

Wer gerne reist, kann die Vorzüge des Euro mit Händen greifen: Seit Januar 2002 hat der lästige und teure Geldumtausch für weite Teile Europas ein Ende. Heute können Reisende mühelos vergleichen, ob der Espresso am Mailänder Domplatz wirklich teurer ist als an den Uferpromenaden von Helsinki oder Maspalomas. Verlässt man aber „Euroland", kommt wieder der Wechselkurs ins Spiel. Für Reisende ist dann ein starker Euro von Vorteil: Je höher der Wechselkurs ihrer Währung, desto mehr Gegenwert bekommen sie dafür. Das Gleiche gilt für die Importeure: Bei einem hohen Außenwert des Euro können diese die Waren im Ausland vergleichsweise günstig einkaufen und so ihre Gewinnspanne erhöhen.
Wer dagegen Waren aus der Eurozone exportiert, wünscht sich einen schwächeren Euro: Für jeden eingenommenen Dollar oder Yen erlösen die Exporteure dann einen höheren Euro-Betrag. Zudem können sie ihre Produkte dann im Ausland billiger anbieten als zuvor, ohne an Umsatz in Euro einzubüßen, sie werden also wettbewerbsfähiger.
Daraus könnte man schließen, dass ein schwacher Euro eher im Interesse Europas und seiner exportorientierten Wirtschaft liegt. Doch das stimmt nur bis zu einer gewissen Grenze. Ein wirklich schwacher Euro birgt nämlich große Gefahren: Zum einen würden davon internationale Investoren abgeschreckt. Vor allem aber würde dadurch die Wettbewerbsfähigkeit insbesondere der weltgrößten Volkswirtschaft USA, aber auch Japans und Chinas bedroht, was die gesamte Weltwirtschaft destabilisieren könnte. Als der Euro im Herbst 2000 unter 0,85 Dollar fiel, intervenierte die Europäische Zentralbank (EZB) unterstützt von den Zentralbanken der USA und Japans mit Euro-Käufen am Devisenmarkt, um diese Gefahr abzuwenden.
Doch was bestimmt den Wechselkurs des Euro, abgesehen von solchen seltenen Markteingriffen? Ganz wesentlich ist die Konjunktur in der Eurozone, vor allem in Deutschland, der bedeutendsten Volkswirtschaft Europas. Brummt die Konjunktur, ist die Produktivität der Unternehmen hoch. Je produktiver wiederum die Unternehmen sind, desto mehr können sie exportieren. Entsprechend mehr nehmen die Exporteure in fremden Währungen ein.
Da sie die Produktion in Euroland bezahlen müssen, tauschen sie diese Devisen wieder in Euro. Am Devisenmarkt werden also verstärkt Euro nachgefragt. Floriert die Wirtschaft, steigt aber auch die Nachfrage nach ausländischen Produkten und die Importe nehmen zu. Für die Einfuhren wird dann wiederum mehr von den fremden Währungen nachgefragt. Ob der Euro stark oder schwach ist,

hängt also auch von der Höhe des Exportüberschusses ab. Liegt der Wert der Warenausfuhr der Europäer über dem der Wareneinfuhr, wird der Wechselkurs des Euros gestärkt.

Dazu kommt noch ein wichtiger Effekt auf dem Kapitalmarkt: Eine gesunde europäische Wirtschaft signalisiert, dass dort investiertes Kapital gute und nachhaltige Gewinne abwirft. Das macht eine Kapitalanlage in Euro attraktiver.

Mit der Konjunktur hängt auch der zweite wesentliche Bestimmungsfaktor des Euro-Kurses zusammen. Der Wechselkurs orientiert sich auch daran, welche Währung real, also nach Abzug der Inflation, mehr Zinsen abwirft – und wie sich diese Zinsdifferenz nach Ansicht der Marktteilnehmer in Zukunft entwickeln wird. Ist der Realzins beispielsweise in den USA höher als der in Euroland, macht dies den Dollar als Anlagewährung tendenziell attraktiver. Deshalb reagieren die Wechselkurse stets auf die Zinsentscheidungen der Zentralbanken, oder genauer: auf die Art und Weise, wie diese die aktuellen Markterwartungen für den Zinskurs bestätigen oder korrigieren. Die Zinspolitik der Notenbanken orientiert sich wiederum stark an der Konjunktur. Brummt die Wirtschaft, droht höhere Inflation, der die Zentralbank mit höheren Zinsen zu begegnen versucht.

Schließlich spielt auch die Wirtschafts- und Fiskalpolitik eine wichtige Rolle für den Außenwert des Euro. Wie die europäische Wirtschaft stehen auch die Regierungen in der Pflicht, internationales Vertrauen in die Gemeinschaftswährung zu schaffen. Dass etwa Deutschland mit seiner Neuverschuldung wiederholt gegen den Stabilitäts- und Wachstumspakt der Währungsunion verstoßen hat, hat dieses Vertrauen nicht gefördert. Zudem reagiert der Euro sehr empfindlich auf Unstimmigkeiten zwischen den Teilnehmerländern. Im Juli 2005 geriet er stark unter Druck, als italienische Politiker aus Unzufriedenheit über den hohen Wechselkurs eine Debatte um ein Auseinanderbrechen der Euro-Gruppe anstießen.

Noch gravierender sind allerdings die seit Jahren ungelösten Defizitprobleme in den USA – was den Euro gegenüber dem Dollar immer wieder stärkt. Das horrende Doppeldefizit in US-Leistungsbilanz und Staatshaushalt gilt als Damoklesschwert für die US-Währung. Um die Importüberschüsse und Staatsausgaben finanzieren zu können, sind die USA auf massive Kapitalzuflüsse aus dem Ausland angewiesen – rund zwei Milliarden Dollar pro Tag. Würde diese Kapitalspritze nachhaltig ins Stocken geraten, wäre es um die Stabilität des Dollar geschehen.

Schließlich bestimmt auch die Entwicklung der Devisenreserven in aller Welt den Euro-Kurs. Diese deuten auf ein wachsendes Vertrauen in den Euro hin: Seit seiner Einführung haben viele Zentralbanken ihre Reserven zunehmend zu Gunsten des Euro diversifiziert. Dafür gibt es aber auch rein politische Gründe: Gerade in der islamischen Welt, wo die Reputation der USA in den vergangenen Jahren gelitten hat, hat sich der Trend zum Aufbau von Euro-Reserven zu Lasten des Dollar verstärkt. Doch bis der Euro den Dollar als weltweite Leitwährung ablösen kann, wird es laut einer Studie der Bank für Internationalen Zahlungsausgleich in Basel eine ganze Weile dauern. Denn noch liegt der Euro-Anteil der Währungsreserven weit unter dem Dollar-Anteil von rund 66 Prozent der über vier Billionen Dollar schweren Währungsreserven der Zentralbanken.

Detlev Landmesser, www.bpb.de, 13.11.2006

Sitzung des EZB-Rats in Frankfurt: Nur selten entschließt sich die EZB zur Intervention, um den Kurs des Euro zu beeinflussen.

Wirkungen von Wechselkursänderungen im Überblick

M 43

	Euro-Abwertung (aus deutscher Sicht)	Dollar-Aufwertung (aus amerikanischer Sicht)
Mengenwechselkurs	1 € = 1,10 \$ 1 € = 1,05 \$ sinkt	1 \$ = 0,91 € 1 \$ = 0,95 € steigt
Preiswechselkurs (Kehrwert des Mengenwechselkurses)	1 \$ = 0,91 € 1 \$ = 0,95 € steigt	1 € = 1,10 \$ 1 € = 1,05 \$ sinkt
Importpreis	steigt, Importnachfrage sinkt	sinkt, Importnachfrage steigt
Exportpreis	sinkt, Exportnachfrage steigt	steigt, Exportnachfrage sinkt
Leistungsbilanz (Normalreaktion)	verbessert sich	verschlechtert sich
Beschäftigung	kann sich verbessern	kann sich verschlechtern
Inflationstendenz	steigt (importierte Inflation)	nimmt ab

Jörn Altmann, Wirtschaftspolitik, 8. Auflage, Stuttgart 2007, S. 443

Welche Wechselkurssysteme gibt es?

M 44

Welche *Wechselkurssysteme* sind denkbar? Bei *flexiblen Wechselkursen* löst die Überschussnachfrage nach Euro eine Aufwertung aus, bis sich, wie in Abbildung 1 dargestellt, ein neues Marktgleichgewicht bei w_1 und g_1 herausbildet.

Abbildung 1 kann auch herangezogen werden, um *fixe Wechselkurse* zu erklären: Zum festen Wechselkurs w_0 entsteht eine Überschussnachfrage nach Euro, was die Zentralbank zu einer Intervention zwingt, bei der die fehlende Euromenge auf dem Devisenmarkt angeboten oder das überschüssige Angebot an B-Kronen[1] aufgekauft wird.

Eine *Wechselkurszielzone* zwingt die Zentralbanken zum Handeln, sobald der Wechselkurs die sogenannten *oberen* und *unteren Interventionspunkte* w_1 bzw. w_0 über- bzw. unterschreitet.

In Abbildung 2 ist der Fall dargestellt, dass der Euro zu stark wird und der Wechselkurs die Bandbreite von w_0 bis w_1 zu überschreiten droht. Die Zentralbanken intervenieren nun durch den Kauf von B-Kronen für Euro, was zu einer Erhöhung des Euro-Angebots in Höhe von $g_2 - g_1$ führt, so dass sich ein neuer Wechselkurs bei w_1 einpendelt.

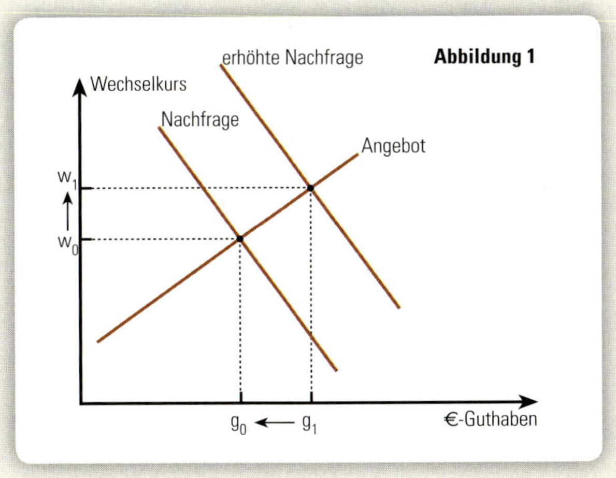

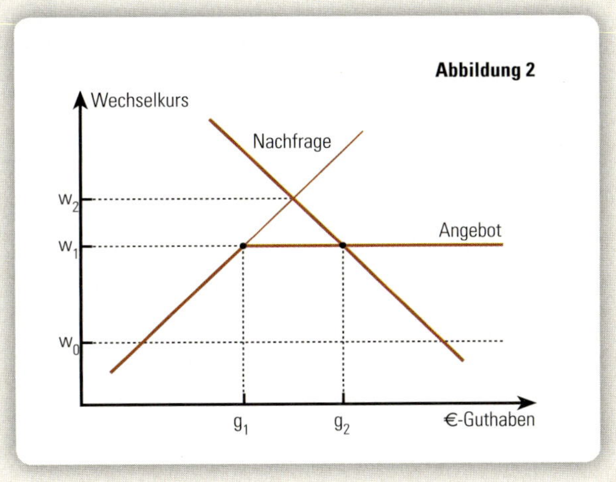

Abbildung 3 zeigt den Fall einer Euroschwäche: Der Wechselkurs droht die untere Schwelle zu unterschreiten. Die EZB kauft Euro auf und verkauft B-Kronen, um den Wechselkurs im Band zu halten. Wird der Interventionsbedarf massiv, können aber für die Zentralbanken Probleme auftreten: Früher oder später wird der Zu- bzw. Abfluss von Währungsreserven durch die Kreditpolitik der Zentralbanken kompensiert werden müssen, was in Folge zur Erhöhung oder Senkung der Zentralbankzinssätze und negativen stabilitätspolitischen Konsequenzen führt.

Unterricht Wirtschaft, Heft 18 (2/2004), S. 24 ff.

[1] *B-Kronen = fiktive Währung als Beispiel*

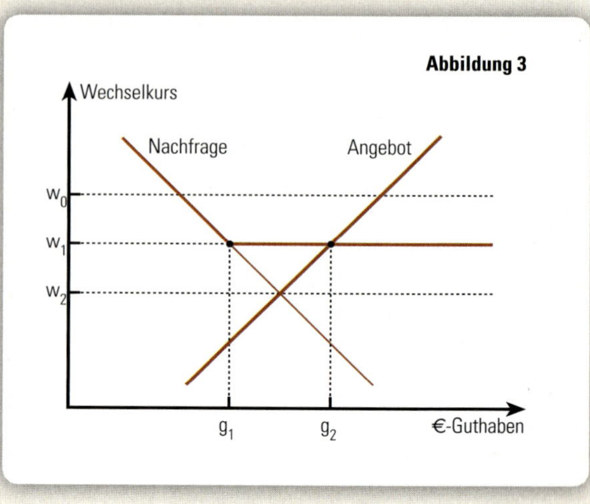

M 45 Der Wechselkursmechanismus II – Vorbereitung auf den Euro

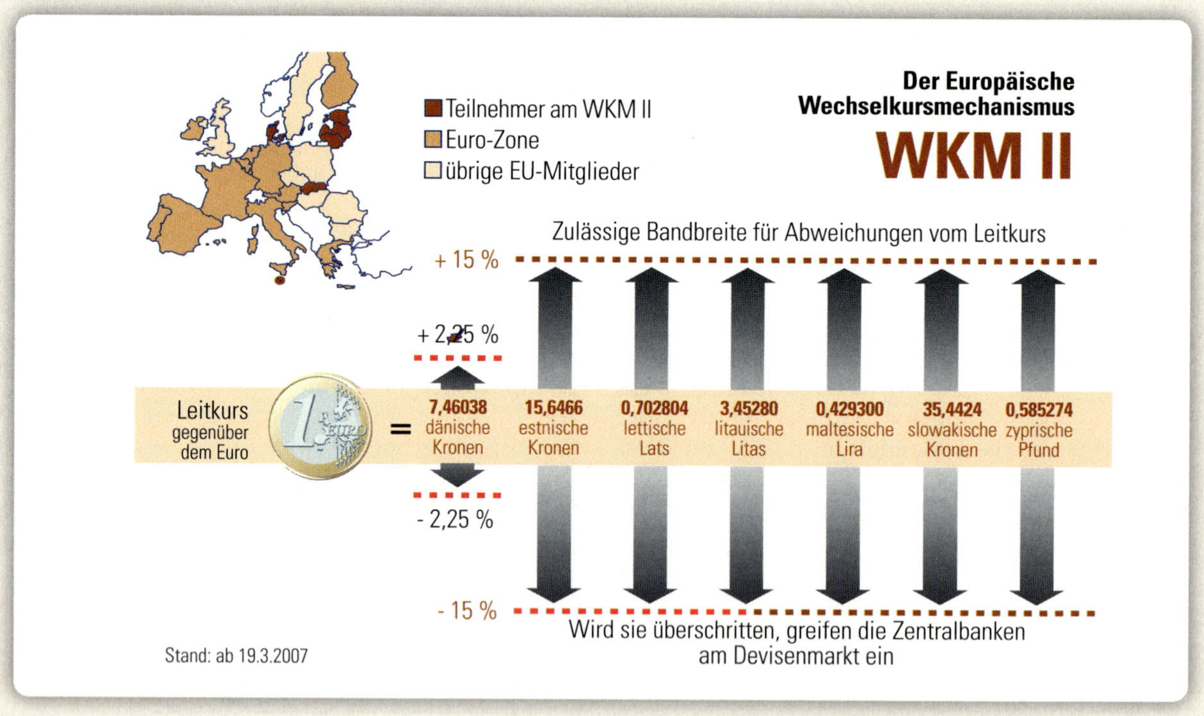

Erich Schmidt Verlag, Zahlenbilder 715 517, Quelle: Europäische Zentralbank

Am 1. Januar 1999 führten 11 der damals 15 EU-Mitgliedstaaten den Euro als gemeinsame Währung ein. Die übrigen EU-Mitglieder (Dänemark, Griechenland, Großbritannien und Schweden) hatten den Euro abgelehnt oder die Voraussetzungen für die Aufnahme in den Euro-Club noch nicht erfüllt. Der zum gleichen Zeitpunkt eingerichtete Europäische Wechselkursmechanismus II hielt ihnen (und allen künftigen EU-Mitgliedern) aber die Möglichkeit offen, ihre Währungen an den Euro anzubinden und sich so gegebenenfalls auf einen späteren Beitritt zur Eurozone vorzubereiten. Die Funktionsweise des WKM II ähnelt der des vorangegangenen Europäischen Währungssystems (1979 – 1998). Für die teilnehmenden Währungen werden Leitkurse in Euro festgelegt. Gegenüber diesen Leitkursen dürfen die Wechselkurse innerhalb einer Standardbandbreite von +/- 15 % schwanken. Wird diese Schwankungsmarge überschritten, greifen die beteiligten Zentralbanken zur Abwehr spekulativer Auf- und Abwertungen am Devisenmarkt ein. Zeichnen sich jedoch anhaltende Abweichungen ab, soll der Leitkurs rechtzeitig angepasst werden.
Durch die Bindung an die Leitwährung Euro wird die in der Eurozone verfolgte Stabilitätspolitik auch für die WKM-II-Teilnehmer zum Orientierungsrahmen – besonders wichtig für diejenigen Staaten, die den im Maastricht-Vertrag festgelegten Grad an wirtschaftlicher Konvergenz erst noch erreichen müssen, ehe sie in den Euro-Währungsraum aufgenommen werden können. Darüber hinaus bietet der Wechselkursmechanismus den beteiligten Staaten einen gewissen Schutz gegen spekulative Wechselkursverzerrungen, die das Funktionieren des europäischen Binnenmarkts stören könnten.
Zum 1.1.1999 traten Dänemark und Griechenland dem neuen WKM II bei. Für die dänische Krone wurde dabei eine engere Bandbreite (von +/- 2,25 %) vereinbart, um so die bereits erreichten Konvergenzfortschritte festzuhalten. Anfang 2001 wechselte Griechenland in die Eurozone über. Nach der EU-Erweiterungsrunde vom Mai 2004 füllte sich der „Warteraum zum Euro“ jedoch rasch wieder: Zum 28.6.2004 wurden Estland, Litauen und Slowenien in den Wechselkursmechanismus aufgenommen; am 2.5.2005 folgten Lettland, Malta und Zypern; am 28.11.2005 kam die Slowakei hinzu. Slowenien schaffte als erstes dieser Länder Anfang 2007 den Übergang zum Euro. Malta und Zypern folgten Anfang 2008.
Für die Währungen der im WKM II verbliebenen Länder (außer Dänemark) gilt die Bandbreite von +/- 15 % um den Euro-Leitkurs. Haben sie dem WKM II mindestens zwei Jahre angehört, ohne dass größere Spannungen aufgetreten wären, ist eine der Vorbedingungen für den Beitritt zur Eurozone erfüllt. Die übrigen Kriterien erfordern ein stabiles Preisniveau, solide Staatsfinanzen und eine Annäherung der Zinssätze an das Niveau der „preisstabilsten“ Euro-Länder.

Erich Schmidt Verlag, Zahlenbilder 715 517, Quelle: Europäische Zentralbank

Aufgaben

1. Erläutern Sie die Auswirkungen eines steigenden/fallenden Eurokurses auf die Unternehmen und Haushalte in Deutschland (M 42, M 43).
2. Erklären Sie, wie Zinssenkungen der EZB und Interventionen auf dem Devisenmarkt zu einem steigenden Dollarkurs führen können. Berücksichtigen Sie die möglichen Auswirkungen dieser Maßnahmen auf die Preisstabilität (M 42, M 43).
3. Beschreiben sie die Wechselkurssysteme in M 44 mithilfe geeigneter Marktmodelle.
4. Diskutieren Sie den Vorschlag, Dollar und Euro in ein System fester Wechselkurse einzubinden (M 44 – M 46).
5. Beurteilen Sie die Aufnahme von Währungen der Beitrittsländer in den WKM II aus der Sicht Deutschlands (M 45, M 46).

M 46 Kontrovers diskutiert: Licht und Schatten fester und freier Wechselkurse

System freier Wechselkurse („Floating")	
Pro	**Kontra**
■ Automatische Wechselkursveränderungen wirken tendenziell in Richtung eines Leistungsbilanzausgleichs. ■ ermöglicht eine eigenständige Wirtschaftspolitik ohne „Diktatur der Zahlungsbilanz". ■ begrenzt die Gefahr des Inflationsimports. ■ wirkt als „Ventil" oder „Puffer" gegenüber divergierenden Preis- und Lohnentwicklungen im In- und Ausland. ■ Kursänderungen vollziehen sich eher allmählich als abrupt.	Die Wirkung auf den Leistungsbilanzausgleich bleibt unsicher. ■ erschwert und verunsichert Kalkulation und Planung für Exporteure und Importeure. ■ verursacht Kurssicherungskosten. ■ kann sich desintegrierend auf die internationale Arbeitsteilung auswirken. ■ Kapitalströme und Spekulationen können die Handelsströme unvorhersehbar beeinflussen.

System fester Wechselkurse	
Pro	**Kontra**
■ schafft eine (relativ) sichere Kalkulationsbasis für Auslandstransaktionen. ■ verringert die Transaktionskosten durch Wegfall der Kurssicherung. ■ fördert die politische Integration und die internationale Arbeitsteilung der Teilnehmerländer. ■ zwingt die Partner des Festkurssystems zu einer Koordination ihrer Wirtschaftspolitik. ■ verhindert Abwertungen zum Zweck der Exportförderung (vgl. Abwertungswettlauf in der Weltwirtschaftskrise).	■ verhindert an binnenwirtschaftlichen Zielen ausgerichtete autonome Geld- und Konjunkturpolitik. ■ führt bei divergierender Wirtschaftsentwicklung der Teilnehmerländer zu Zahlungsbilanzungleichgewichten. ■ begünstigt bei zu niedrigem Festkurs Inflationsimport und/oder Export von Arbeitslosigkeit. ■ fördert bei erkennbaren Ungleichgewichten die Währungsspekulation und ■ erzwingt bei andauernden Divergenzen abrupte und gravierende Kursveränderungen (Realignments). ■ führt bei den am Festkurssystem beteiligten Ländern zur Abhängigkeit von der Politik des Leitwährungslandes (USA im System v. Bretton Woods/BRD im EWS).

Peter Czada/Günter Renner, Euro und Cent. Europäische Integration und Währungsunion, Bonn 1997, S. 55

Wissen kompakt

Die EZB
M 31

Mit der Einführung des Euro wurde die geld- und währungspolitische Kompetenz von den nationalen Notenbanken auf die Europäische Zentralbank übertragen, die zusammen mit allen nationalen Zentralbanken der EU-Staaten das Europäische System der Zentralbanken (ESZB) bildet. Die Hauptaufgabe der EZB besteht darin, im Euroraum für stabile Preise zu sorgen. Nach dem Vorbild der deutschen Bundesbank ist die EZB von politischen Weisungen unabhängig. Sie kann über den Einsatz ihrer Instrumente selbst entscheiden und darf von den Regierungen nicht zu Maßnahmen verpflichtet werden, die ihrem Auftrag zuwiderlaufen.

Geldwertstabilität als oberstes Ziel
M 32

Der Geldwertstabilität kommt in der wirtschaftspolitischen Zielhierarchie eine entscheidende Bedeutung zu: Lang anhaltende Preisauftriebe führen zu Einkommens- und Vermögensverlusten. Die Preise erhöhen sich fortlaufend, während Einkommens- oder Rentenzahlungen wenn überhaupt, erst in zeitlichem Abstand angepasst werden. Die Kaufkraft des Geldes nimmt ab. Hinzu kommt, dass Geldanlagen immer mehr an Wert verlieren. Das Vertrauen in die Währung schwindet.

Geldpolitische Strategie der EZB
M 33 – M 36

Inflation hängt letztlich immer auch mit einer Zunahme des Geldvolumens zusammen. Die geldpolitische Strategie der EZB orientiert sich deshalb neben der Analyse der wirtschaftlichen Lage (1. Säule) auch an der Entwicklung der Geldmenge (2. Säule). Sie wird in ihrer weitesten Abgrenzung als M 3 bezeichnet und umfasst neben dem Bargeldumlauf auch Einlagen mit unterschiedlichen Laufzeiten bei den Geschäftsbanken.

Instrumente der EZB
M 37, M 38

Zur Wahrung ihrer Aufgaben stehen der EZB verschiedene geldpolitische Instrumentarien zur Verfügung. Sie werden vorrangig darauf ausgerichtet, die Zinskonditionen und die Knappheitsverhältnisse am Geldmarkt so zu steuern, dass die Volkswirtschaften einerseits ausreichend mit Geld ausgestattet sind, andererseits die Preisniveaustabilität nicht gefährdet wird. Die Wirkungsweise geldpolitischer Maßnahmen zur Inflationsbekämpfung stellt sich vereinfacht so dar: Erhöht die EZB die Leitzinsen, so trifft dies zunächst nur die Geschäftsbanken, die aber ihre höheren Geldbeschaffungskosten an die privaten Kreditnehmer – Haushalte und Unternehmen – weitergeben. Deren kreditfinanzierte Nachfrage soll dadurch sinken, der Preisanstieg verlangsamt sich.

Grenzen der Geldpolitik
M 39

Der Wirksamkeit geldpolitischer Maßnahmen sind aber Grenzen gesetzt. Internationale Finanzströme können ebenso die Inflation fördern wie zu hohe Lohnabschlüsse der Tarifparteien. Daneben können selbst niedrige Zinsen die Investitions- und Konsumbereitschaft nicht fördern, wenn eine pessimistische Grundstimmung herrscht oder die Finanzpolitik eine gegenläufige Strategie betreibt.

Der Außenwert des Euro
M 41, M 42

Der Außenwert des Euros – speziell im Verhältnis zum Dollar – unterliegt seit seiner Einführung starken Schwankungen. Zunächst verlor der Euro bis zur Bargeldeinführung 2002 ca. 20 % seines Wertes gegenüber dem US-Dollar, stabilisierte sich aber ab 2003 wieder. Die Auswirkungen eines schwachen bzw. starken Euro nach außen sind ambivalent: So fördert ein schwacher Euro die Exporte aus Euroland während sich die Importe verteuern. Bei einem starken Euro stellt sich die Situation genau umgekehrt dar.

Erklärungsansätze für Wechselkursschwankungen
M 42

Wechselkursschwankungen können viele Ursachen haben. Realisiert ein Land z.B. aufgrund günstiger Produktionskosten Exportüberschüsse, führt dies zu einer steigenden Nachfrage nach der Währung dieses Landes, um die dort gekauften Güter bezahlen zu können. Als Folge dieser Nachfrage wird der Wechselkurs dieser Währung steigen und die Produkte verteuern – solange bis kein Preisvorteil mehr durch den hohen Wechselkurs besteht. Zur Erklärung heutiger Kursschwankungen ist diese Ursache immer weniger geeignet, da die durch die Handelsströme ausgelösten Devisenbewegungen nur einen sehr kleinen Teil an den gesamten Währungsbewegungen ausmachen. Wechselkursschwankungen sind heute meist auf die immensen Kapitalbewegungen der globalen Investmentfondsgesellschaften und Versicherungen zurückzuführen.

Wechselkurssysteme des Euro
M 45

Die gemeinsame europäische Währung wird in zwei Wechselkurssysteme eingebunden. Frei schwankende Wechselkurse kennzeichnen die Außenbeziehungen des Euro zu Drittländern wie den USA, Japan oder China. Hier bestimmen Angebot und Nachfrage auf den Devisenbörsen den Außenwert der Währung.

WKM II

Innerhalb der EU wurde zwischen „Ins" (Euroteilnehmer) und „Outs" ein System weitgehend fester Wechselkurse, der Wechselkursmechanismus II (WKM II), eingerichtet. Die Regeln des WKM II verpflichten die Zentralbanken zu Stützungskäufen bzw. -verkäufen an den Devisenmärkten zugunsten der unter Druck geratenen Währung eines Landes der EU, das nicht an der Währungsunion teilnimmt („Outs"). Für die neuen Mitgliedsstaaten ist die mindestens zweijährige Teilnahme am WKM II neben der Erfüllung der Konvergenzkriterien eine zentrale Bedingung für den Beitritt zum Euro-Währungsgebiet. Darüber hinaus wird von den Euro-Ländern auch ein bestimmtes Maß an realer Konvergenz, also ein Angleich des Pro-Kopf-Einkommens an den EU-Durchschnitt, gefordert.

Feste und flexible Wechselkurse im Vergleich
M 46

Flexible und feste Wechselkurse haben im Urteil der Ökonomen sowohl nachteilige als auch vorteilhafte Wirkungen. Zu den Vorteilen der freien Wechselkursbildung gehört, dass Wechselkursveränderungen einen Ausgleich schaffen können, wenn sich die Wirtschaft zweier Länder unterschiedlich entwickelt. Feste Wechselkurse haben den Vorteil, dass sie Planungssicherheit schaffen und die Kosten für den Währungstausch entfallen.

Herausforderungen für die Soziale Marktwirtschaft

10

Karikatur: Barbara Henniger

Das Modell der Sozialen Marktwirtschaft hat dazu beigetragen, in Deutschland ein ungekanntes Maß ökonomischen Wohlstands und sozialer Sicherheit für breite Kreise der Bevölkerung zu erzeugen. Allerdings offenbaren sich insbesondere seit Mitte der 90er Jahre strukturelle Probleme, die eine breite Debatte über die konkrete Ausgestaltung und Zukunftsfähigkeit der Sozialen Marktwirtschaft auslösten. Zu den drängenden Problemen gehören insbesondere die Beschäftigungskrise, die Schuldenkrise und der Konflikt zwischen Ökonomie und Ökologie.
Da gravierende Unterschiede in den Auffassungen über die konkrete Ausrichtung der Wirtschaftspolitik bestehen, ist es sinnvoll, sich zunächst mit den wirtschaftspolitischen Grundkonzeptionen der Nachfrage- und Angebotstheorie vertraut zu machen (Kapitel 10.1).

Die Beschäftigungskrise kann als die zentrale Herausforderung der Sozialen Marktwirtschaft betrachtet werden. Kapitel 10.2 zeigt die verschiedenen Ursachen von Arbeitslosigkeit auf und stellt zentrale arbeitsmarktpolitische Ansätze vor, die zu mehr Beschäftigung führen sollen. Dabei wird deutlich, dass die Ursachenanalyse und die daraus abgeleiteten Lösungsansätze stark von den wirtschaftspolitischen Grundüberzeugungen der Akteure abhängig sind.

Mit über 1,5 Billionen Euro Schulden steht der Bund in der Kreide. Mehr als 43 Milliarden betrugen 2008 allein die Zinskosten für alte und neue Kredite – der zweitgrößte Posten des Haushalts. Bleibt der Regierung noch genügend wirtschaftspolitischer Handlungsspielraum angesichts dieser erdrückenden Schuldenlast? Kapitel 10.3 informiert über grundlegende Begriffe der Finanzpolitik und erläutert Ursachen und Folgen der Staatsverschuldung.

Der Erhalt der Lebensgrundlagen wird angesichts einer stark wachsenden Weltwirtschaft zu einer der größten politischen Herausforderungen unseres Jahrhunderts. Globale Umweltkatastrophen, knapper werdende Ressourcen und eine schwindende Artenvielfalt offenbaren die Grenzen des Wachstums und werfen die Frage nach der grundsätzlichen Vereinbarkeit von Ökonomie und Ökologie auf. Kapitel 10.4 stellt einige Lösungsansätze vor, die deutlich machen sollen, dass wirtschaftliche Entwicklung und Umweltpolitik sich nicht ausschließen müssen. Dabei wird erkennbar, dass die Ökonomie oft selbst einen Beitrag zu einer effizienten Lösung von Umweltproblemen leisten kann.

Tipps & Links

Lernen vor Ort

- Untersuchen Sie den lokalen Arbeitsmarkt. Statistische Informationen über Arbeitslosenquote, Merkmale der Arbeitslosen, Erwerbsquote usw. finden Sie in der lokalen Arbeitsagentur und im Internet.
- Laden Sie einen Experten der lokalen Arbeitsagentur ein und führen Sie ein Interview über arbeitsmarktpolitische Maßnahmen für Problemgruppen auf dem Arbeitsmarkt.
- Besuchen Sie einen Betrieb, der sich auf Umweltprodukte spezialisiert hat und führen Sie eine Betriebserkundung durch.
- Befragen Sie einen Vertreter des Finanzausschusses Ihrer Gemeinde zum Thema Verschuldung und Schuldenabbau.

Referieren und Präsentieren

- Leben und Werk von John Maynard Keynes und Milton Friedman.
- Wirtschaftspolitik der Parteien. Werten Sie die Parteiprogramme der im Bundestag vertretenen Parteien unter folgenden Fragestellungen aus:
  - Wie soll Arbeitslosigkleit bekämpft werden?
  - Wie soll der Konflikt zwischen Ökonomie und Ökologie gelöst werden?

Weiterlesen

- *Wolfgang Franz, Arbeitsmarktökonomik, 6. überarb. Aufl., Berlin u.a. 2006 (Springer)*
  Dieses Buch bietet eine umfassende Darstellung des Arbeitsmarktgeschehens. Ein besonderes Gewicht liegt auf der engen Verzahnung von theoretischen mit empirischen Analysen.
- *Michael Hüther (Hrsg.), Klassiker der Ökonomie. Von Adam Smith bis Amartya Sen, Bonn 2006 (Bundeszentrale für politische Bildung)*
  Das Buch stellt verständlich und klar das Werk von 15 Klassikern der Ökonomie vor und geht dabei jeweils auch auf den historischen Hintergrund ein.
- *Informationen zur politischen Bildung, Info aktuell: Fit für die Zukunft? Deutschland im Wandel, Bonn 2007 (Bundeszentrale für politische Bildung)*
  Das Heft gibt einen knappen Überblick über die zentralen Herausforderungen und notwendigen Reformen der nächsten Jahre.
- *Informationen zur politischen Bildung Nr. 287, Umweltpolitik, Bonn 2/2005 (Bundeszentrale für politische Bildung)*
  Das Heft bietet einen guten Einstieg in das Thema Umweltpolitik.

Recherchieren

www.arbeitsagentur.de
Bundesagentur für Arbeit.

www.bmu.de
Bundesministerium für Umwelt, Naturschutz und Reaktorsicherheit.

www.bundesfinanzministerium.de
Seite des Bundesfinanzministeriums.

www.bundesrechungshof.de
Der Bundesrechnungshof prüft die Haushalts- und Wirtschaftsführung des Bundes. Gegenstand seiner Prüfungen sind die jährlichen Einnahmen und Ausgaben des Bundes in Höhe von über 540 Milliarden Euro.

www.iab.de
Institut für Arbeitsmarkt- und Berufsforschung; das IAB erforscht den Arbeitsmarkt; zahlreiche Informationen und Online-Publikationen zur Entwicklung des Arbeitsmarktes.

www.steuerzahler.de
Der Bund der Steuerzahler ist ein eingetragener Verein und tritt nach eigener Darstellung für eine Vereinfachung des Steuersystems ein.

10.1 Wirtschaftspolitische Grundkonzeptionen

Aus dem Wirtschaftsteil der Zeitung

M 1

Keynes würde den Gewerkschaftsführern auf die Schulter klopfen
Die Welt, 2.11.2001

Keynes? Ja, aber intelligent
Die Welt, 4.7.2004

Stoiber flirtet mit Keynes
Financial Times Deutschland, 6.9.2002

Viele neoliberale Rezepte für Schröder – Keynes ist kaum mehr gefragt
Nürnberger Nachrichten, 15.10.2003

Mit konsequenter Angebotspolitik aus der Wachstumsfalle
DIHK-Pressemitteilung, 10.9.2003

Ohne Keynes auf Crashkurs
Financial Times Deutschland, 1.10.2002

Keynes und seine Wirtschaftstheorie

M 2

Der englische Ökonom John M. Keynes (1883–1946) wird weithin als einer der bedeutendsten Wirtschaftstheoretiker dieses Jahrhunderts angesehen. Unter dem Eindruck der Weltwirtschaftskrise der dreißiger Jahre schrieb er sein epochemachendes Werk, die „General Theory" (deutscher Titel: Allgemeine Theorie der Beschäftigung, des Zinses und des Geldes). Kein anderes ökonomisches Werk hat ähnlich weitreichende Auswirkungen auf die Wirtschaftstheorie und die praktische Wirtschaftspolitik in diesem Jahrhundert gehabt. Zu Recht sprach man von der „keynesschen Revolution".
Der entscheidende Punkt war der, dass Keynes in seinem Buch der bislang vorherrschenden „klassischen" Wirtschaftstheorie widersprach, wonach der Marktmechanismus automatisch zu einem Vollbeschäftigungsgleichgewicht tendiere, so dass es keine anhaltende Arbeitslosigkeit geben könne. Die Beschäftigung, so die Klassiker, hänge vom Lohnsatz ab. Wenn also Arbeitslosigkeit entstehe, dann müsse dies zu einem Rückgang der Löhne führen und dadurch würde die Unterbeschäftigung schnell wieder beseitigt. Auf welch tönernen Füßen diese Theorie stand, zeigte sich in der Weltwirtschaftskrise 1929–32 mit ihrer katastrophalen Massenarbeitslosigkeit. Keynes führt in seinem Werk die gesamtwirtschaftliche – makroökonomische – Analyse ein und behauptet, dass die Beschäftigung vor allem vom Niveau der gesamtwirtschaftlichen Produktion und dieses wiederum von der Höhe der gesamtwirtschaftlichen Nachfrage abhänge. Die entscheidende Ursache für Arbeitslosigkeit sei also ein Rückgang der Produktion, und der sei auf eine unzureichende gesamtwirtschaftliche Nachfrage zurückzuführen. Eine Senkung der Nominallöhne – darin bestand das Rezept der Klassiker – sei erstens nicht möglich, so Keynes, weil die Gewerkschaften sich dagegen wehren würden, und führe zweitens zu einer Verringerung der Konsumnachfrage der privaten Haushalte. Dies würde also das Problem des gesamtwirtschaftlichen Nachfragemangels nur noch verschärfen. Erforderlich sei vielmehr eine Erhöhung der Nachfrage, und die einzige Instanz, die autonom zusätzliche Nachfrage schaffen könne, sei der Staat.

Gerhard Willke, Wirtschaft – Dimensionen der Politik, Berlin 1995, S. 56

M 3 Die Steuerung der gesamtwirtschaftlichen Lage

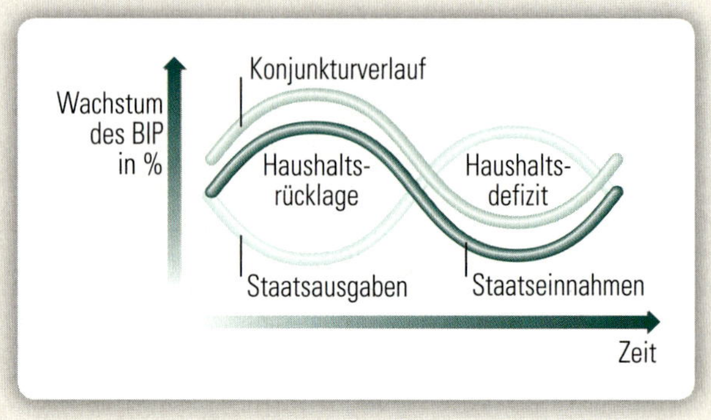

Keynes erkannte, dass zur Beseitigung von Arbeitslosigkeit die Marktkräfte nicht ausreichen, sondern der Staat gezielte Maßnahmen zu ihrer Beseitigung ergreifen muss. Zentraler Ansatzpunkt der keynesschen Theorie ist die gesamtwirtschaftliche Nachfrage, die sich aus privatem Konsum, staatlichem Konsum, Bruttoinvestitionen und Exporten zusammensetzt. Da sich Konjunkturschwankungen in einem Auseinanderklaffen von gesamtwirtschaftlichem Angebot und gesamtwirtschaftlicher Nachfrage äußern, fällt es dem Staat zu, die Nachfrage so zu steuern, dass sie dem Angebot entspricht. …

Ist die volkswirtschaftliche Nachfrage wegen fehlender privater Nachfrage im Vergleich zum volkswirtschaftlichen Angebot zu gering, muss der Staat diese fehlende Nachfrage durch Erhöhung seiner Ausgaben ausgleichen oder versuchen, die private Nachfrage durch geeignete Maßnahmen anzuregen. Im Falle einer überhöhten gesamtwirtschaftlichen Nachfrage hat der Staat seine Ausgaben und die der privaten Wirtschaft zu drosseln. Um den Konsum in der Depression zu erhöhen, soll die Regierung ein Haushaltsdefizit[1] in Kauf nehmen, in der Hochkonjunktur hingegen einen Haushaltsüberschuss bilden, damit die gesamtwirtschaftliche Nachfrage schrumpft. …

Der Staat hat sich mit Haushaltsdefizit bzw. -überschuss in seiner Finanzpolitik antizyklisch zum Konjunkturverlauf zu verhalten. Der Haushaltsausgleich braucht dabei nicht jährlich zu erfolgen, sondern sollte über die Zeitdauer des Konjunkturzyklus abgeschlossen sein.

Die Grundgedanken der keynesschen Theorie wurden im Jahr 1967 in das „Gesetz zur Förderung der Stabilität und des Wachstums der Wirtschaft“, kurz Stabilitätsgesetz genannt, aufgenommen. Dieses Gesetz enthält eine Reihe von Instrumenten, die es Bund und Ländern ermöglichen, dem Konjunkturverlauf entgegenzusteuern und eine antizyklische Finanzpolitik zu betreiben.

Günter Schiller, Volkswirtschaftslehre, 7. Aufl., Darmstadt 2001, S. 158 ff.

[1] *In der keynesschen Terminologie wird dies als „Deficit Spending“ bezeichnet.*

M 4 Mögliche Maßnahmen nach dem Stabilitätsgesetz

Bei Hochkonjunktur	Bei Abschwächung der Konjunktur
■ Stilllegung von Mitteln in der Konjunkturausgleichsrücklage ■ Zusätzliche Tilgung von Schulden bei der Zentralbank ■ Beschränkung der Kreditaufnahmen der öffentlichen Hand ■ Streckung oder Zurückstellung von Investitionen ■ Verstärkung der Offenmarktgeschäfte der Zentralbank ■ Erhöhung der Einkommen- bzw. Körperschaftsteuer für maximal 1 Jahr um bis zu 10 % (Konjunkturzuschlag) ■ Beschränkung der Abschreibungsmöglichkeiten ■ Anpassung der Vorauszahlungen auf Einkommen- oder Gewerbesteuer nach oben	■ Entnahme von Mitteln aus der Konjunkturausgleichsrücklage ■ Zusätzliche öffentliche Ausgaben, ggf. über Kredite finanziert („deficit spending“) ■ Beschleunigung geeigneter Investitionen („Investitions- bzw. Beschäftigungsprogramme“) ■ Verstärkung der Finanzhilfen von Bund an Länder bzw. von Ländern an Gemeinden ■ Herabsetzung der Einkommen- bzw. Körperschaftsteuer für maximal 1 Jahr um bis zu 10 % ■ Einführung von Investitionszulagen ■ Nachträgliche Anpassung der Einkommen- oder Gewerbesteuervorauszahlungen nach unten

Jörn Altmann, Wirtschaftspolitik, 8. Aufl., Stuttgart 2007, S. 325

Angebotstheorie: die Selbstheilungskräfte des Marktes

M 5

In einer freien Marktwirtschaft befasst sich kein Individuum und keine zentrale Stelle mit den Fragen, was, wie und für wen produziert werden soll. Ein großer Teil des Wirtschaftsablaufes geht ohne die direkte Einflussnahme des Staates vor sich. Hunderttausende von Gütern werden von Millionen von Menschen mehr oder weniger aufgrund ihrer eigenen Entscheidungen produziert, ohne dass es einen zentralen Gesamtplan gibt. Niemand hat dieses Konkurrenzsystem erdacht. „Es hat sich mit der Zeit entwickelt, und es ist genauso wie die menschliche Natur Änderungen unterworfen. Jedoch besteht es den wichtigsten Test, den eine soziale Organisation bestehen muss: Es ist lebensfähig." (Paul A. Samuelson, Volkswirtschaftslehre 1, Köln 1991)

Adam Smith, der diese Zusammenhänge erstmals aufzeigte, war fasziniert von der Erkenntnis, dass marktwirtschaftliche Systeme „selbstregulierende Systeme" sind, dass sie einer „inneren Ordnung" gehorchen und aus sich selbst heraus stabil sind. Er begründete das Prinzip der „unsichtbaren Hand": Jedes Individuum, das seine eigenen „egoistischen" Ziele verfolgt, wird wie durch eine unsichtbare Hand dazu gebracht, dass es in Wirklichkeit das Allgemeinwohl fördert. So heißt es bei Adam Smith: „Jeder Einzelne bemüht sich darum, sein Kapital so einzusetzen, dass es den größten Ertrag erbringt. Im Allgemeinen wird er weder bestrebt sein, das öffentliche Wohl zu fördern, noch wird er wissen, inwieweit er es fördert. Er interessiert sich nur für seine eigene Sicherheit und seinen eigenen Gewinn. Und gerade dabei wird er von einer unsichtbaren Hand geleitet, ein Ziel zu fördern, das er von sich aus nicht anstrebt. Indem er seine eigenen Interessen verfolgt, fördert er das Wohl der Gemeinschaft häufig wirksamer, als wenn er es beabsichtigt hätte." (Adam Smith, Der Reichtum der Nationen, 1776).

Josef Jäger, Bausteine der Makroökonomie, Darmstadt 1990, S. 64

Kennzeichen der Angebotspolitik

M 6

Aus der Klassischen Nationalökonomie stammt insbesondere der Grundsatz: möglichst wenig Staat und möglichst viel Markt. Damit ist eine Absage an die weitgehende Steuerung der nachfrageorientierten Politik verbunden. Für die dennoch notwendige Steuerung soll nicht die (Staats-)Nachfrage, sondern die Geldmenge die zentrale Steuerungsgröße sein. Die Bevorzugung der Geldmenge hat dem Konzept auch den Namen Monetarismus eingetragen. …

Die Grundzüge dieser Position wurden in den fünfziger Jahren entwickelt und gehen vor allem auf Arbeiten von Friedman zurück. …

Die angebotsorientierte Konjunkturpolitik knüpft vor allem an [vier] Prämissen an:

1. Wachstumsschwäche hat ihre Ursache in Störungen der Angebotsseite.
2. Unterbeschäftigung ist vor allem auf unzureichende Investitionen zurückzuführen.
3. Die Veränderung des realen Volkseinkommens und damit die Nachfrageentwicklung hängt in erster Linie von der Veränderung der Geldmenge ab.
4. Die Instabilitäten kommen nicht vom privaten Sektor, sondern rühren von den staatlichen Eingriffen her.

Milton Friedman, geb. 1912, amerikanischer Nationalökonom und Hauptvertreter der „Chicagoer Schule", Nobelpreis 1976

Aus diesen Erkenntnissen ergeben sich Schlussfolgerungen:

1. Zur Beseitigung von Wachstumsschwäche und damit Unterbeschäftigung müssen die Bedingungen des Angebotssektors verbessert werden. Produktion schafft Einkommen, Einkommen schafft Nachfrage.
2. Investitionshemmnisse müssen beseitigt werden; Produktion und Investitionen müssen rentabel sein. „Investitionen müssen sich lohnen." Da hier insbesondere das Preis-Kosten-Verhältnis verantwortlich ist und die Preise

unter Wettbewerbsbedingungen für den Anbieter marktgegeben sind, müssen die Kosten, z.B. die Lohnkosten, in einem angemessenem Verhältnis stehen.

3. Steuerungen sollten über die Geldpolitik und nicht über die staatliche Fiskalpolitik erfolgen. Um einerseits eine ausreichende Liquidität und andererseits Geldwertstabilität sicherzustellen, hat sich die Geldmengenpolitik am Wachstumspotenzial der Wirtschaft zu orientieren. In enger Beziehung zur Forderung nach einer Geldmengenkontrolle steht die Forderung nach flexiblen Wechselkursen, da durch sie die Gefahr importierter Inflation geringer wird.

... Angebotsorientierte Konjunkturpolitik wendet sich gegen eine zu weitgehende Einkommensumverteilung durch den Staat, da hierdurch Leistungsanreize verschüttet werden.

Sofern die Geldpolitik einer unabhängigen Zentralbank übertragen wird, werden dem Staat vor allem folgende Aufgaben zugewiesen:

- Beseitigung von Investitionshemmnissen.
- Förderung privater Investitionstätigkeit und -bereitschaft.
- Stärkung der Antriebskräfte des Marktes durch Verzicht auf Interventionen sowie durch Abbau von Subventionen und leistungshemmenden Steuern.
- Konsolidierung der Staatsfinanzen durch Abbau der Staatsverschuldung und die Bevorzugung investiver statt konsumtiver Ausgaben.

Hans-Jürgen Albers u. a., Volkswirtschaft, Haan-Gruiten 1997, S. 430 f.

M 7 Zwei Strategien der Wirtschaftspolitik

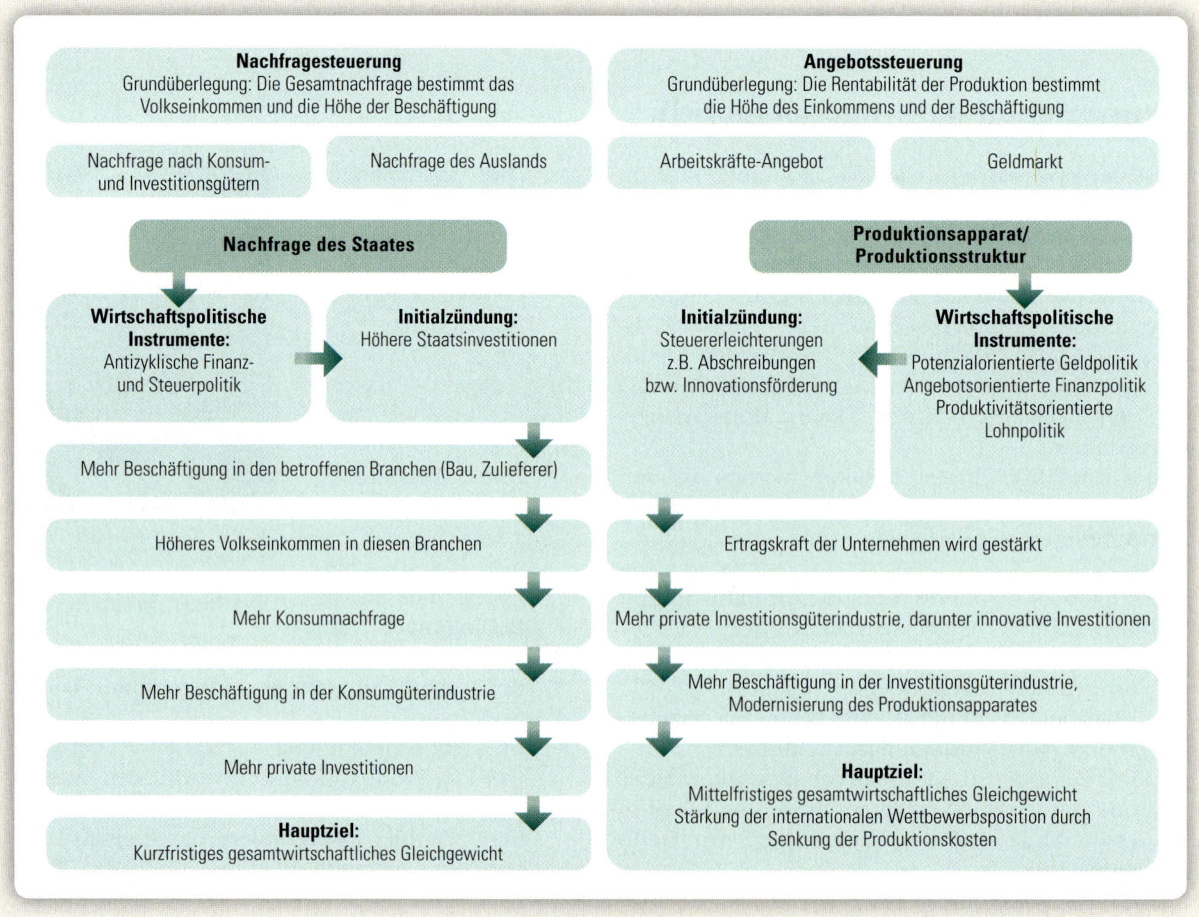

Heinrich Köppen, Konjunkturpolitik. Schülerheft, 7. Aufl., Stuttgart 1998, S. 47

Kontrovers diskutiert: Angebots- und Nachfragetheorie in der Kritik

M 8

a) Probleme der Nachfragepolitik

Eine aktive Nachfragepolitik des Staates zur Glättung der Konjunkturzyklen bzw. Bekämpfung einer Rezession birgt allerdings auch zahlreiche Schwierigkeiten in sich.

Erstens ist es für die staatlichen Entscheidungsträger schwer, im richtigen Moment und im korrekten Ausmaß die öffentliche Nachfrage auszudehnen bzw. einzuschränken. Normalerweise bestehen erhebliche Verzögerungen zwischen dem Auftreten und dem Erkennen eines konjunkturellen Einbruchs, zwischen dem Erkennen und dem Veranlassen der staatlichen Mehrnachfrage sowie zwischen der tatsächlichen Nachfrageausdehnung und der gewünschten Wirkung auf den Gütermärkten und dem Arbeitsmarkt. Reagiert der Staat zu spät oder zu stark und hat die Konjunktur bereits wieder angezogen, droht eine Überhitzung mit inflationären Tendenzen. Überdies kann staatliche Nachfrage private Nachfrage verdrängen, wenn die konjunkturelle Krise überschätzt wurde. Nichts wäre dann gewonnen.

Zweitens liegt ein Problem darin, dass öffentliche Haushalte sich offenbar leichter darin tun, Ausgaben zu erhöhen, als Ausgaben zu senken. Selbst in Zeiten konjunktureller Besserung erwies es sich als schwierig, öffentliche Ausgaben zurückzuschrauben, um derart entweder die Mehrausgaben vergangener Jahre zu kompensieren oder aber Rücklagen für den nächsten Abschwung zu bilden. Entsprechend schwer fällt es einer Regierung dann natürlich, in schlechteren Jahren zu sparen.

Drittens fällt es dem Staat schwer, mit Nachfragepolitik auf Strukturveränderungen zu reagieren. Absatzprobleme einzelner Industriezweige sind oft ein Indiz für sich wandelnde weltwirtschaftliche Strukturen. Neue Anbieter treten auf die Märkte und bedrängen etablierte Produzenten. Diese müssen in der Lage sein, flexibel auf die Herausforderung zu reagieren, indem die Unternehmen sich neue Produkte oder die Arbeitnehmer neue Arbeitsplätze suchen. Wird der Staat allerdings aktiv, indem er die Nachfrage nach den Gütern der Branche, die unter Wettbewerbsdruck geraten ist, ausweitet, nimmt er den Anreiz zur Anpassung. Reagiert er bei jedem Sektor derart, verkrusten die Strukturen einer Volkswirtschaft, da alle darauf hoffen können, bei weltwirtschaftlich bedingten Schwierigkeiten staatliche Unterstützung zu erhalten. Mit anderen Worten: Globalsteuerung ist nur dann theoretisch geeignet, wenn es eine konjunkturelle Schwäche der gesamten Volkswirtschaft gibt. Sie ist gänzlich ungeeignet, ja sogar schädlich, wenn die vorliegenden Probleme struktureller Art sind.

Die Überbetonung der Nachfrageseite verleitet obendrein dazu, die Angebotsbedingungen der Unternehmen zu vernachlässigen. Die sogenannte **Kaufkrafttheorie der Löhne** etwa, nach der eine Erhöhung der Löhne die Konsumnachfrage stärke und damit Arbeitsplätze schaffe, resultiert aus dieser einseitigen Betrachtungsweise, da sie die Kostenseite der Unternehmen vollkommen übersieht. In den meisten Fällen, vor allem bei unterausgelasteten Produktionskapazitäten, würden die von ihr empfohlenen Maßnahmen zum weiteren Abbau von Arbeitsplätzen beitragen und folglich kontraproduktiv wirken. Fairerweise muss allerdings erwähnt werden, dass sie zwar auf keynesianischem Gedankengut beruht, von Keynes selbst allerdings nicht vertreten wurde. In der wirtschaftspolitischen Auseinandersetzung spielt sie allerdings nach wie vor eine gewisse Rolle.

Bundesverband Deutscher Banken (Hg.), Wirtschaft. Materialien für den Unterricht, Berlin 2006, S. 33

b) Angebotsorientierung in der Kritik

- Eine Verbesserung der Gewinnsituation der Unternehmen erhöht zwar deren Investitionsfähigkeit, nicht jedoch zwangsläufig deren Investitionsbereitschaft. Investitionen werden nur bei genügend guten Ertragserwartungen vorgenommen.
- Entscheidend für den Ertrag von Investitionen ist das Preis-Kosten-Verhältnis. Die angebotsorientierte Wirtschaftspolitik betont bei der Investitionsbereitschaft einseitig die Kosten der Investitionen. Ein angemessener Preis für das Produkt ist aber nur zu erzielen, wenn eine entsprechend große Nachfrage vorhanden ist. Investitionen lohnen sich nur, wenn auch Absatzchancen für die Produkte vorhanden sind.
- Bei mangelnder Kapazitätsauslastung bzw. zu geringer Nachfrage ist die Neigung, Erweiterungsinvestitionen vorzunehmen, gering. Investitionsförderungen führen in dieser Situation dazu, dass die Unternehmen Rationalisierungs- statt Erweiterungsinvestitionen durchführen und dadurch die Arbeitsplätze nicht vermehren, sondern vermindern.
- Löhne sind nicht nur ein Kostenfaktor, sondern auch ein Nachfragefaktor. Steigende Löhne bewirken nicht nur steigende Kosten, sondern auch steigende Nachfrage.
- Bei vorhandener Unterbeschäftigung führt eine Reduzierung der Staatsausgaben nicht zu sinkender, sondern zu steigender Arbeitslosigkeit.
- Angebotspolitik gefährdet die zum Teil hart erkämpften sozial- und wohlfahrtsstaatlichen Strukturen und führt u.a. zu einer Umverteilung der Einkommen zugunsten der Besitzer von Produktivvermögen.
- In einer angebotsorientierten Wirtschaftspolitik kommen Belange der Umwelt und des Umweltschutzes (umweltverträgliche Produkte und Produktionsverfahren) zu kurz.

Hans-Jürgen Albers u.a, Volkswirtschaftslehre, Haan-Gruiten 1997, S. 432

Aufgaben

1. Erläutern Sie, durch welche Maßnahmen Nachfrage- und Angebotstheoretiker Wachstum und Beschäftigung steigern wollen. Welche Grundannahmen müssen jeweils erfüllt werden (M 1 – M 7)?
2. Diskutieren Sie Stärken und Schwächen von Angebots- und Nachfragetheorie und prüfen Sie die Möglichkeit, einzelne Elemente der Theorien zu verbinden (M 8).
3. Vergleichen Sie mithilfe des Internets die Grundpositionen der Parteien zur Wirtschaftspolitik und bewerten Sie die Aussagen vor dem Hintergrund von Angebots- und Nachfragetheorie.

Wissen kompakt

Wie der Staat die im Stabilitätsgesetz von 1967 genannten Ziele erreichen soll, wird von Wirtschaftswissenschaftlern und Politikern bis heute kontrovers diskutiert. Nachfrage- und Angebotstheorie liefern unterschiedliche idealtypische Konzepte zur Bewältigung der Wachstums- und Beschäftigungskrise.

Nachfragetheorie nach Keynes
M 2 – M 4, M 7

Die Nachfragetheorie geht auf den englischen Nationalökonomen John Maynard Keynes (1883 – 1946) zurück und sieht Arbeitslosigkeit in einer unzureichenden gesamtwirtschaftlichen Nachfrage begründet. Da der Markt allein nicht in der Lage ist, von sich aus das Gleichgewicht zwischen Angebot und Nachfrage herzustellen, sollte der Staat eine aktive Rolle bei der Steuerung der Konjunktur übernehmen und dafür sorgen, dass zusätzliche Nachfrage entsteht. Im Mittelpunkt der Maßnahmen stehen vor allem die staatliche Ausgabenpolitik und die Steuerpolitik, die Geldpolitik der Zentralbank sollte die staatliche Finanzpolitik unterstützen. Die Maßnahmen sind jeweils so zu treffen, dass sie in Zeiten der Hochkonjunktur die Nachfrage dämpfen und in Zeiten der Rezession die Nachfrage beleben (antizyklische Wirtschaftspolitik).

Kritik an der Nachfragetheorie
M 8

Die Schwächen der keynesschen Beschäftigungspolitik werden in den zu erwartenden zeitlichen Verzögerungen (time lags) zwischen den wirtschaftspolitischen Entscheidungen und ihren Wirkungen, in der Verdrängung privater Investitionen durch staatliche Investitionen (crowding out) und im Ansteigen der Staatsquote und damit der Abgaben- und Steuerbelastung sowie der steigenden Staatsverschuldung zur Finanzierung der öffentlichen Haushalte gesehen.

Die Angebotstheorie
M 5 – M 7

Die Theorie des klassischen Liberalismus dagegen misst dem Staat nur eine passive Rolle bei der Gestaltung des Wirtschaftsprozesses bei. Träger wirtschaftlichen Handelns ist das Individuum, zentrales Koordinierungsinstrument der freie Markt. Die neoklassisch orientierte Politik sieht die Wachstums- und Beschäftigungskrise eher strukturell als konjunkturell bedingt. Der Staat soll demnach lediglich die wirtschaftlichen Rahmenbedingungen verbessern und sich der konjunkturellen Entwicklung gegenüber neutral verhalten.
Die Förderung von Wachstum und Beschäftigung erfolgt durch eine Verbesserung der Angebotsbedingungen. Geeignete Maßnahmen im Rahmen dieser Theorie sind deshalb eine Verstetigung des Geldmengenwachstums (Monetarismus), die Verbesserung der Rentabilität von Unternehmensinvestitionen, z.B. durch Steuersenkungen, moderate Lohnabschlüsse und eine Deregulierung des Arbeitsmarktes.

Kritik an der Angebotstheorie
M 8

Kritikern zufolge liegen die Schwächen der Angebotstheorie insbesondere in der Fixierung auf die Kosten. Da die Gewinne der Unternehmen jedoch auch von den Erlösen abhängen, muss auch die Nachfrageseite berücksichtigt werden. Unternehmen investieren ihre Gewinne nicht wie angenommen automatisch, sodass bei geringer Absatzerwartung durch eine geringe Nachfrage (wegen mangelnder Kaufkraft) Erweiterungsinvestitionen der Unternehmen unterbleiben oder als Rationalisierungsinvestitionen zu einem weiteren Rückgang der Beschäftigung führen.

10.2 Beschäftigungspolitik zwischen Markt und Staat

M 9 Arbeitslosigkeit – Fallbeispiele

Bis Ende Dezember war Sigrun Moeller (48) aus S. im Versandhandel einer Lichterkettenfirma teilzeitbeschäftigt – für das „Weihnachtsgeschäft". Dann kam wie in jedem Jahr das Aus, weil eben zu Jahresbeginn kaum noch Lichterketten vom Einzelhandel bestellt werden. Frau Moeller kennt diese Situation und ist deshalb nicht allzu besorgt. Ihrer Freundin, die in einer kleinen Schokoladenfabrik arbeitet, geht es genauso: Nach der langen Sommerpause beginnt im Herbst die Produktion von Weihnachtsmännern, Baumanhängern etc., und im neuen Jahr werden dann Osterhasen und Ostereier hergestellt. Danach stehen die Bänder still.

Sandro Bertini (30) ist Metallbauer und arbeitete bis vor kurzem in einem kleinen Betrieb in Ü. Der Betrieb produziert fast alles, was am Bau aus Metall ist: Zäune, Aufzüge, Konstruktionen, Industriehallen usw. Trotz der anhaltenden Flaute im Baugewerbe war der Betrieb ausgelastet. Dem Inhaber gelang es erstaunlich gut, immer wieder neue Aufträge an Land zu ziehen – bis zu diesem Frühjahr, als die Aufträge plötzlich ausblieben. Es wurden zwei Mitarbeiter entlassen, darunter Sandro Bertini. Herr Bertini hofft jedoch, in seiner ehemaligen Firma wieder eingestellt zu werden, wenn sich die Wirtschaftslage verbessert hat.

Sein Berufsleben lang schon arbeitet Herr Gassmann (55) als Bankkaufmann in einer Großbank, zuletzt im Zahlungsverkehr, der zentral für zwei Bundesländer in D. bearbeitet wird. Verbesserungen der Elektronik und der Telekommunikation machen es möglich, künftig den gesamten Zahlungsverkehr nur noch an zwei Standorten abzuwickeln. Die Bank will dadurch Kosten senken und hat beschlossen, die anderen Standorte in Deutschland aufzulösen. Herr Gassmann hat kein Angebot von seinem Arbeitgeber erhalten und wird deshalb am Ende des Jahres arbeitslos. Er blickt mit wenig Hoffnung in seine berufliche Zukunft.

Jenny Burkhardt (17) aus N. ist auch arbeitslos, genauer gesagt: Sie hat keinen Ausbildungsplatz, obwohl sie bereits über 35 Bewerbungen geschrieben hat und auch bereit ist, eine Lehre für unterschiedliche Berufe zu machen.

Ein Grund für ihre Situation ist sicherlich der Umstand, dass sie in Mecklenburg-Vorpommern lebt. Ganz Ostdeutschland ist in besonderem Maße vom Lehrstellenmangel betroffen, da nach der deutschen Wiedervereinigung ganze Industriezweige zusammengebrochen sind, und diese Arbeitsplätze bis heute fehlen. Jenny überlegt ernsthaft wegzuziehen.

Bundeszentrale für politische Bildung: Themenblätter im Unterricht, Nr. 30, Bonn 2003

Formen der Arbeitslosigkeit

M 10

Strukturelle Arbeitslosigkeit wird durch Veränderungen der Wirtschaftsstrukturen und die sich dadurch verändernden Anforderungsprofile für die Beschäftigten verursacht: Werftarbeiter müssen über andere Qualifikationen verfügen als Beschäftigte der Computerindustrie. Mangelnde Mobilität und Flexibilität der Arbeiter, die bei sich ändernden Produktionsstrukturen nicht bereit oder nicht in der Lage sind, schnell den Standort, den Beruf oder die Branche zu wechseln, sind also als Hauptmerkmale der strukturellen Arbeitslosigkeit anzusehen. Man spricht in diesem Zusammenhang in der neueren Literatur auch von qualifikationsmäßiger und regionaler **Mismatch-Arbeitslosigkeit**.

Saisonale Arbeitslosigkeit entsteht durch schwächere wirtschaftliche Aktivitäten einzelner Wirtschaftsbereiche während bestimmter Jahreszeiten. Besonders betroffen sind hiervon der Agrarsektor, das Baugewerbe, aber auch die Tourismusbranche.

Friktionelle Arbeitslosigkeit entsteht bei dem Wechsel von Arbeitnehmern von einer Arbeitsstelle zur anderen. Friktionelle Arbeitslosigkeit ist auch eine Folge kurzfristiger Veränderungen auf dem Arbeitsmarkt, die mit den Strömen „Zugänge" und „Abgänge" in einer engen Beziehung stehen.

Die **konjunkturelle Arbeitslosigkeit** ist auf eine wiederkehrende Unterauslastung des Produktionspotenzials zurückzuführen, die alle Branchen der Volkswirtschaft im Prinzip in gleicher Weise trifft.

Ulrich Baßeler, Jürgen Heinrich, Burkhard Utecht, Grundlagen und Probleme der Volkswirtschaft, 22. Aufl., Stuttgart 2002, S. 767–769

Die Kosten der Arbeitslosigkeit

M 11

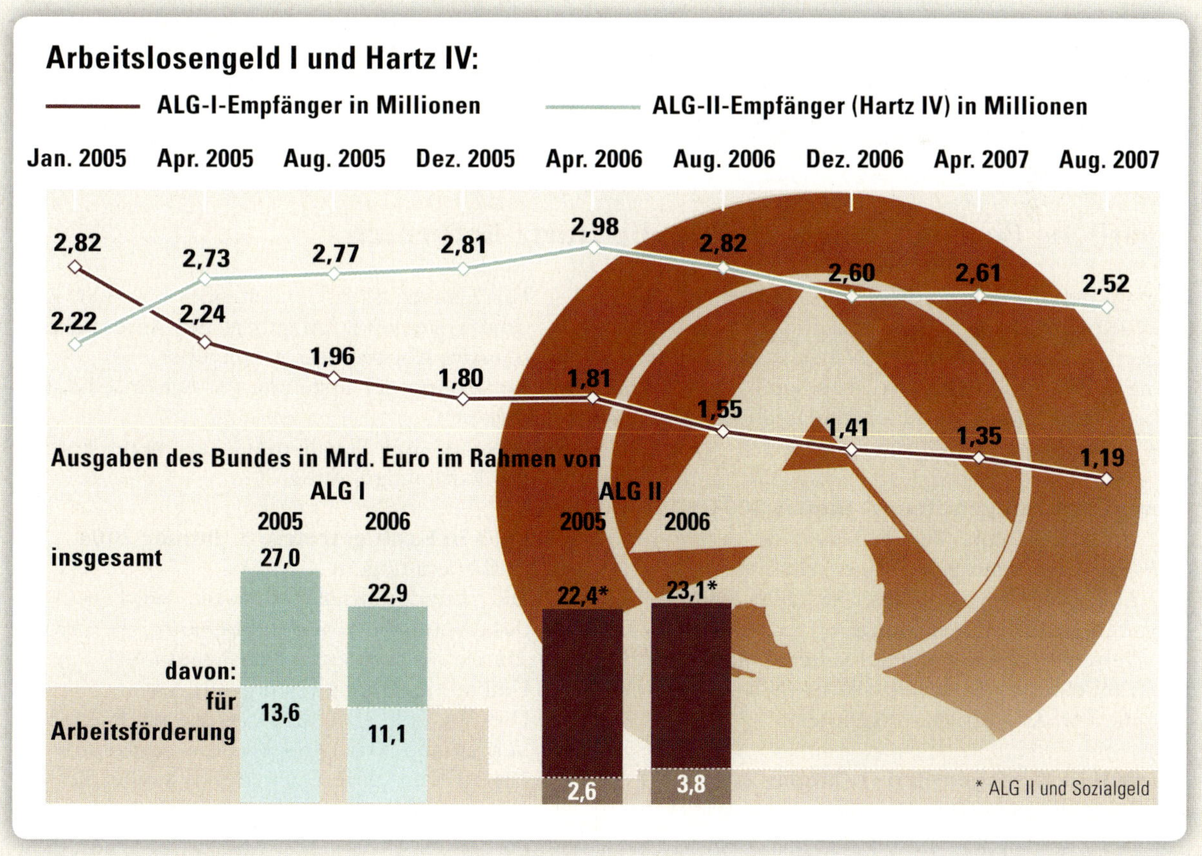

Globus-Grafik 1627, Quelle: BA, WSI

M 12 Mögliche Maßnahmen gegen Arbeitslosigkeit im Überblick

1. Gegen friktionelle Arbeitslosigkeit können die Arbeitsämter arbeitsmarktpolitische Maßnahmen einsetzen, um die Vermittlung geeigneter Arbeitsloser auf vorhandene offene Stellen zu fördern. Zu diesen Maßnahmen gehören u.a. – die rasche Information der Arbeitslosen über das Angebot an Stellen; – Unterstützung bei Bewerbung, Vorstellungsgespräch usw. – Mobilitäts- und Umzugsbeihilfen, falls die neue Stelle weiter entfernt liegt.

2. Gegen merkmalsstrukturelle Arbeitslosigkeit können Arbeitsagenturen Maßnahmen der Qualifizierung, Weiterbildung und Umschulung von Arbeitslosen einsetzen. Meist sind es ja unzureichende Qualifikationen der Arbeitslosen, die eine Vermittlung behindern – also Ursache des Weiterbestehens von Arbeitslosigkeit sind.

3. Gegen konjunkturelle Arbeitslosigkeit hilft nun nicht mehr die Arbeitsmarktpolitik der Bundesanstalt für Arbeit, sondern jetzt ist die Konjunktur- und Beschäftigungspolitik von Regierung und Zentralbank gefordert. Zur Ankurbelung der Konjunktur kann die Regierung z.B. Steuerentlastungen durchführen oder die Staatsausgaben erhöhen. Das schafft mehr Nachfrage und regt Wachstum und Beschäftigung an. Allerdings erhöhen solche Maßnahmen das Haushaltsdefizit – und damit die Staatsverschuldung. Die Zentralbank kann zur Anregung der Investitionen die Zinsen senken.

4. Gegen [strukturelle] Arbeitslosigkeit kann die Regierung Maßnahmen der Standortpolitik und der Verbesserung der Angebotsbedingungen ergreifen. Die „Arbeitsplatzlücke" ist ja Folge einer unzureichenden Investitionsneigung der Unternehmen; also müsste diese gestärkt werden. Dies geschieht am besten dadurch, dass die (Kosten-) Belastung der Unternehmen verringert wird (Senkung von Steuern und Abgaben; Abbau kostenwirksamer Regulierungen; Flexibilisierung usw.) Das Problematische an diesem Ansatz besteht allerdings darin, dass auf diesem Wege zunächst eine Umverteilung zugunsten der Unternehmen stattfindet (Erhöhung der Gewinne), bevor über höhere Beschäftigung und Einkommen auch die Arbeitnehmer davon profitieren.

Gerhard Willke/Lothar Schaechterle, Arbeitslosigkeit. Ursachen und Abhilfe, Themenblätter im Unterricht Nr. 30, hgg. von der Bundeszentrale für politische Bildung, Bonn 2003, S. 4 ff.

M 13 Staatliche Beschäftigungspolitik: die Hartz-Reformen

Die im August 2002 vorgelegten Vorschläge der Hartz-Kommission, benannt nach dem gleichnamigen Vorsitzenden und VW-Personalchef Peter Hartz, zielen durch einen vollständigen Umbau der Arbeitsmarktpolitik auf einen umfassenden Abbau der Arbeitslosigkeit.

Hartz I in Kraft getreten: 1. Januar 2003

- Gründung von Personal Service Agenturen (PSA) zur Neuregelung von Leiharbeit
- Abkopplung von Arbeitslosengeld und -hilfe von der Lohnentwicklung
- Verschärfung der Zumutbarkeitskriterien und Umkehrung der Beweislast bei (Nicht-) Annahme von Arbeitsplatz-Angeboten

Hartz II in Kraft getreten: 1. Januar 2003

- Neuregelung von Minijobs: Grundzone bis 400 Euro (abgabefrei für Arbeitnehmer, für Arbeitgeber 25 Prozent Abgaben, zwölf Prozent bei Haushaltsjobs), Gleitzone bis 800 Euro (linear steigende Abgaben für Arbeitnehmer, reguläre Abgaben für Arbeitgeber)
- Aufhebung der Regelung zur Scheinselbstständigkeit
- Ich-AGs und Familien-AGs als neue Formen der Existenzgründung

Hartz III in Kraft getreten: 1. Januar 2004

- Umbenennungen:
  Die „Bundesanstalt für Arbeit" wird in „Bundesagentur für Arbeit" umbenannt, die „Arbeitsämter" werden zu „Arbeitsagenturen"
- Umbau der Bundesagentur für Arbeit:
  Die BA soll sich auf ihre Kernaufgabe, die Vermittlung von Arbeitslosen, konzentrieren. Hierzu werden ihre Strukturen sowie die Vorschriften über den Bezug von Arbeitslosengeld und -hilfe vereinfacht. Jobcenter sollen effektiver und schneller vermitteln sowie sich in

Zusammenarbeit mit der jeweiligen Kommune um Langzeitarbeitslose kümmern und erwerbsfähige Sozialhilfeempfänger in Arbeitsverhältnisse vermitteln.

Hartz IV in Kraft getreten: 1. Januar 2005

- Arbeitslosengeld II:
Arbeitslosen- und Sozialhilfe werden zum neuen Arbeitslosengeld II zusammengefasst und auf die aktuelle Sozialhilfe in Höhe von 345 Euro (alte Bundesländer) bzw. 331 Euro (neue Bundesländer) monatlich – jeweils ohne Wohngeld – gekürzt. Das reguläre Arbeitslosengeld wird nur noch ein Jahr lang ausgezahlt, danach erhalten Bezieher von Arbeitslosengeld II zudem für zwei Jahre einen Zuschlag, der zunächst höchstens 160 Euro, nach einem Jahr nur noch die Hälfte betragen soll. Zuständig für die Auszahlung des ALG II und die Vermittlung in den Arbeitsmarkt sollen in der Regel die Kommunen und die örtlichen Agenturen für Arbeit in gemeinsamen Arbeitsgemeinschaften (Jobcenter) sein. Von den 439 kommunalen Sozialhilfeträgern erhalten aber 69 die Möglichkeit, die Betreuung der Langzeitarbeitslosen unabhängig von den Arbeitsagenturen zu übernehmen.
- Zumutbarkeit:
Die Regelungen der Zumutbarkeit bei der Vermittlung von Stellen für Arbeitslose werden verschärft. Der Entwurf sieht vor, dass grundsätzlich jede Arbeit als zumutbar gilt, auch Mini-Jobs. Wer eine ihm angebotene Arbeit dennoch ausschlägt, muss mit Kürzungen seiner Arbeitslosengeld-Bezüge im Umfang von 30 Prozent rechnen, Jugendlichen bis 25 können die Bezüge sogar komplett gestrichen werden. Zur Vermeidung von Lohndumping soll die ortsübliche Vergütung aber nicht unterschritten werden.
- Anrechnung von Vermögen:
Als Voraussetzungen für den Bezug von Arbeitslosengeld II soll künftig sehr viel stärker das Kriterium der Bedürftigkeit eine Rolle spielen, d.h. vorhandenes Vermögen wird ab bestimmter Freigrenzen in Anrechnung gebracht (hiervon ausgenommen bleiben Sparverträge zur Riester-Rente). Als Freigrenze geplant sind 200 Euro pro Lebensjahr, d.h. ein 50-jähriger müsste 10.000 Euro seines Vermögens nicht antasten.
- Zusatzverdienst:
Vorgesehen ist der Ausbau der öffentlichen Arbeitsgelegenheiten. Auf bis zu 600.000 solcher Stellen sollen Arbeitslose einfache Tätigkeiten etwa bei Wohlfahrtsverbänden übernehmen. Sie erhalten dafür zusätzlich zum ALG II einen oder zwei Euro pro Stunde: Ihre Arbeitsbereitschaft soll damit geprüft werden und sie sollen wieder an die Arbeitswelt herangeführt werden.

zusammengestellt aus: www.chancenfueralle.de, Globus 9429

Das Gesicht der Arbeitslosigkeit

M 14

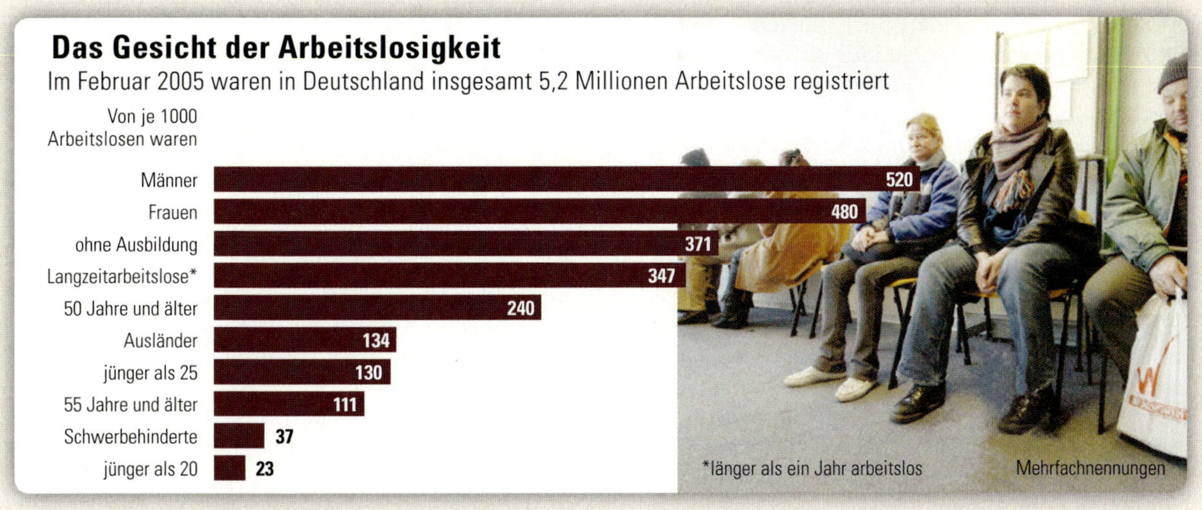

Globus-Grafik 9805, Quelle: Bundesagentur für Arbeit

M 15 Dritter Arbeitsmarkt – eine Perspektive für Langzeitarbeitslose?

Auszüge aus einem gemeinsamen Konzept der Arbeitsgruppe Arbeitsmarkt von SPD und Union, das schwer vermittelbare Langzeitarbeitslose wieder in den Arbeitsmarkt integrieren soll.

Zwar hat sich die Lage auf dem Arbeitsmarkt im Jahr 2006 verbessert, das heißt, die Arbeitslosigkeit ist zurückgegangen und die Zahl der sozialversicherungspflichtig Beschäftigten ist wieder gestiegen. Diese positive Entwicklung auf dem Arbeitsmarkt wird jedoch nicht alle Arbeitslosen erreichen. Die Arbeitslosigkeit ist nicht nur weiter insgesamt zu hoch, sie ist auch teilweise stark verfestigt: der Anteil der Langzeitarbeitslosen, also nach der Definition der Bundesagentur für Arbeit diejenigen Personen, die länger als ein Jahr arbeitslos gemeldet sind, ist in den vergangenen Dekaden stetig gewachsen und lag 2006 bei rund 42 Prozent. ... Wir müssen diesen Menschen eine Beschäftigungsperspektive eröffnen. ...

Notwendig ist eine klare Abgrenzung der Zielgruppe. Es geht um arbeitsmarktferne, arbeitslose Bezieher von Arbeitslosengeld II, bei denen die Kluft zwischen ihrem persönlichen und beruflichen Profil und den von den Arbeitgebern nachgefragten Anforderungen so groß ist, dass sie mit den derzeitigen arbeitsmarktpolitischen Instrumenten nicht überbrückt werden kann. Auch sind zahlreiche Schonarbeitsplätze im Zuge von Rationalisierungsprozessen weggefallen. Eine gezielte Beschäftigungsstrategie ist Ultima Ratio, d.h. vorausgegangene Integrationsversuche mit den bestehenden Arbeitsmarktinstrumenten waren nicht erfolgreich oder scheiden nach Einschätzung des Fallmanagers wegen fehlender Erfolgsaussichten aus. Dies muss in jedem Einzelfall vorab sorgfältig geprüft werden.

Insbesondere ältere Langzeitarbeitslose ohne Berufsabschluss und mit gesundheitlichen Einschränkungen brauchen unsere Unterstützung. Hier handelt es sich um Menschen mit mehreren Vermittlungshemmnissen. Konkret geht es um Personen, die bereits 12 Monate oder länger arbeitslos sind und nach realistischer Erwartung innerhalb der nächsten 24 Monate keine Chance auf eine reguläre Beschäftigung haben. Klar ist: Die Integration in den regulären Arbeitsmarkt muss langfristiges Ziel bleiben. Insofern sind flankierende Aktivitäten wie beispielsweise Weiterbildung oder psychosoziale Leistungen notwendig. ...

Welche Tätigkeiten kommen in Frage? ...

Wir wollen insbesondere solche Einsatzfelder in den Blick nehmen, die von gewerblichen Unternehmen vernachlässigt werden, weil sie für diese ökonomisch nicht ausreichend interessant sind, wo sich aber dennoch Einnahmen erzielen und damit eine teilweise Kostendeckung erreichen lassen. Gemeint sind beispielsweise: Concierge-Service in Wohnsiedlungen, Wäsche-Hol-und-Bring-Dienste oder haushaltsnahe Dienstleistungen wie Einkaufshilfen für Ältere und Menschen mit Behinderungen.

Aber auch Einsatzfelder des regulären Gütermarktes kommen im Rahmen einer sozialversicherungspflichtigen Beschäftigung in Frage. Integrationsunternehmen sind bereits heute in dem Bereich Facility-Management[1], Industriedienstleistungen, Hotel- und Gaststättengewerbe, Gemeinschaftsverpflegung und Einzelhandel aktiv. Integrationsunternehmen und soziale Betriebe agieren einerseits am Markt, verfolgen aber andererseits das Ziel, Benachteiligte ins Erwerbsleben zu integrieren, indem sie die besonderen Bedürfnisse dieser Menschen berücksichtigen.

Neben dem gewerblichen bietet auch der soziale Bereich vielfältige Beschäftigungsmöglichkeiten, hier geht es z.B. um soziale Zusatzangebote in der Alten- (Unterstützung älterer und kranker Menschen) und Jugendarbeit. Zusatzangebote für Schulen wie die Betreuung von Arbeitsgemeinschaften, die Aufbereitung bzw. Wiederherstellung von Schulmöbeln oder die Mitarbeit im Quartiersmanagement. Wohlfahrts-, Sozialverbände und Vereine sind mögliche Arbeitgeber. ...

Unternehmen, soziale Betriebe oder Integrationsunternehmen erhalten eine angemessene Förderung in Abhängigkeit von der Höhe des berücksichtigungsfähigen Arbeitsentgelts, um diejenigen Produktivitätsnachteile auszugleichen, die sich aus der Arbeitsmarktferne der Arbeitssuchenden ergeben. Förderfähig sind ausschließlich sozialversicherungspflichtige Beschäftigungsverhältnisse, die eine Entlohnung mindestens in Höhe der örtlich maßgeblichen untersten Tarifgruppe oder einer damit vergleichbaren ortsüblichen Entlohnung vorsehen. ...

Zentral ist: Die Menschen, um die es geht, müssen die Perspektive auf Integration in den regulären Arbeitsmarkt behalten. Deswegen müssen die beruflichen Kompetenzen soweit wie möglich

ausgebaut werden. Begleitende Hilfen wie z.B. Weiterbildungsmaßnahmen oder psychosoziale Dienstleistungen sind bei einer geförderten Beschäftigung unerlässlich. Sie sind Teil des Förderpaketes. Der Fallmanager muss daher regelmäßig intensiv prüfen, welche flankierenden Maßnahmen zur Eingliederung notwendig sind. Gleichzeitig wird die Möglichkeit eröffnet, das Einstiegsgeld im Rahmen der Arbeitnehmerförderung auch länger als 24 Monate zu gewähren. …
Immer wieder wird behauptet, geförderte Beschäftigung wäre teurer als das reine Auszahlen von Arbeitslosengeld. Das ist nicht richtig. So fließen bei einer sozialversicherungspflichtigen Beschäftigung beispielsweise Beiträge an die Kranken-, Pflege- und Rentenversicherung. Umso marktnäher eine Beschäftigung ist, desto stärker fallen auch die Erlöse aus dem Verkauf der erstellten Produkte ins Gewicht, sodass nur noch eine Teilfinanzierung (Nachteilsausgleich) notwendig ist.

zitiert nach: Institut für Arbeitsmarkt und Berufsforschung, Chronik der Arbeitsmarktpolitik, JobPerspektive, 10.9.2007

Kontrovers diskutiert: Langfristige Strategien gegen die Arbeitslosigkeit **M 16**

Löhne rauf oder runter? Weniger oder mehr sparen? Exportweltmeister oder Basarökonomie? Die Wirtschaftswissenschaftler Hans-Werner Sinn und Peter Bofinger diskutieren über ihre sehr gegensätzliche Analyse des Standorts Deutschland – und über ihre entsprechend konträren Konzepte.

SPIEGEL: Herr Bofinger, Herr Sinn, weltweit boomt die Wirtschaft, nur in Deutschland kommt sie nicht in Fahrt. Warum?

Bofinger: Deutschland leidet an einer gravierenden Schwäche der inländischen Nachfrage. Das hat vor allem damit zu tun, dass Kaufkraft fehlt: Seit Jahren hinken die Lohnerhöhungen hinter den Produktivitätsfortschritten her, das darf nicht so weitergehen. So gerät die Volkswirtschaft immer tiefer in die Krise. Wenn der Bauer will, dass ihm seine Kuh anständig Milch gibt, muss er dafür sorgen, dass sie auch genug zu fressen hat.

Sinn: Er darf die Kuh aber auch nicht schlachten. Wir haben hinter Norwegen die höchsten Lohnkosten auf der Welt. Die deutschen Arbeitnehmer sind nicht mehr wettbewerbsfähig. Sie merken das, haben Angst vor Entlassungen und kaufen keine langlebigen Konsumgüter mehr. Aus dem gleichen Grunde investieren die Unternehmer nicht mehr. Die Investitionsgüternachfrage ist viel zu niedrig für einen Exportboom wie diesen. Die Löhne weiterhin kräftig zu erhöhen wäre der falsche Weg.

Bofinger: Das predigen Sie nun seit Jahren. Und was hat es gebracht? Wir haben in drei Jahren mehr als eine Million sozialversicherungspflichtige Jobs verloren. Überall wird immer nur gespart, es wird ein regelrechter Kult darum getrieben, alle orientieren sich am Prinzip des „Geiz ist geil", als wäre es die Lösung aller Probleme. Schauen Sie mal, wie robust sich in Frankreich die Wirtschaft entwickelt: Dort hat der Staat seine Ausgaben in den letzten Jahren stetig ausgeweitet, die Löhne sind im Schnitt um fast einen Prozentpunkt stärker gestiegen als bei uns, die Binnenkonjunktur ist dadurch deutlich angesprungen.

Was für eine Perspektive bieten Sie ihnen? Länger arbeiten, weniger Lohn, geringere soziale Absicherung. Da muss man doch Angst bekommen.

Sinn: Das biete nicht ich, das ist die Realität in einem Land, das die Zwänge der Globalisierung zu spät erkannt hat.

Bofinger: Aber was folgt daraus? Nehmen Sie die soziale Absicherung: Wenn der Staat immer mehr Eigenverantwortung vom Einzelnen fordert, muss jeder mit größeren Risiken zurechtkommen. Die kann er nur abfedern, indem er spart. Er kauft sich kein Auto – deshalb leidet Opel. Er kauft sich kein Haus – deshalb leidet die Bauwirtschaft. Daher ist es so wichtig, die Nachfrage zu stimulieren. Selbst von Unternehmern hört man immer wieder, dass die Höhe der Lohnkosten gar nicht so entscheidend ist, sondern die Dicke der Auftragsbücher.

SPIEGEL: Sparen ist doch auch eine Tugend?

Bofinger: Richtig, aber viele Arbeitnehmer sparen derzeit vor allem aus Angst. Sie fürchten um ihren Job und sind verunsichert, weil soziale Sicherungsmechanismen abgebaut werden. Hartz IV gibt ihnen das Gefühl, mit einem Bein auf einer schiefen Ebene zu stehen und schnell den Punkt zu erreichen, an dem ihr gesamtes Vermögen in Anspruch genommen wird.

Sinn: Die Angst hat reale Ursachen. Die Deutschen haben geglaubt, der Sozialstaat währe ewig und die Löhne könnten in den Himmel wachsen. Jetzt wachen sie aus ihrem Traum auf, erkennen die Realität und wollen in ihrer Katerstimmung weder frühstücken noch Bäume ausreißen.

Der Export boomt. ... Das Problem ist, dass der Rest der Wirtschaft nicht mitmacht. Erklären Sie mal, warum General Motors eher in Deutschland Arbeitsplätze abbaut als in Schweden? Ich sage es Ihnen: Weil dort ein Arbeiter 23 Euro die Stunde kostet; und hier sind es 27 Euro. Die Entscheidung, wo produziert wird, hängt maßgeblich von den Lohnkosten ab.

Bofinger: Sie schauen immer nur auf einen Teil der Volkswirtschaft, nämlich die Exportindustrie, Sie müssen die gesamte Wirtschaft betrachten. Natürlich nimmt der Export einen besonderen Stellenwert in Deutschland ein – aber der Binnenmarkt ist noch weitaus wichtiger. Die deutsche Industrie setzt mehr als 60 Prozent ihrer Produkte am eigenen Standort ab.

Sinn: Ähnliches gilt auch im Inneren. Die Geringqualifizierten sind auch deshalb arbeitslos, weil sie ihren Mitbürgern zu teuer sind. Aber die äußeren Einflüsse sind massiv. Die Niedriglohnkonkurrenz steht heute direkt vor der Haustür in Osteuropa, gleichzeitig drängt China mit Macht auf den Weltmarkt. Die Globalisierung erzeugt einen ungeheuren Lohndruck, ob es uns gefällt oder nicht. Wenn wir das Lohnkarussell nicht bremsen, entsteht immer mehr Arbeitslosigkeit.

Peter Bofinger

SPIEGEL: Die deutschen Unternehmen kommen mit dem Wandel der Weltwirtschaft offenbar ganz gut zurecht: Nie haben sie so gut verdient wie heute.

Sinn: Die Dax-Unternehmen, die Sie meinen, verdienen im Ausland statt im Inland.

Bofinger: Es geht doch um etwas ganz anderes: Was stellen die Unternehmen mit den Gewinnen an? Sie schütten das Geld an die Aktionäre aus, sie zahlen Kredite zurück – nur die Arbeitnehmer haben nichts davon und genauso wenig der Staat, der ja in Form von Lohnsteuer und Sozialabgaben an der Lohnentwicklung partizipiert. Da darf man sich nicht wundern, dass die private wie die öffentliche Nachfrage ausbleibt. Schauen Sie sich mal an, wie sich in anderen Ländern die Nominallöhne entwickelt haben: Mit Ausnahme Japans sind sie überall gestiegen – und überall verzeichnen wir eine bessere Entwicklung des privaten Verbrauchs, der Investitionen, der Beschäftigung.

Sinn: Höhere Löhne verringern die Nachfrage nach Investitionsgütern, weil sie die Gewinnerwartungen reduzieren. Die deutsche Nettoinvestitionsquote ist heute die niedrigste weit und breit. Das Geld wird nicht mehr hier investiert, sondern man schafft es lieber auf den Kapitalmarkt, und dann fließt es ins Ausland. Der deutsche Kapitalexport liegt auf Rekordniveau. ...

SPIEGEL: Man kann, wie das Beispiel der USA zeigt, die Konjunktur auch anders ankurbeln, durch niedrige Zinsen und hohe Staatsausgaben. Was halten Sie davon, Herr Sinn?

Sinn: Natürlich geht das. Die Amerikaner haben durch Schuldenmachen einen Nachfrageschub von zwei Prozent des Weltsozialprodukts erzeugt. Aber die Amerikaner haben einen funktionierenden Arbeitsmarkt mit einem Konjunkturproblem, wir haben einen kaputten Arbeitsmarkt mit einem Strukturproblem. Nicht alle Krankheiten können mit derselben Medizin geheilt werden.

Hans-Werner Sinn

SPIEGEL: Und das spricht gegen ein solches Konjunkturprogramm, wie es der etwas aus der Mode gekommene Ökonom John Maynard Keynes empfohlen hat?

Sinn: Die Arbeitslosigkeit steigt seit 1970 bis heute fortwährend an. Um einen linear wachsenden Trend schlängelt sich im Zehnjahreszyklus die Konjunktur. Diese Schlängelei kann man durch Nachfrageprogramme glätten, aber den linearen Trend kann man damit nicht brechen.

Bofinger: Wenn Sie den Westen des Landes nehmen – der Osten ist ein Sonderfall –, dann liegt die Arbeitslosigkeit laut der Statistik der Internationalen Arbeitsorganisation nicht sehr viel höher als in Großbritannien oder den USA. Der Unterschied ist jedenfalls nicht so augenfällig, dass man sagen könnte, das ganze System sei schlecht. Westdeutschland ist insgesamt ein extrem leistungsfähiges Land, das die enormen Lasten der Einheit prima bewältigt hat. Die Transfers von West nach Ost sind höher als das Bruttoinlandsprodukt von Ungarn und Tschechien. Das zeigt, dass unser System sehr viel besser ist, als Herr Sinn es darstellt.

Sinn: Sorry, die Trends laufen in entgegengesetzte Richtungen, und in Westdeutschland war die Arbeitslosenquote im letzten Jahr um ein Viertel höher als in den USA und um die Hälfte höher als in England.

SPIEGEL: Welche Rolle spielt der Sozialstaat für die Wettbewerbsfähigkeit der deutschen Wirtschaft?

Sinn: Der Sozialstaat lief, als es nach oben ging, immer artig hinter den Löhnen her. Jetzt, da die Löhne unter Druck kommen, bleibt er stehen. Seine Lohnersatzeinkommen bilden für die Marktlöhne eine untere Barriere. Diese Barriere erzeugt immer mehr Arbeitslosigkeit bei den Geringqualifizierten.

Bofinger: Natürlich ist die Arbeitslosigkeit der Geringqualifizierten ein massives Problem. Aber bevor wir die Sozialhilfe oder das Arbeitslosengeld II noch weiter absenken, würde ich zuerst die Hauptbarriere für Arbeitslose mit geringer Qualifikation abschaffen: die 400-Euro-Jobs. Sie werden einseitig subventioniert, und das führt dazu, dass die Arbeitgeber Vollzeitarbeitsplätze in Teilzeitarbeitsplätze aufsplitten. Es gibt im Augenblick acht Millionen geringfügige Beschäftigungsverhältnisse, das entspricht zwei Millionen Vollzeitarbeitsplätzen.

Sinn: Für mich liegt das Problem in der Lohnkonkurrenz des Sozialstaates, die auch durch Hartz IV nicht abgebaut wird. Denn die Sozialhilfe bleibt unverändert.

SPIEGEL: Die wollen Sie weiter absenken?

Sinn: Das Ifo-Institut hat schon vor Hartz das System der aktivierenden Sozialhilfe vorgeschlagen. Dieses System sieht vor, dass ein Sozialhilfeempfänger weniger Geld vom Staat bekommt, wenn er nicht arbeitet, und mehr, wenn er arbeitet. Bis 400 Euro wird ein freier Hinzuverdienst erlaubt statt nur bis zu 50 Euro wie bei Hartz IV. Die ersten 200 Euro werden zusätzlich bezuschusst. Damit fallen die Lohnansprüche, und Arbeitsplätze werden geschaffen. Es fehlt ja nicht an Menschen, die arbeiten wollen, es fehlt an Arbeitsplätzen. Und Arbeitsplätze fehlen, weil die Lohnansprüche, die durch das Sozialsystem aufgebaut werden, zu hoch sind. Mit Arbeit und Lohnzuschüssen wird es den weniger leistungsfähigen Mitgliedern der Gesellschaft besser gehen, ohne dass der Staat dafür mehr Geld ausgeben muss. ...

Bofinger: Ich glaube nicht, dass man die Sozialhilfe oder das Arbeitslosengeld II absenken muss. Die meisten Menschen sind arbeitswillig, auch zu den geltenden Löhnen. Als Hauptbeispiel für die negative Anreizwirkung der Sozialhilfe wird die Familie mit zwei Kindern genannt. Da ist der Abstand zwischen Sozialhilfe und niedrigem Nettoeinkommen oft marginal. Tatsache aber ist, dass es unter den Sozialhilfeempfängern nur relativ wenige Familien mit zwei oder mehr Kindern gibt.

Sinn: Die Lohnkonkurrenz des Sozialstaates reicht auch bei einem Ehepaar ohne Kinder bis zu einem Einkommen von 1.600 Euro. Die gesamte Lohnskala wird durch diese Konkurrenz von unten her zusammengedrückt. Darum ist Deutschland Weltmeister bei der Arbeitslosigkeit der Geringqualifizierten.

Bofinger: Wenn ich den Menschen die Sozialhilfe kürze und sie arbeiten müssen, um wieder auf das alte Niveau zu kommen, das ja auch nicht so üppig ist, muss ich ihnen eine Arbeitsgelegenheit bieten. Die Frage ist, ob es diese Jobs wirklich gibt. Das ist ja auch das Problem bei Hartz IV. Außerdem besteht die Gefahr von Mitnahmeeffekten: Ein Malermeister, der bislang Gesellen zum regulären Tarif angestellt hat, könnte geneigt sein, sie durch einen vom Staat subventionierten Sozialhilfeempfänger zu ersetzen. Deshalb mein Vorschlag: Probieren wir doch erst einmal das Einfachere: Schaffen wir die 400-Euro-Jobs ab und schauen, was passiert.

SPIEGEL: Herr Sinn, niedrigere Löhne, weniger Sozialstaat, mehr sparen – haben Sie keine Angst vor Deflation und Depression?

Sinn: Weder empfehle ich Sozialabbau noch Einkommenssenkungen. Doch sollten wir länger arbeiten für das gleiche Geld. Das wirkt wie technischer Fortschritt, der den Faktor Arbeit leistungsfähiger macht. Über die Gewinne, die die Unternehmen zusätzlich machen, entsteht zusätzliche Nachfrage nach Investitionsgütern, die bis auf den letzten Cent genauso groß ist wie die Mehrproduktion. Da der Kapitalbestand besser ausgenutzt wird, gibt es einen starken Wachstumsschub. Und mehr Stellen gibt es auch, weil jeder Arbeiter dem Unternehmer mehr Ertrag bringt, ohne mehr zu kosten. Alle werden profitieren.

SPIEGEL: Höhere Löhne, mehr Staatsausgaben – führt Ihr Konzept nicht zu Inflation und Arbeitsplatzabbau, Herr Bofinger?

Bofinger: Ich plädiere ja nicht für eine verantwortungslose, sondern für eine produktivitätsorientierte Lohnpolitik. Und davon würden über die Sozialabgaben und die Lohnsteuer auch die Staatsfinanzen profitieren. Das schafft Spielräume für eine stetige Finanzpolitik. ...

SPIEGEL: Herr Bofinger, Herr Sinn, wir danken Ihnen für dieses Gespräch.

Das Gespräch moderierten die Redakteure Alexander Jung und Armin Mahler, Der Spiegel 50/2004, S. 94 ff.

Methode

Pro-Kontra-Debatte

Schritt 1: Grundlegende Entscheidungen
Bei der Planung einer Pro-Kontra-Debatte sollte zunächst die grundlegende Entscheidung getroffen werden, ob man eine simulative oder nicht-simulative Debatte durchführen will, denn dies bedingt die Auswahl der Problem- oder Entscheidungsfrage. Der Problem- und Entscheidungsfrage kommt eine entscheidende Bedeutung für den Verlauf der Debatte zu. Es sollte sich um eine bedeutungsvolle, konkret formulierte und in den Auswirkungen für Bürger, Bürgerinnen und Jugendliche spürbare Frage handeln. ... Die Frage sollte sinnvoll mit Ja oder Nein zu beantworten und zu begründen sein.

Schritt 2: Festlegung des Szenarios
Der zweite Schritt auf dem Lernweg einer Pro-Kontra-Debatte besteht darin, das Szenario festzulegen:

- Auswahl der Akteure,
- die Gestaltung des (Klassen-)Raumes,
- Verständigung über den Ablauf.

Nimmt man das im Fernsehen angebotene Modell als Grundlage und Ziel, so lassen sich diese drei Aufgaben relativ zügig bewältigen.

Die Auswahl der Akteure ist durch die Methode vorgegeben:

- Ein/e Moderator/in: Sie/er führt die Abstimmung durch und achtet darauf, dass Spielregeln und Zeitvorgaben eingehalten werden. Er bzw. sie „trägt Prozessverantwortung, nicht die Inhaltsverantwortung".
- Zwei Anwälte (Pro und Kontra): Sie halten das Eingangs- und Schlussplädoyer und befragen die Sachverständigen. Es ist durchaus erwünscht, Meinungen zu vertreten, die nicht der eigenen entsprechen, um festgefahrene Positionen aufzubrechen und die Thematik neu zu durchdenken. ...
- Zwei bis vier Sachverständige: Sie artikulieren keine eigene Position, sondern sie bieten nur Informationen, Erfahrungen und Wissen zu Begründungen für einzelne Positionen. Die Rollen der Sachverständigen müssen in Arbeitsgruppen intensiv vorbereitet, sowie durch Rollenkarten und zusätzliches Material gestützt werden.
- Das Publikum: darf in unseren Augen die Beobachtungsrolle nicht vernachlässigen. Denn indem die vorgetragenen Argumente gesammelt werden und deren strategisch-taktische Relevanz für den Debattenverlauf beurteilt wird, kann ein Perspektivenwechsel zur Innenansicht aller Akteure gelingen.

Dies erfolgt aber nur bei konkreten Beobachtungsaufgaben und nicht einer eher passiven Adressaten-Haltung.

Schritt 3: Die Gestaltung des Raumes
Die Gestaltung des Raumes sollte einer mediengerechten Inszenierung nahe kommen. Sie räumt dem Moderator einen zentralen Standort ein. Die beiden Anwälte können (an Stehpulten oder Tischen) nebeneinander platziert werden, die Sachverständigen werden seitlich aufgereiht. Für die Befragungen wechseln die Sachverständigen zu einem Stuhl, der in der Mitte steht. Das Publikum kann einen Halbkreis bilden. Zwischen den Akteuren sollte auf guten Blickkontakt und gutes Verstehen geachtet werden.

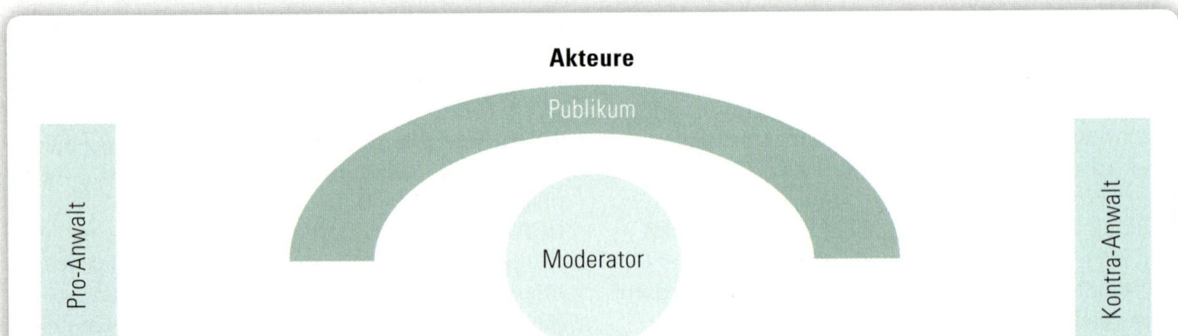

Schritt 4: Ablauf der Pro-Kontra-Debatte

Der Ablauf der Pro-Kontra-Debatte unterliegt einer strengen Zeitregie. Die Gesprächsregeln werden festgelegt. Wichtiger erscheint es aber, dass das unterschiedliche Selbstverständnis der Akteure den Schülerinnen und Schülern deutlich wird.

Der Moderator führt in das Problem ein, stellt die Anwälte und Sachverständigen vor, erläutert Gesprächsregeln sowie Ablauf und achtet auf die Einhaltung der Zeiten (evtl. mithilfe eines akustischen Signals, nach dessen Ertönen die Befragung bzw. die Plädoyers innerhalb von 15 Sekunden beendet werden). Trotz der vielfältigen Aufgaben versteht sich der Moderator eher als neutraler Gesprächsleiter denn als Animateur.

Zuerst findet eine Abstimmung des Publikums statt. Danach halten die Anwälte ihr jeweiliges Plädoyer. Es schließt sich eine abwechselnde Befragung der Sachverständigen an. Die Sachverständigen argumentieren aufgrund ihrer beruflichen oder politischen Kompetenzen und Erfahrungen, ohne selbst Plädoyers oder Monologe zu halten. Im Anschluss an die Befragung der Sachverständigen halten die Anwälte ihre Schlussplädoyers. Vor der sich anschließenden Reflexionsphase erfolgt eine erneute Abstimmung des Publikums.

Hans Werner Kuhn/ Markus Gloe, Die Pro-Contra-Debatte, in: Frech/Kuhn/Massing (Hrsg.), Methodentraining für den Politikunterricht, Schwalbach 2004, S. 148 – 151

Pro-Kontra-Debatte (Ablaufraster)

Phase 1:	5 Min.	Alternativ formulierte Problemfrage
Phase 2:	5 Min.	Probeabstimmung des Publikums
Phase 3:	je 1 Min.	Plädoyer des Pro-Anwalts/ der Pro-Anwältin → ← Plädoyer des Kontra-Anwalts/ der Kontra-Anwältin
Phase 4:	je 5 Min.	Abwechselnde Befragung der (vier) Sachverständigen
Phase 5:	je 1 Min.	Schlussplädoyer des Pro-Anwalts/der Pro-Anwältin → ← Schlussplädoyer des Kontra-Anwalts/ der Kontra-Anwältin
Phase 6:	5 Min.	Abstimmung des Publikums
Phase 7:		Auswertung

Aufgaben

1. Ordnen Sie die Fallbeispiele in M 9 den in M 10 genannten Ursachen von Arbeitslosigkeit zu.
2. Schlagen Sie für die in M 9 genannten Personen möglichen Maßnahmen gegen die Arbeitslosigkeit vor (M 12).
3. Welche weiteren Kosten entstehen dem Staat durch Arbeitslosigkeit (M 11)?
4. Mittlerweile liegen einige Studien zur Wirksamkeit der Hartz-Reformen vor. Stellen Sie dar, welche Erwartungen mit den einzelnen Elementen des Gesetzes verbunden waren und prüfen Sie, inwieweit diese Erwartungen erfüllt werden konnten (M 13, Internetrecherche).
5. Eine besondere Problemgruppe auf dem Arbeitsmarkt stellen ältere Langzeitarbeitslose dar. Beurteilen Sie, inwieweit die Vorschläge der Großen Koalition zur Schaffung eines „Dritten Arbeitsmarktes" geeignet sein könnten, eine Perspektive für diese Gruppe zu schaffen (M 14, M 15).
6. In M 16 streiten Experten über Ursachen und Lösungsmöglichkeiten der Beschäftigungskrise. Arbeiten Sie die einzelnen Argumente heraus und führen Sie eine Pro und Kontra-Debatte zum Thema „Sind nachfrage- oder angebotsorientierte Maßnahmen besser geeignet zur Lösung der Beschäftigungskrise?".

Wissen kompakt

Ursachen der Beschäftigungskrise
M 10

Auf gesamtwirtschaftlicher Ebene werden die Ursachen der anhaltenden Beschäftigungskrise in Deutschland kontrovers diskutiert. Einerseits wird argumentiert, die Beschäftigungskrise sei eine Kostenkrise, weil zu hohe Löhne und Lohnnebenkosten die unternehmerische Investitionstätigkeit einschränkten und die Schaffung neuer Arbeitsplätze verhinderten. Zudem führe die Überregulierung auf den Arbeits- und Produktmärkten vor allem angesichts der Globalisierung zu mangelnder Wettbewerbsfähigkeit und gefährde so das Wirtschaftswachstum, das für mehr Beschäftigung notwendig sei. Andererseits wird angeführt, die Beschäftigungskrise sei auf eine mangelnde Binnennachfrage zurückzuführen, die die Absatzerwartungen der Unternehmen dämpfe.

Arbeitsmarktpolitik
M 12

Arbeitsmarktpolitik soll dazu beitragen, das stabilitätspolitische Ziel eines hohen Beschäftigungsstandes zu erreichen und die negativen Auswirkungen der Arbeitslosigkeit zu mildern. Arbeitsmarktpolitik umfasst daher im weiteren Sinne alle Maßnahmen, die das Arbeitsangebot positiv beeinflussen sollen: Wachstumspolitik, Wettbewerbspolitik, Strukturpolitik, Bildungspolitik, Technologiepolitik usw. Arbeitsmarktpolitik im engeren Sinne beinhaltet Maßnahmen wie Arbeitsvermittlung, Berufsberatung, Umschulung, Arbeitsbeschaffungsmaßnahmen oder Eingliederungshilfen, die dazu führen sollen, Arbeitslose wieder in ein Beschäftigungsverhältnis zu bringen.

Träger

Zuständig für die Umsetzung der Arbeitsmarktpolitik im engeren Sinne ist vor allem die Bundesagentur für Arbeit. Große Bedeutung haben aber auch Bundestag und Bundesregierung aufgrund des Gesetzgebungsrechts bzw. durch die Möglichkeit, Verordnungen und Erlasse zu verabschieden, die von der Bundesagentur und den Kommunen dann umgesetzt werden müssen. Daneben spielen noch Arbeitgeberverbände und Gewerkschaften eine bedeutende Rolle, da sie als Träger der Tarifpolitik Entscheidungen mit arbeitsmarktpolitischer Bedeutung autonom treffen können. Mittelbar spielt auch die Geldpolitik der EZB eine Rolle, da sie die Rahmenbedingungen für Investitionen und Konsum der Unternehmen und privaten Haushalte entscheidend beeinflussen kann.

Lösungsansätze
M 16

Ähnlich kontrovers wird die Diskussion um Wege aus der Wachstums- und Beschäftigungskrise geführt. Regierung und Opposition setzen zwar an den gleichen Politikfeldern an, schlagen jedoch oft unterschiedliche Maßnahmen vor, um die Arbeitslosigkeit abzubauen. Im Zentrum stehen dabei jeweils Vorschläge zur Reform der Steuersysteme, zur Reform der sozialen Sicherungssysteme und zur Deregulierung des Arbeitsmarktes. Dabei müssen wirtschaftspolitische Maßnahmen neben dem Kriterium der Praktikabilität und Effizienz auch auf ihre verteilungspolitischen Wirkungen hin überprüft werden und dem im Grundgesetz formulierten Sozialstaatspostulat entsprechen.

Die Hartz-Reformen
M 13

Der Staat hat mit den „Hartz-Reformen“ ein ganzes Paket von Maßnahmen verabschiedet, das zu mehr Beschäftigung führen soll. Im Zentrum stehen verbesserte Dienstleistungen des Staates für arbeitslose Arbeitnehmer, die schnellere Vermittlung von Arbeitslosen in den Arbeitsmarkt, die Neuorganisation der finanziellen Unterstützung für Arbeitslose (ALG I und ALG II) und die Schaffung neuer und zusätzlicher Beschäftigungsmöglichkeiten (Mini-Jobs). Dazu erfolgte auch ein Umbau der Bundesagentur für Arbeit. Insgesamt sollen Arbeitslose stärker gefördert und auch gefordert werden, um wieder eine Beschäftigung zu erhalten.

Die Politik der Tarifpartner

Auf der Ebene von Unternehmen und Gewerkschaften wird insbesondere um Löhne, Arbeitszeiten und Kündigungsschutz diskutiert. Die Unternehmen sehen in moderaten Lohnabschlüssen, längeren Arbeitszeiten und einem gelockerten Kündigungsschutz eine Verbesserung ihrer Wettbewerbsposition. Die Gewerkschaften argumentieren, dass niedrige Löhne und Arbeitszeitverlängerung zu einem Rückgang der Nachfrage und verstärktem Sparverhalten führen und Beschäftigungseffekte somit ausbleiben.

10.3 Staatliche Finanzpolitik in der Schuldenklemme

Warum braucht der Staat Geld?

M 17

In der reinen oder klassischen Marktwirtschaft liberalistischer Prägung (auch als „laissez-faire-Wirtschaft“ oder abwertend als „Nachtwächterstaat“ bezeichnet), übernahm der Staat nur allgemeine Regelungsfunktionen (Gesetzgebung, Rechtsprechung), ohne den Wirtschaftsprozess aber darüber hinaus durch aktive Handlungen zu beeinflussen. Mit der Entwicklung zur Sozialen Marktwirtschaft im engeren Sinne übernahm der Staat zusätzlich absichernde und umverteilende Aufgaben aus sozialer Verantwortung heraus (u.a. Sozialversicherungen, progressives Steuersystem, Subventionen). Mit der Globalsteuerung kommt hinzu, dass der Staat durch allgemein wirkende (globale) Maßnahmen (z.B. mittels der Zinspolitik) Wirtschaftsentwicklung beeinflussen und den Konjunkturverlauf stabilisieren will. Schließlich greift der Staat in der interventionistischen Marktwirtschaft punktuell und gezielt in das Marktgeschehen ein, z.B. durch Subventionierung bestimmter Branchen (Bergbau, Schiffbau) und durch Marktordnungen im landwirtschaftlichen Bereich („gelenkte Marktwirtschaft“). Diese Ausweitung der Staatsaufgaben spiegelt sich auch in der Gestaltung und Handhabung des Staatshaushaltes wider, der heute drei Funktionen zu erfüllen hat.

- Die erste besteht darin, dass der Staat die Ausgaben, die aus der Bereitstellung der öffentlichen Güter entstehen, durch entsprechende Einnahmen finanzieren muss. Dies betrifft den Staat in seiner traditionellen Funktion als Fiskus, der dem Grundsatz des ausgeglichenen Haushalts verpflichtet ist (Bedarfsdeckungsfunktion).
- Als zweite Aufgabe kommt hinzu, soziale und ökonomische Ungleichheiten abzumildern. Diese Umverteilungsfunktion äußert sich u.a. in der Höherbesteuerung höherer Einkommen und Vermögen, in der Leistung von Subventionen, aber auch in regionaler Hinsicht im sogenannten Finanzausgleich und im Rahmen der regionalen und sektoralen Strukturpolitik.
- Die dritte Funktion ist die Konjunkturbeeinflussung. Sie leitet sich aus der Tatsache ab, dass die konjunkturellen Bewegungen zu unerwünschten Effekten führen können (z.B. Arbeitslosigkeit, Inflation).

Funktionen des Staatshaushaltes

Bedarfsdeckungsfunktion	Umverteilungsfunktion	Konjunktursteuerung
Finanzierung öffentlicher Güter wie z.B. Schulen, Verkehrswege oder Krankenhäuser	Finanzierung von Maßnahmen zum Ausgleich sozialer Ungleichheiten wie z.B. Sozialhilfe oder Mietzuschüsse	Steuerung der Ausgaben und Einnahmen, um unerwünschten Wirkungen von Konjunkturschwankungen wie z.B. Arbeitslosigkeit entgegenwirken zu können

Jörn Altmann, Wirtschaftspolitik, 8. Aufl., Stuttgart 2007, S. 284 f.

M 18 Der Bundeshaushalt 2007

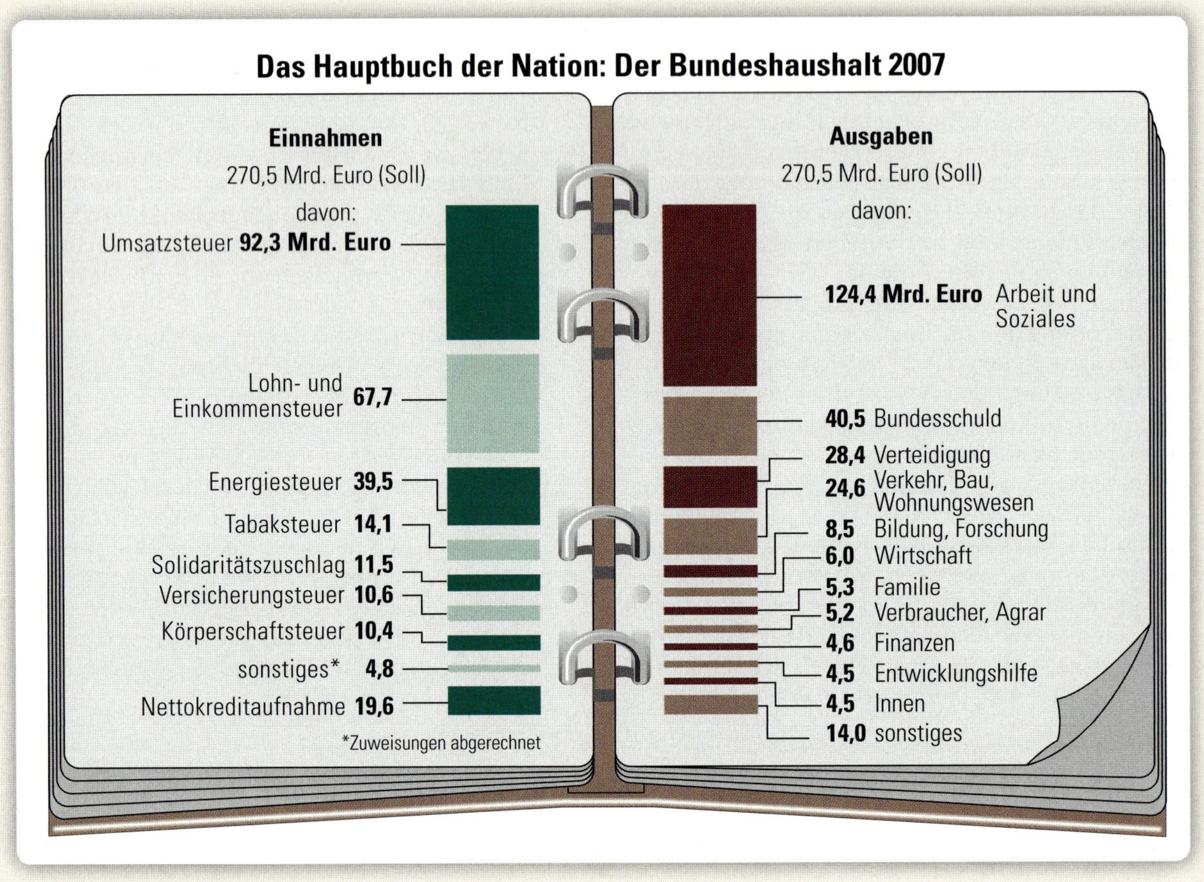

Globus-Grafik 1218, Quelle: BMF

M 19 Die Einnahmen des Staates

Die Einnahmen der öffentlichen Hände werden unterteilt in die ordentlichen und außerordentlichen Einnahmen. Die ordentlichen Einnahmen sind regelmäßig wiederkehrende Beiträge und bestehen aus Abgaben, öffentlichen Erwerbseinkünften und Zuweisungen.

Abgaben sind Einnahmen, die der Staat kraft seiner Finanzhoheit erhebt. Zu den Abgaben gehören:

Steuern: Dies sind „einmalige oder laufende Geldleistungen, die nicht Gegenleistung für eine besondere Leistung darstellen". Nach der Besteuerung unterscheidet man in der Bundesrepublik Deutschland Besitz-, Verkehr- und Verbrauchsteuern.

Gebühren/Beiträge: Gebühren sind Abgaben, die ein öffentlich-rechtliches Gemeinwesen als Gegenleistung für Beglaubigungen und Beurkundungen einnimmt. Beiträge haben Zuschusscharakter und werden vor allem von den Gemeinden als Herstellungskostenbeitrag für Straßen, Kanal und Wasser erhoben. Zu den Beiträgen gehören die Zahlungen der Mitglieder der gesetzlichen Sozialversicherung.

Öffentliche Erwerbseinkünfte: Da die Gebietskörperschaften auch (Mit-)Eigentümer von Wirtschaftsbetrieben (Volkswagenwerk) oder Grund und Boden (Domänen) sein können, fließen ihnen dadurch Einnahmen zu. Von Erwerbseinkünften ist zu sprechen, wenn der Staat sich unternehmerisch betätigt und daraus Einnahmen erzielt.

Günter Schiller, Volkswirtschaftslehre, 7. Aufl., Darmstadt 2001, S. 151

Steuerspirale 2006

M 20

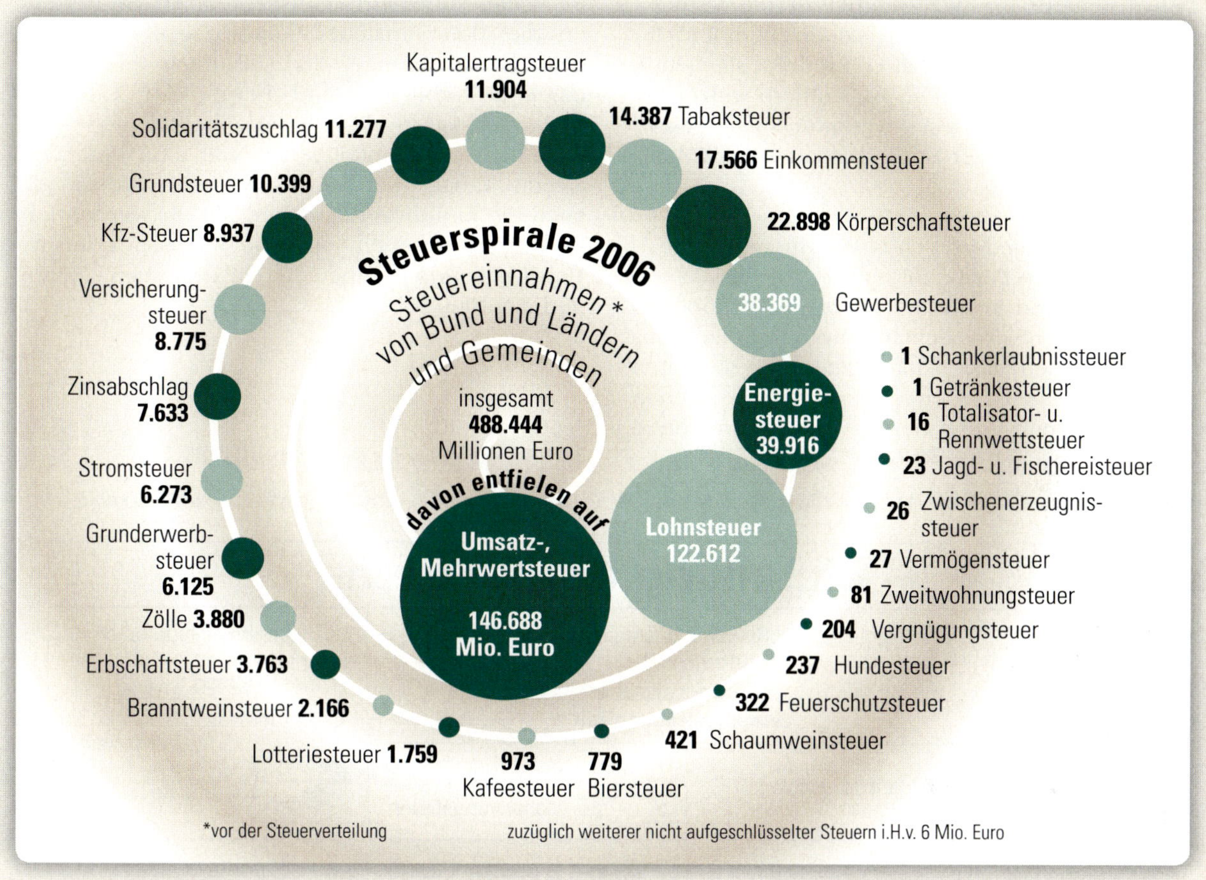

Globus-Grafik 1445, Quelle: BMF

Die Einteilung der Steuern

M 21

Steuern sind die wichtigste Finanzierungsquelle des Staates. In Anlehnung an § 3 der Abgabenordnung lassen sie sich definieren als

- einmalige oder laufende Geldleistungen, die
- von einem öffentlich-rechtlichen Gemeinwesen
- zur Erzielung von Einnahmen
- ohne direkte Gegenleistung
- von allen erhoben werden, auf die ein bestimmter gesetzlicher Tatbestand zutrifft.

Die Steuerarten können nach verschiedenen Gesichtspunkten gruppiert und untergliedert werden. So spielt z.B. das Verhältnis zwischen direkten und indirekten Steuern eine wichtige Rolle in der steuerpolitischen Diskussion. Große Bedeutung hat auch die Aufteilung der Steuern nach der Ertragshoheit, also danach, wem die Steuereinnahmen letztlich zufließen (Bund, Ländern, Gemeinden). Und schließlich kann auch gefragt werden, worin sich die wirtschaftlichen Tatbestände, die der Besteuerung unterliegen, grundsätzlich unterscheiden (Besitz-, Verkehr-, Verbrauchsteuern).

Zu den *direkten Steuern* zählen alle Steuern auf Einkommen, Vermögen und Kapitalerträge, also alle Besitzsteuern. Die direkte Steuer erfasst das Einkommen bei seiner Entstehung; sie orientiert sich an der persönlichen oder sachlichen Leistungsfähigkeit der Steuerpflichtigen. Als Grundlage der Steuerbemessung dient z.B. das jährliche Gesamteinkommen.

Indirekte Steuern sind die Verkehr- und Verbrauchsteuern. Ihr Bezugspunkt ist die Verwendung des Einkommens. Die steuerzahlenden Unternehmen tragen die auf ihren Produkten liegende Steuerlast letztlich nicht selbst, sondern wälzen sie über den Preis auf die Endverbraucher ab. Wichtigste indirekte Steuer ist die Umsatzsteuer (Mehrwertsteuer).

Besitzsteuern gliedern sich in Personen- und Realsteuern. Zu den Personensteuern gehören die von natürlichen und juristischen Personen erhobenen Einkommen-, Körperschaft- und Erbschaftsteuern. Realsteuern lasten hingegen auf bestimmten Vermögensgegenständen und werden bei denen erhoben, denen diese Gegenstände zuzurechnen sind (Grundsteuer, Gewerbesteuer).

Verkehrsteuern knüpfen an bestimmte Vorgänge im Rechts- und Wirtschaftsverkehr an. So besteuert die Mehrwertsteuer (Umsatzsteuer) alle entgeltlichen Lieferungen und Leistungen im Rahmen einer gewerblichen und beruflichen Tätigkeit. Verbrauchsteuern belasten den Verbrauch oder Gebrauch bestimmter Güter, wie z.B. Mineralöl, Strom, Tabak, Kaffee. Als Verbrauchsteuer gilt auch die Einfuhrumsatzsteuer. Mit ihr werden Importwaren besteuert, um eine Anpassung an die Umsatzsteuerbelastung der inländischen Waren herbeizuführen.

Erich Schmidt Verlag, Zahlenbilder 181 111 (02/2005)

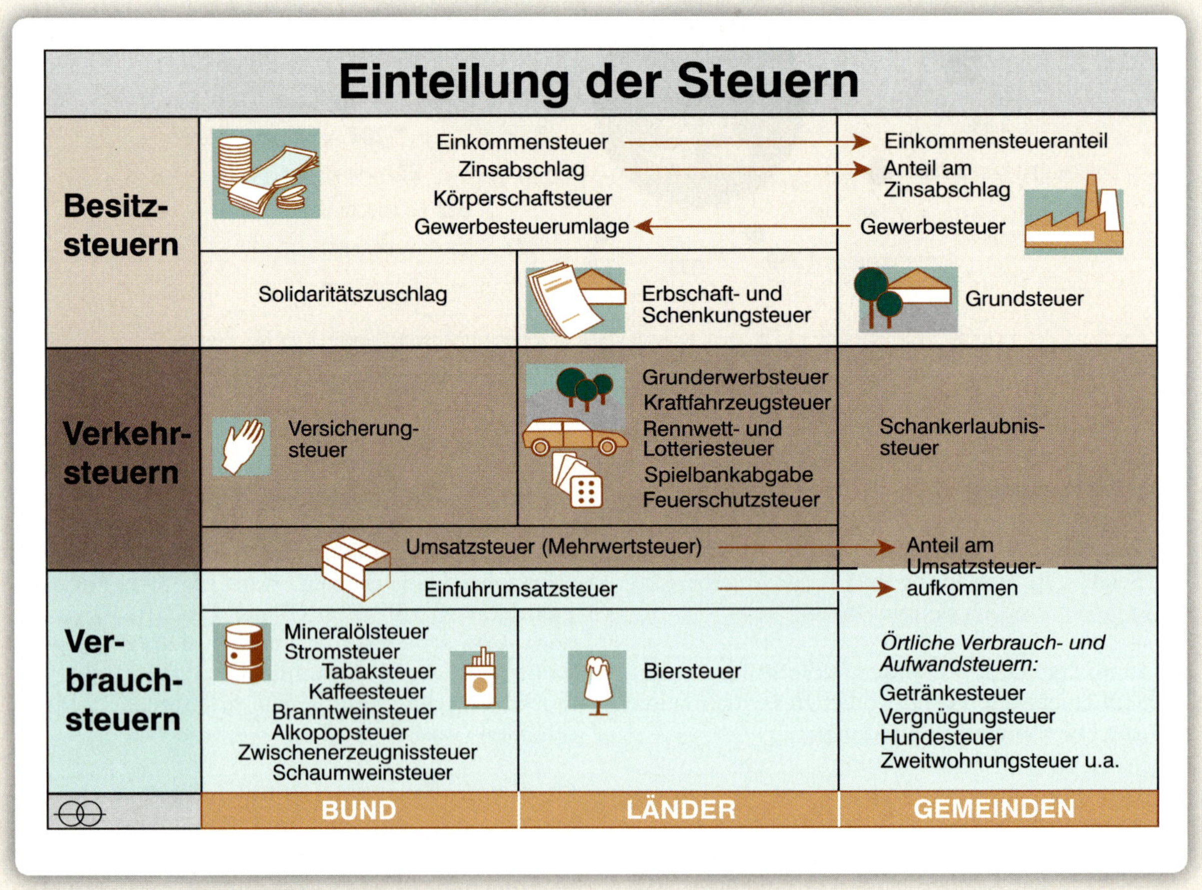

Erich Schmidt Verlag, Zahlenbilder 181 111

Der staatliche Zugriff: die Staatsquote

M 22

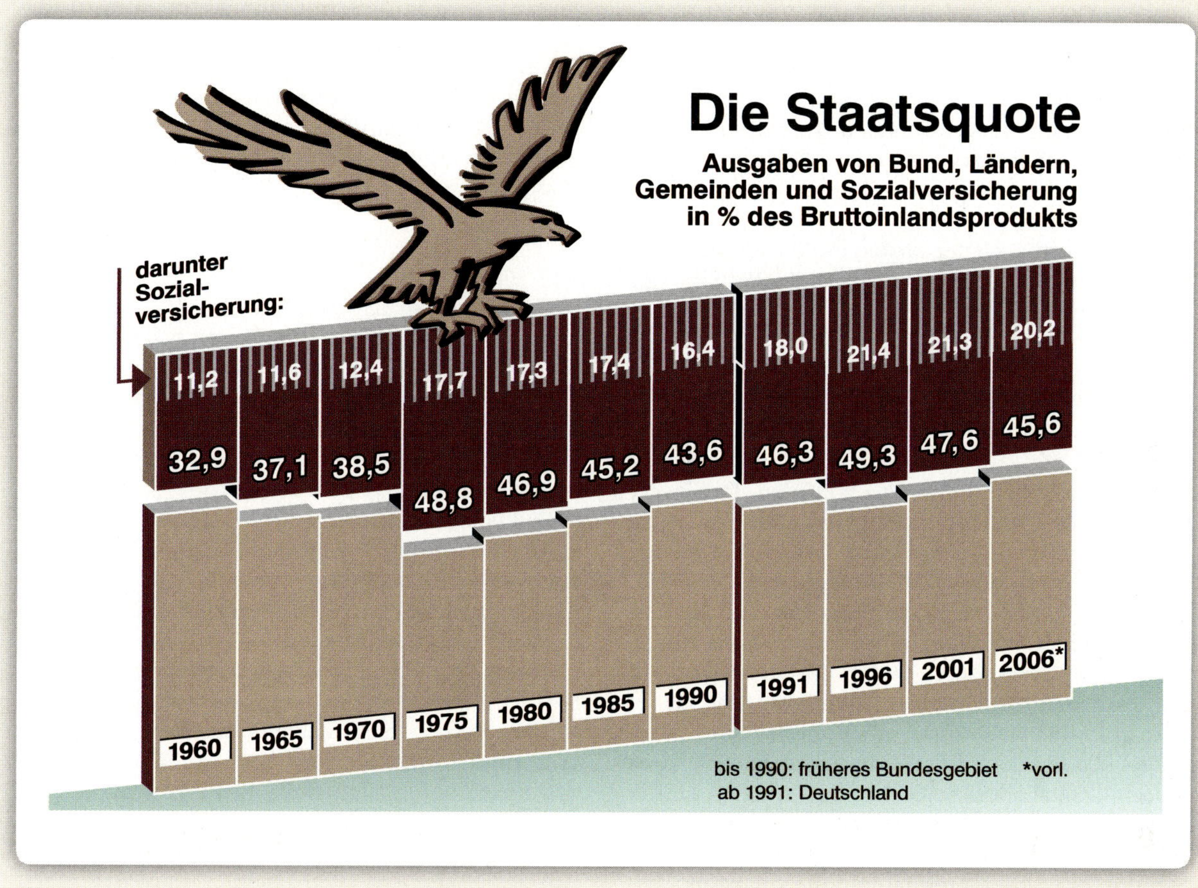

Erich Schmidt Verlag, Zahlenbilder 185 071, Quelle: Destatis/BMF

Die Entwicklung zum Wohlfahrtsstaat und die damit verbundene Ausweitung der staatlichen Zuständigkeiten vor allem in der Sozial- und Wirtschaftspolitik ließ die Staatsausgaben seit Mitte des 19. Jahrhunderts unaufhaltsam anwachsen – und zwar nicht nur dem Betrag nach, sondern auch im Verhältnis zur wirtschaftlichen Gesamtleistung. Diese Tendenz, die der Nationalökonom Adolph Wagner bereits 1863 mit seinem „Gesetz der wachsenden Staatstätigkeit“ zu fassen versuchte, setzte sich in den Industriestaaten bis in die siebziger Jahre des 20. Jahrhunderts fort. Sie stieß nun aber zunehmend auf Kritik: Viele Ökonomen sahen durch den Anstieg der Staatsausgaben die private Investitionstätigkeit erschwert und das Wachstum beeinträchtigt; und unter gesellschaftspolitischem Blickwinkel wurden Vorbehalte dagegen laut, dass der Staat in zu viele Bereiche hineinregierte. Im Einklang damit schwenkten die Industrieländer Ende der siebziger Jahre auf einen neuen Kurs ein, der die Begrenzung der Staatsaufgaben und die Stärkung der Marktkräfte zum Ziel hatte.

In der Bundesrepublik Deutschland war die Staatsquote – das Verhältnis der gesamten öffentlichen Ausgaben zum Bruttoinlandsprodukt – zwischen 1960 und 1970 von knapp 33 % auf 39 % geklettert. Dieser Trend hielt in der ersten Hälfte der siebziger Jahre unvermindert an. Als im Rezessionsjahr 1975 staatliche Konjunkturprogramme und wachsende Sozialleistungen mit einem schwachen Wirtschaftsergebnis zusammenfielen, stieg die Staatsquote auf annähernd 50 %. Im nächsten Konjunkturtief wurde diese Marke 1982 sogar überschritten. Ab 1981/82 versuchten die öffentlichen Haushalte dieser Entwicklung jedoch mit strenger Ausgabendisziplin entgegenzusteuern. So wurde die Staatsquote durch Begrenzung des Personalaufwands und der Sozialleistungen, zum

Teil auch durch Kürzungen bei den öffentlichen Investitionen bis 1990 wieder auf unter 45 % zurückgeschraubt.
Nach der deutschen Vereinigung waren Gebietskörperschaften und Sozialversicherung durch die Aufgaben der wirtschaftlichen Erneuerung und sozialen Absicherung Ostdeutschlands aber zusätzlich in die Pflicht genommen. Hinzu kamen die Probleme einer alternden Gesellschaft und der auch im Westen weiter ansteigenden Arbeitslosigkeit. Die Staatsquote übertraf deshalb 1996 wieder die Marke von 49 %. Auch wenn die positiven Aspekte sozialstaatlicher Fürsorglichkeit unbestritten sind, ging sie in diesem Umfang eindeutig zu Lasten der Beschäftigung und der künftigen Generationen. Es führte deshalb kein Weg daran vorbei, die Staatsquote durch energische Reformen am Sozialsystem und Begrenzung der öffentlichen Ausgaben erneut zu drosseln. Der Erfolg dieses Umsteuerns: 2005 ging die Staatsquote auf 46,7 % des BIP zurück.

Erich Schmidt Verlag, Zahlenbilder 185 071

M 23 Die Staatstätigkeit in der Diskussion

Die Zunahme der Staatsaktivitäten wird durchaus gegensätzlich beurteilt. Von den Befürwortern zunehmender Staatstätigkeit wird insbesondere angeführt, dass der Staat besser als Private in der Lage ist, bestimmte Aufgaben zu erfüllen. Von den Gegnern wird der Staat eher als Hemmnis betrachtet, der die persönlichen Entfaltungsmöglichkeiten einengt, wobei insbesondere auf die zunehmende Gesetzes- und Verordnungsflut und auf die wuchernde, aber ineffiziente Bürokratie verwiesen wird. Hierin spiegeln sich auch die grundsätzlichen Ansichten der Anhänger einer angebots- und nachfrageorientierten Wirtschaftspolitik wider. Da sich der Staatshaushalt teils über Steuern, teils über Kreditaufnahme finanziert, bedeutet eine Ausweitung des Budgets entweder die Notwendigkeit zusätzlicher Steuereinnahmen und/oder wachsende Verschuldung ...
Eine Rückführung der Staatsquote erscheint deshalb sinnvoll, weil mit der staatlichen Aktivität auch das Ausmaß der staatlichen Planung zunimmt, welche wiederum eine starke informatorische und instrumentale Verzahnung mit dem privaten Wirtschaftsgeschehen bedingt. Je größer aber das Ausmaß der planerischen und sonstigen staatlichen Aktivitäten ist, desto inflexibler und eingeschränkter wird aber die staatliche und private Handlungsfähigkeit. Selbstverständlich ist dies ein Werturteil.

Jörn Altmann, Wirtschaftspolitik, 8. Auflage, Stuttgart 2007, S. 298 f.

Aufgaben

1. Stellen Sie je zwei Maßnahmen auf der Einnahmen- und auf der Ausgabenseite des Staatshaushaltes zur Rückführung der Staatsverschuldung vor und gehen Sie auf die Problematik der Realisierbarkeit ein (M 17 – M 22).
2. Unterscheiden Sie die direkten von den indirekten Steuern und zeigen Sie, wie sich die Steuereinnahmen des Staates im Verlauf eines Konjunkturzyklus verändern (M 21).
3. Begründen Sie die Forderung nach einer Senkung der Staatsquote und erläutern Sie, welcher wirtschaftspolitischen Grundkonzeption diese Position eher zuzurechnen ist (M 22, M 23).

Staatsverschuldung – auf Kosten der nächsten Generation?

M 24

Bund der Steuerzahler	Staatsverschuldung in Deutschland	Schuldenzuwachs pro Sekunde	Verschuldung pro Kopf
	1.494.973.309.420 €	539 €	18.149 €

Die Schulden von heute sind die Steuern von morgen (Stand: 5.11.2007)

Staatsverschuldung – zwei Varianten

M 25

Die Verschuldung eines Staates wird aus zwei Perspektiven gesehen – beide sind der Öffentlichkeit vor allem im Zusammenhang mit den sogenannten Maastricht-Kriterien bekannt (Beitritt zur Europäischen Währungsunion). Zum einen geht es um die Neuverschuldung: Das ist der Betrag, den ein Staat in einem Haushaltsjahr neu aufnehmen muss, um sein Budget auszugleichen („Haushaltsdefizit"). Laut Maastricht-Kriterien zum Beispiel sollte die jährliche Neuverschuldung in den Beitrittsländern nicht höher ausfallen als 3 Prozent des Bruttoinlandsprodukts.

Die zweite Variante der Staatsverschuldung ist der Schuldenstand, auch Gesamtverschuldung genannt. Das ist der Betrag, mit dem Bund, Länder und Gemeinden insgesamt in der Kreide stehen – in Deutschland waren das Mitte des Jahres 2007 fast 1,5 Billionen Euro. Doch auch solch riesig anmutende Beträge sind relativ zu sehen. Deshalb werden sie ebenfalls auf das Bruttoinlandsprodukt bezogen. Laut Maastricht-Kriterien sollte die Gesamtverschuldung der einzelnen Länder den Wert von höchstens 60 Prozent des Bruttoinlandsprodukts nicht überschreiten.

Die Frage nach den Grenzen und den Wirkungen der Staatsverschuldung wird heute zum Teil sehr kontrovers diskutiert. Unter ökonomischen Gesichtspunkten sind vor allem die Grenzen einer wachsenden Verschuldung schwierig zu markieren. Wenn gleichzeitig auch das Bruttoinlandsprodukt entsprechend zulegt, bleibt die „Schuldenquote" unverändert.

Die Haushaltsrechtler in Deutschland haben in dieser Frage einen bindenden Beschluss des Bundesverfassungsgerichtes. Die Richter beriefen sich dabei auf den Artikel 115 Grundgesetz, wonach

„die Einnahmen aus Krediten die Summe der im Haushaltsplan veranschlagten Ausgaben für Investitionen nicht überschreiten dürfen, Ausnahmen sind nur zulässig zur Abwehr einer Störung des gesamtwirtschaftlichen Gleichgewichts."
Damit sind zugleich zwei wichtige „Ziele" oder gewünschte Effekte der Staatsverschuldung genannt: Die Verschuldung ist dann akzeptabel, wenn damit öffentliche Investitionen finanziert werden, die Kredite also später auch Erträge abwerfen. Zum anderen kann die Kreditaufnahme auch dann sinnvoll sein, wenn damit die lahmende Konjunktur angekurbelt wird – was im Idealfall dazu führt, dass der Staat über steigende Steuereinnahmen sein Defizit wieder abbauen kann. Weil in den vergangenen Jahrzehnten die positiven Effekte der Staatsverschuldung in vielen Ländern aber nicht oder nur sehr begrenzt eingetreten sind, wächst die Skepsis gegenüber der Staatsverschuldung. Immer deutlicher treten ihre negativen Auswirkungen in den Vordergrund: Steigende Zins- und Tilgungsverpflichtungen engen den finanz- und haushaltspolitischen Spielraum ein. ... Zudem birgt eine steigende staatliche Kreditaufnahme die Gefahr, private Kredite und Investitionen vom Markt zu verdrängen – mit entsprechend negativen Folgen für das Wirtschaftswachstum. In den meisten Industrieländern ist deshalb die Konsolidierung der Staatsfinanzen das vorrangige Ziel der Finanzpolitik.

www.insm.de/Lexikon/S/Staatsverschuldung.html (6.5.2007)

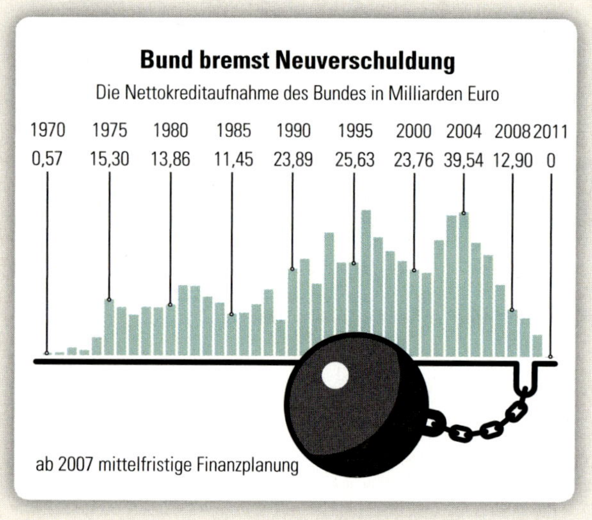

Globus-Grafik 1493, Quelle: BMF

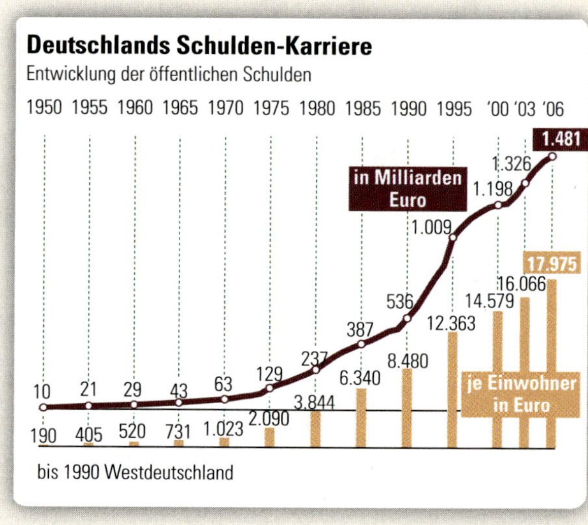

Globus-Grafik 1478, Quelle: Statistisches Bundesamt

M 26 Wo nimmt der Staat die Kredite her?

Um Posten im Haushalt zu finanzieren, die nicht durch Einnahmen gedeckt sind oder Haushaltsdefizite zu finanzieren, nehmen Bund, Länder und Gemeinden Kredite, also Schulden, auf.
Dazu kann der Staat Schuldpapiere in Form von Bundes- und Länderanleihen, Obligationen, Schuldscheindarlehen oder Bundesschatzbriefen ausgeben, die über den Kapitalmarkt von institutionellen (z.B. Banken) oder privaten Anlegern gekauft werden können. „Staatspapiere" sind interessante Geldanlagen, da sie bei einem geringen Risiko eine sichere Verzinsung frei von Kurs- und Währungsschwankungen garantieren. Während sich der Bund hauptsächlich über Anleihen und Obligationen finanziert, nehmen die Länder und Gemeinden vorwiegend direkte Kredite bei Banken und Versicherungen auf.

Autorentext

Ursachen der Staatsverschuldung in Deutschland

M 27

Zunächst einmal ist festzuhalten, dass es völlig normal und sinnvoll ist, wenn sich ein Staat verschuldet. Die Staatseinnahmen, also im wesentlichen Steuereinnahmen, werden von speziellen Fachgremien beobachtet und für die Zukunft geschätzt. Da die zeitliche Verteilung der Staatseinnahmen sich nicht a priori mit der zeitlichen Verteilung der Ausgaben decken wird, sind sehr kurzfristige sogenannte Kassenverstärkungskredite zur Sicherung der Zahlungsfähigkeit des Staates unumgänglich, zum großen Teil vorhersehbar und unproblematisch. Außerdem sind Steuerschätzungen mit Unsicherheiten behaftet und können sich als falsch erweisen, sodass auch in diesem Falle eine ausgleichende (unvorhersehbare) Kreditaufnahme erforderlich wird. Eine andere Ursache staatlicher Kreditaufnahme besteht im sogenannten „deficit spending“ im Rahmen der antizyklischen Finanzpolitik, d.h. durch bewusste Verschuldung des Staates, um eine zu schwache private Nachfrage durch staatliche Maßnahmen zu ergänzen. Diese konjunkturell bedingte Verschuldung wäre mittelfristig im nächsten konjunkturellen Aufschwung aus den dann einsetzenden Steuermehreinnahmen wieder abzubauen und somit vom Prinzip her gleichfalls unproblematisch (sofern dieses Prinzip beachtet wird).

Eine kritische Ursache der (wachsenden) Staatsverschuldung ist die strukturelle Verschuldung. Sie beruht auf einer anhaltenden Finanzierungslücke im Haushalt, die dadurch entsteht, dass längerfristig die Struktur der Staatsausgaben zu Mittelabflüssen führt, die nicht durch entsprechende Staatseinnahmen gedeckt werden können. …

Aufgrund der massiven Haushaltswirkungen durch die Wiedervereinigung kann das strukturelle Defizit des Bundeshaushalts gegenwärtig nicht solide quantifiziert werden. Solange ein strukturelles Defizit aber nicht verringert werden kann (dies gilt unabhängig von den einigungsbedingten Haushaltsproblemen seit 1990), muss es durch ständige Neuverschuldung, die den Schuldenstand erhöht, finanziert werden.

Die Entwicklung der öffentlichen Verschuldung in der Bundesrepublik weist vier Phasen auf: In der ersten, der Wiederaufbauphase, ist eine – aus heutiger Sicht – recht zurückhaltende Schuldenpolitik zu beobachten. Mit Inkrafttreten des Stabilitätsgesetzes im Jahre 1967 und der Umsetzung keynesianischen „deficit spendings“ nahm die Verschuldung deutlich zu. Die politische „Wende“ 1982 bedeutete wirtschaftspolitisch den Übergang zu einer angebotsorientierten Politik und dem erkennbaren Bestreben, die Staatsaktivitäten zu reduzieren: Dies lässt sich an der Verringerung der Staatsquote nach 1982 nachvollziehen und zeigt sich auch in dem Versuch, die Staatsverschuldung (relativ) zu verringern. Dies wurde zunächst durch eine günstige konjunkturelle Entwicklung und hohe Gewinnabführungen der Deutschen Bundesbank erleichtert. Diese „Konsolidierungsphase“ endet etwa 1986. Ab 1990 erfolgte dann ein abrupter Anstieg der Staatsverschuldung, bedingt durch die Notwendigkeit, die enormen Ausgaben, die sich aus dem Beitritt der neuen Bundesländer ergaben, zu großen Teilen durch Kreditaufnahmen zu finanzieren.

Derartige Sondereffekte sind natürlich in anderem Licht zu sehen als eine Entwicklung ohne solche externen Impulse, doch bleibt das grundsätzliche Problem eines strukturellen Defizits.

Jörn Altmann, Wirtschaftspolitik, 8. Aufl., Stuttgart 2007, S. 335 f.

M 28 An Brüssels kurzer Leine?

Karikatur: Hanel/CCC, www.c5.net

M 29 Die Vorgaben des EU-Stabilitätspaktes

Der Stabilitätspakt soll sicherstellen, dass der Euro auf Dauer eine harte Währung bleibt. Im Vertrag von Maastricht waren zwar die Regeln für die Aufnahme in den Euro-Club festgelegt. Doch die Vorschriften für die Einhaltung nach dem Start der Währungsunion blieben vage. Unter dem Druck des damaligen deutschen Finanzministers Theo Waigel wurde im Dezember 1996 der Stabilitätspakt beschlossen. Er legt fest:

1. Die Neuverschuldung eines Mitgliedstaates der Europäischen Währungsunion darf 3 Prozent des Bruttoinlandsprodukts nicht überschreiten.
2. Nähert sich das Haushaltsdefizit eines Mitgliedstaates der Drei-Prozent-Grenze oder überschreitet diese, so erhält der betreffende Staat zunächst Empfehlungen der EU-Kommission zum Abbau des Haushaltsdefizits („Blauer Brief").
3. Sanktionen: Werden diese Empfehlungen ignoriert, wird eine Geldbuße verlangt, die zwischen 0,2 und 0,5 Prozent des Bruttoinlandsprodukts beträgt.
4. Ausnahmen: Bei Rückgang der Wirtschaftsleistung innerhalb eines Jahres in dem betreffenden Staat zwischen 0,75 und 2 Prozent kann eine Aussetzung der Sanktionen erfolgen, bei einem Rückgang über 2 Prozent werden keine Sanktionen verhängt. Zu den Ausnahmefällen gehören auch Naturkatastrophen.
5. Die Geldbuße wird zunächst als unverzinsliche Einlage gefordert; Einlagen werden zurückerstattet, wenn kein übermäßiges Defizit mehr vorliegt; andernfalls werden sie unter den Mitgliedstaaten aufgeteilt, die keine übermäßigen Haushaltsdefizite aufwiesen.
6. Die endgültige Entscheidung über die Herausgabe einer Empfehlung oder über die Verhängung einer Sanktion liegt beim EU-Ministerrat. (Bei Empfehlungen kann der betreffende Staat mitentscheiden; Sanktionen werden ohne seine Beteiligung verhängt.)
7. Sobald das übermäßige Defizit bereinigt ist, werden die Strafmaßnahmen aufgehoben.
8. Ziel des Stabilitätspakts: ausgeglichene Haushalte oder Haushaltsüberschüsse in allen Euro-Ländern; Stabilität der Euro-Währung.

Metzler Aktuell, Januar 2003

Haushaltsdisziplin in der EU

M 30

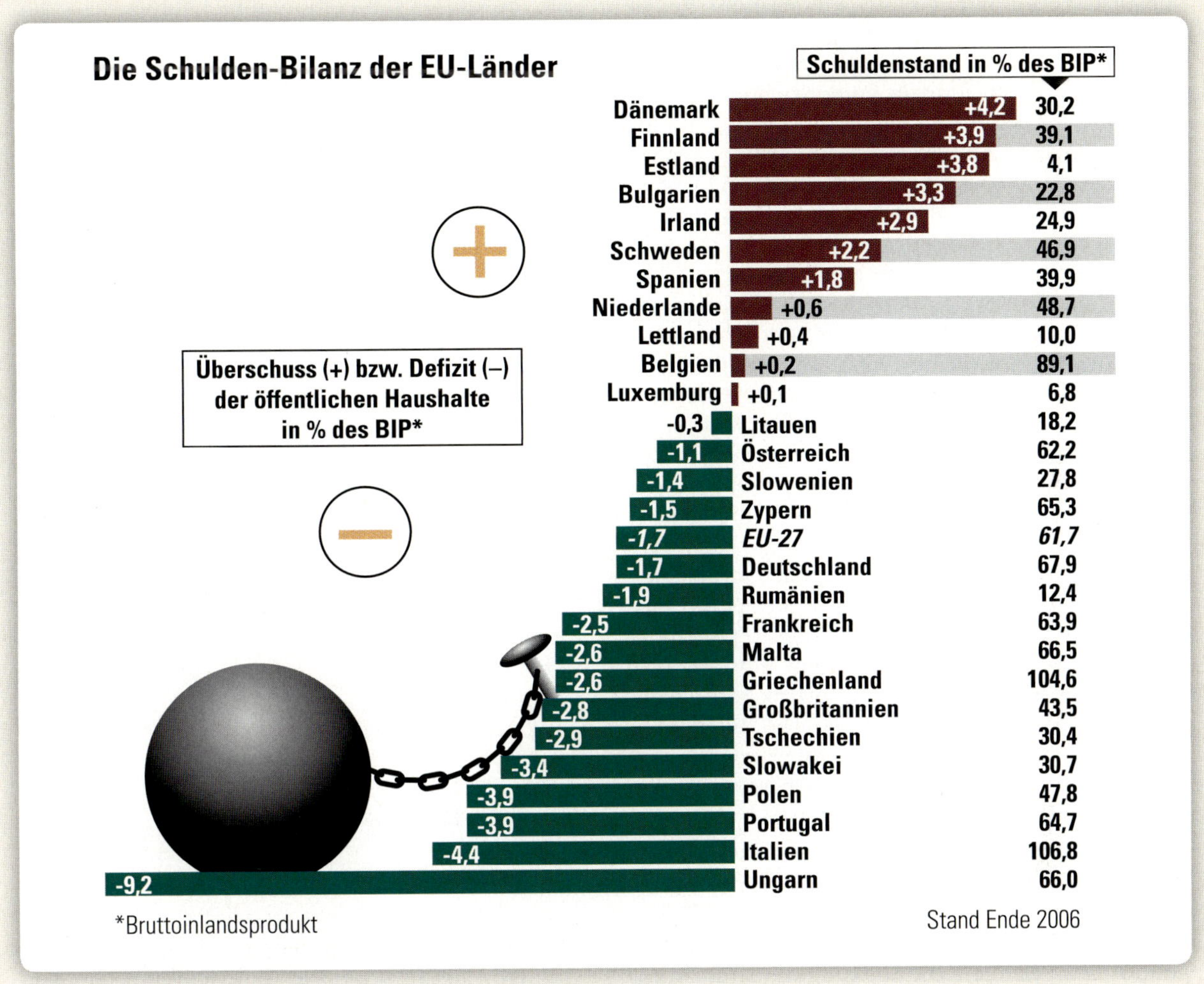

Globus-Grafik 1350, Quelle: Eurostat

Kontrovers diskutiert: Schulden oder Steuern senken?

M 31

a) Schuldenabbau hat Vorrang

Die erwarteten Mehreinnahmen wecken Begehrlichkeiten. Von den 90 Milliarden aus den Steuermehreinnahmen, die dem Bund zukommen, hätten diverse Bundesministerien bereits 30 Milliarden verplant, wenn es nach ihnen ginge. Alle möglichen Wohltaten möchte die Regierung dem Bürger bescheren.
Frau von der Leyen von der CDU zum Beispiel würde dem Volk gern viele Kinderkrippen schenken. Die Bundeswehr braucht mehr Geld, zumal sie nicht auf die teure Wehrpflicht verzichten will. Und da sich die privaten Betreiber des EU-Vorzeige-Satellitenprojekts „Galileo" gerade weigern, in ihr System zu investieren, wird vermutlich der Staat einspringen, um das völlig unnötige Konkurrenzprojekt zum amerikanischen GPS doch noch zu retten, damit der europäische Bürger seinen Kopf oben tragen kann. Und, und und.
Wer gegen diese Begehrlichkeiten seine Stimme erhebt und fordert, der Staat solle gefälligst das Geld den Bürgern zurückgeben, aus deren Taschen er es schließlich gezogen hat, auf dass

die Konjunktur weiter anziehe, wieder mehr Arbeitsplätze entstehen, woraus wieder mehr Steuereinnahmen generiert werden, hat im Prinzip und laut John Maynard Keynes Recht. Steuern und Abgaben runter ist im Prinzip immer richtig.

Im Prinzip. Aber nicht, wenn die Staatsschulden über 63 Prozent des Bruttoinlandprodukts ausmachen. Das sind grob geschätzt etwa 1.500 Milliarden Euro, oder 17.800 Euro pro Einwohner – Mann, Frau und Kind. Für die wir alle – jedenfalls alle Steuerzahler – Zinsen zahlen müssen. Der zweitgrößte Posten des aktuellen Bundeshaushalts 2007 ist mit 40 Milliarden Euro die Bedienung dieser Bundesschuld. Dabei wird sie ja nicht abgetragen, denn mit einem ausgeglichenen Haushalt, das heißt ohne Neuverschuldung, wird frühestens 2009 gerechnet.

Diesen gewaltigen Schuldenberg schiebt der Staat vor sich her. Eine Privatperson, die sich so verhielte, würde man fragen, wie sie sich ihre Alterssicherung vorstellt, wenn die tendenziell steigenden Zinsen aus dem dann geringeren Einkommen bedient werden sollen. Diese Frage muss man auch der Politik stellen. Denn mit der Alterung der Gesellschaft und den jetzt schon absehbaren gewaltigen Ausgaben, die für die Renten und Pensionen, die Pflege und die ärztliche Behandlung der aus dem Arbeitsleben scheidenden geburtenstarken Jahrgänge auf den Staat und die Sozialsysteme zukommen, schwinden die Mittel, die von dieser Generation aufgehäuften Schulden zu bedienen oder gar abzubauen.

Die Forderung, das Geld den Bürgern zurückzugeben, muss also abgewandelt werden in die Forderung, den Kindern das Geld zurückzugeben, von denen es de facto geborgt worden ist. Und zwar, indem Steinbrücks Mehreinnahmen restlos in die Senkung der Bundesschuld fließen. Angesichts eines Umfangs von 1.500 Milliarden sind Steinbrücks 200 Milliarden zwar eigentlich ein Tropfen auf den heißen Stein, aber immerhin ein Anfang.

Das Dümmste aber wäre, sich jetzt im Aufschwung prozyklisch zu verhalten, indem man – über die bereits beschlossenen Maßnahmen wie die Unternehmensteuerreform hinaus – Steuern und Abgaben jetzt senkt. Der Aufschwung scheint selbsttragend geworden zu sein. Das heißt, er braucht keinen weiteren staatlichen Anschub. Der nächste Abschwung kommt aber bestimmt, und womöglich schneller, als es Steinbrück ahnt. Wenn er da ist, kommt der Zeitpunkt im Sinne des großen Keynes mit Steuersenkungen und Ausgabenerhöhungen antizyklisch zu wirken, um den Effekt zu dämpfen. Wohl dem Finanzminister, der da dank klugen Sparens zur rechten Zeit einen finanziellen Spielraum hat.

Alan Posener, Welt am Sonntag, 8.5.2007

b) Steuersenkungen führen zu mehr Einnahmen

Man kann aber auch aus guten Gründen die Gegenposition vertreten, die Senkungen von Einkommensteuern und Sozialabgaben für vordringlicher hält. Sie wird von einigen namhaften liberalen amerikanischen Ökonomen vertreten, darunter dem Nobelpreisträger Ed Prescott. Prescott hält die Ansicht, die Staatsverschuldung sei zu hoch und belaste künftige Generationen, für einen „Mythos". Im konkreten Fall bezieht er sich zwar auf die Situation in den Vereinigten Staaten, aber das Argument lässt sich auch auf Deutschland und Europa anwenden.

Prescott und ähnlich denkende Ökonomen halten Senkungen von Steuern und Abgaben für vordringlich, weil auf diese Weise die Voraussetzungen für ein höheres Wirtschaftswachstum in der Zukunft geschaffen werden. Dieses höhere Wachstum soll dann über steigende Steuereinnahmen den Staatshaushalt sanieren. Dass eine Beschleunigung des Wachstums tatsächlich die Steuerquellen kräftig sprudeln lässt, zeigt die Entwicklung der vergangenen zwölf Monate in Deutschland.

Ein verwandtes Argument für Steuersenkungen stammt vom amerikanischen Ökonomen Arthur Laffer. Laffer soll seine These als junger Wissenschaftler 1974 bei einem Geschäftsessen erstmals auf einer Papierserviette erläutert haben. Er geht davon aus, dass Steuererhöhungen nur bis zu einem bestimmten Punkt zu höheren Staatseinnahmen führen. Wird der Steuersatz über diesen Punkt erhöht, sinken die Steuereinnahmen wieder, weil die Bürger in Schwarzarbeit flüchten und für Unternehmen jeder Anreiz zu wirtschaftlicher Betätigung fehlt.

Die Frage ist, ob die Steuer- und Abgabenlast in Deutschland auf der Laffer-Kurve (siehe Grafik) schon so weit rechts des Scheitelpunkts liegt, dass Steuersenkungen Wirtschaft und Bürgern noch

mehr Schwung und damit dem Staat am Ende noch mehr Einnahmen geben würden.
Harald Uhlig – ein Schüler Prescotts – und Mathias Trabandt von der Berliner Humboldt-Universität haben in einer Studie errechnet, dass sich die Staaten der EU im Durchschnitt bei der Besteuerung von Arbeits- und Kapitaleinkommen schon nahe an dem Punkt befinden, an dem es kippt. Glos' Vorschlag für Steuersenkungen passt also durchaus in die Landschaft und steht weniger stark im Widerspruch zum Ziel, Schulden abzubauen, als erwartet.
„Eine Diskussion über zukünftige Steuersenkungen ist mir wesentlich lieber als eine Debatte über weitere Steuererhöhungen oder weitere Ausgabenerhöhungen", meint der Wirtschaftsweise Wolfgang Wiegard. Der Ökonom weist damit auf eine Gefahr hin, die von Tag zu Tag größer wird. Die sprudelnden Steuerquellen machen die Regierung nämlich sinnlich. Im Kabinett liegen schon Wunschlisten der Minister für neue Wohltaten und Ausgaben des Staates, die sich locker zu zweistelligen Milliardenbeträgen addieren. Zusätzliche Staatsausgaben halten fast alle Ökonomen aber für die schlechteste Verwendung zusätzlichen Geldes.

Die Steuersenkung

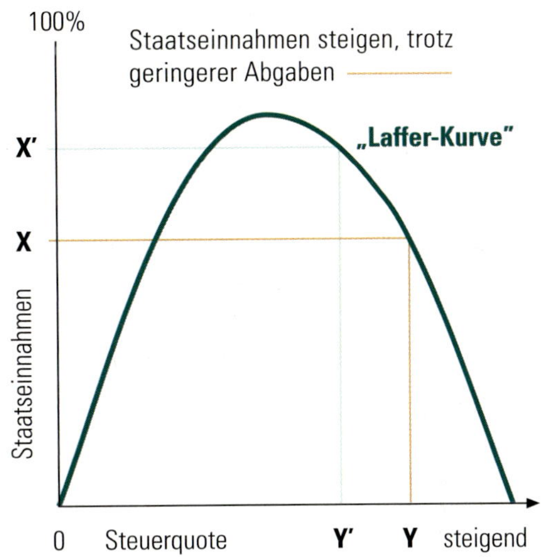

Aufgaben

1. Unterscheiden Sie die zwei Arten der Staatsverschuldung und erläutern Sie Ursachen und Auswirkungen (M 25, M 26).
2. Prüfen Sie, inwieweit Deutschland die Vorgaben des EU-Stabilitätspaktes erfüllt (M 29, M 30).
3. Steigende Steuereinnahmen haben zu einer öffentlichen Debatte über deren Verwendung geführt. Stellen Sie die beiden unterschiedlichen Positionen dar. Entscheiden Sie sich für eine der beiden Positionen und begründen Sie Ihre Entscheidung (M 27 – M 31).

Wissen kompakt

Die Aufgaben der Finanzpolitik
M 17 – M 23

Wesentlicher Bestandteil staatlicher Wirtschaftspolitik ist die Finanzpolitik. Ihre Aufgabe ist es, mithilfe des Steuersystems die Finanzierung der staatlichen Ausgaben zu sichern, Einnahmen nach sozialen Gesichtspunkten umzuverteilen, vor allem aber die wirtschaftliche Entwicklung positiv zu beeinflussen.
Hohe Arbeitslosenzahlen, die Defizite der sozialen Sicherungssysteme wie auch steigendes Anspruchsdenken gegenüber dem Staat führen zu wachsenden Ausgaben der öffentlichen Haushalte. Nicht nur deren Finanzierung mit steigender Steuer- und Abgabenbelastung steht im Kreuzfeuer der Kritik, auch die Verdrängung privater Wirtschaftstätigkeit durch zunehmende staatliche Aktivitäten, ausgedrückt durch die Staatsquote, wird negativ beurteilt.

Problematik der Staatsverschuldung
M 24 – M 27

Bei der Staatsverschuldung muss zwischen der jährlichen Neuverschuldung zum Ausgleich eines Haushaltsdefizits und der Gesamtverschuldung des Staates unterschieden werden. Die hohe Gesamtverschuldung und dadurch bedingte Zinsverpflichtungen beschränken die Handlungsfähigkeit des Staates deutlich. Zwar sind Kreditaufnahmen zur Abfederung konjunktureller Schwankungen akzeptabel, ebenso wenn sie der Finanzierung öffentlicher Investitionen dienen, Skepsis ist allerdings angebracht, wenn die Staatsverschuldung strukturell begründet ist, also dauerhaft steigt. Dann werden zunehmend höhere Anteile des Steueraufkommens allein benötigt, um steigende Zins- und Tilgungszahlungen zu bedienen.

Vorgaben des Stabilitätspaktes
M 29

Die Verwirklichung der finanzpolitischen Konvergenzkriterien, die den Beitrittsländern zur Europäischen Währungsunion eine Neuverschuldungsgrenze von 3 % und eine Gesamtverschuldung von 60 % des BIP setzt, hat schon in den vergangenen Jahren die wirtschaftspolitischen Entscheidungen der Bundesregierung eingeschränkt. Aber auch nach der Einführung des Euro haben sich die Mitglieder der Währungsunion mit dem Stabilitäts- und Wachstumspakt an diese Verschuldungskriterien gebunden. Dieser sieht Sanktionen bis hin zu Geldbußen für jene Staaten vor, die die Defizitkriterien wiederholt verfehlen. Im März 2005 haben die europäischen Finanzminister nach langem Streit eine Reform des Stabilitätspaktes beschlossen. Sie vereinbarten in Brüssel, an den Grundregeln des Paktes nicht zu rütteln, diese aber nicht mehr so rigoros anzuwenden. Bei Überschreitung der Defizitgrenzen können nun Sonderlasten, wie z.B. eine Reform der Rentensysteme oder die Kosten der Wiedervereinigung in Deutschland, geltend gemacht werden.

Debatte um die Verwendung von Mehreinnahmen
M 31

Die anziehende Konjunktur und der Rückgang der Arbeitslosigkeit seit dem Jahr 2005 haben dem Finanzminister mehr Steuereinnahmen beschert und eine öffentliche Debatte über die Verwendung der Mehreinnahmen ausgelöst. Kontrovers diskutiert wird die Frage, ob die zusätzlichen Einnahmen konsequent zum Abbau der Staatsschulden, zur Finanzierung staatlicher Aufgaben oder zur Senkung von Steuern verwendet werden sollen. Interessant ist in diesem Zusammenhang, dass auch Steuersenkungen zu Mehreinnahmen des Staates führen können, wenn sie sich positiv auf das Wachstum auswirken.

10.4 Wirtschaftspolitik im Spannungsfeld von Ökonomie und Ökologie

Globale Gefährdungen

M 32

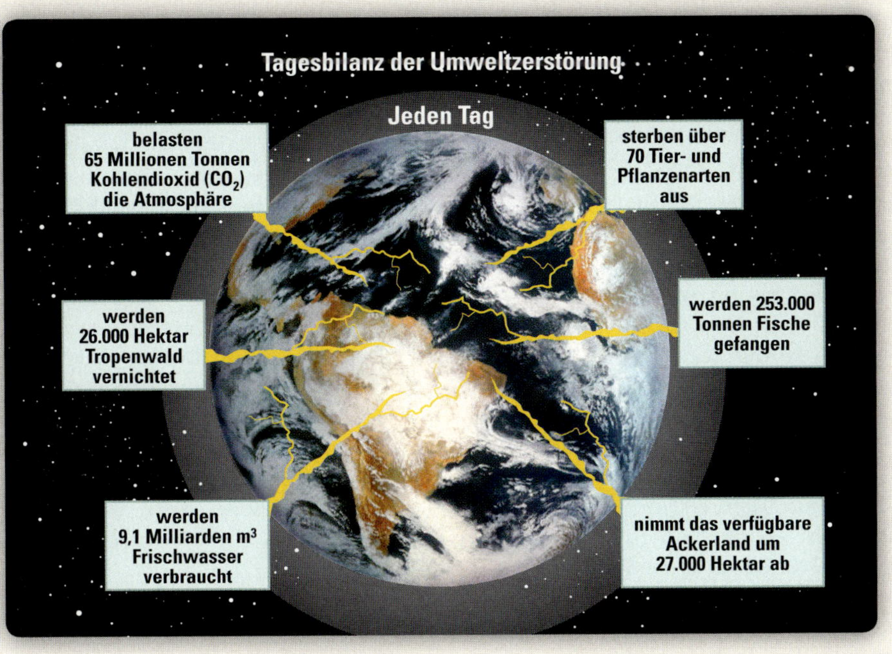

Globus-Grafik 0115, Quelle: OECD, Weltbank, WWF

Die Konzeption einer ökologischen Ökonomie

M 33

Grundlegende Annahmen

Die ökologische Ökonomie geht von der Annahme aus, dass die Wirtschaft in ihren physischen Dimensionen ein offenes Subsystem eines endlichen, nicht wachsenden und materiell geschlossenen Gesamtsystems ist – des Ökosystems Erde. „Offen" ist ein System, wenn es über einen „Verdauungstrakt" verfügt, d.h. wenn es Material und Energie von der Umwelt in niedrig-entropischer Form[1] (Rohmaterialien) aufnimmt und sie in hoch-entropischer Form (Abfall) an die Umwelt abgibt. Ein „geschlossenes" System dagegen ist ein solches, durch das nur die Energie hindurchfließt, während die Materie innerhalb des Systems zirkuliert. Alles, was durch ein System hindurchfließt, wird als (Stoff-) Durchsatz (throughput) bezeichnet. Analog zu einem Organismus, der seine physische Struktur durch einen Stoffwechsel aufrechterhält, bedarf auch die Wirtschaft eines solchen Durchsatzes, der einerseits der Umwelt Stoffe entzieht und sie andererseits durch Emissionen belastet. Ökologisch wäre eine Wirtschaft dann, wenn deren Durchsatz konstant und auf einem Niveau bleibt, auf dem weder die Regenerationsfähigkeit noch die Absorptionskapazität der Umwelt überschritten wird (steady-state economy).

Das offene Subsystem Wirtschaft wird determiniert durch ein Komplementärverhältnis[2] zwischen menschengeschaffenem (human made capital) und naturgegebenem Kapital (natural capital). Wären beide Kapitalformen äquivalent, könnte das Naturkapital durch vom Menschen geschaffenes Kapital völlig substituiert werden. In Wirklichkeit aber verliert das vom Menschen geschaffene Kapital ohne Ergänzung durch das Naturkapital an Wert. Welchen Nutzen haben Fischerboote ohne Fische, Sägemühlen ohne Wälder? ... Die Grundannahme der Standardökonomie besteht darin, dass die Wirtschaft ein isoliertes System ist: ein Kreislauf von Tauschwerten, die zwischen Unternehmen und Haushalten entstehen. Ein „isoliertes" System ist eines, in das weder Material und Energie eintreten noch Emission und Abfall austreten – es steht in keiner Beziehung zur Umwelt, es hat praktisch keine Umwelt. Während diese Sicht der Dinge noch sinnvoll sein mag, wenn es um die Beziehungen zwischen Produzenten und Verbrauchern geht, erweist sie sich als völlig unzureichend für die Analyse der Beziehungen zwischen Wirtschaft und Umwelt. Es wäre etwa so, als ob ein Biologe davon ausginge, dass ein Tier zwar über einen Blutkreislauf, nicht aber über einen Verdauungstrakt verfüge.

Ökonomen interessieren sich sehr für Knappheiten, und so konnte man, solange das Niveau der Wirtschaftstätigkeit (scale) im Vergleich zum Ökosystem nur gering war, den Durchsatz unberücksichtigt lassen, da seine Ausweitung scheinbar keine Kosten verursachte. Inzwischen ist die Wirtschaft auf dieser Erde jedoch so angewachsen, dass ein weiteres Ignorieren dieses Niveaus total unvernünftig ist. Die Ökonomen haben auch versäumt, eine sorgfältige Unterscheidung zwischen Wachstum (physische Größenzunahme durch Anhäufung oder Verwandlung von Material) und Entwicklung (Realisierung von Möglichkeiten, Evolution zu einem anderen Zustand) zu treffen. Quantitatives Wachstum und qualitative Veränderungen vollziehen sich nach verschiedenen Gesetzen. Beides zu vermischen, wie dies immer noch beim herrschenden Maßstab des ökonomischen Erfolges, dem Bruttoinlandsprodukt, geschieht, hat schwerwiegende Konsequenzen.

Auch heute noch gehen viele ökonomische Analysen von der Annahme aus, dass die Wirtschaft ein Gesamtsystem sei und ihr Wachstum durch nichts behindert werde. Die Natur wird dabei als Teilbereich der Wirtschaft angesehen, der im Grunde durch andere Aktivitäten ersetzt werden kann, ohne das Wirtschaftswachstum zu begrenzen. Wenn wir die Wirtschaft dagegen als Subsystem eines größeren, aber endlichen, nicht wachsenden Ökosystems begreifen, dann hat ihr Wachstum ganz offensichtlich Grenzen. Die Wirtschaft mag sich weiter qualitativ entwickeln – geradeso wie die Erde es tut –, aber sie kann nicht stetig quantitativ weiter wachsen. Sustainable development (nachhaltige Entwicklung) ist Entwicklung ohne physisches Wachstum – eine physisch stabile Wirtschaft, die eine größere Kapazität zur Befriedigung menschlicher Bedürfnisse entwickelt durch Steigerung der Ressourceneffizienz, nicht aber durch Steigerung des Durchsatzes an Ressourcen.

Herman E. Daly, Ökologische Ökonomie: Konzepte, Fragen, Folgerungen. Aus d. Englischen übersetzt v. Petra Barsch u. Udo E. Simonis, in: Günter Altner u.a., Jahrbuch Ökologie 1995, München 1994, S. 147 ff.

[1] *Entropie: hier: Beschreibung des Ordnungszustandes einer Materie*
[2] *Komplementärverhältnis: ein sich gegenseitig ergänzendes Verhältnis*

M 34 Der Wert eines Vogels

Die Umwelt zu bewerten, sie in Euro und Cent mit Preisen „auszuschildern", ist zunächst eine abenteuerliche Vorstellung.

Frederic Vester hat diese Vorstellung vor einiger Zeit konsequent umgesetzt, indem er versuchte, den Wert bzw. den Nutzen eines kleinen Singvogels zu ermitteln. Als erster Anhaltspunkt wurde von Vester der „Materialwert" erhoben:

Materialwert eines Singvogels	
Skelett (Phosphor, Kalzium, Flour etc.)	0,36 Ct[1]
Fleisch	0,92 Ct
Blut	0,05 Ct
Federkleid	0,15 Ct
Mineralstoffe	0,10 Ct
	0,59 Ct

Dies kann doch wohl nicht alles sein, werden wir unwillkürlich ausrufen. Ein Vogel lässt sich nicht auf seinen Materialwert reduzieren. Vielmehr sind verschiedene weitere Aspekte zu beachten, die den Vogel für uns wertvoll machen:

- Seine Anmut und sein Gesang erfreuen und entspannen uns.
- Vögel sind Vorbilder für Techniker und Ingenieure.
- Ein Vogel vertilgt eine Vielzahl von Schadinsekten.
- Er trägt durch gefressene Samen zur Verbreitung von Pflanzen bei.
- Er zeigt durch seine Existenz in bestimmten Regionen, ob die Umweltbedingungen gut oder schlecht sind.
- Er trägt durch seine Existenz zu einer hohen Artenvielfalt bei.
- Jede Vogelart ist ein wichtiges Glied im Symbiosenetz mit anderen Lebewesen. …

Vester … versuchte, die von ihm gefundenen Nützlichkeiten in Euro und Cent auszudrücken. Er erstellte folgende Übersicht:

Der Wert eines Vogels im ökologischen Zusammenhang (pro Jahr)	
Materialwert	0,02 €
Leistungen für:	
Gemüt	15,34 €
Insektenvertilgung	30,68 €
Pflanzung	10,23 €
Warnrolle	51,13 €
Symbiose	18,66 €
Bionik[2]	0,82 €
Erholung	6,14 €
Artenvielfalt	4,09 €
Politische Entscheidung	0,26 €
Umweltentlastung	5,11 €
Finanzierung	1,53 €
Regeneration	0,77 €
Gesamtstabilität	9,33 €
	154,09 €

Wenn die Umwelt in Euro und Cent bewertet wird, können auch die Umweltschäden genauer beziffert werden.

Jan Jarre, Wieviel Umweltschutz wollen wir uns leisten? oder Vom Nutzen des Umweltschutzes, in: Hauswirtschaftliche Bildung, 1/1993, S. 29 f.

[1] DM-Werte vom Bearbeiter in Euro umgerechnet, gerundet
[2] Bionik: Wissenschaft, die technische und elektronische Probleme nach dem Vorbild der Funktionen von Körperorganen zu lösen sucht.

Die Schwierigkeiten einer umweltökonomischen Gesamtrechung

M 35

Das zentrale Problem einer Umweltökonomischen Gesamtrechnung … liegt darin, dass die zu erfassenden Umweltschäden zumeist nicht in monetärer Form vorliegen und daher erst bewertet werden müssen, wenn man zu aggregierbaren[1] Aussagen kommen will. Hier ergeben sich beispielsweise folgende Fragen: Welche Schäden werden Mensch und Natur generell durch Schadstoffemissionen zugefügt? Wie hoch sind speziell die umweltbedingten Schäden an Baudenkmälern zu veranschlagen? Können beispielsweise die Kosten für die Sanierung des Kölner Doms für eine solche Rechnung zugrunde gelegt werden? Oder wie groß sind die durch Lärm verursachten Beeinträchtigungen für den Menschen?
Wie will man diese von befragten Bürgern als häufigste Umweltbelastung bezeichnete Belästigung statistisch erfassen und dann monetär bewerten? Das Ergebnis sieht ganz anders aus, je nachdem, ob man den durchschnittlichen in der Umgebung gemessenen Lärmpegel zugrunde legt oder auf gelegentliche Spitzenwerte abstellt, weil gerade sie als besonders gesundheitsgefährdend eingestuft werden. Ebenso schwierig ist die Frage zu beantworten, wie der durch Bauvorhaben erfolgte „Verbrauch" von Landschaft oder der Verlust einer Pflanzen- oder Tierart zu bewerten ist. Diese und andere Fragen gilt es zu klären, wenn eine umfassende statistische Erfassung und Bewertung von Umweltschäden vorgenommen werden soll.
Versucht man diese Fragen in systematischer Weise anzugehen, so ergeben sich für die Aufstellung einer Umweltökonomischen Gesamtrechnung [zwei] hauptsächliche Aufgaben, die auch vom Statistischen Bundesamt bei der Konzipierung seiner Rechnung entsprechend in Angriff genommen werden.
1. Zunächst muss ein Mengengerüst festgelegt werden. Dazu sind die Schadstoffmengen (Emissionen), Verschlechterungen der Umweltsituation (Immissionen) und aufgetretene Schäden an den Schutzgütern wie Wasser, Boden, Luft oder

menschliche Gesundheit in physikalischen Einheiten zu erfassen.
2. Auf Basis dieses mit hinreichender Genauigkeit ermittelten Mengengerüsts erfolgt dann die beschriebene Bewertung. Sie dient der Transformation des Mengengerüsts in monetäre Größen. Dabei kann auf ganz unterschiedliche Bewertungsverfahren zurückgegriffen werden, die einen unterschiedlichen „Härtegrad" der Ergebnisse aufweisen.
Auf der einen Seite stehen die vergleichsweise gut quantifizierbaren Materialschäden. Hier können die Sanierungs- oder Reparaturkosten für eine Schätzung der Umweltschäden zugrunde gelegt werden. Auf der anderen Seite stehen schwer zu quantifizierende Umweltschäden wie beispielsweise der Arten- und Biotopschwund, die einer Bewertung nur schwer zugänglich sind. Um den Wert einer bestimmten seltenen Art oder eines Biotops nicht willkürlich zu bestimmen, wird in diesem Feld der Schadensabschätzung zunehmend auf sogenannte Zahlungsbereitschaftsanalysen zurückgegriffen. Hierbei handelt es sich um den Versuch, durch Befragung festzustellen, wieviel ein Bürger für den Erhalt von Arten und Biotopen zu zahlen bereit wäre. Aus dieser Information wird dann umgekehrt der Schluss gezogen, wie groß der Schaden ist, wenn es zu Arten- und Biotopschwund kommt. Damit hier nicht Falschangaben in Form zu hoher ausgewiesener Werte auftreten, muss ein geeignetes Erhebungsverfahren dafür Sorge tragen, dass der angegebene Wert möglichst nahe an der wahren Zahlungsbereitschaft liegt. Durch geeignete Befragungstechniken scheinen die Voraussetzungen hierfür zwar besser zu werden; trotzdem muss man sich vergegenwärtigen, dass die aus Zahlungsbereitschaftsanalysen stammenden Bewertungen nicht mit Werten, die aus tatsächlich auftretenden Kosten abgeleitet sind, auf eine Stufe gestellt werden dürfen. Sie sind nicht in einem tatsächlichen Zahlungsvorgang nachgewiesen, denn Umweltgüter kann man nun einmal nicht als private Güter, sozusagen über den Ladentisch, kaufen.

Horst Zimmermann, Gift und Qualm in Mark und Pfennig. Unbehagen an den tradierten Wohlstandsmaßen / Methodische Schwierigkeiten beim Aufbau einer Umweltökonomischen Gesamtrechnung, in: Frankfurter Allgemeine Zeitung, 23.10.1993, S. 13

[1] *aggregieren: (ökon.) Einzelaussagen zusammenfassen, verdichten*

M 36 Möglichkeiten und Grenzen des Ordnungsrechts

Die wohl am stärksten einengende Form der Umweltpolitik sind Auflagen in Form von Geboten und Verboten. Hierunter werden Vorschriften verstanden, die bestimmte Vorgaben staatlicherseits für Emittenten und Verursacher von Umweltschäden beinhalten.
Beispiele sind

- Höchstgrenzen für den Schwefelgehalt leichter Heizöle,
- Einhaltung bestimmter Grenzwerte bei der Einleitung von Schadstoffen in Gewässer (Wasserhaushaltsgesetz),
- Vorgabe von Grenzwerten bei der Luftverschmutzung (Bundesimmissionsschutzgesetz bzw. Technische Anleitung Luft),
- Einhaltung bestimmter Normen beim Lärmschutz (Bundesimmissionsschutzverordnung, Fluglärmgesetz),
- Begrenzung des Phosphatgehaltes in Waschmitteln (Waschmittelgesetz).

Ordnungsrechtliche Instrumente stellen das traditionelle und auch heute noch überwiegend verwendete Instrumentarium der Umweltpolitik dar. Umweltpolitik, die mit Geboten und Verboten arbeitet, entspringt letztlich der polizei- und gewerberechtlichen Tradition. Die Flut von Gesetzen und Verordnungen hat inzwischen zu einem dichten Geflecht an Vorschriften geführt. Es wurden mehr als 2.000 Verordnungen gezählt. Etwa 90 Prozent der Umweltpolitik basiert auf dem Ordnungsrecht.
Das Prinzip des Ordnungsrechts ist auf den ersten Blick einleuchtend. Umweltgefährdende Handlungen können so wirksam unterbunden werden. Den Erfolg von Auflagen sollen Strafen und Bußgelder garantieren, die bei Nichteinhaltung verhängt werden. Das angestrebte Niveau der Umweltqualität kann mittels des ordnungsrechtlichen Instrumentariums wirksam erreicht werden. Ordnungsrecht ist wegen seines Zwangscharakters ökologisch wirksam; es ist dort unverzichtbar, wo es um die unmittelbare Gefahrenabwehr geht. …
Gleichwohl ist das Ordnungsrecht dort, wo es nicht mehr nur um die Abwehr akuter Umweltbe-

drohungen geht, ein umstrittenes Instrument der Umweltpolitik. Marktorientierte Wirtschaftswissenschaftler stimmen darin überein, dass mit marktsteuernden Instrumenten bei gleichen Kosten etwa doppelt so viel für den Umweltschutz getan werden könnte. Das Verfahren, jedem Emittenten die gleiche Auflagenerfüllung abzuverlangen, erscheint zwar „gerecht", ist jedoch ökonomisch sehr teuer. Das Ordnungsrecht ist in aller Regel ökonomisch ineffizient.

Jürgen Pätzold/Gerhard Mussel, Umweltpolitik, Berlin 1996, S. 55 f.

Internalisierung externer Effekte durch Verhandlungen

M 37

Das Grundprinzip lässt sich recht gut an dem aus Wild-West-Filmen bekannten Konflikt zwischen Ranchern und Farmern, zwischen Viehzüchtern und Getreidebauern verdeutlichen. Viehzüchter lassen ihre Herden frei weiden, dabei werden auch die Getreidefelder zertrampelt und die Getreideernte wird kleiner ausfallen als ohne Schädigung (dies ist der negative externe Effekt der Viehzucht).

Dieser Zustand ist in aller Regel gesamtwirtschaftlich nicht optimal (höchstens durch Zufall), weil und insofern der Nutzen für die Viehzüchter kleiner ist als der Schaden für die Getreidebauern. Daraus ergibt sich ein Potenzial an Wohlfahrtsverbesserungen für beide Seiten, das durch Verhandlungen ausgelotet werden kann. Das gemeinsame Allokationsoptimum ist dann erreicht, wenn der Grenznutzen des Viehzüchters aus der Nutzung der Getreidefelder gerade genauso groß ist wie der Grenzschaden des Getreidebauers.

Voraussetzung für den Erfolg von Verhandlungen ist die Definition und die Zuteilung von Eigentumsrechten. Wie ebenfalls aus Wild-West-Filmen bekannt, ist die Verteilung von Eigentumsrechten keineswegs naturrechtlich determiniert. Denkbar sind zwei Möglichkeiten: Der Viehzüchter darf seine Herde überall weiden lassen (das ist das Laissez-Faire-Prinzip oder das Wild-West-Prinzip) oder der Getreidebauer hat das unbeschränkte Eigentumsrecht an seinen Feldern, also auch das Recht, seine Felder nicht zertrampeln zu lassen (das entspricht dem Verursacherprinzip, das europäischer Denktradition nahe steht). Die Entscheidung über Zuteilung der Eigentumsrechte muss der Staat fällen.

Mit der Zuteilung von Eigentumsrechten wird die vordem freie Ressource der Bodennutzung zu einem marktfähigen Gut gemacht. Dies ist die Parallele zur Umweltnutzung. Entweder zahlt der Verursacher (der Viehzüchter) für die angerichteten Schäden, nämlich dann, wenn der Getreidebauer die Eigentumsrechte hat oder der Getreidebauer bezahlt den Viehzüchter dafür, dass dieser seine Herden einzäunt. Das Verhandlungsergebnis ist in beiden Fällen das gleiche: Der Getreideanbau erfolgt ohne Störung durch die Viehherden des Viehzüchters, die Allokation der Ressourcen ist also unhängig von der Verteilung der Eigentumsrechte. Diese entscheidet nur darüber, wer zahlt und wer bekommt. Das ist der Inhalt des berühmten Coase-Theorems[1].

Entscheidend für die Möglichkeit der Verhandlungslösung sind also Eigentumsrechte an Umweltgütern. Diese begründen dann einen Anspruch auf Schadensersatz oder Kompensation und damit werden die externen Effekte internalisiert.

Allerdings können Eigentumsrechte nicht generell und einfach definiert und zugeteilt werden, gerade bei internationalen Umweltproblemen nicht, weil es hier keine übergeordnete staatliche Gewalt gibt. Auch bei unklaren Nutzungsrechten sind Verhandlungen möglich, aber hier – auch das ist aus Wild-West-Filmen bekannt – entscheidet die Verhandlungsmacht der Parteien im Rahmen des Laissez-Faire-Prinzip: Der Geschädigte kompensiert dann meist den Schädiger für die Unterlassung der Schädigung.

Auch bei einer großen Zahl von Betroffenen und/oder bei hohen Informations-, Verhandlungs- und Kontrollkosten der Vereinbarung können Verhandlungskosten von dem Ergebnis abweichen, das Coase beschrieben hat. Zentral bleibt aber die Erkenntnis, dass Verhandlungen die Situation für alle verbessern können und dass Eigentumsrechte ein ideales Instrument sind, externe Effekte zu internalisieren.

Ulrich Baßeler, Jürgen Heinrich, Burkhard Utecht, Grundlagen und Probleme der Volkwirtschaft, 17. Aufl., Stuttgart 2002, S.866 f.

[1] *Ronald R. Coase, geb. 1910 in England, erhielt 1991 den Nobelpreis für Ökonomie für Arbeiten auf dem Gebiet der Transaktionskosten und Institutionen-Ökonomik.*

M 38 Internalisierung externer Effekte durch Steuern

Statt Gebote und Verbote zur Regulierung zu nutzen, kann der Staat bei Externalitäten marktbasierte politische Maßnahmen ergreifen, um die privaten Anreize auf soziale Effizienz abzustimmen. An anderer Stelle des vorliegenden Buches wurde bereits erörtert, wie der Staat mit der Besteuerung negativer externer Effekte und der Subventionierung positiver externer Effekte zur Internalisierung beitragen kann.

Steuern zur Korrektur negativer externer Effekte nennt man Pigou-Steuern – nach Arthur C. Pigou (1877–1959), einem frühen Verfechter ihres Einsatzes. Nationalökonomen bevorzugen Pigou-Steuern in der Umweltpolitik gegenüber Regulierungen, weil damit die Umweltverschmutzung mit geringeren Kosten gesenkt werden kann. Zur Begründung betrachten wir ein Beispiel. Denken wir uns zwei Fabriken (eine Papierfabrik und eine Stahlfabrik), die pro Jahr je 500 Tonnen ekligen Giftschlamm in einen Fluss ablassen. Eine Umweltbehörde (Environmental Protection Agency in den USA oder Umweltbundesamt in Deutschland) will den Umfang dieser Verschmutzung reduzieren. Sie zieht zweierlei Vorgehensweisen in Betracht:

- Regulierung: Jede der beiden Unternehmungen bekommt einen rechtsverbindlichen Bescheid, den Giftausstoß auf 300 Tonnen pro Jahr zu senken.

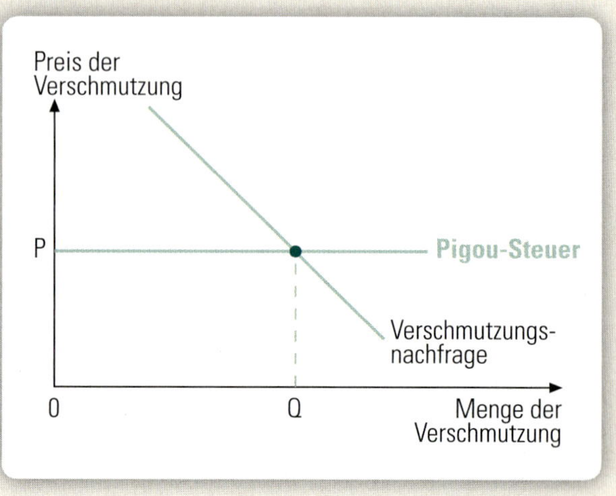

Pigou-Steuer
Im Diagramm wird durch Erhebung einer Pigou-Steuer vom Staat ein Preis auf die Umweltverschmutzung gelegt, und die Nachfragekurve bestimmt die Verschmutzungsmenge.

- Pigou-Steuern: € 50.000,– Steuern pro Tonne Giftschlamm.

Die Regulierung würde ein Verschmutzungsniveau diktieren, die Pigou-Steuer dagegen würde den Unternehmungen wirtschaftlich kalkulierbare Anreize zur Minderung der Umweltbelastung vermitteln.

Gregory Mankiw, Grundzüge der Volkswirtschaftslehre, 3. Aufl. Stuttgart 2004, S. 232 f., 236

M 39 Das Konzept der Nachhaltigkeit

Ausgangspunkt der weltweiten Diskussionen um das Konzept der nachhaltigen Entwicklung war der 1987 unter dem Titel „Unsere gemeinsame Zukunft" vorgelegte Abschlussbericht der Weltkommission für Umwelt und Entwicklung, die nach dem Namen ihrer Vorsitzenden Gro Harlem Brundtland als „Brundtland-Kommission" bekannt wurde. Nachhaltige Entwicklung (sustainable development) wurde darin definiert als „Entwicklung, die die Bedürfnisse der Gegenwart befriedigt, ohne zu riskieren, dass künftige Generationen ihre eigenen Bedürfnisse nicht befriedigen können". …

Mit der Verabschiedung der Agenda 21 auf der Weltkonferenz für Umwelt und Entwicklung (UNCED) in Rio und der damit einhergehenden Gründung der UN-Kommission für Nachhaltige Entwicklung (Commission für Sustainable Development) erreichte die Diskussion 1992 schließlich einen vorläufigen politischen Höhepunkt, der sich als wirksamer Impulsgeber für die Ausbreitung nationaler Nachhaltigkeitsstrategien erwies. Bis heute bildet die Agenda 21 den zentralen Bezugspunkt der weltweiten politischen Bemühungen für Umwelt und Entwicklung auf lokaler, nationaler und zwischenstaatlicher Ebene.

Dem Konzept der Nachhaltigkeit werden in der Regel drei unterschiedliche Problemdimensionen zugeschrieben, die es bei der Verfolgung des Politikziels der Nachhaltigen Entwicklung zu berücksichtigen gilt. Es sind dies die ökonomische, ökologische und soziale Dimension von Nachhaltigkeit. Die wissenschaftliche und politische Diskussion um die inhaltliche Ausgestaltung sowie die praktische Umsetzung Nachhaltiger Entwicklung kreisen dabei ganz wesentlich um die unterschiedliche Gewichtung dieser drei Dimensionen:

- Die *ökonomische Dimension* von Nachhaltigkeit konzentriert sich im Sinne der Kapitalerhaltung auf die langfristigen Erträge, die aus der Nutzung vorhandener Ressourcen erwachsen. Sie grenzt sich dadurch von einer auf kurzfristige Gewinne setzenden Logik stetigen Wirtschaftswachstums ab, deren Unabdingbarkeit in der internationalen Handels- und Wirtschaftspolitik immer wieder als grundlegende Entwicklungsvoraussetzung beschworen wird. Gleichwohl bleibt quantitatives Wachstum erforderlich, um der chronischen Unterversorgung in den ärmeren Ländern im Sinne einer aufholenden Entwicklung entgegenzuwirken.
- Die *ökologische Dimension* von Nachhaltigkeit betont demgegenüber den mit materiellen Maßstäben schwer fassbaren Wert der Natur an sich sowie die nachweisbare Endlichkeit der natürlichen Ressourcen. Daraus leitet sich nicht nur die wirtschaftliche Notwendigkeit ab, bestehendes Naturkapital weitestgehend zu erhalten, sondern allgemein die ökologischen Bedingungen des menschlichen Überlebens zu sichern. Im Sinne eines qualitativen Verständnisses wirtschaftlicher Entwicklung sind demnach die ökologischen Kosten von Produktion und Konsum in den Bilanzen der Weltwirtschaft zu berücksichtigen.
- Die *soziale Dimension* von Nachhaltigkeit stellt die Frage nach der Verteilungsgerechtigkeit in den Mittelpunkt. Diese bezieht sich auf den Zugang zu Chancen und Ressourcen sowohl innerhalb einzelner Länder und Gesellschaften als auch im globalen Verteilungskonflikt zwischen den reichen Industrieländern im Norden und den armen und hochverschuldeten Schwellen- und Entwicklungsländern im Süden. Neben dem Ziel der Grundbedürfnisbefriedigung für heutige und zukünftige Generationen berührt die soziale Dimension dabei ausdrücklich auch Fragen der Geschlechterverhältnisse im Sinne der Schaffung gerechterer Lebenswelten für Frauen und Männer.

Dass diese drei Dimensionen miteinander zusammenhängen und sich wechselseitig verstärken können, ist weltweit zu beobachten. Besonders deutlich treten die Zusammenhänge in den ärmsten Weltregionen zu Tage.

Informationen zur politischen Bildung Nr. 287, hrsg. von der Bundeszentrale für politische Bildung, Bonn 2/2005, S. 17 ff, Abb. aus: Bernd Siebenhüner, Homo sustinens, Auf dem Weg zu einem Menschenbild der Nachhaltigkeit, Marburg 2001, S. 78

Aufgaben

1. Erarbeiten Sie aus M 33 das Modell einer ökologischen Ökonomie. Stellen Sie in grafischen Modellen die vom Autor unterschiedenen Konzeptionen einer herkömmlichen und einer ökologischen Betrachtungsweise des Wirtschaftsprozesses dar.
2. Nehmen Sie Stellung zu dem Versuch, die Umwelt mit Preisen zu bewerten (M 34).
3. Beschreiben Sie die Schwierigkeiten einer umweltökonomischen Gesamtrechnung (M 35).
4. Nennen Sie die Vor- und Nachteile des Ordnungsrechts, des Eigentumrechts und der Erhebung von Steuern zur Lösung von Umweltproblemen (M 36 – M 38).
5. Erläutern Sie das Konzept der Nachhaltigkeit. Bewerten Sie die Einführung einer Maut für PKW vor dem Hintergrund dieses Konzeptes (M 39).

Wissen kompakt

Die Theorie der ökologischen Ökonomie
M 33

In den meisten Fällen gehen ökonomische Theorien davon aus, dass die Wirtschaft ein isoliertes Gesamtsystem ist, dessen ständigem Wachstum nichts im Wege steht. Im Gegensatz dazu sind die Vertreter einer ökologischen Ökonomie überzeugt, dass die Wirtschaft nur der Teilbereich eines übergeordneten, nicht wachsenden Systems ist, und zwar des Ökosystems Natur. Das aber bedeutet, dass dem Wirtschaftssystem Grenzen gesetzt sind, innerhalb derer nur nachhaltiges Wirtschaften stattfinden darf. Das heißt, dass ökonomische Aktivitäten dort ihre Schranken finden, wo die Natur nicht mehr in der Lage wäre, die belasteten ökologischen Gleichgewichte wieder herzustellen.

Wie ermittelt man den Preis für Umweltverbrauch?
M 34, M 35

Die Umwelt zu bewerten, ihren Gebrauch in Euro und Cent auszudrücken, ist ein schwieriges Unterfangen. Am einfachsten gelingt dies noch dort, wo der Schaden in Form von Kosten für die Sanierung der Bauwerke oder der Wiederaufbereitung der Umweltgüter als Geldbetrag ausgedrückt werden kann. Komplizierter wird es jedoch, wenn man den Schaden taxieren möchte, der z.B. durch den Artenschwund entstanden ist oder auch einfach nur durch den Tod eines einzelnen Singvogels. Üblich ist hier die sogenannte Zahlungsbereitschaftsanalyse. In Befragungen versucht man herauszufinden, wie viel es den Menschen wert ist, wenn eine ungünstige Umweltentwicklung gebremst oder gar aufgehalten wird. Auch wenn solche Untersuchungen ein recht genaues Bild über den Wert vermitteln, den die Wirtschaftsbürger einer intakten Umwelt beimessen, sind die so ermittelten „Preise" für Umweltzerstörung dennoch nicht mit denen zu vergleichen, die sich bei anderen Gütern über den Markt gebildet haben.

Internalisierung externer Effekte durch Verhandlungen: das Coase-Theorem
M 36, M 37

Zahlreiche Gesetze und Verordnungen hat der Staat zum Schutz der Natur erlassen. Die schnelle Wirkung des Ordnungsrechts ist unbestritten. Doch erfordert seine Durchsetzung einen großen und teuren Verwaltungsapparat. Eine Alternative sind marktwirtschaftliche Lösungen, bei denen die Schadenskosten berücksichtigt, also internalisiert werden. Dies könnte durch Verhandlungen geschehen, wobei der Schadensverursacher dem Geschädigten Ersatz leistet. Ein Viehzüchter müsste einem Kornbauern z.B. den Schaden zahlen, den seine Herde angerichtet hat. Aber auch der umgekehrte Fall ist denkbar. Der Kornbauer bezahlt den Viehzüchter dafür, dass dieser seine Herden einzäunt. Das ist der Inhalt des sogenannten Coase-Theorems, einer Verhandlungslösung, die sinnvoll ist, wenn wie im Falle von Umweltgütern keine eindeutigen Eigentumsrechte bestehen. Problematisch wird die Verhandlungslösung jedoch immer dann, wenn die Zahl der Beteiligten groß und die Kosten der Verhandlungen unzumutbar sind.

Ökosteuer und Umweltlizenzen
M 38

Weitere Möglichkeiten, marktwirtschaftliche Prinzipien zum Umweltschutz zu verwenden, sind Ökosteuer und Umweltlizenzen. Während die Lizenzregelung bedeutet, dass eine obere Grenze der Umwelt als Aufnahmemedium für Schadstoffe festgelegt wird und Zertifikate an Interessenten verteilt werden, die wie Wertpapiere gehandelt werden können, wird bei der Umweltsteuer – in Fachkreisen auch Pigou-Steuer genannt – lediglich ein Preis für die Umweltverschmutzung festgelegt. Sie soll Unternehmen einen wirtschaftlichen Anreiz bieten, die Verschmutzung zu vermindern.

Nachhaltigkeit
M 39

Nachhaltigkeit bedeutet ein Gesamtkonzept, das eine Entwicklung zum Ziel hat, die ökologisch verträglich, sozial gerecht und wirtschaftlich leistungsfähig ist. „Den Bedürfnissen der heutigen Generation zu entsprechen, ohne die Möglichkeiten künftiger Generationen zu gefährden, ihre eigenen Bedürfnisse zu befriedigen", so formulierte die Brundtlandt-Kommission 1987 den Kern des Nachhaltigkeitskonzepts. Bis heute ist diese Definition das Leitbild einer zukunftsfähigen Entwicklung.

Die Globalisierung der Weltwirtschaft

11

Der Seefrachtverkehr ist zum Motor der Globalisierung geworden.

Wir kaufen Waren, deren Einzelteile in vielen verschiedenen Ländern gefertigt wurden, fliegen über das Wochenende nach London, erfahren zeitnah, was im letzten Winkel der Welt geschieht und erleben, wie internationale Konzerne Umsätze erwirtschaften, die das Bruttoinlandsprodukt vieler Länder bei Weitem übertreffen. Dies alles hat mit der wirtschaftlichen Globalisierung zu tun.

Doch was genau ist gemeint, wenn wir von Globalisierung sprechen, und welche Ursachen hat die Globalisierung? Kapitel 11.1 führt zu einer Annäherung an den Begriff und zeigt verschiedene Ursachen der Globalisierung auf. Dazu gehören insbesondere die Ausweitung der internationalen Arbeitsteilung, die Senkung der Kosten für Kommunikation und Transport und die Entstehung transnationaler Konzerne.

Was bedeutet die Globalisierung für die Zukunft des Wirtschaftsstandortes Deutschland? Kapitel 11.2.1 geht der Frage nach, ob Deutschland angesichts der immensen globalen Veränderungen in der Lage ist, seine Position als eine der führenden Wirtschaftsmächte zu halten. Dabei ist auch die zunehmende Konkurrenz durch die neuen Mitglieder der Europäischen Union zu beachten.

Am Beispiel der Europäischen Union kann das Verhältnis von Globalisierung und Regionalisierung untersucht werden. Im Innern sind die Grenzen zwischen den Nationen nahezu irrelevant geworden. Mit dem Binnenmarkt und der Währungsunion ist Europa zu einem Wirtschaftsraum zusammengeschmolzen. Dabei stellt sich die Frage, ob die Integration der Märkte in Europa nur eine Zwischenstufe auf dem Weg zu einer globalen Integration der Volkswirtschaften ist, oder ob Abschottungstendenzen nach außen zu einer verstärkten Regionalisierung führen (Kapitel 11.2.2).

Wie steht es um die zukünftige Verteilung des Wohlstands auf der Welt? Gelingt es allen Ländern, vom Freihandel zu profitieren oder ist er verantwortlich für eine sich immer weiter öffnende Kluft zwischen Arm und Reich? Kapitel 11.2.3 versucht, auf die Frage Antwort zu geben, welche Entwicklungschancen sich für die armen Länder im Prozess der Globalisierung eröffnen und welche Auswirkungen die Globalisierung auf die entwickelten Industrienationen hat.

Tipps & Links

Lernen vor Ort

- Globalisierung im Supermarkt: Untersuchen Sie anhand eines alltäglichen Einkaufs im Supermarkt, woher die Produkte stammen und markieren Sie die Herkunftsländer auf einer Weltkarte.
- Informieren Sie sich in verschiedenen Geschäften über die Möglichkeiten, fair gehandelte Produkte einzukaufen.
- Expertengespräch mit einem Mitarbeiter aus einem Logistik/Transportunternehmen.

Referieren und Präsentieren

- In Zusammenarbeit mit Geschichte: Stellen Sie dar, welchen Einfluss die Entwicklung der Kommunikationsmöglichkeiten auf die Wirtschaft hatte.
- Führt die Globalisierung zu einer weltweiten Vereinheitlichung von Lebensstilen? Entwickeln Sie eine differenzierte Antwort auf diese Frage.
- Die Entwicklungen in der Krabbenproduktion und -verarbeitung gelten als Musterbeispiel für den Globalisierungsprozess. Stellen Sie den Weg einer Krabbe vom Fang in der Nordsee bis zum Verkauf im Supermarkt dar und zeigen Sie auf, wie sich dieser Prozess im Zuge der Globalisierung verändert hat.

Weiterlesen

- *Tobias Debiel, Dirk Messner, Franz Nuscheler, Globale Trends 2007: Frieden, Entwicklung, Umwelt, Bonn 2006 (Bundeszentrale für politische Bildung)*
  Die „Globalen Trends" geben einen aktuellen Überblick über die globalen Entwicklungen in den Bereichen Wirtschaft, Frieden, Umwelt.
- *Claus Leggewie, Die Globalisierung und ihre Gegner, München 2003 (C.H. Beck)*
  Überblick über Kritik und Kritiker der Globalisierung. Der Autor zeigt Möglichkeiten der Einflussnahme und des Protests gegen die Globalisierung auf und stellt aktuelle Gegenkonzepte vor.
- *Joseph Stiglitz, Die Chancen der Globalisierung, Bonn 2007 (Bundeszentrale für politische Bildung)*
  Stiglitz plädiert für eine politische Steuerung der globalen Ökonomie durch internationale Organisationen, für umfassende rechtliche Regelungen des Warenverkehrs, die Kontrolle multinationaler Konzerne, für die Befreiung der Entwicklungsländer von ihrer Schuldenlast und für einen fairen Welthandel.

Recherchieren

www.bmz.de
Bundesministerium für Zusammenarbeit und Entwicklung.

www.bpb.de
Seite der Bundeszentrale für politische Bildung mit dem Themenschwerpunkt Globalisierung. Zahlreiche Statistiken und Publikationen.

www.epo.de
Entwicklungspolitik online ist ein umfassendes Portal mit Nachrichten, Analysen und Themen aus dem Bereich der Entwicklungspolitik.

www.hamburger-bildungsserver.de/index.phtml?site=themen.global
Seite des Hamburger Bildungsservers zum Thema Globalisierung.

11.1 Dimensionen und Ursachen der Globalisierung

Die Welt-Zahnbürste

M 1

4.500 Mitarbeiter, zehn Länder, drei Kontinente, fünf Zeitzonen: Die Produktion der elektrischen Zahnbürste „Sonicare Elite 7000" ist ein Beispiel für die Wucht und Präzision des globalen Kapitalismus. … Ein- bis zweimal die Woche verlassen rund 100.000 Platinen mit aufgelöteten Komponenten das Werk in Manila. Vom Cargo-Flughafen werden sie via Tokio nach Seattle geflogen; eine Verzögerung von einem halben Tag kann alles durcheinander bringen, man arbeitet mit einem Minimum an Lagerreserven, an Zeitreserven. Eine Reise durch die Präzisionsmaschine von „Oral Health Care Philips" ist eine Tour in die globale Gegenwart … Die Zahnbürste besteht im Wesentlichen aus 38 Komponenten. Die Einzelteile für die Energiezelle stammen aus Japan, Frankreich und China. Die Platine, das elektronische Herzstück, kommt vorgeätzt aus Zhuhai, am Perlflussdelta, im Südosten Chinas. Nicht weit von Zhuhai, aus der chinesischen Industristadt Shenzhen, stammen auch die Kupferspulen, gedreht von Heerscharen von Frauen mit verpflasterten Fingerspitzen – die Globalisierung ist weiblich.

Die 49 Komponenten auf der Platte, streichholzkopfgroße Transistoren und Widerstände, stammen wiederum aus Malaysia. In Manila werden sie gelötet und getestet. Dann ausgeflogen nach Snoqualmie, an die amerikanische Westküste, wo das Mutterwerk ist. Gleichzeitig kommen aus Klagenfurt per LKW die komplizierteren Kunststoff-Gussteile nach Bremerhaven, außerdem in Klagenfurt vorgeschnittene Stahlblätter, der Spezialstahl stammt aus Sandviken, Schweden. Von Bremerhaven aus fährt ein Frachtschiff die halbe Bürste über den Atlantik nach Port Elizabeth, New Jersey. Von dort geht es per Bahn weiter, quer durch die USA. Und in Snoqualmie, 40 Autominuten von Seattle entfernt, wird alles zusammengeschraubt und verpackt. Zu dem Zeitpunkt haben die Komponenten 27.880 Kilometer zurückgelegt, zwei Drittel des Erdumfangs. Philips ist ein niederländischer Konzern. Aber unter 120 Leuten, die man auf einer Reise durch das Karussell der Kulturen und Kontinente trifft, sind gerade einmal zwei Niederländer. Der Vorarbeiter im amerikanischen Snoqualmie stammt aus Gambia, Bernard Lim Nam Onn, der Chef in Zhuhai, ist Chinese, aber in Malaysia geboren und in Singapur aufgewachsen. … Globalisierung schafft überall auf der Welt neue Biografien und verzahnt sie.

Ralf Hoppe, Spiegel special Nr. 7/2005, S. 136 ff.

M 2 Handelsströme weltweit

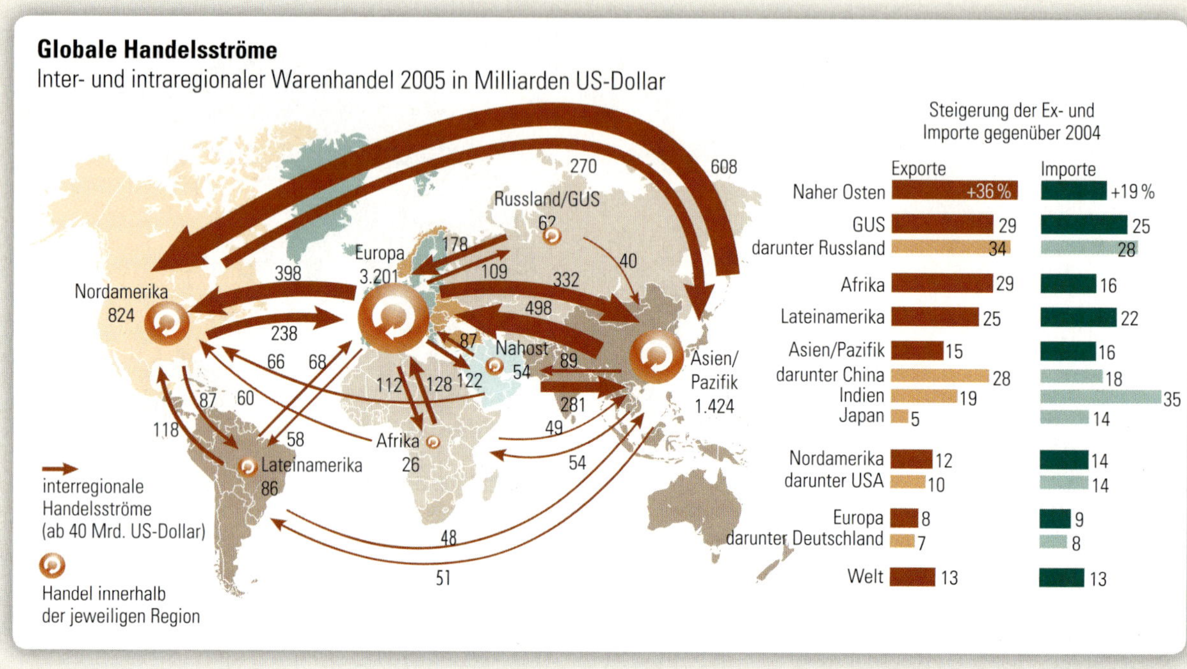

Globus-Grafik 1099, Quelle: WTO

M 3 Die Entwicklung des Welthandels

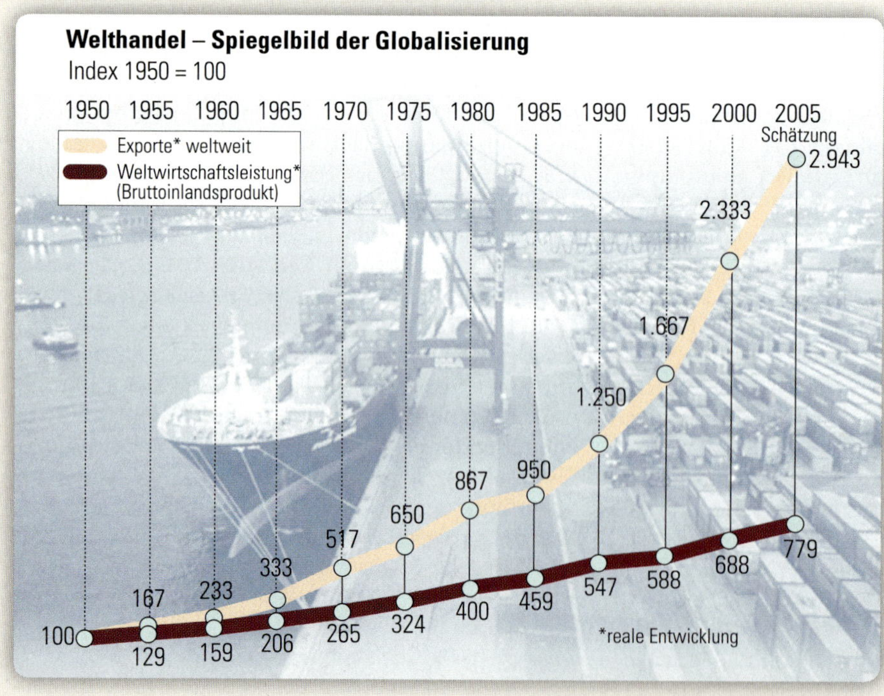

Globus-Grafik 0420; Quelle: WTO, IMA

Freihandel als Leitbild

M 4

Das marktwirtschaftliche Bekenntnis zum Freihandel beruht auf der Überzeugung, dass die Verbindung von dezentraler Planung mit einem freien Leistungswettbewerb und einem System von Marktpreisen als Organisationsprinzip für die Weltwirtschaft ebenso vorteilhaft ist wie als Ordnungsgrundsatz für den nationalen Wirtschaftsraum:

– Freihandel eröffnet Chancen zu produktivitätssteigernder Spezialisierung. Die am Welthandel beteiligten Länder können sich auf die Erzeugung jener Produkte konzentrieren, die sie mit vergleichsweise geringeren Kosten herstellen als ihre Tauschpartner. Von diesen Gütern gilt es mehr zu produzieren als für den heimischen Bedarf erforderlich, um den damit verfügbaren Überschuss gegen Produkte zu tauschen, die im eigenen Staatsraum gar nicht oder nur mit erheblich höheren Kosten hergestellt werden können. Freihandel gestattet es einer Volkswirtschaft somit, ihre Ressourcen mit größerer Ergiebigkeit einzusetzen, als es bei Autarkie oder Protektionismus möglich wäre …

– Durch Freihandel können Konflikte gelöst werden, die auftreten, wenn auf zu engen nationalen Märkten zugleich ein intensiver Wettbewerb, eine hinreichende Nutzung von Massenproduktionsvorteilen und ein genügend vielfältiges Angebot angestrebt wird. Denn durch Export und den Rückgriff auf ausländische Erzeugung lässt sich die Zahl der Konkurrenten und die der offerierten Alternativen erhöhen, ohne dass die durchschnittliche Unternehmensgröße abnehmen und auf kostengünstige Produktion verzichtet werden muss …

– Freihandel ist gleichbedeutend mit offenen Märkten. Dadurch droht leistungsschwachen inländischen Produzenten, von überlegener ausländischer Konkurrenz vom Markt verdrängt zu werden. Das zwingt zu kostengünstiger Produktion marktgerechter Produkte, nötigt zu innovatorischer Aktivität und fördert die Anpassungsflexibilität. Auch steigt die Wahrscheinlichkeit dafür, dass Monopolrenten zum Markteintritt neuer Anbieter führen und damit verloren gehen. Freihandel reduziert somit die Möglichkeit zu friedlichem Oligopolverhalten und dauerhafter Monopolisierung. Er steigert die Wettbewerbsintensität und schafft ein stetes Reservoir potenzieller Konkurrenz. Alles das verbessert die Faktorallokation und fördert die Wachstumsdynamik.

Hartmut Berg, Außenwirtschaftspolitik, in: Dieter Bender u.a. (Hg.), Vahlens Kompendium der Wirtschaftstheorie und Wirtschaftspolitik, 6. Aufl., München 1995, Bd. 2, S. 463 f.

Die Theorie der komparativen Kosten

M 5

Die Länder der Welt sind verschieden voneinander. Augenfällig ist dies, wenn man die Lage in unterschiedlichen Klimazonen und die Rohstoffvorkommen betrachtet. Dies gilt aber auch für das Know-how der Bevölkerung und die Ausstattung mit Sachkapital oder die Anzahl der Arbeitskräfte. Ebenso verfügen einige Länder beispielsweise über mehr unternehmerisches Wissen als andere.

Es ist daher vernünftig, durch die Aufnahme von Handel Güter und Dienstleistungen aus dem Ausland ins Inland zu importieren. Zum einen vergrößern sich dadurch die Konsummöglichkeiten der heimischen Bevölkerung unmittelbar, zum anderen wird durch die Einfuhr von daheim nicht vorhandenen Rohstoffen die Produktion bestimmter Güter überhaupt erst möglich.

Manche Güter können zwar auch im Inland produziert werden, aber nur zu unwirtschaftlich hohen Kosten. Auf diesen Fall absoluter Kostenvorteile bezieht sich die Begründung Adam Smiths für die Vorteilhaftigkeit internationaler Arbeitsteilung. Jedes Land sollte sich nach Smiths Vorstellung auf die Produktion derjenigen Güter konzentrieren, die es billiger herstellen kann als seine Konkurrenten auf den Weltmärkten. Die internationale Arbeitsteilung würde Spezialisierungsvorteile nach sich ziehen, die letztlich allen beteiligten Ländern Wohlstandsgewinne bringt.

Smiths Außenwirtschaftstheorie ließ aber die Frage offen, ob ein Land auch dann in den internationalen Handel eingebunden werden kann, wenn es bei allen produzierten Gütern Kostennachteile gegenüber dem Ausland hat. Es war David Ricardo (1772-1823), der diese Frage bejahte. Internationaler Handel, so Ricardo, kann auch dann für alle Seiten vorteilhaft sein, wenn (im zwei-Länder-Beispiel) Land A im Vergleich zu Land B alle Güter kostengünstiger produzieren kann, sofern nur die relativen („komparativen“) Kostenvorteile sich unterscheiden. In seinem Gedankenexperi-

ment (Modell) geht Ricardo davon aus, dass der Arbeitsaufwand die gesamten Produktionskosten ausmacht und diese den Tauschwert eines Guts bestimmen.
Die schwedischen Ökonomen Eli Heckscher (1879-1952) und Bertil Ohlin (1899-1979) haben die Theorie der komparativen Kostenvorteile verallgemeinert. Sie berücksichtigen neben der Arbeit auch die übrige Faktorausstattung eines Landes. Sie argumentieren, dass die relative Knappheit der Produktionsfaktoren Arbeit, Kapital, Natur und Know-how darüber entscheidet, ob der Lohn in diesem Land in Relation zum Zins hoch oder niedrig ist, ob Know-how zu günstigen Bedingungen zur Verfügung steht und ob der „Verbrauch" von natürlichen Ressourcen als Kostenfaktor zu Buche schlägt oder (nahezu) „frei" verfügbar ist. Also werden Länder, in denen Arbeitskräfte oder Rohstoffe in Relation zu anderen Produktionsfaktoren reichlich vorhanden und dementsprechend billig sind, bei der Produktion von arbeits- oder rohstoffintensiven Gütern einen relativen Kostenvorteil aufweisen. Umgekehrt haben Volkswirtschaften, die über eine hohe Kapitalausstattung bzw. umfangreiches Know-how verfügen, bei der Herstellung von kapitalintensiven bzw. technologisch anspruchsvollen Gütern Vorteile. Die relative Knappheit der Produktionsfaktoren bestimmt die Relation der Faktorpreise in einer Volkswirtschaft, und die daraus resultierenden komparativen Kostenunterschiede bestimmen die Struktur der internationalen Arbeitsteilung (Faktorproportionen-Theorie).

Bundesverband deutscher Banken, Wirtschaft. Materialien für den Unterricht, Köln 2006, S. 3

M 6 Komparative Kosten – ein Beispiel

In Deutschland benötigt man zur Produktion von 1 kg Stahl 1 Arbeitsstunde (h), zur Produktion von 1 kg Rindfleisch 2 Arbeitsstunden, also kann Deutschland pro zwölfstündigen Arbeitstag 12 kg Stahl oder 6 kg Rindfleisch oder beliebige Mischungen produzieren. Wichtig ist, dass 1 kg mehr Rindfleisch den Verzicht auf 2 kg Stahl erfordert: 1 kg Rindfleisch kostet also 2 kg Stahl und umgekehrt kostet 1 kg Stahl 0,5 kg Rindfleisch. Dies sind die internen deutschen Tauschverhältnisse.
In Südafrika benötigt man zur Produktion von 1 kg Stahl 2 Arbeitsstunden und zur Produktion von 1 kg Rindfleisch 3 Arbeitsstunden, also kann Südafrika pro Arbeitstag 6 kg Stahl oder 4 kg Rindfleisch oder Kombinationen davon produzieren. 1 kg Rindfleisch mehr kostet Südafrika den Verzicht auf die Produktion von 1,5 kg Stahl. 1 kg Rindfleisch kostet also 1,5 kg Stahl. Und 1 kg Stahl 0,67 kg Rindfleisch. Dies sind die internen südafrikanischen Tauschverhältnisse.

Deutschland	Südafrika
1 kg Stahl: 1 h	1 kg Stahl: 2 h
1 kg Rindfleisch: 2 h	1 kg Rindfleisch: 3 h

Während also absolut gesehen sowohl Stahl (S) als auch Rindfleisch (R) in Deutschland mit weniger Arbeitsaufwand produziert werden kann, ist Rindfleisch in Südafrika relativ (zum Stahl) billiger als in Deutschland.

Deutschland	Südafrika
1 kg R = 2 kg S	1 kg R = 1,5 kg S
1 kg S = 0,5 kg R	1 kg S = 0,67 kg R

Im internationalen Handel bilden sich nun Preise und Wechselkurse und damit Tauschverhältnisse zwischen Rindfleisch und Stahl. Welche Austauschverhältnisse sich einstellen, hängt ab von Angebot und Nachfrage und ganz allgemein von den Marktverhältnissen. Sicher kann man allerdings sein, dass bei freiem Handel die zwischen den Ländern geltenden (externen) Tauschrelationen zwischen den inländischen (internen) Tauschrelationen liegen müssen. In diesem Beispiel muss das externe Tauschverhältnis von Rindfleisch und Stahl zwischen dem südafrikanischen und deutschen internen Tauschverhältnis liegen, also zwischen

1 R = 1,5 S und 1 R = 2 S

weil sich sonst der Tausch für eines der beiden Länder nicht lohnt. Angenommen, die Tauschrelation liege in der Mitte:

1 R = 1,75 S

In diesem Fall brächte eine Spezialisierung der Produktion auf das jeweils relativ billigere Produkt beiden Ländern einen Vorteil:

- Deutschland produziert 12 kg Stahl und tauscht davon z.B. 3,5 kg gegen 2 kg Rindfleisch;
- Südafrika produziert 4 kg Rindfleisch und tauscht davon z.B. 2 kg gegen 3,5 kg Stahl.

Beide Länder stehen damit besser da als bei alleiniger Selbstproduktion. Damit aus komparativen Preisvorteilen auch absolute werden, bedarf es eines beweglichen Wechselkurses.

Ulrich Baßeler, Jürgen Heinrich, Burkhard Utecht, Grundlagen und Probleme der Volkswirtschaft, 17. Aufl., Stuttgart 2002, S. 527 f.

Inter- und intra-industrieller Handel

M 7

Die Arbeitsteilung kann unterschiedliche Formen annehmen und sich im Zeitverlauf entsprechend verändern:

a) Sie kann **„komplementär"** sein. Dies ist typisch für die Handelsbeziehungen eines Industrielandes zu Ländern, die aufgrund standortgebundener Gegebenheiten (Bodenschätze, Agrarflächen, geografische Lage, Klima) nur oder überwiegend industrielle Rohstoffe (Erdöl, Erdgas, Kohle, Nichteisen-Metalle u. dgl. m.), landwirtschaftliche Primärgüter (Kaffee, Kakao, Tee, Zucker, Bananen, pflanzliche und tierische Öle und Fette u. dgl. m.) oder andere Rohwaren (Baumwolle, Jute, Holz u. dgl. m.) erzeugen und exportieren oder Fremdenverkehrsleistungen anbieten; meistens handelt es sich um Entwicklungsländer, die noch nicht auf den Pfad der Industrialisierung eingeschwenkt sind oder die Industrialisierung binnenmarktorientiert und unter Abkopplung von der Weltwirtschaft betreiben. Die Bundesrepublik importiert aus diesen Ländern solche Produkte bzw. nutzt deren touristisches Potenzial, und sie exportiert dorthin im Wesentlichen Industrieerzeugnisse, die diese Länder als Vorprodukte für die eigene Produktion oder zur Befriedigung von Inlandsnachfrage benötigen.

b) Die Arbeitsteilung kann **„substitutiv"** sein. Dies ist typisch im Bereich des Industriegüterhandels. Bei deutlich unterschiedlichem Entwicklungsstand und unterschiedlicher Faktorausstattung kommt es dabei zu einem **„inter-industriellen"** Handel. Die Exportindustrien sind andere Industrien als diejenigen, die unter Importkonkurrenz stehen. Aus der Sicht der einzelnen Branche stellt sich der Außenhandel wie eine Einbahnstraße dar. Der klassische Fall ist der Güteraustausch zwischen einem Industrieland und einem Entwicklungsland, das sich industrialisiert und dabei seine komparativen Kostenvorteile im internationalen Handel erkennt und nutzt. Das Industrieland ist reichlich mit Sachkapital und qualifizierten Arbeitskräften ausgestattet und hat ein großes Innovationspotenzial, das Entwicklungsland verfügt im Vergleich dazu über viele (häufig ungelernte) Arbeitskräfte und wenig Sachkapital und technisches Know-how. Also liegt der Spezialisierungs- und Exportschwerpunkt des Industrielandes bei kapital- und forschungsintensiven Gütern, der des Entwicklungslandes bei arbeitsintensiven Gütern. Gehandelt werden beispielsweise Werkzeugmaschinen gegen Textilien.

c) Es kommt bei der substitutiven Arbeitsteilung aber auch zu einem **„intra-industriellen"** Handel. Dies ist charakteristisch im Warenaustausch zwischen Industrieländern, die praktisch die gleiche Faktorausstattung haben, auf einem ähnlich hohen Stand der Technik sind und ein hohes Pro-Kopf-Einkommen aufweisen. Allerorten wachsen die Unternehmen über die nationalen Grenzen hinaus, indem sie die kostensenkenden Vorteile der Massenproduktion (Skalenerträge) nutzen und divergierende Präferenzen der Nachfrager, die selbst bei kleinen Unterschieden im Preis, in der Qualität oder im Design eines Guts auftreten können, für eine Produktdifferenzierung verwenden. Auch technische Neuerungen verbreiten sich über die nationalen Grenzen hinweg; das spektakulärste Beispiel bildet die Mikroelektronik und die auf ihr beruhenden Technologien. Unter diesen Bedingungen ist es vorteilhaft, sich innerhalb einzelner Branchen zu spezialisieren. So werden, gleichartige Produkte exportiert und importiert: Die Handelsströme haben Gegenverkehr. Gehandelt werden zum Beispiel deutsche Autos gegen französische."

Juergen B. Donges, Deutschland in der Weltwirtschaft, Mannheim 1995, S. 21 ff.

M 8 Deutschlands Handel mit China

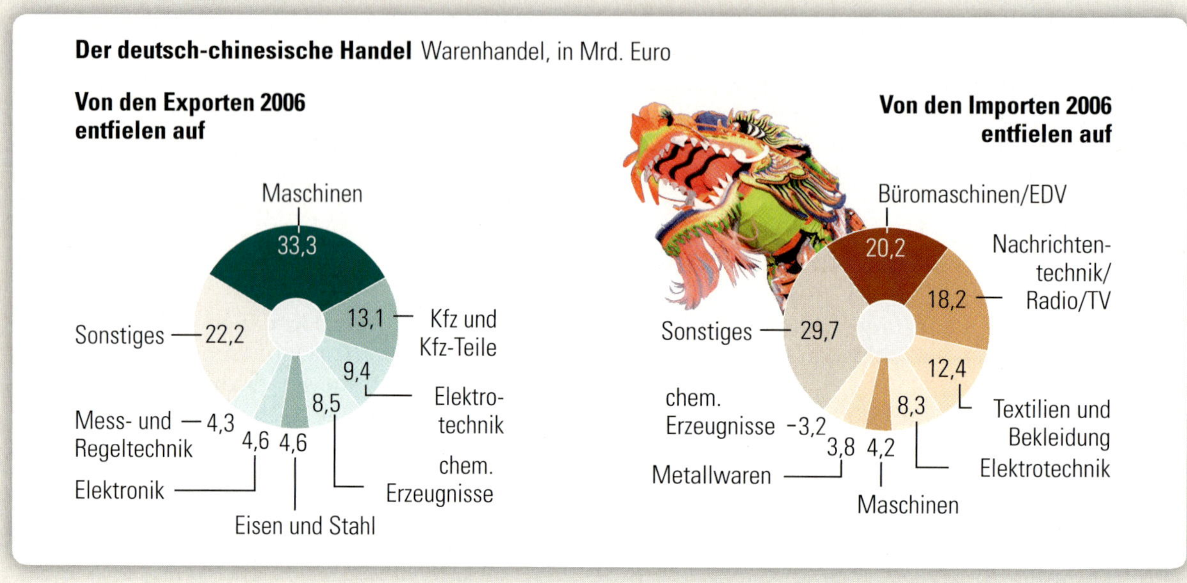

dpa Grafik, Quelle: Deutsche Bundesbank; Bundesagentur für Außenwirtschaft

Aufgaben

1. Beschreiben Sie die Voraussetzungen und Funktionsweise der internationalen Arbeitsteilung am Beispiel der Zahnbürstenproduktion (M 1).
2. Analysieren Sie die Entwicklung des Welthandels. Prüfen Sie, ob der Welthandel vorwiegend inter- oder intraregional stattfindet (M 2, M 3).
3. Erläutern Sie die Vorteile des Freihandels. Gehen Sie dabei insbesondere auf die Theorie der komparativen Kosten ein (M 4 – M 6).
4. Beschreiben Sie die Struktur des deutsch-chinesischen Handels (M 8) anhand der in M 7 beschriebenen Kategorien.

M 9 Globalisierung – neuer Begriff für ein altes Phänomen?

Zu klären ist … zunächst, um was es überhaupt geht, wenn von Globalisierung im wirtschaftlichen Sinne gesprochen wird. … Das naheliegendste Begriffsverständnis zielt auf den Grad der Handelsverflechtung: Danach ist die Weltwirtschaft um so stärker „globalisiert“, je höher die Weltexportquote, je höher also der Anteil der Weltproduktion ist, der grenzüberschreitend gehandelt wird. In diesem Sinne war die zweite Hälfte des 20. Jahrhunderts bisher tatsächlich eine Zeit kontinuierlicher Globalisierung, denn die Weltexportquote stieg von rund 7 Prozent (1950) über 12 Prozent (1973) bis auf 17 Prozent im Jahre 1993.

Dieser Anstieg wird allerdings im historischen Vergleich etwas relativiert, da er zum Teil nicht mehr bedeutete als die Rückkehr zu dem Grad der Außenhandelsverflechtung, wie er vor Ausbruch des Ersten Weltkriegs als Ergebnis einer langen Phase der weltwirtschaftlichen Integration vorherrschte. So lag die Weltexportquote – soweit für die damalige Zeit überhaupt sinnvoll messbar – 1913 bei immerhin schon rund 12 Prozent, also bereits auf dem Niveau von 1973, im Vergleich zu etwa 5 Prozent Mitte des 19. Jahrhunderts. Rein quantitativ unterscheidet sich also die Globalisierung heute weit weniger von der des frühen 20. Jahrhunderts als viele öffentliche Äußerungen von Beobachtern glauben machen.

Strukturelle Veränderungen im Welthandel

Aber die wachsende Handelsverflechtung hat natürlich auch eine strukturelle Seite und da hat sich erheblich mehr getan. Es fallen vor allem zwei Tatsachen auf:

1. die Zunahme des Handels zwischen Industrieländern, und zwar oft innerhalb der gleichen Produktkategorien, und
2. der Aufstieg einer Reihe von vormals armen Entwicklungsländern – fast alle im östlichen Teil Asiens gelegen – in die Liga wichtiger Exportnationen.

Erstens: Ohne viel Übertreibung lässt sich sagen, dass noch zu Beginn des 20. Jahrhunderts der Handel der führenden Industrienationen einem einfachen Muster folgte: Export von Fertigwaren gegenüber Import von Rohstoffen. Entsprechend gering war die Handelsverflechtung der damals führenden Volkswirtschaften untereinander. Dies ist in den letzten Jahrzehnten ganz anders geworden: Industrieländer exportieren und importieren vor allem Fertigwaren, aber oftmals solche, die sich in ihren Funktionen nur wenig voneinander unterscheiden. Dieser intra-industrielle Handel, wie man ihn in der Fachsprache nennt, findet vor allem zwischen den reichen Industrieländern statt. Das meist zitierte Beispiel dafür ist die Automobilbranche: VW exportiert nach Frankreich, Renault nach Deutschland, und beide Automobilkonzerne bedienen dabei fast die gleichen Marktsegmente.

Warum ist dies so? Die Antworten liegen eigentlich auf der Hand: Mit steigendem Wohlstand werden die Bedürfnisse der potenziellen Käufer von Produkten immer differenzierter, und die Anbieter reagieren darauf, indem sie sich entsprechend spezialisieren. Der technische Fortschritt tut ein Übriges als Quelle der Differenzierung, vor allem auch bei Investitionsgütern, wo reine Geschmacksfragen stark in den Hintergrund treten. Die Herstellung eines typischen industriellen Produkts erfordert heutzutage den Einkauf einer Vielzahl unterschiedlicher Vorprodukte, die selbst schon technisch hochwertige und hoch spezialisierte Fertigwaren sind und nicht einfach Rohstoffe. Dass der Ankauf solcher Vorprodukte dabei immer stärker die nationalen Grenzen überschreitet, und zwar besonders die Grenzen hoch entwickelter Volkswirtschaften, ist letztlich die Konsequenz gesunkener Transport- und Kommunikationskosten sowie einer zunehmenden Feinstruktur des technischen Wissens, die eine Aufspaltung vieler komplexer Produktionsprozesse notwendig macht. …

Zweitens: Die zweite strukturelle Veränderung im Welthandel, die sich vor allem für die letzten beiden Dekaden beobachten lässt, ist der Aufstieg einiger Schwellenländer[1] zu wichtigen Exportnationen, vor allem der so genannten ostasiatischen „Tiger" Südkorea, Taiwan, Singapur und Hongkong. Für diese Länder selbst ist der Aufstieg ohne Zweifel im positiven Sinne dramatisch, zumal er mit einer Verbesserung des Lebensstandards verbunden ist, deren Tempo in der Wirtschaftsgeschichte ihresgleichen sucht. …

Gesunkene Transport- und Kommunikationskosten

Es besteht kaum Zweifel, dass weltweit die Transport- und vor allem die Kommunikationskosten in den letzten Dekaden deutlich gesunken sind. Nicht im geografischen, wohl aber im ökonomischen Sinne ist die Welt erheblich geschrumpft. Dies eröffnet für einzelne Unternehmen und ganze Industriezweige zunehmend die Möglichkeit, die Wertschöpfungskette ihrer Produktion nach wirtschaftlichen Kriterien räumlich aufzuspalten, und zwar im weltweiten Rahmen.

Damit öffnet sich eine neue Dimension des intraindustriellen Handels, diesmal nicht mehr nur zwischen Volkswirtschaften, die geografisch nicht weit voneinander entfernt sind und ein ähnliches Entwicklungsniveau aufweisen, sondern auch zwischen solchen Volkswirtschaften, die wir gemeinhin zu „unterschiedlichen Welten" rechnen. Früher galt, dass Entwicklungsländer in einigen klar definierten Segmenten der Wirtschaft auf den Weltmärkten konkurrenzfähig waren oder werden, und zwar in jenen Branchen, bei denen die Arbeitsintensität der Produktion relativ hoch ist und/oder relativ standardisierte Technologien zur Anwendung kommen. Klassische Beispiele dafür sind verschiedene Konsumgüterindustrien wie die Herstellung von Bekleidung, Textilien, Spielwaren und Ledererzeugnissen, aber auch die Produktion von Rohstahl und einfachen Chemikalien.

Heutzutage ist die Produktpalette erheblich breiter geworden. Wichtiger noch: Sie lässt sich nicht mehr leicht einzelnen Branchen zuordnen,

weil Unternehmen auch in Hochtechnologiebereichen immer mehr dazu übergehen, Teile des Produktionsprozesses in Länder mit niedrigen Lohnkosten auszulagern. Die Computerbranche ist dafür ein gutes Beispiel: Während Halbleiter, Mikroprozessoren und Bildschirme als forschungsintensivere Bestandteile eines Personal Computers typischerweise in Industrieländern hergestellt werden (wobei wir Südkorea bereits dazurechnen!), lassen die Produzenten der Branche das Gehäuse und sonstige einfachere Teile oftmals in Entwicklungsländern fertigen. …
Durch die gesunkenen Transport- und Kommunikationskosten gelingt es den Unternehmen, gewissermaßen das Beste aus zwei Welten zu kombinieren, das technologische Wissen der „Ersten Welt" und die reichlich vorhandenen und billigen Arbeitskräfte der „Dritten Welt". Aus ökonomischer Sicht handelt es sich indes um ein Phänomen, das im Kern durchaus vertraut ist: Wie bisher sind es die niedrigen Produktions- und vor allem Arbeitskosten, die Unternehmen in Entwicklungsländer locken, lediglich die Möglichkeiten der Aufspaltung von Produktionsprozessen auch innerhalb von Industrien sind erheblich größer geworden. …

Gesunkene Transportkosten und moderne Logistik ermöglichen die Organisation globaler Wertschöpfungsketten.

Was folgt daraus? In einem Schlagwort zusammengefasst, ließe sich antworten: ein verschärfter weltweiter Standortwettbewerb.

Karl-Heinz Paqué, Weltwirtschaftlicher Strukturwandel und die Folgen, in: Aus Politik und Zeitgeschichte, B 49/1995, S. 3 – 5

[1] *Entwicklungsländer, die auf der Schwelle zum Industrieland stehen (BIP pro Kopf von mindestens 2.000 USD)*

M 10 In acht Tagen um die Welt

Der Schriftsteller Jules Verne träumte einst davon, in 80 Tagen um die Welt zu reisen. Sein Held Phileas Fogg betätigte sich als Reiselogistiker und erreichte durch das geschickte Vernetzen verschiedener Verkehrsträger eine für damalige Verhältnisse unglaubliche Reisegeschwindigkeit. Von dem, was heutzutage in puncto Transport abgeht, hätten die beiden Abenteurer allerdings nicht zu träumen gewagt.
Denn die Güterströme fließen nicht nur immer schneller und weiter, sie haben auch hinsichtlich Menge und Komplexität ein Niveau erreicht, das man noch vor wenigen Jahren kaum für möglich gehalten hätte.
Wie moderne Gütersteuerung funktioniert, zeigt das Beispiel eines großen Automobilwerks in Süddeutschland. Täglich laufen dort knapp 1.500 Lastwagen und 65 Güterwaggons der Bahn knapp 70 Entladepunkte auf dem Werkgelände an. Jeder dieser Punkte ist für bestimmte Zulieferteile zuständig. Zusätzlich hierzu muss auch noch der Abtransport der Tagesproduktion von gut 2.000 Fahrzeugen organisiert werden.
Transportieren bedeutet aber längst nicht mehr, dass etwas nur von A nach B geschafft wird – das Befördern ist längst fester Bestandteil des Produktionsprozesses. So gehört etwa die „Just-in-time"-Lieferung mancherorts bereits zum alten Eisen. Das neue Zauberwort heißt „just in sequence". Dahinter verbirgt sich, dass der Zulieferer nicht nur für die bei der „Just-in-time"-Logistik übliche exakte zeitliche Taktung der Lieferungen sorgt; er muss zusätzlich gewährleisten, dass die Teile bei Ankunft bereits in der Reihenfolge sortiert sind, in der sie weiterverarbeitet werden.
Die Logistik umfasst aber noch mehr als den Transport – dazu gehört auch die Planung und Steuerung sämtlicher Informations- und Materialflüsse in einem Unternehmen. Besonders wichtig ist dies, wenn Unternehmen verschiedene Standorte haben. Tatsächlich machen solche Prozesse zwei Drittel des Logistikgeschäfts aus.
Über das Meer wurden zuletzt zweimal so viele Güter transportiert wie 1991. Den entscheidenden Schub hat die Globalisierung der Logistikbranche verpasst. … Möglich wurde die Erfolgsstory der

Branche nicht zuletzt durch den Einsatz von Containern im Frachtwesen. Die Metallboxen haben den Warenferntransport in den letzten 20 Jahren revolutioniert. Mit ihnen lässt sich viel Zeit sparen, weil der Ladevorgang weitgehend automatisch abläuft. Containerschiffe benötigen nur noch etwa ein Zehntel der für Stückgutfrachter üblichen Ladezeit. Beim Wechsel von einem Verkehrsmittel auf ein anderes wird die Box samt Inhalt einfach übergeben.
Auf diese Weise lassen sich auch kleinteilige Lieferungen gut bündeln und mittels Container entlang einer vorgegebenen weltweiten Logistikkette verfrachten. Dadurch sind die Kosten für den Ferntransport von Fertigwaren per Schiff gesunken, und auch in puncto Transportgeschwindigkeit ging sozusagen die Post ab. Seit 1991 hat sich der Containerumschlag in den deutschen Seehäfen nahezu vervierfacht.

iwd - Informationsdienst des Instituts der deutschen Wirtschaft Köln, Nr. 31/2007, 2.8.2007, S. 4 f.

Der Container

Info

Der rasant wachsende Handel wäre ohne den Standard-Container nicht denkbar. Rund 400 Millionen der gut sechs Meter langen Kisten wurden 2005 weltweit umgeschlagen. Riesige Spezialschiffe transportieren sie, in kürzester Zeit können sie auf LKW und Züge verladen werden. Im Hamburger Hafen wurden 2005 rund 97% des Stückgutaufkommens mit Containern abgewickelt. Vollcontainerschiffe können bis zu 9.200 TEU (Twenty-foot Equivalent Unit) transportieren.

nach: Der Stern, 6.4.2006, S. 169

M 11 Entwicklung der Transport- und Informationskosten

	Telekommunikation*		Seefracht*		Lufttransport*	
	Index (1930 = 100)	in US-Dollar	Index (1930 = 100)	in US-Dollar	Index (1930 = 100)	in US-Dollar
1920	–	–	158,3	95	–	–
1930	100,00	244,65	100,0	60	100,0	0,68
1940	77,05	188,51	105,0	63	67,7	0,46
1950	21,75	53,20	56,7	34	44,1	0,30
1960	18,75	45,86	45,0	27	35,3	0,24
1970	12,91	31,58	45,0	27	23,5	0,16
1980	1,96	4,80	40,0	24	14,7	0,10
1990	1,36	3,32	48,3	29	16,2	0,11
2000**	0,35	0,86	35,0	21	11,8	0,08
2005	0,12	0,30	–	–	–	–

Index (1930 = 100) und in absoluten Zahlen, in konstanten Preisen (US-Dollar 1990), 1920 bis 2005

* *Kosten eines 3-minütigen Telefongesprächs von New York nach London / durchschnittliche Seetransportkosten und Hafengebühren für Import- und Exportfracht pro short ton (907,17 kg) / durchschnittlicher Lufttransportumsatz pro Passagier und Meile*
** *1998 bei Seefracht und Lufttransport*

M 12 Transnationale Unternehmen als Schrittmacher der Globalisierung

Schrittmacher der Globalisierung sind Unternehmen mit ausländischen Niederlassungen oder Tochterunternehmen, sogenannte transnationale Unternehmen. Ihre Organisationsform ist ein Netzwerk mit einer Reihe wechselseitig abhängiger und geografisch verteilter Zentren, die von gemeinsamen Strategien, Normen und einem intensiven Austausch von Informationen, Erfahrungen und Ressourcen zusammengehalten werden. Mit ihren Direktinvestitionen vernetzen transnationale Unternehmen nationale Volkswirtschaften und werden damit zum Herzstück der globalen Weltwirtschaft. Transnationale Unternehmen treiben den grenzüberschreitenden Transfer von Finanzkapital, Technologie und Managementfähigkeiten voran.
Auch mittelständische Industrieunternehmen produzieren bereits zu einem großen Teil im Ausland. Kennzeichnend für die Globalisierung ist auch, dass Unternehmen – unabhängig von ihrer Konkurrenzbeziehung – zunehmend international kooperieren. Dabei beginnen die Konturen der einzelnen Firmen sich zu verwischen. Automobilfirmen beliefern sich gegenseitig mit Motoren und Getrieben oder produzieren gemeinsam identische Automobile, die sich nur im Markenemblem unterscheiden. Fluggesellschaften gehen weltweite Kooperationen ein und befördern gegenseitig die Fluggäste der jeweils anderen Gesellschaft. Klare Abgrenzungen der Verhältnisse zu Konkurrenten, Lieferanten und Kunden werden ersetzt durch eine Verflechtung von Wertschöpfungsaktivitäten. Die Fähigkeit, solche Systeme komplexer grenzüberschreitender Leistungserstellung zu organisieren, wird zum wichtigsten Wettbewerbsvorteil transnationaler Unternehmen.
Transnationale Unternehmen sind zwar die Schrittmacher der Globalisierung, doch die Auswirkungen der weltwirtschaftlichen Verflechtungen sind in allen Bereichen der Wirtschaft zu spüren. Das hat zwei Gründe: Zum einen liegt ein wesentliches Charakteristikum der Globalisierung in der stärkeren Vernetzung aller Unternehmen, und zum anderen ist die Informations- und Kommunikationstechnik eine Querschnittstechnologie, die die gesamte Wirtschaft erfasst.
Damit ändern sich die Produkte, die Arbeitsab-

läufe und die Beschäftigungsformen in der New Economy. Dienstleistungsfunktionen nehmen zu, relativ dazu verlieren reine Fertigungstätigkeiten an Gewicht, Teamwork und die Koordination komplexer und zunehmend arbeitsteiliger Abläufe gewinnen an Bedeutung, die Grenzen zwischen selbstständiger und abhängiger Beschäftigung verschwimmen, Telearbeit und Teilzeitbeschäftigung gewinnen an Bedeutung, Arbeitszeiten werden flexibler. Kurz: die Arbeitswelt folgt dem gesamtgesellschaftlichen Trend der Ausdifferenzierung und Individualisierung.

Wilhelm Bürklin, Globalisierung als Chance für Wohlstand und Arbeitsplätze, in: Aus Politik und Zeitgeschichte, B 48/24.11.2000, S. 31 – 33

Das globale Fusionsfieber

M 13

Die aktuelle Fusionswelle schickt sich an, die der Jahre 1995 bis 2000 einzuholen. Wie das Zentrum für Europäische Wirtschaftsforschung im April 2006 vorrechnete, betrug der Wert der in den letzten 12 Monaten weltweit abgeschlossenen Fusionen gut 2,6 Billionen Euro. Damit knüpft er an das Rekordjahr 2000 an, als das Transaktionsvolumen bei 3,4 Billionen Euro lag. Zwischenzeitlich hatten viele Konzerne wegen der Wirtschaftsflaute die Lust am Fusionieren verloren.

Dass so viele Unternehmen nun wieder an Übernahmen und Firmenzukäufe denken, zeigt, dass die Manager zuletzt in ihren Bilanzen kräftig aufgeräumt haben: Die Schulden wurden gesenkt und die Kassen der Konzerne haben sich gefüllt. Die Lust auf einen Einkaufsbummel wird zusätzlich durch die über lange Zeit sehr niedrigen Zinsen gefördert, denn so kommen die Unternehmen an billige Kredite.

Dennoch können volle Kassen und niedrige Zinsen alleine den aktuellen Fusionsboom nicht erklären, schließlich gäbe es auch andere Dinge, die die Konzernchefs mit dem Geld anstellen könnten: Sie könnten zum Beispiel in neue Werke, Maschinen und vor allem Mitarbeiter investieren.

Wenn die Konzernchefs stattdessen lieber auf Übernahmen und Firmenzukäufe setzen, wird schnell das übersteigerte Ego einzelner Top-Manager als Motiv vermutet, zusammen mit dem Verlangen nach mehr Macht und höherem Einkommen. ...

Auch wenn solche Motive wohl niemals völlig ausgeschlossen werden können, gibt es doch auch konkrete betriebswirtschaftliche Motive für eine Fusion. Auf der strategischen Seite wird Marktmacht angepeilt, auf der finanziellen Seite sollen Kosten gespart werden. Beide Punkte greifen dabei meist ineinander und werden immer wieder gerne von Managern genannt, um Mitarbeitern und Aktionären eine Übernahme oder Fusion schmackhaft zu machen.

Marktmacht spielt in vielen Branchen eine entscheidende Rolle, denn mit ihr können Konkurrenten elegant aus dem Weg geräumt werden. Zulieferer und Abnehmer müssen nach dem Takt des Platzhirsches tanzen. ...

Beliebtes Übernahmeziel ist auch die Erweiterung der eigenen Produktpalette – schließlich können so neue Märkte im In- und Ausland erobert werden. Organisches Wachstum, d.h. die eigene Entwicklung neuer Produkte ist für die Unternehmen oft mühsam und mit hohen Kosten und Risiken verbunden. Wenn das nötige Kleingeld da ist, ist der Zukauf bereits etablierter Marken die bequemere, risikoärmere und auf längere Sicht auch meist kostengünstigere Variante.

So hat sich der US-Konsumgüterriese Procter & Gamble schon seit einigen Jahren in den Kopf gesetzt, den Kosmetikmarkt zu erobern – dass sie etwas von Duracell-Batterien und Pampers verstehen, haben die Amerikaner schon zur Genüge bewiesen. Sie wollen jetzt dem französischen Kosmetikkonzern L'Oreal zeigen, dass auch sie es sich wert sind, in dem Geschäft, das weltweit gut 200 Milliarden Dollar ausmacht, mitzumischen. Auf der Suche nach geeigneten Übernahmekandidaten ist P&G im Jahr 2003 unter anderem in Darmstadt fündig geworden. Mit Wella hat sich der US-Riese nicht nur die Haarpflegeprodukte, sondern auch das Parfümgeschäft mit Marken wie Mexx, Puma und Bruno Banani gesichert.

Es muss aber nicht immer gleich die Eroberung neuer Märkte sein – manchmal genügt es den Unternehmen auch, die abgesteckten Claims zu verteidigen. Mit dem nach zähem Ringen mit Merck schließlich eroberten Schering-Konzern betritt Pharmakonzern Bayer weder Branchenneuland, noch wird das neue Paar im internationalen Vergleich zu den Top Ten der Pharmakonzerne gehören. Die zusammengerechnet knapp 15 Milliarden Euro Umsatz reichen gerade, um neuer deutscher Champion zu werden.

Doch mit den Berlinern kann der Pharmariese seinen eigenen Apothekerschrank gut auffüllen. Denn Bayer ist besonders auf Krebs- und Herz-Kreislauferkrankungen spezialisiert, während Schering mit Verhütungsmitteln, Hormonmedikamenten und Präparaten gegen Multiple Sklerose ein Nischenanbieter ist. Zudem kommen die beiden in der sehr teuren Pharmaforschung zusammen auf ein Jahresbudget von etwa 1,5 Milliarden Euro, was sie auch im internationalen Vergleich wettbewerbsfähig macht.

Gescheiterte Ehen

In der Theorie gibt es also viele gute Gründe für Unternehmen zusammenzugehen, um miteinander den globalisierten Märkten die Stirn zu bieten. In der Praxis sieht es jedoch oft anders aus: Nicht nur, dass die Firmenehen oft auf Kosten vieler Arbeitsplätze geschlossen werden, gut zwei Drittel aller Fusionen können auch betriebswirtschaftlich als gescheitert bezeichnet werden. Statt höhere Umsätze und Gewinne einzufahren, stehen die Unternehmen gemeinsam oft schlechter da als vorher. Beim Autokonzern DaimlerChrysler hat sich seit der Fusion im Jahre 1998 der Aktienkurs halbiert und der Nettogewinn ist jährlich im Schnitt um sechs Prozent gesunken[1]. Auch der Allianz ging es nach der Übernahme der Dresdner Bank schlechter als vorher.

Bei der Ursachenforschung wird oft vorschnell vermutet, dass die Unternehmen bei der verlockenden Aussicht auf ein größeres Imperium schlicht und einfach die Risiken unterschätzt haben. In der Regel sind die Risiken den Firmen aber durchaus bewusst – sie können sich gegen sie jedoch nicht vollkommen absichern. So sind die tatsächlichen Synergieeffekte zwischen zwei Unternehmen nicht zu 100 Prozent vorhersehbar. Zukünftige Partner versuchen zwar meist im Vorwege alles übereinander zu erfahren, für beide ist es jedoch ratsam, nicht alle Unternehmensgeheimnisse preiszugeben. Denn kommt es nicht zu einer Fusion, könnten die Informationen im Wettbewerb gegen die Unternehmen genutzt werden.

Zu den weiteren Fallstricken gehört das Wettbewerbsrecht – nicht immer sind die Kartellämter begeistert über die Vorhaben der Unternehmen. Auch eine unzureichende Finanzplanung oder inkompatible Unternehmenskulturen gehören zu den Klassikern des Scheiterns.

Samira Lazarovic, Bundeszentrale für politische Bildung, 29.6.2006

[1] *Im Mai 2007 trennte sich Daimler wieder von Chrysler*

M 14 Vom lokalen zum globalen Unternehmen – Evolutionsphasen

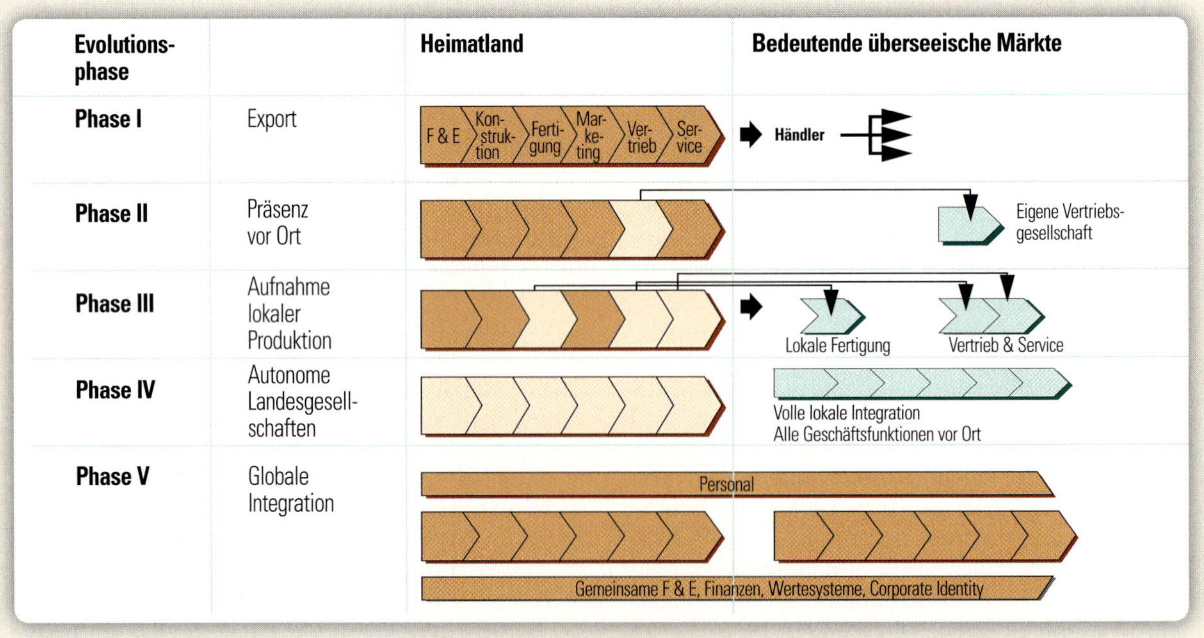

Thomas Goette, Standortpolitik internationaler Unternehmen, Wiesbaden 1994, S. 125

Kontrovers diskutiert: Transnationale Konzerne

M 15

a) Multinationale Unternehmen sind sich ihrer Verantwortung bewusst

Dr. Michael J. Inacker, Generalbevollmächtigter für Politik und Außenbeziehungen der Daimler Chrysler AG:

Auch wenn Kritik in Einzelfällen gerechtfertigt ist, sind sich doch multinationale Unternehmen in der Regel ihrer Verantwortung in den Entwicklungsländern bewusst – und dies allein schon aus Eigeninteresse. Denn große Investitionen, wie der Aufbau einer Fabrik oder die Förderung von Erdgasvorkommen rechnen sich für ein Unternehmen nur auf Sicht von 40, 50 und mehr Jahren. Deshalb sind die Unternehmen von demokratischen und rechtsstaatlichen Verhältnissen, von zufriedenen, gesunden Mitarbeitern und einer intakten Umwelt abhängig. DaimlerChrysler beschäftigt zurzeit 370.000 Mitarbeiter in über 200 Ländern. In jedem dieser Länder bemühen wir uns, ein „Good Corporate Citizien" zu sein und unserer sozialen Verantwortung gerecht zu werden. Im Juni 2000 gehörten wir zu einem der ersten Unternehmen, die sich dem so genannten „Global Compact", einem „Weltabkommen" der Vereinten Nationen und internationalen Firmen, angeschlossen hat. Über 400 Global Players haben sich in diesem Abkommen freiwillig verpflichtet, überall für die Menschrechte einzutreten, Arbeitsnormen einzuhalten, Kinderarbeit nicht zuzulassen und die Umwelt zu schonen. Investitionen großer Unternehmen in den Entwicklungsländern geben der heimischen Wirtschaft wichtige Impulse. In Zulieferverträgen wird die lokale Wirtschaft eingebaut. Durch den Import neuer Technologien und Know-How steigt die Wettbewerbsfähigkeit des Landes; die Menschen erhalten eine bessere Ausbildung und verdienen mehr. Doch leider stehen noch oft bürokratische Hürden und Regulierungswut der Wirtschaft im Wege. Die Weltbank hat in Ihrem Bericht „Doing Business 2004" viele Beispiele gegeben. Ein Vertrag zwischen Geschäftsleuten kommt in den Niederlanden innerhalb eines Monats zustande, in Guatemala braucht es dazu 1500 Tage. Deshalb brauchen wir mehr Globalisierung und nicht weniger!

b) Die Macht der Konzerne steigt

Felix Kolb, Gründungsmitglied und erster Pressesprecher von Attac Deutschland:

Die ökonomische und politische Macht von Weltkonzernen lässt sich an einem einzigen Indikator ablesen: Unter den 100 größten Wirtschaftsmächten befinden sich bereits 51 Konzerne – Tendenz steigend. Obwohl sich Konzerne wie Nike, McDonalds, oder Nokia in vielerlei Hinsicht unterscheiden, haben sie ein gemeinsames Ziel: Sie müssen ihre Gewinne maximieren. Denn verlieren sie dieses Ziel kurz aus den Augen, sind im globalen Kapitalismus Kursverluste an den Aktienbörsen und im Extremfall eine feindliche Übernahme die Folge. Der Zwang, ihre Profite zu maximieren, führt Weltkonzerne in die ständige Versuchung, dies auf Kosten von Menschenrechten, Umwelt und Demokratie zu erreichen. In den westlichen Industrieländern hat die Entwicklung des modernen Sozialstaates diesem rohen Vorgehen einen wirksamen Riegel vorgeschoben. Die Existenz von Gewerkschaften sichert Arbeitern einen fairen Lohn und die Achtung ihrer Menschenrechte. Strenge Auflagen zwingen Konzerne dazu, unsere Umwelt nicht als Wegwerfprodukt zu behandeln. Und das allgemeine Wahlrecht beschränkt die Möglichkeit von Konzernen, Regierungen zu kaufen. In den meisten Entwicklungsländern fehlen diese Schutzwälle. Dort gibt es weder sozialstaatliche Regulierungen noch funktionierende Demokratien. Entsprechend frei und skrupellos treiben Konzerne dort ihr Unwesen. Der blutige Bürgerkrieg im Kongo wurde jahrelang durch den Bayer-Konzern mitfinanziert, der das Chaos nutzte, billig an Tantal, einen Rohstoff für die Elektronikindustrie, zu kommen. In den Sonderwirtschaftszonen Mexikos nähen junge Frauen für Hungerlöhne Turnschuhe zusammen, deren Verkauf Nike Milliarden in die Taschen spült. Konsumenten in den reichen westlichen Ländern können den Menschen in diesen Ländern zu Hilfe kommen, indem sie die Produkte dieser Konzerne boykottieren, solange diese Menschenrechte, Umweltschutz und Demokratie nicht achten.

http://www.eineweltfueralle.de/files/Material_sek/M4_Pro%20und%20 Kontra.doc (12.7.2007)

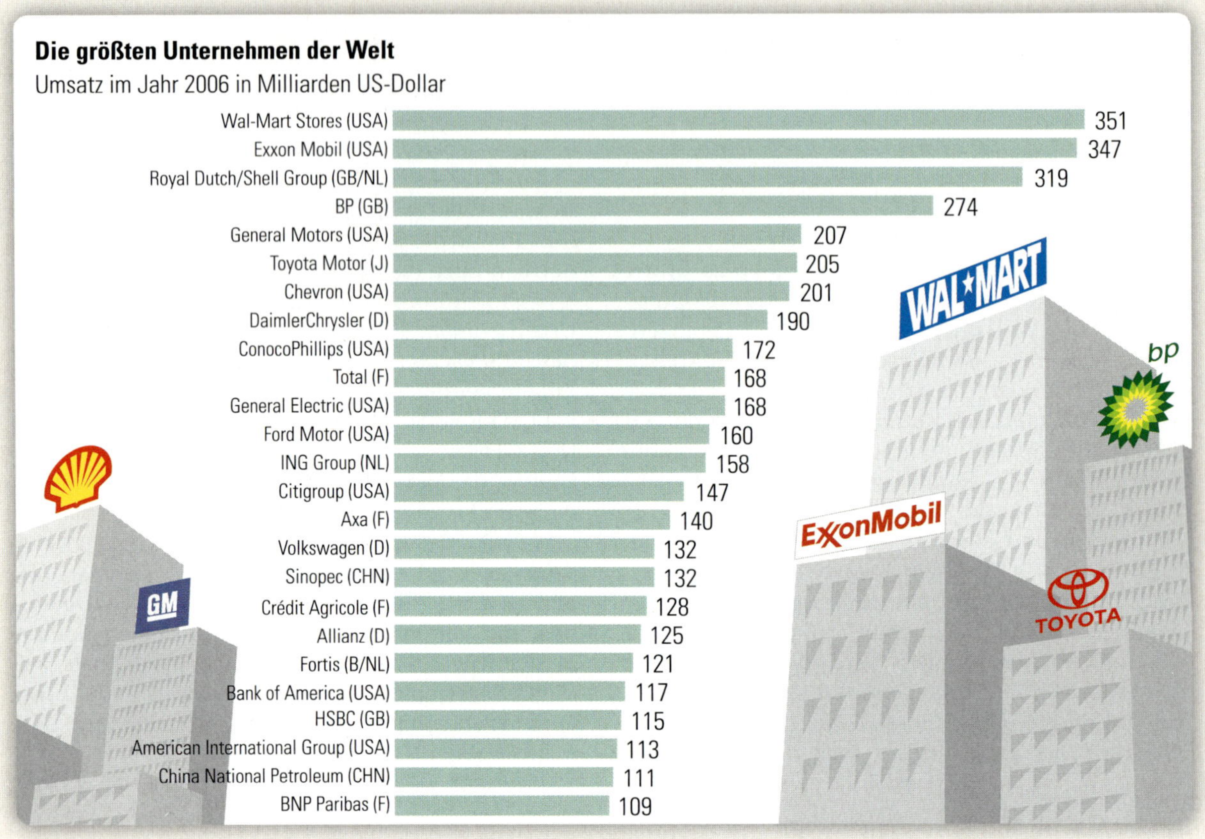

Globus-Grafik 1545, Quelle: Fortune

Aufgaben

1. Stellen Sie in arbeitsteiliger Gruppenarbeit die wesentlichen Ursachen der Globalisierung zusammen. Gehen Sie dabei insbesondere darauf ein, wie die einzelnen Entwicklungen zu einer stärkeren Verflechtung globaler wirtschaftlicher Prozesse führen.
   - Internationale Arbeitsteilung und Liberalisierung der Märkte (M 1 – M 8)
   - Entwicklung der Transportkosten (M 9 – M 11)
   - transnationale Konzerne (M 12 – M 15).
2. Entwickeln Sie abschließend eine beschriftete Übersichtsgrafik, in der Sie die Ursachen der Globalisierung und deren Wechselwirkung anschaulich darstellen (M 1 – M 15).
3. Diskutieren Sie kritisch die Bedeutung transnationaler Konzerne im Prozess der Globalisierung (M 12 – M 15).

Wissen kompakt

Globalisierung – Begriff

Globalisierung hat zahlreiche Dimensionen: ökonomische, soziale, rechtliche und ökologische. Diese erschweren eine genaue Begriffsbestimmung. Allen Aspekten gemeinsam ist die zunehmende globale Vernetzung, Interdependenz und Entgrenzung von Lebensbereichen, die vormals relativ autonom und räumlich klar abgegrenzt waren. Wirtschaftliche Globalisierung bedeutet die Entstehung weltweiter Märkte für Waren, Kapital und Dienstleistungen sowie die damit verbundene internationale Verflechtung der Volkswirtschaften.

Globalisierung – Ursachen

Die Globalisierung ist ein komplizierter Prozess, der durch unterschiedliche Faktoren hervorgerufen wird, die meist in einer engen Wechselwirkung zueinander stehen.

Internationale Arbeitsteilung
M 2 – M 9

Kern der Globalisierung ist die Ausweitung internationaler Arbeitsteilung. Dabei bilden sich weltweite Märkte heraus, auf denen Waren und Dienstleistungen gehandelt, Investitionen getätigt, Technologien übertragen und Informationen ausgetauscht werden. Adam Smith und David Ricardo haben nachgewiesen, dass es für alle vorteilhaft ist, wenn sich ein Land auf die Produktion der Güter oder Dienstleistungen spezialisiert, welche es am besten, das heißt zu den geringsten Produktionskosten, herstellen kann.

Die Globalisierung nimmt zu, wenn die Weltexportquote, also der Anteil der Waren an der Weltproduktion, die exportiert werden, zunimmt. Hierbei ist in den letzten Jahrzehnten eine immense Steigerung zu beobachten. Die Weltexportquote liegt heute bei knapp 30 Prozent, 1975 betrug sie 12 Prozent.

Sinkende Transport- und Kommunikationskosten
M 9 – M 11

Wesentliche Voraussetzungen der Globalisierung und der Intensivierung des Welthandels sind weltweit sinkende Transport- und Kommunikationskosten. Sie ermöglichen den Aufbau globaler Liefer- und Absatzketten und damit neue Produktions- und Vermarktungsmöglichkeiten für die Unternehmen. Die Logistik plant und steuert dabei sämtliche Material- und Informationsflüsse eines Unternehmens und ermöglicht so, dass Komponenten nicht nur „just in time", also exakt zu der Zeit, zu der sie im Produktionsprozess benötigt werden, sondern auch „just in sequence", d.h. in der richtigen Reihenfolge, angeliefert werden.

Transnationale Konzerne
M 12 – M 15

Konzerne, die international tätig sind, also in mehreren Staaten Produktionsstätten (Tochtergesellschaften) unterhalten, werden als Transnationale Konzerne (TNC) bezeichnet. Mit ihren Direktinvestitionen vernetzen diese Unternehmen einzelne Volkswirtschaften und tragen damit wesentlich zur Beschleunigung des Globalisierungsprozesses bei. Sie entstehen vor allem mit dem Ziel, den technischen Produktionsablauf zu rationalisieren, das Kapital zu konzentrieren, die Leitung durch Zentralisierung des Managements zu straffen. Darüber hinaus können neue Märkte erschlossen und Synergieeffekte bei Forschung, Entwicklung, Produktion und Vertrieb genutzt werden.
Transnationale Konzerne werden unterschiedlich beurteilt. Zweifellos tragen sie zu einer Intensivierung der internationalen Arbeitsteilung bei. Andererseits geht mit ihrer Größe nicht selten eine bedeutende Machtkonzentration, politische Einflussnahme und Wettbewerbsverzerrung einher.

11.2 Folgen der Globalisierung

11.2.1 Deutschland im globalen Wettbewerb

M 16 Exportweltmeister Deutschland?

a) Handel mit Dienstleistungen

Globus-Grafik 1428, Quelle: WTO

b) Exporteure der Welt

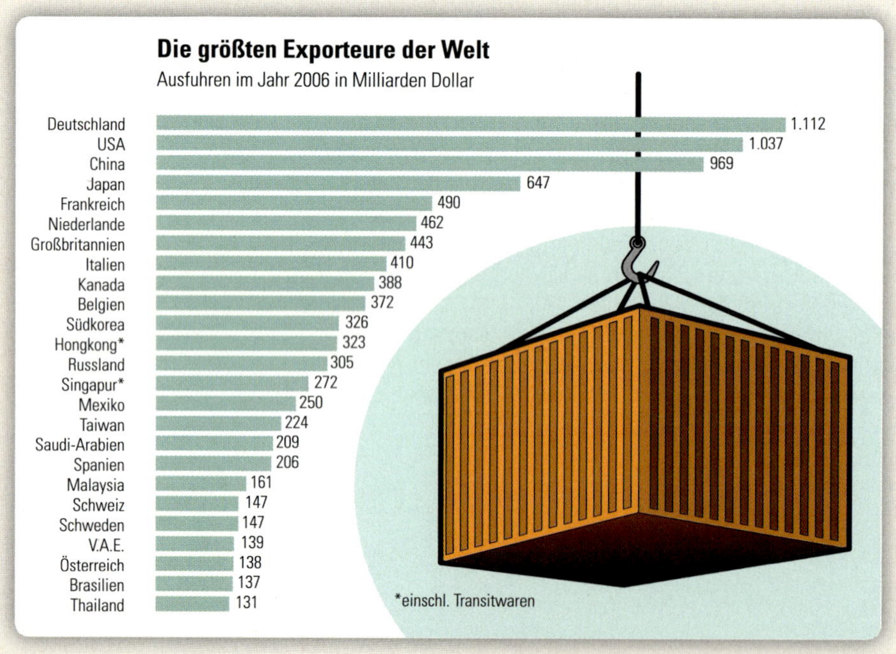

Globus-Grafik 1328, Quelle: WTO

Die Autos von morgen kommen aus Osteuropa

M 17

Der Schrecken der IG Metall ist die Slowakei. Wer will, kann hier sieben Tage in der Woche rund um die Uhr produzieren. Und produzieren heißt hier häufig: Autos bauen. Die Karpatenrepublik hat Automobilkonzerne aus aller Welt auf sich aufmerksam gemacht. Die ersten Früchte erntet Bratislava. Die Altstadt des früheren Preßburg ist hübsch herausgeputzt, bunte Geschäfte und Straßencafés verdrängen das Grau des Sozialismus. Volkswagen & Co. haben Wohlstand in die Hauptstadt gebracht.

Ganz Osteuropa schickt sich an, dank niedriger Arbeitskosten und Steuern sowie qualifizierter Fachkräfte zur Autoregion zu werden. Überall macht sich die Automobilindustrie breit: Toyota und Skoda setzen auf Tschechien, Audi präferiert Ungarn, Renault schmiedet große Pläne für Rumänien. Und in der Slowakei investieren vier Hersteller: VW, Hyundai, Toyota und PSA Peugeot-Citroën.

„Die Automobilindustrie ist sehr, sehr bedeutend für die Slowakei", sagt József Berényi, Staatssekretär im Außenministerium. Dass das kleine Land elf Jahre nach der Teilung der Tschechoslowakei in große Abhängigkeit von nur einem Industriezweig gerät, stört den Politiker nicht. „Sollen wir Investoren ablehnen?", fragt Berényi. Er schätzt die, die schon da sind. Und freut sich über diejenigen, die noch kommen. Wie zum Beispiel Hyundai. Der koreanische Automobilkonzern hat 2004 für seine Marke Kia mit dem Bau eines Werkes in der ostslowakischen Stadt Zilina begonnen. Auch PSA Peugeot-Citroën gibt 700 Millionen Euro für einen neuen Standort in der Slowakei aus.

Angezogen von niedrigen Steuern, öffentlichen Investitionszuschüssen und günstiger Arbeit. Kein anderes der zehn EU-Beitrittsländer hat eine derart liberale Arbeitsverfassung und ein so revolutionäres Steuersystem. Mit der kühnen „Super-19-Formel" hat die liberal-konservative Regierung entschlossen Reformen vorangetrieben: Einkommen-, Körperschaft- und Mehrwertsteuer betragen einheitlich 19 Prozent. Berényi sieht damit sein Land im Wettbewerb um Auslandsinvestitionen bestens vorbereitet.

Die Westslowakei ist durch Volkswagen zu einem europäischen Autozentrum gereift. Europas größter Autokonzern hat vor den Toren Bratislavas ein hochmodernes Werk mit 9.200 Arbeitsplätzen errichtet, die Produktion des Luxus-Geländewagens Touareg ist an der Kapazitätsgrenze. …

Kapazitäts-Erweiterungen bei den Automobilherstellern
Fahrzeug-Produktions-Kapazität in Tausend

	2003	bis 2007	Erweiterungen
Polen	350	**550**	Ausbau: VW, Opel Toyota, Jelcz-Laskowice
Slowakei	280	**850**	Neu: PSA, Trnava: 300 Hyundai-Kia, Zilina: 200
Slowenien	130	**200**	Ausbau: Renault
Tschech. Rep.	470	**800**	Neu : PSA, Kolin: 300
Ungarn	150	**200**	Ausbau: Suzuki
Gesamt	1380	**2600**	

Quelle: B&D-Forecast, F.A.Z.-Archiv, Peugeot, VW/F.A.Z.-Karte Sieber

Die Slowakei holt auf. Und in der Autoindustrie wird sie mit den neuen Werken von Kia und Peugeot-Citroën zum Nachbarn Tschechien aufschließen. Dort gibt die VW-Tochter Skoda den Ton an. In Mlada Boleslav realisiert Skoda wie keine andere Marke im VW-Konzern Kostenvorteile. Ein Skoda-Arbeiter verdient nur rund 500 Euro im Monat. Gut für die Kapitalrendite, die bei Skoda mit 5,3 Prozent deutlich höher liegt als bei der Marke VW. Wichtiger als die geringen Kosten sind laut Winfried Vahland, dem stellvertretenden Skoda-Chef, die flexiblen Arbeitszeiten. „Wir können hier rund um die Uhr und in drei Schichten arbeiten. Sogar am Sonntag." Argumente, die auch Peugeot und Toyota überzeugt haben. Die beiden Autokonzerne haben 2005 in Kolin ein Werk mit einer Kapazität von 300.000 Autos errichten. Schön für Tschechien.

Zunehmend holen Länder wie Ungarn auch Entwicklungsarbeiten ins eigene Land. Ungarns Wirtschaftsminister Istvan Csillag spricht euphorisch von einem „zweiten Strukturwandel", den sein Land vom 1. Mai 2004 an erleben wird. „Wir setzen jetzt auf Forschung und Entwicklung", sagt er. An der István-Széchenyi-Universität werden Ingenieure ausgebildet, unterstützt von ausländischen Konzernen.

Ungarn will mehr sein als nur eine verlängerte Werkbank. Audi hat bereits einen Teil der Motorenentwicklung nach Györ verlagert. In Ungarns zweitgrößter Industriestadt werden eh schon alle Audi-Motoren gefertigt. Fast nebenbei montieren einige der 5.000 Beschäftigten das TT Coupé und den Roadster.

Henning Peitsmaier, in: Frankfurter Allgemeine Sonntagszeitung, 4.4.2004, S. 34

M 18 Auf- und Abstieg der Nationen

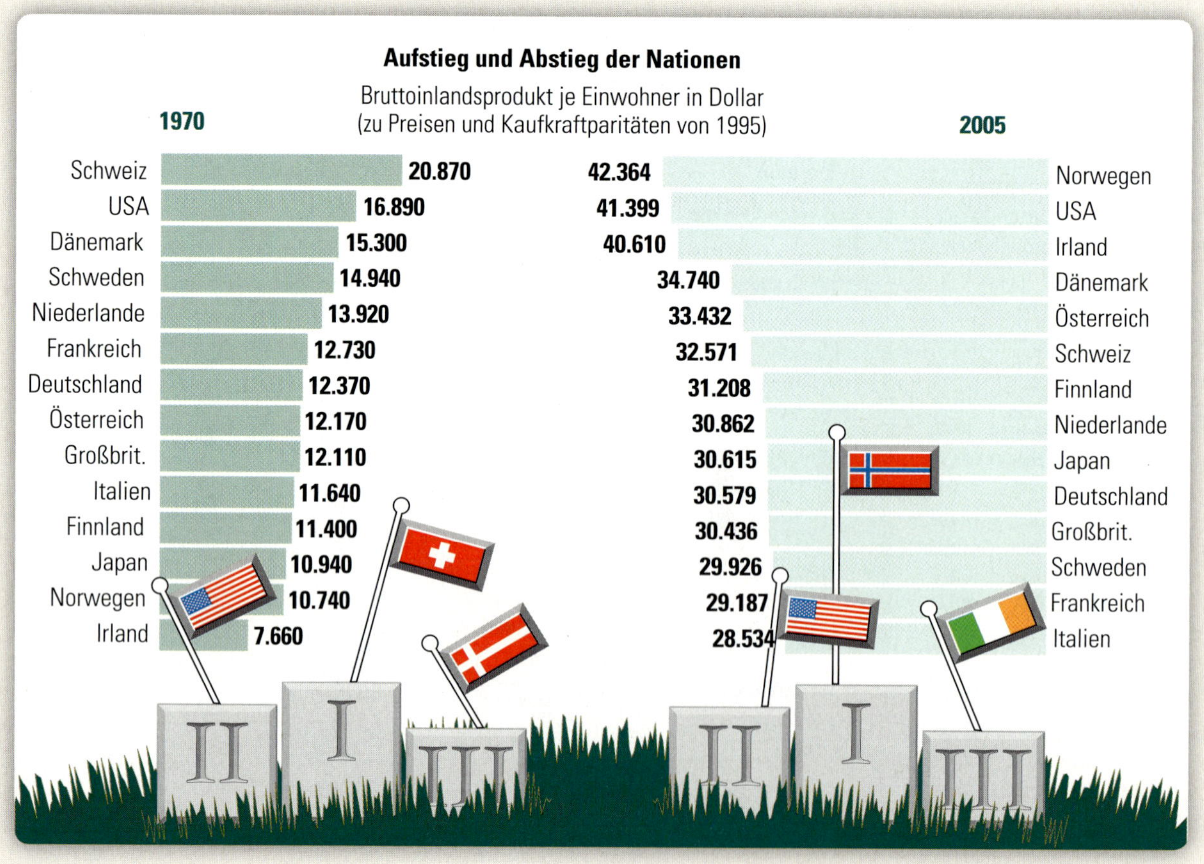

nach: Globus-Grafik 9105, Quelle: OECD

Was bedeutet Standortqualität?

M 19

Unter Standortqualität versteht man nicht nur die quantitative und qualitative Ausstattung einer Region mit standortgebundenen Ressourcen. Hierzu gehören auch die institutionellen Regelungen, die die Kosten (z.B. Sozialabgaben und Steuern), die Produktivität (z.B. Bildungs- und Infrastruktureinrichtungen) und die Flexibilität der Ressourcen beeinflussen (z.B. die berufliche, sektorale und regionale Mobilität der Arbeitnehmer, aber auch die Flexibilität der Reallöhne im Hinblick auf deren Niveau, insbesondere auf deren sektorale und regionale Struktur, und im Hinblick auf die Qualifikation der Arbeitnehmer). …

Die Standortqualität ist für die Entwicklung wettbewerbsfähiger Strukturen von großer Bedeutung, allerdings nicht unmittelbar, sondern erst im Zusammenwirken mit den Standortbedingungen anderer Regionen. …

Ein wesentliches Element der Standortqualität ist dabei – wie schon erwähnt – die Flexibilität der Produktiosfaktoren. In einer Region mit hoher Flexibilität werden die Unternehmen, wenn sie aufgrund von Nachfrage- oder Preisänderungen oder aufgrund neuer Wettbewerber an Wettbewerbsfähigkeit eingebüßt haben, mit einem raschen Strukturwandel reagieren. In einer Region mit geringer Flexibilität werden die Unternehmen dagegen bei einem Verlust an Wettbewerbsfähigkeit eher mit Freisetzungen und mit dem Umbau des Bestehenden reagieren. Vor dem Hintergrund des empirischen Befundes und der obigen Überlegungen kann der Schluss gezogen werden, dass Deutschland schon seit längerem unter Inflexibilität leidet.

Das abverlangte Ausmaß an Flexibilität der standortgebundenen Produktionsfaktoren hängt davon ab, welche „Anpassungslasten" eine Volkswirtschaft bewältigen muss. Alle offenen Volkswirtschaften werden mit einer Vielzahl von Datenänderungen konfrontiert, die verarbeitet werden müssen. Neue Strukturen müssen gefunden werden, die eine andere Allokation[1] der Ressourcen notwendig machen. Die entsprechenden Anpassungen verursachen Kosten. Je träger die Anpassungen verlaufen, desto höher sind die Kosten in Form entgangener Einkommen und Arbeitsplätze. Datenänderungen werden aber nicht nur durch außenwirtschaftliche Entwicklungen, sondern auch durch unangemessene Aktivitäten der Politik ausgelöst, weshalb einer stetigen Politik, der Konstanz der Wirtschaftspolitik, eine zentrale Rolle zukommt. Ansonsten fallen die Anpassungskosten hoch aus, haben im günstigsten Fall eine abwartende Haltung, im schlimmsten Fall eine Abwanderung der mobilen Faktoren zur Folge.

Hanel/CCC, www.c5.net

Otto G. Mayer, Standort Deutschland – neue Herausforderungen angesichts veränderter Wettbewerbsbedingungen, in: Aus Politik und Zeitgeschichte, B 26/1996, S. 7 f.

[1] *Allokation: bestmögliche Verwendung*

M 20 Der Wirtschaftsstandort Deutschland – Fakten

Globus-Grafik 0911, Quelle: iw

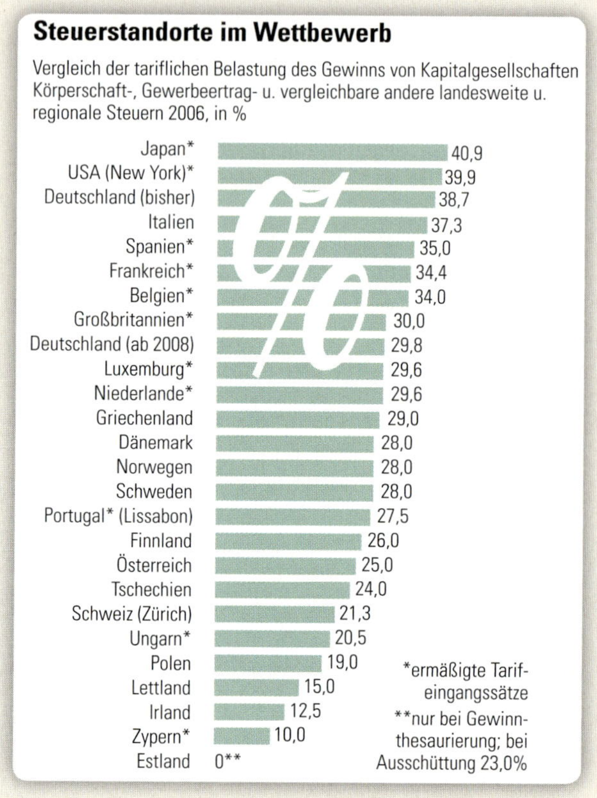

dpa-Grafik 3881, Quelle: Bundesministerium der Finanzen

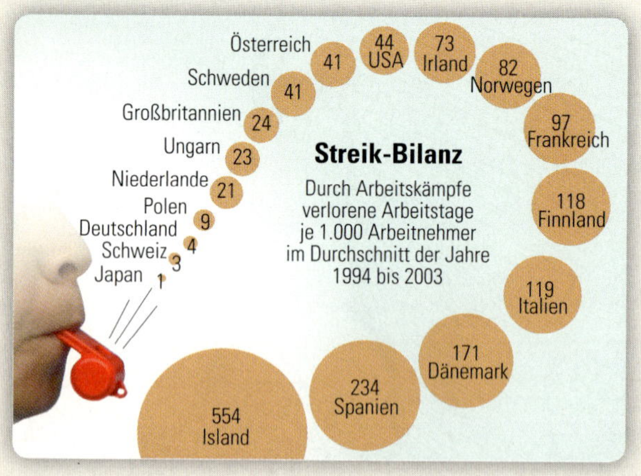

Globus-Grafik 0334, Quelle: iw

Globus-Grafik 0908, Quelle: Weltbank

Standort D – immer noch auf den vorderen Rängen

M 21

Für ausländische Unternehmen ist die Bundesrepublik der mit Abstand attraktivste Standort in Europa. Weltweit liegt die Bundesrepublik auf Platz vier. Das ist das Ergebnis einer Studie der Stuttgarter Wirtschaftsprüfungsgesellschaft Ernst&Young. „Deutschland hat ein hervorragendes Image. Internationale Investoren schätzen die neue Dynamik und den wiedererwachten Optimismus in Deutschland. Das wird in den nächsten Monaten noch verstärkt ausländische Direktinvestitionen nach sich ziehen", sagt Peter Englisch, der die Studie verfasst hat. Befragt wurden mehr als 1.000 international tätige Unternehmen.

Im weltweiten Vergleich allerdings hat Indien die Deutschen vom dritten auf den vierten Platz verdrängt. Rang eins belegt erstmals China, das die USA an der Spitze ablöst.

Besonders geschätzt wird der Standort Deutschland laut Studie wegen seiner guten Infrastruktur, der Qualität von Forschung und Entwicklung, der guten Ausbildung der Arbeitskräfte, der politischen Stabilität sowie der Attraktivität des Binnenmarktes. Zudem ist die Marke „Made in Germany" international noch immer ein Qualitätsmerkmal: 94 Prozent der befragten Manager geben an, dass dieses Etikett in ihrer Wahrnehmung für hohe Qualität und zuverlässige Produkte steht.

Darauf gilt es Englisch zufolge aufzubauen. „Deutschland hat einen exzellenten Ruf, den es als Exportweltmeister aber auch langfristig braucht. Denn das Image eines Landes ist heute wichtiger denn je. Daher müssen die Stärken weiter ausgebaut werden", fordert der Experte. Schließlich sei Deutschlands Position als Qualitäts- und Innovationsführer nicht in Stein gemeißelt. Mittlerweile gebe es schon erste Warnsignale: So fällt die Beurteilung der Stärken im Vergleich zum Vorjahr etwas geringer aus. „Insbesondere der sich abzeichnende Ingenieurmangel kann zu einem erheblichen Problem werden", fürchtet Englisch.

Zu den Schwächen des Standorts Deutschland zählt die Studie die mangelnde Flexibilität des Arbeitsrechts, die überbordende Bürokratie und Regulierungsdichte sowie die hohen Unternehmenssteuern und Arbeitskosten. „Insbesondere die Arbeitskosten sind für Deutschland international ein Wettbewerbsnachteil", urteilt Englisch. Für Unternehmen mit einem hohen Arbeitskosten-Anteil sei der Standort Deutschland im Vergleich zu beispielsweise den osteuropäischen Ländern kaum konkurrenzfähig. Allerdings betont Englisch auch, „dass niedrige Löhne bei der Standortwahl nicht allein ausschlaggebend sind". Billig sei nicht per se gut, zumal die Produktivität in Deutschland überdurchschnittlich steige. „Das wissen auch die Investoren", so der Experte, demzufolge derzeit 20 Prozent der befragten Unternehmen Investitionen in Deutschland planen – damit belegt die Bundesrepublik auch hier den Spitzenplatz in Europa noch vor Polen, der Tschechischen Republik und Ungarn. Neben Deutschland haben in Europa lediglich Großbritannien und Russland ihre Anziehungskraft bewahrt. Die anderen Standorte haben laut Studie an Attraktivität verloren. Polen, im vergangenen Jahr noch ärgster europäischer Konkurrent im Standort-Ranking ist deutlich zurückgefallen. Frankreich und Spanien sind gar aus der Liste der weltweit zehn attraktivsten Standorte herausgefallen. „Westeuropa gerät als Investitionsstandort zunehmend unter Druck", sagt Ernst&Young-Partner Englisch. Zwar sei die Region unverändert der attraktivste Wirtschaftsstandort weltweit, in Summe habe sie gegenüber dem Vorjahr allerdings 13 Prozentpunkte verloren – genau wie Osteuropa.

Im Kommen sind dagegen die sogenannten Bric-Staaten, also Brasilien, Russland, Indien und China. Brasilien hat es im Ranking erstmals in die Top 10 geschafft hat. „In diesen Ländern warten große unerschlossene Märkte und damit ein erhebliches Wachstumspotenzial für international tätige Unternehmen. In dieser Hinsicht können die großen etablierten Industrienationen wie die USA oder Deutschland schlichtweg nicht mithalten", sagt Peter Englisch. Die Unterschiede zwischen den einzelnen Ländern seien geringer geworden. Die Studie zeige, dass mittlerweile Staaten zu ernsthaften Konkurrenten werden, die noch vor wenigen Jahren keine Rolle gespielt haben.

Carsten Dierig, Die Welt, 28.6.2007

Methode

Szenariotechnik

Was sind Szenarien?
Szenario-Technik ist eine Methode, mit deren Hilfe isolierte Vorstellungen über positive und negative Veränderungen einzelner Entwicklungsfaktoren in der Zukunft zu umfassenden Bildern und Modellen, d.h. möglichen und wahrscheinlichen „Zukünften", zusammengefasst werden und die sowohl sinnlich als auch intellektuell nachvollziehbar, d.h. „kommunikabel" sind.
Szenarien sind also weder Prognosen, bei denen auf quantitative Informationen aus Gegenwart und Vergangenheit zurückgegriffen wird und unter Fortschreibung der geltenden Strukturen und Verhaltensannahmen in die Zukunft übertragen werden, noch realitätsferne Utopien und Phantasien, wie sie beispielsweise im Rahmen von „Zukunftswerkstätten" entwickelt werden. Mit der Szenario-Technik werden vielmehr quantitative Daten und Informationen mit qualitativen Informationen, Einschätzungen und Meinungen verknüpft, sodass detaillierte Beschreibungen möglicher Zukunftssituationen unter ganzheitlichem Aspekt entstehen. Es werden in der Regel drei Grundtypen von Szenarien entwickelt:

- ein **positives Extremszenario:** es bezeichnet die bestmögliche Zukunftsentwicklung (best-case-scenario),
- ein **negatives Extremszenario:** es bezeichnet den schlechtestmöglichen Entwicklungsverlauf (worst-case-scenario),
- ein **Trend-Szenario:** es beinhaltet die Fortschreibung der heutigen Situation in die Zukunft (Trend-Extrapolation).

Der Szenario-Trichter und die drei Grundtypen von Szenarien

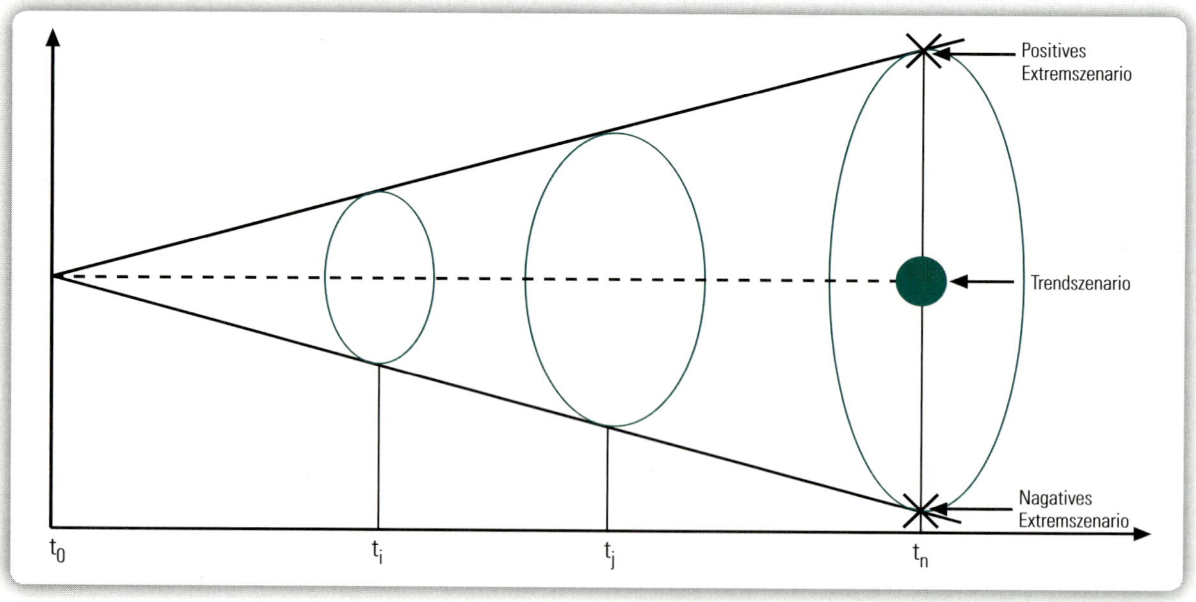

Projektplan am Beispiel: „Wie entwickelt sich der Standort Deutschland in Zukunft?“

Arbeitsschritte (Phasenschema)	Arbeitsanweisungen	Materialien und Arbeitsformen
Phase I Problemanalyse, Beschreibung des Istzustandes, Eingrenzung des Themas, Begriffsdefinitionen	Charakterisierung des Wirtschaftsstandorts Deutschland, Stärken und Schwächen des Standorts	Brainstorming, Kartenabfrage, Mindmap, Bearbeitung der Materialien
Phase II Einflussanalyse, Auswahl von positiven und negativen Einflussfaktoren, Bündelung	Welches sind die wesentlichen Faktoren für die Standortqualität, wie lassen sie sich messen (Messgrößen, Operatoren)? Welche Einflussgrößen wirken wiederum auf die Standortfaktoren? Bündelung von Faktoren, die sich gegenseitig stützen und verstärken.	Gruppenarbeit arbeitsteiliges Vorgehen Recherchen zur Entwicklung von Standortfaktoren in Medien und Internet
Phase III Szenarioentwicklung Erstellung von Szenarien, die mögliche Zukunftsentwicklungen beschreiben (Deutschland kann seine Position behaupten, der Standort Deutschland verliert an Bedeutung, der Standort wird sich verbessern)	Formulierung von Extremszenarien, ganzheitlich in sich stimmigen Zukunftsbildern (Horrorszenario / Optimumszenario) unter Berücksichtigung der in Phase II erarbeiteten Faktoranalyse Präsentation der Ergebnisse	Gruppenarbeit arbeitsteilig nach verschiedenen Szenarien PPPräsentationen, Wandzeitungen Diskussion im Plenum
Phase IV Erarbeitung von Handlungs- und Gestaltungsstrategien, die gewünschte Entwicklungslinien unterstützen sowie unerwünschten Entwicklungen entgegenwirken	Erstellung eines Maßnahmekatalogs unter Einbezug aller gesellschaftlich-politischen Akteure Vorstellung der Ergebnisse	Gruppenarbeit arbeitsteilig nach verschiedenen Szenarien
Methodenreflexion	Reflexion der Vorgehensweise: Stärken- und Schwächenanalyse, Verbesserungsmöglichkeiten	Kartenabfrage, Plenum

M 22 Standortverlagerung – die Wirkung ist umstritten

Die Diskussion um die Verlagerung von Produktionsteilen oder sogar ganzen Betrieben ins Ausland schlägt in Deutschland ebenso Wellen wie in den USA. Die betreffenden Unternehmen werden dabei nicht selten zum Sündenbock für die allgemein schlechte Wirtschaftslage gemacht. Dabei könnten die Bundesrepublik ebenso wie die Vereinigten Staaten durchaus von den Auslandsaktivitäten ihrer Betriebe profitieren – wenn die Politik die Weichen richtig stellen würde.

Outsourcing, Offshoring, Produktionsverlagerungen – die meist mit einem drohenden Unterton versehenen Begriffe geistern wild durch die Gazetten. In den Berichten und Kommentaren zur vermeintlich massiven Abwanderung von Unternehmenskapital aus Deutschland und der damit verbundenen Furcht vor Arbeitsplatzverlusten werden die betreffenden Firmen inzwischen sogar gelegentlich als Vaterlandsverräter bezeichnet.

Angeheizt wurde die Debatte vor allem durch den EU-Beitritt von mittel- und osteuropäischen Ländern, deren Arbeitskosten allesamt deutlich unter dem deutschen Niveau liegen und die sich deshalb als attraktive Standort-Alternativen präsentieren. Doch das Thema ist weder neu noch auf Europa beschränkt. ...

Entscheidend ist zudem, warum die Firmen ihr Kapital über die Grenzen tragen. Weniger als die Hälfte der deutschen Unternehmen investiert aus Kostengründen im Ausland. Überwiegend geht es darum, neue Märkte zu erobern oder zu sichern – vornehmlich in den Industriestaaten. Dort waren im Jahr 2001 gut 86 Prozent aller bestehenden deutschen Direktinvestitionen zu finden.

Vor diesem Hintergrund hatte das Auslandsengagement der deutschen Wirtschaft ihrem eigenen Urteil zufolge bislang eher positive Job-Effekte: In einer aktuellen Umfrage der Kreditanstalt für Wiederaufbau gaben sechs von zehn Unternehmen an, durch Direktinvestitionen Arbeitsplätze geschaffen oder zumindest gesichert zu haben.

Dennoch werden, wenn die allgemeine Wirtschafts- und Arbeitsmarktlage mau ist, im Ausland investierende Firmen gern zum Sündenbock gemacht. Dies zeigt sich derzeit auch in den USA, wo das Thema Offshoring die Gemüter erhitzt – lagern amerikanische Firmen IT-Dienste doch zunehmend in Entwicklungsländer und vor allem nach Indien aus.

Diese Entwicklung sei – so war bis vor kurzem von manchen Politikern zu hören – verantwortlich dafür, dass der Arbeitsmarkt trotz einer florierenden Wirtschaft nicht in die Gänge käme. Doch der aus der Verlagerung resultierende Import von IT-Dienstleistungen ist in den vergangenen beiden Jahren nur um weniger als 1 Milliarde Dollar gestiegen – viel zu wenig, um einen starken Einfluss auf den US-Arbeitsmarkt auszuüben.

Außerdem übersehen die auf die Stimmen verunsicherter Wähler schielenden Politiker geflissentlich, dass Auslandsinvestitionen allen Beteiligten zugute kommen können. ...

Dass die Inder vom amerikanischen Kapital profitieren, verwundert kaum. Denn durch die US-Investitionen entstehen neue Arbeitsplätze, die die Einkommen steigern. Dies kurbelt den Konsum an und lässt die Steuereinnahmen sprudeln. Werden die in Indien erzielten Gewinne wiederum zwischen Neu-Delhi und Bangalore angelegt, gibt dies der Wirtschaft und der Beschäftigung einen weiteren Schub.

Doch auch für die USA ziehen die Experten ein positives Fazit. Zwar fallen durch das Offshoring Jobs zwischen Los Angeles und New York weg. Dies wird jedoch durch die weiteren Wirkungen der Direktinvestitionen mehr als kompensiert:

- *Niedrigere Kosten.* Die Produktionsverlagerung bedeutet für die betreffenden Unternehmen eine erhebliche Kostenentlastung. Dies stärkt ihre Position im weltweiten Wettbewerb. Mit den eingesparten Mitteln können neue Investitionen finanziert werden, die zusätzliche Jobs schaffen – oder die niedrigeren Kosten werden durch günstigere Preise an die Kunden weitergegeben.
- *Zusätzliche Exporte.* Um in Niedriglohnländern moderne Produktionsstätten aufzubauen und einen effizienten Betrieb zu gewährleisten, brauchen die Firmen Hightech-Waren – Computer oder Dienstleistungen wie die der Unternehmens- oder Rechtsberatung. Beide Arten von Gütern werden üblicherweise von den Industrieländern geliefert – und nicht selten vom Mutterland des im Ausland engagierten Betriebs. Damit bieten sich in diesem Fall den USA zusätzliche Exportchancen.

- *Höhere Gewinne.* Fahren die Tochterunternehmen in den Niedriglohnländern satte Gewinne ein, so lassen diese auch die Kassen der Muttergesellschaft klingeln – was dort neue Investitions- und Wachstumschancen eröffnet.
- *Neue Arbeitsplätze.* Auch wenn im Land, aus dem Unternehmenskapital abfließt, Jobs etwa im industriellen Niedriglohnbereich abgebaut werden, können doch in anderen Sektoren Zug um Zug neue Stellen entstehen. Denn die durch die Produktionsverlagerung verbesserte Wettbewerbssituation lässt die Gewinne steigen und ermöglicht neue Investitionen. Dies schafft Spielraum für neue Arbeitsplätze – beispielsweise in der Forschung oder im Kultur- und Freizeitbereich.

Für Deutschland sind die Spezialisten von McKinsey allerdings weniger optimistisch. Ihrer Einschätzung nach sorgt die Verlagerung von Teilen der Produktion ins Ausland hierzulande tatsächlich tendenziell für eine Wohlstandsminderung.
Dies liegt jedoch nicht am Auslandsengagement der Unternehmen per se, sondern an den ungünstigen Rahmenbedingungen. Grundsätzlich gilt: Die Politik muss die richtigen Weichen stellen, damit eine Volkswirtschaft den Herausforderungen der Globalisierung begegnen kann.

iwd – Informationsdienst des Instituts der deutschen Wirtschaft Köln Nr. 21, 20.4.2004

Direktinvestitionen

Info

Kapitalanlagen von Inländern (Ausländern) im Ausland (Inland) zur Gewinnung oder Stärkung der Einflussnahme auf die Geschäftstätigkeit des kapitalempfangenden Unternehmens (Betrieb). Es sind Kapitalexporte (Kapitalimporte), die als Teil der langfristigen Kapitalverkehrsbilanz erfasst werden. Dazu zählt die Gründung bzw. die Beteiligung an Unternehmen, Produktionsstätten oder Niederlassungen. Ferner zählt dazu die Kreditgewährung. Hohe Direktinvestitionen fließen in den Aufbau von Tochterunternehmen multinationaler Konzerne.

Autorentext

Aufgaben

1. Erläutern Sie am Beispiel der Automobilindustrie die Folgen der Osterweiterung für den Standort Deutschland (M 17).
2. Stellen Sie die Vor- und Nachteile des Standortes Deutschland gegenüber. Beurteilen Sie dabei die Bedeutung einzelner Standortfaktoren für die Standortwahl (M 16 – M 21).
3. Prüfen Sie, ob Standortverlagerungen ins Ausland immer ein Zeichen für mangelnde Wettbewerbsfähigkeit sind (M 22).
4. Erläutern Sie den Zusammenhang zwischen Globalisierung und Standortdebatte (M 16 – M 22).
5. Erstellen Sie abschließend ein Porträt über Deutschlands wirtschaftliche Stellung in der Welt und beurteilen Sie mithilfe der Szenariotechnik die Zukunftsfähigkeit des Standorts Deutschland.

11.2.2 Die EU zwischen Globalisierung und Regionalisierung

M 23 Die Europäische Union – Globalisierung „en miniature“

Die Europäische Wirtschafts- und Währungsintegration gilt vielen Beobachtern als das Musterbeispiel für die Prozesse der Globalisierung und Regionalisierung. Was ist unter diesen Prozessen zu verstehen? Wenn Globalisierung etwas anderes akzentuieren soll als Internationalisierung, so muss damit ein derart enges Zusammenwachsen der Güter-, Arbeits- und Finanzmärkte gemeint sein, dass politisch-ökonomische Grenzen, Grenzen zwischen Nationen und Währungsräumen, irrelevant werden. Internationale Wirtschaftsbeziehungen sind demnach nicht mehr grenzüberschreitend, sondern grenznegierend. Regionalisierung meint dagegen die Koordination verschiedener Wirtschaftspolitiken zwischen Regierungen, die mit Regierungen außerhalb liegender Wirtschaftsräume nicht gesucht wird, und die Einräumung des freien Zugangs zu bestimmten Märkten, der Wirtschaftssubjekten anderer ökonomischer Räume nicht gewährt wird. Regionalisierung bezeichnet also eine Grenzziehung, während Globalisierung vollständige Entgrenzung meint.

Für diejenigen, die die Globalisierungsthese vertreten, liegt es nahe, Regionalisierung als Folge der Globalisierung zu sehen. Einmal wird diese Kausalität als Diagnose präsentiert: Regionale Integrationsräume lassen sich als von den Marktkräften selbst hervorgebrachte Verdichtungen, Agglomerationen der globalen Wirtschaftsaktivitäten verstehen. Zum anderen wird mit dieser Kausalität ein wirtschaftspolitischer Imperativ aufgestellt: Regionale Integrationsräume sollen das Ergebnis wirtschaftspolitischer Gegenreaktionen sein, die gegen Marktkräfte versuchen, großräumliche Standortbindungen zu schaffen. Je nach politischer Bewertung, kann man das eine gut und das andere kritikwürdig finden.

An der Diskussion um die Europäische Union lassen sich exemplarisch diese beiden Argumentationen illustrieren. Einerseits könnte man sagen, dass sie den unwiderstehlichen Prozess der Globalisierung nur noch ratifiziert hat. Denn zumindest für den Subkontinent wurden mit Binnenmarkt und einheitlicher Währung die de facto irrelevant gewordenen Grenzen auch de jure abgeschafft. Andererseits könnte man sagen, dass das Binnenmarktprogramm und der Maastrichter Vertrag gerade einer europäischen Selbstbehauptung gegen die Globalisierungskräfte dient. So wird z.B. der Euro als die einzig ernst zu nehmende Alternative zum Dollar aufgebaut.

Waltraud Schelkle, Globalisierung oder multipolares Weltwährungssystem - die monetäre Integration Europas im Licht widerstreitender Hypothesen, in: W. v. Bülow et al. (Hg.), Globalisierung und Wirtschaftspolitik, Marburg 1999

M 24 Wirtschaftliche Integration in Europa

Eines der zentralen politischen Ziele des europäischen Integrationsprojekts war es von Beginn an, einen gemeinsamen Raum ohne Grenzen zu bilden. Sind die zahlreichen Hemmnisse für den freien Verkehr von Menschen, Waren, Dienstleistungen und Kapital erst einmal beseitigt, die Märkte der Mitgliedstaaten zu einem großen Gemeinsamen verschmolzen, so der Grundgedanke, dann werde dies die Wirtschaft zum Wohle der Bürgerinnen und Bürger beflügeln und die Menschen einander näherbringen. Es bedurfte erst des massiv steigenden Drucks von außen, bedingt durch den sich verschärfenden Wettbewerb vor allem mit den USA und Japan auf den Weltmärkten, bis sich die Gemeinschaft entschloss, die lang gehegten Absichten in die Tat umzusetzen. Im März 1985 beauftragte der Europäische Rat die Kommission der Europäischen Gemeinschaften, einen detaillierten Fahrplan für den gemeinsamen Markt auszuarbeiten. Unter ihrem Präsidenten Jacques Delors legte die Kommission im Juni 1985 ihr Weißbuch „Vollendung des Binnenmarkts“ vor, das zur Richtschnur für die folgenden Jahre werden sollte: Bis Ende 1992, so vereinbarten es die Mitgliedstaaten, sollte das bis dato größte Vorhaben umgesetzt sein. Wichtige institutionelle Regeln schaffte dafür die Einheitliche Europäische Akte (EEA) von 1987. Was in den nächsten Jahren folgte, das war eine Mammutaufgabe für die Institutionen: Hunderte von Rechtsakten und technischen Vorschriften waren unter großem Zeitdruck anzugleichen, um das Ziel zu erreichen. Am 1. Januar 1993 konnten die

Mitgliedstaaten der Europäischen Gemeinschaften Vollzug melden: Der Binnenmarkt war eröffnet, der freie Personen-, Waren-, Dienstleistungs- und Kapitalverkehr zwischen den damals zwölf Staaten verwirklicht. Ein Jahr später folgte der „Europäische Wirtschaftsraum“ (EWR), der den Binnenmarkt um Island und Norwegen, 1995 auch um Liechtenstein erweiterte.

Das Projekt Binnenmarkt war jedoch mit dem Stichtag 1. Januar 1993 längst nicht abgeschlossen: Insbesondere bei der Niederlassungsfreiheit und dem freien Dienstleistungsverkehr bestehen noch immer viele Vorschriften der Mitgliedstaaten, die den freien Verkehr und Aufenthalt behindern. So verwundert es nicht, dass auch Ende 2006 erst lediglich zwei Prozent der Unionsbürgerinnen und -bürger in einem anderen Mitgliedstaat der Union lebten und arbeiteten. Erschwerend kommt hinzu, dass der Elan nachgelassen hat, die noch bestehenden Schranken zu beseitigen: Vorschläge der Europäischen Kommission, die abgeschotteten Arbeitsmärkte für Hafenarbeiter und Dienstleister aufzubrechen, stießen in der Öffentlichkeit 2005 und 2006 auf solche massiven Widerstände, dass sich beide Vorhaben nicht beziehungsweise nur stark eingeschränkt verwirklichen ließen.

Ohne eine gemeinsame Währung bleibt ein Binnenmarkt unvollendet, weil die schwankenden Wechselkurse der Währungen ein Handelshemmnis sind. Schon früh fasste die Gemeinschaft deshalb ins Auge, eine Wirtschafts- und Währungsunion (WWU) zu schaffen. Ein erstes umfassendes Konzept dafür beinhaltete der von einer Expertengruppe unter dem Vorsitz des damaligen Ministerpräsidenten von Luxemburg benannte „Werner-Plan“ von 1970. Auf der Grundlage dieses Berichts beschlossen die Staats- und Regierungschefs der EG-Mitgliedstaaten, die WWU binnen zehn Jahren umzusetzen – die Weltwirtschaftskrise in den 1970er-Jahren vereitelte dies. Eine Zwischenstation war zumindest mit dem 1979 eingeführten „Europäischen Währungssystem“ (EWS) erreicht, mit dem die EG-Mitglieder die Wechselkursschwankungen ihrer Währungen in engen Bandbreiten hielten; eine größere Disziplin in der Währungspolitik war das Ergebnis. Das EWS führte eine künstliche „Europäische Währungseinheit“ (engl. ECU – European Currency Unit) ein: Sie war eine sogenannte Korbwährung der beteiligten nationalen Währungen, jede hatte einen nach der Wirtschaftsleistung der Staaten gewichteten Anteil. Das EWS und der Beschluss zur Vollendung des Binnenmarkts hatten das Fundament gegossen, auf dem die EG die Währungsunion aufbauen konnte. In der Einheitlichen Europäischen Akte schufen die Mitglieder die rechtliche Grundlage, mit dem EU-Vertrag legten sie die konkreten Schritte fest. ... Am 1. Januar 1999 begann zugleich eine dreijährige Übergangsperiode, in der der Euro als sogenanntes Buchgeld im bargeldlosen Zahlungsverkehr, etwa bei Überweisungen, bereits auf dem Papier stand. Die Ausgabe des Bargelds und damit verbunden der Einzug der alten Banknoten und Münzen begann dann Anfang Januar 2002, nicht nur in den zwölf Staaten des Euro-Raums: Andorra, Monaco, San Marino und Vatikanstadt führten die Gemeinschaftswährung ebenfalls ein, da ihre einstigen Währungen an den Französischen Francs und die Italienische Lira gebunden waren.

Marc Fritzler in: Marc Fritzler, Günther Unser, Die Europäische Union. Geschichte, Institutionen, Politiken, Bonn 2007, S. 95 ff.

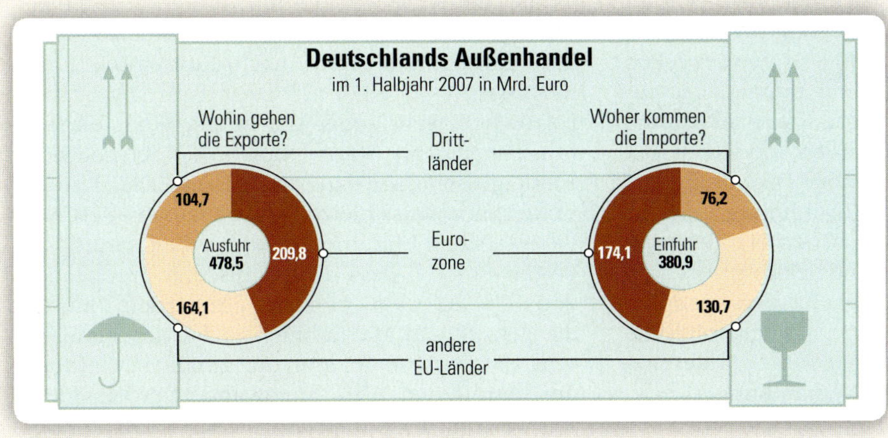

dpa-Grafik; Quelle: Stat. Bundesamt

Deutschlands Außenhandel verläuft zum größten Teil mit Partnern innerhalb der EU

M 25 Die Außenhandelspolitik der EU

Zuständigkeiten

Für die Umsetzung der Gemeinsamen Handelspolitik (GHP) trägt die Europäische Kommission mit ihrem Sitz in Brüssel die Verantwortung. … Nach Artikel 133 des EG-Vertrags wird die Gemeinsame Handelspolitik nach „einheitlichen Grundsätzen" gestaltet, sprich die Kommission unterbreitet dem Rat der Europäischen Union Vorschläge für die Änderung von Zollsätzen, die Vereinheitlichung der Liberalisierungsmaßnahmen, die Ausfuhrpolitik und die handelspolitischen Schutzmaßnahmen.

Die Kommission übernimmt zudem bei Verhandlungen von Zoll- und Handelsabkommen die Rolle eines gemeinschaftlichen Wortführers, wenn der Rat ihr hierzu den Auftrag erteilt. In der Praxis werden die Mitgliedsstaaten jedoch über den Weg einer Ad-hoc-Koordinierung an jeder einzelnen Phase der von der Kommission geführten Verhandlungen über einen besonderen Ausschuss beteiligt (sogenanntes Komitee 133).

Der Rat ist das handelspolitische Beschlussorgan der EU. Hier treffen die nationalen Minister und Ministerinnen der EU-Mitgliedsstaaten als Rat der Union Allgemeine Angelegenheiten zusammen, um mit qualifizierter Mehrheit über die Vorschläge der Kommission zu entscheiden.

Zusammen mit seinen europäischen Amtskollegen legt der deutsche Außenminister am Verhandlungstisch beispielsweise die Verhandlungsdirektiven fest, an denen sich die Kommissare bei ihren Verhandlungen von Abkommen zu orientieren haben und entscheidet letztlich, ob ein Abkommen angenommen wird oder nicht.

Die Einflussmöglichkeiten des Parlaments sind in Fragen der GHP relativ beschränkt. Zwar wird es über alle gefassten Beschlüsse unverzüglich und umfassend unterrichtet und müssen die europäischen Parlamentarier vor dem Abschluss von Abkommen angehört werden, doch nur bei Abkommen von besonders hoher Bedeutung bedarf es ihrer ausdrücklichen Zustimmung.

Zur Durchführung der europäischen Handelspolitik hat die EU im Laufe ihrer Entwicklung verschiedene Instrumentarien entwickelt: den gemeinsamen Außenzoll, verschiedene handelspolitische Schutzinstrumente und so genannte Präferenzabkommen und multilaterale Verhandlungen.

Instrumente

Der gemeinsame Außenzoll (kurz: GAZ) bildet als Kern der Zollunion den wichtigsten Ansatzpunkt europäischer Handelspolitik. Für aus Drittstaaten stammende Waren wird innerhalb der ganzen EU ein einheitlicher Zollsatz erhoben, und zwar unabhängig davon, welcher Mitgliedsstaat Empfänger der Waren ist.

Ursprünglich bildete der GAZ das arithmetische Mittel aus den im Jahre 1957 geltenden nationalen Zolltarifen. In der Zwischenzeit wurden hieran natürlich zahlreiche Änderungen vorgenommen, doch am Grundprinzip hat sich bis zum heutigen Tage nichts geändert: Der GAZ muss von allen Mitgliedsstaaten einheitlich angewandt werden!

De facto stellt der GAZ somit eine Art Gemeinschaftspräferenz dar, denn da auf die „internen" Einfuhren aus anderen EU-Mitgliedsstaaten kein Zoll erhoben wird, werden diese automatisch günstiger behandelt als möglicherweise preiswertere Importe aus Drittländern.

Um ihre heimischen Märkte vor unliebsamen Einfuhren aus Drittstaaten zu schützen, kann die Europäische Union auf unterschiedliche Schutzmaßnahmen zurückgreifen. Um es direkt vorweg zu nehmen: Alle folgenden Maßnahmen unterliegen den Regeln der Welthandelsorganisation (WTO) und sind mit ihnen vereinbar!

So kann die EU bestimmte Waren mit einem sogenannten Antidumpingzoll versehen, wenn es sich bei der Einfuhr um einen Fall von Dumping handelt, der eine nachweisliche Schädigung eines EU-Wirtschaftszweiges zur Folge hat.

Die EU kann zudem Strafzölle auf Waren von Drittstaaten erheben, die ihre Produkte beispielsweise durch öffentliche Subventionen zu künstlich günstigeren Preise nach Europa einführen möchten.

Letztlich besteht sogar die Möglichkeit, die Einfuhrmenge von Waren durch handelspolitische Schutzmaßnahmen zu begrenzen. Die Europäische Union muss hierbei jedoch nachweisen, dass die fraglichen Einfuhren in kurzer Zeit derartig angestiegen sind, dass die heimischen Produzenten dadurch Schaden nehmen. Außerdem müssen die getroffenen Maßnahmen nichtdiskriminierend sein, das heißt sie müssen auf sämtliche Einfuhren der betroffenen Ware angewandt werden, gleich aus welchen Ursprungsland sie stammen.

Die Europäische Union unterhält zu einer Reihe von Ländern oder Ländergruppen „besondere Beziehungen“. Dies bedeutet in der Regel den Abschluss präferenzieller Handelsabkommen, mit denen bestimmten Ländern eine günstigere Behandlung eingeräumt wird. Bei dieser bevorzugten Behandlung handelt es sich um Ausnahmen von der Meistbegünstigungsklausel, die von der WTO genehmigt wurden. Die wichtigsten derartigen Abkommen sind: die Abkommen von Lomé mit den sogenannten AKP-Staaten (AKP deshalb, weil es sich hierbei um Staaten aus Afrika, dem karibischen Raum und dem Pazifischen Ozean handelt); die Abkommen mit den Mittelmeerstaaten; die Europa-Abkommen mit den mittel- und osteuropäischen Ländern; der Europäische Wirtschaftsraum (mit Norwegen, Island und Liechtenstein).

Die Mehrzahl der europäischen Außenhandelsbeziehungen unterliegt den im Rahmen der WTO ausgehandelten Übereinkommen.

zusammengestellt nach: Oliver Schwarz, europa-digital.de (4.10.2007)

Die Reform der europäischen Zuckermarktordnung: von der regionalen Marktordnung zum globalen Wettbewerb

M 26

a) Alles auf Zucker

Zucker ist längst eine wertvolle Ware geworden, die zu mehr als zum Süßen von Speisen und Getränken verwendet wird. Neben seiner Bedeutung als nachwachsender Rohstoff, beispielsweise für die Herstellung von Kunststoffen, ist er als Kraftstoff in Form von Ethanol inzwischen fast so kostbar wie Erdöl. In den vergangenen Jahren kostete ein Kilo deutscher Zucker gleichbleibend 0,63 Euro. Diese Stabilität basierte auf der Europäischen Zuckermarktordnung.

Weltzuckerproduktion – in 1.000 t Rohwert

Kontinente	2004/2005	2005/2006	2006/2007
EU	21.949	21.032	17.281
Europa	**29.844**	**29.707**	**27.126**
Nordamerika	19.668	18.232	19.961
Südamerika	35.425	40.512	41.021
Amerika	**55.093**	**58.744**	**60.982**
Asien	**41.090**	**47.025**	**57.585**
Afrika	**10.099**	**10.055**	**10.528**
Ozeanien	**4.918**	**6.577**	**5.571**
Insgesamt	**141.044**	**152.108**	**161.792**

Weltzuckerverbrauch – in 1.000 t Rohwert

Kontinente	2004/2005	2005/2006	2006/2007
EU	17.880	18.047	18.696
Europa	**31.257**	**31.518**	**31.455**
Nordamerika	19.229	19.229	19.772
Südamerika	17.667	18.025	17.693
Amerika	**36.896**	**37.254**	**37.465**
Asien	**62.148**	**63.288**	**64.652**
Afrika	**13.430**	**13.936**	**14.752**
Ozeanien	**1.544**	**1.553**	**1.565**
Insgesamt	**145.275**	**147.549**	**149.889**

nach: Fluter, Danke der Nachfrage. Das Marktheft. Bundeszentrale für politische Bildung Nr. 22, März 2007, S. 14

b) Die Gemeinsame Marktordnung für Zucker vor der Reform – viel Ordnung, wenig Markt

Die Gemeinsame Marktordnung für Zucker verfolgt die Ziele, die Selbstversorgung mit Zucker innerhalb der Europäischen Union zu ermöglichen sowie den Zuckerproduzenten ein angemessenes Einkommen zu gewährleisten. Allein diese Ansprüche verdeutlichen schon die protektionistische und marktferne Ausrichtung dieses Ordnungsrahmens. Er basiert im Wesentlichen auf vier Pfeilern: administrativen Preisen, Produktionsquoten, Präferenzabkommen mit Drittstaaten und Selbstfinanzierung.

Damit der Preis für Zucker innerhalb der Europäischen Union nicht unter ein gewisses Niveau sinken kann, bestehen Mindestpreise und Interventionspreise. Der Mindestpreis markiert die untere Preisgrenze für die Abnahme von Zuckerrüben durch die Zuckerproduzenten. Auf den Preis, den die Landwirte erhalten, wird ein Abschlag erhoben, mit dem sie sich an den Kosten der Marktordnung beteiligen; die Einnahmen daraus sollen den Aufwendungen für die Exportsubventionen entsprechen. Der Abschlag differenziert zwischen Zucker innerhalb der Grundquote (A-Zucker) und der B-Quote. Daneben besteht ein Interventionspreis, zu dem Interventionsagenturen verpflichtet sind, Zucker im Rahmen der vorgegebenen Quoten von den Zuckerproduzenten abzunehmen. Dieser Preis leitet sich unmittelbar aus dem Mindestpreis ab. Die Marktordnung sieht zudem eine feste Aufteilung der Preise zwischen Landwirten und Zuckerproduzenten von 58 vH zu 42 vH vor. Infolge dieser Preisfestlegungen überschreitet der Zuckerpreis in der Europäischen Union den Weltmarktpreis etwa um das Dreifache.

Die administrierten Preise gelten für die Produktion innerhalb der vorgegebenen Quoten. Diese belaufen sich auf 14,3 Mio. Tonnen pro Jahr für A-Zucker, was in etwa dem heimischen Verbrauch entspricht, und 3,1 Mio. Tonnen für B-Zucker. Quotenzucker, der in der Europäischen Union nicht abgesetzt werden kann, wird mithilfe von Ausfuhrsubventionen exportiert. Die Produktion, die über diese Quoten hinausgeht, erfährt keine direkte Unterstützung und kann entweder in das darauffolgende Wirtschaftsjahr übertragen werden oder ohne Ausfuhrerstattungen als sogenannter C-Zucker exportiert werden. Es kann jedoch vermutet werden, dass C-Zucker auf Betriebsebene eine Quersubventionierung durch Erträge aus den anderen beiden Klassen erhält.

Mehr als nur Süßmittel: Zucker ist ein weltweit gefragter Rohstoff z.B zur Herstellung von Ethanol geworden.

Um zu gewährleisten, dass der „Marktpreis" innerhalb der Europäischen Union niemals unter dem Interventionspreis liegt, wurden massive Einfuhrhindernisse geschaffen. Seit dem Abkommen von Lomé im Jahr 1975 gewährt die Europäische Union zudem einer Staatengruppe Afrikas, der Karibik und des Pazifiks (AKP-Staaten), dazu Indien, im Rahmen eines Kontingents einen bevorzugten Zugang zum europäischen Markt und nimmt Zuckerimporte aus diesen Ländern zu einem Garantiepreis ab, der weitgehend dem Interventionspreis entspricht. Um den Teil der europäischen Zuckerproduktion, der den heimischen Konsum übersteigt, exportieren zu können, wird Quoten-Zucker durch Exportsubventionen drastisch verbilligt. Sein Anteil am Weltzuckerhandel beträgt 12 v.H. Unterstützungsberechtigt ist neben Zucker, der in der Europäischen Union produziert wird, auch Importzucker aus den AKP-Staaten und Indien.

Die Auswirkungen der Gemeinsamen Marktordnung für Zucker auf den EU-Haushalt halten sich in relativ engen Grenzen. Das Gros der Ausgaben in Höhe von 1,7 Mrd. Euro pro Jahr entfällt auf die Ausfuhrerstattungen (75 vH). Davon wiederum machen die Kosten für Re-Exporte von Zucker aus den AKP-Staaten und aus Indien etwa zwei Drittel aus. Den Ausgaben stehen Zolleinnahmen in Höhe von 650 Mio. Euro gegenüber. In den, gemessen am gesamten EU-Haushalt, geringen Belastungen durch die Zuckermarktordnung kommt das Ziel zum Ausdruck, diese möglichst budgetneutral zu gestalten.

Die ökonomischen Belastungen durch die Gemeinsame Marktordnung für Zucker werden jedoch durch die Kennziffern des Budgets der Europäischen Union nur sehr unzureichend erfasst. Die Hauptlast der Gemeinsamen Marktordnung für Zucker tragen die europäischen Verbraucher. Für das Jahr 2000 hat der Europäische Rechnungshof Mehrausgaben für die europäischen Verbraucher in Höhe von 6,3 Mrd. Euro errechnet. Durch den hohen Interventionspreis bezahlen die Konsumenten einen weit höheren Preis für Zucker und zuckerhaltige Produkte, als dies zum niedrigen Weltmarktpreis der Fall wäre; gleichzeitig geht entsprechend ihrer Preiselastizität die nachgefragte Menge zurück. Es entsteht ein massiver Verlust an Konsumentenrente, der weit über die Mehrausgaben hinausgeht. Diesem stehen zwar Gewinne für die Zuckerproduzenten gegenüber. Unbeschadet der konkreten Angebots- und Nachfrageelastizitäten entstehen per saldo aber in jedem Fall – von den Verbrauchern getragene – Nettowohlfahrtsverluste für die Akteure in der Europäischen Union.

Reform der Gemeinsamen Marktordnung für Zucker, Auszug aus dem Jahresgutachten 2004/2005 des Sachverständigenrat zur Begutachtung der gesamtwirtschaftlichen Entwicklung, S. 118 f.

c) Handelsverpflichtungen erzwingen Reform

Die internationalen Handelsverpflichtungen der Europäischen Union haben die Zuckermarktordnung in den vergangenen Jahren zunehmend unter Reformdruck gesetzt. Hierzu trug vor allem ein Urteil des Schiedsgerichtes der Welthandelsorganisation (WTO) bei. Handlungsbedarf resultierte aber auch aus den Zugeständnissen der EU gegenüber den am wenigsten entwickelten Ländern, den „Least Developed Countries“ (LDC). Nach Angaben der EU-Kommission muss die Gemeinschaft ihre Zuckerproduktion (derzeit knapp 20 Mio. t) um insgesamt mehr als 7 Mio. t zurückfahren, um ihre Verpflichtungen zu erfüllen. Eine Reform der Zuckermarktordnung war daher nicht mehr zu verhindern.

Nach einer Klage durch Australien, Brasilien und Thailand hatte die WTO bereits 2004 die Exportpraxis der EU beanstandet und dieses Urteil im April 2005 bestätigt. Danach sind die EU-Exporte von C-Zucker und die subventionierten Reexporte von Zuckereinfuhren aus den AKP-Ländern sowie Indien nicht mit den Regeln der Welthandelsorganisation vereinbar. Allein aufgrund dieses Schiedsspruches muss die Gemeinschaft ihre Zuckerproduktion um jährlich 5 Mio. t bzw. 25 % einschränken.

Im Rahmen der WTO-Verhandlungen spielt die weitere Liberalisierung des Weltagrarhandels eine wichtige Rolle. Ziel ist es, interne Stützungen abzubauen, den Marktzugang zu verbessern und Exportsubventionen zu reduzieren. Zwar hat die EU mit der Reform der Gemeinsamen Agrarpolitik (GAP) im Jahr 2003 bereits erhebliche Vorleistungen erbracht. Gleichwohl wird die Gemeinschaft zu weiteren Zugeständnissen auch im Zuckersektor gedrängt.

www.zuckerverbaende.de, 27.9.2007

d) Die Reform der europäischen Zuckermarktordnung im Überblick

1. Laufzeit
Die neue Zuckermarktordnung gilt bis zum Wirtschaftsjahr 2014/15. Eine Überprüfung der Regelung ist in dieser Zeit nicht vorgesehen. Allerdings kann es im Jahr 2010 letztmalig zu einer dauerhaften linearen Quotenkürzung kommen.

2. Umsetzung
Die Reform der Zuckermarktordnung wird schrittweise in vier Stufen bis zum Jahr 2009/10 umgesetzt.

3. Preissenkungen
Die Preise werden in vier Schritten bis zum Jahr 2009/10 reduziert. Der Preis für Weißzucker sinkt um insgesamt 36 %, der Mindestpreis für Zuckerrüben um 39,7 %. Der bisherige Interventionspreis wird durch einen Referenzpreis ersetzt.

4. Kompensation
Landwirte erhalten zunächst für durchschnittlich 60 und dann für 64,2 % der Preissenkung einen Ausgleich in Form einer Direktzahlung. Die Zahlung ist an die Einhaltung bestimmter Standards für Umweltschutz und Bodenbewirtschaftung gebunden.

5. Intervention bzw. Marktsteuerung
Das Interventionssystem wird noch über einen Zeitraum von vier Jahren fortgesetzt. Für den Fall, dass der Marktpreis unter den Referenzpreis fällt, wird als Sicherheitsnetz ein privates Lagerhaltungssystem eingeführt. Ferner hat die EU-Kommission die Möglichkeit, Zucker vom Markt zu nehmen und ihn auf das folgende Wirtschaftsjahr zu übertragen.

6. Restrukturierungsfonds
Zuckerfabriken, die ihre Quote aufgeben, erhalten in den ersten beiden Jahren der Reform aus dem Restrukturierungsfonds eine Beihilfe von 730 Euro/t. In den beiden folgenden Jahren beträgt die Prämie 625 Euro/t bzw. 520 Euro/t. Rübenanbauer, deren Fabrik die Produktion im Rahmen des Restrukturierungsfonds einstellt, erhalten mindestens 10 % dieser Mittel.

7. Regionalprämie
Für aufgegebene Zuckerquoten erhalten die betroffenen EU-Mitgliedstaaten einen gesonderten Förderbetrag in Höhe von 15 % der Restrukturierungshilfe, also 109,5 Euro/t im ersten Reformjahr. Diese Regionalprämie ist zur Entwicklung des ländlichen Raumes bestimmt.

8. Außenschutz
Um Umgehungsgeschäfte und dadurch bedingte künstliche Störungen des EU-Marktes zu vermeiden, wird die EU-Kommission bei Überschreitung einer Schwelle von 25 % der Zuckereinfuhren aus den LDC gegenüber dem Vorjahr automatisch die Anwendung von Schutzmaßnahmen prüfen. Außerdem müssen die am wenigsten entwickelten Länder bei ihren Zuckerexporten in die Europäische Union Ursprungsregeln beachten, mit denen sogenannte Dreiecksgeschäfte verhindert werden sollen.

www.zuckerverbaende.de, 24.9.2007

Aufgaben

1. Beschreiben Sie in Stichworten den Stand der Europäischen Wirtschafts- und Währungsintegration und grenzen Sie die Begriffe Globalisierung und Regionalisierung voneinander ab (M 23 – M 25).
2. Beschreiben Sie die europäische Zuckermarktordnung vor und nach der Reform (M 26).
3. Überlegen Sie, wer die Gewinner und wer die Verlierer einer Öffnung des europäischen Zuckermarktes sind (M 26).

11.2.3 Chancen und Risiken der Globalisierung

M 27

Weltweite Armuts- und Wachstumstrends

a) Armut und Weltbevölkerung

	Arme, die von weniger als 1 US-$ pro Tag leben					
	in Mio.			Anteil in %		
Region	**1990**	**2002**	**2015**	**1990**	**2002**	**2015**
Ostasien und Pazifik	472	214	14	29,6	14,9	0,9
ohne China	97	34	2	21,1	10,8	0,4
Europa und Zentralasien	2	10	4	0,5	3,6	0,4
Lateinamerika und Karibik	49	42	29	11,3	9,5	6,9
Naher Osten u. Nordafrika	6	5	3	2,3	2,4	0,9
Südasien	462	437	232	41,3	31,3	12,8
Afrika südliche der Sahara	227	303	336	44,6	46,6	38,4
Welt insgesamt	1 218	1 011	617	27,9	21,1	10,2
Ohne China	844	831	606	26,1	22,5	12,9

b) Soziale Schlüsselindikatoren

	Beendigung der Grundschule in %		Kindersterblichkeit[1]		Lebenserwartung	
Region	**1988/89 - 1993/94**	**2000/01 - 2003/04**	**1990**	**2003**	**1990**	**2003**
Ostasien und Pazifik	97	97	59	41	68	70
Europa und Zentralasien	94	95	46	36	70	80
Lateinamerika und Karibik	88	96	53	33	68	72
Naher Osten u. Nordafrika	82	87	80	56	61	68
Südasien	74	80	130	86	58	63
Afrika südlich der Sahara	50	59	187	171	51	46

[1] *Sterblichkeit von Kindern unter fünf Jahren pro 1.000*

Tobias Debiel, Dirk Messner, Franz Nuscheler (Hrsg.), Globale Trends 2007: Frieden, Entwicklung, Umwelt, Bonn 2006, S. 172 f

c) Wachstum weltweit

			Projected	
	2005	**2006**	**2007**	**2008**
World output	4.8	5.4	5.2	4.8
United States	3.1	2.9	1.9	1.9
Euro area	1.5	2.8	2.5	2.1
Germany	0.8	2.9	2.4	2.0
Japan	1.9	2.2	2.0	1.7
Africa	5.6	5.6	5.7	6.5
China	10.4	11.1	11.5	10.0
India	9.0	9.7	8.9	8.4

Note: Real effective exchange rates are assumed to remain constant, at the levels prevailing during August 22-September 19, 2007.
Source: IMF, World Economic Outlook, October 2007.

M 28 Profitieren die Ärmsten von der Globalisierung?

Zu Recht wird kritisiert, dass die weltweite Entwicklungszusammenarbeit angesichts einer Weltwirtschaftsordnung, die viele Länder des Südens benachteiligt, wenig mehr als ein Tropfen auf den heißen Stein bedeutet. Besonders heftig wird in diesem Zusammenhang über die Wirkungen der wirtschaftlichen Globalisierung auf die weltweite Armut gestritten. Während die dynamischen Schwellenländer, namentlich China, Südkorea und zunehmend auch Indien, die Chancen der weltwirtschaftlichen Integration als Impulse für Modernisierung und Armutsüberwindung nutzen konnten, sehen sich die schwächeren Staaten, insbesondere wenn sie von Agrarexporten abhängig sind (z.B. westafrikanische Baumwollproduzenten), zunehmend an den Rand gedrängt.

Von zunehmender Relevanz für soziale Entwicklung im Süden werden die wirtschaftlichen Beziehungen der großen Schwellenländer, vor allem China und Indien, zu anderen Weltregionen.

Der von ihnen ausgehende Nachfragesog nach natürlichen Ressourcen und Energieträgern treibt die Preise auf dem Weltmarkt in die Höhe und verschafft den Produzentenländern zusätzliche Einnahmen in beträchtlicher Größenordnung. Auf Importe angewiesene Entwicklungsländer leiden unter dieser Entwicklung. Gleichzeitig mehren sich die Anzeichen, dass industrielle Massenwaren aus den Schwellenländern die einheimischen Unternehmen in schwächeren Ökonomien aus dem Markt drängen und zu einer flächendeckenden Deindustrialisierung führen könnten.

Empirische Untersuchungen belegen, dass konventionelles Wachstum bei bestehendem Verteilungsmuster kein geeignetes Mittel zur Armutsüberwindung ist und dass der Nutzen von Wachstumseffekten für die Armen in jüngster Zeit noch abgenommen hat. Und der durch Wachstum in der Regel verstärkte Umweltverbrauch erhöht die Negativwirkung auf die Armen: Sie müssen einen überproportional hohen Anteil der Schäden tragen, z.B. Dürren und Überschwemmungen als Folge des nicht mehr aufzuhaltenden Klimawandels, obwohl sie am wenigsten vom Wohlstandsgewinn profitieren. Von zusätzlichen 100 US-$ des durchschnittlichen Welteinkommens landeten zwischen 1990 und 2001 statistisch betrachtet nur 0,6 US-$ in den Taschen der absolut Armen. Im Jahrzehnt zuvor kamen immerhin 2,2 von 100 US-$ bei den Ärmsten an. Andersherum formuliert: In den 1990er Jahren musste das Welteinkommen um 166 US-$ gesteigert werden, um einen Fortschritt von 1 US-$ bei der Armutsbeseitigung zu erzielen. Wenn der soziale Fortschritt tatsächlich auf diesem Pfad verwirklicht werden soll, ist der Zusammenbruch der globalen Ökosysteme programmiert.

Tobias Debiel, Dirk Messner, Franz Nuscheler (Hrsg.), Globale Trends 2007: Frieden, Entwicklung, Umwelt, Bonn 2006, S. 160 f.

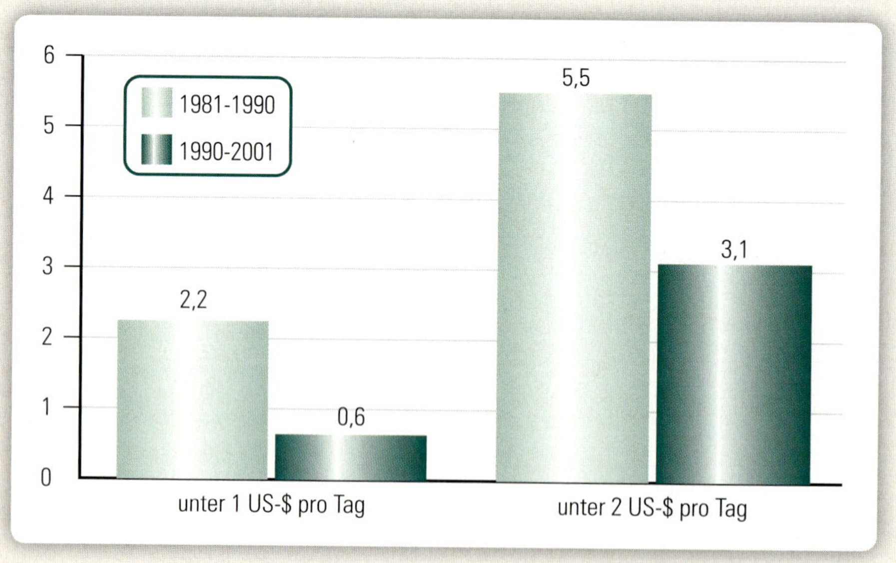

Immer weniger Wachstum für die Armen. Einkommenssteigerung von Armutsgruppen durch zusätzliches Wachstum des durchschnittlichen Welteinkommens um 100 US-$ in %.

Das Rezept ist von Alfredissimo

M 29

Gerhard Polt, Heute wegen Tod geschlossen, Zürich 2001, S. 29

Entwicklung – die Rahmenbedingungen müssen stimmen

M 30

Im Welthandel herrschte lange eine klare Arbeitsteilung zwischen Norden und Süden: Der Süden lieferte Rohstoffe und landwirtschaftliche Produkte, der Norden verarbeitete diese und lieferte Industriewaren in den Süden. 1960, kurz vor Abschluss der Entkolonialisierung, hatten Industriegüter am Gesamtexport der Entwicklungsländer einen Anteil von weniger als 14 Prozent. In den letzten Jahrzehnten stieg insgesamt der Absatz an industriell gefertigten Waren aus den Entwicklungsländern in die Industrieländer, doch der Zuwachs konzentrierte sich auf nur wenige Länder; zu diesen gehören vor allem die ostasiatischen wie Südkorea, China (inklusive Hongkong und Taiwan) und Thailand. Der großen Masse der Entwicklungsländer ist es bisher nicht gelungen, die Erfolgsrezepte dieser Länder auf sich selbst anzuwenden. Die Rezeptur ist vielfach untersucht worden; zumeist werden folgende Elemente identifiziert:

- Infrastruktur: Für den Erfolg auf dem Weltmarkt bedarf es eines funktionierenden Straßen-, Kanal-, Telefon- und Energienetzes, da Transport, Kommunikation und Energie bedeutende Kostenfaktoren für die Industrie sind.
- Bildung: Der allgemeine Bildungsstand muss so angehoben werden, dass die Errungenschaften des Industriezeitalters angewendet, gewartet und verbessert werden können.
- Verwaltung: Industrielle Fertigung ist auf eine möglichst reibungslose Koordination der einzelnen Produktionsschritte angewiesen, die nicht zuletzt von einer effektiven öffentlichen Verwaltung abhängt.
- Rechtsstaatliche Institutionen: Die komplexe Arbeitsteilung einer modernen Industriegesellschaft beruht auf klar definierten Eigentumsrechten, die mittels rechtsstaatlicher Institutionen gesichert werden.

Alle hier aufgeführten Maßnahmen der sogenannten guten Regierungsführung („good governance") müssen zusammenkommen. Wo Inkompetenz, Korruption und staatliche Willkür herrschen, können sich keine effizienten Industriestrukturen entwickeln und entsprechend kann auch nicht mit der Weltmarktkonkurrenz mitgehalten werden.

Thomas Greven, Christoph Scherrer (Hrsg.), Globalisierung gestalten. Weltökonomie und soziale Standards, Bonn 2007, S. 61

M 31 Globaler Strukturwandel: Niedergang der Textilindustrie in Deutschland

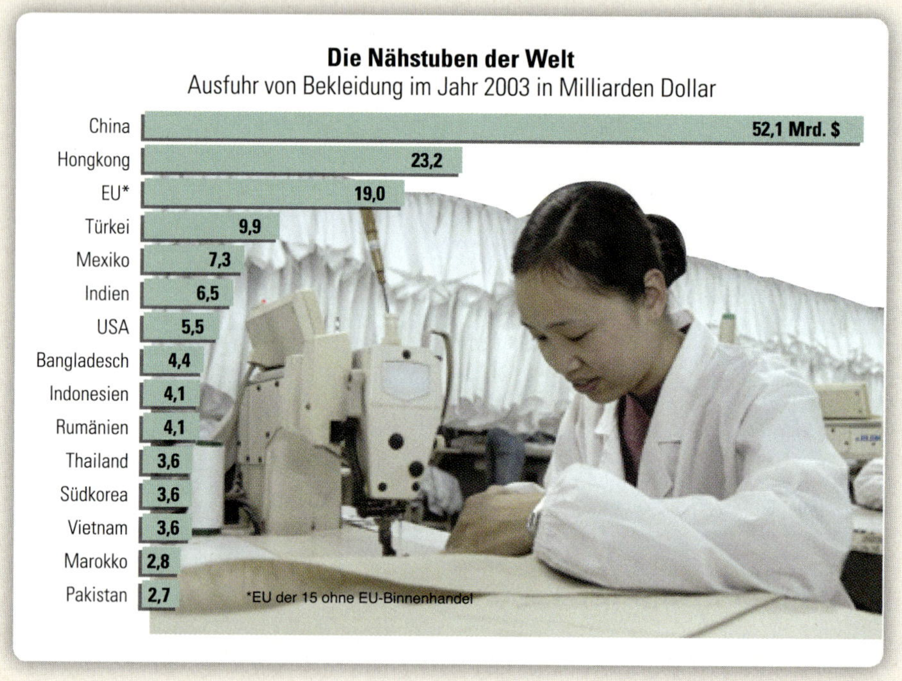

Hans Luiken arbeitete bei Gerry Weber im Zuschnitt. „Irgendwann kam einer aus Polen und maß meine Maschine aus. Kurz darauf war sie weg." Mittlerweile, erzählt er, hat die Firma modernes Gerät in Rumänien, das Oberstofflager steht in Ungarn, genäht wird unter anderem in der Ukraine. Luiken ist seit Mai 2005 arbeitslos und 53 Jahre alt. Er hofft, dass seine Kinder Arbeit finden werden. Für sich hofft er das nicht mehr.

„Unsere Maschinen haben die gar nicht mehr abgeholt. Die Polen haben längst bessere", sagt Anneliese Gaspar. Sie ist 45 Jahre alt, 29 davon hat sie bei Hermann Lange gearbeitet, niemand konnte schneller Ärmel einnähen als sie. Es hat ihr nichts genützt, Anfang dieses Jahres verlor sie ihren Job. Das Arbeitsamt kann ihr nicht helfen.

Um 1970 arbeiteten in Bielefeld 12.000 Menschen in der Textil- und Bekleidungsindustrie, in ganz Ostwestfalen-Lippe 50.000. Heute sind es in der Stadt noch 1.200, in der Region rund 6.500, und das sind zumeist Kaufleute, Designer, Marketingexperten. Produziert wird kaum noch. 1970 arbeiteten in dieser Branche in der alten Bundesrepublik 900.000 Menschen, rechnet man die DDR hinzu, waren es wohl mindestens 1,2 Millionen – gute 50 Prozent mehr, als heute die gesamte Automobilindustrie beschäftigt, das Herz der deutschen Wirtschaft. Nun sind es noch 140.000, und die stellen fast nichts mehr her: Rund 97 Prozent der von deutschen Unternehmen verkauften Bekleidung wird im Ausland produziert. Mehr als eine Million Jobs sind verschwunden, und weil es nicht kampfstarke Stahlarbeiter und kohlenstaubgeschwärzte Bergleute traf, sondern zumeist schlecht bezahlte Frauen, nahm kaum jemand Notiz davon.

Früher gab es vier Nähmaschinenhersteller in Bielefeld, heute ist es noch einer. Und der gehört Chinesen. Irgendwann werden auch die Fachschulen verschwinden und die Kompetenz, und dann werden nur noch die Alten wissen, wie man industriell Bekleidung herstellt.

Etwas geht zu Ende. Der Siegeszug des Kapitalismus begann vor rund 200 Jahren damit, dass sogenannte Verleger Lohnweber für sich arbeiten ließen; mechanische Spinnmaschinen und Webstühle standen am Anfang der Industrialisierung; die Weber gehörten zu den ersten Proletariern der neuen Zeit. Nun verschwindet die Bekleidungsindustrie aus Deutschland. Andere Branchen werden folgen.

Arne Daniels, Der Stern, 6.4.2006, S. 160 f.

Folgen der Globalisierung für die Industrieländer

M 32

Paul A. Samuelson

Amerikas berühmtester Ökonom, Paul A. Samuelson, über protektonistische Tendenzen in der Weltwirtschaft, die Verlierer der Globalisierung, die riskante Schuldenpolitik der USA und die Frage, wie sein Lehrer Joseph Schumpeter den Kapitalismus heute beurteilen würde.

SPIEGEL: Professor Samuelson, zwischen Amerika und China ist das Verhältnis gespannt, Franzosen und Niederländer haben den EU-Verfassungsvertrag abgelehnt, weil sie Wettbewerber aus Osteuropa fürchten, Jobverlagerungen machen den Menschen Angst. Ist die Idee des freien Handels auf dem Rückzug?

SAMUELSON: Über jeder modernen Gesellschaft schwebt das Gespenst des Protektionismus. Amerika, das aus einer kolonialen Vergangenheit kommt, ist bekannt für seine protektionistische Haltung. Die Republikaner, also die Partei von Präsident George W. Bush, waren immer die Partei des Protektionismus. Vielleicht sind unsere darwinistischen Wurzeln dafür verantwortlich: Im Dschungel überlebt man nur, wenn man Fremden gegenüber vorsichtig ist.

SPIEGEL: Im Hörsaal wird Studenten der Wirtschaftswissenschaften etwas ganz anderes beigebracht.

SAMUELSON: Das stimmt. Es ist einer der wichtigsten Grundsätze, die wir lehren, dass der freie Handel notwendigerweise die Lebensbedingungen für jeden verbessert und dass Spezialisierung und Diversifizierung für alle von Vorteil sind, für arme Länder wie für reiche. Den ersten Beweis dafür lieferte 1817 der große englische Ökonom David Ricardo.

SPIEGEL: Und das trifft heute nicht mehr zu?

SAMUELSON: Waren Sie schon einmal in einem Wal-Mart?

SPIEGEL: Ja, warum?

SAMUELSON: Das Besondere an Wal-Mart ist, dass das Unternehmen so günstig Waren einkaufen kann, vor allem in China. Wenn Sie einen Supermarkt von Wal-Mart besuchen, werden Sie dort üblicherweise arme Amerikaner treffen, die billige Produkte kaufen; dadurch können sie ihren Lebensstandard enorm verbessern. Gleichzeitig aber müssen sie fürchten, ihren Job zu verlieren oder auf eine schlechter bezahlte Stelle wechseln zu müssen.

SPIEGEL: Es sind also zwei Seiten einer Medaille. Verlieren die Menschen am Ende mehr, als sie gewinnen?

SAMUELSON: Manchmal ist es so, dass sie mehr verlieren. Globalisierung führt nicht immer dazu, dass es nur Gewinner gibt. Es ist nicht wahr, dass alles, was die Globalisierung fördert, automatisch jedem nutzt. Das ist heute die Realität von Ricardos komparativen Kostenvorteilen.

SPIEGEL: Sie klingen beinahe wie ein Globalisierungsgegner.

SAMUELSON: Um Missverständnissen vorzubeugen: Das Leben in einer globalisierten Welt bedeutet im Großen und Ganzen, dass sich der materielle Wohlstand vergrößert. Das Wissen der Welt hat sich durch den technologischen Wandel seit Isaac Newton entwickelt und ausgebreitet, keine Frage. Und als ein amerikanischer Patriot habe ich den Aufstieg Europas nach dem Krieg willkommen geheißen. In Kriegszeiten ist die Wirtschaft nur ein Nullsummenspiel: Der Aufstieg Bismarcks bedeutete den Abstieg von Napoleon III., wenn Sie an den Deutsch-Französischen Krieg 1870/71 denken. In Nachkriegszeiten hingegen ist es anders: Deutschland ist aufgestiegen und Frankreich ebenso.

SPIEGEL: Das heißt, dass in Friedenszeiten die meisten also doch von der Weltwirtschaft profitieren?

SAMUELSON: Ihre Generation lebt besser als die Ihrer Eltern, und Ihre Eltern leben besser als deren Eltern. Wir hätten nicht diesen starken ökonomischen Zuwachs rund um die Welt ohne die dynamische Kraft der Globalisierung. Aber nicht jeder profitiert gleichermaßen davon.

SPIEGEL: Ist das ein neues Phänomen?

SAMUELSON: Vor vielleicht 35 Jahren habe ich eine Rede vor Vorständen von Ford gehalten, und ich fragte sie: „Können Sie sich vorstellen, dass irgendwann irgendwo in der Welt ein Ford zu etwas günstigeren Preisen hergestellt werden kann?" Ich dachte damals an Toyota. Die Zuhörer mochten meine Anspielung nicht. Wenn Toyota bessere

Autos billiger und effizienter bauen konnte als die Hersteller in Detroit, war das nach meiner Mathematik keine Win-win-, sondern eine Win-lose-Situation. Und wir waren die Verlierer.

SPIEGEL: Stimmt das denn heute noch?

SAMUELSON: Ich glaube, die amerikanischen Ökonomen haben die Bedeutung der Globalisierung heruntergespielt; ihnen ist nicht bewusst geworden, dass der Prozess noch lange nicht beendet ist. Es ist ein typisches Muster der Wirtschaftsgeschichte, dass es in den meisten Ländern neben den Win-win-Situationen auch einige Win-lose-Situationen gibt.

SPIEGEL: Und was folgt daraus?

SAMUELSON: Ich glaube, dass sich in der globalen Welt bei der Einkommensverteilung die Trennung zwischen der oberen Hälfte und der unteren verschärft. Die Globalisierung gibt uns zusätzlichen Wohlstand, aber sie bringt uns ebenso zusätzliche Unsicherheit, Spannungen und ein erhöhtes Maß an Ungleichheit. Sie führt in Amerika zu verängstigten Beschäftigten.

SPIEGEL: Und die Arbeiter sind jene, die es am meisten spüren.

SAMUELSON: Ja, aber sogar für einen MIT-Absolventen haben sich die Dinge geändert. Früher bekam er mit jedem Stellenwechsel einen besseren Job, sein Einkommen stieg, bis er in Rente ging. Das funktioniert heute nicht mehr. Niemand kann vorhersehen, wie seine Karriere verläuft. Wir leben in einer gespannteren Welt, einer nervöseren Welt.

SPIEGEL: Wo sehen Sie dafür Anzeichen?

SAMUELSON: Vorstandsvorsitzende behalten heute ihren Job manchmal nur drei Jahre – ich habe aber kein Mitleid mit ihnen, weil sie in dieser Zeit eine Menge Geld verdienen können. Das Gebäude, in dem wir sind, war früher einmal die Zentrale von Unilever in Amerika. Einer der bestbezahlten Vorstandschefs in Amerika hatte sein Büro nur drei Stockwerke höher. Er bekam pro Arbeitstag etwa 1.000 US-Dollar. Ein durchschnittlicher Angestellter verdiente vielleicht ein Vierzigstel davon. Wissen Sie, wo die Zahl heute liegt?

SPIEGEL: Wohl kaum niedriger.

SAMUELSON: Der Faktor ist 400, zumindest in einigen Firmen. ...

SPIEGEL: Was Sie gerade beschreiben, müsste eigentlich eine hervorragende Basis für eine Gewerkschaftsbewegung darstellen.

SAMUELSON: ... Jeder Erfolg, den eine Gewerkschaft in einem Konzern errungen hat, war ein Pyrrhussieg. Er beschleunigte es nur, dass japanische Wettbewerber das Geschäft übernahmen.

Frank Hornig, Alexander Jung, Spiegel special: Die Neue Welt 7/2005, S. 150 ff.

M 33 Perspektiven für die Durchsetzung einer Weltsozialpolitik

In ihrer Gesamtheit sind die Millenium Development Goals (MDGs, siehe Info) nicht ausschließlich als ethisch-humanitäre Selbstverpflichtung der Völkergemeinschaft zur weltweiten Durchsetzung von Menschenwürde und sozialem Ausgleich zu verstehen. Neben diese wichtige Dimension einer Universalethik tritt das langfristige aufgeklärte Eigeninteresse der reicheren Gesellschaften an globaler Stabilität und Krisenprävention. Die Bereitstellung solcher globalen öffentlichen Güter ist eine unverzichtbare Bedingung für eine gelingende Globalisierung. In einer immer stärker vernetzten, wechselseitig voneinander abhängigen Weltgesellschaft sind Wohlstand und Sicherheit in den privilegierten Ländern bedroht, solange Verelendung und soziale Desintegration zu der Auflösung staatlicher Strukturen, massenhaften Flüchtlingsbewegungen und flächendeckenden Umweltzerstörungen führen. Auch die Eindämmung des internationalen Terrorismus und der grenzüberschreitenden Kriminalität wird ohne eine Reduzierung der sozialen Kluft zwischen Arm und Reich nicht funktionieren können. Aus dieser Erkenntnis leitet sich die Forderung nach einem internationalen Ordnungsrahmen ab, mit dem sich die Erfahrungen aus der sozialen Marktwirtschaft in Deutschland und Europa auf das globale System übertragen lassen. Die Leistungsfähigkeit bestehender multilateraler und transnationaler Strukturen zur Herstellung einer solidarischen Weltpolitik wird von vielen Seiten in Frage gestellt (World Commission 2004). Universell akzeptierte Reformen der Global Governance-Architektur setzen die Verständigung auf gemeinsame ethische Wertvorstellungen voraus, die die bisherige Dominanz der westlichen Konzepte und Werte durch eine neue Synthese von solchen aus Ost,

Süd und West überwinden. Ein für die Erreichung der MDGs und generell für soziale Entwicklung zentraler Prozess ist die Reform des Wirtschafts- und Sozialrats der Vereinten Nationen (ECOSOC). Dieses Gremium gilt bisher als weitgehend nutz- und einflusslos. In ihrer Abschlussresolution auf dem Millennium+5-Gipfel im September 2005 haben sich nun die Regierungen aus Nord und Süd einvernehmlich auf Schritte festgelegt, die dem ECOSOC eine größere Rolle in der internationalen Entwicklungspolitik einräumen sollen. In diesem Kontext ließe sich auch eine UN-Konditionalität für die internationale Entwicklungszusammenarbeit etablieren, die sich an den universell gültigen Menschenrechts- und Nachhaltigkeitsnormen und nicht einseitig an den Geberinteressen orientiert. Weitere Bausteine einer neuen Weltsozialpolitik sind mögliche institutionelle Innovationen im Bereich der G8-Gipfel, der Bretton Woods-Institutionen und der Welthandelsorganisation (WTO). Mit der stärkeren Einbeziehung der Schwellenländer, aber auch der ärmsten Länder in die Meinungsbildung und Entscheidungsfindung dieser globalen Akteure sollte eine Neuausrichtung ihrer Politiken auf Grundlage der MDGs einhergehen. Im Bereich des Welthandels müssten z.B. die Ernährungssicherung und der Schutz der eigenen Märkte die Chancen der ärmeren Länder bei gleichzeitig unbehindertem Zugang zu den Märkten der Industrie- und Schwellenländer sichern.

Tobias Debiel, Dirk Messner, Franz Nuscheler (Hrsg.): Globale Trends 2007: Frieden, Entwicklung, Umwelt, Bonn 2006, S. 166 f.

Milleniumsziele

Info

Im Jahr 2000 haben sich 150 Staats- und Regierungschefs bei der Vollversammlung der Vereinten Nationen auf so genannte Millenniumsziele im Kampf gegen Armut in der Welt geeinigt. Danach soll der Anteil der Weltbevölkerung, der unter extremer Armut und Hunger leidet, bis zum Jahr 2015 halbiert werden. Auch die Kinder- und Müttersterblichkeit soll deutlich reduziert werden. Zudem sollen alle Kinder eine Grundschulausbildung erhalten. Ferner wird die Gleichstellung der Geschlechter und die politische, wirtschaftliche und soziale Beteiligung von Frauen gefördert. Aids, Malaria und andere übertragbare Krankheiten sollen stärker bekämpft werden. Schließlich soll Nachhaltigkeit in den Bereichen Ökonomie und Ökologie gefördert werden.

Autorentext

Aufgaben

1. Geben Sie einen Überblick über die globale Armuts- und Wachstumsentwicklung. Teilen Sie die Einschätzung bezüglich der Entwicklung bis 2015 (M 27)?
2. Schafft die Globalisierung mehr Wohlstand? Entwickeln Sie eine differenzierte Antwort auf diese Frage (M 27 – M 32).
3. Erarbeiten Sie in Gruppen mithilfe Ihres Wissens über die Institutionenökonomie und Wachstumstheorie ein Entwicklungskonzept für die armen Länder. Klären Sie dabei auch, welche politischen Voraussetzungen erfüllt sein müssen (M 30).
4. Beantworten Sie die Frage, ob wir eine Weltsozialpolitik brauchen (M 33).

Wissen kompakt

Standortdebatte
M 16 – M 22

Deutschland gehört heute noch zu den führenden Wirtschaftsnationen der Welt, doch wird der Abstand gegenüber anderen, sich rasant entwickelnden Ländern immer kleiner. Die Attraktivität eines Wirtschaftsstandortes lässt sich nur in Relation zu anderen Standorten definieren. Generell gilt: Je flexibler die Produktionsfaktoren sind, desto geringer sind die Anpassungslasten einer Volkswirtschaft. Das macht den Standort attraktiv für Investitionen. Kritisch wird der Wirtschaftsstandort Deutschland wegen der hohen Lohnkosten, der Inflexibilität des Arbeitsmarktes und der schwächer ausgeprägten Ausrichtung auf Zukunftsmärkte gesehen. Positiv wird die hohe Qualifikation und Produktivität der Arbeitskräfte, die politische Stabilität und die geografische Lage im Zentrum Europas beurteilt.

Europa zwischen Regionalisierung und Globalisierung
M 23 – M 26

Die Europäische Union hat für Deutschland eine herausragende wirtschaftliche Bedeutung. 60 % des internationalen Handels (Aus- und Einfuhren) werden innerhalb der Europäischen Union abgewickelt. Die EU stellt mit dem vollendeten Binnenmarkt und der Währungsunion einen nahezu vollständig integrierten Wirtschaftsraum dar, in dem nationale Grenzen kaum mehr eine Rolle spielen. Gleichzeitig betreibt die Union eine eigene Außenhandelspolitik gegenüber Nicht-Mitgliedsstaaten, z.B. durch die Erhebung von einheitlichen Zöllen, Exportsubventionen oder Mengenbeschränkungen.
Die Reform der europäischen Zuckermarktordnung zeigt jedoch, dass sich die EU im Zeitalter der Globalisierung auch aufgrund ihrer Einbindung in die Welthandelsorganisation (WTO) nicht mehr länger einer Öffnung ihrer geschützten Märkte verschließen kann.

Gewinner und Verlierer der Globalisierung
M 27 – M 32

Geht man der Frage nach, wer zu den Gewinnern bzw. Verlierern des Globalisierungsprozesses gehört, so ergibt sich ein differenziertes Bild: Viele Staaten, insbesondere in Südostasien, konnten überproportional von einer Integration in den Weltmarkt profitieren. Das Wachstum anderer Länder, allen voran die afrikanischen südlich der Sahara, hat sich dagegen eher verlangsamt. Insgesamt kann man davon ausgehen, dass die Globalisierung zu einer Vergrößerung des Wohlstandsgefälles zwischen, aber auch innerhalb der Staaten geführt hat. Gering qualifizierte und immobile Arbeitskräfte scheinen daher weltweit die großen Verlierer der Globalisierung zu sein.

Frage nach einer Weltsozialordnung
M 33

Obwohl es viele unterschiedliche Entwicklungsstrategien gibt, so gibt es einen Konsens, dass folgende Voraussetzungen für eine erfolgreiche wirtschaftliche Entwicklung und eine Integration in den Weltmarkt unabdingbar sind:

- eine intakte Infrastruktur mit einem gut ausgebauten Verkehrs- und Kommunikationsnetz
- ein intaktes Bildungssystem, das gut ausgebildete Arbeitskräfte hervorbringt
- stabile staatliche Institutionen und klar definierte Eigentums- und Vertragsrechte

Ungeklärt ist die Frage, wie eine Weltsozialordnung gestaltet werden könnte. Wo der Nationalstaat seine politische Gestaltungskraft verliert, müssen supranationale Organisationen und Regelungsmechanismen die verbindliche Einhaltung von Normen und soziale und ökologische Mindeststandards, wie z.B. ein Verbot von Kinderarbeit, sorgen. Noch ist aber nicht absehbar, welche Organisation diese Aufgabe wahrnehmen könnte.

12 Weltwirtschaftliche Ordnung – Global Economic Governance

Wie konnte es passieren, dass amerikanische Hausbesitzer im Jahre 2007 beinahe eine globale Rezession auslösten und britische Sparer vor der von der Pleite bedrohten Bank Northern Rock Schlange standen, um ihr Erspartes abzuheben? Die Globalisierung der Weltwirtschaft hat seit den 1970er Jahren zu einer immer stärkeren Liberalisierung und Deregulierung der internationalen Waren- und Finanzmärkte geführt. Diese Entwicklung hat Wachstum und Wettbewerb gestärkt, die nationalen Ökonomien aber auch in eine starke gegenseitige Abhängigkeit geführt.
Währungsschwankungen, Finanzkrisen, Rezessionen in den bedeutenden Ökonomien haben in der globalen Wirtschaft unmittelbare Auswirkungen auf andere Staaten, besonders auf Deutschland, das durch eine starke weltwirtschaftliche Verflechtung gekennzeichnet ist.

Wichtigste Institution zur kooperativen Regelung einer liberalen Welthandelsordnung ist die Welthandelsorganisation (WTO), der fast alle wirtschaftlich wichtigen Staaten der Welt angehören. Kapitel 12.1 zeigt, welche Hindernisse noch immer auf dem Weg zu einer freien Welthandelsordnung bestehen und durch welche Regeln die WTO zu einer Liberalisierung der Weltwirtschaftsordnung beiträgt. Welche Argumente können die Gegner und Befürworter dieser Organisation vortragen?

Auf den internationalen Finanzmärkten werden täglich unvorstellbare Summen an Geld, Devisen und Wertpapieren bewegt, damit Kapital dort zu Verfügung steht, wo es benötigt wird und am meisten Gewinn bringt. Immer größere Summen werden jedoch auch zu rein spekulativen Zwecken transferiert, mit dramatischen Folgen für die Stabilität der internationalen Finanzmärkte. Geraten die globalen Kapitalflüsse ins Stocken, so ist die ganze Welt davon betroffen. Kapitel 12.2 zeigt die Risiken des internationalen Finanzmarktes und beleuchtet die Rolle des Internationalen Währungsfonds (IWF) bei der Stabilisierung der Weltfinanzordnung.

Abschließend möchte Kapitel 12.3 das Konzept der Global Economic Governance vorstellen, das einerseits zur Analyse der bestehenden Kooperation verwendet werden kann, andererseits aber auch als Lösungsmodell für ein kooperatives Management der Weltwirtschaft durch staatliche und private Akteure gesehen wird.

Tipps & Links

Lernen vor Ort

- Organisieren Sie eine Podiumsdiskussion mit Vertretern von Nichtregierungsorganisationen (z.B. Attac, Greenpeace, kirchliche Organisationen, ...) zum Thema „Wie sollte eine gerechte Weltwirtschaftsordnung aussehen?".
- Befragen Sie einen Experten einer Bank zum Thema „Ist die Einführung einer Spekulationssteuer (Tobin-Steuer) sinnvoll?".

Referieren und Präsentieren

- Erstellen Sie Porträts internationaler Organisationen (staatliche oder nicht-staatliche) und dokumentieren Sie an einem Beispiel, wie diese Organisationen arbeiten.
- Erstellen Sie eine Fallstudie zu einem Handelsstreit, der mithilfe der WTO beigelegt wurde. Gehen Sie dabei insbesondere auf die Rolle des Schiedsgerichts der WTO ein.
- Entwerfen Sie ein Lernplakat zum Thema Global Economic Governance.

Zum Weiterlesen

- *Stefan A. Schirm, Internationale politische Ökonomie. Eine Einführung, Baden-Baden 2004 (Nomos)*
  Das Buch führt in die Grundlagen der internationalen politischen Ökonomie ein: Politische Ökonomie, Globalisierung, Regionalisierung, Global Economic Governance.
- *Thomas Greven, Christoph Scherrer, Globalisierung gestalten. Weltökonomie und soziale Standards, Bonn 2005 (Bundeszentrale für politische Bildung)*
  Die beiden Autoren analysieren die Ursachen und Auswirkungen der Globalisierung und fragen nach Möglichkeiten der Gestaltung einer Weltökonomie, die soziale Standards nicht außer Acht lässt.
- *Aus Politik und Zeitgeschichte 20-21/2007, Neue Formen der Staatlichkeit, Bonn 14.5.2007 (Bundeszentrale für politische Bildung)*
  Sonderheft zur Frage, wie unter den Bedingungen begrenzter Staatlichkeit regiert werden kann.

Recherchieren

Internationale Organisationen mit Daten und Analysen zur globalen Handels- und Finanzordnung:
www.wto.org (Welthandelsorganisation)
www.imf.org (Internationaler Währungsfonds)
www.worldbank.org (Weltbank)
www.fsforum.org (Financial Stability Forum)

Für kritische Analysen:
www.attac.de (ATTAC Deutschland)
www.weltwirtschaft-und-entwicklung.org
Fachinformationsdienst für Globalisierung, Nord-Süd-Politik und internationale Ökologie.
www.bessereweltlinks.de
Umfassende Linksammlung zum Thema Globalisierung.

12.1 Die Regulierung des Welthandels

Die Rückkehr des Protektionismus

M 1

Mester/CCC, www.c5.net

Die Welthandelsgespräche liegen auf Eis, die westlichen Staaten denken darüber nach, wie sie ihre Unternehmen vor unerwünschten Investoren schützen können. … Es ist die Rückkehr des Protektionismus auf neuen Wegen. Und es sind ziemlich schlechte Nachrichten für die Weltwirtschaft. „Die protektionistischen Tendenzen nehmen weltweit zu", warnt Simon Johnson, Chefökonom des Internationalen Währungsfonds. „Wenn es etwas gibt, das der boomenden Weltwirtschaft den Garaus machen könnte, dann ist es genau das." Denn je mehr sich die Staaten voneinander abschotten und Zäune aus Schutzzöllen, Subventionen und rechtlichen Regelungen um sich herum errichten, desto schwieriger wird der Austausch von Waren, Arbeitskräften und Kapital. Damit aber kommt ausgerechnet das zum Erliegen, was der Welt ihren enormen Wohlstand erst beschert hat: die Globalisierung. …

Nach zig Gipfelgesprächen, gescheiterten Schlichtungsversuchen und wieder neuen Anläufen ist nicht mehr viel übrig geblieben von dem gemeinsamen Wunsch, freiere Handelsbedingungen zu schaffen, um Armut als Saat des Terrors zu bekämpfen. Stattdessen haben sich die verhandelnden Mächte, allen voran die EU, die USA, Brasilien und Indien, in erbitterten Streitereien um das Klein-Klein aus Sojabohnenquoten, Maiszöllen und nationalen Reisreserven verloren. „In diesem Spiel blockiert sich jeder selbst, da die Verhandlungspartner nicht honorieren, was die jeweilige Gegenseite bereits an Marktöffnung außerhalb der Handelsrunde geleistet hat", sagt Rolf Langhammer, Vizepräsident des Kieler Instituts für Weltwirtschaft. Leidtragende sind die ärmsten Staaten. Bei den regionalen Verträgen, die längst abseits der erstarrten WTO abgeschlossen werden, bleiben sie außen vor oder bekommen die Regeln von den Großen diktiert. Dabei würde eine gütliche Einigung der Doha-Runde gerade ihnen mehr helfen als alle G-8-Gipfel der vergangenen Jahre zusammen.

Trotzdem fällt es vor allem den Industriestaaten schwer, sich von lieb gewordenen Pfründen zu trennen. 43 Cent fließen von jedem Euro aus dem EU-Haushalt in die Landwirtschaft. Zum Vergleich: Um die eigene Wettbewerbsfähigkeit zu fördern, gibt die EU nur acht Cent von jedem Euro aus ihrem Budget aus. Die USA wiederum sperren sich vehement dagegen, die hohen Einfuhrzölle für Baumwolle zu senken, um die eigenen Farmer zu schützen.

Und auch abseits von der Doha-Welthandelsrunde ist es mit der freiheitlichen Gesinnung der Vereinigten Staaten nicht weit her. Wie restriktiv das Land der unbegrenzten Möglichkeiten längst vorgeht, wenn es um den Schutz nationaler Interessen geht, bekam im vergangenen Jahr der Hafenbetreiber Dubai Ports World zu spüren. Das arabische Unternehmen hatte die britische P&O übernommen und damit eigentlich auch das Geschäft an sechs wichtigen amerikanischen Seehäfen. Doch obwohl die staatliche amerikanische Behörde, die vor jeder größeren Investition von Ausländern ihr Plazet geben muss, die Transaktion abnickte, sperrte sich der US-Kongress gegen den „Ausverkauf nationaler Interessen". Mit Erfolg: Dubai Ports verzichtete schließlich auf die Investition, und die Öffentlichkeit feierte diesen Rückzug als Erfolg.

Anja Struve, Viktoria Unterreiner, Die Welt, 1.7.2007

M 2 Zölle – immer noch hohe Hürden

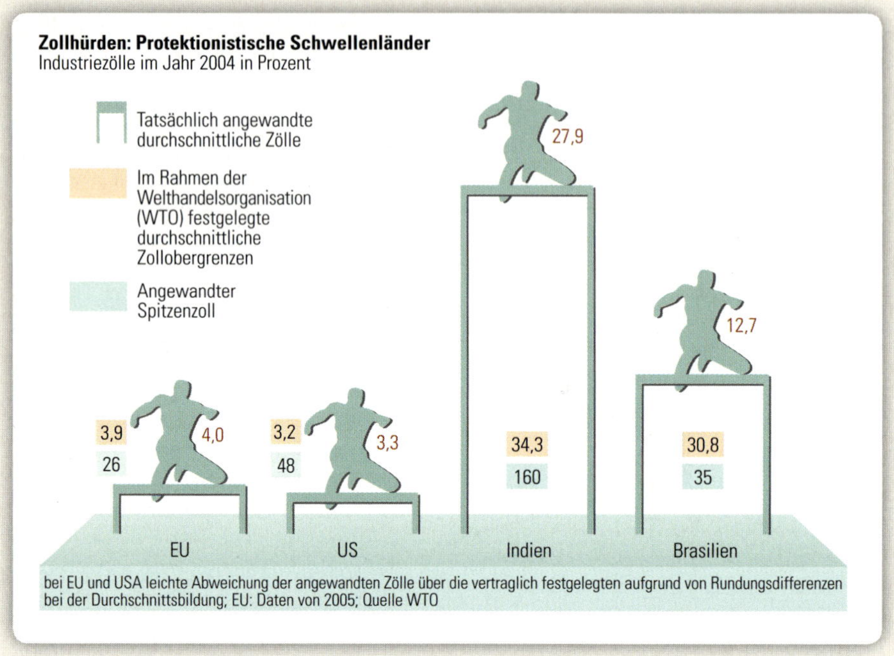

iwd – Informationsdienst des Instituts der deutschen Wirtschaft Köln, Nr. 49/2005

M 3 Tarifäre und nichttarifäre Handelshemmnisse

a) Tarifäre Handelshemmnisse

Tarifäre Handelshemmnisse entstehen durch die Auferlegung von Zöllen. Durch die damit erreichte Verteuerung der Importgüterpreise wird die inländische Produktion protegiert. Der Zoll ist eine indirekte Steuer wie die Mehrwertsteuer, die aber nur bestimmten Gütern, nämlich importierten Gütern, gilt. Im Rahmen des GATT (General Agreement on Tariffs and Trade) wird seit den 60er Jahren versucht, weltweite Handelshemmnisse abzubauen und protektionistische Maßnahmen nur noch in Ausnahmefällen zu dulden. 1995 wurde das GATT Teil der neu gegründeten Welthandelsorganisation WTO.

b) Nichttarifäre Handelshemmnisse

Nichttarifäre Handelshemmnisse sind zum einen formale (preisbezogene und mengenbeschränkende) Maßnahmen und zum anderen administrative Handelsbeschränkungen. Eine häufige Form formaler Handelsbeschränkungen sind Mengenbeschränkungen (Kontingente). Die sogenannte freiwillige Exportbeschränkung geht vom exportierenden Land aus. Dennoch kann sie entweder vom importierenden Land auferlegt (z.B. durch Androhung von Repressalien) oder durch gegenseitige Übereinkunft beschlossen worden sein (Selbstbeschränkungsabkommen), da direkte Handelshemmnisse im Rahmen des GATT untersagt sind. In Form von Subventionen werden die Kosten der inländischen Produzenten modifiziert. Beim Dumping wird ein Produkt im Ausland zu einem Preis angeboten, der geringer als die Produktionskosten im Inland ist. Eine öffentliche Auftragsvergabe zugunsten inländischer Firmen, Verbraucherschutzbestimmungen, technische Normen und Produktstandards können zu administrativen Handelsbeschränkungen führen.

nach: Michael Bauer u.a., Wirtschaft heute, 4. Aufl., Bonn 2003, S. 228

EU erhebt Strafzölle für chinesische Schuhe

Die EU-Kommission hat Strafzölle gegen Schuhimporte aus China und Vietnam beschlossen. Die Zölle werden vom 7. April an fällig und sollen über fünf Monate hinweg schrittweise erhöht werden. Der Satz für Importe aus China beträgt zunächst vier Prozent und soll auf knapp 20 Prozent ansteigen. Für Schuhe aus Vietnam sollen maximal 16,8 Prozent aufgeschlagen werden. Die Kommission erklärte, sie sehe es als erwiesen an, dass beide Länder ihre Schuhindustrien staatlich unterstützten. Das seien "Anti-Dumping-Zölle". EU-Handelskommissar Peter Mandelson kritisierte China und Vietnam für Subventionen wie günstige Kredite, Steuerbefreiungen und marktunübliche Pachtbedingungen. Beide Länder hatten abgestritten, ihre Schuhe zu Dumping-Preisen auf den europäischen Markt zu werfen. China drohte, bei der Welthandelsorganisation Beschwerde einzulegen.

www.tagesschau.de, 23.03.2006

Die Kosten protektionistischer Maßnahmen

M4

Gewiss kann die Liberalisierung auch destabilisierende Wirkungen haben. Länder, Unternehmen und Arbeitskräfte können durch Effizienzverbesserungen ihrer Konkurrenten Nachteile erleiden. Obwohl die Liberalisierung von Handel und Investitionen alles in allem Vorteile bringt, werden sich einige Gesellschaftsgruppen bei einer Marktöffnung (oder auch der Inangriffnahme interner Reformmaßnahmen) Anpassungsschwierigkeiten gegenübersehen und Einkommenseinbußen hinzunehmen haben. Das erklärt, weshalb regelmäßig Forderungen erhoben werden, bestimmte Branchen und Arbeitnehmer vor Billigimporten durch die Beibehaltung oder gar die Erhöhung von Zöllen und Abgaben, durch Kontingentierungen oder verschiedene andere nichttarifäre Handelshemmnisse zu schützen. In der Regel zahlen die Länder, die solchen Forderungen nachgeben, einen hohen Preis dafür.

Die negativen Effekte protektionistischer Maßnahmen auf der Ebene einzelner Länder oder der Weltwirtschaft sind hinreichend dokumentiert. Handels- oder Investitionshemmnisse verteuern importierte wie auch im Inland hergestellte Produkte, lassen dem Verbraucher nur begrenzte Auswahl und haben – da der Wettbewerbsdruck geringer wird – gewöhnlich eine Qualitätsminderung zur Folge. Durch Schutzmaßnahmen werden die Märkte fragmentiert, was die Möglichkeiten (und die Anreize) für die Unternehmen des exportierenden Landes einschränkt, ihre Produktionskosten durch Spezialisierung und Zugang zu preiswerteren Betriebsmitteln zu senken. Die Errichtung von mehr Handels- oder Investitionshindernissen wirkt wegen der damit verbundenen Preissteigerungen wie eine Steuererhöhung. Demgegenüber ist die Handelsliberalisierung effektiv einer Steuersenkung gleichzusetzen. …

Durch Zölle oder andere restriktive Maßnahmen können Arbeitsplätze geschützt werden, aber nur für kurze Zeit. Längerfristige Arbeitsplatzsicherheit können sie nicht garantieren.

Auf lange Sicht hat der Zollschutz kaum positive Effekte auf die Beschäftigungsentwicklung, denn die Erfahrung zeigt, dass die Beschäftigung in stark abgeschirmten Branchen der Tendenz nach zurückgeht, selbst in Perioden mit hohem und verstärktem Schutz. Alles in allem verursacht der Protektionismus gesamtwirtschaftliche Kosten, die wesentlich größer sind als die Vorteile, die denjenigen, denen damit geholfen werden soll, hieraus erwachsen.

Damit die politische Akzeptanz der Verpflichtung zur Freizügigkeit von Handel und Investitionen auch weiterhin gewährleistet ist, bedarf es einer Politik, die die Härten für die in erster Linie vom Anpassungsprozess Betroffenen mildert. Entsprechende Maßnahmen sind denn auch eine wesentliche Voraussetzung dafür, dass die Liberalisierung allen ein höheres Einkommen verschafft und der Protektionismus zurückgedrängt werden kann. Ganz ohne Zweifel sind staatliche Maßnahmen, die auf Höherqualifizierung durch Bildung und Ausbildung setzen und Mobilität in der Weise fördern, dass die Kosten eines Stellen- oder Wohnungswechsels reduziert werden, einer Politik vorzuziehen, die die Stunde der Wahrheit hinausschiebt.

Kein Wohlstand ohne offene Märkte, Vorteile der Liberalisierung von Handel und Investitionen, hrsg. v. OECD Paris 1998, S. 41 – 44

M 5 Die WTO – Hüterin des Freihandels

Welthandelsorganisation (WTO)
151 Mitgliedstaaten
Prinzip der Konsensentscheidungen: eine Entscheidung gilt als angenommen, wenn ihr kein Mitgliedstaat formell widerspricht

Güter- und Zollabkommen (GATT)

regelt den Warenverkehr in den Bereichen
Industriegüter: Zollsenkungen bis zu 100%
Landwirtschaft: Abbau von Exportbeschränkungen

Dienstleistungsabkommen (GATS)

regelt den Handel mit Dienstleistungen,
Öffnung der Märkte, Abbau von Handelshemmnissen in den Bereichen:
Telekommunikation Banken und Versicherungen
Transport
Tourismus

Abkommen über geistiges Eigentum (TRIPS)

regelt den Schutz des geistigen Eigentums in den Bereichen
Patente
Marken
Urheberrecht
Industriedesign
Computerprogramme

Streitschlichtung
Regelung bei Handelskonflikten

Prinzip der Meistbegünstigung:	Handelsvorteile müssen allen Mitgliedstaaten in gleicher Weise gewährt werden
Prinzip der Nichtdiskriminierung:	Keine Benachteiligung eines einzelnen Mitgliedstaates gegenüber anderen Mitgliedstaaten
Prinzip der Inländerbehandlung:	Keine Begünstigung inländischer Güter und Dienstleistungen gegenüber ausländischen Produkten
Prinzip der Transparenz:	Keine geheimen Abkommen, sondern gegenseitige Informationen über Handelsvorschriften

Grafik aus: Politik und Unterricht 4/2003, Globalisierung, der Landeszentrale für politische Bildung Baden-Württemberg, S. 28

Seit 1995 legt die Welthandelsorganisation WTO als einzige international anerkannte Vertragsinstitution Regeln im Welthandel fest. Die um wichtige Bereiche wie Dienstleistungen und Wissen erweiterte WTO ist die Nachfolgeorganisation des GATT (General Agreement on Tariffs and Trade). Die WTO hat 151 Mitglieder (2007), die über 90 % des Welthandels abwickeln. Einige Länder wie Russland nehmen als Beobachter teil, andere befinden sich in unterschiedlichen Stadien des Beitritts. Das Hauptziel der WTO, die Erleichterung des Handels, soll durch die Vorgabe von unparteiischen Regeln und Verfahren zur Beilegung von Streitigkeiten erreicht werden. Durch die ständige Überprüfung der nationalen Handelspolitik sollen Konflikte mit den bestehenden multilateralen Verpflichtungen möglichst frühzeitig erkannt und ausgeräumt werden. Scheitert die informelle Streitbeilegung, so besitzt die WTO ein formelles Streitschlichtungsverfahren, das Dispute Settlement Body. Kommt es hier zu keiner Einigung oder befolgt eine Partei den Schiedsspruch nicht, so können die Staaten Gegenmaßnahmen in Form von Strafzöllen oder der Rücknahme von Handelserleichterungen ergreifen.

nach: Wichard Woyke, WTO/GATT, in: Wichard Woyke (Hg.), Handwörterbuch internationale Politik, 8. Aufl., Opladen 2000, S. 546 ff.

Die Liberalisierung des Welthandels: vom GATT zur WTO

M 6

Jahr	Ort/Name	Behandelte Gebiete	durchschnittliche Zollsenkungen/Ergebnisse	Länder
1947	Genf	Zölle	19 %	23
1949	Annecy	Zölle	2 %	13
1951	Torquay	Zölle	3 %	38
1956	Genera	Zölle	2 %	26
1960 - 1961	Genf („Dillon-Runde“)	Zölle	7 %	26
1964 - 1967	Genf („Kennedy-Runde“)	Zölle und Antidumping-Maßnahmen	35 %	62
1973 - 1979	Genf („Tokio-Runde“)	Zölle, nichttarifäre Maßnahmen, Handelsabkommen	34 %, Abkommen für Getreide, Milchprodukte und Rindfleisch, plurilaterale Abkommen zur zivilen Luftfahrt und zum öffentlichen Beschaffungswesen	102
1986 - 1993	Genf (Uruguay-Runde“)	Zölle, nichttarifäre Maßnahmen, Regelungen, Streitschlichtung, Textilien, Landwirtschaft etc.	40 %, Gründung der WTO, Abkommen über den Handel mit Dienstleistungen (GATS) und zum Schutz des geistigen Eigentums (TRIPS), Welttextilabkommen (ATC), Zölle im Durchschnitt auf 4,6 % des Einfuhrzollwerts gesenkt, Plan zur weiteren Reduktion aud 2,3 %	123
seit 2001	Doha („Doha-Entwicklungsrunde“)	Industriezölle, nichttarifäre Maßnahmen, Sonderbehandlung von Entwicklungsländern, technische Hilfen für Entwicklungsländer, Landwirtschaft (interne Stützungen und Exportsubventionen), Dienstleistungen, Sozialstandards, multilaterale Umweltabkommen, Investitionen und Wettbewerb	Verhandlungen bislang ohne Ergebnis (Ende 2007)	147

Michael Bauer u.a., Wirtschaaft heute, Bonn 2006, S. 263, Zahlen zur durchschnittlichen Senkung der Zölle: Institut der deutschen Wirtschaft Köln, 1997

M 7 Kontrovers diskutiert: die WTO

a) Die WTO abschaffen!

Die WTO hat drei große Probleme. Zunächst schwört sie auf das falsche Entwicklungsmodell, nämlich auf das neoliberale Modell. Sie glaubt, dass Entwicklung gleichbedeutend ist mit Wirtschaftswachstum. Ihr zweites Problem sind die enormen Unterschiede zwischen den Mitgliedern. Denn die WTO-Länder sind sowohl in ihrer Wirtschaftsstärke als auch im Einflussvermögen völlig ungleich. Das wird durch die undemokratischen und undurchsichtigen Verhandlungsstrategien noch verschlimmert. Und drittens tragen WTO-Vorschriften dazu bei, dass Entwicklungsländer durch wohlhabende Länder systematisch daran gehindert werden, sich weiterzuentwickeln – zum Beispiel, wenn arme Länder gezwungen werden, ihre Märkte für Weizen oder Rindfleisch aus den reichen Ländern zu öffnen, obwohl sie damit ihren eigenen Bauern schaden.

Zwar arbeiten die Unterhändler der Entwicklungsländer und die Nichtregierungsorganisationen (NGOs) hart, damit die WTO ihre ungerechten Standards verbessert. Dennoch wurden die Standards nicht einmal geringfügig zu deren Gunsten modifiziert. Das gilt für alle Bereiche: Landwirtschaft, Patentrechte und öffentliches Gesundheitswesen, unterschiedliche Sonderbehandlungen oder das Dienstleistungsabkommen GATS.

Handel wird gebraucht, aber nicht in seiner jetzigen Form. Handel ist abzulehnen, wenn er Länder in Abhängigkeit manövriert, Länder zu Lieferanten einer globalen Produktionskette reduziert und Nationen zwingt, die Zahlungen an die Schuldner reicher Länder zu erwirtschaften.

Unter anderen Umständen könnte internationaler Handel ein Segen sein, Technologien fördern, Arbeitsplätze schaffen, das Einkommen stützen oder die regionale Wirtschaft aufbauen und stärken. Dafür wäre jedoch ein anderer Rahmen notwendig: ein Rahmen, bei dem Sozial- und Umweltbetrachtungen wichtiger sind als Handelsstandards. Ein Rahmen, bei dem die Bedürfnisse der regionalen Wirtschaft ein wesentlicher Aspekt der Wirtschaftspolitik werden.

Nicola Bullard, taz, 14.1.2004

b) Die WTO – besser als ihr Ruf

Die Welthandelsorganisation (WTO) sei undemokratisch, sie benachteilige die ohnehin schwachen Entwicklungsländer und fungiere lediglich als verlängerter Arm multinationaler Konzerne – Vorwürfen dieser Art sieht sich die internationale Einrichtung immer wieder ausgesetzt. Vor allem Globalisierungsgegner haben sich mittlerweile auf die Organisation mit Sitz am Genfer See eingeschossen. Dabei sind die Vorwürfe verfehlt und überzogen:

Demokratische Struktur: Die urdemokratische Formel „One man, one vote" gilt im übertragenen Sinne auch in der WTO. Schließlich bekommt jeder Staat – sei er groß oder klein, reich oder arm – in der WTO formal das gleiche Gewicht zugestanden. Und was noch wichtiger ist: Alle Mitglieder können von einem Vetorecht Gebrauch machen. Kein Land kann daher gezwungen werden, die Handelsbarrieren gegen seinen Willen zu senken.

Vorteile für Entwicklungsländer: Trotz der formalen Gleichstellung aller Mitglieder dominieren die Europäische Union und die Vereinigten Staaten sicherlich die Bühne der globalen Handelspolitik. Ihre Verhandlungsmacht leitet sich schon allein aus ihrer enormen Wirtschaftskraft ab: Im Jahr 2003 wurden knapp 60 Prozent der weltweiten Wirtschaftsleistung in den USA und der EU erbracht.

Dennoch eröffnet die WTO auch den weniger entwickelten Ländern Chancen – etwa durch das sogenannte Meistbegünstigungsprinzip. Danach gelten Handelserleichterungen, die ein WTO-Mitglied einem anderen einräumt, für alle WTO-Staaten gleichermaßen. Hinzu kommt die Möglichkeit, während der Handelsrunden mit Gesinnungsgenossen Koalitionen zu schmieden. Auf der vergangenen WTO-Ministerkonferenz im mexikanischen Cancun 2003 beispielsweise bildeten sich zahlreiche Gruppen – unter anderem stritten die ärmsten Entwicklungsländer in der sogenannten G 90 gemeinsam für ihre Interessen.

Gäbe es die Handelsorganisation nicht, müsste jedes Entwicklungsland einzeln mit den Industriestaaten etwa um einen Abbau der Einfuhrbeschränkungen oder der Exportsubventionen ringen. Erfahrungen zeigen, dass die Dritte-Welt-Länder dabei in der Regel schlechter wegkommen. Zudem würden vor allem kleinere Entwicklungsländer, die wenig Marktpotenzial zu bieten haben, von den Industrienationen erst gar nicht an den Verhandlungstisch gebeten werden.

Die Vorteile einer WTO-Mitgliedschaft haben sich unter den Entwicklungsländern längst herumgesprochen:

Von den 50 ärmsten Staaten der Welt sind 31 bereits in der WTO vertreten, elf stehen in Beitragsverhandlungen oder kurz davor.

Lediglich acht der am wenigsten entwickelten Staaten haben bislang noch keine Repräsentanten an den Genfer See entsandt – darunter etwa Somalia und Afghanistan.

Regeln gelten für alle: Selbst die wirtschaftlich mächtigen Länder können sich nicht nach Gutdünken über die Regeln der multinationalen Organisation hinwegsetzen. Ansonsten droht ihnen eine Anklage im Rahmen eines WTO-Streitschlichtungsverfahrens – und die kleineren Staaten scheuen kaum davor zurück, dieses Disziplinierungsinstrument anzuwenden.

Zwischen 1995 und Anfang 2004 wurde die Europäische Union 34-mal von weniger entwickelten Ländern angeklagt. Die USA landeten mit 43 Fällen vor dem WTO-Kadi.

Es waren zwar vor allem aufstrebende Wirtschaftsnationen wie Brasilien, Indien, Südkorea und Mexiko, die mit den Etablierten im Clinch lagen. Doch auch ärmere Entwicklungsländer – beispielsweise Peru und Pakistan – wagten die Auseinandersetzung.

iwd – Informationsdienst des Instituts der deutschen Wirtschaft Köln Nr. 34, 19.8.2004

Aufgaben

1. Beschreiben Sie, welche Hürden auf dem Weg zu einer liberalen Welthandelsordnung noch bestehen (M 1 – M 3).
2. Erläutern Sie, welche langfristig negativen Folgen protektionistisches Verhalten haben kann. Wie können die kurzfristig negativen Folgen einer Marktöffnung abgefedert werden (M 4)?
3. Beurteilen Sie, inwiefern man die WTO als Wegbereiterin der Globalisierung bezeichnen kann (M 5, M 6).
4. Globalisierungsgegner fordern regelmäßig die Abschaffung der WTO. Diskutieren Sie diese Forderung (M 7).
5. Im Jahr 2007 musste auf der ganzen Welt gesundheitsschädliches Spielzeug aus chinesischer Fertigung zurückgerufen werden. Diskutieren Sie anhand dieses Beispiels die Vor- und Nachteile des Freihandels aus der Sicht der Verbraucher.

Wissen kompakt

Entwicklung des Welthandels

In den vergangenen beiden Jahrzehnten wuchs der weltweite Warenhandel im Durchschnitt doppelt so schnell wie die weltweite Warenproduktion. Der Handel erwies sich damit als der Motor der weltwirtschaftlichen Entwicklung und Verflechtung.

Protektionismus
M 1 – M 4

Ermöglicht wurde diese Entwicklung durch die Liberalisierung der Weltmärkte für Güter und Dienstleistungen. Viele Waren können heute weltweit frei gehandelt werden, doch sind protektionistische Maßnahmen immer noch gebräuchlich. Dazu zählt insbesondere die Erhebung von tarifären Handelshemmnissen (Einfuhrzölle auf bestimmte Waren- oder Warengruppen). Problematischer sind allerdings die häufig angewendeten nichttarifären Handelshemmnisse (z.B. Exportsubventionen, Mengenbeschränkungen, Produktstandards ...), da sie weniger transparent sind. Protektionistische Maßnahmen lassen sich unterschiedlich beurteilen. Einerseits bieten sie Schutz für die eigene Volkswirtschaft vor wirtschaftlich überlegenen Konkurrenten oder Gütern, die Umweltstandards oder ethische Standards nicht erfüllen. Andererseits verzögert der Protektionismus notwendige Strukturanpassungen, so dass eine abgeschirmte Wirtschaft in der Regel langsamer wächst als eine offene Volkswirtschaft.

Die WTO
M 5 – M 7

Die World Trade Organisation (WTO, bis 1995: GATT) legt seit 1995 als einzige international anerkannte Vertragsinstitution Regeln im Welthandel fest. Ihr Ziel ist ein weltweiter Handel ohne Hemmnisse. Sie gilt als ein Wegbereiter der wirtschaftlichen Globalisierung, weil es ihr bzw. dem Vorläufer GATT gelang, protektionistische Maßnahmen (tarifäre und nichttarifäre Maßnahmen) abzubauen. Die Arbeit der WTO gründet sich auf der Freihandelsdoktrin, nach der ein freier Handel Wohlfahrtsgewinne für alle Beteiligten ermöglicht.
Im Zentrum der Organisation stehen dabei folgende Prinzipien, die von den Mitgliedstaaten anerkannt werden müssen:

Prinzipien der WTO

- Meistbegünstigung (alle handelspolitischen Zugeständnisse, die sich zwei Staaten untereinander machen, gelten automatisch auch für alle anderen Staaten)
- Reziprozität (die Handelserleichterungen sollen gegenseitig sein)
- Inländerbehandlung/Nichtdiskriminierung (nach der Einfuhr sind die aus den WTO-Ländern stammenden Waren wie inländische zu behandeln)

Streitschlichtung

Zur Beilegung von Streitigkeiten steht der WTO ein Streitschlichtungsmechanismus zur Verfügung, der eine einvernehmliche Einigung zwischen den Streitparteien herbeiführen soll und Vergeltungsmaßnahmen durch eine Partei (z.B. Strafzölle) erlauben kann.

GATT/ GATS/TRIPs

Die innere Struktur der WTO umfasst drei Teilabkommen – GATT (General Agreement on Tariffs and Trade), GATS (General Agreement on Trade in Services) und TRIPs (Trade Related Intellectual Property Rights).

Kritik an der WTO

Die Erfolge der WTO bei der Liberalisierung des Welthandels werden unterschiedlich beurteilt. Während Befürworter einer weitgehenden Liberalisierung auf die Wohlfahrtseffekte einer zunehmend arbeitsteiligen Weltwirtschaft verweisen, kritisieren Globalisierungsgegner die negativen Folgen der Liberalisierung. Sie werfen der WTO Versagen bei der Durchsetzung einer gerechten Weltwirtschaftsordnung vor, die auch den ärmeren Ländern durch eine moderate Umverteilung des Wohlstandes die Einhaltung von sozialen und ökologischen Mindeststandards (z.B. Verbot von Kinderarbeit) ermöglicht.

12.2 Risiken der internationalen Finanzmärkte

Aus dem Wirtschaftsteil der Zeitung

M 8

Angst vor Immobiliencrash erschüttert Weltbörsen

Die Schieflage bei US-Hypothekenbanken führt zur Angst vor einem Kollaps des Immobilienmarktes. Das hat zu einer weltweiten Korrektur der Aktienmnärkte geführt.

Im Export schmelzen die Gewinne

Flugzeugbauer Airbus fürchtet Kosten bis zu einer Milliarde Euro durch den starken Euro.

Hedgefonds gebieten über zwei Billionen Dollar

Berlin – Die Hedgefonds-Industrie hat eine weitere magische Marke geknackt: Die alternativen Investmentprodukte gebieten erstmals in der Börsengeschichte über zwei Billionen Dollar.

US-Notenbank pumpt 38 Milliarden Dollar in den Geldmarkt

New York – die amerikanische Notenbank (Fed) hat in vier Einzelaktionen der New Yorker Federal Reserve Bank insgesamt 38 Mrd. Dollar (27 Mrd. Euro) temporär in das Banksystem gepumpt.

Zusammenstellung des Autors, Oktober 2007

Was sind internationale Finanzmärkte?

M 9

Finanzmarkt ist der Obergriff für drei Teilmärkte:

- die Kreditmärkte,
- die Wertpapiermärkte und
- die Devisenmärkte,

wobei die einzelnen Sektoren selbstverständlich untereinander interagieren. …

Der Kreditmarkt

Der Kredit ist das älteste Instrument der Fremdfinanzierung. … Er dient dazu, finanzielle Ressourcen an dem Ort und zu dem Zeitpunkt zu mobilisieren, an dem sie für die Realisierung einer Investition nötig sind. Wenn die Investition erfolgreich ist, wird die Kreditsumme erwirtschaftet und der Kredit kann – zuzüglich der Kreditzinsen – über einen bestimmten Zeitraum hinweg zurückgezahlt werden. Dieser Mechanismus ist auch heute noch für Privathaushalte und die Mehrzahl der Unternehmen (insbesondere für die kleinen und mittleren Betriebe) die bedeutendste Fremdfinanzierungsquelle.

Die klassische Institution, die diesen ökonomischen Prozess vermittelt, ist die Bank. …

Um die Funktionsfähigkeit und das Vertrauen in das Kreditsystem zu garantieren, hat sich die Etablierung nationaler Bankensysteme mit einer staatlichen Zentralbank an der Spitze weltweit durchgesetzt. Letztere bestimmt die Geldmenge und den Leitzins und unterhält Reserven. Unterstützt von Aufsichtsbehörden, können durch Gesetze und Regelungen die Kreditmärkte so unter staatlicher Kontrolle gehalten werden.

Die Steuerungsmöglichkeiten von Zentralbanken lösen sich aber in dem Maße auf, in dem infolge der Liberalisierung der Kreditschöpfungsprozess außerhalb des von ihnen kontrollierbaren Bereichs, nämlich auf den globalisierten Finanzmärkten stattfindet. …

Die internationalen Wertpapiermärkte

Die Bedeutung der Wertpapiermärkte für das internationale Finanzsystem ist im Vergleich zum Kredit- und Devisenmarkt unverhältnismäßig stark angestiegen. Ein Großteil der Kapitalflüsse ist auf den Handel mit und die Herausgabe von Wertpapieren zurückzuführen.

Die wichtigsten Wertpapierformen sind:

- Anleihen (Staatsanleihen, Schuldverschreibungen u.ä.)
- Aktien
- die verschiedensten Formen von Derivaten.

Händlersaal der Commerzbank AG in Frankfurt. Große Geldsummen lassen sich per Mausklick an jeden beliebigen Finanzplatz der Welt transferieren.

Devisenmärkte

Auf Devisenmärkten, die per se international sind, wird mit Währungen gehandelt. Früher galten sie als „Spiegelbild der weltwirtschaftlichen Entwicklung" – auch heute noch werden Wechselkursveränderungen häufig als Barometer für die weltwirtschaftliche Leistungsfähigkeit einer Volkswirtschaft angesehen.

Unser heutiges Weltwährungssystem zeichnet sich dadurch aus, dass die Wechselkurse zwischen den Leitwährungen (US-Dollar, Euro und Yen) frei schwanken. …

In einem flexiblen Wechselkurssystem bilden sich Preise für die einzelnen Währungen allein nach dem Gesetz von Angebot und Nachfrage an den Devisenmärkten. Durch die nationale Geld- und Zinspolitik wird nur noch indirekt Einfluss auf den Wechselkurs genommen. Erhöht beispielsweise die FED (amerikanische Notenbank), wie 1999/2000 mehrfach geschehen, den Zinssatz, wird es für Anleger interessant, Geldvermögen aus dem Euroraum in den Dollarraum zu verschieben. Die Nachfrage nach US-Dollar erhöht sich, sein Außenwert steigt. Von entscheidender Bedeutung für die Entwicklung eines Wechselkurses ist das „Vertrauen", das der Währung entgegengebracht wird. „Glauben" die Anleger an einen steigenden Kurs, werden sie die Währung kaufen, gehen sie von einem Kursverfall aus, werden sie sie verkaufen. Mittlerweile sind Währungen zu Handelsobjekten wie Waren, Aktien oder Anleihen geworden. Begünstigt durch den Abbau von Kapitalverkehrs- und Devisenkontrollen und die Entwicklung elektronischer Datenübertragung werden Wechselkurse heute in erheblichem Maße von kurzfristigen Finanzströmen bestimmt – und immer weniger von der Entwicklung der wirtschaftlichen Fundamentaldaten.

Peter Waldow, Wie funktionieren die internationalen Finanzmärkte?; in: Kairos Europa/Weltwirtschaft, Ökologie & Entwicklung (Hg.), Kapital braucht Kontrolle. Die internationalen Finanzmärkte: Funktionsweisen – Hintergründe – Alternativen, Bonn 2000, S. 16–23

M 10 Bringt China den Dollar zum Absturz?

Im Mai 2005 reiste der frühere US-Außenminister Henry Kissinger als inoffizieller Beauftragter der Bush-Regierung in die Volksrepublik China. Die Botschaft, die er dabei nach Presseberichten überbrachte, war ungewöhnlich: Die amerikanische Regierung forderte die chinesischen Machthaber auf, ihre Währung, den Renmimbi, um mindestens 10 % gegenüber dem Dollar aufzuwerten. Die Forderung wurde vor dem Hintergrund einer Welle protektionistischer Äußerungen aus dem amerikanischen Kongress ausgesprochen. Den Kongressabgeordneten war das seit Jahren steigende enorme Handelsbilanzdefzit der USA gegenüber China ein zunehmender Stein des Anstoßes. Viele durch die chinesische Konkurrenz bedrängte US-Unternehmen argumentierten, dass Peking seine Währung auf einem künstlich niedrigen Niveau gegenüber dem Dollar halte und so chinesischen Exporten unfaire Vorteile verschaffe. Auf chinesischer Seite resultierte dieser Handelsbilanzüberschuss in rasch steigenden Währungsreserven, die zumeist aus auf Dollar lautenden Schuldverschreibungen bestanden. Im Januar 2006 beliefen sich die chinesischen Reserven auf mehr als 800 Mrd. USD. China ist nicht das einzige Land, das so hohe Dollarreserven akkumuliert. Japans Reserven sind noch umfangreicher (an die 900 Mrd. USD), und selbst diejenigen Taiwans und Südkoreas belaufen sich auf mehr als 200 Mrd. USD.

Das Bedrohliche an diesen gewaltigen Summen ist die von Experten und Presse inzwischen vielfach geäußerte Befürchtung, dass diese Länder irgendwann beginnen werden, ihre Reserven zu diversifizieren, mit der Folge eines rapiden Falls im Außenwert des Dollars. Die Wirtschaftswissenschaftler Nouriel Roubini und Brad Setser argumentierten zum Beispiel, dass die fortgesetzte Akkumulation von Dollarreserven in asiatischen Zentralbanken kaum auf lange Dauer durchgehalten werden könne und ein unregulierter Anpassungsprozess zu weltweiten wirtschaftlichen Verwerfungen führen würde. Ein zentrales Element in diesem Szenario ist die Tatsache, dass die meisten dieser Reserven auf US-Schatzpapiere lauten, welche sowohl das gewaltige amerikanische Zahlungsbilanzdefizit als auch das Haushaltsdefizit finanzieren, das durch die Wirtschaftspolitik der Bush-Regierung verursacht wurde. Ein Kollaps des Dollars würde zu einem schnellen Anstieg der amerikanischen Zinsen führen; dies wiederum verteuert Kredite für die amerikanische Regierung und Konsumenten mit der möglichen Folge einer Rezession. Zudem würde die Exportindustrie in Asien und Europa, in beiden Regionen der Motor des Wirtschaftswachstums, schwer durch einen fallenden Dollar in Mitleidenschaft gezogen. Aufgrund eines möglichen Schneeballeffekts, bei dem private Akteure panikartig massive Dollarverkäufe vornehmen, sind die Konsequenzen einer derartigen Entwicklung unvorhersehbar. Deshalb und aufgrund eines schon jetzt recht hohen Kurses des Euros gegenüber dem Dollar haben sich europäische Regierungen zunehmend für eine bessere Regulierung des internationalen Währungssystems ausgesprochen, um so eventuelle Anpassungsprozesse zu steuern und die Kapitalmärkte enger zu kontrollieren. Auch Kenneth Rogoff, der frühere Chef-Ökonom des Internationalen Währungsfonds (IMF), schrieb: „If we don't see any coordinated response on this one, it won't bode well for global fnancial governance over the next decade." Einige Beobachter haben eine institutionalisierte Koordination zwischen den Vereinigten Staaten und der Eurozone gefordert. Doch weder die USA noch Großbritannien, unter den Industriestaaten die Hauptbefürworter deregulierter Kapitalmärkte, unterstützen dies. Sie argumentieren, ähnlich wie die Mehrzahl der Wirtschaftswissenschaftler, dass die Ausgleichskräfte des Marktes auf lange Sicht unhaltbare Ungleichgewichte korrigieren werden und staatliche Eingriffe kontraproduktiv wären. Zum gegenwärtigen Zeitpunkt (Oktober 2007) halten die amerikanischen Defizite und die Akkumulation von Dollars in den asiatischen Zentralbanken trotz einer geringfügigen Korrektur des Renmimbi-Kurses im Juli 2005 weiterhin an.

Hubert Zimmermann, in: Stefan Schirm (Hg.), Globalisierung. Forschungsstand und Perspektiven, Bonn 2007, S. 99 f.

M 11 Warum können amerikanische Hausbesitzer eine Weltrezession auslösen?

Die Bauzinsen steigen
Mit billigen Krediten kaufen Amerikaner ein eigenes Haus. Wertsteigerungen sind einkalkuliert. Doch dann steigen die Zinsen und die Hauspreise sinken.

→

Hausbesitzer gehen pleite
Die Zinslast wird zu hoch, vor allem für Schuldner schlechter Bonität („Subprime"). Wer nun sein Haus verkauft, hat's schwer: Das Geld reicht nicht, um den Kredit zurückzuzahlen. Pleiten sind die Folge.

→

Banken bekommen Schwierigkeiten
Viele Kredite werden nicht zurückgezahlt. Als CDOs waren sie weitergereicht worden – viele sind jetzt wertlos. Damit haben die Banken nicht gerechnet. Einige stehen kurz vor der Pleite, auch in Europa. Die Kurse von Bankaktien sinken.

↓

Die Banken misstrauen einander
Keiner weiß, welche Bank als nächstes in Schwierigkeiten gerät. Deshalb geht das Vertrauen unter den Banken verloren.

←

Die Banken horten ihr Geld
Weil die Banken einander misstrauen, geben sie sich gegenseitig kaum noch Kredite. Der Finanzkreislauf am Geldmarkt wird gestört.

←

Banken bekommen keinen Kredite mehr
Die Banken brauchen auch in guten Zeiten laufend Kredite von anderen, um den Zahlungsverkehr am Laufen zu halten. Das wird jetzt immer schwieriger.

↓

Mehr Banken haben Schwierigkeiten
Weil es keine Kredite mehr gibt, können andere Banken nicht mehr zahlen. Auch sie geraten an den Rand der Insolvenz.

→

Die Zentralbank senkt die Zinsen
Damit die Banken Kredite wieder einfacher bekommen, senkt die amerikanische Notenbank ihren Zins, zu dem die Banken sich ihr Geld leihen können.

Szenario 1

Die Menschen fassen Vertrauen
Wenn die Menschen glauben, dass die Banken ihre Schwierigkeiten jetzt los sind, wird die Lage besser. Die Banken fassen wieder Vertrauen zueinander und geben sich wieder Kredit. Die Kurse steigen.

↓

Die Stimmung wird zu gut
Jetzt droht die Gefahr, dass die Banken übermütig werden. Sie haben von der Zentralbank neues, billiges Geld – vielleicht leihen sie es wieder zu freigiebig aus.

↓

Die Krise kehrt zurück
Irgendwann werden die Zinsen wieder steigen. Wenn die Banken zu viele Kredite vergeben haben, kann die Krise von vorne losgehen.

Szenario 2

Unternehmen bekommen keinen Kredit
Wenn die Menschen nicht glauben, dass das nützt, bleibt das Misstrauen bestehen. Die Banken horten ihr Geld und leihen es auch keinen Unternehmen mehr.

↓

Die Menschen kaufen weniger ein
Die Firmen können dann weniger investieren, darum gibt es weniger Arbeitsplätze. Auch ihre Aktienkurse sinken. Beides führt dazu, dass die Menschen weniger einkaufen.

↓

Rezession
Unternehmen können ihre Produkte nur noch schwierig verkaufen. Weitere Arbeitsplätze gehen verloren. Eine Rezession beginnt.

Das Lexikon der Krise

ABS Kurzform für „Asset Backed Securities": Wertpapiere, die auf Ansprüche der Banken aus vergebenen Krediten basieren. Dadurch können Banken ihre Kredite verkaufen. In der Finanzkrise machen vor allem ↗ Commercial Papers und ↗ CDOs Schlagzeilen.

Bankpleite Die Insolvenz von Banken ist selten geworden. Der schwerste Fall in Deutschland war die Pleite der Herstatt-Bank 1974. In der jüngsten Krise waren die IKB Bank und die Sachsen LB bedroht. Kundengelder werden bei einer Insolvenz mittels der ↗ Einlagensicherung geschützt.

CDO „Collateralized Debt Obligation". Eine spezielle Form von ↗ ABS. Dabei werden viele Kredite in ein Bündel gepackt. Dieses Bündel wird in mehrere Wertpapiere mit verschiedenen Risikoklassen zerlegt: Die riskantesten Papiere leiden zuerst, wenn ein Schuldner der Ursprungskredite nicht zahlt – die sichersten erst zuletzt. Allerdings waren auch die sichersten Teile in der aktuellen Krise nicht so sicher wie gedacht.

Commercial Papers Spezielle Formen von ↗ ABS, die höchstens ein Jahr laufen. Darum müssen die Banken, die die Kredite weitergereicht haben, immer wieder neue Abnehmer für dieselben Kredite suchen. In der Kreditklemme ist das schwierig.

Conduits Spezielle Firmen, die nur einem Zweck dienen: Papiere auszugeben, die aus Krediten Wertpapiere machen, zum Beispiel ↗ ABS. Wenn die Bank dafür ein Conduit gründet, tauchen die Kredite nicht mehr in der Bilanz auf – manchmal haftet die Bank für Kreditausfälle aber trotzdem. Dadurch geriet die IKB Bank in Schwierigkeiten.

Einlagensicherung geht eine Bank im Zuge der Krise pleite, sind die Einlagen der Kunden weitgehend sicher. Sparkassen sowie Volks- und Raiffeisenbanken haften unbegrenzt, bei Privatbanken liegt die Obergrenze bei 30 Prozent des Eigenkapitals und damit mindestens in Millionenhöhe. Im Ausland und bei ausländischen Banken in Deutschland ist der Schutz geringer.

Geldmarkt Er ist ein Teil des Finanzmarktes, auf dem Banken mit Bargeld und Krediten kurzer Laufzeit handeln. Im Zuge der Finanzkrise ist der Geldmarkt zum Teil ausgetrocknet, weil die Banken sich aus Misstrauen gegenseitig kein Geld mehr leihen.

Hypothek Wer einen Kredit benötigt, kann seine Immobilie als Sicherheit verpfänden. In Amerika wurden solche Hypothekenkredite auch an Geringverdiener vergeben, die später nicht mehr zahlen konnten.

Immobilienpreise Gehen seit Mitte 2006 in Amerika zurück. Hypothekenschuldner können nicht mehr ihr Haus verkaufen, um eine vorher aufgenommene Hypothek abzulösen. Wenn die Schuldner sonst kein Vermögen haben, werden die mit Hypotheken unterlegten Wertpapiere (↗ ABS) wertlos.

Northern Rock Fünftgrößte britische Hypothekenbank, die durch die Krise am ↗ Geldmarkt ins Trudeln geraten ist. Weil Banken sich derzeit nur zögerlich Geld leihen, konnte Northern Rock nicht genug Kapital auftreiben, um fällige Kredite zu bedienen. Die britische Zentralbank musste einspringen und eine Notfallkreditlinie gewähren. Britische Sparer stürmten die Bank, um ihre Konten aufzulösen.

Subprime Heißt übersetzt so viel wie „zweitklassig". Gemeint sind amerikanische Hausbesitzer, die in so schlechter finanzieller Verfassung sind, dass sie ihnen gewährte ↗ Hypotheken in vielen Fällen nicht zurückzahlen können. Amerikanische Banken haben in den vergangenen Jahren im Subprime-Segment massenhaft Kredite verkauft. Jetzt sind viele Kredite faul – und die Banken haben Probleme.

benn./bern./dys., Frankfurter Allgemeine Sonntagszeitung, 23.9.2007

M 12 Kapitalismus global – zocken wie im Kasino?

Derivate haben sich seit Beginn dieses Jahrzehnts schneller entwickelt als alle anderen Finanzinstrumente. Ende 2005 war der Wert der Wertpapiere, die vom börsenbetriebenen Derivathandel betroffen sind (underlyings), 25mal größer als Anfang der 1990er Jahre. Er lag mit 58 Billionen US-Dollar über dem Bestandswert aller Aktien der Welt (45 Billionen US-Dollar). Der entsprechende Wert der außerbörslich gehandelten OTC-Derivate („over the counter") war mit 285 Billionen US-Dollar allerdings noch fünfmal größer. Ein kleiner Teil der Derivate (ca. 1 Billion US-Dollar) wird von den rund 1.200 Hedgefonds verwaltet. Hedgefonds gelten als besonders riskant, weil sie wenig reguliert und noch weniger transparent sind.

Der Börsenhandel mit Derivaten, gemessen an den Werten der jeweiligen Wertpapiere (underlyings), hatte 2005 einen Umfang von 1.400 Billionen US-Dollar. Das macht pro Handelstag 5,6 Billionen US-Dollar, dreimal mehr als in 2004. Überwiegend (2005: zu 90 Prozent) handelt es sich dabei um Zinsinstrumente, mit denen sich Finanzanleger gegen die Risiken von Zinsänderungen absichern wollen. …

Auf der anderen Seite dürften auch die Spekulationen im Zuge des neuen Aufschwungs eine größere Rolle spielen. Ein aktuelles Beispiel ist das des Hedgefonds Amaranth, der mithilfe von Derivaten auf steigende Gaspreise spekuliert hatte und Kontrakte in Milliardenhöhe zum Kauf von Gas auf Termin zu einem festen Preis eingegangen war. Wenn die Preise erwartungsgemäß gestiegen wären, hätte er zum Termin das Gas zum vereinbarten Preis kaufen und sofort wieder teurer verkaufen können und einen Gewinn in Höhe der Differenz zwischen vereinbarten Einkaufspreis und höherem Marktpreis gemacht. Da die Gaspreise stattdessen fielen, musste Amaranth Gas zu überhöhten Preisen kaufen und machte innerhalb einer einzigen Woche einen Verlust in Höhe von über fünf Milliarden US-Dollar. …

Obwohl eine präzise Abgrenzung der Derivate voneinander nicht (mehr) möglich ist, weil es zu viele Mischformen gibt, können drei große Gruppen unterschieden werden: Bei den sogenannten Swapgeschäften tauschen Handelspartner Schuldpapiere mit unterschiedlichen Zinsen, Währungen und Laufzeiten. Der Sinn von Swapgeschäften liegt in der Senkung von Finanzierungskosten. Als Futures werden Finanztermingeschäfte bezeichnet, die einen Handel zu einem festgelegten Zeitpunkt und Preis zwingend festlegen und ursprünglich zur Preissicherung dienten. Die dritte Gruppe umfasst die sogenannten Optionen, die sich von den Futures nur insoweit unterscheiden, als dass der vereinbarte Handel stattfinden kann, aber nicht muss. Futures und Optionsgeschäfte beziehen sich in der Regel auf Zinsen und Währungen, in ihrer Weiterentwicklung aber auch auf Aktienindizes und viele andere Vermögenswerte.

Bundeszentrale für Politische Bildung, Zahlen und Fakten: Globalisierung, Bonn 2006

Info

Wie funktioniert ein Futures-Kontrakt?

Der aktuelle Wert eines Aktienportfolios betrage 100.000 €. Der Besitzer erwartet fallende Aktienkurse und erwirbt einen Futures-Kontrakt für 1.000 €, der ihn verpflichtet, das Portfolio in drei Monaten zum Preis von 100.000 € zu verkaufen. Der Verkäufer des Futures-Kontraktes muss das Portfolio übernehmen.

Fall A. Nach drei Monaten beträgt der Wert des Portfolios 110.000 €. Folge: Der Vermögensbesitzer realisiert einen Verlust in Höhe von 1.000 € (Preis des Futures-Kontraktes). Darüber hinaus entgeht ihm ein Kursgewinn von 10.000 €. Von der Wertsteigerung des Portfolios profitiert also nicht er, sondern der Verkäufer des Futures-Kontraktes. Dieser erzielt einen Gewinn von 11.000 € (Preis des Futures-Kontraktes plus Wertsteigerung des Portfolios).

Fall B. Nach drei Monaten beträgt der Wert des Portfolios 95.000 €. Folge: Der Vermögensbesitzer realisiert einen Verlust von 1.000 € (Preis des Future Kontraktes). Das Wertminderungsrisiko hat er auf den Verkäufer des Futures-Kontraktes übertragen. Dieser verliert 4.000 € (Wertverlust des Portfolios, gemindert um den Preis des Futures-Kontraktes).

Michael Bauer u.a., Wirtschaft heute, Bonn 2006, S. 295

Was sind Hedgefonds?

M 13

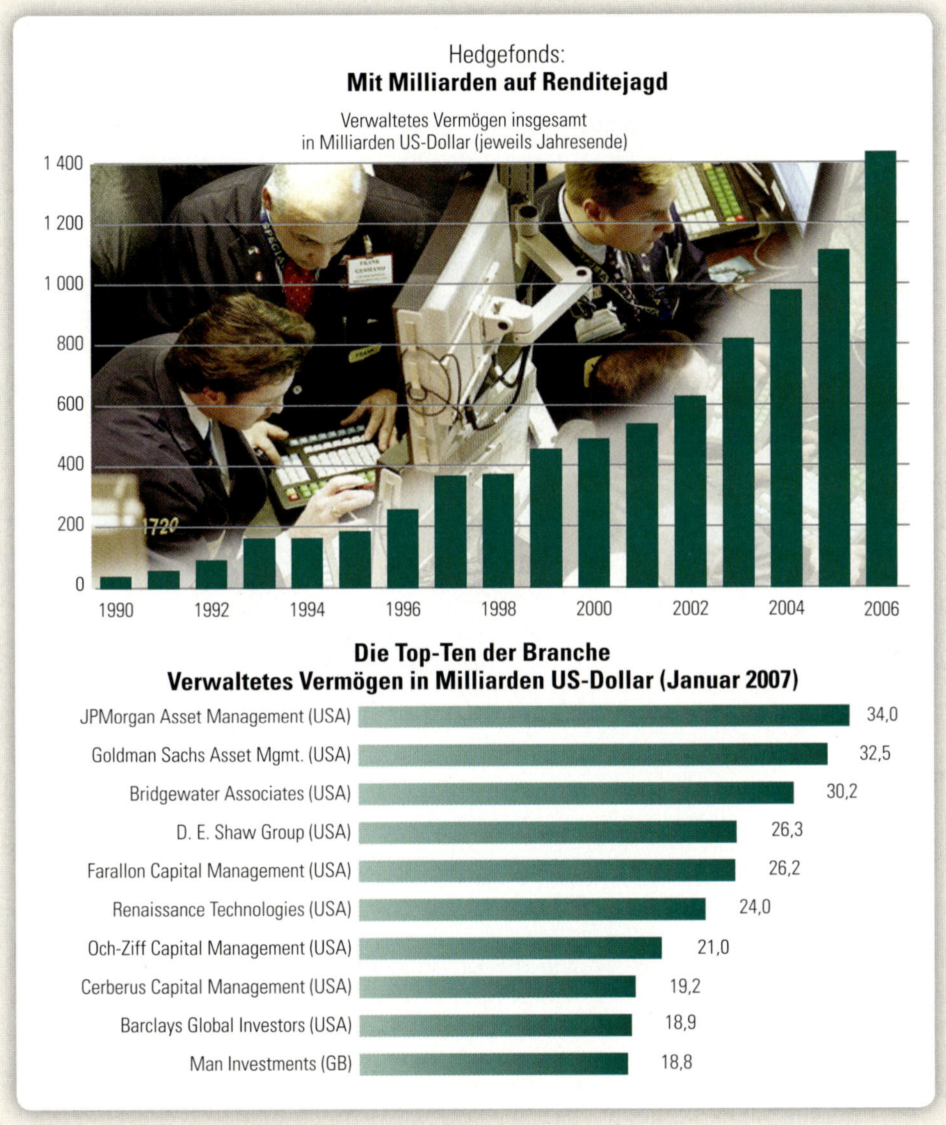

Sie gelten als Finanzhaie des Turbokapitalismus und genießen bei Konzernvorständen und Belegschaften einen zweifelhaften Ruf. Seit einigen Jahren sind diese Finanzinvestoren in aller Munde, da sie inzwischen gewaltige Summen bewegen. Auf ein geschätztes verwaltetes Vermögen in Höhe von rund 1,5 Billionen US-Dollar bringen es die weltweit etwa 7.000 Hedgefonds mittlerweile. Sie werben bei institutionellen Anlegern wie Pensionsfonds, Versicherern, Stiftungen, aber auch vermögenden Privatanlegern Mittel ein, die sie dann in der Regel spekulativ investieren. Gefahr droht vor allem bei Schieflagen eines dieser milliardenschweren Fonds, was im internationalen Finanzsystem schnell zu Kettenreaktionen führen kann. Im Gegensatz zu Private-Equity-Fonds haben Hedgefonds häufig einen kurzfristigen Anlagehorizont, und die Investments fließen in alle nur denkbaren Anlageformen, wobei sowohl auf steigende wie fallende Kurse und Märkte spekuliert wird.

Globus-Grafik 1352, Quelle: Hedge Fund Research/Hedge Fund Intelligence

M 14 Institutionen zur Kontrolle der internationalen Finanzmärkte

a) Der Internationale Währungsfonds – IWF

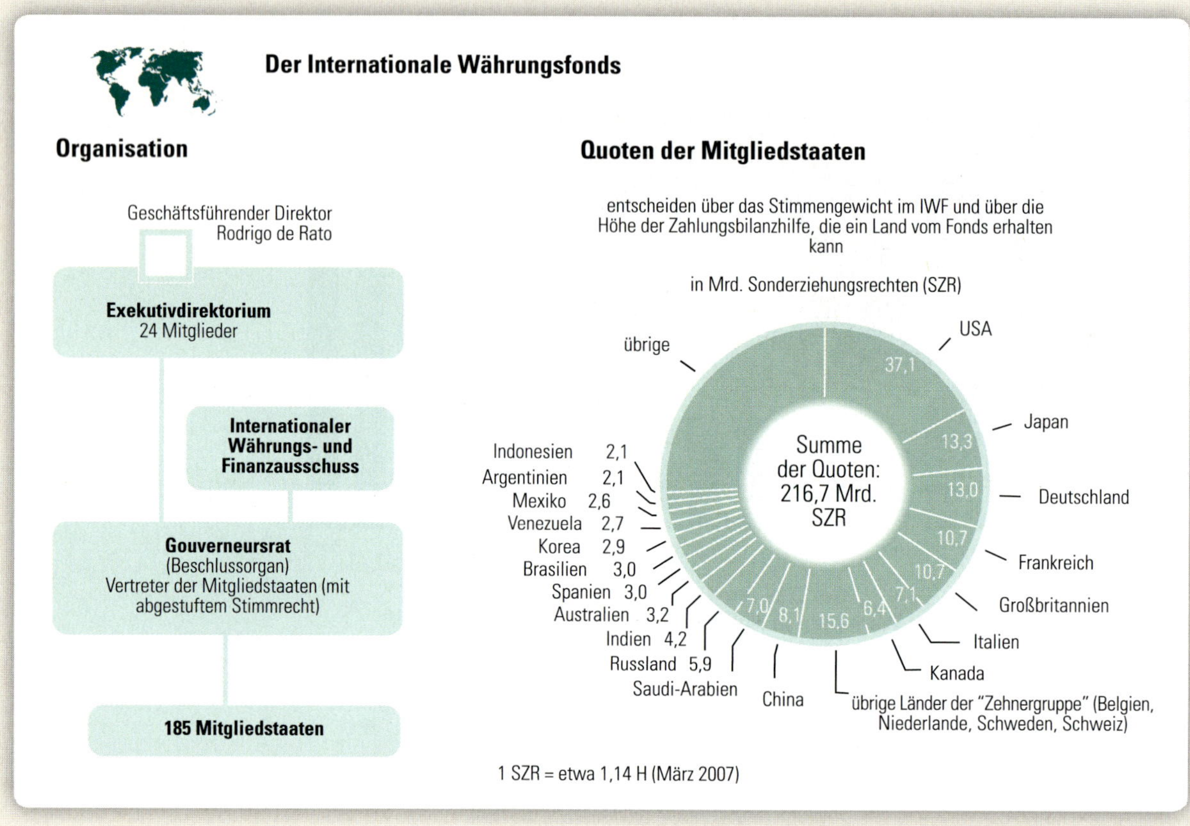

Erich Schmidt Verlag, Zahlenbilder 625 110

Die wichtigsten Ziele des IWF (International Monetary Fund, IMF) sind die Förderung der internationalen Zusammenarbeit auf dem Gebiet der Währungspolitik, die Förderung des Welthandels und die Vergabe von Mitteln des Fonds an Mitgliedsländer zur Hilfe bei Zahlungsbilanzproblemen.

Der IWF wurde auf der Basis des Abkommens von Bretton Woods am 27.12.1945 mit Sitz in Washington gegründet. Er wird von 184 Mitgliedsländern getragen, die je einen Vertreter im obersten Gremium, dem Gouverneursrat (Board of Governors), haben. Jedes Mitgliedsland muss Zahlungen an den Fonds gemäß seiner festgesetzten Quote leisten. In deren Berechnung fließen vor allem das Bruttoinlandsprodukt, die Leistungsbilanz und die Währungsreserven eines Landes ein. Nach der Höhe der Quote richten sich die Stimmrechte sowie die Kreditfazilitäten, d.h. die Höhe der möglichen Inanspruchnahme der finanziellen Mittel.

Jedes Mitgliedsland kann bei Zahlungsbilanzproblemen, also zur Erhöhung seiner Devisenreserven in Krisensituationen, unterschiedliche Kreditfazilitäten in Anspruch nehmen. Die Mittel des Allgemeinen Kontos dienen allen Mitgliedern zur Aufnahme von Devisenkrediten. Die Kredite sind insgesamt auf die Höhe der Quote beschränkt und spätestens nach drei bis fünf Jahren zurückzuzahlen. Bei längerfristigen, tiefgreifenden außen- und binnenwirtschaftlichen Strukturproblemen kann auch auf die Mittel des Kontos für Sonderverwendungen sowie der Erweiterten Strukturanpassungsfazilität zurückgegriffen werden. Diese Kredite sind stark subventioniert und müssen erst nach spätestens sieben bis zehn Jahren getilgt werden. Die IWF-Kredite sind aber mit wirtschafts-

politischen Auflagen (z.B. Kürzung von Staatsausgaben, Antiinflationspolitik) für die Empfänger verbunden, die vor allem die Liberalisierung der einheimischen Wirtschaft betreffen.
Die Kreditvergabe an Länder, die sich in aktuellen Finanzkrisen befinden, ist zunehmend starker Kritik ausgesetzt. Während die eine Seite meint, dass die Kredite zu gering seien und zu spät gewährt würden, möchte die andere Seite die Kreditvergabe deutlich einschränken. Ein wichtiges Argument ist dabei, dass die IWF-Kredite eine Art kostenloser Versicherung für Banken und andere Investoren darstellen, die diese erst zu riskanten Anlageentscheidungen veranlassen. Die Kredite führen zuweilen dazu, dass die Gewinne den Investoren zufließen, während die Steuerzahler die Verluste tragen.

Erich Schmidt Verlag, Zahlenbilder 625 112

Das Währungssystem von Bretton Woods

Info

Der IWF wachte bis zu dessen Zusammenbruch über das Währungssystem von Bretton Woods. Auf der internationalen Währungs- und Finanzkonferenz der UNO, die 1944 in Bretton Woods (New Hampshire, USA) stattfand, wurden neben der Errichtung des IWF und der Weltbank auch feste Wechselkurse zwischen den Teilnehmerstaaten beschlossen. Das Wechselkursabkommen legte fest, dass jedes IWF-Mitglied seine Währung fest an Gold oder an den US-Dollar binden musste. Dieser war selbst mit einem Kurs von 35 US-Dollar pro Unze zum Gold fixiert, und es bestand prinzipielle Einlösepflicht des US-Dollar in Gold (Golddevisenstandard). Das Ende des Wechselkurssystems begann 1971, als Präsident Nixon wegen steigender Leistungsbilanzdefizite der USA den US-Dollar gegenüber den wichtigsten Handelspartnern drastisch abwertete. Anfang 1973 brach das System auseinander und die Wechselkurse zum Dollar wurden freigegeben.

Autorentext

b) Die Gruppe der Acht (G8)

G8-Gipfel in Heiligendamm, Gruppen-Foto vom 7.6.2007

Der erste Weltwirtschaftsgipfel, das Treffen der Staats- und Regierungschefs der führenden Industrienationen, fand 1975 als G6 auf französische Initiative in Rambouillet statt.
Zunächst beschränkte man sich auf die Koordinierung der nationalen Wirtschaftspolitiken der Mitgliedstaaten. Mittlerweile dient die G7/G8 als wichtiges Forum für regelmäßige Konsultationen nicht nur über Fragen der Weltwirtschaft, sondern auch der internationalen Politik. Die G7/G8 erörtert u.a. den Kampf gegen die Armut in den Entwicklungsländern, die Arbeitslosigkeit, den Kampf gegen Kriminalität, den Terrorismus und die Weiterverbreitung von Massenvernichtungswaffen.
Mitglieder sind die sieben führenden Wirtschaftsnationen (G7) Deutschland, Frankreich, Großbritannien, Italien, Japan, die USA und Kanada (seit 1976) sowie Russland (seit 1994); seit 1998 formell als G8. Seit 1977 nimmt zudem die Europäische Gemeinschaft (seit 1993 EU) an den Treffen teil. Sie wird durch die Europäische Kommission und das Land, das die EU-Präsidentschaft innehat, vertreten.
Es gibt keine feste Organisationsstruktur. Die G7/G8 treffen sich regelmäßig zu informellen Ministertreffen sowie auf der Ebene der Staats- und Regierungschefs. Den Vorsitz übernehmen die Mitglieder im Wechsel für jeweils ein Jahr.

nach: Der Fischer Weltalmanach, Frankfurt am Main 2007

c) Das Financial Stability Forum

Das Forum für Finanzstabilität (Financial Stability Forum) wurde 1999 auf Initiative der G7 gegründet, um die Stabilität des internationalen Finanzsystems zu stärken, die Funktionsfähigkeit der Märkte zu verbessern und Systemrisiken zu vermindern. Dem Forum gehören hochrangige Vertreter der Finanzministerien, Zentralbanken und Aufsichtsbehörden der G7-Länder und fünf weiterer bedeutender internationaler Finanzplätze sowie Repräsentanten wichtiger internationaler Institutionen und Gremien an, die sich mit Fragen der Finanzstabilität befassen.
Deutschland ist in dem Forum durch den für Finanzmarktpolitik zuständigen Staatssekretär im Bundesministerium der Finanzen, den Vizepräsidenten der Deutschen Bundesbank und den Präsidenten der Bundesanstalt für Finanzdienstleistungsaufsicht vertreten.

Zu den Aufgaben des Forums gehört es

- regelmäßig die Lage an den internationalen Finanzmärkten zu analysieren, um ggf. Schwachstellen frühzeitig zu identifizieren,
- Vorschläge zu ihrer Beseitigung zu erarbeiten und ihre Umsetzung zu verfolgen
- sowie die Koordination und den Informationsaustausch der verschiedenen Behörden, Institutionen und Gremien zu verbessern, die für Fragen der Finanzstabilität zuständig sind.

Das Forum tagt zweimal jährlich. Vertreten sind die wichtigsten Industriestaaten und internationale Institutionen und Gremien wie z.B. die Bank für internationalen Zahlungsausgleich (BIZ), die EZB, der IWF oder Organisation für wirtschaftliche Zusammenarbeit und Entwicklung (OECD).

nach: Bundesministerium der Finanzen, 2.3.2007

M 15 Der IWF im Wandel

Der Internationale Währungsfonds hatte bislang für die Regulierung der internationalen Währungs- und Finanzbeziehungen eine zentrale Funktion. Dabei ist der IWF nur schwach demokratisch legitimiert. Im Fonds bestimmen die großen Anteilseigner, vor allem die USA, die Politik. Im IWF ist ein Nord-Süd-Konflikt klar erkennbar: Seit den 1970er Jahren hat kein OECD-Land den Fonds in Anspruch nehmen müssen, sieht man von den Neumitgliedern Mexiko (1994/95) und Südkorea (1997) einmal ab. Mit anderen Worten: Die Industrieländer bestimmen die Politik des Fonds, deren Auswirkungen nahezu ausschließlich Entwicklungs- und Schwellenländer zu spüren bekommen.
In den 1990er Jahren wurden vor allem zwei Funktionen des IWF wahrgenommen: erstens das Management von Währungs- und Finanzkrisen und zweitens die Krisenprävention. Bei beiden Aufgaben hat der IWF erkennbar versagt. Insbesondere die Krise in Ostasien im Jahr 1997 und der Zusammenbruch des lange vom Fonds geförderten argentinischen Wechselkursmodells haben den IWF in Verruf gebracht.
Mit dem Bedeutungsverlust des IWF sinken auch die Chancen für eine Reform der internationalen Finanzarchitektur. Multilaterale Zusammenarbeit in der Finanzpolitik verliert gegenüber nationalen und regionalen Ansätzen an Bedeutung. Das Vertrauen auf den Nutzen multilateraler Kooperation sinkt – und damit schwinden die Chancen, in einer zunehmend globalisierten Welt auch weltweit gültige Regulierungen zu finden. Dies wäre unwichtig, wenn sich die internationalen Finanzmärkte als stabil und in einer Krise selbst regulierend gezeigt hätten. Weder das eine noch das andere trifft indessen zu. Heute haben sich – in Form der extremen Ungleichgewichte der US-amerikanischen Volkswirtschaft – enorme Risiken für die Stabilität der internationalen Finanzmärkte aufgebaut. Zugleich verliert die Institution, die effizientes Krisenmanagement betreiben könnte, immer mehr an Bedeutung, da auch die vorsichtigen Reformen, die auf der Frühjahrstagung des IWF 2006 eingeleitet wurden, vielen Beobachtern noch als zu zögerlich erscheinen. Der IWF hat nun zwar ein Mandat für die Begutachtung der wirtschaftlichen Entwicklung seiner Mitgliedsländer, aber es fehlen Sanktionsmöglichkeiten. Der Fonds kann also den hohen Kapitalbedarf der USA kritisieren – was er auch getan hat –, aber es fehlen ihm Instrumente zur Durchsetzung seiner Forderungen. Es ist zu befürchten, dass erst eine größere Finanzkrise im Zentrum der Weltwirtschaft die Bereitschaft zu multilateraler Kooperation wachsen lassen wird.
Die Schaffung effizienter, demokratisch legitimierter Institutionen zur Regulierung der Finanz-

märkte ist allerdings auch eine Herkulesaufgabe. Zu bedenken ist, dass die heutige Form einer nur schwach ausgeprägten Regulierung von einflussreichen Akteuren als nützlich betrachtet wird. Eine stärker regulierte Ordnung, geprägt etwa von einer Rückkehr zu einem Regime fester Wechselkurse, würde bedeuten, dass diejenigen, die von starken Kursschwankungen profitieren, wirtschaftliche Nachteile in Kauf nehmen müssten. Zudem würde eine starke Institution mit Sanktionsmöglichkeiten – entweder der IWF oder eine andere Organisation – in erheblichem Maß die Souveränität von Nationalstaaten einschränken. Gegenwärtig ist sowohl in Entwicklungs- als auch in OECD-Ländern diese Bereitschaft zur Unterordnung unter ein neues multilaterales Regime nicht zu erkennen.

Tobias Debiel u.a., Globale Trends 2007, Bonn 2006, S. 299 - 304

Die Rolle der Weltbank

M 16

Die Weltbank

- gegründet 1944
- 184 Mitgliedsländer

Wohin gehen die Kredite?
2001 insgesammt 17,3 Milliarden Dollar

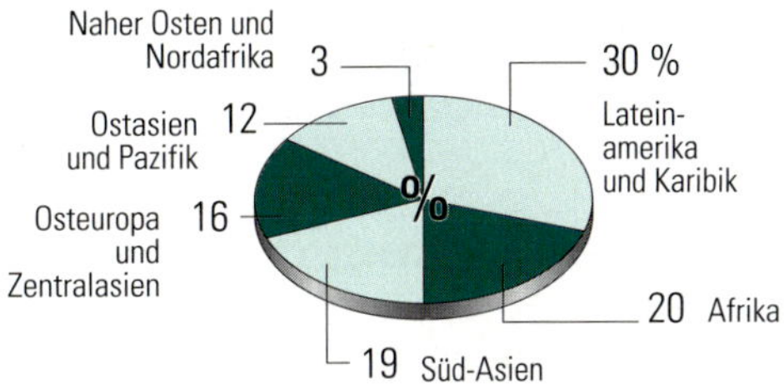

- 2 Unterorganisationen:

IBRD
The International Bank for Reconstruction & Developement
Bank für Wiederaufbau und Entwicklung

- günstige Kredite für Schwellen- und Entwicklungsländer
- vergibt drei Viertel der Kredite

IDA
The International Developement Association
Internationale Entwicklungsgesellschaft

- zinsfreie Kredite für die ärmsten Entwicklungsländer
- vergibt ein Viertel der Kredite

Wofür?

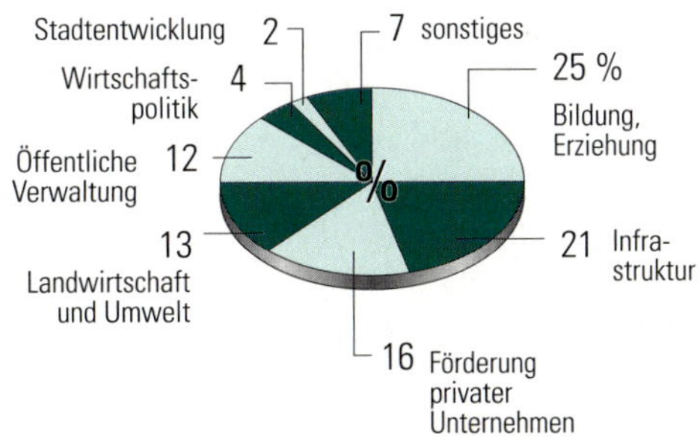

dpa-Grafik 6161

Die Weltbankgruppe umfasst fünf in Washington ansässige Institutionen. Die Internationale Bank für Wiederaufbau und Entwicklung (International Bank for Reconstruction and Development), meist Weltbank genannt, wurde wie der Internationale Währungsfonds im Abkommen von Bretton Woods konstituiert. Ihre Arbeit nahm die Weltbank 1946 mit dem Ziel auf, den Aufbau Europas nach dem Zweiten Weltkrieg zu fördern. Doch schon seit Anfang der 1950-er Jahre ist die Unterstützung von Entwicklungsländern zu ihrer eigentlichen zentralen Aufgabe geworden. Derzeit sind 184 Länder Mitglied bei der Weltbank. Die Weltbank vergibt vor allem langfristige Darlehen mit einer Laufzeit von 15 bis 20 Jahren an Regierungen. Die Gelder müssen für Projekte verwendet werden, die die wirtschaftliche Entwicklung des Empfängerlandes verbessern. Der Kreditzins richtet sich nach dem jeweiligen aktuellen Kapitalmarktzins. Der Vorteil für die Empfängerländer besteht darin, dass die Weltbank das benötigte Geld auf den Kapitalmärkten aufnimmt und hier die höchste Kreditwürdigkeit (Bonität) besitzt. So sind die Kredite in Höhe des sonst üblichen Risikozuschlags für die geringere Bonität des Empfängerlandes subventioniert. Die Weltbank berät Entwicklungsländer auch in wirtschaftlichen, technischen und organisatorischen Fragen.

Die 1956 gegründete Internationale Finanz-Corporation (IFC) unterstützt zusammen mit privaten Kapitalgebern die Finanzierung, die technische Seite und das Management von Entwicklungsinvestitionen. Kredite werden nur an private Unternehmen vergeben.

Die dritte Institution hingegen, die 1960 gegründete Internationale Entwicklungsorganisation (IDA), unterstützt besonders arme Entwicklungsländer. Die Laufzeit der zinslosen Kredite beträgt 35 – 50 Jahre.

Die vierte Institution der Weltbankgruppe ist die Multilaterale Investitions-Garantie-Agentur (MIGA). Sie wurde 1988 gegründet, um die ausländischen Direktinvestitionen in Entwicklungsländern zu erhöhen. Sie übernimmt Garantien gegen nichtkommerzielle Risiken wie beispielsweise Transferbeschränkungen und Enteignungen und vermindert damit das politische Ausfallrisiko der privaten Direktinvestitionen. Das International Centre for Settlement of Investment Disputes (ICSID) schließlich wurde 1966 gegründet und ist für die Schlichtung von internationalen Streitfällen zwischen Regierungen und ausländischen Investoren zuständig.

Michael Bauer u.a., Wirtschaft heute, Bonn 2006, S. 266

M 17 Kontrovers diskutiert: The Tobin-Tax – a Means to More Financial Stability?

James Tobin, a Nobel Prize winner for economics, first presented his plan for a tax on currency transactions in 1978. His plan was to slightly increase the cost of trading in currencies, by introducing a currency transactions tax (proposals range from 0.003% to 0.5%). The tax was intended to discourage the speculations that are blamed for large exchange rate fluctuations and serious damage to economies.

Pros	Cons
A Tobin tax would reduce speculative trading and facilitate real trade and investment. More than 1.8 trillion dollars changes hands every day on global foreign exchange markets. More than 80% of this trading is buying and selling money for profit's sake. A minimal tax would not hold back productive business transactions for trade and investment, but speculative transactions would be hit harder because the greater the frequency of transactions, the higher the tax charge.	There is little evidence that such taxes reduce market instability and they will certainly not stop speculative attacks. However, even a small tax on each transaction could be sufficient to reduce liquidity in financial markets and do exactly the opposite – lead to an increase in instability. Because the tax can't distinguish between speculative activities and dealings to finance trade, all market participants would be subject to the tax.
The revenue generating potential of a tax is tremendous. It has been estimated that a tax of 0.1% could raise \$50 – \$300 billion a year. Even if we take the smaller amount, this would match existing levels of official aid. The UN and World Bank estimated in 1997 that the cost of wiping out the worst forms of poverty and providing basic environmental protection would be about \$225 billion per year. For comparison, the total annual UN budget is about \$10 billion.	All these sums of money do seem a tempting solution but what they actually cause is an effect of „moral hazard". Countries that would receive huge amounts of financial aid would get used to international institutions solving their problems and would not learn to build efficient economies. That is of course if we presume that rich countries (they would collect most of the tax) would be willing to allocate all this money to international institutions.

Pros	Cons
There are several studies that address administrative problems and find adequate answers to administrative problems. A recent policy paper on the Tobin Tax, published with the support of the German Development Ministry concludes that the tax is technically feasible.	Huge administrative problems exist in implementing the tax. Should this tax be collected by central banks, the UN itself, the IMF or even quotation agencies? The proper use of the tax would require a level of co-operation between monetary and fiscal authorities that does not exist in reality.
If international development organisations had their own source of money, they would be less dependent on the good will of industrialised nations and less influenced by the day-to-day politics of major powers and their selfish calculations. That would provide a more long term approach and help to focus on the real problems.	The reality is that countries don't want more independent international organisations. The idea that revenues could fund the United Nations, for instance, has received an icy reception from the US. Sheer self-interest apart, there is an issue of democratic accountability at stake here, as independent international organisations are not subject to the same democratic control and scrutiny as most of the governments which would lose influence as a result of this proposal.
Presently 84% of all foreign exchange transactions occur in just nine countries. A tax introduced in these nine would initially provide a workable regime that could be gradually expanded further.	The tax would need to be introduced globally and at the same rate, or transactions would move offshore to tax-free or lower tax jurisdictions. Unless a world-wide uniform tax is imposed on all instruments for transacting in foreign currency, the tax will be largely ineffective.

Mateja Peter, 9.8.2004 (http://www.debatabase. org/details.asp?topicID=289#sites, 25.2.2005)

Aufgaben

1. Wo erkennen Sie in den Schlagzeilen Gefahren für die Stabilität der Weltwirtschaft (M 8)?
2. Erläutern Sie den Begriff „internationale Finanzmärkte" (M 10).
3. Erarbeiten Sie in arbeitsteiliger Gruppenarbeit jeweils eines der in M 10, M 11, M 12/M 13 aufgezeigten Risiken der internationalen Finanzmärkte und erläutern Sie die Wirkungszusammenhänge in einem Kurzvortrag.
4. Stellen Sie dar, welche Rolle der IWF und andere Institutionen bei der Stabilisierung der globalen Finanzmärkte spielen (M 14).
5. Erläutern Sie, inwiefern der IWF von einem Bedeutungsverlust bedroht ist (M 15).
6. Stellen Sie Aufbau, Ziele und Funktionsweise der Weltbank dar (M 16).
7. Diskutieren Sie, ob die Einführung der Tobin-Steuer zur Stabilisierung der Finanzmärkte sinnvoll ist (M 17, in Kooperation mit dem Englisch-Kurs).

Wissen kompakt

Finanzmärkte
M 9

Die internationalen Finanzmärkte (Kreditmärkte, Wertpapiermärkte und Devisenmärkte) entwickelten sich mit der Liberalisierung seit den 70er Jahren enorm. Täglich werden heute an den internationalen Devisenmärkten über 1,2 Bio. US-Dollar umgesetzt. Mehrere Ursachen haben zu dieser Entwicklung beigetragen: Dazu gehören die wachsende Mobilität internationaler Anlagen durch neue Kommunikationstechniken und sinkende Transaktionskosten, das starke Wachstum privater Vermögen in den Industrieländern, die Integration von Transformations- und Schwellenländern in die Weltwirtschaft, das Entstehen neuer Akteure – insbesondere großer Investmentfondsgesellschaften – und neuartiger Finanzinstrumente.

Gefahren
M 10 – M 13

Diese Faktoren führen generell dazu, dass die Finanzmärkte schwankungsanfälliger geworden sind. Erwartungsänderungen ziehen scharfe Korrekturen von Devisen- oder Aktienkursen nach sich. Die Anlässe für solche Korrekturen stehen oft in keinem angemessenen Verhältnis zu den Kursänderungen. Einer der größten Unsicherheitsfaktoren für die Weltwirtschaft geht allerdings von der immensen privaten und öffentlichen Verschuldung der USA aus. Um den enormen Kapitalbedarf zu decken, sind die USA auf einen permanenten Zufluss von ausländischem Kapital angewiesen. Reißt dieser Zustrom ab, drohen erhebliche Verwerfungen in der Weltwirtschaft. Ein weiteres Risiko besteht im Wachstum der Hedgefonds. Diese Investmentgesellschaften sind kaum kontrolliert und setzen große Mengen von Kapital ein. Hedgefonds wetten auf steigende und fallende Kurse von Aktien, Rohstoffen oder Anleihen. Dazu sammeln Sie Geld von privaten und institutionellen Anlegern ein und ergänzen dieses oft noch um Kredite. Geraten diese Fonds in eine Schieflage, so können sie die Kreditgeber – meist Investmentbanken – mitziehen und eine globale Krise verursachen.

Internationale Finanzordnung
M 14 – M 16

Bislang gibt es keine mit der WTO vergleichbare Organisation, die die Finanzmärkte global reguliert und kontrolliert. Neben dem IWF existiert heute ein Netzwerk internationaler Zusammenarbeit, das für die Stabilität der Finanzmärkte sorgen soll. Auf den G8-Gipfeltreffen wird im kleinen Kreis über Finanz-, Währungs- und andere Fragen der internationalen Zusammenarbeit diskutiert. Seit 1999 existiert auch das Forum für Finanzstabilität (Financial Stability Forum). Dem Forum gehören die Finanzminister der wichtigsten Wirtschaftsnationen und Vertreter wichtiger internationaler Gremien an. Es soll die Stabilität des internationalen Finanzsystems stärken, die Funktionsfähigkeit der Märkte verbessern und Systemrisiken vermindern.

Der IWF

Der IWF, der einer Kreditgenossenschaft ähnelt, hat die Aufgabe, für eine stabile Weltwährungsordnung zu sorgen. Dies bewerkstelligt er heute vor allem durch die Bereitstellung von Krediten für in Finanznot geratene Länder. Die Arbeit des IWF ist umstritten. Er wird von den Kritikern als verlängerter Arm der großen Industrieländer gesehen, welche die schwachen Staaten dominieren und häufig durch strenge Auflagen die Not der betroffenen Staaten noch vergrößern. Die Stimmen im IWF sind gewichtet gemäß den Einlagen der Mitgliedsländer, die sich an der Wirtschaftsstärke der Länder orientieren.

Die Weltbank

Die Weltbank konzentriert sich stärker auf Aufgaben der Entwicklungspolitik. Durch finanzielle Hife, durch Beratung, technische Hilfe und die Vergabe von Krediten soll die wirtschaftliche Entwicklung der ärmeren Länder gefördert werden.

Spekulationssteuer
M 17

Um die destabilisierenden Finanzspekulationen zu unterbinden, wird die Einführung einer Devisentransaktionssteuer gefordert. Die Einnahmen aus der Steuer (Tobinsteuer) sollen armen Ländern direkt zugute kommen. Damit könnte die Arbeit der Weltbank, die vor allem Entwicklungsprojekte finanziert, unterstützt werden. Wirkung und Realisierbarkeit der Tobin-Steuer werden allerdings unterschiedlich beurteilt.

12.3 Global Economic Governance

Sprechen wir über Naturgesetze ...

M 18

Plaßmann/CCC, www.c5.net

Global Governance als Lösungsmodell?

M 19

Da [ein] hoher Regelungsbedarf für grenzüberschreitende Probleme gesehen wird, wird nach alternativen Steuerungsmodellen in der globalisierten Welt gesucht. Der Versuch zur Bewältigung der globalen Herausforderungen wird unter dem Schlagwort Global Governance diskutiert. Grunderkenntnis ist dabei, dass sich bei Globalisierung der Probleme auch „die" Politik globalisieren muss. Dies bezieht sich nicht nur auf die Zusammenarbeit zwischen den Staaten, um etwa weltweite Steuersenkungswettläufe, Lohn-, Sozial-, Subventions- und Umweltdumping zu verhindern, sondern auch auf die Entwicklung eines neuen Politikmodells, bei dem staatliche und nichtstaatliche Akteure auf verschiedenen Ebenen zusammenarbeiten. Somit meint Global Governance (der Begriff grenzt sich bewusst von der Vorstellung eines Global Government – also einer Art „Weltregierung" – ab und ist am besten mit „Weltordnungspolitik" zu übersetzen)

- erstens die Neudefinition staatlicher Souveränität,
- zweitens die Verdichtung und Verrechtlichung der internationalen Beziehungen,
- drittens die Erweiterung des Kreises der Akteure über die Staaten hinaus und
- viertens ein neues Verständnis für Außenpolitik, bei dem ein normatives, am „Weltgemeinwohl" orientiertes Verständnis vorherrscht und das gemeinsame Überlebensinteresse der gesamten Menschheit in den Vordergrund rückt.

Für eine Global Governance-Architektur werden fünf Säulen als maßgeblich angesehen:

- eine Welthandelsordnung,
- eine internationale Wettbewerbsordnung,
- eine Weltwährungs- und Finanzordnung,
- eine Weltsozialordnung und
- eine Weltökologieordnung.

Im Mittelpunkt globaler Strategiekonzepte stehen das System der Vereinten Nationen sowie internationale Regime[1] ... , aber auch regionale Zusammenschlüsse wie etwa die Europäische Union, die als regionale Kerne einer solchen Entwicklung wirken können. Der Nationalstaat bleibt weiterhin zuständig für den innergesellschaftlichen Interessenausgleich, die Koordination verschiedener Akteursgruppen, für autoritative Entscheidungen und für die Umsetzung der auf internationaler Ebene getroffenen Entscheidungen. Er bekommt somit eine Scharnierfunktion zwischen den Handlungsebenen der „Staaten"-, „Wirtschafts"- und „Gesellschaftswelt". Allerdings leiden diese Modelle an der zentralen Frage der Umsetzbarkeit. Wie soll bei heterogener Interessenstruktur in einem System sich überlappender und durchdringender, geteilter Souveränitäten eine freiwillige Selbstkoordination funktionieren?

Johannes Varwick, Globalisierung, in: Wichard Woyke (Hg.), Handwörterbuch Internationale Politik, 8. Aufl., Opladen 2000, S. 145 f.

[1] *Internationale Regime: Sammelbezeichnung für multilaterale, (relativ) dauerhafte Verhandlungssysteme, die auf gemeinsamen Regeln, Normen und Prinzipien beruhen.*

M 20 Regieren in internationalen Institutionen

Die Transnationalisierung von Problemlagen stellt eine unabweisbare Herausforderung für das nationalstaatliche Regieren dar. Diese Herausforderung führt allerdings auch in der OECD-Welt nicht direkt zum postnationalen Regieren oder gar zur Ablösung des Nationalstaates. Vielmehr ist es der politische Umgang mit den transnationalen Problemlagen, der das Regieren in der postnationalen Konstellation bestimmen wird.

Die wichtigste Reaktion der Nationalstaaten der OECD-Welt auf die gesellschaftliche Transnationalisierung und die Transnationalisierung der Problemlagen besteht darin, dass sie das Regieren häufig auf internationale Institutionen verlagern bzw. zumindest mit internationalen Institutionen koordinieren. In internationalen Institutionen können nämlich die Problemhaushalte und das Regieren wieder zur Deckung gebracht werden. Das Regieren, das vormals auf nationaler Ebene durch den Staat alleine erfolgte, findet deshalb heute vermehrt auf internationaler Ebene in internationalen Institutionen statt. Dementsprechend stieg die Anzahl internationaler Organisationen von gut 100 im Jahre 1949 auf zwischenzeitlich über 300. Darüber hinaus ist die Anzahl internationaler Verträge zwischen 1947 und 1997 von knapp 2.000 auf annähernd 55.000 angewachsen. ...

Bei den internationalen politischen Institutionen lassen sich vier Typen unterscheiden: (1) internationale Regime, (2) internationale Organisationen, (3) internationale Netzwerke und (4) internationale Ordnungsprinzipien:

1. *Internationale Regime* zeichnen sich durch inhaltliche und prozedurale Normen und Regeln aus, die das Verhalten in einem bestimmten Problemfeld der internationalen Politik regulieren. Internationale Regime sind somit Institutionen mit Problemfeldbezug. Im Unterschied zu internationalen Organisationen sind internationale Regime nicht zum Handeln befähigt und besitzen mithin keine Akteursqualität. Das Welthandelsregime des GATT, das Menschenrechtsregime der UNO, das durch UNEP angeregte Ozonschutzregime und die verschiedenen Abrüstungsregime zwischen den USA und der ehemaligen UdSSR sind Beispiele für Regime auf der zwischenstaatlichen, die Dopingbekämpfung des IOC wäre ein Beispiel für ein Regime auf transnationaler Ebene.

2. *Internationale Organisationen* zeichnen sich dadurch aus, dass in ihnen Normen und Regeln verankert sind, die die Institution zum Handeln befähigt. Internationale Organisationen sind also im Unterschied zu internationalen Regimen Institutionen mit Akteursqualität. Sie werden häufig in Verbindung mit spezifischen internationalen Regimen gegründet, können aber aufgrund ihrer Akteursqualität auch aktiv an der Setzung und der Umsetzung der Normen und Regeln internationaler Regime beteiligt sein. Internationale Organisationen können dabei sowohl auf ein bestimmtes Problemfeld der internationalen Politik bezogen sein als auch über verschiedene Problemfelder hinweg agieren. Im Unterschied zu internationalen Regimen besitzen sie also nicht zwingend einen Problemfeldbezug. Auf der zwischenstaatlichen Ebene gelten die UNO, die EU, die WTO und die NATO als die bekanntesten internationalen Organisationen; auf der gesellschaftlichen Ebene sind transnationale Organisationen wie Greenpeace, Amnesty International oder der World Wide Fund for Nature prominent.

3. Internationale Netzwerke beruhen wie internationale Regime auf Normen und Regeln, die keine Akteursqualität begründen. Im Unterschied zu internationalen Regimen gibt es hier jedoch nur prozedurale Normen und Regeln, keine inhaltlichen oder substantiellen Vorschriften. Die Beteiligten werden in Netzwerken beispielsweise nicht auf eine bestimmte Wirtschaftspolitik festgelegt; sie werden lediglich verpflichtet, sich über ihre Wirtschaftspolitik auszutauschen. Dementsprechend sind auf der zwischenstaatlichen Ebene der Weltwirtschaftsgipfel (G8) sowie der Nordatlantische Kooperationsrat und auf gesellschaftlicher Ebene das Weltwirtschaftsforum nicht als Regime, sondern als Netzwerke anzusehen.[1]

4. Internationale Ordnungsprinzipien sind Institutionen, welche die grundlegenden Normen, die die internationale Politik strukturieren, beinhalten. Diese konstitutiven Normen und Regeln beziehen sich im Unterschied zu denen internationaler Regime nicht auf ein bestimmtes Problemfeld und begründen im Unterschied zu denen von internationalen Organisationen keine eigene Akteursqualität. Die internationalen Ordnungsprinzipien formulieren gewissermaßen mit ihren grundlegenden prozeduralen und inhaltlichen Normen und Regeln eine Verfassungsordnung für die internationale Politik, aufgrund deren spezifische Normen und Regeln der internationalen Politik zu begründen sind. Das wichtigste internationale Ordnungsprinzip in der nationalen Konstellation ist das der Souveränität der Staaten. Auf der gesellschaftlichen Ebene scheint sich derzeit das Ordnungsprinzip der kulturellen Toleranz zu entwickeln.

Bernhard Zangl/Michael Zürn, Frieden und Krieg, Frankfurt a.M. 2003, S. 88-90,158-159

[1] Es handelt sich hierbei um eine spezifische Definition. Anderswo werden Netzwerken durchaus substanzielle Normen und Regeln zugeschrieben.

NGOs – die neuen Akteure

M 21

Zurzeit gilt die Aufmerksamkeit vor allem den NRO[1], die auf der internationalen Ebene politisch handeln. Richtig ist, dass mit der Neuorganisation der internationalen politischen Beziehungen eine zumindest nominelle Aufwertung internationaler Organisationen stattgefunden hat. Zugleich haben auch NRO eine Aufwertung erfahren, die mit der schon benannten Mitwirkung an internationalen Konferenzen unterstrichen wird. Dabei wird im Grunde nur das nachvollzogen, was mit der Charta der Vereinten Nationen bereits Ende der 1940er-Jahre ermöglicht wurde.

In der Öffentlichkeit werden vor allem große Kampagnen wahrgenommen. Diese richten sich an supranationale Organisationen und an die Regierungen der Staaten der Ersten Welt[2], die ihren internationalen Einfluss geltend machen sollen. In den 1970er- und 1980er-Jahren dominierten dabei gängige Themen der Entwicklungspolitik, z.B. Hungerkrisen im Sahel und die zugrunde liegenden ökologischen Probleme. „Amnesty International" und andere NRO propagieren seit langem sehr erfolgreich Menschenrechtsfragen sowie spezifische Frauen- und Kinderrechte, wobei es hier vor allem um die Durchsetzung dieser Rechte und die Beobachtung von Verstößen geht. In jüngerer Zeit war unter anderem eine Kampagne gegen Kinderarbeit sehr öffentlichkeitswirksam. Dabei kamen auch multinationale Unternehmen in die Kritik, beispielsweise die Sportartikelhersteller „Nike" und „Adidas" wegen des Einsatzes von Kinderarbeit sowie das Unternehmen „Shell" wegen der Benachteiligung der lokalen Ogoni-Bevölkerung in den Ölfördergebieten im Süden Nigerias. …

Besondere Aufmerksamkeit haben die Globalisierungsgegner erlangt. Erstens hatten von ihnen organisierte Großdemonstrationen große Medienpräsenz (am Rande der Welthandelskonferenz oder von G7-Gipfeln). Zweitens formiert sich mit „Attac" ein internationales Aktionsbündnis, das der von vielen Aktivisten propagierten Netzwerkstruktur sehr nahe kommt. Kleine Koordinationsbüros sind eine Schaltstelle für die Aktivitäten von NRO, informellen Gruppen und Einzelpersonen. Drittens wirkt ihre Kritik an radikalliberalen Globalisierungsvorstellungen als eine politische Klammer zwischen verschiedenen politischen Gruppierungen. Unter anderem ist die während der gesamten 1990er-Jahre besonders wichtige und mit großer Energie vorangetriebene Kampagne zum Schuldenerlass für Entwicklungsländer in diesen größeren Rahmen eingegangen. Diese Kampagnen wurden in vielen Fällen von mehreren NRO getragen, die mehr oder weniger eng ihre Arbeit abstimmen. In diesen Fällen wurde die Vernetzung gezielt für die größere Wirksamkeit der Kampagne genutzt. „Attac" stellt in dieser Hinsicht einen vorläufigen Höhepunkt dar.

Dieter Neubert, Nichtregierungsorganisationen in der Diskussion, in: Gesellschaft – Wirtschaft – Politik 2/2003, S. 270 f

[1] In der deutschsprachigen wissenschaftlichen Literatur werden sowohl die Abkürzungen NGO als auch NRO (Nichtregierungsorganisation) verwendet.

[2] Der Wirtschafts- und Sozialrat der Vereinten Nationen verfasste 1961/62 folgende Definition:
Erste Welt: Länder, deren Volkswirtschaften sich hauptsächlich durch ihre Marktorentierung bestimmen.
Zweite Welt: Länder, deren Volkswirtschaften sich hauptsächlich durch ihre zentrale Planung bestimmen.
Dritte Welt: Länder, deren Volkswirtschaften hauptsächlich Tauschwirtschaften sind.

M 22 Die Grundlagen einer stabilen Weltwirtschaftsordnung

Aufgaben

1. Erläutern Sie den Begriff Global Governance und begründen Sie die Notwendigkeit dieser Form internationalen Regierens (M 18 – M 20).
2. Überlegen Sie, welchen Beitrag NGOs im Rahmen des Global Governance-Prozesses spielen sollten. Was spricht dabei für, was gegen eine stärkere Beteiligung dieser privaten Organisationen (M 21)?

Wissen kompakt

Globale Risiken und Probleme

Die Globalisierung der Weltwirtschaft hat zu einer starken Verflechtung und Abhängigkeit der nationalen Ökonomien geführt und die Grenzen zwischen internen und externen wirtschaftlichen Entwicklungen zunehmend verwischt. Wenn sich amerikanische Immobilienbesitzer verschulden, China seine Währungsreserven neu strukturiert oder global agierende Hedgefonds sich verspekulieren, so hat das heute unmittelbare Auswirkungen auf die wirtschaftliche Entwicklung unseres Landes. Da die einzelnen betroffenen Länder kaum Einflussmöglichkeiten auf diese Entwicklungen haben, wird nach neuen Steuerungsmodellen gesucht, um das Management globaler Risiken zu verbessern.

Global Governance als Steuerungsmodell
M 19 – M 22

Global Economic Governance bezeichnet den Versuch, in einem System geteilter Probleme und sich überlappender Souveränitäten politische Steuerungsfähigkeit wiederzuerlangen. Im Zentrum einer Global Governance-Architektur stehen dabei internationale Organisationen wie die Vereinten Nationen, die WTO, der IWF oder die Weltbank. Darüber hinaus gewinnen unterhalb einer festen Organisationsform stabile und dynamische multilaterale Abkommen und Konferenzen (internationale Regime) zunehmend an Bedeutung. Befürworter einer Global Economic Governance-Architektur greifen dabei auch auf Erkenntnisse der Institutionenökonomik zurück, denn internationale Organisationen und Regime führen zu einer stärkeren Verhaltensverlässlichkeit der Staaten, da sie Normen und rechtliche Regeln bereitstellen und somit geeignet sind, Kooperationshindernisse zu überwinden.

Rolle der NGOs
M 21

Zwar sind die Nationalstaaten weiterhin die wichtigsten Elemente eines solchen Ordnungsmodells, doch treten zunehmend Nichtregierungsorganisationen (NGOs) als neue Akteure globaler Politik in Erscheinung (z.B. Greenpeace oder Attac). Sie spielen im Bereich der Interessenartikulation eine wichtige Rolle und sind durch ihren niederen Organisationsgrad und ihre Verankerung in der Zivilgesellschaft für viele Hoffnungsträger einer mehr bürgerorientierten, demokratischeren Weltgesellschaft.

Probleme des Global Governance

Zentrales Problem einer auf der Selbstkoordination der Staaten beruhenden Global Governance-Architektur bleibt einerseits der Mangel an Entscheidungsfähigkeit und andererseits die Umsetzung von Entscheidungen. So sind einstimmig zu treffende Entscheidungen in großen multilateralen Verhandlungssystemen nur schwer herbeizuführen – und die Umsetzung einmal getroffener Entscheidungen hängt ganz vom Willen der Nationalstaaten ab. Da es kein internationales Gewaltmonopol gibt, können vor allem mächtige Staaten nicht gezwungen werden, internationale Vereinbarungen auch einzuhalten.

REGISTER

L

M

N

O

P